신의 사람들

신의 사람들

사라진 문명의 전달자들

그레이엄 핸콕

이종인 옮김

까치

MAGICIANS OF THE GODS: The Forgotten Wisdom of Earth's Lost Civilisation

by Graham Hancock

역자　이종인(李鐘麟)
고려대학교 영어영문학과를 졸업하고, 한국 브리태니커 편집국장, 성균관 대학교 전문번역가 양성과정 겸임 교수를 역임했다. 지난 22년간 전문 번역가로 활동하며, 『사라진 고대 문명의 수수께끼』, 『고대 로마사』, 『서태후』, 『치킨 로드』, 『중세의 가을』 등 약 200권의 책을 번역했다. 저서로는 『번역은 글쓰기다』와 『살면서 마주한 고전』이 있다.

편집, 교정_권은희(權㤼喜)

신의 사람들 : 사라진 문명의 전달자들

저자/그레이엄 핸콕
역자/이종인
발행처/까치글방
발행인/박후영
주소/서울시 용산구 서빙고로 67, 파크타워 103동 1003호
전화/02 · 735 · 8998, 736 · 7768
팩시밀리/02 · 723 · 4591
홈페이지/www.kachibooks.co.kr
전자우편/kachibooks@gmail.com
등록번호/1-528
등록일/1977. 8. 5
초판 1쇄 발행일/2016. 1. 20
　　3쇄 발행일/2021. 5. 10
값/뒤표지에 쓰여 있음

ISBN 978-89-7291-608-6 03900

이 도서의 국립중앙도서관 출판예정도서목록(CIP)은 서지정보유통지원시스템 홈페이지 (http://seoji.nl.go.kr)와 국가자료공동목록시스템(http://www.nl.go.kr/kolisnet)에서 이용하실 수 있습니다. (CIP제어번호 : CIP2016000608)

내 영혼의 동반자 산타를 위하여

차례

감사의 말

무엇보다도 사진작가 산타 파이아에 대한 나의 사랑과 존경을 표하고 싶다. 영광스럽게도 그녀는 20년 전에 나의 아내가 되었다. 그녀는 나를 만나기 훨씬 오래 전부터 성공적인 사진작가로 활동하고 있었으나, 친절하게도 나와 함께 작업하는 데 동의했다. 산타는 이 책은 물론이고 나의 예전 저서들에 들어간 사진들을 대부분 찍었고, 『신의 지문』에서 『신의 사람들』에 이르는 오랜 여행길에서 구석구석 모든 곳을 동행했다. 그녀에게 감사한다! 우리의 아이들 션, 샨티, 라비, 레일라, 루크, 가브리엘에게 감사한다. 내가 『신의 사람들』을 쓰고 있는 동안에 나의 첫 손녀인 나일라가 태어났고, 우리의 소란스러운 대가족에 새 식구가 생긴 것을 즐겁게 환영했다. 나의 어머니 뮤리엘 핸콕과 외삼촌 제임스 머콜리에게 감사드린다. 그리고 돌아가신 나의 아버지 도널드 핸콕에게 내 마음속에 깊은 존경의 기억들을 간직하고 있다. 선친은 내게 많은 것을 가르쳐주셨고 여러 해 동안 나의 작업을 성의껏 지원해주시다가 2003년에 별세했다.

나의 뛰어난 문학 대리인인 소니아 랜드는 경이로운 일들을 해냈고 훌륭한 대리인의 덕목을 모두 갖춘 여성이다. 나의 영국 편집자인 마크 부스와 미국 편집자인 피터 울버튼은 『신의 사람들』을 써나가는 데에 아주 큰 도움을 주었고 또 적당한 때에 적당한 방식으로 일반 대중에게 이 책을 선보이게 해주었다.

이 책의 지도, 도표, 그림, 도형을 제작한 그래픽팀의 캐런 월트셔와 아푸아 리처드슨, 그리고 지원팀인 마이클 모들린과 새뮤얼 파커에게 감사드린다. 나의 아들 루크 핸콕도 다수의 도형을 제공했다. 모든 사람들의 헌신, 재능, 지능, 근면 등에 대하여 여기서 뭉뚱그려 감사를 드리고 싶다.

독일 고고학 연구소의 고(故) 클라우스 슈미트 교수는 2013년 터키의 괴베클리 테페를 내게 둘러보게 해주었을 때, 그의 의무 이상으로 내게 자세한 안내를 해주었다. 그 유적지의 발견자이며 발굴자인 클라우스는 이 특별한 유적지에 대하여 독특한 지식을 가지고 있었으며, 내가 그곳을 방문하는 사흘 동안, 그의 폭넓은 지식을 내게 나누어주었을 뿐만 아니라 현장 인터뷰에도 흔쾌히 응해주었다. 나는 그의 별세를 아쉬워하며 그의 이름이 역사에 의해서 기억될 것이라고 믿는다.

나는 2014년에 조사차 레바논을 방문했다. 그곳에서 내 친구 람지 나자르, 사미르와 산드라 자르마카니는 친절, 호의, 물적인 지원을 아끼지 않았다. 그 여행에 뒤이어 나는 고고학자이며 건축가인 다니엘 로만과 바알베크에 관하여 여러 통의 이메일을 주고받았는데, 나는 그로부터 엄청난 혜택을 얻었다. 그는 주류학계의 분석을 내게 이해시키기 위해서 끈질긴 노력과 성의를 아끼지 않았다.

인도네시아의 대니 힐먼 나타위자자에게 특별히 고마움을 표시하고 싶다. 그는 구눙 파당의 고대 피라미드 유적지를 발굴하는 학자이다. 그의 동료인 위스누 아리아스티카, 밤방 위도이코 수와르가디에게도 감사드린다. 이들은 우리가 자바, 수마트라, 플로레스, 술라웨시 등지를 폭넓게 여행하며, 현지를 답사하는 동안 우리와 동행했다.

미국의 랜들 칼슨에게 특히 감사드리고 싶다. 그는 대격변 지질학에 깊은 통찰력을 가지고 있으며, 빙하기 말엽에 엄청난 대홍수 피해를 입은 포틀랜드, 오리건, 미니애폴리스, 미네소타 지역을 현지 답사하는 길에 나와 동행하며 많은 지식을 나누어주었다. 그 여행길에 우리와 동행하면서 자동차 운전을 전부 맡은 브래들리 영에게도 고마움을 표시한다. 그것은 정말 영웅적인 노력이었다!

나는 앨런 웨스트에게 감사드린다. 그는 이 책의 제3장과 제6장에서 길게 다룬 영거 드라이어스 혜성 충돌 이론을 연구하는 대규모 학자들 중 대외 연락을 담당하는 학자이다. 앨런은 내가 관련 사실을 제대로 이해하도록 도움을 주었고, 또 대격변의 파급효과에 대해서도 많은 통찰력 있는 견해를 제공했다.

이 책을 쓰는 여러 단계에서 나의 연구조사 도우미로 열심히 일해준 리처드 타쿠와 레이먼드 와일리에게 감사드린다.

굳건한 우정과 현명한 조언을 아끼지 않은 우리의 소중한 친구 크리스와 캐시 포일에게도 여기에 고마운 뜻을 전한다.

마지막으로 전 세계에 살고 계신 나의 열성 독자 겸 지지자들에게 감사드린다. 이분들은 내가 사라진 문명을 추적해오는 지난 20여 년 동안 변함없이 나를 응원해주었다. 『신의 사람들』은 그 여행길에서 최근에 도착한 이정표이다. 이것은 신작이지만, 나는 몇 군데에서는 『신의 지문』과 나의 다른 저서들에서 거론했던 주장들을 다시 살펴보았다. 그렇게 한 것은 내가 이 책에서 제시하는 새로운 증거들을 더욱 타당한 맥락 속에서 전개하기 위해서였다.

2015년 9월, 영국 배스에서

그레이엄 핸콕

들어가는 말

모래

모래 위에 지어진 집은 언제나 붕괴될 위험이 있다.

역사가들과 고고학자들은 흠결 있고 위험할 정도로 불건전한 바탕 위에 인류의 과거에 대한 집을 세워놓았는데, 그것을 비판하는 증거가 속속 나오고 있다. 특히 나중에 나온 비판적 증거들의 이론적 구성은 아주 수준이 높다. 1만2,800년과 1만1,600년 전 사이에 우리 지구에는 인류 멸종 수준의 대격변이 발생했다. 그 사건이 미친 파급효과는 전 세계적인 것이었고 인류에게 아주 심대한 영향을 미쳤다. 그런 대격변의 발생을 증명하는 과학적 증거들이 겨우 2007년 이후에야 비로소 나오기 시작했고, 게다가 그 증거들의 파생적 의미들을 역사학자나 고고학자들은 아직 진지하게 다루지 않고 있기 때문에, 우리는 다음과 같은 가능성을 추측하게 된다. 즉, 우리가 문명의 기원에 대해서 배웠던 것들은 모두 잘못되었을지도 모른다.

특히 다음의 가설은 합리적인 것으로 고려되어야 한다. 첫째, 전 세계적으로 널리 퍼진 황금시대의 신화가 홍수와 화재로 종식되었고, 둘째, 1만2,800년 전과 1만1,600년 전 사이의 1,200년간에 벌어진 대격변의 시기 동안에 인간 발자취의 모든 에피소드가 완전히 지워졌는데, 그 에피소드는 수렵-채집인들의 미개한 문명이 아니라 세련된 문명이었다는 것이다.

그런 문명이 있었다고 볼 때, 이처럼 오랜 시간이 흘렀는데도 그 문명은 오늘날 우리가 알아볼 수 있는 어떤 흔적을 남겨놓았을까? 만약 그렇다면, 그 사라진 문명은 우리 현대인에게 어떤 실제적인 의미를 가질까?

이 책은 그런 질문들에 답변하기 위해서 집필되었다.

제1부

변형들

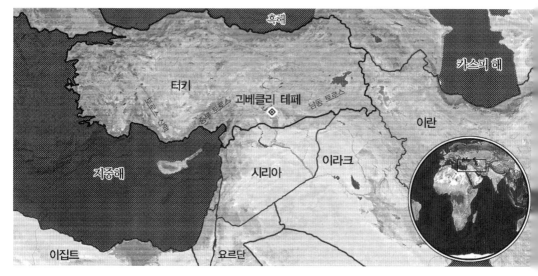

그림 1 괴베클리 테페의 위치와 그 주변 지역.

1

"이곳에는 신비로운 것들이 가득합니다"

괴베클리 테페는 지금까지 지구에서 발견된 기념비적인 건축물들 중 가장 오래된 것이고, 또 고고학자들에 의해서 가장 오래된 것으로 인정받은 건축물이다.

그리고 그것은 아주 거대하다.

경이로운, 장엄한, 신비한, 불가사의한, 위압적인 등의 형용사로는 이 건축물을 공정하게 묘사했다고 말할 수 없다. 나는 두 시간 동안 발굴자인 클라우스 슈미트 교수와 이 유적지를 둘러보았는데, 솔직히 말해서 내 마음은 그 광대무변한 규모에 압도되어 위축된 상태였다.

"역사를 새로 쓰게 하는 이 신전을 발견하셨는데, 그 느낌은 어떤 것입니까?" 내가 그에게 물었다.

슈미트는 안색이 붉고 가슴이 우람하며 회색 턱수염을 기른 독일 고고학자이다. 그는 낡은 청바지에 청남방을 입었고 소매에는 진흙이 묻어 있었다. 지저분한 맨발에는 닳아빠진 샌들을 신고 있었다. 때는 2013년 9월이었고, 그의 60회 생일을 석 달 앞둔 시점이었다. 당시로서는 그나 나나 알지 못했지만, 그는 그로부터 채 1년도 되지 않아 죽음을 맞이했다.

슈미트는 내 질문을 곰곰이 생각하며 벗겨진 이마에 송글송글 맺힌 땀을 닦아냈다. 아직 정오가 되려면 멀었지만 이곳 터키 남동부 아나톨리아 지역에는 해가 높이 솟아올랐고 하늘에는 구름 한 점 없었으며 우리가 서 있는 토로스 산맥의 산등성이는 찌는 듯이 더웠다. 미풍이라도 불어올 기색은 전혀 없었고, 땡볕을 가릴 만한 그늘도 없었다. 2014년에 유적지를 가리고 보호해줄 지붕이 세워질 예정이었지만, 2013년에는 그 지붕의 기초만 놓아진 상태였다. 그래서 우리는 나무로 만든 임시 보도 위에서 아무런 대책 없이 땡볕에 노출된 채 서 있었다. 우리가 서 있는 곳에서 조금 아래쪽에는 반(半) 지하에다 담장이 둘러쳐진 일련의 원형 구역들이 있었다. 그 구역들에는 독일 고고학 연구소 소속의 슈미트와 그의 연구진이 발굴한 12개의 거대한 T자형의 거석 기둥들이 있었다. 그들이 발굴작업을 하기 전에, 이곳은 원래 둥그런 언덕이었다. 실제로 "괴베클리 테페(Göbekli Tepe)"는 "배꼽의 언덕"이라는 뜻이며,[1] 때로는 "배불뚝이 언덕"으로 번역되기도 한다.[2]

"물론 우리는 괴베클리 테페가 정확히 신전이라고 말할 수는 없습니다." 슈미트는 마침내 대답했고 어휘를 아주 조심스럽게 골라 쓰는 표정이 역력했다. "그 대신 언덕 성소라고 부르면 어떨까요? 나는 이 유적지가 역사를 새로 쓴다고 주장하지도 않습니다. 그보다는 기존의 역사에 중요한 내용을 추가한다고 봅니다. 우리는 수렵-채취 문화에서 농경 문화로의 이동이 아주 느리고 단계적인 발전 과정이라고 생각했습니다. 하지만 이제는 우리가 기대하지 않았던 놀라운 기념물들이 만들어진 시대가 있다는 것을 알게 되었습니다."[3]

"기념물들뿐만이 아니지요." 내가 끼어들었다. "당초 현지 주민들은 수렵-채취자였고 농업을 했다는 흔적은 전혀 없었습니다."

"그렇습니다, 전혀 없지요." 슈미트가 인정했다. 그는 원형을 이루고 있는 기둥들을 가리켰다. "하지만 괴베클리 테페에 온 사람들은 이 모든 일을 해놓았고 또 농업을 **발명했습니다**! 그래서 우리는 여기서 벌어진 일과, 농업에 의존한 후대의 신석기 시대 사회들 사이에 연결관계가 있다는 것을 압니다."

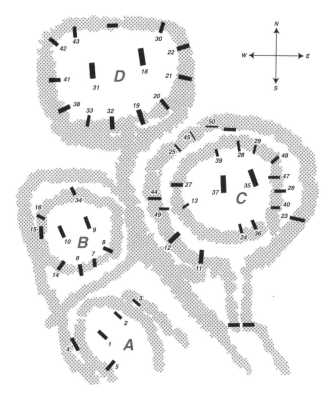

그림 2 괴베클리 테페의 발굴된 지역들 중 중앙 구역(A, B, C, D). 편의를 위해서 독일 고고학 연구소는 모든 돌 기둥들에 번호를 부여했다.

"발명"이라는 말에 내 귀가 쫑긋했다. 나는 그것을 제대로 이해했는지 확인하고 싶었다. 내가 물었다. "그러니까, 교수님은 괴베클리 테페를 건설한 사람들이 실제로 농업을 **발명했다**고 말씀하시는 겁니까?"

"그렇습니다."

"좀더 자세히 설명해주실 수 있나요?"

"왜냐하면 우리가 이 지역에서 아주 초창기에 길들여진 동물과 재배된 식물을 발견했기 때문입니다. 이 지역에서 말입니다. 그러니 그들은 이 신전을 지은 사람들과 같은 사람이었을 겁니다."

"그럼 교수님이 볼 때 이곳은 세계 최초이자, 가장 오래된 농업지역이라는 뜻이군요?"

"세계 최초라는 뜻입니다."

나는 슈미트가 이런 쪽으로 흘러가는 이야기를 불편해한다고 느꼈다. 여기에는 나 나름대로 이유가 있었다. 현재까지 발굴된 괴베클리 테페 지역은 대략 1만2,000년 전의 것이다. 따라서 정통적인 연대학에 따르면, 다른 거석 유적지들 — 몰타의 간티야와 므나이드라, 잉글랜드의 스톤헨지와 에이브버리, 이집트의 기자 피라미드 등 — 에 비하여 시대적으로 6,000년이나 앞선다. 이런 유적지들은 인류 문명의 발전단계에서 "신석기 시대"(고고학자들의 용어)에 속하는 것으로, 이 시대에는 농업과 사회조직이 이미 구축되어 있었고, 사회 내 위계제가 잘 발달되었으며, 숙련된 전문가들이 등장했다. 이들은 농부들이 제공하는 잉여 곡식으로 먹고 살 수가 있었으므로 직접 농사를 지어야 할 필요가 없는 사람들이었다. 이와는 대조적으로 괴베클리 테페는 "후기 구석기 시대"의 끝 무렵에 속하는 유적지이다. 이 시대에 인간의 조상들은 소규모로 이동하는 수렵-채취자들이었고, 장기적인 계획이 필요한 업무는 할 줄 몰랐으며, 복잡한 노동의 분업도 이루어지지 않았고 또 높은 수준의 관리 능력도 없었다.

슈미트와 나는 C구역과 D구역이 내려다보이는 보도 위에 서 있었다. 나는 이미 사전조사를 통해서 이 지역에 있는 기둥들 중 어느 하나에는 아주 흥미로운 조각 그림이 새겨져 있다는 것을 알고 있었다. 나는 고고학자의 허락을 받아서 D구역의 구덩이 아래로 내려가, 그 조각 그림을 가까이서 살펴볼 생각이었다. 하지만 그에 앞서 이 건축물의 기원과, 그것과 거석문화 건축의 상호관계 등에 대해서 슈미트가 어떤 견해를 가지고 있는지 명확히 알고 싶었다. 여태까지 발굴된 4개의 구덩이 중에서 가장 규모가 큰 C구역에는 2개의 커다란 중앙 기둥이 있는데, 둘 다 파손된 상태이다. 원래의 상태에서는 두 기둥의 높이는 각각 6미터 이상이고 또 무게는 20톤이나 되었을 것이다. 두 기둥 주위에 벽이 설치되어 있는데, 그 벽 안에는 12개의 다른 기둥들이 있다. 중앙 기둥보다 작지만 그래도 엄청나게 크다. D구역도 구조는 똑같다. 2개의 중앙 기둥 주위로 12개의 작은 기둥들이 원형을 이루며 포진되어 있는데, D구역 중앙과 외곽의 기둥들은 온전하게 보전되어 있다. 기둥들의 맨 윗부분은 T자형인데, 앞쪽으로 약간 기울어져 있고 거기에 형상들이 새겨져 있지는 않다. 그래도 이것은 오싹할 정도로 거대한 인간의 머리를 연상시킨다. 그리고 기둥들의 옆면을 따라서 새겨진 팔꿈치를 구부린 팔들은 희미하게 아래로 흘러내리는데, 한참 밑으로 내려와 기다란 손가락을 가진 인간의 손들을 새긴 조각으로 마무리되어 있다. 이 옆면에 새겨진 형상 또한 이 기둥이 인간의 모습을 묘사한 것이 아닐까 하는 인상을 준다.

"이 모든 것이 말입니다. 가령 거석, 도상학(圖像學), 유적지의 전반적 개념과 배치……이런 것들이 솔직히 말해서 잉글랜드의 스톤헨지와 비슷한 종교적 유적지인데 규모만 더 클 뿐이라는 느낌을 줍니다. 다만 스톤헨지가 시대적으로 훨씬 후대의 것이지요. 그렇다면 교수님이 괴베클리 테페에서 발견한 사항들은 수렵-채취 사회라는 교수님의 개념과 어떻게 맞아들어갑니까?" 내가 물었다.

"이 유적지가 우리가 기대했던 것보다 훨씬 더 잘 조직되어 있는 것은 사실입니다." 슈미트는 인정했다. "우리가 여기서 알 수 있는 것은 그들이 노동 분업을 실시한 수렵-채취자들이라는 것입니다. 거석 작업은 아무나 할 수 있는 것이 아닌, 전문가의 일이니까요. 그들은 또 이 무거운 돌들을 가져와서 여기에 세웠습니다. 그러자면 어느 정도의 토목 기술도 있어야 할 텐데, 수렵-채취자들에게는 이런 기술을 기대할 수 없지요. 이건 최초의 건축물이고, 그것도 아주 기념비적 규모의 건축물입니다."

"그렇다면 교수님, 교수님의 말을 이렇게 이해하면 되겠습니까? 우리는 지금 기념비적인 건축과 농업이 발명된 장소에 서 있다, 이런 뜻입니까?"

"그렇습니다."

"그런데도 교수님은 여기에서 어떤 혁명적인 것도 보이지 않는다는 말씀입니까? 그러니까 이 과정이 기존의 역사적 틀에 그대로 부합된다고 보십니까?"

"그렇습니다. 기존의 역사적 틀에 들어맞습니다. 단지 이 과정이 우리가 기대했던 것보다 좀더 경이적이라는 것만 다를 뿐입니다. 괴베클리 테페가 농경 사회가 아니라 수렵-채취 사회의 세계에 속해 있다는 점을 감안하면 말입니다. 이 유적지는 수렵-채취 시대의 끝자락에 자리하고 있지만, 아직 신석기 시대의 시작은 아닙니다."

"그렇다면 전환기로군요. 첨점(尖点) 순간이기도 하고요. 어쩌면 그보다 더 의미가 있지 않을까요? 우리가 나눈 대화 내용과 오늘 오전에 교수님이 내게 보여준 유적지 모습에서 나는 이런 생각을 하게 됩니다. 괴베클리 테페는 이곳의 엘리트 주민들이 통제했던 일종의 선사시대 두뇌 집단 혹은 혁신 센터였다라고 말입니다. 교수님은 이런 생각에 동의하십니까?"

"네. 이곳은 사람들이 모여드는 곳이었지요. 사람들이 많이 모여들었으니까, 지식과 혁신을 분배하는 중심점 역할을 했을 겁니다."

"그 역할에 대규모 거석 작업과 농업 지식 등도 포함되었겠지요. 그렇다면 이 지역을 통제하면서 그런 지식을 널리 퍼트린 사람들을 가리켜 일종의 사제단이라고 불러도 될까요?"

"그들이 누구였든 원시적 샤머니즘을 실천하는 사람들은 아니었을 겁니다. 그들은 뭐랄까 하나의 제도를 형성했을 겁니다. 그러니 당신 말대로 사제단으로 가는 도중이었다고 하겠습니다."

"괴베클리 테페가 1,000년 넘게 그런 목적으로 활용되었으니, 그 나름의 제도와 사상을 가진 연면(連綿)한 문화로 볼 수 있을까요? 동일한 '사제단'이 그 기간 내내 이 유적지를 통제했고요?"

"그렇습니다. 하지만 약간 기이한 것이 있어요. 수세기가 지나면서 그런 노력이 뚜렷이 붕괴된 흔적이 있습니다. 진정으로 기념비적인 건축물은 더 오래된 지층에서 발견됩니다. 그보다 후대의 지층에서 발견된 건축물은 규모도 더 작아지고 질도 뚜렷이 저하되었습니다."

"그렇다면 가장 오래된 것이 가장 좋다는 말인가요?"

"그래요, 가장 오래된 것이 가장 좋습니다."

"그런데 그게 좀 이상하다는 생각은 들지 않습니까?"

클라우스 슈미트는 다소 미안해하는 표정을 지었다. "당신이 무슨 말을 하려는 건지 압니다. 하지만 우리는 궁극적으로 더 오래된 지층을 발견하게 되기를 희망합니다. 그러면 우리가 발견하기를 기대했으나 아직 발견하지 못한, 한미(寒微)한 시작의 증거를 발굴하게 될 겁니다. 그러니까 처음에 한미한 단계가 있었고, 이어 이런 기념비적 단계가 오고 그 다음에 다시 쇠퇴가 시작된 거지요."

슈미트 교수가 방금 한 말 중에서 "희망"은 중요한 단어라는 생각이 들었다. 우리는 다음처럼 생각하는 데에 익숙하다. 먼저 사건은 아주 자그마하고 단순하게 시작하여 발전하고 ― 진화하고 ― 그 다음에 점점 더 복잡해지고, 정교해진다. 이것이 우리가 통상적으로 고고학 유적지에서 발견하기를 기대하는 것이다. 그러나 괴베클리 테페의 사례를 접하면 문명이 점진적으로 성숙하며 발전한다는 정교한 개념은 앞뒤가 맞지 않는다. 이 유적지는 처음부터 완벽하게 시작하여 그후에 천천히 **퇴화하여** 지금은 화려한 옛 모습의 희미한 그림자만 남아 있는 것이다.

그렇지만 우리는 그런 퇴화의 과정에 반대하는 것은 아니다. 우리는 문명이 부패한다는 것을 안다. 가령 로마 제국이나 말이 난 김에 영국 제국을 보라.

퇴화는 문제가 아니다. 괴베클리 테페의 진짜 문제는 아주 오래 전에 갑자기 출현했다는 것이다. 마치 완전 무장을 하고 다 자란 채로 제우스의 머리에서 태어난 아테나 여신처럼, 그것은 이미 탄생하는 그 순간에 농업과 기념비적 건축을 발명할 정도로 성숙한 문명을 갖추고 있었다.

고고학은 이것만 설명하지 못하는 것이 아니다. 가령 고대 이집트의 초창기 기념물들, 예술, 조각, 상형문자, 수학, 의학, 천문학, 건축학 등이 조잡에서 세련이라는 진화의 흔적 없이 처음부터 완벽한 상태로 존재하는지 그 이유도 설명하지 못한다. 우리가 괴베클리 테페에 대해서 느끼는 궁금증을, 나의 친구 존 앤서니 웨스트는 고대 이집트에 대해서도 역시 느끼고 있다.

어떻게 복잡한 문명이 완전히 다 발달한 상태로 탄생할 수 있었는가? 가령 1905년형 자동차와 오늘날 출시되는 자동차를 비교해보라. "발전"의 과정이 뚜렷하게 눈에 띈다. 그러나 이집트에는 이런 비교 대상이 없다. 모든 것이 처음부터 완벽했다.

이 신비에 대한 답변은 너무나 분명한 것이다. 하지만 그 답변이 현대의 지배적 사고방식에는 혐오스러운 것이기 때문에, 거의 고려되지 않는다. 이집트 문명은 점진적 "발전"이 아니라 선대로부터 물려받은 유업이다.[4]

그렇다면 괴베클리 테페도 선대로부터 물려받은 유업일까?

클라우스 슈미트는 잘 알려진 후대 문명들의 선조로 사라진 문명이 있었다는 이야기를 믿지 않았다. 그래서 내가 대답을 재촉하자, 괴베클리 테페의 유적지 대부분이 아직 미발굴 상태라는 말만 반복했다. 그가 약간 성마른 어조로 대답했다. "내가 이미 말한 것처럼, 우리가 더 이른 시기에 도달하면, 진화의 증거를 찾아낼 수 있을 겁니다."

슈미트의 설명이 맞을 수도 있다. 그가 내게 그 유적지를 보여주었던 2013년 당시에 발굴작업은 이미 18년간 진행되었지만, 유적의 대부분은 아직도 지하에 묻혀 있는 상태였다.

하지만 어느 정도로 많이 묻혀 있을까?

"그건 말하기가 어려워요. 우리는 지구물리학적 관측 ─ 지하 투과 레이더 ─ 을 했는데, 최소한 16개의 대규모 구역을 더 발굴해야 한다는 것을 알아냈습니다." 슈미트가 내게 대답했다.

"대규모 구역이라고요?" 내가 물었다. 나는 D구역의 거대한 거석들을 가리켰다. "저런 거 말입니까?"

"네, 저런 거요. 16개는 최소한으로 잡은 겁니다. 일부 지역들에서는 지구물리학적 관측이 충분한 결과를 내놓지 못했고, 또 우리가 지하를 들여다볼 수 없기 때문에 16개 이상이 있을 것으로 추측합니다. 어쩌면 실제로는 그 두 배가 될지도 몰라요. 그러니 심지어 50개가 될 수도 있습니다."

"50개라고요!"

"그래요, 14개 이상의 기둥들이 들어 있는 거대한 구덩이 50개지요. 하지만 그것들을 모두 발굴하는 것이 우리의 목표는 아닙니다. 일부분만 하는 거지요. 발굴은 파괴이기도 하니까요. 우리는 대부분의 유적지를 그대로 놔둘 겁니다."

고대인들이 괴베클리 테페에서 수행한 사업의 규모를 생각해보려면, 상상의 날개를 아주 크게 펼쳐야 한다. 여기서 이미 발굴된 원형의 거석 기둥들은 이 세상에 알려진 거석 유적보다 6,000년이나 더 **오래되었다**. 게다가 이제 알고 보니 그 규모마저 **거대하다**. 괴베클리 테페는 가령 스톤헨지 같은 거대한 유적지의 30배 크기인 것이다.

달리 말해서 우리는 설명이 불가능할 정도로 오래된 고대, 굉장한 규모,

미지의 목적 등을 마주하고 있는 것이다. 그런데 이 모든 것이 배경이나 사전 준비도 없이, 완전히 신비에 가려진 채, 허공에서 튀어나온 것처럼 보이는 것이다.

거인들의 구덩이

나는 고고학자들의 발굴지를 찾아가면 그들이 나를 백안시하며 등을 돌리는 현상에 이골이 나 있다. 그러나 슈미트 교수는 놀라울 정도로 달랐다. 그는 내가 누구인지 잘 알았지만, 나와 사진작가인 나의 아내 산타 파이아가 D구역 아래로 내려가서 그 일대를 자세히 살펴보는 것을 허락했다. 현재까지 괴베클리 테페에서 발굴된 4개의 구역은 모두 일반 대중에게는 출입이 금지되어 있으며 또 경비원들이 엄중하게 경계를 하고 있다. 하지만 D구역의 기둥에는 내가 보도에서 흘끗 바라볼 것이 아니라 아주 가까이서 살펴보아야 할 조각 그림이 있었다. 사실 보도에서는 그 그림이 잘 보이지 않았다. 그래서 슈미트의 관대한 허락은 참으로 고마웠다.

우리는 사다리를 이용해서 구덩이 안으로 내려가 아직 발굴이 덜 된 2미터 높이의 흙더미에 도착했다. 그 흙더미는 2개의 중앙 기둥을 동서로 갈라놓고 있었다. 그 지역의 단단한 결정 석회석 암석층에서 캐낸 다음 표면을 아주 반들반들하게 다듬은 이 거대한 기둥은 햇빛을 받아서 금빛으로 반짝거렸다. 나는 슈미트 교수로부터 두 기둥이 각각 높이 5.5미터에 무게 15톤 이상이라는 말을 들었다.[5] 나는 구덩이의 바닥으로 내려가면서 두 기둥이 암석층에서 직접 깎아낸 20센티미터 높이의 대좌(臺座)에 세워져 있는 것을 보았다. 동쪽 기둥을 떠받치는 대좌의 앞쪽 가장자리에는 날개가 없어 날지 못하는 일곱 마리 새들의 쪼그려 앉은 모습이 양각(陽刻)으로 새겨져 있었다.

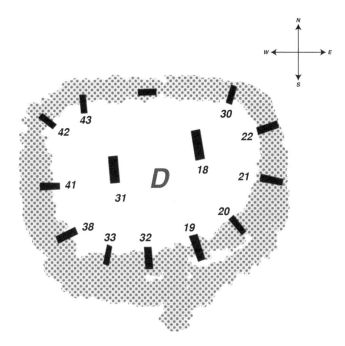

그림 3 괴베클리 테페의 D구역의 돌기둥 배치. 43번 기둥이 가장 큰 관심사이다.

T자형 "머리들"로 인해서 사람 같은 인상을 주는 중앙 기둥들은 쌍둥이 거인들처럼 내 위에 우뚝 솟아 있었다. 이 기둥들은 나의 일차적 목표가 아니었으나 그래도 이번 기회에 면밀히 검토해보기로 했다.

그들의 가슴과 배에 해당하는 앞쪽 가장자리는 아주 얇아서 너비가 겨우 20센티미터 정도이다. 하지만 양 옆은 앞에서 뒤쪽까지 너비가 1미터가 약간 넘는다. 두 기둥은 내가 보도에서 보았던 것처럼, 옆면을 따라서 팔꿈치를 구부린 팔들이 희미하게 아래로 이어져 있고, 한참 밑으로 내려오면 기다란 손가락을 가진 인간의 손들이 새겨져 있다. 이 손가락들은 기둥의 앞쪽을 감싸쥐고 있는데, 거의 "배" 위에서 만나는 것 같았다.

거인들의 "가슴"을 가리는 손들 위로 옷의 앞자락을 열어놓은 듯이 보이는 흔적이 있다. 손의 아래쪽에는 죔쇠로 장식된 허리띠 — 낮게 솟아오른 부조(浮彫) — 가 있다. 두 기둥에는, 동물의 가죽으로 보이는 — 슈미트는 여우 가죽 중 뒷다리와 꼬리 부분이라고 생각했다[6] — 가죽이 허리 죔쇠로부터 내려와 생식기 부위를 가리고 있다.

두 형상은 목걸이를 하고 있다. 동쪽 형상의 목걸이는 초승달과 원반 문양으로 장식되고, 서쪽 형상은 황소 머리가 장식되어 있다.

게다가 두 기둥은 정확하게 똑같은 방식으로 대좌 위에 서 있는데, 그 대좌는 단단하게 고정되어 있는 것이 아니라 10센티미터 깊이의 장소에 불안정하게 놓여 있었다. 클라우스 슈미트와 그의 팀은 나무 지지대로 대좌들을 고정시켜놓았는데, 아마 고대의 사람들도 같은 방식으로 고정시켰을 것이라는 생각이 들었다. 물론 구덩이 속에 어떤 지지대가 설치되어 있어서 두 형상의 머리 부분을 거기다가 고정시켰을 수도 있었다. 괴베클리 테페의 건설자들은 거석을 채석, 이동, 배치하는 데에 전문가들이었는데도, 두 기둥을 안전하게 올려놓을 수 있는 깊은 대좌를 설치하지 않았다니, 조금 기이해 보였다. 여기에는 분명 어떤 목적이 있었을 것이지만, 나는 그것을 추측할 수 없었다.

이제 두 기둥의 유사성은 이 정도로 해두고 차이점을 살펴보자. 가령 동쪽 형상은 그 오른쪽 옆면에 거의 실물 크기의 여우를 높이 양각해놓아서, 마치 그 여우가 앞다리를 약간 구부리면서 도약하려는 것처럼 보인다. 또 서쪽 기둥의 허리띠는 죔쇠 이외에 장식이 없는데, 동쪽 기둥의 허리띠는 로마자 C 혹은 H 같은 일련의 글자들이 흥미롭게 장식되어 있다. 나는 그 장식을 살펴보면서 이런 상징(글자)이 괴베클리 테페의 주민들에게 어떤 의미였을지 알 수가 없었다. 우리는 그들로부터 시간적으로 1만1,000년이나 떨어져 있기 때문이다. 그들이 문자체계를 가지고 있었다고 상상하는 것은 너무나 황당무계하다. 우리가 오늘날 사용하는 알파벳 같은 것이 있었다고 생각하는 것은 더더욱 말이 되지 않는다! 그렇지만 이런 문자 꼴

이 사용되고 전시되는 방식은 기이할 정도로 현대적이고 합목적적인 분위기를 풍긴다. 그래서 장식 이상의 의미가 있을 것이라는 느낌이 든다. 후기 구석기 시대의 예술에서는 이런 것을 찾아볼 수가 없고, 동물과 새의 형상에 대해서도 똑같은 말을 할 수 있다. 그런 까마득한 시대에 거석과 세련된 조각의 결합이라니, 정말로 독특하고 전례가 없는 일이다.

나는 이어서 D구역의 가장자리에 배치되어 있는 12개의 기둥들을 살펴보았다. 그것들은 원형보다는 타원형 구조였는데, 서쪽에서 동쪽으로의 너비가 대략 20미터, 북쪽에서 남쪽은 14미터였다. 가장자리를 둘러싼 기둥들은 중앙 기둥에 비해서 높이가 절반 정도였고, 저 혼자 서 있는 것이 아니라 구역을 둘러싸는 벽에 끼워넣어져 있었다. 전부는 아니지만 대부분 T자형이고, 새, 곤충, 동물 등이 많이 새겨져 있었는데 마치 노아의 방주에 들어 있던 것들이 모두 돌로 변신한 것 같았다. 가령 여우, 영양, 멧돼지, 다리에 뱀이 감긴 여러 마리의 학을 포함하여 다양한 종의 새들, 거미, 야생 당나귀, 야생 소, 꼬리가 척추 앞쪽으로 휘어지는 사자, 기타 많은 동물들이 새겨져 있었다.

그렇게 구덩이를 둘러볼 수 있는 기회를 최대한 활용하면서 나는 천천히 그림들을 감상했다. 그리고 마침내 그 구덩이의 북서쪽 측면에 있는 내가 특별히 보고 싶어했던 기둥 앞까지 왔다. 슈미트와 동료들은 편의를 위해서 모든 기둥에 번호를 붙였는데, 그 기둥은 43번이었다. 나는 사전조사를 통해서 43번 기둥의 밑동에는 전갈이 크게 그려져 있다는 것을 알고 있었다. 어떤 사람은 그것이 오늘날 우리가 전갈자리라고 부르는 황도의 별자리 그림이라고 말했다.[7] 하지만 그 그림을 현장에서는 볼 수가 없었다. 슈미트의 말에 의하면, 그것을 보호하기 위해서 고고학자들이 흙으로 덮어놓았다는 것이다. 나는 그 그림이 천문학과 관련이 있을지도 모른다는 생각을 슈미트에게 피력했으나, 그는 코웃음을 쳤다. "여기에 천문학적 형상은 없어요. 황도 별자리는 바빌로니아 시대 이전에는 알려지지 않았어요. 그건 괴베클리 테페보다 9,000년 뒤의 일입니다." 그는 내게 흙을 제거해서는 안 된다고 잘라 말했다.

나는 그 기둥의 흙으로 덮이지 않은 높은 부분에 새겨진 형상들을 보고서, 슈미트와 논쟁을 벌이고 싶었다. 사실 황도 12궁이 괴베클리 테페보다 훨씬 이전에 이미 정리되어 있었다는 것을 보여주는 탁월한 증거가 있다.[8] 기둥 윗부분에는 인간의 양팔처럼 날개를 펼친 독수리가 새겨져 있는데, 그 독수리의 날개 위에는 단단한 원반이 있었다. 독수리는 그 원반을 높이 떠받드는 듯한 혹은 보호하는 듯한 모습이었다. 그 독수리는 내가 야생에서 관찰한 독수리의 모습과는 아주 달랐고, 인간적 면모를 가지고 있었다. 즉 독수리는 그 "무릎"을 앞으로 내밀었고, 또 이상할 정도로 발이 길쭉하고 평평했다. 그래서 예전에 나온 만화책인 「배트맨」에 나오는 "펭귄" 캐릭터와 아주 유사하다. 달리 말해서 이 독수리는 테리안트로프(therianthrope), 즉 반인반수(半人半獸)인 것이다. 테리안트로프는 맹수를 의미하는 그리스어 테리온(therion)과 인간을 의미하는 안트로포스(anthropos)가 합쳐져서 만들어진 말이다.[9]

그 독수리 위에는 똑바른 V자와 뒤집어진 V자가 반복되며 이어져 있는 두 행 사이로 H처럼 생긴 글자들이 일렬로 배열되어 있었다. 여기에도 무엇인가 숨겨진 메시지 혹은 숨은 뜻이 있는 것 같은데, 나는 그것을 해석할 수가 없었다. 마지막으로 기둥의 맨 꼭대기에는 세 개의 커다란 손가방 혹은 휘어진 자루에 달린 직사각형 용기(容器)들이 새겨져 있다. 가방의 손잡이들 사이로 세 개의 형상이 있다. 맨 왼쪽의 것은 기다란, 사람 같은 다리가 있는 새인데 거의 틀림없이 반인반수이며, 가운데 것은 꼬리가 몸의 앞쪽으로 올라와 휘어진 네발 동물이고, 오른쪽 것은 도롱뇽이다.

이 모든 것들은 아주 친숙한 분위기를 풍기고 있었으며, 나는 그것

그림 4 D구역의 43번 기둥. 내가 방문했을 당시에는 기둥의 아랫부분이 흙으로 덮여 있었으나, 그 전에 찍은 사진들을 참조하여 재구성한 것이다(화보 사진 7 참조).

을 ― 혹은 그와 비슷한 것을 ― 이미 본 적이 있다는 확신을 느꼈다. 문제는 어디서 무엇을 보았는지 분명하게 기억하지 못한다는 것이었다! 나는 산타에게 기둥의 그림들을 자세히 찍어달라고 부탁했다. 아내가 사진 촬영을 끝내자 슈미트는 우리에게 북서쪽으로 수백 미터 떨어진, 능선 반대편의 다른 현장에 가보자고 제안했다. 그곳에서는 그의 팀이 한창 발굴작업을 진행 중이었다. 그곳은 그들이 레이더로 찾아낸 수십 곳의 매몰 구덩이 중 하나였는데, 그들이 처음 작업하는 구덩이였다.

학계의 고정된 입장

나는 걸어가면서 슈미트에게 언제, 어떻게 괴베클리 테페 발굴작업에 뛰어들게 되었느냐고 물었다. 건축물의 진화에 대한 그의 견해가 확고하다는 것은 위에서 이미 말한 바 있다. 그런데 아이러니컬하게도 그 문제에 대해서 그런 확고한 견해를 가진 다른 고고학자들 덕분에 슈미트는 커다란 기회를 잡게 되었다! 1964년에 시카고 대학교와 이스탄불 대학교의 합동 조사팀이 석기 시대 유적지를 조사, 발굴한다는 구체적인 임무를 띠고 이 지역을 방문했다. 그들은 땅에서 비쭉 튀어나온 커다란 T자형 기둥의 꼭대기 부분과, 그 주위에 현지 농부들이 파헤친 다른 부서진 석회암 기둥들을 발견했다. 하지만 그들은 괴베클리 테페가 그들의 목적과는 무관하다고 생각하여 다른 곳으로 이동했다.

그 이유는 무엇일까?

미국과 터키 연구진은 기둥들에 새겨진 조각의 솜씨가 너무 진보되고 또 정교해서 석기 시대의 수렵-채취자들이 만든 것이라고 보지 않았다. 그들은 석회암 파편들 옆에 작업해놓은 부싯돌 등이 있었는데도 불구하고, 괴베클리 테페는 버려진 중세의 공동묘지에 지나지 않는다고, 따라서 전혀 선사적 의미가 없다고 보았던 것이다.

그들의 손실은 곧 슈미트에게는 이득이 되었다. 1980년대 말과 1990년대 초에 그는 터키에서 또다른 프로젝트에 관여하고 있었다. 네발리 코리라는 초기 신석기 시대 유적지의 발굴작업이었는데, 그 일대는 곧 아타튀르크 댐으로 인해서 수몰될 예정이었다. 그곳에서 그와 하이델베르크 대학교의 고고학 연구진은 다수의 T자형 기둥들을 발견했는데, 그 연대가 기원전 8000년에서 9000년 사이라는 것을 확정할 수 있었다. 어떤 기둥들에는 양 옆에 팔과 손이 양각으로 조각되어 있었다. "그래서 우리는 이 지역이 같은 시대의 다른 지역들과는 구별되는 어떤 것을 가지고 있다는 점을 알게 되었어요. 네발리 코리는 수렵-채집 사회에서 초기 농경 공동체로 이행되는 과정에 대규모 석회암 조각들이 있었다는 것을 알려주는 최초의 증거였습니다."

그로부터 몇 년 뒤인 1994년, 슈미트는 30년 전 터키-미국 합동 조사팀의 보고서를 읽게 되었는데, 괴베클리 테페에서 석회암 파편 부근에서 조각 작업을 하다 만 부싯돌을 발견했다는 문장을 보았다. "당시 나는 젊은 고고학자였어요." 그가 설명했다. "나는 나만의 프로젝트를 찾고 있었는데 여기에 뭔가 중요한 게 있다는 걸 직감했어요. 어쩌면 네발리 코리만큼이나 중요한 유적이 될지도 모른다고 보았지요."

"부싯돌과 건축물 기둥들이 고고학자들의 마음에 아무런 인상도 불러일으키지 못했기 때문에 당신의 선배들은 그걸 놓친 거겠지요."

내 말을 듣고 슈미트가 그 자신 또한 학계의 고정된 입장 때문에 괴베클리 테페에서 중요한 것을 놓쳤다는 암시를 눈치채기 바랐으나, 그는 전혀 의식하지 못하고 이렇게 대답했다. "그래요. 바로 그거였습니다."

나는 앞을 바라보았다. 그와 대화를 나누며 능선을 따라 몇 분을 걸어가자, 한창 발굴작업이 벌어지고 있는 현장에 도착했다. 나는 4개의 구덩이에서는 이 현장을 보지 못했다. 중간에 있는 능선이 시야를 가로막았기 때문이다. 이제 우리는 북쪽으로 능선을 타고 가서 남쪽으로 내려가서 새로운 현장에 접근했는데, 슈미트가 괴베클리 테페에서 새롭게 발굴을 시작한 그 구역에는 H라는 명칭이 붙었다.[10] 대여섯 명의 독일 고고학자들이 열심히 작업 중이었는데, 일부는 손으로 토양층을 긁어냈고 일부는 흙과 돌이 든 양동이를 체에 부었고 또 일부는 30명 정도 되는 터키 인부들을 지휘하고 있었다. 작업은 커다란 직사각형 구멍에 집중되었다. 축구장 절반 크기의 작업 현장 내부는 무릎 높이의 담으로 12군데의 구획으로 구분되어 있었다. 그 구획들 중 여러 군데의 바닥에는 거대한 석회암 기둥머리 부분이 비쭉 솟아 있었다. 대부분 T자형이었는데, 부드러운 곡선형 꼭대기를 가진 기둥이 내 시선을 잡아끌었다. 기둥의 일부분이 파손되기는 했지만, 거기에는 멋진 숫사자의 형상이 새겨져 있었다. D구역의 사자와 마찬가지로 기다란 꼬리가 척추 위로 올라와 앞쪽으로 휘어져 있었는데, 내가 그때까지 본 그 어떤 조각보다도 더 높은 수준의 작품이었다.

"저건 아주 견고한 기둥이로군요." 내가 슈미트에게 말했다. "좀더 자세히 볼 수 있을까요?"

그는 동의했고 우리는 발굴 현장 사이로 걸어가 그 사자 기둥에서 2미터 정도 되는 지점에 멈춰섰다. 그 기둥은 자갈 크기의 돌들과 흙무더기 쪽으로 비스듬히 기울어져 있었는데, 고고학자들이 발굴작업을 하기 전에는 그 자갈과 흙이 이 구덩이 속에 파묻혀 있었을 것이다. 이 구획 가장자리에는 또다른 기둥의 머리 부분이 보였다. 그곳의 한가운데는 깊이 파여 있었는데 —아마도 흙을 퍼내서 사자 기둥의 위쪽 3분의 1까지 노출하기 위한 것인 듯한데 — 이 구덩이 또한 옆에는 자갈과 흙더미가 수북이 쌓여 있었다.

나는 슈미트에게 그 자갈과 흙더미에 대해서 물어보았다. "저 자갈들은 어떻게 저 안에 들어가게 되었죠? 자연 퇴적의 결과 같지는 않은데요."

"자연 퇴적이 아닙니다." 그가 조금 느긋해 보이는 미소를 지으며 대답했다. "저것들은 의도적으로 저 안에다 집어넣은 겁니다."

"의도적으로요?"

"네. 괴베클리 테페의 건설자들이 거석들을 이곳에 설치해서 미상(未詳)의 기간 동안에 사용하다가 이 구덩이들을 의도적으로 또 신속하게 파묻어버린 겁니다. 가령 C구역은 우리가 발굴한 것들 중에서 가장 오래되었습니다. 순서상 다음번 구덩이인 D구역을 조성하기 전에 C구역을 밑바닥에서부터 꼭대기까지 철저하게 매립하여 모든 것을 땅속에 묻었습니다. 이런 의도적인 매립의 관습은 우리 고고학자들에게는 아주 좋은 것입니다. 그건 구덩이를 효과적으로 밀봉해서 후대의 유기물이 틈입해오는 것을 원천봉쇄했지요. 그래서 이 구덩이의 연대를 완벽하게 확신할 수가 있는 겁니다."

나는 슈미트가 설명하는 동안 재빨리 생각했다. 연대에 대한 그의 발언은 적어도 세 가지 이유로 흥미로운 것이었다.

첫째, 이런 "밀봉" 과정이 **없었던** 전 세계의 거석 유적들에 대해서 고고학자들이 결론지은 연대는 엉뚱하게도 후대의 연대일 수도 있다. 왜냐하면 후대의 유기물이 그 유적에 틈입할 수 있기 때문이다(탄소 연대 확정은 유기물에만 해당되고 돌 같은 무기물에는 불가능하다). 따라서 이론적으로 볼 때, 건설자들이 의도적으로 매립하지 않은 유명한 거석 유적지들(가령 몰타의 신전들, 메노르카의 타울라, 잉글랜드의 에이브버리와 스톤헨지의 돌 기둥들 등)은 우리가 오늘날 알고 있는 것보다 훨씬 더 오래된 것일 수 있다.

둘째, 만약 괴베클리 테페의 연대가 매립지 안의 유기물을 측정해서 나온 것이라면—나는 이 사실을 나중에 슈미트의 논문에서 확인했다[11]—이것은 우리에게 매립의 연대만 말해줄 뿐이다. 거석 기둥들은 그 매립과 연대가 같을 수도 있으나, "비록 정확한 기간은 알 수 없으나 어느 정도 사용하다가" 매립이 되었으므로 그곳에 서 있던 시간까지 따지면 그(매립)보다 더 오래되었을 수 있다.

셋째, 이 점이 가장 중요한데, 왜 구덩이를 메웠을까? 이처럼 굉장한 원형의 거석 기둥들을 건설하고서 그 다음에는 이처럼 공들여서 아주 완벽하고 또 효과적으로 매립한 동기는 무엇일까? 너무나 매립을 잘해서 무려 1만 년이나 지난 다음에야 겨우 발견될 수 있을 정도로 말이다.

내가 가장 먼저 생각한 대답은……타임 캡슐이었다. 괴베클리 테페는 후대에게 전하는 일종의 메시지인 것이다. 그래서 수천 년 동안 지하에 꽁꽁 숨겨놓은 것이다. 이것은 그후 내가 조사를 계속하면서 여러 번 되돌아가게 되는 화두였다. 그리고 꼭 1년이 지난 후에야 그 조사는 어떤 결실을 맺게 되었다. 이에 대해서는 뒤의 장들에서 살펴볼 것이다. 그런데 내가 클라우스 슈미트에게 그 생각을 털어놓자, 그는 이 의도적 매립에 대해서 전혀 다른 설명을 내놓았다.

"내 생각에는 이게 그들의 당초 계획이었습니다." 그가 말했다. "그들은 나중에 파묻기 위해 이 구덩이들을 만든 겁니다."

"파묻기 위해 만들었다고요?" 나는 그 대답에 흥미를 느꼈다. 나는 그 매립의 목적이 "타임 캡슐"이라고 그가 말해주기를 기다렸다. 하지만 그는 다르게 대답했다. "가령 서유럽의 거석 공동묘지 같은 겁니다. 거대한 구조물을 만들었다가 그 다음에 꼭대기에 흙무덤을 조성한 거지요."

"그러니까 시체들을 매장하기 위한 것이었다고요? 그럼 시체들을 매장했다는 증거가 있습니까?"

"아직 매장의 증거는 없습니다. 매립용 물질에 인간의 뼈 조각이 동물 뼈 조각과 뒤섞인 것을 발견했습니다. 그렇지만 현재까지 매장의 증거는 없어요. 곧 발견할 수 있으리라고 기대합니다."

"그렇다면, 교수님은 괴베클리 테페가 사자(死者)들의 도시라고 생각하는군요?"

"아직 증명은 안 되었어요. 하지만 그게 내 가설입니다."

"매립물에서 동물 뼈와 뒤섞인 인간의 뼈를 발견했군요. 그럼 그 뼈는 어떻게 보십니까? 희생물인가요? 아니면 인육(人肉)을 먹은 흔적인가요?"

"나는 그렇게 보지 않습니다. 내 추측으로, 저 뼈들은 사후에 인간의 시체를 특별히 처리한 증거라고 봅니다. 어쩌면 의도적으로 살을 발라냈을 겁니다. 이런 의례가 같은 시기에 이 지역의 여러 알려진 유적지들에서 실시되었습니다. 내가 볼 때, 매립물에 인간의 뼈가 들어 있다는 사실은 내 가설에 힘을 실어주지요. 우리는 괴베클리 테페의 어느 곳에서 매장의 증거를 발견하게 될 겁니다. 일단 매장을 하고서 시간이 좀 흐르면 다시 파내서 죽은 자를 상대로 아주 특수한 의례를 지속적으로 거행한 거지요."[12]

"그렇다면 기둥들의 기능은 무엇입니까?"

"T자 기둥은 확실히 신인동형(神人同形)의 형태를 띠고 있습니다. 거기다 동물들이 함께 새겨져 있지요. 그래서 그 동물들이 T자형 존재들과 연관이 있다는 것을 알려줍니다. 나는 그 기둥들이 무엇인지 정확하게는 알지 못하지만, 아마도 신적인 존재들을 상징한다고 봅니다."

"그럼 T자형이 아닐 때에도요?" 나는 사자가 새겨진 기둥을 가리켰다. "가령 저런 것 말입니다. 저기에도 동물이 그려져 있군요."

슈미트는 어깨를 한번 으쓱했다. "우리는 확실한 건 모릅니다. 어쩌면 영원히 모를 수도 있고요. 이곳에는 신비로운 것들이 가득합니다. 앞으로 50년간 발굴작업을 계속하더라도 여전히 대답을 발견하지 못할 수도 있습니다. 우리는 발굴 초입에 서 있을 뿐입니다."

"그렇다고 해도 교수님은 몇 가지 대답을 가지고 있습니다. 어떤 분명한 아이디어 말입니다. 가령 저 사자 기둥을 보십시오. 적어도 저 기둥의 연대가 어느 정도 되었다는 건 대답할 수 있지 않습니까?"

"솔직히 말해서 우리는 모릅니다. 우리가 저 기둥 아래를 발굴할 때, 뭔가 유기물을 발견한다면 탄소 연대를 측정할 수 있습니다. 그렇게 하기 전에 확실한 것은 없습니다."

"하지만 기둥들의 양식에서 느껴지는 뭔가 감이 있으실 텐데요?"

슈미트는 다시 한번 어깨를 으쓱하더니 마지못해 이렇게 털어놓았다. "저건 C구역의 일부 기둥들과 비슷하군요."

"가장 오래되었다는 그 기둥들 말입니까?"

"네. 저 사자 기둥은 그 시대의 물건입니다."

"그럼 정확한 연대가 어떻게 될까요?"

"보정(補正)을 해서 정확한 연대는 기원전 9600년입니다. 그게 우리가 알고 있는 가장 이른 연대예요."

시간이 흘러갈수록 방사성 탄소 연대와 달력의 연대는 점점 더 벌어진다. 왜냐하면 공기 중에 있고 또 모든 살아 있는 유기물 속에 들어 있는 방사성 동위원소 탄소-14는 시간이 흐르면서 감소하기 때문이다. 다행스럽게도 과학자들은 — 그 세부사항은 너무 복잡하므로 여기서 다루지는 않겠지만 — 이런 변동을 반영하는 방법을 찾아냈다. 그 과정을 보정이라고 하는데, 그래서 슈미트가 말한 "보정한 기원전 9600년"은 달력의 연대와 같은 것이 된다. 내가 그와 대화를 나눈 것이 2013년인데, 보정한 기원전 9600년에다 그리스도 이후에 흘러간 시간을 합산하면 그것은 1만1,613년 전이 된다. 나는 이 글을 2014년 12월에 쓰고 있고 독자는 이 책을 2016년에 읽을 것이므로, 그 시점이 되면 슈미트가 말한 가장 이른 시간은 1만1,616년 전이 된다.

이제 독자는 연대에 대해서 감을 잡았을 것이다.

달리 말해서, 여태까지 발굴된 것들 중 괴베클리 테페의 가장 오래된 부분의 연대는 단순하게 말하면 1만1,600년이 약간 넘는다. 슈미트의 신중함과 유보조건들에도 불구하고, 그가 건축양식을 바탕으로 근거 있게 추론한 연대에 의하면, 우리가 바라보고 있는 사자 기둥은 괴베클리 테페에서 여태까지 발굴된 것들 중 그 어느 것 못지않게 오래된 것이다.

그가 명시적으로 말하지는 않았지만—우선 이렇게든 저렇게든 증거가 별로 없다—저 사자 기둥이 그보다 더 **오래되었을** 가능성도 고려해보아야 한다. 그는 이미 괴베클리 테페의 가장 좋은 작품이 가장 오래된 것이라고 시인했다. 슈미트는 추가 발굴이 "우리가 발견하기를 기대했으나 아직 발견하지 못한, 한미한 시작"을 드러낼 것이라고 말했으나, 추가 발굴에서 나온 이 첫 번째 작품은 그런 "한미한 시작"을 보여주지 못했다. 오히려 그와는 반대로 아주 잘 만들어진 거석 기둥을 발굴했을 뿐이다. 뒷발을 들고 일어선 사자의 모습은 그 양식적(樣式的) 관점에서 보면, 아주 오래된 것처럼 보였다.

그러니 추가 발굴작업은 슈미트가 희망하는 "한미한 시작"의 증거물을 찾아내기보다는 저 사자 기둥과 유사한 것들을 계속해서 발굴해내는 것이 아닐까?

"우리는 끝은 알고 있습니다." 슈미트가 내게 단호히 말했다. "괴베클리 테페의 가장 어린 지층은 연대가 기원전 8200년입니다. 그 무렵에 이 유적지는 영구히 버려졌습니다. 하지만 우리는 이 유적지의 시작은 알지 못합니다."

"교수님이 C구역에서 알아낸 연대, 기원전 9600년 혹은 지금으로부터 1만1,600년 전은 빼고 말이지요. 아무튼 지금껏 확정된 연대만으로 따지면 그게 이 유적지의 시작이군요."

"기념비적 단계의 시작을 말하는 거라면, 그 말이 맞습니다." 슈미트 교수의 눈빛이 반짝거렸다. "당신도 알겠지만, 기원전 9600년은 **중요한 연대**입니다. 그냥 숫자가 아니지요. 바로 이때 빙하시대가 끝났습니다. 그건 전 세계적인 현상이었어요. 이 현상은 아울러—."

슈미트가 강조하는 연대는 내가 수행 중인 연구와 관련하여 내 마음속에서 강한 반응을 일으켰고, 그래서 나는 그의 말허리를 잘랐다.

"기원전 9600년! 그건 빙하시대의 끝이기만 한 건 아니지요. 그건 기원전 1만800년에 시작된 영거 드라이어스 한랭시대가 끝난 시기이기도 합니다."

"그래요. 그 시기는 기원전 9620년에 끝났지요." 슈미트가 말했다. "그린란드에서 내려온 거대한 얼음 덩어리에 의하면. 기원전 9600년에 괴베클리 테페에서는 기념비적 단계가 시작되었고, 또 그때에 전 세계의 기후가 좋은 쪽으로 급변하면서 자연과 그 가능성이 폭발적으로 증가했습니다. 이게 어느 정도까지 우연의 일치일 것 같습니까?"

나는 그의 말에 동의했다. 그것이 우연의 일치라는 것은 전혀 그럴 법하지 않았다. 오히려 그 두 사건 사이에 연결관계가 있는 것이 틀림없다는 생각이 들었다. 우리는 이 책의 제2부에서 그 둘 사이의 연결관계, 지질학자들이 영거 드라이어스(Younger Dryas : 이 이름은 대륙빙이 사라진 후에 육지에 처음 등장한 담자리꽃나무[dryas]라는 극지방의 식물에서 유래되었다/역주)라고 부르는 신비스러운 대격변의 시대, 그린란드 얼음 덩어리가 우리에게 말해주는 것 등을 탐구하게 될 것이다.

다시 2013년으로 돌아와, 나는 클라우스 슈미트와의 인터뷰를 감사와 칭송의 말로 끝맺었다. 그리고 2014년 12월, 책상에 앉아 내가 괴베클리 테페에서 녹음해두었던 녹취록을 검토하다가, 그리고 클라우스가 2014년 7월 20일에 갑작스러운 심장마비로 사망했다는 사실을 감안하면서, 나는 그에게 칭송의 말을 건네기를 잘했다고 생각했다. "교수님은 정말 겸손한 사람입니다." 내가 말했다. "하지만 교수님이 발견한 유적지 덕분에 우리는 인류의 아득한 과거에 대해서 다시 생각하게 되었습니다. 이것은 정말 놀라운 일입니다. 나는 괴베클리 테페의 이름은 물론이고 교수님의 이름도 역사에 기록될 것이라고 생각합니다.”

문명의 전달자

2013년 9월 중순에 나는 괴베클리 테베를 떠나서 터키 전 지역을 널리 여행한 다음 마침내 집으로 돌아왔다.

사자 기둥은 내 마음에서 떠나지 않았고, 특히 나를 붙잡고 놓아주지 않은 것은 D구역의 43번 기둥에 새겨진 장면이었다. 인간처럼 무릎을 구부린 독수리가 인간의 팔을 닮은 양 날개를 벌리고 단단한 원반을 떠받치는 장면이었다.

나는 산타의 사진들을 내 컴퓨터에 옮기고, 그 사진을 불러왔다. 그 사진에는 원반 이외에도 인상적인 요소들이 많았다. 독수리의 양 날개가 펴져 있고 그중 하나는 몸의 뒤쪽으로 펴져 있다. 독수리의 오른쪽에는 뱀이 있다. 괴베클리 테페의 모든 뱀들이 그러하듯이 그 뱀은 커다란 삼각형의 머리에 몸은 곡선형으로 비틀면서 밑으로 퍼져서 H자 쪽을 향해 있다. 뱀 옆에는 또다른 커다란 새가 있다. 그 새는 독수리는 아니고 낫 모양의 기다란 부리를 가진 따오기를 닮았다. 따오기와 독수리 사이에는 또다른 새가 있는데 역시 구부러진 부리에 덩치는 좀더 작으며 병아리 같은 느낌을 준다.

나는 원반을 주목한다. 나는 이것이 무엇인지 모르지만 그 형태로 보아 태양을 상징한다고 추측한다.

그렇지만 이 장면에는 그것 이상으로 나의 흥미를 끌어당기는 무엇이 있다. 뭐라고 꼭 집어서 말을 할 수는 없지만, 다른 어떤 것을 생각나게 하는 무엇, 아주 익숙한 무엇이 괴베클리 테페의 오래된 기둥에 분명 들어 있었다. 산타는 여러 각도에서 이 기둥의 사진을 수백 장 찍었다. 나는 뭔가

그림 5 "뱀 속의 남자" 조각. 케찰코아틀로 알려진 중앙 아메리카 신을 묘사한 형상 중에 가장 오래된 현존 조각.

단서를 발견할지 모른다고 생각하며 그 사진들을 계속 넘겨보았다. 독수리……원반……그리고 독수리 위쪽 공간에 있는 괴상한 가방들의 행진, 그리고 곡선형의 손잡이…….

가방들.

손가방들.

갑자기 나는 그것이 무엇인지 알았다. 나는 서재의 서가로 걸어가서 그동안 발간된 나의 책들의 보관본들 중 『신의 지문(*Fingerprints of the Gods*)』을 꺼내서 사진 부분을 넘겨보았다. 첫 번째 부분은 남아메리카를 다룬 것이었고, 내가 찾는 것은 거기에 없었다. 두 번째 부분은 멕시코와 관련된 것이었는데 다섯 번째 페이지에서 나는 그것을 발견했다. 그 사진은 33번 사진이었고 이런 설명이 달려 있었다. "라 벤타의 올멕 유적에서 발견된 '뱀 속의 남자'" 그것은 1992년인가 1993년에 산타가 찍은 것인데, 너비 1.2미터, 높이 1.5미터의 단단한 화강암 석판에 새겨진 인상적인 부조였다. 그 부조는 중앙 아메리카의 신을 묘사한 가장 최초의 것으로 간주되고 있다. 이 신을 마야(올멕보다 나중의 문명)는 쿠쿨칸(Kukulkan) 혹은 구쿠마츠(Gucumatz)라고 불렀고, 그보다 더 후대인 아스텍 문명에서는 케찰코아틀(Quetzalcoatl)로 알려졌다.[13] 이 세 이름은 모두 "깃털 달린 뱀"(때로는 "날개 돋친 뱀"으로 번역된다)을 뜻한다. 우리가 왼쪽의 그림에서 보듯이 뱀의 머리는 깃털 달린 볏으로 장식되어 있다. 뱀의 강력한 몸뚱어리는 부조의 바깥 가장자리를 비틀어 감으면서, 양발을 대좌 쪽으로 뻗으며 앉아 있는 자세의 남자 형상을 어르고 있다. 남자는 오른손으로 내가 그당시 "작은 양동이 모양의 물건"이라고 묘사한 것을 잡고 있다.[14]

나는 다시 괴베클리 테페의 D구역에서 찍은 산타의 사진들로 되돌아가서 내가 의심했던 것을 그 즉시 확인할 수 있었다. 기둥 위쪽의 세 개의 가방은 멕시코 라 벤타의 "양동이 모양의" 물체를 아주 닮았다. 곡선형 손잡이가 두 경우 모두 등장하며, "가방들"과 "양동이"의 옆면은 윗부분보다 아랫부분이 약간 더 넓다는 점도 아주 유사하다.

만약 이것이 거기 있는 것의 전부였다면 이것은 우연의 일치에 지나지 않을 것이다. 라 벤타의 "뱀 속의 남자" 부조는 고고학자들에 의해서 기원전 10세기와 6세기 사이의 것이라는 연대 판정이 났다.[15] 괴베클리 테페의 그림보다 약 9,000년 후대의 것이다. 그런데 어떻게 이 둘 사이에 연결관계가 있을 수 있을까?

바로 그 순간 나는 『신의 지문』에 수록한 두 번째의 기이한 그림을 기억해냈다. 나는 찾아보기에서 오안네스라는 이름을 찾았고 제11장으로 들어가 가방 혹은 양동이를 들고 있는 또다른 형상을 발견했다. 나는 전에는 오안네스와 "뱀 속의 남자" 사이의 유사성을 주목하지 못했으나, 이제 그것이 아주 분명하게 보였다. 완전히 똑같지는 않으나 두 가방에는 괴베클리 테페 기둥에 묘사된 곡선형의 손잡이가 있다. 나는 재빨리 20년 전에 썼던 보고서를 훑어보았다. 오안네스는 메소포타미아의 모든 고대 문화들이 숭배한 문명을 가져다준 영웅이었다. 그는 아주 오래된 고대에 등장하여 주민들에게 다음과 같은 기술을 가르쳐주었다.

문자 제정에 필요한 기술, 수학을 하는 기술, 온갖 종류의 지식을 얻어내는 데에 필요한 기술. 도시를 건설하고, 신전을 짓고……법률을 제정하고…… 땅들을 분할하여 경계를 짓는 방법, 또 씨앗을 심어서 그 열매와 채소를 수확하는 방법을 가르쳐주었다. 간단히 말해서 [그는] 인간들에게 문명 생활에 도달하게 하는 모든 것을 가르쳐주었다.[16]

우리가 오안네스에 대해서 가지고 있는 자세한 이야기는, 기원전 3세기에 저술한 베로수스라는 바빌로니아 사제의 저작들 중 후대에 전해진 파

그림 6 오안네스, 대홍수 이전의 문명화 영웅. 메소포타미아의 고대 문화권에서 널리 숭배되었던 인물이다. 그가 이상한 옷 혹은 복장을 한 이유들 — 그는 종종 "물고기-옷을 입은 형상"으로 지칭된다 — 은 제8장에 제시되어 있다.

편들에서 발견할 수 있다. 다행히도 나는 베로수스의 파편들을 모두 번역해놓은 번역서를 가지고 있었다. 나는 이 책과 함께 고대 메소포타미아 신화와 전승을 다룬 소수의 사료들도 함께 꺼내들었다. 다음의 사실을 발견하는 데에 그리 오랜 시간이 걸리지 않았다. 오안네스는 혼자서 그런 일을 다 한 것이 아니라 7명의 압칼루(Apkallu) — "일곱 현인" — 이라고 알려진 무리의 지도자였다. 7명의 압칼루는 "대홍수 이전"에 살았던 사람들로 생각된다(대격변의 세계적인 대홍수 이야기는 수메르, 아카드, 아시리아, 바빌로니아 등 많은 메소포타미아 전승에서 아주 중요하게 등장한다). 오안네스를 우두머리로 하는 이 일곱 현인은 문명의 전달자였다. 그들은 아주 먼 과거에 인간들에게 도덕률, 예술, 공예 기술, 농업 기술을 주었고, 또 건축과 토목과 그 외의 다른 공학적 기술을 가르쳤다.[17]

이상이 오안네스가 가르쳐준 기술인데, 나는 그런 기술들이 괴베클리 테페에서 "발명된" 것이라는 생각을 지울 수 없었다.

나는 컴퓨터 모니터에 지도를 불러와서 괴베클리 테페 주위의 지리를 살펴보았다. 터키 남동부는 지리적으로 메소포타미아와 인접해 있을 뿐만 아니라 두 지역은 좀더 친밀하고 직접적인 방식으로 연결되어 있었다. 오늘날의 이라크가 상당히 많은 부분을 차지하고 있는 고대의 메소포타미아(Mesopotamia)는 글자 그대로 "두 강 사이의 [땅]"이라는 뜻이다. 두 강은 티그리스와 유프라테스인데, 이 강들은 페르시아 만에 합류한다. 그러나 두 강은 터키 남동부의 토로스 산맥에서 발원하는데, 이 수원지는 곧 괴베클리 테페가 있는 곳이기도 하다.

나는 인터넷에 들어간 김에 일곱 현인의 사진들을 검색해보았다. 처음에는 사진이 별로 나오지 않았다. 그러나 검색어를 압칼루에서 일곱 압칼루로 바꾸었더니 엄청난 사진들을 볼 수 있었다. 그것들은 주로 아시리아에서 나온 부조를 찍은 것들이었는데, 아시리아는 대략 기원전 2500년에서

그림 7 메소포타미아의 티그리스 강과 유프라테스 강의 수원지와 관련해서 살펴본 괴베클리 테페의 위치.

기원전 600년까지 메소포타미아에서 번성한 문화였다. 내가 검색 창에 "아시리아 압칼루"를 입력하자, 엄청나게 많은 그림들이 나왔다. 종종 괴베클리 테페 기둥이나 멕시코 "뱀 속의 남자"에 나오는 것과 비슷한 가방 혹은 양동이를 든 수염 기른 남자들이 등장했다. 유사한 것은 이 용기(容器)들의 곡선 손잡이나 그 형체뿐만이 아니었다. 물론 『신의 지문』에 수록된 오안네스 부조와 비교하면, 손잡이나 형체의 유사성이 괴베클리 테페에 훨씬 더 가까운 것은 사실이다. 그러나 그보다 더 특별하고 뚜렷한 유사성은 메소포타미아와 멕시코의 형상들이 이 용기들을 잡고 있는 손가락의 모습이다. 엄지손가락은 손잡이의 앞쪽으로 나와 있는 반면, 나머지 네 손가락은 손잡이를 안쪽으로 부여잡고 있다.

그 외의 사항들도 있다. 다수의 그림이 인간이 아니라 반인반수를 보여준다. 괴베클리 테페 기둥의 반인반수의 휘어진 부리와 똑같이 생긴 휘어진 부리를 가진 새사람[鳥人]이다. 그 유사성을 더욱 긴밀하게 해주는 것은, 메소포타미아의 부조에서 새사람은 한손에는 용기를 들고 있고 다른 손에는 원추형 물체를 들고 있다는 것이다. 그 형체는 약간 다르지만, 괴베

그림 8 메소포타미아 미술과 건축에 등장하는 오안네스와 압칼루의 모습. 그들은 빈번하게 조인 혹은 조인 형상으로 묘사된다.

클리 테페 새사람의 날개 위에 두둥실 떠 있던 원반과 비교해보고 싶은 마음을 억누를 수가 없다.

그러나 나는 아직 아무것도 증명할 수가 없었다. 그것은 모두 우연의 일치일 수도 있고, 아니면 내가 있지도 않은 연결 고리를 상상하는 것일 수도 있다. 하지만 서로 다른 대륙, 서로 다른 시기에 이런 유사한 용기가 등장했다는 사실에 나는 호기심이 발동했다. 그래서 일련의 질문들을 적어놓고 장래의 검증을 위한 느슨한 가설의 틀을 세워보려고 했다. 가령 그 용기들(가방이든 혹은 양동이든)은 입회 형제단의 직무를 보여주는 상징일까? 아주 먼 선사시대로까지 그 뿌리가 거슬러올라가는, 아주 오래되고 아주 멀리 퍼진 형제단일까? 이 가능성은 겉보기에는 다소 황당무계해 보이지만, 한번 들여다볼 필요가 있었고, 또 그 용기를 든 손의 모습을 볼 때 그런 가능성이 더 강화된다는 느낌이 들었다. 이것이 오늘날 프리메이슨의 악수처럼 일정한 기능을 수행한 것이 아닐까? 누가 "내부자"이고 누가 아닌지를 금방 알려주는 그런 수단일까?

그렇다면 이런 형제단의 설립 목적은 무엇이었을까?

흥미롭게도, 그림 및 상징과 관련하여 신화와 전승이 많이 전해지는 멕시코와 메소포타미아에서는, 그 목적이 무엇인지 의심의 여지가 없다. 간단히 말해서 그 목적은 문명의 혜택을 가르치고, 인도하고, 널리 퍼뜨리는 것이었다.

이것이 오안네스와 압칼루 현인들의 명시적인 기능이었다. 그들은 메소포타미아 주민들에게 "씨앗을 심어서 그 열매와 채소를 수확하는 방법"—달리 말해서 농업—을 가르쳐주었다. 또 토목과 공학 기술을 가르쳐주었는데, 특히 신전을 짓는 기술을 뜻했다. 그곳 주민들이 이런 기술의 가르침을 받아야 했다는 이야기는 현인들이 도착하기 전까지는 그런 기술에 대한 지식이 없었다는 이야기이다. 달리 말해서, 그들도 터키 남동부의 다른 주민들과 마찬가지로 이리저리 돌아다니는 수렵−채집자들이었다. 그러다가 갑자기 또 놀랍게도 괴베클리 테페의 놀라운 단계로 접어든 것이다.

멕시코의 고대 주민들도 마찬가지였다. 그들도 수렵−채집자들이었는데, 깃털 달린 뱀인 케찰코아틀이 등장하여 그들에게 정착 농업의 혜택과 신전 건설의 기술을 가르쳐주었다. 이 신은 빈번하게 뱀으로 묘사되지만 — 뱀은 그 신의 상징이면서 제2의 자아(自我)이다 — 종종 인간의 모습으로 등장하여 통상 "키가 큰 수염 기른 백인"[18]……"신비한 사람……단단한 신체, 넓은 이마, 커다란 눈, 흘러내리는 수염 등을 가진 백인"으로 묘사된다.[19] 실제로 마야 연구의 석학인 실바누스 그리스월드 몰리는 다음과 같이 결론내렸다.

케찰코아틀의 속성과 생명의 역사는 너무나 인간적이어서, 그가 실제로 역사 속에 존재한 인물이었다고 생각해도 그리 황당한 이야기가 아니다……그가 가져다준 혜택의 기억이 그의 사후에도 남았고, 그의 인성은 마침내 신격화된 것이다.[20]

오안네스에 대해서도 같은 말을 할 수 있다. 압칼루(마찬가지로 긴 수염을 기르고 있다)의 우두머리인 오안네스처럼, 케찰코아틀은 그 자신의 현인들과 마법사 형제단을 이끌고 여행을 했다. 우리는 그들이 "노 없이 저절로 움직이는 배를 타고 바다 건너에서" 멕시코에 도착했다는 것을 알고 있다.[21] 또 케찰코아틀이 "도시의 건설자, 법률의 제정자, 역법(曆法)의 교사"로 여겨진다는 사실도 안다.[22] 16세기의 스페인 연대기 작가인 베르나르디노 데 사아군은 아스텍 언어에 능통했고, 그들의 고대 문명을 세심하게 기록했다. 그는 이렇게 말한다.

케찰코아틀은 문명을 전파한 위대한 자이다. 그는 기묘한 집단을 거느리고 멕시코에 왔다. 케찰코아틀은 멕시코에 기술을 도입했는데 특히 농업을 육성했다……그는 넓고 우아한 집을 몇 채 지었다. 그리고 평화라는 종교의 가르침을 전했다.[23]

요약하면 케찰코아틀과 오안네스는 여러 상징과 도상들을 공유하는 복잡한 패턴을 보인다. 이들은 또한 문명의 전달자라는 특성을 공유하며, 아주 오래된 시대에 세계의 여러 동떨어진 지역들에 문명을 가져다주었다. 그 오래된 시절은 아주 까마득하고 대홍수 이전이며, 호랑이 담배 먹던 시절이다.

그것이 괴베클리 테페의 시대인 기원전 9600년으로 거슬러올라가는 시절일 수 있을까? 비록 후대에 전해지는 전설은 없지만 괴베클리 테페에서는 유사한 상징들이 많이 발견되었고, 농업과 기념비적 건축의 갑작스러운 출현이라는 형태로 문명화의 표시가 구석구석에서 발견되고 있다.

만약 내가 이 가설을 증명할 수 있다면, 그 의미의 파급효과는 아주 엄청날 것이다. 적어도 다음과 같은 굉장한 의미를 내포하는 것이다. 지금으로부터 1만2,000년 전, 마지막 빙하기의 한가운데에서, 이 세상 어딘가에서 아직 그 정체를 알 수 없는 사람들이 고급 문명의 기술과 속성들을 모두 터득하고서, 전 세계로 전령을 보내어 그런 지식의 혜택을 골고루 보급하려고 했다. 이 그림자 같은 전령, 현인, "신들의 마법사"는 대체 누구였을까? 왜 이 기원전 9600년이라는 연대와 관련되는 사항들이 이처럼 지속적으로 나타날까?

클라우스 슈미트는 토로스 산맥의 뜨거운 햇빛 아래서 내게 괴베클리 테페를 보여주면서 올바른 지적을 했다. 기원전 9600년은 정말로 "중요한 연대"이다. 빙하기의 종언을 알리는 연대이기 때문에 중요하고, 또 다소 놀라운 다른 이유로도 중요하다.

그리스의 입법가 솔론은 기원전 600년에 이집트를 방문하여 그곳 나일 삼각주의 사이스 신전 사제들로부터 아주 놀라운 이야기를 들었다. 그 이 야기는 마침내 그의 유명한 후예인 플라톤에게까지 전해졌다. 이 철학자는 그것을 적절한 시점에 『티마이오스(Timaios)』와 『크리티아스(Cristias)』라는 대화록에다 소개함으로써 전 세계에 알렸다.

그것은 물론 아틀란티스라는 위대한 사라진 문명의 이야기이다. 솔론의 시대로부터 9,000년 전, 그 문명은 어느 무시무시한 단 하루 낮과 밤 만에 홍수와 지진의 천재지변으로 인해서 파괴되었다.[24]

그 시점은 우리의 역법으로 기원전 9600년이다.

2
빛의 산

"문명의 기원에 관해서 우리가 배운 것들은 모두 틀렸습니다." 대니 힐먼 나타위자자가 말했다. 그는 인도네시아 과학연구소 내의 지구과학연구소의 수석 지질학자이다. "아틀란티스와 다른 선사시대의 사라진 문명들에 관한 이야기는 오랫동안 고고학자들에 의해 신화로 일축되어왔으나, 그게 곧 진실로 판명될 것 같습니다."

때는 2013년 12월이었다. 우리는 인도네시아의 반둥 시에서 서쪽으로 70

그림 9 고대의 구눙 파당을 화가가 그린 그림(폰. S. 푸라자트니카의 허락으로 전재).

킬로미터 떨어진 해발 900미터 지점에 서 있었다. 나는 나타위자자 박사와 함께 높이 110미터의 계단식 피라미드의 가파른 경사면을 걸어 올라갔다. 그 피라미드는 논과 차 농장들이 산재해 있는 화산, 산악, 밀림의 장엄한 풍경을 내려다보고 있었다.

고대인들이 원형의 현무암 덩어리를 이용해서 조성한 이 피라미드는 1914년에 처음으로 고고학자들의 눈에 띄었다. 당시에는 피라미드의 꼭대기 부분을 빽빽한 나무들과 잡목들이 뒤덮고 있었다. 현지인들은 이 유적지를 신성하게 여겨서 구눙 파당(Gunung Padang)이라고 불렀다. 오늘날에도 이 이름이 여전히 사용되고 있는데, 이 지역의 언어를 잘 모르는 사람들이 "산의 들판"이라고 잘못 번역했다. 이 지역의 언어는 인도네시아어가 아니라 순다랜드어이므로, 곧 "빛의 산" 혹은 "계몽의 산"이라는 뜻이다. 이 구조물은 5개의 테라스로 구성되어 있고 전체 면적은 길이 약 150미터에 너비가 40미터이다. 이곳을 방문한 고고학자들은 이 테라스들이 태곳적부터 명상과 은둔의 장소로 사용되었으며, 오늘날도 그러하다는 이야기를 들었다.

그러나 고고학자들이나 현지인들은 이 피라미드가 인공 피라미드라는 것은 알아보지 못했다. 당초에 자연스럽게 형성된 언덕이었는데 거기에 인간의 손길이 약간 가미되었다고 보았다. 그러나 나타위자자와 그의 팀이 2011년 여기서 지구물리학적 탐사를 하고 나서는 이야기가 달라졌다. 그 팀은 지하 투과 레이더, 지진파 단층 촬영법, 전기 비정항 탐사법 등으로 이 건축물의 연대를 측정했다. 그 무렵 피라미드 꼭대기 부분은 말끔하게 정리되어 있었고, 테라스형 구조물은 거석문화의 건축물로 인정되고 있었다. 하지만 탄소 연대 측정은 실시되지 않았고, 그래서 탐사보다는 짐작에 의해서 이 건축물의 연대가 대략 기원전 1000년일 것으로 추정되었다.

방사성 탄소 연대 측정은 거석 바로 아래 혹은 지표면에 있는 토양 중의 유기물을 대상으로 나타위자자가 최초로 직접 수행했다. 그 결과로 나온 연대는 대략 500년에서 기원전 1500년 사이로 기존에 고고학자들이 추정한 것과 별로 다르지 않았으며, 따라서 아무런 논쟁도 일으키지 않았다. 그러나 그 후 정말로 놀라운 일이 기다리고 있었다. 나타와자자와 그의 팀은 관 모양의 천공기를 사용하여 훨씬 깊은 곳에 있는 흙과 돌에 대한 탐사를 계속했고, 다음과 같은 두 가지 사항을 알아냈다.

첫째, 천공기로 얻은 시료 — 인간이 작업한 원형 현무암의 파편들 — 는 지하 깊은 곳에 인간이 만든 거석 구조물이 더 많이 있다는 증거를 제시했다. 둘째, 천공기가 채취한 유기물은 처음에는 기원전 3000년에서 5000년의 연대를 보이더니 더 깊이 파고들어가니까, 기원전 9600년에서 더 멀리 기원전 1만1000년에서 1만5000년까지 올라갔다. 그리고 지하 27.5미터 깊이에서 나온 유기물은 놀랍게도 기원전 2만 년과 2만2000년 혹은 그보다 더 이른 연대를 보여주었다.

"이것은 내 동료들이나 고고학계가 듣고 싶어하는 이야기가 아니었습니다." 나타위자자가 말했다. 그는 대규모 지진 지질학의 세계적인 권위자이고 미국의 캘리포니아 공과대학에서 박사학위를 받은 사람이다. 이런 그가 이제 고고학을 전혀 과학적이지 못한 학문으로 생각하게 되었다.

진정한 천재지변의 시대

문제는 기원전 9600년 이전으로 거슬러올라가는 연대가 마지막 빙하기의 한가운데 시점과 겹친다는 것이다. 당시 인도네시아는 오늘날처럼 일련의 섬들로 구성된 것이 아니라, 지질학자들이 "순다랜드(Sundaland)"라고 명명한 대홍수 이전의 동남 아시아 대륙에 붙어 있었다.

당시 이 지역의 해발 수준은 122미터보다 낮았다. 두께가 3.2킬로미터에

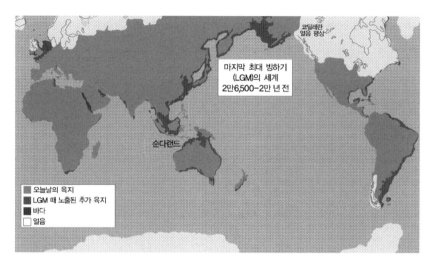

그림 10

달하는 거대한 얼음 덩어리가 유럽과 북아메리카의 대부분 지역을 덮고 있
다가 그 얼음 덩어리가 녹기 시작했다. 이어 그 얼음 속의 물이 모두 바다
로 흘러들면서 해수면이 높아졌고, 그 이전에 인간이 살던 세계의 많은 지
역들이 바다 밑에 잠기게 되었다. 얼음이 녹기 이전인 빙하시대에 브리튼은
유럽과 합쳐져 있었다(당시 영국 해협이나 북해는 없었다). 마찬가지로 홍
해나 페르시아 만은 없었으며, 스리랑카는 남부 인도와 합쳐져 있었고, 시
베리아는 알라스카에, 그리고 오스트레일리아는 뉴기니에 붙어 있었다. 하
지만 해수면이 때로는 느리고 연속적으로, 때로는 급하게 격변하는 방식
으로 높아지던 이 시기에, 빙하시대의 순다랜드 대륙은 바다 밑으로 잠기
게 되었고, 우리가 오늘날 알고 있는 말레이 반도와 인도네시아 섬들만이
물 위에 떠 있는 땅이 되었다.

　우리가 앞 장에서 보았듯이, 마지막 빙하기의 인간 문명에 대한 고고학
계의 정설은 이러하다. 그 당시까지 우리의 선조는 원시적인 수렵−채집인
들이었고, 농업의 기술은 전혀 알지 못했으며 흙집이나 임시 노숙 거처 이

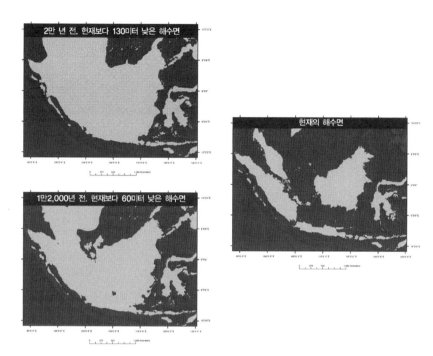

그림 11 마지막 빙하기 끝 무렵의 순다랜드 대홍수.

외의 건축기술은 획득하지 못했다.

바로 이 때문에 터키 남동부에 있는 괴베클리 테페가 아주 중요한 의미를 가진다. 왜냐하면 이 유적지는 학계의 정설을 통타하면서 예전에는 광인의 헛소리로 치부되었던 가능성, 즉 문명은 우리가 알고 있는 것보다 훨씬 더 오래 전에 훨씬 더 신비하게 시작되었다는 가능성을 진지하게 고려하라고 압박을 가하기 때문이다.[1] 현재 그 연대가 기원전 9600년으로 확정되었기 때문에(클라우스 슈미트는 "정확히 기원전 9600년"이라고 힘주어 강조했다), 괴베클리 테페는 죽어버린 아틀란티스 이야기도 다시 꺼내어 검토해보라고 압박을 가한다. 고고학자들은 오래 전부터 아틀란티스 이야기를 조롱하면서 누가 저 사악한 이름의 "아"자만 꺼내도 그 사람에게 경멸과 조롱을 퍼붓기를 꺼려하지 않았다. 지난 장의 말미에서 말했듯이, 그리스 철학자 플라톤은 『티마이오스』와 『크리티아스』에서 전설상의 가라앉은 왕국을 '언급하면서, 홍수와 지진에 의한 아틀란티스의 천재지변이 솔론의 시대로부터 9,000년 전의 일이라고 말했다.[2] 이 연대는 **정확하게 기원전 9600년**이 된다. 물론 그리스인들은 괴베클리 테페의 존재는 알지 못했다(이 테페 유적지가 아틀란티스가 바다 밑으로 가라앉아버린 바로 그 시점에 건설되었다는 것은 더더욱 알지 못했다). 더욱이 그들은 괴베클리 테페 건설보다 20년 전인 기원전 9620년(빙하시대의 끝 무렵)으로 소급되는 그린란드 얼음 덩어리에 대해서도 알지 못했다. 또 그 시기에 발생한 급격한 해수면 상승(대륙의 지괴[地塊]를 누르던 거대한 얼음 덩어리의 무게가 제거되면서 그 여파로 발생한 대격변의 지진들을 동반했다)에 대한 현재의 과학적 지식도 알지 못했다. 그리스인들이 이런 주변 지식들을 전혀 모른 상태에서, 플라톤이 마치 족집게로 집듯이 기원전 9600년을 말했다는 것은 참으로 오싹한 우연의 일치라고 할 수 있다.

그러나 대니 나타위자자의 견해에 의하면, 그것은 전혀 우연의 일치가 아니다. 그는 구눙 파당에서 조사작업을 하면서 다음의 사실을 확신하게 되었다. 마지막 빙하기의 한가운데에 고도로 발달한 문명이 있었다는 플라톤의 이야기는 사실이다. 그 문명은 기원전 1만800년과 9600년 사이에 있었던 전 세계적인 지각변동의 시대에 홍수와 지진 등의 천재지변으로 사라진 것이다.

지질학자들은 이 시기를 "영거 드라이어스"라고 부르는데, 오랫동안 신비하고 혼란스러운 시기로 인식되어왔다. 그 시기가 시작된 기원전 1만800년에, 지구는 지난 약 1만 년에 걸친 빙하기를 벗어났는데, 이때 전 세계의 기온이 꾸준히 상승하여 얼음 덩어리들이 녹기 시작했다. 그러다가 아주 극적으로 한랭한 기후로 되돌아갔다. 2만1,000년 전의 빙하기 꼭짓점 같은 그런 추위가 다시 찾아온 것이다. 이 짧고 혹심한 한랭시대는 1,200년 동

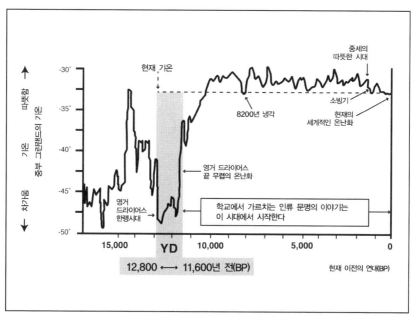

그림 12 오늘날 학교에서 가르치고 있는 모든 인류의 역사는 영거 드라이어스 이후에 시작되었다고 주장한다. 영거 드라이어스는 기원전 1만800년(대략 1만2,800년 전)과 기원전 9600년(대략 1만1,600년 전) 사이에 있었던 신비한 대격변의 시대이다.

안 지속되었고 마침내 기원전 9600년에 이르러 온난화 추세가 재개되어 지구 온도는 급격히 상승했고 남아 있던 거대한 얼음 덩어리들이 급속히 녹아서 그 많은 물을 바다에 퍼부었다.

나타위자자가 말했다. "영거 드라이어스 시대에 사람들의 삶이 어떠했는지 우리로서는 상상하기 어려워요. 엄청 불안정한 기후와 전 세계적으로 끔찍하고 무서운 환경이 동시에 발생한 진정으로 대격변이 벌어지던 시기였습니다. 바로 이 시기에 매머드 같은 대형 동물의 종들이 멸종한 것은 놀라운 일이 아닙니다. 물론 우리 조상들에게도 엄청난 영향을 미쳤지요. 고고학자들이 말하는 '원시적인' 수렵−채집자들뿐만 아니라, 영거 드라이어스의 천재지변으로 역사적 기록에서 삭제된 고도로 발전된 문명에게도 엄청난 시련이었을 겁니다."

논쟁의 대상이 되는 피라미드

나타위자자가 이런 파격적인 견해를 가지게 된 것은 그의 팀이 구눙 파당에서 발굴한 증거 때문이다. 천공기로 얻은 시료가 테라스의 돌들 사이에 박힌 진흙 속의 유기물에서 얻은 연대보다 훨씬 더 오래된 탄소 측정 연대를 제시하자, 그의 팀은 지하 투과 레이더, 지진파 단층 촬영법, 전기 비저항 탐사법 등의 지구물리학 장비를 사용하여 조사 범위를 확대함으로써 지하 깊은 곳의 정확한 그림을 얻으려고 했다. 조사 결과는 놀라운 것이었다. 지표면에서 발견된 것과 똑같은 기둥 모양의 현무암으로 만든 거대한 구조물의 층을 발견했을 뿐만 아니라, 지하 30미터 혹은 더 깊은 곳까지 내려가는 거대한 현무암의 통로들이 있었던 것이다. 30미터 깊이의 유기물에 대한 탄소 측정 연대는 그 거석들이 1만2,000년 이전에 혹은 일부는 2만 4,000년 전까지 거슬러올라간다는 것을 보여주었다.

기둥 모양의 현무암은 자연적으로 형성되는데, 아일랜드 북부의 유명한 자이언트 코즈웨이가 좋은 사례이다. 그러나 구눙 파당에서는 그런 현무암이 건설 자재로 사용되었고, 주변 자연환경에서는 결코 발견되지 않는 형태로 배치되었다.

"지구물리학적 증거는 명백합니다." 나타위자자가 말했다. "구눙 파당은 자연적으로 형성된 언덕이 아니라 인간이 만든 피라미드이고 그 연대는 마지막 빙하시대의 끝 무렵보다 더 이전입니다. 지하 아주 깊은 곳에 있는 건설 작업도 대규모여서, 여기에서 고대 이집트의 피라미드 혹은 유럽의 대규모 거석 유적지들에 사용된 고도로 발전된 건설 기술이 응용되었다는 것을 알 수 있습니다. 나의 결론은 지금 우리가 사라진 문명, 그것도 아주 발달된 문명의 건축물을 바라보고 있다는 것입니다."

"고고학자들은 그런 이야기를 좋아하지 않을 텐데요." 내가 지적했다.

"물론 그렇겠죠!" 나타위자자는 아쉬워하는 미소를 지으며 대답했다. "나도 이 문제로 이미 큰 곤욕을 치렀습니다. 내 주장은 훌륭한 과학적 근거에 바탕을 둔 타당한 이야기입니다. 하지만 쉬운 문제는 아니에요. 나는 아주 완고한 신념체계와 맞서 싸우고 있습니다."

그 다음 단계는 전면적인 발굴작업이 될 터였다. "우리가 막연히 느끼는 자료와 탄소 연대 측정 자료를 확인하기 위해 추가 발굴작업을 해서 우리가 여기서 발견한 것을 재확인하든지 아니면 포기하든지 해야 합니다." 나타위자자가 말했다. "하지만 불행하게도 우리 앞에는 장애물이 많습니다."

내가 장애물이 뭐냐고 묻자, 그는 일부 인도네시아 선임 고고학자들이 자카르타의 중앙정부에 로비를 하여 구눙 파당에 대한 추가 작업을 막으려고 한다고 말했다. 그들은 이 유적지가 3,000년 전이라는 것을 "알기" 때문에 그것을 더 캐볼 이유가 없다고 말한다는 것이었다.

"나는 지표면의 거석들은 연대가 3,000년 이하라는 것을 부정하지 않습니다." 나타위자자가 황급히 덧붙였다. "하지만 구눙 파당이 태곳적부터 성스러운 장소로 알려져 있었기 때문에 그 거석들이 후대에 덧붙여진 거라고 봅니다. 하지만 이 구조물의 지하 깊숙이 파고 들어가면, 1만2,000년에서 2만 년 사이라는 연대가 나오는데 이게 중요한 겁니다. 이런 연대는 우리의 역사 이해에 잠재적으로 혁명적인 의미를 가지게 될 겁니다. 그러니 이 지하 암석층을 본격적으로 탐사하는 일은 반드시 필요합니다."

아틀란티스

다행스럽게도 2014년에 대통령의 결정적인 개입으로 대니(우리는 친구가 되었으므로 앞으로 그의 이름을 사용하겠다)는 그 유적지를 발굴하는 백지 위임을 받았다. 대니와 그의 팀은 2014년 8월에 작업을 시작하여 8월과 10 월 사이의 짧은 조사를 마무리했다. 그러나 괴베클리 테페의 경험이 보여 주었듯이 자세하고 꼼꼼한 고고학 작업은 아주 느린 과정이므로, 그들은 2017년이나 2018년은 되어야 최심부 암층에 도달할 것으로 기대하고 있다. 대니는 첫 번째 조사가 끝나갈 무렵 내게 최근 현황을 알려주는 이메일을 보내왔다.

조사작업은 잘 진행되고 있습니다. 우리는 지난 2주일 동안에 거석 유적 바로 윗부분 세 곳을 발굴했습니다. 이 작업으로 매몰된 구조물에 대한 증거와 세부사항을 더 얻을 수 있을 것입니다. 우리는 이 발굴작업으로 더 많은 돌 유물들을 발굴했습니다. 거석 유적 지하에 피라미드 같은 구조물이 있다는 사실은 이제 분명해졌습니다. 전문가가 아닌 사람이라도 이곳에 와서 현장을 둘러보면 그것을 어렵지 않게 이해할 것입니다. 우리는 5-7미터 깊이로 흙에 파묻혀 있는 일종의 공개된 홀을 발견했습니다. 하지만 아직도 주실(主室)까지는 접근하지 못했습니다. 우리는 현재 거석 유적지의 한가운데에 있을 것으로 생각되는 (지하 지구물리학에 의거하여) 주실을 향해 열심히 천공작업을 하고 있습니다.[3]

파묻힌 구조물? 주실? 아, 나는 이것들을 앞에서 언급하지 않았다. 우리는 나중의 장에서 이 문제들을 좀더 자세히 다룰 것이나, 여기서는 간단히 대니와 그의 팀이 2011년과 2013년 사이에 지하 투과 레이더, 지진파 단층 촬영법, 전기 비저항 탐사법, 핵심 천공작업 등을 활용하여 수행한 지구물리학 조사작업만 간단히 언급하겠다. 그 작업은 구능 파당의 지하 깊숙한 곳에 거대한 건축물과 아주 오래된 탄소 연대가 매립되어 있을 뿐만 아니라 3개의 감추어진 미발굴 주실이 있다는 것을 밝혀냈다. 그 형태가 너무나 반듯해서 자연적으로 형성된 것이 아니었다. 이 구조물 중 가장 큰 것은 지하 21.3미터와 27.4미터 사이에 들어 있고, 높이는 5.5미터, 길이는 13.7미터, 너비는 9.1미터 정도로 추정된다.

이 주실은 저 유명한 아틀란티스의 "기록의 전당"일까? 대니는 그럴 가능성이 있다는 논쟁적인 주장을 함으로써 흠결 없는 과학자의 명성을 위태롭게 할지도 모르는 영역에 들어섰다. 그는 아틀란티스 이야기를 비웃지 않을 뿐만 아니라 인도네시아 — 보다 정확하게는 빙하기 말엽에 해수면의 상승으로 바다 속으로 가라앉은 고대의 광대한 "순다랜드" — 가 실제로 아틀란티스일 가능성이 있음을 주장하는 책을 펴냈다.[4]

대니와 나는 2014년 6월에 인도네시아 군도(群島)를 돌면서 광범위한 현장 조사를 했다. 그 작업 중에 우리는 고고학자들이 제대로 연구하지 않고 내버려둔 거석 유적지들을 둘러보았다. 제18장에서 나는 우리의 발견사항들을 보고하면서 그것들이 구눙 파당의 신비와 어떻게 연결되는지 살펴볼 것이다. 그전에 보스턴 대학교의 지질학 교수인 로버트 쇼크의 의견을 보고하고자 한다. 쇼크 교수는 내가 구눙 파당에서 대니를 처음 만났던 2013년 12월에 나와 함께 있었다.[5]

로버트 쇼크 교수의 견해

쇼크는 엄정한 지질학적 증거를 바탕으로, 아주 악명 높은 주장을 한 저명인사이다. 그는 기자의 대(大)스핑크스가 수천 년에 걸친 강우에 의해서 형성된, 명확한 침식의 흔적을 보여준다고 주장했다.[6] 이런 주장은 스핑크스가 기원전 2500년보다 더 오래되었다는 뜻이고(정통 학설에 의하면, 이집트는 오늘날과 마찬가지로 기원전 2500년에도 비가 별로 오지 않았다), 실은 빙하기 말엽에 조각된 것이라는 이야기이다. 빙하기에 나일 계곡 일대는 장기간 동안 많은 강우에 노출되어 있었다.

키가 크고 날씬하고 풍성한 턱수염에 잘 빗지 않은 더벅머리의 학자풍 신사인 쇼크는 구눙 파당에서 원기 왕성한 어조로 대니의 지구물리학 작업 결과를 물었다. 그는 현장에서 시료들을 모았고 또 거석 유적지를 꼼꼼히 둘러보았다. 그후에 그는 미국으로 돌아가서 그 자료들을 충분히 분석한 다음에 이런 글을 썼다.

첫 번째 중요한 사항은……구눙 파당은 마지막 빙하기 말엽보다 더 앞선 시점인 기원전 9700년경의 구조물이라는 것이다. 증거를 감안할 때 나는 인간이 이 유적지를 기원전 1만4700년경부터 사용하기 시작했을 것이라고 믿는다. 아마도 유적지가 최초로 사용된 것은 기원전 2만2000년일 것이나 그보다 앞선 시점일 수도 있다.

내가 분석해볼 때, 지표면에서 약 4-10미터 지점에 있는 암석층 3은 마지막 빙하기의 끝 무렵, 그러니까 대략 기원전 1만 년에서 9500년 사이의 연대이다. 이 무렵에는 엄청난 기후 변화가 발생하여, 지구가 아주 더워지고, 해수면이 상승하고, 대홍수가 나고, 지진과 화산활동이 빈발하고, 여러 지역에서 화재가 발생했다……암석층 3에서는 붕괴된 구조물의 증거가 나오는데, 아마도 그 당시의 혼란스러운 기상 조건이 만들어낸 결과일 것이다.

구눙 파당을 방문하여 연대와 붕괴의 증거와 그후의 재건축 등을 살펴보면서 나는 아주 오래된 문명을 대표하는 또다른 주요 유적지이며 마지막 빙하기의 끝 무렵에 생겨난 터키 남동부의 괴베클리 테페를 생각하지 않을 수 없었다……나는 또한 이집트와 대스핑크스의 새로운 연대에 대한 나의 작업도 생각했다. 원(proto) 스핑크스에서 발견되는 극단적인 풍화와 침식(스핑크스의 머리 부분은 다시 조각되었고 이 기념물은 왕조 시대에 재사용되었다)은 대홍수에 의해서 생긴 것인데, 마지막 빙하기 말엽에 있었던 극단적인 기후 변화의 결과일지도 모른다.

구눙 파당의 증거에다 괴베클리 테페, 이집트의 스핑크스, 전 세계의 다른 유적지와 자료들을 함께 놓고 보면, 우리가 마지막 빙하기의 끝 무렵에 벌어진 사건과 그 시대를 좀더 명확하게 알게 되는 것이 아닌가 하는 생각이 든다. 기원전 9700년경 이전에 진정한 고급 문명이 존재했다. 그 문명은 마지막 빙하기를 끝장낸 여러 사건들에 의해서 파괴가 되었다.[7]

결정적인 증거를 찾아서

스톤 헨지의 원형 돌기둥보다 6,000년 더 앞서는 괴베클리 테페의 거석들은 구눙 파당의 지하 깊은 곳에 묻혀 있는 거석들과 마찬가지로 다음의 사실을 보여준다. 즉 지난 100년 동안 우리의 중고등학교나 대학에서 가르치는 역사의 시간표는 더 이상 유효하지 않다는 것이다. 내가 1995년의 베스트셀러 『신의 지문』에서 주장한 바와 같이, 문명은 우리가 생각하는 것보다 훨씬 더 오래되고 또 훨씬 더 신비로운 것처럼 보이기 시작했다.

내가 그 책에서 주장한 것을 요약하면 이러하다. 마지막 빙하기 끝 무렵에 고급 문명이 지구 규모의 천재지변에 쓸려나가 역사에서 영원히 사라졌다. 하지만 나는 전 세계 여러 곳에서 그런 천재지변을 견디고 살아남은 사람들이 있다는 이야기를 했다. 이들은 역시 대격변을 견디고 살아남은 수렵-채집자들에게 농업과 건축 기술을 포함하여 그들의 탁월한 지식을 전달하려고 했다. 가령 오늘날에도 칼라하리 사막이나 아마존 정글에는 수렵-채집을 하는 부족들이 살고 있으며 우리의 선진 기술과 공존한다. 그러니 까마득히 먼 과거에도 이처럼 수준 차이가 크게 나는 문명이 있었다고 가정하는 것은 그리 놀라운 일이 아니다.

『신의 지문』을 쓸 때, 나는 자료 부족으로 인해서, 사라진 고급 문명을 역사의 바깥으로 쓸어버린 천재지변이 구체적으로 어떤 것이었는지 설명할 수 없었다. 그래서 나는 그 책에서 여러 가지 가능성 있는 원인을 추측했다. 가령 찰스 햅굿 교수의 "지각 이동" 이론도 그중 하나였다. 이 이론은 알베르트 아인슈타인의 지지를 받았으나,[8] 그후 지질학자들 사이에서 별로 인기가 없었다. 믿을 만한 "결정적인 증거"가 없다는 점은 나의 주장이 고고학자들로부터 커다란 비판을 받은 주된 이유였다. 그러나 2007년 이래, 나에게 그 결정적인 증거를 제공하는 폭포수 같은 과학적 증거들이 밝혀졌다. 그것이 충분한 자격을 갖춘 주류 과학자들의 대규모 집단 작업의 결과이기 때문에 더욱 흥미롭다. 또한 이들은 내가 『신의 지문』에서 주장했던 대규모 지각 불안정 주장을 일축하는 것이 아니라 어떤 점에서 그 주장을 강화해주었다.

우리는 다음 장들에서 이런 새로운 증거와 그 놀라운 파급효과를 살펴보게 될 것이다.

제2부

혜성

3

녹색의 벽이 길을 가로막는 모든 것을 파괴하나니

학자들에 의해서 역사적인 가치가 없는 것으로 판정된 고대의 신화나 전승이 고대의 어느 시대를 정확하게 기억하는 비밀을 감춘 어떤 것이 될 수 있을까? 인류가 너무나 거대하고 너무나 파괴적인 위기를 겪어서 이제 그 과거에 대한 기억이 송두리째 사라져버린 그 시대를? 아메리카 인디언 부족인 오지브와 부족의 다음과 같은 이야기를 한번 생각해보라.

길고 넓은 꼬리가 달린 별이 다시 지상으로 낮게 내려오는 미래의 어느 날 그 별은 세상을 파괴하고 말 것이다. 그것은 '긴 꼬리가 달린 하늘로 올라가는 별'이라고 불리는 혜성이다. 그 별은 과거 수천 년 전에 이곳으로 내려왔다. 마치 태양처럼. 그 별은 꼬리에 빛과 모든 것을 태우는 열을 가지고 있다.

혜성은 모든 것을 태워서 부수어버린다. 남아 있는 것은 아무것도 없다. 인디언들이 그런 일이 벌어지기 전에 이곳 지구에서 살았다. 그러나 일이 잘못 되어갔다. 많은 사람들이 정신적인 길을 잃어버렸다. 성스러운 영혼은 혜성이 오기 오래 전에 사람들에게 경고를 발했다. 병을 고치는 마술사도 준비를 하라고 모든 사람에게 말했다. 지구상의 자연이 잘못되어 돌아갔다……그러다가 혜성이 이곳에 나타났다. 그것은 길고 넓은 꼬리가 달려 있었고 모든 것을 불태웠다. 혜성은 아주 낮게 날았기 때문에 꼬리가 지구를 초토화했다……혜성 이후에 세상은 완전히 달라졌다. 그때 이후 살아

남기가 힘들어졌다. 날씨는 전보다 더 추워졌다…….¹

　인류학자 토르 콘웨이가 기록한 오지브와 부족 사이에서 널리 이야기되는 이 신화에는 여러 가지 판본이 있고 또다른 흥미로운 세부사항들도 있다. 가령 혜성이 "거대한 동물들을 죽이고……오늘날 흙속에서 그 뼈들을 발견할 수 있으며 한번 지상에 내려온 혜성의 꼬리는 수천 킬로미터를 뒤덮었다"는 것이다.² 이 사건은 보통 "지구가 최초로 불태워진 때"라고 언급되는데, 그 무렵 오지브와 부족은 "얼어붙은 땅의 가장자리에서 살고 있었다."³ 그리고 이어서 혜성의 대재앙 이후 "지상에 최초의 대홍수가 발생했다"라고 기록되어 있다.⁴

　오지브와 전승은 "일이 잘못 되어갔고……많은 사람들이 정신적인 길을 잃어버렸다"고 개탄하면서 그런 재앙을 불러온 것은 인간의 잘못된 행동이라고 암시한다. 이와 마찬가지로 라코타 종족의 한 부족인 브룰레족도 "이런 일이 벌어지기 전의 세상"에 대해서 말한다. "그 세상에서 사람과 동물들은 악에 물들었고 창조주와의 연결관계는 망각했다." 이로 인해서 창조주는 "세상을 파괴하고 새로 시작하기로" 결심한다. 그는 먼저 소수의 좋은 사람들에게 산꼭대기로 피하라고 경고하고, 이어 "사나운 불새들을 내려 보내 인간과 거대한 동물들을 상대로 싸움을 하게 한다"(또다시 오지브와 신화와 마찬가지로, 브룰레족의 이야기는 엄청나게 큰 동물들에 대해서 말한다).⁵

　마침내 전투의 한가운데에서 불새들은 그들의 가장 강력한 천둥번개를 동시에 내던졌다. 그 불 대포는 온 세상을 뒤흔들었다. 산맥을 거꾸러뜨리고 숲과 고원을 불타게 했다. 강력한 불길은 온 사방에서 하늘을 향해 솟구쳤다. 오로지 가장 높은 산꼭대기에 있는 사람들만 목숨을 건졌다……거대한 바위들도 빨갛게 달아올랐고 거대한 동물과 사악한 사람들은 그들이 서 있던 자리에서 불타올랐다.

이제 창조주는 세상을 새롭게 만들기 시작한다.

창조주가 창조의 노래를 부르자 비가 내리기 시작했다. 창조주는 더 크게 노래를 불렀고 비가 더 세게 내려서 모든 강들이 둑 위로 범람하여 들판을 뒤덮었다. 마침내 창조주는 지구를 발로 밟았고 그러자 엄청난 지진이 발생하여 지구가 쩍 벌어졌고 그 사이로 대홍수가 밀고 들어와 온 세상이 물에 잠겼다. 몇 개의 산꼭대기만이 물 위에 떠 있어서 살아남은 소수의 사람들을 보호했다……[대홍수가 가라앉은 뒤], 사람들은 땅 위로 다시 내려가서 거대한 동물들의 표백된 뼈를 돌과 진흙 사이에서 발견했다……사람들은 오늘날에도 다코타 배드랜즈(Badlands)에서 그 뼈를 발견할 수 있다.[6]

거대한 비버의 종이 빙하기 말엽에 멸종했다는 사실을 상기하면 파사마쿼디, 믹맥, 말리시 부족의 신화는 특히 주목할 만하다.[7] 이 신화는 글루스캡(Glooscap)이라는 존재에 대해서 언급하는데, "그는 정령, 병 고치는 마술사, 혹은 주술사이다." 그는 최초의 동물들을 만들었는데, 그 동물들 중에는 최초의 비버도 있었다. 그 비버는 무척 커서 댐을 짓자, "그 댐이 물을 방류하여 이 지평선에서 저 지평선까지 물에 잠기게 했다." 그러자 글루스캡이 그 비버의 등을 두드렸고 그 때문에 현재의 크기로 줄어들었다.[8]

이 이야기에서 등장하는 홍수는 아메리카 인디언들의 신화에 무수하게 등장하는 홍수 중 하나이다. 그 신화들 속에 등장하는 흥미로운 세부사항들은 빙하기 말엽에 북아메리카에 벌어진 사건을 밝혀주는 새로운 과학적 정보와 상당히 비슷하다. 우리는 이 점에 대해서는 이후에 살펴보게 될 것이다. 가령 브리티시 콜럼비아 주의 코위찬족은 먼 과거의 어느 한때를 회상한다. 그때 그들의 예언자는 파괴를 예언하는 괴상한 꿈 때문에 크게 번민했다. 한 예언자가 말했다. "나는 이상한 꿈을 꾸었다. 비가 엄청 내려서 우리 모두가 물에 빠져 죽는 꿈이었다." 또다른 예언자는 말했다. "강물이 솟구치고 온 사방이 물로 가득 차서 우리 모두 죽는 꿈을 꾸었다." "나도 그랬어. 나도 그랬다니까." 또다른 예언자가 말했다.[9]

부족민들은 예언자들의 말을 믿지 않았다. 그렇지만 예언자들은 여러 개의 카누를 한데 묶어서 커다란 뗏목을 만들기로 결심했다. 거대한 뗏목을 완성한 지 얼마 되지 않아 비가 내리기 시작했다. 빗방울은 우박만큼 크고 무거워서 어린아이들을 죽였다. 강물은 솟구쳤고 모든 계곡은 물에 잠겼다. 예언자들과 그들의 말을 믿은 소수의 사람들은

그들의 가족을 인솔하여 뗏목에 올라 가져온 음식을 먹으며 기다렸다. 뗏목은 천천히 수면을 따라 솟아올랐다……마침내 비가 멈추었고 그들은 물이 빠지는 것을 느꼈으며 뗏목은 코위찬 산의 꼭대기에 걸쳤다……이어 그들은 땅을 보았다. 아, 그들의 눈에 비친 그 황량함이란! 그들의 심장은 번민으로 찢어질 것 같았다. 그것은 형언할 수 없는 참상이었다.[10]

퀼라유트족의 천재지변 신화에서는 통상 거대한 우박이 등장한다.

여러 날, 여러 날 동안 거대한 폭풍우가 불어왔다. 비와 우박, 그리고 진눈깨비와 눈이 지상으로 내려왔다. 우박은 너무 커서 많은 사람들이 우박을 맞고 죽었다……[생존자들은] 배고픔으로 홀쭉해지고 허약해졌다. 우박은 고사리, 애기백합, 베리 등을 사정없이 후려쳤다. 얼음이 강들을 가두어서 사람들은 물고기를 잡을 수 없었다.[11]

"강의 부족"이라고 불리는 피마족은 현재 애리조나 주에 살고 있는데, 아주 먼 옛날에 훨씬 북쪽 지대에서 이주해온 부족이다. 코위찬족과 마찬가지로, 그들의 천재지변 전승에서도 예언자가 등장한다. 피마의 예언자는 커다란 독수리로부터 홍수가 곧 닥쳐올 것이라는 경고를 받는다. 독수리는 네 번을 찾아왔으나, 그때마다 예언자는 독수리의 경고를 무시했다. "내가 하는 말을 주의 깊게 듣는 것이 좋을 거야." 독수리가 말했다. "온 마을이 물에 잠길 거야. 모든 것이 파괴될 거고." 예언자가 대답했다. "당신은 거짓말쟁이야." "그렇다면 당신은 아무것도 보지 못하는 예언자지." 독수리가 대꾸했다.

새는 날아갔고, 그러자마자 엄청난 천둥소리가 들렸는데, 일찍이 들어보지 못한 거대한 굉음이었다……태양은 검은 구름 뒤에 모습을 감추었고 회색에다 안개 낀 박명(薄明)만 남아 있었다. 이어 땅이 흔들렸고 뭔가 거대한 것이 움직이는 엄청난 포효가 들려왔다. 사람들은 계곡을 이쪽에서 저쪽까지 가득 채운 거대한 녹색의 벽이 다가오는 것을 보았다. 처음에 그들은 그것이 무엇인지 몰랐으나 곧 녹색의 물로 만들어진 벽이라는 것을 알아보았다. 길을 가로막는 모든 것을 파괴하면서 그것은 거대한 짐승, 녹색의 괴수처럼 다가와 그들에게 들이닥치며 빗방울의 구름 속에서 포말과 고함을 뿜어냈다. 그것은 먼저 예언자의 집을 덮쳤고 예언자와 함께 그 집을 멀리 내팽개쳤으며, 그후 아무도 예언자의 소식은 알지 못했다. 이어 녹색의 벽은 마을을 덮쳐서 그 집, 사람, 들판, 나무들을 싹 쓸어버렸다. 홍수는 빗자루로 쓸 듯이 계곡을 말끔하게 청소했다. 이어 그것은 계곡 너머로 달려나가 다른 곳들도 모조리 파괴했다.[12]

알래스카의 이누이트족도 끔찍한 대홍수와 지진에 대한 전승을 가지고 있다. 대홍수는 너무나 엄청난 힘으로 그들을 찍어 눌러서 소수의 사람들만이 카누를 타고 달아났거나 아니면 산꼭대기로 피하여 목숨을 건졌다.[13] 캘리포니아의 루이제노족도 산들을 가득 뒤덮고 수많은 사람들의 목숨을 앗아간 홍수를 기억하고 있다. 온 세상이 물바다가 되었을 때, 가장 높은 산꼭대기로 도망친 소수의 사람들만이 살아남았다.[14] 휴론족들에게도 이와 유사한 홍수 신화가 있다.[15] 알곤킨족에 속하는 몽타녜족은 미차보라는 신이 대홍수 후에 세상을 새로 건설한 이야기를 들려준다.

미차보는 어느 날 그가 훈련시킨 늑대 무리를 데리고 사냥을 나갔는데 아주 기이한 광경을 보았다. 늑대들이 호수 속으로 들어가 사라져버린 것이었다. 그는 늑대들을 꺼내려고 물속으로 따라들어갔는데 그 순간부터 온 세상이 홍수에 잠기게 되었다. 이어 미차보는 까마귀를 날려보내 새로운 세상을 지을 흙이 남아 있는지 알아보게 했다. 그러나 까마귀는 그런 흙을 찾지 못하고 그냥 돌아왔다. 이어 미차보는 수달을 보내어 같은 일을 하게 했으나 역시 허사였다. 마침내 그는 사향쥐를 보냈는데 그 쥐가 충분한 흙을 가지고 오자 미차보는 세상의 재건에 착수했다.[16]

19세기에 집필된 제임스 린드의 『다코타의 역사(*History of Dakotas*)』는 자칫 인멸되었을지도 모르는 토착 전승을 많이 수록했다. 여기에는 "한때 바다와 강물이 모든 땅에 범람하여 모든 인간이 죽어버린" 이로쿼이 신화도 들어 있다. 치카소족은 세상이 한때 물에 의해서 파괴되었으나 "하나의 인간 가족과 모든 종의 두 마리 동물만은 구제가 되었다"라고 주장했다. 라코타(다코타)족은 마른 땅이 없고 모든 사람이 사라져버린 시기에 대해서 말했다.[17]

과학에 말을 거는 신화

여러 해 동안 아메리카에 언제부터 사람이 살기 시작했는가라는 문제를 두고 열띤 논쟁이 벌어졌다. 아메리카 인디언은 정확히 말해서 누구인가? 그들은 언제 신세계에 도착했는가? 어떤 경로를 통해서 왔는가?

어떤 해결안이 눈앞에 가까이 와 있는 것처럼 보이거나 어떤 합의가 막 이루어지려고 하면, 이 편 혹은 저 편에 의해서 재고를 요구하는 새로운 정보가 제출되었다. 그러나 전혀 의문의 여지가 없는 사실은 북아메리카에 살고 있는 오늘날의 인디언들이, 1만2,800년 전에 이미 그 땅에서 살고 있었다는 것이다. 그 시기는 지질학자들이 영거 드라이어스라고 명명한 신비한 한랭시대이다. 그들은 사냥을 하면서 빙하시대 동안에 살아 있었던 거대한 동물들을 직접 목격하고 또 사냥했다. 그런 동물로는 거대한 컬럼비아 매머드, 그보다는 덩치가 작은 털복숭이 매머드, 거대한 비버, 짧은 얼굴 곰들, 거대한 나무늘보, 2종의 맥(貘), 여러 종의 페카리(북아메리카산 멧돼지), 무시무시한 아메리카 사자 등이 있었다.

따라서 위의 신화들 속에 등장하는 아주 덩치가 큰 동물들은 단순한 공상의 산물이 아니라, 영거 드라이어스 시대가 시작되기 전에 북아메리카에 살았던 거대 동물들을 직접 목격한 결과였다. 그러나 그 동물들은 1,200년 뒤 한랭시대가 끝나갈 무렵에 모두 멸종했다. 신화 속에 나오는 대홍수에 대해서도 마찬가지 이야기를 해볼 수 있다.[18] 지질학자들은 북아메리카가 마지막 빙하시대의 마지막 1,000년간에 대격변의 홍수에 노출되었다는 사실에 모두 동의한다. 지난 10년 동안 새로운 연구조사가 의문점으로 삼은 것은 대홍수의 규모, 기간, 특히 중요한 것으로는 원인 등이 과연 지금껏 제대로 이해되었는가 하는 점이었다. 학계의 통설(점진균일론)은 널리 받아들여졌고, 1960년대 이래 발간된 많은 책들과 학술지들에서 그대로 반복되었다. 그러나 이 통설에 대해서 지금 아주 강력한 대체 이론이 제기되어 있다. 나는 그것을 제대로 파악하고 싶어서 2014년 9월과 10월에 대격변론(대체 이론)의 지지자인 랜들 칼슨과 함께 북아메리카 일대를 광범위하게 탐사했다.[19]

랜들은 J 할렌 브레츠가 환생한 것 같은 인물이다. 브레츠의 이름은 J인데 그는 출판사의 교정자들이 이 J를 이니셜로 처리하는 것을 아주 싫어했다고 한다. 브레츠가 사망한 것은 천수를 누린 이후인 1981년 2월 3일이었는데 이 무렵 랜들은 이미 서른 살이 되었다. 랜들은 현장 답사작업을 열정적으로 좋아하고, 문헌을 읽기보다는 조사대상 지역을 직접 걸어보는 것을 좋아하며, 빙하시대 말기에 대격변의 홍수가 북아메리카의 땅을 크게 찢어놓았다는 대격변론을 지지한다는 점에서 새로운 J 할렌 브레츠 같은 사람이다. 나는 이어지는 제4장에서 랜들과의 답사여행 기록과 랜들이 내게 보여준 아주 멋진 증거들을 제시할 것이다. 그러면 먼저 독자들이 궁금하게 여길 J 할렌 브레츠에 대해서 이야기를 해보자.

독창적인 지질학자 J 할렌 브레츠

브레츠는 1928년에 미국 태평양 지역 북서부의 워싱턴 주를 현지답사하고서 이런 글을 남겼다.

지형에 대해서 안목이 있는 사람이 대낮에 동부 워싱턴 지역을 통과한다면 그는 "암반지대(scabland)"를 주목하지 않을 수 없다. 이 땅은 희고 매끈한 얼굴의 고원 위에 마치 큰 흉터들처럼 깊고 길쭉하게 새겨진 땅이다. 이 황량한 땅은 고원의 외딴 산과 계곡의 미로를 파고드는 검은 암반의 땅이다. 고원에 사는 사람들은 누구나 암반지대를 안다. 그것은 광대한 밀밭을 이리저리 가로지르며 그 땅을 40에이커 혹은 100제곱킬로미터 규모로 여러 단위로 분할하고 있다. 그 구획된 밀밭으로 다가가고자 하면 이리저리 가지를 친 암반지대의 일부를 통과하지 않을 수 없다. 약간의 목초지를 제공한다는 점 이외에, 암반지대는 거의 가치가 없다. 그 이름은 아주 표현력 풍부한 은유이다. 암반지대는 부분적으로만 치유가 된 상처들이다. 자연은 대지의 피부에 생긴 엄청난 상처들을 덮어서 그 밑의 암석을 보호한 것이다.

오늘날 지상에 서서 이 땅을 보는 관측자는 이 땅을 앞뒤로 살펴보면서 그 관찰사항들을 마음속으로 혹은 자신으로 또는 스케치나 지도로 작성해 보면 곧 이 땅의 전체적인 그림을 얻게 될 것이다. 이 문장을 적은 논문의 종이가 노래지기 이전에, 일반 관찰자가 비행기를 타고서 이 지역을 지나간다면, 그는 여러 달 동안 지상에서 관찰하여 작업한 것들을 종합하여 얻은 그림을 단 한 번의 시선으로 파악할 수 있을 것이다. 이 지역은 독특하다. 관찰자가 아침 햇살의 날개를 이 세상 어느 먼 곳까지 펼친다고 하더라도 이와 똑같은 광경은 찾지 못할 것이다.[20]

1928년에 브레츠는 아주 경험 많고 높은 평가를 받는 현장 지질학자였다. 1882년 생인 그는 시애틀의 고등학교에서 생물 선생으로 교편을 잡았으나, 시간적 여유가 생길 때면 인근 퓨젯 사운드의 지질학 탐사에 나섰다. 당시 그는 지질학 학위는 없었으나 그의 발견사항들은 여러 과학 잡지들에 게재되는 데에 성공했다.[21] 1911년 그는 시카고 대학교의 지질학 박사 과정에 들어갔다. 그는 1913년에 수석으로 졸업했고, 곧 시애틀로 돌아와 워싱턴 대학교의 지질학 조교수로 부임했다.[22] 그는 이 대학의 다른 교수들의 태도에 큰 어려움을 겪었다. 그는 나중에 그들을 가리켜 "구태의연한 사람들"이라고 말했다.[23] 1914년 그는 시카고 대학교의 강사로 부임했다가 곧 조교수로 임명되었다.[24]

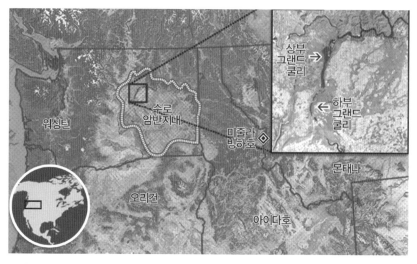

그림 13

　브레츠가 동부 워싱턴의 암반지대로 최초의 탐사 여행을 떠난 것은 1922
년이었다. 이 무렵 그는 이전의 조사작업으로 인해서 빙하시대의 모든 양
상을 잘 알고 있었고, 또 3.2킬로미터 두께의 엄청나게 거대한 빙상(氷
床)이 근 10만 년 동안 북아메리카를 덮고 있다가 1만5,000년 혹은 1만
1,000년 전부터 그 빙상이 극적으로 녹기 시작했다는 것을 다른 지질학자
들보다 더 잘 알고 있었다. 그래서 암반지대에 널려 있는 엄청난 수의 표
석(漂石)들—그 지역에서 나지 않으나 다른 곳에서 떠밀려온 거대한 돌
들—을 보았을 때, 그는 저 돌들이 거대한 빙하 홍수 때 빙산에 실려 이
곳까지 왔다고 짐작하게 되었다. 그가 그랜드 쿨리와 모지스 쿨리—쿨리
(Coulee)는 땅속 깊숙이 파인 거대한 수로—를 탐사하고 또 그랜드 쿨리
의 남쪽 끝인 퀸시 분지를 둘러보았을 때, 빙하 홍수라는 인상은 더욱 강
화되었다. 그는 또한 퀸시 분지에서 1,550제곱킬로미터의 움푹 패인 땅이
120미터 깊이까지 현무암 파편들에서 나온 자그마한 입자들로 채워져 있
는 것을 보았다. 그 순간 그는 이런 생각을 했다. "이 많은 잔존물들은 어

디서, 그리고 언제 온 거지?"[25] 그 질문에 대해서 가장 먼저 떠오르는 대답은 또다시 홍수였다.

브레츠는 1923년에 석 달 일정으로 다시 암반지대 탐사에 나섰다. 이 현장 답사 시기에 그의 나중 이론 — "어떤 굉장한 수력학적인 사건이……이 지역에서 시작되었다가 갑자기 멈추었다" — 이 형성된 듯하다.[26]

브레츠는 『지질학 저널(*Journal of Geology*)』 1923년 11-12월 호에다가 그의 발견사항들을 요약한 논문을 게재했다. 이 논문의 다소 수세적인 어조를 이해하기 위해서는 당시 학계에서 통용되던 지질학적 교리인 "균일론(uniformitarianism)"의 원칙을 감안해야 한다. 이 이론은 다음과 같이 가정한다. 현재 벌어지고 있는 현존하는 과정들만으로 모든 지질학적 변화를 충분히 설명할 수 있다. 이 이론에 부수되는 또다른 전제는 점진론(gradualism)이다. 즉 "현재는 과거를 이해하는 열쇠이고, 오늘날 관측되는 변화의 속도는 과거에 존재했던 변화의 속도를 이해하는 정확한 길라잡이이다."

브레츠의 시대에 신성불가침의 교리 같은 지위를 획득한 이 이론들은 창조론과 신의 작용이라는 예전의 종교적 신념을 뒤집기 위해서는 필요한 — 실제로는 본질적인 — 것이었다. 예전에는 하느님이 성서의 대홍수 같은 천재지변을 명령함으로써 변덕스럽게 지구의 역사에 개입했다고 믿었다. 이러한 초자연적 창조와 파괴라는 사상에 정의롭게 저항하는 수단으로서 균일론은 아주 합리적인 반응이었다. 이 이론은 수백만 년 혹은 수십억 년 동안 자연의 힘이 지구에 작용하여 지질학적 변화가 발생했다고 보았다.

산맥은 하룻밤 사이에 생긴 것이 아니라 오랜 세월에 걸쳐서 눈에 띄지 않게 천천히 융기했다. 마찬가지로 그랜드 캐니언 같은 지질학적 경이도 수백만 년 동안 강물의 유입으로 침식된 결과인 것이다.[27]

브레츠는 아주 합리적인 사람이었고 종교적 교리주의자는 아니었다. 그의 전기 작가인 존 쇤니센은 이렇게 말했다. "무덥고 건조하고 험준한 암반지대의 세계를 탐사할 때, 그가 살펴본 모든 것은 오랜 세월에 걸친 느리고 균일한 변화의 결과가 아니라 갑작스럽게 발생한 대격변의 결과라는 인상을 심어주었다. 엄청나게 많은 양의 물이 갑자기 몰려들어 표층의 황토를 씻어내고 그 다음에는 그 밑의 현무암 암층을 깊숙이 파고들어간 것이었다."[28]

그런데 문제는, 그렇다면 그 많은 물이 어디서 왔는가 하는 것이다. 북아메리카의 주변부를 덮고 있는 빙상들이 갑자기 녹았을 수도 있다. 이것은 오늘날 우리가 모든 빙하의 가장자리에서 목격하는 바이다. 하지만 이 정도로는 현장에서 구체적으로 볼 수 있는 엄청난 침식 효과를 설명할 수가 없었다. 브레츠는 1923년 논문에서 이렇게 적었다.

필자가 이 지역을 10주일에 걸쳐 탐사하는 동안, 새로 검토된 암반지대의 땅은 경이로움의 연속이었다. 이처럼 엄청난 상처를 입힌 거대한 물의 흐름이 빙상의 가장자리에서 흘러나오는 적은 양의 물로 형성될 수 있을까? 그런 적은 물로 이처럼 가파른 경사도를 가진 엄청난 침식 효과를 그처럼 단기간에 만들어낼 수 있을까? 워런 강, 시카고 호수들의 배출, 모호크 수로, 심지어 나이아가라 폭포와 협곡 그 자체도 이런 어마어마한 규모의 암반지대와 그 협곡들을 만들지 못할 것이다. 이 많은 협곡들 중 하나[상부 그랜드 쿨리]만 살펴보아도, 그 빙하의 흐름이 42세제곱킬로미터의 현무암을 침식시켰다.[29]

이제 브레츠는 장차 그를 큰 곤경에 빠트릴 아주 이단적이고 반(反)균일론적인 주장을 향해 다가간다. 즉 단 한번의 대격변성 홍수가 아주 짧은 시간에 들이닥쳤고 그리하여 그가 현장에서 목격한 그 광대한 파괴의 양상을 만들었다는 것이었다. 브레츠는 논문의 결론 부분에서 이렇게 썼다.

컬럼비아 고원의 7,770제곱킬로미터가 완전히 빙하 홍수에 의해서 잠겨버렸다. 황토와 실트[微砂]층은 완전 씻겨나갔다. 이 고원의 5,180제곱킬로미터 이상이 발가벗겨지고, 침식되고, 암반층이 절개된 수로가 되었다. 그리고 근 2,590제곱킬로미터는 침식된 현무암 층에서 나온 자갈 퇴적물로 뒤덮였다. 컬럼비아 고원을 휩쓸고 지나간 것은 천재지변이었다.[30]

브레츠의 전기 작가는 그가 다음과 같이 믿게 되었다고 적었다. 그가 문서로 작성한 특징들은 "상상할 수 없을 정도로 대규모인 홍수에 의해서 만들어졌으며, 그 대홍수는 인류 역사상 최대 규모일 것으로 추정된다."[31] 지질학계의 반응은 충격과 당황이 뒤섞인 침묵이었다. 균일론의 신성불가침한 가르침으로부터 그토록 멀리 벗어나다니 브레츠는 제정신이 아닌 것이 틀림없었다. 몬태나 대학교의 명예 지질학 교수인 데이비드 앨트는 브레츠가 1923년 논문의 주제를 설명했던 강연을 이렇게 묘사했다.

지질학자들은…… 너무나 놀라서 입을 다물지 못했다. 비유적으로 말한다면, 방 안을 가득 메운 물리학자들이 낡은 사탕 막대기를 가지고 영구기관(永久機關)을 만들 수 있다고 설명하는 동료 물리학자의 이야기를 들은 것과 비슷했다. 물리학자들이 학문 연구 초창기부터 영구기관은 허망한 이론이라는 것을 잘 아는 것처럼, 제대로 교육받은 지질학자라면 대격변 이론 같은 것은 절대로 받아들일 수가 없었다.[32]

앨트는 그가 학부생이었을 때 만났던 노교수에 대해서도 말해주었다.

그 노교수는 브레츠가 1923년 논문을 낭독할 때, 학술 회의장에 학생으로 참석했었다. 노교수는 학부생들을 상대로 유쾌하게 브레츠의 흉내를 내며 당시를 회상했다. "브레츠는 양손으로 연단을 내리치고 발로 바닥을 구르면서, 생생한 언어와 동작을 써가며 놀라서 입을 다물지 못하는 청중들을 상대로 천재지변의 대홍수 이론을 설명했다."[33]

브레츠의 그런 연극적인 태도와는 별개로, 지질학자들은 그 강연 내용에 충격을 받았다.

그는 동부 워싱턴의 암반지대를 갑작스러운 대격변 이론으로 설명했다. 그들이 볼 때 이것은 약 125년 전의 비과학적 사고방식으로 되돌아가는 것이었다. 그때까지 지질학자들은 지질학적 사건을 설명하면서 대격변을 들먹이는 것은 이단이나 다름없다고 생각했다. 그래서 대홍수가 암반지대를 침식시켰다고 주장했을 때, 브레츠는 높다란 낭떠러지의 가장자리에서 허공에 한 발을 내디딘 것이나 다름없었다……[그 주장은] 그를 지질학계의 기피인물로 만들었고, 점잖은 사교 모임에서의 추방자로 전락시켰다.[34]

그러나 추방자는 포기하지 않았다. 그는 관련된 연구를 더욱 끈덕지게 해나갔고 그리하여 더 많은 논쟁을 불러일으켰으나 객관적 사실들은 궁극적으로 그의 입장을 정당화시켜줄 것이라고 믿었다.

대격돌의 사태는 1927년 1월 12일에 발생했다. 이날 브레츠는 워싱턴 DC의 코스모스 클럽에서 강연을 해달라는 초청을 받았는데, 지질학자 동료들은 이날을 단단히 벼르고 있었다. 브레츠는 이제 "그의" 홍수를 (스포케인이라는 마을 이름을 따서) "스포케인 홍수(Spokane Flood)"라고 불렀고, 그 많은 물을 배출한 빙상을 "스포케인 빙상"이라고 불렀다(오늘날 이 두 용어는 사용되지 않는다. 브레츠가 말한 빙상은 후기 홍적세[洪積世,

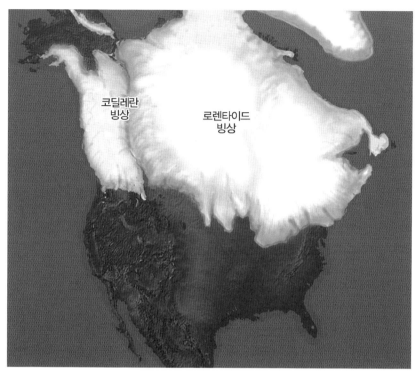

코딜레란
빙상

로렌타이드
빙상

그림 14 빙하기 동안의 북아메리카.

Pleistocene] 빙상의 남쪽 부분을 가리키는데 통칭 "코딜레란[Cordilleran]"이라고 한다). 그는 이 빙상의 상당히 많은 부분이 엄청나게 빠른 속도로 녹았다고 보았다. "왜냐하면 그 물의 양이 너무나 어마어마하여 거의 믿을 수 없는 수준이었기 때문이다……그 물이 흘러든 계곡의 높은 경사도에도 불구하고, 침수당한 기존의 계곡들은 그 물을 모두 처리할 수 없었고, 그래서 홍수는 여러 갈래의 복잡한 물길을 따라 흘러나갔다."[35]

당시 보수적인 미국 지질학회의 홍적세 지질학 주임이었던 W. C. 올던은 "모든 수로가 아주 짧은 시간에 동시다발적으로 형성되었다는 이론"에 반대를 표시하면서 브레츠가 주장한 "엄청나게 많은 양의 물"을 아주 공격적으로 비판했다.[36] "내가 보기에 그것은 불가능하다." 올던은 항의를 표시했다. "컬럼비아 고원으로 흘러든 거대한 빙상의 물이 그 어떤 조건이 되었든 단시간 내에 그처럼 많은 양의 물을 쏟아내는 것은 불가능하다."[37] 그는 암반지대를 몸소 방문해본 적은 없다고 시인하면서도 균일론이 아주 타당한 이론이라고 본다고 말했다. "더 오랜 시간과 더 많이 반복된 홍수가 그런 작업을 해냈다고 본다면 한결 문제는 수월해질 것이다."[38]

점진론적 지질학의 사도로 알려진 제임스 길럴리는 단 한번의 대격변 홍수설을 "황당무계한," "말도 안 되는," "우스꽝스러운" 등의 형용사로 일축했다.[39] 그는 브레츠의 증거에서 그가 선호하는 학설을 반박할 수 있는 증거를 하나도 발견하지 못했다고 말했다. 그는 여러 번의 소규모 홍수가 발생했고, 이런 누적 효과가 "오늘날의 컬럼비아 고원에 상처를 입혔고, 혹은 그보다 몇 배나 큰 상처를 입힐 수 있는 수준"이라고 말했다.[40]

마찬가지로 G. R. 맨스필드는 이런 의문을 표시했다. "그렇게 짧은 시간에 현무암에 그처럼 엄청난 침식을 일으키다니……암반지대는 지속적인 연못 효과와 빙하호의 갑작스러운 분출로 더 잘 설명된다고 생각한다. 분출하는 물은 오랜 세월에 걸쳐서 때때로 배출의 위치와 노선을 바꾸었던 것이다."[41]

O. E. 메인저도 "그 지역의 침식 특징이 거대하고 괴이하다"는 점은 인정했으나, 점진론을 선호했다. "엄청나게 많은 양의 물을 전제로 하는 이론을 전면적으로 받아들이기 전에 그처럼 과격한 전제조건 없이도 현재의 특징을 설명하도록 모든 노력을 경주해야 한다……나는 고대의 컬럼비아 강의 통상적인 흐름만을 가지고도 기존의 특징을 설명할 수 있다고 본다……."[42]

요약하면, 브레츠의 이론을 지지하는 목소리는 단 한번도 나오지 않았고, 단 한번의 대홍수라는 그의 "발칙한 가설"은 가련하다는 쯧쯧 소리와 함께 일축되었다. 더욱이 하나로 뭉친 지질학자들은 갑작스럽고 압도적인 대격변 이론의 결정적인 흠결을 집중적으로 파고들었다. 그렇게 많은 물이 일시에 흘러들었다면, 도대체 그 물은 어떻게 생겨난 것인가? 브레츠는 이에 대하여 납득할 만한 증거를 제시하지 못했다.

브레츠는 그런 질문이 논리적이지 못하다고 답변했다. 홍수의 근거를 문서로 제공하지 못한다고 해서 과거에 홍수가 발생하지 않았다는 증명은 되지 못하기 때문이다. "수로 암반지대에 대한 나의 해석은 암반지대라는 현상 그것만으로 타당한지 혹은 타당하지 않은지를 판단해야 된다고 본다"라고 그는 주장했다.[43] 그는 자신이 가혹한 비판에 누구 못지않게 민감하다면서 "단지 극단적인 새로운 견해를 주장함으로써 남들의 이목을 끌려는 생각은 조금도 없다"라고 말했다. 실상 그 자신도 "스포케인 대홍수의 진실"[44]에 대하여 여러 차례 의심을 하려고 했으나, "현장 증거를 재고하면서 엄청난 양의 물이 쏟아져내렸다는 것을 인정할 수밖에 없었다……컬럼비아 고원과 스네이크 강과 컬럼비아 강의 계곡에 흘러내린 엄청난 물의 기록은 평범한 강의 작용이나 평범한 계곡의 발달로는 해석될 수가 없는 것이었다……아주 짧은 기간 동안에 존재한 엄청난 양의 물만이 암반지대의 존재를 설명할 수 있다."[45]

브레츠는 이 엄청난 현장 증거들을 내놓으면서 감정이나 직관이나 기존의 지혜가 아닌, "과학적 방법의 확정된 원칙"에서 그것들을 평가해달라고 요청했다.[46] 그는 나중에 이렇게 썼다.

전례 없는 아이디어들은 일반적으로 의심스럽게 여겨지고, 사람들은 질서 정연한 세계에 대한 그들의 인식이 도전을 받으면 충격을 느낀다. 진지하게 옹호되는 가설은 감정적 반응을 일으키고 이것은 다시 주창자의 견해를 흐리게 한다. 그러나 이런 가설이 기존 사상체계에 도전하면 그때는 반대자의 견해 또한 흐려지게 된다.

반면에 지질학은 잘못된 관찰과 엉뚱한 해석으로부터 나온 황당한 아이디어들로 고통을 당한다. 그런 관찰과 해석은 아무런 유익한 결론도 이끌어내지 못하기 때문에 "파격적 가설"보다 더 나쁘다. 저자의 스포케인 대홍수 가설은 후자의 경우에 해당할지 모른다. 하지만 관찰과 직접적 추론의 오류가 증명되지 않는 한, 거기에 집어넣어서는 안 된다.[47]

워싱턴 회의 전후에 벌어진 브레츠에 대한 비판은 모두 그런 흐려진 견해에서 나온 것이었다. 지질학계는 그의 발언 내용을 못마땅하게 여겼다. 그것은 기존의 점진론에 도전하는 것이었고 그래서 "공손하지만 단호하게 박멸해야 하는 이단의 학설"이었다.[48] 결국 지질학계는 그의 과학에 정당한 반론을 제기한 것이 아니라 막무가내로 승인하지 않았는데, 그것은 과학적인 태도와는 상당히 다른 것이었다.

거대한 빙산이 갑자기 녹았다는 그의 주장에 내재된 문제점은 그런 해빙을 가져올 만한 메커니즘에 대해서 그가 타당한 설명을 제시하지 못했다는 것이었다. 앞에서 이미 말한 것처럼, 그는 그것이 스포케인 대홍수 가설의 결정적 장애라고 보지 않았다. 하지만 그의 비판자들은 그것을 문제 삼았다. 그래서 여러 해가 흘러가면서 브레츠는 비판자들을 달래기 위해서, 몇 차례에 걸쳐 마지못해 두 가지 가능한 해결안을 내놓았다. 하나는 단기간에 걸친 급격한 기후 변화이고, 다른 하나는 빙원 밑에서 발생한 화산 활동이었다. 그는 기후 변화에 대해서는 "다른 곳에서는 이런 기후 변화가 기록되어 있지 않고 또 그처럼 급속한 기후의 변화는 불가능하다"라고 말했다. 화산 활동에 대해서는, "이 지역에서 갱신세에 화산 활동이 벌어져서 그 물이 컬럼비아 고원으로 흘러들었다고 증언하는 문헌은 발견되지 않았다"라고 말했다.[49]

흥미롭게도, 브레츠가 워싱턴에서 동료 지질학자들을 만났을 때, 그는 갑작스러운 홍수에 대한 설명을 인지하고 있었으나 그것을 이미 맞지 않는다고 일축한 상태였다. 하지만 이 설명은 나중에 지질학계에 의해서 받아들여졌고 그의 증거를 보편적으로 받아들이는 계기를 제공했으며, 그리하여 오늘날까지 그 설명은 유효한 것으로 남아 있다. 브레츠는 1927년 1월의 보고서 개요에서 이렇게 썼다. "올던 씨와 파디 씨는 그 대홍수의 원인을 빙하호의 갑작스러운 범람으로 파악할 것을 내게 제안했다……파디 씨는 [브레츠에게 보낸 1925년의 편지에서] 미줄라 호수를 그 원천으로 볼 것을 제안한다. 그 지역에서 그 정도 규모의 홍수를 일으킬 수 있는 것은 그 호수가 유일하다는 것이다."[50]

마침내 1940년대에 들어와서 브레츠는 미줄라 빙하호의 갑작스러운 배수가 대홍수의 원천이라고 받아들였다. 하지만 그가 1927년에 미줄라 호수 설을 일축한 이유는 중요하다. 그리고 우리가 앞으로 살펴보게 되겠지만, 그 이유는 빙하시대 말기에 북아메리카에서 벌어진 현상에 대한 논쟁에서 중요한 자리를 차지하게 된다. 브레츠의 전기 작가가 설명하는 바에 따르면, 1927년 당시 브레츠는 "미줄라 호수에서 배출된 물은 양이 너무 적어서 암반지대를 형성할 수 없다고 생각했다. '그 정도의 물은 겨우 2주 정도 흐르다가 그쳤을 것이다'라고 브레츠는 그의 개요서 중 미줄라 호수에 해당하는 부분의 여백에다 직접 써넣었다."[51]

1930년 3월, 브레츠는 『미국 지질학회 회보(Bulletin of the Geological Society of America)』에 짧은 발췌 논문을 게재했다. 그 논문의 제목은 "미줄라 호수와 스포케인 홍수"였다. 이 논문에서 브레츠는 이 호수를 처음 거명하고 묘사한 사람은 지질학자 J. T. 파디(브레츠는 이 문제를 다룬 파디의 편지를 1925년에 받았다)라고 썼다. 호수는 해발 1,220미터 이상이었고 호수의 깊이는 적어도 640미터는 되었다. 그는 자세한 데이터는 제시하지 않으면서 이 호수는 빙하 댐에 의해서 형성되었다고 적었다. "호수 남

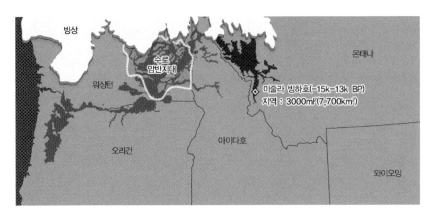

그림 15

서쪽으로 약 110킬로미터 지점, 퍼셀 참호와 스포케인 계곡의 서쪽 지류와 맞닿은 지점에 암반지대의 동쪽 머리 부분이 있다. 만약 빙하 댐이 터진다면, 물은 이 110킬로미터 구간을 따라 흐를 수밖에 없다."[52]

1932년에 이르러 브레츠는 미줄라 호수가 대홍수의 주범이라는 생각에 좀더 가까이 다가섰다. 하지만 가상적인 빙하 댐의 존재와, 그 댐이 제대로 작동하지 못해 대홍수가 발생한 문제에 대해서는 좀더 자세한 설명이 필요하다고 느꼈다.[53] 그러나 이 시점에서, 브레츠는 대홍수 문제는 이 정도로 하고 전혀 다른 지질학적 문제로 눈을 돌려 10여 년을 보내게 된다. 그러다가 1940년에 그는 시애틀에서 개최되는 미국 고등학문 협회의 회의에서 암반지대 이론을 설명해달라는 초청을 받았다. 그는 자신의 견해와 증거가 이미 출판되어 있다면서 그 초청을 거부했다. 하지만 그 회의는 개척자적인 회의가 되었다. J. T. 파디가 그 회의에 참석하여 미줄라 빙하호에 대한 그의 오래된 신념을 논문으로 발표했다. 그 호수를 둘러싼 빙하 댐에 고장이 나서 "호수의 물이 모두 쏟아져나와 천재지변의 대홍수라는 드라마를 발생시켰다"라고 결론내렸다.[54]

기이하게도 파디는 그의 미줄라 호수 이론을 오래 전부터 잘 알려져 있던 대격변에 의한 암반지대 형성설(브레츠의 이론)과 연결시키지는 않았다. 브레츠는 나중에 이렇게 썼다. "그는 이 엄청난 물이 최종적으로 어떤 결과를 빚어냈는지에 대해서는 언급하지 않았고 적어도 글로 그것을 발표하지는 않았다. 아마도 그 공로를 내게 돌리려는 관대한 뜻이었을 것이라고 생각한다."[55]

브레츠에게 남겨진 과제를 최대한 활용하면서 그는 단 한번의 천재지변형 대홍수설을 포기하고 그의 적수들의 입맛에 더 맞는 다수의 대홍수설로 옮겨갔다. "여러 번의 대홍수가 있었다." 그는 1959년에 그렇게 썼다. "이 이론은 그것(암반지대의 형성)을 감당할 수 있을 정도로 융통성이 있다."[56] 같은 해에 브레츠는 지구과학에 기여한 뛰어난 공로를 인정받아 닐 밀너 상을 수상했다.[57]

몇 년 뒤인 1965년, 브레츠는 이제 지질학계의 기피인물에서 총아로 완벽하게 변모했다. 제4기(紀) 국제연맹은 전에 대격변 홍수 이론을 반대하던 비판자들을 소집하여 컬럼비아 고원으로 현장 답사를 나갔다. 이 답사대는 그랜드 쿨리 전역, 퀸시 분지 일부, 팔루스-스네이크 암반지대 분할 지역 대부분을 둘러보았다. 탐사 여행 끝에 참가자들은 그들이 본 엄청난 장관에 압도되었고 또 미줄라 빙하호의 갑작스러운 배수가 대홍수의 원천이라는 데에 만족하면서 브레츠에게 감사와 경의의 전보를 보냈다. 그 전보는 이런 말로 끝났다. "우리는 이제 모두 대격변론자입니다."[58]

이와 관련하여 브레츠는 이렇게 썼다. "자기 방어를 위해서 30년의 세월을 보내고 30편의 논문을 쓴 이후에 이처럼 지지의 소식을 받게 되니, 내 가슴이 강심제를 먹은 것처럼 확 뚫립니다."[59]

최후의 영예는 1979년에 찾아왔다. 브레츠는 미국 지질학회의 최고상인 펜로즈 메달을 받았다. 이 상을 받은 후 그는 아들에게 말했다. "나의 적들은 이제 모두 죽었어. 그러니 자랑할 친구도 없구나."[60]

브레츠는 1981년 2월 3일 다음번의 대모험을 향하여 지구를 떠나갔다.

대격변 이론을 무력화시키는 점진론

그래서……모든 것이 잘된 듯 보였다. 천재지변의 대홍수에 의해서 형성된 땅의 증거는 결코 무시할 수 없었다. 그 시기도 이제 확정되었다. 비록 정확한 것은 아니지만 1만5,000년 전에서 1만1,000년 전 사이의 빙하시대의 마지막 1,000년 중 어느 때쯤이었다. 대홍수의 원천은 미줄라 빙하호로 추적되었다. 거대한 대홍수가 단 한번이었느냐— 현장 지질학자 브레츠의 예민한 감각은 1회성의 냄새를 맡았지만— 아니면 점진론 동료들이 주장한 것처럼 여러 번이었느냐 하는 까다로운 문제는 브레츠 이론의 유연성과 "여러 번"의 홍수를 인정하는 것으로 봉합되었다.

브레츠가 나중에 발간한 논문들에 의하면, 그는 최대 8번의 대홍수가 발생했다고 인정하는 듯하다.[61] 이것은 점진론 학자들에게 양보한 것이었다. 8번의 대홍수가 수천 년에 걸쳐 발생했다는 주장은 균일론 지지학자들(그때나 지금이나 대부분의 지질학자가 이 이론을 지지한다)의 입맛에 훨씬 더 맞는 것이었다. 단 한번의 파천황의 대홍수가 발생하여 약 3개월간에 걸쳐서 엄청난 지형 파괴를 자행하다가 끝났다는 이야기는 그들의 입맛에 전혀 맞지 않았다. 그렇지만 브레츠는 마음속 깊은 곳에서는 일회성의 대격변을 지지하는 사람이었다. 애리조나 대학교의 수력학 및 수자원학과의 빅터 R. 베이커는 그의 연구서인 『스포케인 홍수 논쟁(The Spokane Flood Debates)』에서 이렇게 썼다.

브레츠가 그의 원래 가설을 상당히 수정하기는 했지만, 일반 법칙에는 비상한 예외가 있을 수 있다는 그런 의혹이 늘 남아 있었다. 브레츠 자신은 이렇게 주장했다. "수로 암반지대라고……하는……그 독특한 지형은 갱신세 역사의 독특한 사건을 기록한다……특별한 원인들이 분명하게 드러나는 듯하다."[62]

달리 말해서, 비록 그가 여러 번 양보를 하기는 했지만, 천재지변이라고할 만한 독특하고 특별한 이유가 있다고 분명하게 언급한 것이다. 비록양보를 했지만 그것이 "컬럼비아 고원을 휩쓸고 지나간 것은 파천황의 대홍수였다"는 결론을 훼손하지는 못한다는 뜻이다.[63] 그가 마지막으로 발표한 글은 1979년에 미국 지질학회의 최고상인 펜로즈 상을 받으면서 작성한 것이었다. 그는 이 기회를 이용하여 자신의 주장을 확실하게 내세웠다. 그는 이렇게 썼다.

어쩌면 나는 전설적인 대격변론을 되살려서 객관화하고, 또 근엄한 균일론진영에 도전장을 내민 공로를 인정받을 수 있을 것이다.[64]

대격변론자이며 균일론 도전자인 브레츠가 모르는 것이 하나 있었다. 일단 그가 문을 통하여 점진론이라는 흡혈귀를 안으로 들이면 그놈은 브레츠가 내놓은 타협안에 만족하지 않을 것이었다. 그 흡혈귀는 수로 암반지대가 일회성 "대홍수"의 소산이라는 이론의 피를 무자비하게 빨아먹을 터였다.

이렇게 시간이 흘러가고 새로운 세대의 점진론 학자들이 전 세계 대학에 자리를 잡으면서 브레츠가 단 한번의 대격변에서 물러서서 수용한 8번의 홍수는 점점 숫자가 늘어나기 시작했다. 처음에는 12번으로 늘어나더니 그 다음에는 20번으로 그리고 이어서 "약 40번"으로 증가하더니, 최근의 논문들에서는 무려 90번 혹은 그 이상으로 늘어났다![65] 빅터 베이커는 그 상황을 이렇게 요약했다. "가장 최근의 견해는 2,500년의 기간[대략 1만 5,000년 전에서 1만2,000년 전 사이]에 약 80번의 홍수가 정기적인 시간 간격을 두고서 발생했다는 것이다."[66]

2,500년에 80번의 홍수라면, 대략 31년마다 홍수가 한 번씩 발생했다는 뜻이다. 이렇게 하여 단 한번의 대격변이라는 이론은 가뭇없이 사라지고, 정기적이고, 예측 가능하고, 점진적인 일련의 사건들을 통해서 수로 암반 지대라는 거대한 지형이 형성되었다는 이론이 자리를 잡았다. 균일론의 관점에서 더 좋은 것은 얼음에 갇힌 빙하호의 분출 홍수가 심지어 오늘날에도 발생한다는 사실이다. 가령 그런 홍수는 아이슬란드에서 정기적으로 발생하고 그곳 용어로는 외퀼라우프(jökulhlaup)라고 한다. 이 용어는 전 세계적으로 채택되었으므로 이 책에서도 사용하고자 한다. 분출 홍수가 빈번한 다른 지역은 히말라야, 남극, 북부 스웨덴, 북아메리카 등이 있다. 지질학 교수 데이비드 앨트가 지적하듯이, 알래스카와 북부 브리티시 컬럼비아의 빙하호들은 아주 급격한 배수 활동을 빈번하게 일으킨다. 이러한 사건들은 "급속히 눈이 녹아 호수의 수면이 상승하는 여름에 벌어진다. 미줄라 빙하호를 둘러싼 얼음 댐도 같은 이유로 여름 동안에 범람하여 밖으로 터져나왔을 것이다."[67]

이렇게 "현재는 과거의 열쇠"이고, 오늘날 관측 가능한 변화의 속도가 과거에 발생한 변화의 속도를 알려준다는 균일론의 교리가 조용하게 그 모습을 다시 드러냈고, 브레츠의 혼란스러운 대홍수의 증거는 별 걱정할 것이 없다는 듯이 설명되고 정리되었다. 점진론 학자들은 영리하게도 케이크를 가지기도 하고 먹기도 했다. 한편으로는 브레츠에게 메달을 수여하면서 그들이 "모두 대격변론자"라고 하고서, 다른 한편으로는 브레츠의 대격변을 우리가 오늘날 여름마다 알래스카와 브리티시 컬럼비아에서 목격하는 수준의 급격한 배수 정도로 처리해버렸다.

이것은 일거양득의 아주 안심되는 조치였다. 하지만 브레츠의 원레 발견이 옳고, 빙하기 말엽에 북아메리카에서 발생한 현상이 전무후무한 일회성의 대격변이 맞다면, 그때는 어떻게 할 것인가?

그것이 일회성의 대규모 천재지변이었다면?

다시 브레츠에게 돌아가서

랜들 칼슨은 일회성의 대규모 천재지변이었다고 확신한다. 그는 지난 20년간 동안 수로 암반지대를 탐사하면서 현지의 지질학자들에게 아무도 물어보지 않는 까다로운 질문을 던졌고 그리하여 아주 강력한 견해를 형성하게 되었다.

만약 오늘날 브레츠가 환생하여 우리와 함께 있었다면 내놓았을 법한 그런 강력한 견해를 말이다.

나는 2006년에 랜들을 처음 만났다. 북아메리카 빙하시대의 대홍수가 우리의 화제 중 하나였는데, 그가 얼음 댐 이론을 전혀 인정하지 않고 빙하호 미줄라 이야기는 엄청난 헛소리라고 생각하는 것을 보고서 크게 놀랐다. 그것은 편벽한 균일론의 비위를 맞추려는 손쉬운 해결안이었고 결과적으로 지질학자들을 진리의 길에서 멀어지게 했다는 것이다. 그후 몇 년간 우리는 때때로 연락을 주고받았고 우리가 모두 연사로 참여한 학술대회에서 만나기도 했다. 나는 그의 깊은 지식, 현장 경험, 지식과 경험에 바탕을 둔 빙하시대를 끝낸 신비한 사건들에 대한 흥미로운 통찰 등에 크게 감명을 받았다. 우리는 영거 드라이어스 시대에 대해서도 특별한 흥미와 관심을 공유하고 있었다. 이 시대는 지구가 막 더워지기 시작하던 1만2,800년 전에 시작되어 그로부터 1,200년 뒤에 갑자기 끝난 한랭시대를 가리킨다.

이 특별한 시대에 북아메리카의 "클로비스(Clovis)" 문화 같은 석기 시대의 수렵-채집 부족들이 갑자기 고고학적 기록에서 사라졌고 또 동물의 종들이 대규모로 멸종했다. 분명 어떤 비상한 일이 벌어졌는데, 이것에 대해서 균일론이나 점진론의 설명은 나온 바가 없다. 게다가 비록 1995년에 나온 『신의 지문』에서 그 문제를 다루지는 않았으나, 나는 나중에 영거 드라이어스 시대(1만2,800년 전과 1만1,600년 전 사이의 시대)가 선사시대의 고급 문명이 지구상에서 말살되어 인류의 기억에서 사라진 "시간대"와 일치한다는 것을 발견했다.

2002년에 발간된 나의 책 『신의 봉인(*Underworld*)』에서 나는 영거 드라이어스의 문제에 주목했다. 나는 이렇게 썼다.

1만3,000년 전 무렵에는 지구의 날씨가 장기간 동안 계속하여 따뜻했다(몇 가지 연구 결과에 따르면 1만5,000년 전과 1만3,000년 사이에 기온이 가장 높게 상승했다[68]). 이와 같이 온난기의 막을 내리게 한 것은, 고대 기후학자들이 "영거 드라이어스"라고 부르는 전 세계적인 한파현상이었다……[69] 여러 가지 면에서 수수께끼에 싸여 있고 설명되지 않은 부분이 많은 이 현상은 믿기 어려울 정도로 빨랐던 기후의 반전이었다. 즉 오늘날보다 기온과 습도가 더 놓았던 것으로 추산되는 1만3,000년 전의 온난한 기후가,[70] 1,000년 미만 뒤인 마지막 빙하 최성기보다 기온과 습도가 더 낮은 한랭한 기후로 갑자기 변한 것이다.[71]

1만2,800년 전 무렵부터 마법에 걸린 것처럼 얼음이 지구를 뒤덮기 시작했다. 최종적인 해빙에 가까워지고 있었던 수많은 지역에서 본격적인 빙하 활동의 여러 조건들이 숨막힐 정도로 빠르게 되살아났고 마지막 최대 빙하기(약 2만1,000년 전) 이후 이루어졌던 모든 진전이 자취를 감추었다. 기온은 섭씨 8-15도 수준으로 다시 떨어졌고……이처럼 과거의 절반 수준으로 기온이 무자비하게 급강하한 것은 불과 수십 년 사이에 일어났을 가능성이 높다. 대서양 지역의 극전선(極前線)은 스페인 북서지방의 피니스테레 곶까지 다시 내려왔고 고산지대의 여러 빙하가 다시 확장했다. 기온 면에서, 본격적인 빙하활동의 모든 조건이 거의 완벽하게 갖추어졌다…….[72]

당시 세계에서 우연히 천혜의 생활환경이 갖추어진 일부 지역을 제외한 대다수 지역의 인류는 이 갑작스럽고 설명할 수 없는 매우 춥고 건조한 기후의 엄습으로 치명적인 타격을 받은 것이 분명하다.[73]

영거 드라이어스 시대의 신비한 분위기와 그에 따른 인류의 지독한 고통은 계속하여 나의 관심을 사로잡았고, 그 시대에 대해서 더 많은 문헌을 읽어서 더 많은 것을 알아내도록 했다. 나는 2006년 이후 랜들과 주고받은 다수의 대화와 이메일을 상기하면서, 그 시대가 아주 유의미한 방식으로 전 세계적인 대격변이었다는 인식을 가지게 되었다. 그리고 2013년에 들어 랜들은 내게 북아메리카, 특히 수로 암반지대는 그 대격변의 핵심이라고 말해주었다. 그래서 나는 그 지형을 직접 보아야 할 때가 되었다고 판단했다. 나는 충동적으로 랜들에게 나의 현장 답사여행에 동참해달라고 제안했다. 우리 두 사람의 일정이 맞는 시간을 찾아내는 데에는 1년 이상이 걸렸고, 마침내 2014년 9월 나는 오리건 주의 포틀랜드에서 랜들을 만났다. 우리는 대형 빨간색 사륜구동 트럭을 빌려서 인근 워싱턴 주를 향하여 북동쪽으로 출발했다. 암반지대를 답사하기 위해서였다.

4

암반지대 답사 여행

우리는 오리건 주 포틀랜드에서 미네소타 주 미니애폴리스에 이르는 4,000 킬로미터의 현지 탐사에 나섰다. 우리가 직선 경로를 선택했다면 여행길은 그보다 짧았을 것이다. 그러나 우리는 협곡과 하곡, 언덕과 산등성이 등을 우회하면서 수로 암반지대를 통과했다. 그 일대는 과거에 북아메리카의 대부분을 뒤덮고 있던 코딜레란 빙상과 로렌타이드 빙상의 바로 남쪽 지역이었다. 여행의 목적은 오래 전 이곳에서 어떤 일이 벌어졌는지 온전하게 이해하려는 것이었다. 여행 나흘째가 되자, 우리는 그랜드 쿨리라는 지형의 아주 깊은 상처 한가운데에 있는 드라이 폭포(물 없는 폭포)에 도착했는데, 그제서야 전반적인 그림이 서서히 분명해지기 시작했다.

우리 발밑의 땅은 얇은 표토층으로 덮인 오래된 검은 현무암 지대였다. 1,700만 년 전에서 600만 년 전 사이에 발생한 화산 분출로 튀어나온 현무암은 컬럼비아 고원의 대부분 지역을 뒤덮고 있고, 일부 지대들에서는 그 깊이가 2,000미터에 달한다.[1]

그러나 그랜드 쿨리에서는 그렇게 평평하지가 않다. 왜냐하면 이곳에서는 어떤 변덕스러운 힘 — 어쩌면 신의 손 — 이 수 킬로미터 너비의 칼날이 달린 거대한 조각칼을 들고서 땅속을 마구 찔러대어, 수백 미터의 깊이에다가 길이가 거의 96킬로미터에 달하는 끔찍한 상처를 내놓았기 때문이다. 그런데 그 조각칼은 쇠로 만들어진 것이 아니라, 빠르게 달려들고 혼란스럽고 부유물이 가득한 거대한 물이었고, 흐르기 시작한 지가 몇 주일

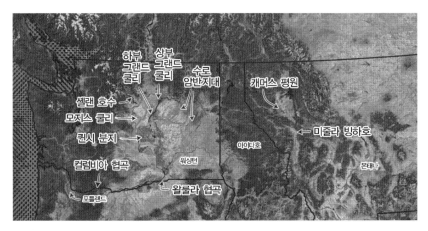

그림 16

밖에 되지 않은 대홍수였다. 브레츠가 말한 일회성의 거대한 천재지변이었다. 그는 이렇게 썼다.

그랜드 쿨리는 컬럼비아 고원뿐만 아니라 전 세계적으로 보아도 빙하의 흐름이 계곡을 깎아낸 최고로 좋은 사례이다……너비가 최소한 4.8킬로미터나 되는 빙산의 강이 남쪽으로 흘러내려 이곳 경계지를 범람하여 가파른 단사층(單射層)의 등성이로 흘러내렸다……그 흐름은 약 10도의 경사에 305미터 가까이 아래로 내려갔다……이러한 상황은 전무후무한 것이고 갑자기 생겨난 높은 경사의 거대한 강들이 있는 이 지역에서도 그러했다……적어도 42세제곱킬로미터의 현무암이 파내어져 옮겨졌을 것이다.[2]

브레츠는 여기서 그랜드 쿨리의 북쪽 혹은 위쪽 부분만을 언급한다.[3] 그 "흐름"이 벼락같이 밀고 내려오면서 그랜드 쿨리의 남쪽 부분에서도 같은 양의 현무암이 파내어져 휩쓸려갔다. 오늘 우리는 하부 그랜드 쿨리의 남쪽 끝인, 표석(漂石)이 부채꼴처럼 펼쳐져 있는 에프라타 팬에서 발걸음을 멈추었다. 그곳은 대홍수의 물살에 의해서 현무암들이 떠밀려 내려가 버려진 곳이었다. 혼란스럽고 뒤죽박죽이고 경악스러운 광경이었다. 평원의 눈이 미치는 모든 곳에는 수십만 혹은 수백만 개에 달하는 부서진 현무암 바위들뿐이어서 혼란스럽다고 한 것이다. 그중에 아주 큰 놈은 미니밴 크기였고 아주 작은 놈으로는 축구공만 한 것도 있었으나 대부분 그보다 훨씬 더 컸다.

"모든 것이 이런 잡석 무더기로 변해버린 겁니다." 우리가 부채꼴 지역에 서 있을 때, 랜들 칼슨이 내게 설명했다. "지금 당신이 보고 있는 저것들 말입니다. 이 잡석들은 예전 세상의 일부였지요."

"예전 세상이라고요?"

"그래요. 대홍수 이전의 세계. 여기 땅 위에 흩어져 있는 것은 대홍수가 그랜드 쿨리에서 파낸 것의 일부에 지나지 않습니다. 잡석들은 지하로 수백 미터까지 내려가 있습니다."

에프라타 팬에서 우리는 북쪽의 워싱턴 17번 국도를 타고 달려 하부 그랜드 쿨리로 들어갔다. 그곳은 우리의 양쪽에서 깎아지른 듯 공중에 치솟은 까마득한 벼랑들의 합창이었다. 그 벼랑들 위의 회색 비구름들은 벼랑의 바닥에 형성된 일련의 알칼리성 호수들—소프 호, 리노어 호, 블루 호, 파크 호 등—의 수면에 어둡게 비쳐졌다. 우리는 이제 하부 그랜드 쿨리의 위쪽에 해당하는 드라이 폭포에 도착했다. 우리가 트럭에서 내리려는데 랜들은 나의 아내 산타에게 카메라를 가지고 오라고 말했다. "여기서 대격변의 진수를 보게 될 것입니다." 그가 장난기 어린 미소를 지으며 말했다.

재야 지질학자 랜들 칼슨

나이가 어린 독자들은 1977년에 방영된 텔레비전 드라마 「그리즐리 애덤스의 생애와 시대」를 모를 것이다. 하지만 구글에서 검색을 해볼 수 있다.

댄 해거티라는 배우가 연기한 주인공 그리즐리 애덤스는 강인한 삼림꾼인데 우람하고 거칠며 턱수염을 기른 인물이었다. 랜들 칼슨은 엄청난 턱수염, 전반적인 외모, 강인하면서도 투박한 개인적 스타일 등이 그리즐리 애덤스를 연상시켰다. 랜들은 현재 조지아 주 애틀랜타에서 살고 있으나 젊은 시절을 미네소타의 농촌 지역에서 보냈다. 그의 목소리는 미네소타 사람 특유의 기이한 스칸디나비아와 독일의 억양을 아직도 간직하고 있다.

그는 슈미트 호수 부근에서 성장했다. 그 호수는 미네소타와 위스콘신 전역에 산재하는 수만 개의 소규모 얼음이 녹아서 생긴 호수들 중 하나이다. 그는 어린 시절 이 호수에서 낚시를 하곤 했는데, 커다란 바위 위에 올라가서 논 적도 많았다. 나중에 그는 이 바위가 표석이라는 것을 알았다. "표석은 엄청난 빙산의 물에 의해 암반층에서 뽑혀나와 고향으로부터 수백 킬로미터 떨어진 곳으로 표류해와 그곳에 내팽겨쳐진 돌이다."[4]

그 어린 시절로부터 50년이 지난 오늘, 그는 어릴 적의 미국 중서부 풍경이 그의 영혼에 지울 수 없는 각인을 남겼다고 말한다.

나는 어린 시절의 경험으로부터 대지를 상대로 한 일종의 대화를 시작했는데, 그것은 오늘날까지도 줄어들지 않고 계속되고 있다. 들판에서 보낸 수천 시간, 다양한 풍경을 답사하며 연구한 시간, 다양한 학문을 연구하면서 보낸 시간 등이 모두 그 대화의 한 부분이다. 다양한 학문이란 우리가 살면서 경험하는 이 놀라운 지구를 더 잘 이해하도록 도움을 주는 것들이다……지구는 아주 역동적인 행성이다. 최근에 그 어떤 것과 비교가 되지 않을 정도로 대규모이고 또 심오한 변화를 겪었다. 그리고 나는 우리가 역사라고 부르는 것이, 사실은 지구상에서 벌어진 최후의 대격변 이후에 나타난 인간의 사건들을 기록해놓은 것에 불과하다는 것을 깨닫게 되었다. 그런 대격변의 흔적은 우리 주위의 거의 모든 환경에서 발견될 수 있다. 우리는 이제 겨우 그 증거를 인식하고 해독하는 작업을 시작했을 뿐이다.[5]

랜들은 토목건축업으로 생계를 유지하지만 그의 진짜 열정은 지질학 공부이다.

바로 대격변 지질학이다.

그의 강연에 참석한 사람들이 잘 알고 있듯이, 그는 당신이 만나본 그 어떤 사람보다도 대격변에 대해서 잘 알고 있다. 그는 과학 문헌들을 방대하게 섭렵하여 많은 지식을 흡수했고 또 위에서 말한 것처럼, 수천 시간의 현장 답사를 통해서 현지 지형에 통달했다. 나에게는, 수만 킬로미터의 황무지를 걸어서 얻은 이런 깊이 있는 현장 지식과 수 년간에 걸친 도서관에서의 문헌 연구가 그 어떤 대학의 학위보다 더 가치 있게 보였다. 랜들은 지질학자가 아니고 또 자신을 지질학자라고 지칭하지도 않지만 지질에 대해서는 박사학위 12개를 딴 것보다 더 많이 알고 있다.

이제 우리는 드라이 폭포의 반원형의 분지 위에, 허리까지 올라오는 울타리가 쳐진 콘크리트 전망대 위에 서 있었다. 차가운 바람이 불어오는 9월 하순의 어느 날, 랜들은 내게 지질학 강의를 하기 시작했다……

드라이 폭포

"나이아가라 폭포에 가본 적 있나요?" 랜들이 물었다.[6]

나는 가본 적이 없다고 실토했다.

"그럼 사진은 보았겠지요? 그 장소가 어디에 있는지도 알고."

"아, 네……."

"좋아요. 그럼 한번 생각해보세요……어떤 게 더 클 것 같은지?" 그는 우리의 발아래에 펼쳐져 있는 말발굽 모양의 지형을 가리켰다. "드라이 폭포인지 혹은 나이아가라인지요?"

그것은 참 까다로운 질문이었다. 미네소타 사람인 랜들은 그런 까다로운 질문을 던지기를 좋아한다. 나는 그 천연의 반원형 극장을 굽어보았다. 그것은 저쪽까지 아주 멀리 펼쳐져 있었다. 주변에 갈대들이 자란 두 개의 원형 빗물 연못이 말발굽 형태로 솟아오른 까마득한 절벽의 밑바닥을 장식하고 있었다. 저 절벽 위로 엄청난 양의 물이 한때 흘러내렸으리라. 나는 51미터 높이인 나이아가라 폭포에 가보지는 못했지만, 남아프리카에 있는 빅토리아 폭포에서는 하루를 보낸 적이 있었다. 그 폭포는 높이가 108미터였다. 사진으로 본 나이아가라의 전형적인 말발굽 형태가 빅토리아 폭포에서도 그대로 재현되어 있었다. 그리고 이곳 미국 워싱턴 주에도 그와 똑같은 말발굽 형태가, 까마득한 옛날에 물이 흘러내렸음을 보여주는, 물 없는 화석으로 보존되어 있었다.

"드라이 폭포가 나이아가라보다 훨씬 큽니다." 나는 실제보다 더 자신감을 표시하기 위해서 큰 목소리로 대답했다.

"좋아요. 지금까지 잘 대답했습니다. 얼마나 더 클 것 같습니까?"

"두 배 정도요." 나는 짐작으로 대강 말했다.

"나쁘지 않아요." 랜들이 말했다. "하지만 실제로 드라이 폭포는 높이가 나이아가라의 3배이고, 너비는 6배가 넘습니다." 그는 손가락을 들어 가리켰다. "저기 물결 모양으로 접힌 절벽들을 좀 보세요."

나는 그곳을 쳐다보았다. 드라이 폭포의 말발굽은 실제로는 두 개를 나란히 붙여 놓은 것이었다. 하나는 동쪽에, 또 하나는 서쪽에 자리잡았다.

"나이아가라는 동쪽 말발굽의 절반 정도 크기이고, 그 맨 위 가장자리는 드라이 폭포의 가장자리에 대보면, 아래쪽으로 76미터 정도 내려간 곳에도 미치지 못할 겁니다. 그리고 저길 보세요⋯⋯." 랜들은 그 말발굽의 동쪽 측면을 가리켰는데 거기에는 공동(空洞)이 있었고, 그 안에 남쪽으로 이어지는 높고 비좁은 절벽이 있었다. "저게 우마틸라 암벽입니다." 그가 절벽을 가리키며 말했다. "저건 대홍수의 꼭대기에 있었던 일종의 섬 같은 겁니다. 물 밑의 섬이지요."

"물 밑의 섬이라고요?"

"네. 대홍수가 여길 지나갈 때 물의 깊이는 150미터 이상이었습니다. 대홍수는 우마틸라 암벽과 드라이 폭포 위로 흘렀고, 그리고 바로 여기 우리가 서 있는 지점은 30미터 혹은 45미터 정도 되겠군요."

"만약 그 당시에 내가 여기 서 있을 수 있었다면……."

"당신은 서 있지 못했을 겁니다……."

"알아요. 물론 나는 휩쓸려 나갔겠지요. 그냥 논의를 하기 위해 해본 말입니다. 설사 내가 여기 서 있었다고 해도 폭포의 가장자리에서 흘러내려 수백 미터 아래쪽으로 급격히 떨어지는 거대한 물을 보지는 **못했겠지요?**"

"그렇습니다. 왜냐하면 그건 지표면 저 아래쪽에서 벌어졌을 테니까요. 이 지점에서 그걸 보았다면 폭포수라기보다는 갑작스러운 충돌과 비탈을 가진, 격류에 휩싸인 소용돌이치고 빙빙 도는 등성이처럼 보였을 겁니다. 하지만 폭포수가 암반층에 가하는 작용은 표면 아래에서 계속 진행 중이었겠지요……."

"암반층에 가하는 작용이라니요?"

"엄청난 물은 이곳을 통과하면서, 일부 인사들의 추정에 의하면 대략 시속 110킬로미터 속도로 내달렸을 겁니다. 게다가 그냥 물이 아니라 걸쭉한 진흙 반죽 비슷한 물이었습니다. 그 물 속에는 통째로 뿌리 뽑힌 숲의 나무들도 있었어요. 또 수면에는 빙산의 얼음 조각도 떠 있었고요. 그리고 물의 밑바닥에는 우리가 아까 에프라타 팬에서 보았던 그런 거대한 암석 표류물들이 빙빙 돌고 있었습니다. 이런 거대한 진흙 반죽이 엄청나게 빠른 속도로 우르릉거리며 앞으로 내달리며, 지나가는 곳마다 마구 뽑아냈습니다."

"뽑아냈다고요? 바위들을요?"

"그래요. 그렇게 말하는 게 가장 정확할 거예요. 거대한 손가락들이 현무암 바닥을 치면서 그 기반암을 찢어내고 그 다음에는 부서진 암석들을 뽑아내서 아래쪽으로 흘러가는 급류 속으로 내던진 겁니다. 그렇게 해서 침식 현상이 일어났지요." 랜들은 또다시 물결치는 말발굽 절벽들을 가리켰다. "그렇지만 우리가 여기서 보는 것은 전체 그림의 절반에도 미치지 않습니다. 만약 우리가 비행기에서 이 지역을 내려다본다면, 우리는 저쪽 동쪽으로 뻗은 말발굽보다 훨씬 더 큰 또다른 말발굽들을 보았을 겁니다. 저기 우마틸라 암벽 너머를 감싸안고 있는……."

"그렇다면 그것까지 감안해서 드라이 폭포의 전체 크기는 어느 정도 됩니까?"

"약 5.6킬로미터 정도……대홍수가 멈추었을 때 그곳까지 간 겁니다. 만약 대홍수가 2주일 정도 더 이어졌다면, 그후에 무엇이 남았을지 또 어디까지 더 나아갔을지는 오로지 하느님만이 아십니다……."

"무슨 말씀인지 잘 모르겠습니다."

"여러 가지 증거들에 의하면, 대홍수는 겨우 몇 주일 동안만 지속되었습니다. 그 몇 주일 동안에 드라이 폭포는 계속해서 북쪽으로 이동했습니다……."

"이동했다고요?"

"네. 모든 폭포는 이동합니다. 그 위로 흘러가는 물의 양과 힘에 따라 이동하는 속도가 달라지지요. 폭포는 기반암을 잡아 뽑으며 꾸준히 상류쪽으로 먹어들어 갑니다. 가령 나이아가라를 보세요. 이 폭포는 지난 1만 2,000년 동안 11킬로미터나 뒤로 물러났습니다.[7] 그러나 그건 여기서 발생한 규모에 비하면 사소한 겁니다. 여기서는 약 48킬로미터나 됩니다. 하부 그 랜드 쿨리의 전체 길이지요. 불과 한 달 사이에 이렇게 이동을 한 겁니다."

"그렇다면 침식 속도가 아주 빨랐군요?"

"그렇습니다. 나이아가라보다 수천 배 빠른 거지요. 이곳을 통과한 물의 엄청난 양과 속도 때문입니다. 드라이 폭포는 지구상에 존재한 폭포 중에서 가장 규모가 큰 폭포입니다."

"그런데 그 많은 물이 모두 미줄라 빙하호에서 나왔다는 거군요?"

"글쎄요." 랜들이 턱수염을 비죽 내밀며 말했다. "그건 이론일 뿐입니다."

표석 사냥

랜들은 미줄라 빙하호의 얼음 댐이 여러 번 터져서 그 호수에서 나온 물이 이런 지형을 만들었다는 점진론을 거부하는데, 우선 그것이 지형상의 여러 증거들을 설명하지 못하기 때문이다. 그는 빙하호가 존재했다거나 그 호수로부터 물이 터져나왔다는 사실은 부정하지 않는다. 그러나 그 물로는 수로 암반지대의 저 엄청난 파괴된 지형을 도저히 설명하지 못한다는 것이다. 1920년대의 J 할렌 브레츠와 마찬가지로, 랜들은 단 한번의 단기간에 걸친 이례적일 정도로 엄청나게 많은 물이 범행의 주범이라고 생각한다.

그다음 날 랜들은 그 이유를 설명해주려고 나를 데리고 "표석 사냥"에 나섰다. 우리는 97번 국도에서 빠져나와 워터빌 고원으로 들어서서 험준하고 기복이 심한 지역으로 차를 몰고 갔다. 그곳에서는 가끔 푸르고 누런 들판이 거친 황무지와 교차되고 있었다. 황무지는 너무 척박하여 농사를 지을 수 없는 땅이었다. 우리는 곧 음침한 검은 색깔의 거대한 현무암의 집단, 무리, 군집, 무더기를 볼 수가 있었다. 그런 바위들은 그 풍경에는 생소한 존재들이었으나, 나는 그 바위들의 고향이 어디인지 알고 있었다.

빙원들이 이동하면서 그 거대한 바위들을 암층에서 파내어 홍수 속에 간직하고 수송하다가 마침내 얼음이 녹으면서 그 화물을 그 시점에 도착한 땅에다 부려놓은 것이었다. 이곳의 이름은 볼더 공원이고, 국립 자연지형물로 지정되었는데, 이 암석들은 동일한 과정의 다른 양상이었다. 랜들은 이렇게 설명했다.

빙하시대의 홍수가 워터빌 고원으로 흘러내릴 때, 홍수는 그 안에 수천 개의 빙산을 포함하고 있었어요. 유조선 크기의 빙산 안에는 집채만 한 바위들이 있었습니다. 빙산들이 저 언덕들과 부딪치자[그는 거대한 암석들이 뿌려져 있는 저 먼 능선을 가리켰다], 빙산들은 거기에 박혀버렸습니다. 그 다음에 홍수가 멈추고 빙산들이 녹으면서 그 안에 있던 암석들이 거기에 그대로 드러나게 된 겁니다. 저 능선 너머의 고원 꼭대기에 흩뿌려져 있고 또 북쪽으로 32킬로미터가량 언덕 사면을 수놓은 암석들은 그런 식으로 자리를 잡게 된 겁니다.

"그렇지만 저 능선은 내가 보기에 우리 머리 위로, 240에서 275미터는 되겠는데요?" 내가 말했다.

"그렇습니다! 대홍수의 깊이가 최소한 저 능선의 높이는 되었다는 뜻이지요. 그냥 물이라기보다는 진흙 반죽이었어요. 대홍수가 멈추기 시작하면서 그 반죽은 침전물 때문에 점점 더 걸쭉해졌지요. 그러다가 마침내 계곡 바닥에다 수백 미터 두께의 침전물과 땅속에 박힌 암석들을 남겨놓은 겁니다. 그러니 우리는 지금 오래 전의 세계가 대홍수에 의해서 파괴된 폐허를 보고 있는 겁니다."

우리는 97번 국도를 다시 타고서 장엄한 컬럼비아 강의 서쪽 둑을 따라 남

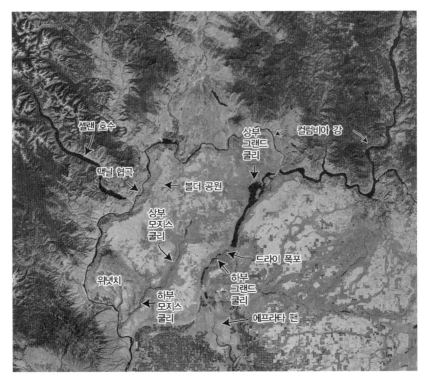

그림 17

쪽으로 향하다가, 서쪽으로 방향을 틀어 셸랜 호수로 갔다. 그 호수는 폭이 80킬로미터 너비는 2.4킬로미터 정도였는데 주변에 나무들이 울창한 가파른 계곡의 바닥에 있었다. 근처의 높은 산들이 호수에 그늘을 드리웠다. 셸랜 호수는 규모가 큰 스코틀랜드 호수 같은 생김새와 분위기를 가지고 있었다. 따라서 그 호수에 괴물이 산다는 전승이 생겨날 법했다. 아메리칸 인디언의 전승에 의하면, 이 호수에 사는 용이 동물을 다 잡아먹어서 인디언들은 굶주리게 되었다고 한다. 대혼령(大魂靈)은 그런 사태를 불쾌하게 생각하고 개입하기로 결심했다. 그리하여 그는 하늘로부터 강림했다.

그리고 그는 거대한 돌칼로 대지를 내리쳤다. 온 세상이 그 타격으로 비틀거

106

렸다. 기대한 구름이 평원 위로 나타났다. 구름이 사라졌을 때 사람들은 땅이 변한 것을 보았다. 그 땅의 모든 측면에서 거대한 산봉우리가 솟아올랐다. 산들 사이에는 협곡이 있었다. 북서쪽에서 시작하여 동남쪽으로 이틀 정도 거리의 아주 깊은 협곡이었다. 대혼령은 이 깊고 긴 협곡에다 괴물의 시체를 내던졌다. 이어 그는 협곡으로 많은 물을 쏟아부어 호수를 형성했다. 아주 오랜 세월이 흐른 후 인디언들은 그 호수를 셸랜이라고 불렀다.[8]

셸랜(Chelan)은 현지의 샐리시 인디언어로 "깊은 물"이라는 뜻이다. 셸랜 호는 정말로 깊어서(453미터) 미국 내에서는 세 번째로 깊은 호수이고 세계적으로는 26번째이다.[9] 신화 속의 몇몇 양상들은 빙하시대 말기에 벌어진 지표면의 변화를 연상시킨다. 빙원 밑에 은폐되어서 아무도 보지 못한 산들이 얼음이 녹으면서 드러났다. 협곡은 브레츠의 대홍수가 컬럼비아 고원 전역을 휩쓸면서 땅을 파내서 만들어졌다. 우리가 다음 장에서 살펴보겠지만, 하늘에서 내려온 거대한 돌칼에는 눈에 보이는 것 이상의 의미가 있었다. 그 돌칼은 대지를 강하게 내리쳤고, 그래서 "온 세상이 비틀거렸다." 또한 지평선 위로 등장한 불길한 구름에도 겉으로 드러난 현상 이상의 의미가 있었다. 또한 셸랜 호의 북안에 자리잡은 맨슨 마을 위쪽에 거대한 빙산이 실어온 표석[10]도 다음과 같은 사실을 암시한다. "많은 물"이 호수에 흘러들었다는 것은, 다르게 말하면 대홍수가 이 지역을 통과했다는 뜻인데 이 또한 실제 사건에 대한 기억에서 나온 듯하다.

셸랜 호 남쪽 끝부분에 흩어져 있는 더 많은 표석들을 지나친 후,[11] 우리는 97번 국도로 되돌아와서 비비 대교에서 컬럼비아 강의 동쪽 강안으로 건너갔다가 이어 북쪽으로 맥닐 협곡의 입구에 들어섰다. 그곳에 더 많은 암석들이 흩뿌려진 황무지가 우리를 기다리고 있었다. 수천 개를 헤아리는 표석들은 이곳에서는 그 외양 때문에 "건초더미 바위"라고 불린다. 멀리서 바라보면 둥그런 모습이지만 가까이 다가가면 부서지고 깨진 검은 현무암 덩어리이다. 대부분의 암석은 1만 톤 이상의 무게가 나갈 것으로 추정된다. 랜들과 나는 그 바위들을 살펴보면서 그 엄청난 높이와 크기에 압도되는 한편, 이 많은 돌들을 여기까지 실어온 대홍수의 위력 앞에 경탄을 금치 못했다.

우리는 다시 97번 국도를 타고서 남쪽으로 65킬로미터를 내려가 위냇치 강과 컬럼비아 강이 합류하는 지점으로 갔다. 그곳은 케스케이드 산맥의 동쪽 산록에 해당한다. 여기서 랜들은 내게 마지막으로 표석 하나를 가리켰는데, 그 돌의 무게가 1만8,000톤쯤 될 것이라고 말했다. 그것은 길고 넓은 계곡의 측면에 우뚝 서서 부근의 현대식 주택단지를 내려다보고 있었다. 두 강이 합류하는 지점과 위냇치 마을에서 수백 미터 높이로 우뚝 서 있었다.

우리는 그 표석의 꼭대기로 기어올라가 저 아래쪽에서 반짝이며 흘러가는 강들을 내려다보았다. 랜들은 설명했다. "분명 대홍수의 물은 바닥에서 꼭대기까지 모든 계곡을 채웠을 겁니다. 그래서 홍수를 타고서 표류하던 빙산은 여기서 좌초한 다음 녹았을 것이고 그리하여 능선에 이런 거대한 암석을 남겼을 겁니다."

"그럼 대홍수는요? 그 많은 물은 그 다음 어디로 갔습니까?"

"여기서 흘러내린 물은 그랜드 쿨리, 모지스 쿨리, 기타 수로 암반지대에서 흘러나온 물과 만났습니다. 그렇게 합류한 물은 파스코 분지와 왈룰라 협곡으로 흘러내렸습니다……."

검은 비

그다음 날 우리는 왈룰라 협곡이 내려다보이는 높은 절벽 위로 올라갔다.

"여기서 수면은 대략 해발 365미터 수준으로 솟아올랐을 겁니다." 랜들이 말했다.[12] 그는 GPS(차량의 내비게이션)를 내려다보더니 말을 이었다. "우리가 서 있는 이곳은 해발 350미터 지점입니다. 그러니 홍수의 수면은 우리의 머리보다 15미터 높은 지점에 있었습니다."

"그럼 그 물은 어느 방향에서 왔습니까?"

랜들은 북쪽을 가리켰다. "저기 수로 암반지대에서 으르렁대면서 노호(怒號)하며 왔지요. 여기서 서로 다른 거대한 물들이 합류했고 이어 이곳을 통과하여 컬럼비아 강 쪽으로 흘러내렸습니다. 그러니까 이곳은 여러 방향에서 흐르던 물이 합쳐지는 길목이었지요. 바로 여기서 대홍수의 여러 지류들이 합류했습니다."

나는 저 아래의 풍경, 펼쳐진 땅, 하늘……그리고 물을 둘러보았다.

우리의 여행 내내 하늘은 잔뜩 흐린 데다가 천둥이 치고 몹시 눅눅했다. 이곳 절벽 근처는 아주 두껍고 짙은 갈색의 황토층이 어디에나 깔려 있었다. 그것이 이 근처 토양의 기본적 요소였다. 절벽은 가파르게 아래쪽으로 컬럼비아 강까지 내려갔다. 강은 이곳에서 유일한 물의 원천이었다. 1.6킬로미터 너비의 강을 건너가면 지형은 다시 동쪽을 향해 융기하는데, 우리가 서 있는 서쪽보다는 가파르지 않았다. 그렇지만 이쪽과 똑같은 두꺼운 황토층이 덮여 있었고 게다가 뚜렷한 수로 암반지대 지형의 특징을 보였다. 절벽들은 계곡을 향해 아래쪽으로 가파르게 내려갔고, 오래 전의 대홍수로 조각된 일련의 툭 튀어나온 바위들이 장려한 모습으로 존재했다. 그중 가장 현저한 특징은 두 개의 외딴 현무암 기둥인 "쌍둥이 자매"였는데 우리의 맞은편에 서 있었다.

랜들이 설명했다. "저 쌍둥이 자매는 남아 있는 부분입니다……저기 두 자매의 바로 왼쪽을 보세요. 거기 암상이 보일 겁니다. 저건 원래 이어져 있었습니다……대홍수 이전에는 계곡의 바닥이었을 겁니다……대홍수가 들이치면서 바닥이 찢겨나갔고 계곡의 바닥은 약 60미터나 낮아졌습니다. 오늘날의 강의 깊이와 쌍둥이 자매의 높이를 기준으로 볼 때 말입니다. 만약 대홍수가 일주일만 더 지속되었더라면, 쌍둥이 자매도 휩쓸려나갔을 겁니다……두 자매는 물 밑으로 약 245미터 지점에 있었을 겁니다. 그리고 저기 저 건너편을 보면 — 두 자매보다 훨씬 더 높은 곳 — 우리와 거의 같은 높이에 있는 위로 치솟은 현무암 노두(露頭)가 보일 겁니다. 저게 물의 깊이를 보여주는 수위표(水位標)인데, 저 밑에 있는 모든 것은 대홍수로 잠긴 겁니다. 두 자매 근처의 수로 암반지대는 대홍수가 현무암 층을 크게 파괴하면서 만들어낸 겁니다. 대홍수는 여기서 시속 96-112킬로미터 속도로 쓸고 내려가면서 현무암 층을 찢어발긴 거지요. 뒤에서 밀어내는 힘이 그처럼 강했던 거예요.”

“아주 무섭고 강력한 흐름이었군요.” 내가 짐작해서 말했다.

“아, 그래요! 내륙의 바다 같은 거였지요. 단지 엄청나게 빠른 속도로 움직인다는 것만 빼고…….”

“거대하게 소용돌이치면서 엄청 화가 난 듯이 고함을 쳤겠군요…….”

“그 거대한 소용돌이는 여기 왈룰라 협곡의 병목지점으로 다가오면서 더욱 거대하게 일어섰을 겁니다. 그러나 이 계곡의 수용 능력을 감안하면, 감당이 안 될 정도였지요. 그건 북쪽으로부터 내려오는 정말로 엄청나게 많은 물이었습니다. 그러니 그 정도로 물이 뒤쪽으로 밀린 거지요. 미줄라 호에 의해 형성된 계곡은 이 계곡보다 별로 크지 않습니다. 여기서 북쪽으로 320킬로미터 지점이에요. 그러니 미줄라 호수에서 나온 물은 여기까지 320킬로미터를 흘러와야 했기 때문에 도중에 수량이 줄어서 이 골짜기에 이를 즈음에는 연못 효과를 내지 않고 그냥 흘러갈 수 있었을 겁니다. 하지만 대홍수는 우리가 저 높은 수위표에서 알 수 있듯이 엄청나게 깊은 연못을 형성했습니다. 내가 볼 때 이것은 결정적인 증거입니다. 미줄라 호수에서 나온 물보다 훨씬 많은 물이 한꺼번에 이곳을 통과했던 것입니다."

"그러니까, 이곳을 난폭하게 흘러간 물은 엄청난 수량을 자랑하고 그 깊이가 365미터나 된다는 이야기군요." 내가 요약했다.

"아주 난폭하게 흘러갔지요……."

"그럼 대홍수는 수심을 얼마나 오랫동안 유지했습니까?"

"현재 추측으로는 1-3주예요. 그러다가 물이 빠지기 시작했지요. 왜냐하면……사람들은 이걸 수력학적 연못 만들기라고 하는데, 물 자체가 왈룰라 협곡 같은 병목지점을 통과하게 되면 일종의 댐을 형성한다는 의미에서, 수력학적으로 아주 효율적인 댐이 되는 거지요. 엄청난 물속에 거대한 빙산들이 들어 있으니 더욱 그런 효과를 내는 거예요. 홍수가 흘러가는 길마다 빙산들이 실어온 표석들이 흩뿌려져 있었어요. 오리건 주의 유진에 이르기까지……한번 상상해보세요. 움직이는 바다에 수천 개의 빙산이 들어 있는 형상입니다……."

나는 그 그림을 정확하게 그렸다. "아주 맹렬한 기세였군요."

"그렇지요. 아주 맹렬했습니다." 랜들이 동의했다. "그 많은 빙산들이 서로 부딪치면서 협곡 안에 갇힌 겁니다. 수위가 더욱 높아져서 마침내 그 압력으로 거대한 물의 바다가 협곡을 통과하여 아래로 내려갔습니다. 이어 다음번 병목을 만날 때까지 수위는 낮아지지요. 그러니 우리는 다음과 같은 펄떡거리는 수위도(水位圖)를 상상할 수 있습니다. 수면이 높아질 때마다 홍수는 뒤로 밀려서 계곡 더 위쪽으로 물러갑니다. 그러다가 수면이 낮아지면 다시 솟아오르는 겁니다."

내가 이어서 랜들에게 제기할 질문은 그가 상상한 이 엄청난 대홍수와 긴밀하게 연결되어 있고, 또 내가 이 장의 나머지 부분에서 탐구하고 싶은 핵심 수수께끼와도 관련이 된다. 하지만 나는 아직 그것을 독자들 앞에 내놓지 않았다. 그것은 혜성에 관한 증거가 점점 더 많아지고 있다는 것이다. 1만2,800년 전에 거대한 혜성이 태양계 안쪽의 궤도를 타고 돌다가 여러 개의 조각으로 분해되었다. 그중 여러 조각들(어떤 것은 직경이 2.4킬로미터나 된다)이 지구로 날아와 충돌했다는 것이다. 북아메리카는 그런 천재지변의 중심지였는데, 북아메리카 빙원에 여러 번 혜성 조각들에 의한 충격이 발생하여 대홍수와 해일을 일으켰고, 거대한 먼지 구름을 초래했다. 이 먼지 구름은 지구를 감싸고 있는 대기권 상층부로 올라가 햇빛이 지표면에 도달하는 것을 막았고 그리하여 지질학자들이 영거 드라이어스라고 부르는 갑작스럽고 신비한 전 세계적인 한랭시대가 도래했다. 우리는 이런 주장에 대한 증거와, 그 증거가 "브레츠의 대홍수" — 아무튼 그 물은 미줄라 호수에서 나온 것으로 보이지 않으므로 — 와 어떻게 연결되는지 다음 장들에서 살펴볼 것이다. 그렇지만 지금은 왈룰라 협곡에서 랜들과 나눈 나머지 대화로 돌아가겠다.

"게다가 혜성과의 충돌이 있었습니다." 내가 말했다. "그래서 하늘의 상태가 아주 나빴으리라 생각됩니다……."

"아, 하늘은……."

"아주 어두워졌겠지요……." 나는 그것을 조금 생각하다가 말했다. "충돌로 인해 생긴 많은 **물질**이 대기권에서 떠돌아다녔을 테니까."

"물질이라고요!" 랜들이 등산화 앞부분으로 황토층을 가볍게 걷어차며 말했다. "나는 이 1.8미터 깊이의 황토층을 보면 그 생각을 합니다. 이 지역 어디에서나 1.8에서 2.4미터의 두꺼운 황토층이 깔려 있어요. 이건 분명 대기권에서 비처럼 쏟아져내린 겁니다."

"콘-티키 비라코차의 전설처럼 말이군요." 나는 남아메리카에 문명을 가져다준 영웅에 대해서 말했다. 그는 제1장에서 말했던 케찰코아틀과 압칼루 현인들처럼 피부가 하얗고 턱수염을 길렀다. 그는 과거 수천 년 전 끔찍한 시절에 안데스 산맥으로 왔다고 한다. "그 당시 세상은 대홍수가 범람했고 태양이 사라져서 짙은 어둠 속으로 빠져들었다."[13](멕시코의 케찰코아틀이나 메소포타미아의 압칼루 현인들과 마찬가지로, 비라코차가 안데스 산맥에서 수행한 문명화 사업은 천재지변의 생존자들에게 법률과 도덕률을 전해주고, 그들에게 농업, 건축, 토목의 기술을 가르쳐주는 것이었다.)

"아, 그래요." 랜들이 잠시 생각에 빠졌다. "비라코차의 전설. 거기에 검은 비 같은 것도 있나요?"

"물론 있습니다. 걸쭉한 검은 비였지요. 그건 내가 연구한 대홍수 신화에 보편적으로 나타나는 현상입니다……."

랜들은 다시 황토를 걷어찼다. "이 물질은 정말 난처해요. 이건 일종의 수직구조를 가지고 있어요. 대부분의 이론은 이게 바람에 실려왔다고 하지요. 하지만 수직구조는 그런 설명과 일치하지 않아요. 나는 이것이 물과 바람에 의해 실려왔다는 아이디어를 개발 중이에요. 혜성이 빙원과 충돌한 이후에 나온 최종적인 비는 아마도 진흙 비였을 거예요. 또 그 충돌로 성층권에 아주 뜨겁게 가열된 물 — 지저분하고 입자가 가득한 물 — 이 엄청나게 많이 투입되었을 거예요. 그것은 핵폭발의 재구름처럼 널리 퍼졌을 겁니다. 그리고 그 최종 결과로 아주 집중적이고 지속적인 낙진이 비처럼 내려왔을 거예요."

그렇다면 혜성이 과연 1만2,800년 전에 지구와 충돌했는가?

우리는 그것을 다음 장에서 살펴볼 것이다. 높은 학문적 성취를 이룬 과학자들로 구성된 국제 연구팀이 내놓은 증거들은 균일론 지질학의 편안한 세계를 마구 뒤흔들고 있다.

5

나노다이아몬드는 영원해

우리는 미국의 북쪽 주들을 지나 동쪽으로 여행을 계속했다. 워싱턴 주를 떠나 아이다호 주의 좁고 긴 돌출부 지역을 통과하면서 랜들은 몬태나 서부에 있는 캐머스 평원의 몇몇 특징적 사항들을 내게 일러주었다. 그곳의 풍경은 비전문가의 눈으로 보면 일련의 거대한 사구(砂丘)들의 행진이었다. 타원형의 평평하고 누런 분지를 가로지르는 일련의 톱날 형태를 띠고 있었다. 길이 19킬로미터에 너비 16킬로미터인 그 분지는 로키 산맥의 한가운데 자리잡고 있었다. 그러나 그 "사구들"은 사구가 아니었다. 그것들은 거대한 물결의 파문(波紋) 같은 형태로서, 어떤 것은 높이가 15미터가 넘고 또 길이는 91미터에 달했는데, 빙하기 말엽에 형성된 것이었다. 그 당시 캐머스 평원은 미줄라 빙하호의 바닥의 일부로 수심 425미터 지점에 있었다.[1] 지질학자들은 파문 형태가 호수의 물이 대격변의 형태로 배수될 때 강력한 물결의 힘에 의해서 형성된 것이라는 데에 동의한다.[2]

"나는 그것에 이의를 제기하지 않습니다." 우리가 평원이 잘 내려다보이는 곳에 왔을 때, 랜들이 말했다. 예전의 분지 바닥에는 차량 통행이 거의 없는 고속도로가 있었다. 마침 차량 한 대가 그 길 위에 나타나 물결의 크기를 가늠할 수 있게 했는데, 차량은 물결의 크기에 비하면 성냥갑 크기 정도였다.

"그러니까, 당신은 미줄라 호의 존재에 대해서는 이의를 제기하지 않는 거군요. 또 그 호수에서 대격변의 배수가 있었다는 사실도요." 내가 확인

그림 18

하듯이 물었다.

"전혀 이의가 없습니다. 미줄라 호에서 수십 번의 외퀼라우프가 일어났다는 사실을 의심하지 않습니다. 그중 일부는 아주 규모가 컸지요. 하지만 내 요점은, 이곳에서 일어난 홍수는 우리가 수로 암반지대에서 보았던 그런 엄청난 피해를 일으킬 정도로 거대한 수량(水量)은 아니었다는 겁니다. 그것은 미줄라 호가 제공할 수 있는 물과는 아예 차원이 다른 엄청난 규모의 물이 빚어낸 사건입니다. 그래요. 그 호수는 점진론자들이 말하는 것처럼 클라크 포크 계곡에서 얼음의 댐에 갇혀 있었지요. 그 댐이 수천 년 동안, 그러니까 1만5,000년 전에서 1만3,000년 전 사이의 수천 년 동안에 여러 번 터졌습니다. 그렇지만 그런 주기적 홍수들은 물이 너무 적었어요. 그 최후의 일격에 비교해보면, 양동이에 떨어진 한 방울의 물에 지나지 않습니다. 최후의 일격에 미줄라 호도 동참했지만 주범으로 지목될 정도는 아니었다는 겁니다."

"그렇다면 그 최후의 일격은 우리의 혜성 충돌과 관련이 있는 겁니까?" (나는 여기서 "우리"라는 말을 썼는데, 과학 문헌에서는 그 혜성이 보통 "클로비스 혜성" 혹은 "영거 드라이어스 혜성" 등으로 불리기 때문이다).

"그렇지요." 랜들이 대답했다. "하지만 단 한번의 충돌은 아니었을 겁니다. 여러 번 충돌이 있었어요. 나는 적어도 네 개 정도의 혜성 조각들—각각 직경이 0.8킬로미터거나 그 이상인—이 산탄총 효과처럼 코딜레란 빙상과 로렌타이드 빙상을 강타했고, 그리하여 즉각적으로 빙원이 거대한 규모로 녹았을 겁니다. 그 녹은 물은 엄청난 홍수가 되어 온 사방으로 퍼졌지요. 자연히 그 물 중 일부가 미줄라 호에 폭포수처럼 흘러들어 호면을 가득 채웠다가 마침내 얼음 댐을 붕괴시켰고, 그 당시 북쪽으로부터 빠른 기세로 거칠게 밀고 내려오던 더 많은 물과 합류했을 겁니다."

"그렇다면 미줄라 호는 사건의 주범이라기보다 무고한 구경꾼 정도였겠군요."

랜들이 껄껄 웃음을 터트렸다. "맞아요, 바로 그겁니다. 미줄라 호는 사건 현장에 우연히 나타난 무고한 구경꾼인데 나중에 주범의 혐의를 뒤집어쓴 거지요. 정작 주범은 혜성이었는데 말입니다."

음모론 코너

나는 음모론 지지자는 아니지만 과학계에 어떤 음모가 존재하는 것은 아닌가 하는 오싹한 느낌이 든다. 그들은 대격변 이론을 제대로 대접하고 또 공적으로 검증하는 일을 한사코 하지 않으려고 한다. 나는 제3장에서 J 할렌 브레츠의 사례를 들었다. 그의 발견사항들은 당초에 쌀쌀맞고 불쾌한 반응을 이끌어냈다. 그후 그는 여러 해 동안 학계의 변방으로 내쫓겼고, 그동안 다수의 학자들은 그의 증거를 아예 무가치한 것으로 만들려고 집요하게 반복적으로 노력해왔다. 그것이 잘 되지 않자, 그 증거를 점진론적 방법으로 설명하려고 했다. 그리고 미줄라 빙하호의 분출 배수라는 개념이 생겨나자, 그것을 덜컥 해결안으로 받아들였다. 이런 태도 변화가 이루어지

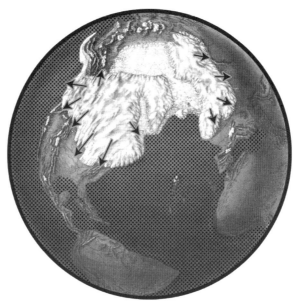

로렌타이드 빙상과 코딜레란 빙상의 녹은 물이 배수되는
경로(랜들 칼슨 제공)

그림 19

는 동안에 그들은 결국 브레츠가 옳았다는 것을 깨달았다. 그렇지만 브레
츠가 본능적으로 파악했던 단 한번의 대격변 이론의 관점에서는 그가 결코
옳지 않았고, 또 그 어떤 상황에서도 옳을 수 **없다**는 입장을 견지했다! 만
약 J 할렌 브레츠가 **옳다면**, 그는 정치적으로 올바른 관점에서만 옳은 것이
었다. 달리 말해서, 노련한 균일론 대가들이 우주적 천재지변의 결과는 아
예 배제해버리고 편집한 그 관점에서만 옳은 것이었다.

　정말로 이런 음모론의 환상 속에서(나는 그것이 환상이라고 진심으로
믿는다), 외퀼라우프라는 개념은 아주 유익한 것이었다. 첫째, 그것은 브레
츠가 암반지대에서 목격한 상처 입은 지형에 대하여 합리적이고 진지하며
무엇보다도 "과학적인" 설명을 제공한다. 둘째, 외퀼라우프는 오늘날 전
세계 여러 지역에서 해마다 발생한다. 그래서 **현재 작동하는** 기존의 과정들

이 모든 지질학적 변화를 설명할 수 있다는 계율을 위반하지 않는다. 셋째, 현재와 관련된 실용성을 추정할 수 있다. 빙하시대의 홍수는 단지 학자들의 관심사에 그치지 않는다. 외쿼라우프는 21세기에도 벌어지는 현상이므로, 과학은 그 효과를 예상하면서 개선할 수가 있다.

이 모든 것은 진리로부터 아주 멀리 떨어진 것일 수 있다. 그러니까 빙하기 말엽에 엄청난 대격변이 단 한번만 벌어졌다는 것이 사실이라면…….

그런 대격변은 또다시 발생할 수도 있다.

달리 말해서 오지브와족의 예언이 사실이라면?

길고 넓은 꼬리를 가진 별이 다시 지상으로 낮게 내려오는 미래의 어느 날 그 별이 "세상을 파괴하고" 만다면?

이런 사실을 아는 사람들은 남들과 그 지식을 공유함으로써 혜택을 얻을 수 있을까? 아니면 이 모든 일에 대하여 침묵을 지키는 것이 그들의 이해관계에 부합한다고 생각하는 것일까?

우리는 제19장에서 이 문제를 다시 다룰 것이다. 이에 비해서 우리가 여기서 먼저 묻고 대답해야 할 질문은 그보다 훨씬 더 간단하다.

1만2,800년 전에 갑작스럽고 신비하게 시작된 영거 드라이어스 한랭시대는 대규모 혜성이 지구를 강타한 결과일까?

혜성의 증거

2014년 9월 『지질학 저널』에 핵심 논문을 실은 학자들은 이렇게 주장했다. "영거 드라이어스(YD) 충돌 가설은 1만2,800년 전에 영거 드라이어스 지역(Younger Dryas Boundary, YDB)에 거대한 우주적 충돌 사건이 발생했다고 주장한다."[3] 우리가 앞으로 살펴보겠지만, 이 논문은 그 가설을 입증하는 많은 새로운 증거들을 제시했다. 특히 여러 국가들에 걸쳐 있는 영거 드라이어스 지역에서 채취한 시료들 속에 나노다이아몬드가 많이 들어 있다는 예전의 증거들을 확인하고 그 증거들을 더욱 확대했다. 나노다이아몬드는 아주 미세한 다이아몬드를 가리키는 용어로서 엄청난 충격, 압력과 발열 등의 희귀한 조건들 속에서만 형성되며 혜성 혹은 소행성의 강력한 충돌을 증언하는 특징적 지문 — 과학계의 용어로는 "대리물(proxy)" — 으로 인식된다.[4]

『지질학 저널』이 발간된 2014년 즈음에는 혜성 충돌이 영거 드라이어스 한랭시대를 촉발했는지 여부를 두고서 격렬한 논쟁이 7년이나 계속되고 있었다. 2007년 5월 22일자 『뉴 사이언티스트(New Scientist)』의 첫 번째 머리기사는 내 눈을 확 잡아끌었는데, 이렇게 물었다.

혜성이 선사시대의 아메리카 사람들을 몰살시켰는가?

2007년 당시 나는 그동안 나의 힘을 소진시켜왔고 또 오랫동안 내가 쓴 여러 책들의 주제인 사라진 문명에 대해서 손을 놓고서 쉬고 있었다. 『뉴 사이언티스트』 기사는 나의 호기심을 강하게 불러일으켰는데, 그 시대는 내가 여러 책들에서 집중적으로 다루었던 시대였기 때문이다. 그 기사는 사라진 문명에 대해서는 언급하지 않았지만, 북아메리카의 소위 "클로비스" 문화를 언급하는 것으로 시작되었다. 우리가 제3장에서 이미 살펴본 것처럼, 클로비스 문화는 1만2,800년과 1만1,600년 사이의 영거 드라이어스 한랭시대에 고고학적 기록에서 사라져버렸다. 그 글은 이렇게 말했다.

약 1만3,000년 전에 번성했던 클로비스 부족은 돌로 만든 무기를 가지고 있어서, 아메리카 사자나 거대한 곰 등 몸집이 큰 육식동물의 위협에 잘 맞설 수 있었다. 하지만 그들은 하늘로부터 죽음이 내려오리라고 생각하지는 않았을 법하다.

이번 주일에 (클로비스 부족이 멸종을 맞이한) 멕시코의 아카풀코에서 개최된 미국 지구물리학 연맹의 회의에서 발표된 25명의 연구진의 연구 결과에 의하면, 아카풀코는 클로비스 부족이 멸종을 맞이한 곳이라고 한다. 여러 갈래의 증거를 제시하면서 이 연구진은 약 1만2,900년 전에 궤도에서 이탈한 혜성이 지구의 대기권으로 뛰어들었다고 주장한다. [노트 : 이 연대는 나중에 100년 뒤인 1만2,800년 전으로 수정되었다.] 그 혜성은 대기권에서 여러 조각들로 분열되어 거대한 불덩이로 폭발했다. 그 잔해는 저 멀리 유럽까지 날아가서 떨어졌다.[5]

계속 읽어나가면서 나는 그 잡지의 기사가 언급한 연구진은 학문적으로 높은 평가를 받고 또 아주 저명한 주류 과학자들로 구성되어 있다는 것을 알게 되었다.

산타바바라 소재 캘리포니아 대학교의 해양학 학자이며 이 팀의 3대 공동연구자 중 한 사람인 제임스 케넷은 혜성 충돌의 결과로 엄청난 화재가 북아메리카를 뒤덮었고, 많은 포유류 동물들을 죽였으며, 클로비스 문화를 갑자기 종식시켰다고 주장한다. "전 대륙이 불타올랐다"라고 그는 말한다.
　주요 연구진인 리처드 파이어스톤은 캘리포니아의 로렌스 버클리 국립실험실의 핵분석 화학자인데, 그 증거는 연대가 잘 확정된 클로비스 시대의 유적지에서 발견된 1만2,900년 된 탄소가 풍부한 침전물층, 북아메리카 전역에 산재한 침전물 핵심층, 벨기에의 한 유적지 등에서 찾아볼 수 있다고 말한다.[6]

1만2,900년 전에 발생한 이 가상의 충돌과 관련된 분화구는 왜 발견되지 않았느냐는 질문에, 세 번째 주요 연구진인 애리조나에 사는 지구물리학자 앨런 웨스트는 이렇게 답변했다. 혜성 중 크기가 작고 밀도도 낮은 부분들은 대기권에서 폭발했을 것이고, 좀더 덩치가 큰 혜성의 파편들은 그 당시 북아메리카를 뒤덮었던 3.2킬로미터 두께의 빙원에 충돌했을 것이다. "그 분화구들은 얼음벽으로 구성되었을 것이고 마지막 빙하기 말엽에 녹아서 사라졌을 것이다."[7] 웨스트가 말했다.

그 기사는 계속하여 이런 설명을 했다. 연구진이 집중한 침전물 시료들은 다양한 유형의 서로 다른 잔해를 내포했는데, 그것들은 혜성이나 소행성 등 외계의 원천이 아니면 나올 수 없는 것이었다. 그 잔해는 나노다이아몬드 이외에도, 뜨거운 물방울이 공중에서 갑자기 식으면서 형성되는 자그마한 탄소 소구체(小球體), 희귀한 동위원소 헬륨-3을 포함하는 탄소 분자(지구보다 우주에 더 많은 물질) 등을 함유했다.[8]

"당신은 이런 것들에 대하여 개별적으로 다른 설명을 발견할 수도 있을 겁니다." 파이어스톤이 말했다. "하지만 그것들을 합쳐놓고 보면 충돌이 일어났다는 것은 분명해집니다." 연구진은 파괴의 주원인은 혜성이라고 말했다. 핵심 침전물 층에는 소행성 충돌의 특징인 니켈과 이리듐 함량이 부족했기 때문이다.[9]

『뉴 사이언티스트』 기사는 마지막으로 아주 중요한 사항으로는, 모든 증거가 대참사의 중심으로 북아메리카를 가리킨다고 확인했다.

가령 외계 잔해물의 높이는 미시건에 있는 게이니 고고학 유적지에서 가장 높다. 이곳은 1만2,900년 전 북아메리카의 주된 빙상이 자리잡은 지역의 남쪽 끝이었다. 더욱이 그 높이는 게이니에서 멀어질수록 점점 낮아졌다. 이것은 혜성이 대체로 캐나다 상공에서 폭발했다는 뜻이다…….[10]

달리 말해서, 혜성은 빙하시대에 북아메리카의 북쪽 절반을 덮었던 빙원 위에서 폭발했다는 것이다. 이것이 "브레츠의 대홍수"에서 워싱턴 주의 암반지대를 할퀴고 파괴한 거대한 녹은 물의 원천이었다. 그 녹은 물이 오로지 미줄라 호수에서만 나왔느냐 혹은 그보다 더 많은 수량으로 일시에 터져나왔는가 하는 문제는 아직도 미제이다. 그렇지만 우리가 이미 살펴본 바와 같이 브레츠는 제한된 녹은 물이 미줄라 호수로부터 수천 년에 걸쳐 여러 번 흘러나왔다는 설보다는 단 한번의 거대한 녹은 물이 흘러내렸다는 설을 더 신봉했으나, 이 설을 포기할 수밖에 없었다.

그가 미줄라 호의 여러 차례 배수 이론을 받아들일 수밖에 없었던 일차적 이유는 그가 점진론으로 귀의했기 때문이 아니었다. 녹은 물의 양이 엄청나게 많으려면, 빙원이 아주 갑자기 녹았어야 하는데 그는 이것에 대한 설명이 궁했다. 그는 두 가지 가능성 — 극적인 지구 온난화와 빙원 밑에서의 화산 활동 — 을 제안했으나, 독자들이 기억하다시피, 그 두 현상을 뒷받침하는 증거가 없다는 것을 인정했다. 그 당시 브레츠가 **감안하지 못한** 사항이 하나 있는데—이와 관련된 증거는 그의 사후 25년 만에 나왔으므로—바로 빙원이 혜성과 충돌하여 엄청나게 신속하게 녹아버렸을 가능성이다.

브레츠가 이 사실을 알았더라면⋯⋯

『뉴 사이언티스트』의 기사가 나온 지 몇 달 뒤, "클로비스 혜성" 팀은 그들의 발견사항을 자세히 설명하는 논문을 발표했다. 이 논문은 2007년 10월 9일에 저명한 『국립 과학연구소 회보(*Proceedings of the National Academy of Sciences*)』(PNAS)에 실렸다. 아주 진중한 학술지임에도 그 머리기사는 아주 극적이었다.

1만2,900년 전에 발생한 외계 충돌의 증거 :
이로 인해서 대형 동물이 멸종하고
영거 드라이어스 냉각시대가 시작되다

연구진은 또한 이렇게 요약한다.

약 1만2,900년으로 소급되는 탄소가 풍부한 층은 북아메리카의 클로비스 시대 유적지에서 이전에 발견되었고, 이는 영거 드라이어스(YD) 냉각시대의 갑작스러운 시작과 시기가 일치한다. 현장에서 발견된, 멸종된 갱신세 대형 동물들의 뼈와 클로비스 도구들은 이 검은 층의 바로 밑에서 발견되었고 그 층의 위쪽이나 내부에서는 발견되지 않았다. 멸종의 원인, YD 냉각, 클로비스 문화의 종식 등은 오래 전부터 논쟁의 대상이었다. 이 논문에서 우리는 약 1만2,900년 전에 벌어진 외계(ET) 충돌 사건의 증거를 제시하면서 이런 가설을 세운다. 이 충돌은 환경에 갑작스러운 변화를 가져왔고 그 결과 클로비스 시대의 말기에 YD 냉각, 주요한 생태계의 재조직, 광범위한 동물의 멸종, 인간 행동의 급속한 변화 등이 발생했다. 북아메리카의 클로비스 시대 유적지들은 별도의 얇은 층으로 구성되는데 여기에서는 (1) 이리듐이 섞인 자기(磁氣) 알갱이 (2) 자기 미세소구체(magnetic microspherule) (3) 목탄 (4) 검댕이 (5) 탄소 소구체 (6) 나노다이아몬드를 포함하는 유리 같은 탄소 (7) ET 헬륨이 섞인 풀러렌(fullerene) 등이 풍성하게 발견된다. 이것들은 모두 약 1만2,900년 전에 벌어진 ET 충돌의 증거이며 또 광범위하게 불타버린 생물자원과 관련이 있는 것이다……우리는 1개 이상의 거대한 저밀도 ET 물체들이 북아메리카 북부 상공에서 폭발하여 로렌타이드 빙상을 부분적으로 불안정하게 만들었고, 그리하여 YD 냉각을 촉발했다고 주장한다. 그 충격파, 열(熱)의 급격한 변동, 충돌과 관련된 환경 효과

(가령 광범위한 생물자원의 연소와 식량 제한) 등이 대형 동물의 멸종을 가
져왔다⋯⋯.[11]

매머드, 마스토돈, 지상의 나무늘보, 말, 낙타, 거대한 비버, 기타 대형 동
물들만 멸종된 것이 아니었다. 전체적으로 35개 이상의 속(屬)(각 속에는
여러 종이 있다)에 속하는 북아메리카 포유류가 1만2,900년과 1만1,600년
전 사이 그러니까 신비한 영거 드라이어스 한랭시대에 멸종했다.[12] 그리하
여 지금 나오고 있는 이론은 영거 드라이어스 한랭시대와 그에 따른 대형
동물의 멸종, 그리고 워싱턴 주의 수로 암반지대에 엄청난 상처를 남긴 대
격변의 홍수를 포함한 그밖의 많은 사항들을 설명하려고 한다.

이 이론은 내가 파이어스톤, 케넷, 웨스트의 주장을 좀더 자세히 알게 되
면서 상당히 그럴듯하게 보였다. 세 학자는 그 혜성이 여러 가지 충격원으
로 구성된 집합체라고 보는데, 그중에는 직경이 4킬로미터나 되는 것도 있
었다.[13] 게다가 이 직경 4킬로미터 충격원도 직경이 100킬로미터를 넘는 거
대한 혜성의 예전 분해—아직 궤도를 돌고 있을 때 일어난 분해—에서 나
온 여러 조각들 중 하나이다.[14] 모(母) 혜성에서 나온 많은 파편들은(우리가
제19장에서 살펴보게 될 일부 거대한 파편들을 포함하여) 궤도에 그대로 남
아 있다. 영거 드라이어스 시기의 초입에 지구와 충돌한 파편들은 캐나다
상공의 대기권으로 들어오면서 추가로 폭발하여 더 파편화되었다. 이 폭발
에는 공중 폭발도 동반되었는데 그 자체로 대격변의 효과가 있었다.

그렇지만 논문의 저자는 직경이 2킬로미터 정도 되는 다수의 충격원이
파편화하지 않고 온전히 형체를 유지하다가 빙원과 충돌했을 것으로 본
다.[15] 웨스트가 『뉴 사이언티스트』에서 말했듯이, 그 충돌로 생긴 분화구
는 단명한 것이었는데 분화구의 얼음 벽이 녹아버리면서 지상에는 항구적
인 흔적이 별로 남지 않았다. 『국립 과학연구소 회보』에 실린 논문은 이렇

게 덧붙였다. "지속적으로 남아 있는 증거는 캐나다 순상지(楯狀地)에 남아 있는 신비한 웅덩이와 움푹 파인 곳, 가령 그레이트 호수의 아래쪽이나 허드슨 만 정도일 것이다."[16]

그런 피해를 요약하면서 저자들은 당시의 상황을 이렇게 상상했다.

저기압에 뒤이은 엄청난 고압과 파괴적인 고온의 충격파가 강풍으로 변하여 시속 수백 킬로미터의 속도로 북아메리카 전역을 휩쓸었을 것이고, 또한 충돌로 인한 강력한 소용돌이를 동반했을 것이다. 게다가 하나 혹은 여러 개의 혜성 조각들이 지구와 충돌했고, 뜨거운 불의 공이 충격이 발생한 인근 지역을 휩쓸었을 것이다……멀리 떨어진 곳들에서는, 높은 속도로 튕겨 나가는 과열된 파편들이 엄청난 들불을 일으켰을 것이고, 그 불은 숲과 초지를 태우고, 초식 동물들의 식량 공급을 파괴하고, 목탄, 검댕, 유독 가스, 재를 널리 살포했을 것이다.[17]

그런데 이 모든 것들이 어떻게 영거 드라이어스의 극적인 냉각을 초래했을까? 저자들은 동반 작용하는 많은 메커니즘을 거론했다. 그중에서도 대표적인 것은 녹은 빙원에서 나온 거대한 수증기의 기둥이었다. 이것이 대기권 상층부로 올라가, "충격원, 빙상 잔재, 그 밑의 흙들" 등으로 구성된 엄청난 양의 먼지와 잔해, 그리고 대륙에 번지는 들불에서 나오는 연기와 검댕 등과 결합했을 것이다.[18] 전체적으로 볼 때, 저자들이 말하는 것처럼, 그처럼 높이 올라간 잔해가 "햇빛을 막아 냉각을 가져왔을 것이다." 한편 수증기, 연기, 검댕, 얼음 등은 "일반 구름과 야광성(夜光性) 구름의 성장을 촉진시켜 햇빛을 더욱 차단하고 지표면을 냉각시켰을 것이다……[이렇게 하여] 높은 위도에서 햇빛이 갇혀버려 눈[雪]의 축적을 가져왔고 그 연쇄 효과로 인해서 지표면은 더욱 냉각된 것이다."[19]

이런 요소들은 파괴적이고 무서운 것이기는 하지만, 혜성 파편이 빙원과 충돌했을 때의 결과와 비교하면 아무것도 아니다.

가장 큰 잠재적 효과는 충돌로 인해서 빙상이 흔들거리면서 녹아내리는 것이었다. 단기적인 관점에서 보면 충돌은 갑자기 녹은 물과 얼음의 뗏목들을 북대서양과 북극해로 방출했을 것이다. 그리하여 바다의 염도는 낮아지고 온도는 차가워졌다. 장기적인 냉각 효과는 북대서양의 열염(熱鹽) 순환이 약화되는 것이었고 이것은 1,000년 이상 YD 냉각을 뒷받침했다. 피드백 메커니즘이 바다의 순환을 정상적으로 회복시킬 때까지 냉각시대는 지속되었다.[20]

충돌로 인해서 빙상이 흔들거리면서 녹아내리는 효과! 1,000년 이상이나 바다의 순환을 교란시킬 정도로 막강한 효과! 이 열염 순환의 문제는 아주 중요하므로 상세히 알 필요가 있다. 우리는 뒤에서 이 문제를 다시 다룰 것이다. 위의 인용문 중 내게 가장 깊은 인상을 준 부분은, 세 저자들이 엄청난 빙산들과 녹은 물이 혜성 충돌의 중심지에서 북쪽과 동쪽에 있는 바다로 흘러들었다는 점만 지적한 것이다. 그들은 그 엄청난 얼음 홍수가 빙원 바로 남쪽에 있는 땅에 미쳤을 효과는 고려하지 않았다. 남쪽 지역은 그런 엄청난 충돌의 효과를 모면하지 못했을 것이다.

나는 또다시 J 할렌 브레츠를 생각했다. 만약 생전에 그가 혜성 충돌의 이론을 알게 되었더라면 그는 어떻게 반응했을까? 단언할 수는 없지만, 아마도 그는 미줄로 호수의 점진론에 유혹당하지 않고, 자신의 기존 대격변 이론을 고수했을 것이다. 이제 믿을 만한 발열의 진원이 확보되었으니까 말이다. 혜성과 충돌한 빙원에서 흘러나온 단 한번의 거대한 녹은 물이 암반지대에 그처럼 심한 상처를 안겼다고 보는 것이 이제 더욱 그럴듯하게 보인다. 파이어스톤, 웨스트, 케넷과 이 세 명의 저자들과 함께 일하는 연구진이 주장한 바를 감안하면 말이다.

이 저자들의 연구로 인해서, 선사시대의 고급 문명이 영거 드라이어스 "한랭시대"에 갑자기 사라졌다는 나의 가설도 더욱 그 신빙성이 강화된다. 저자들의 계산이 정확한 것이라면 영거 드라이어스 혜성의 폭발력은 1,000만 메가톤의 규모이다.[21] 이것은 일찍이 실험된 가장 대규모의 핵무기인 소련의 차르 원자폭탄보다 그 효과가 200만 배는 더 큰 것이고,[22] 오늘날 전 세계에 보관되어 있는 모든 핵무기의 예상 폭발력(1만 메가톤)보다 1,000배나 더 큰 것이다.[23] 이 정도 규모의 세계적인 대재앙이 『신의 지문』에서 제시한 바로 그 시대에 발생했다는 사실은 사라진 문명이 빙하시대에 존재했다는 사실을 증명하지는 못한다. 그러나 다음의 사실은 증명한다. 어떤 거대한 기계적인 힘이 그 당시에 존재했던 문명─그런 문명이 있다고 치고─을 완전히 파괴하여 인류의 기억으로부터 거의 사라지게 만들었다.

증거는 계속해서 나오고 있다

지구의 우주 환경의 안전과 보호, 그리고 우리의 과거 등에 관해서 우리가 알고 있는 모든 사항에 파급효과를 미치기 때문에 영거 드라이어스 혜성 충돌 이론이 얼마나 타당한지 점검해보는 것은 합리적인 일이라고 생각된다. 그 이론이 처음 제기된 2007년 이래, 그것은 얼마나 과학적 검증을 잘 견뎌냈으며 또 얼마나 많은 새로운 증거들이 나왔는가?

그 대답은 시간의 검증을 잘 견뎌냈을 뿐만 아니라 새로운 증거들이 꾸준히 나오고 있다는 것이다. 증거들은 과학 문헌에 적법한 절차를 거쳐서 실린 것들이고 또 동료 연구자들의 엄중한 검증을 받았다. 그런 광범위한 문헌들을 여기서 깊이 있게 다룰 공간도 이유도 없지만, 몇몇 중요한 논문들의 발표 날짜와 제목, 결론의 요약, 각주에 대한 언급 등을 제시하여 전반적인 그림을 보여주고자 한다.

2008 : 알레뢰드-영거 드라이어스 지역(YDB)인 캘리포니아의 북부 채널 제도에서의 들불과 갑작스러운 생태계 단절. 이 해안 섬들에서 1만3,000년에서 1만2,900년 전에 발생한 생태계 단절의 증거는 영거 드라이어스 지역의 외계 충돌 가설과 일치한다.[24]

2009 : YDB 침전물 속에서 발견된, 충격으로 합성된 6각형 다이아몬드. YDB 침전물 속에 충격으로 합성된 6각형 다이아몬드와 기타 나노미터 크기의 다이아몬드가 들불과 관련된 검댕이나 기타 물질들과 함께 발견된다는 사실은 1만2,900년 전에 혜성의 충돌이 있었다는 사실과 일치한다. 그 당시 지구는 혜성 혹은 탄소성의 콘드라이트(chondrite)와 충돌하여 공중에서 폭발했거나 지표면을 강타했고, 이것이 북아메리카에 갑작스러운 생태계 교란과 대형 동물들의 멸종을 가져온 원인이 되었다.[25]

2010 : 그린란드의 빙상에서 나노다이아몬드가 풍부한 층을 발견. 그린란드 빙상에 둥근 나노다이아몬드와 론스달라이트(lonsdaleite)가 존재한다는 것은 대규모 우주 충돌이 있었다는 것을 암시한다……이 층의 존재는……1만2,900년 전 북아메리카의 나노다이아몬드가 풍부한 YDB와 상관있는 주요 충돌 사건의 발생과 일치한다.[26]

2010 : 구석기 시대의 멸종과 황소자리 유성우군. 후기 구석기 시대에 나타난 대규모(50-100킬로미터) 단기 혜성의 잔해는 하늘에서 온 대재앙을

잘 설명한다. 이 대재앙은 1만2,900년 전에 발생했을 것으로 추정되며, 약 1,300년 동안 지속되는 빙하기 조건들이 되돌아온 것을 미리 보여주었다. 황소자리 유성우군은 이 예전에 존재했던 혜성의 잔해인 듯하다. 이것은 약 19개의 물체로 구성되어 있는데 지구에 가까이 있으면서 밝게 빛나는 물체이다.[27] [노트 : 영국 웨일스의 카디프 대학교의 천문생물학 연구소에서 근무하는 천문학자 빌 네이피어가 발표한 이 논문은 아주 중요하다. 그 의미는 이 책의 제19장에서 자세히 다룰 것이다.]

2010 : 안데스 북서부 화생 유빙층에서 우주에서 온 물질의 발견 : 실험적으로 가열된 석영과 장석과의 상관관계. 1만2,900년 전의 "블랙 매트(Black Mat)" 충격의 결과로 간주되는 불에 그을린 침전물이 북서부 베네수엘라의 안데스에서 발견되어 분석되었다. 블랙 매트는 로렌타이드 빙상 위에서 발생한 것으로 추정되는 엥케 혜성의 공중 폭발로 인해서 발생한 낙진을 가리키는 말이다. 그 충돌의 결과인 낙진은 북아메리카와 유럽의 상당히 넓은 지역을 뒤덮었고, 그 결과 블랙 매트는 대대적인 규모로 양안(兩岸)에서 벌어진 사건이 되었다……탄소질 외피에서 발견된 풍부한 모나자이트(monazite)는 지구로 떨어진 낙진의 일부일 것으로 추정된다. 그것은 현지의 암층 구조나 성분으로 미루어볼 때 잘 발견되지 않는 광물이다……가열되어 파편화된 석영과 장석에서 생겨나는 탄소질의 블랙 매트는 100-400나노미터 두께를 가진 "용접된" 표면인데, 섭씨 900도를 넘는 가열 상태에서만 생겨날 수 있는 것이다. 따라서 이 사건은 우주적 기원을 가지고 있을 것으로 추정된다.[28]

2011 : 프램보이덜 이산화철 : 애리조나 주 머리 스프링스의 블랙 매트에서 나온 콘드라이트 같은 물질. 홍적세 말기에 YD 블랙 매트가 북아메리

카의 여러 지역에 분포한 갱신세 침전물 위에 퇴적되었다. 애리조나 주 머리 스프링스의 블랙 매트 기저부 중 자기(magnetic) 구역을 연구한 결과, 유리 같은 철–실리카 매트릭스에서 무정형의 이산화철 프램보이드가 발견되었다. [우리의] 자료에 의하면 이러한 물질구조는……물질의 알갱이를 파괴하여 무정형으로 만드는 충돌 사건에서 비롯된 것이다……따라서 이 알갱이들은 초고속 충돌 사건의 결과물이라고 우리는 주장한다.[29]

2012 : YD 외계 충돌 가설을 지지하는 중앙 멕시코의 증거. 우리는 중앙 멕시코의 퀴트세오 호수의 바닥에서 검고 탄소가 풍부한 층을 발견한 것을 보고한다. 여기에는 나노다이아몬드, 미세소구체, 기타 YD 초창기로 소급되는 이례적인 물질들이 내포되어 있었다……우리는 이 증거들이 지상의 메커니즘으로는 설명이 되지 않는다는 것을 발견했다. 이것은 1만2,900년 전에 혜성과 대규모 충돌이 벌어져서 공중 폭발 혹은 지표면에서의 충돌이 있었다는 YDB 충돌 가설을 뒷받침한다.[30]

2012 : 아주 높은 온도에서 충격을 받아 녹아버린 물체는 1만2,900년 전에 공중 폭발이나 지표면 충돌이 있었다는 증거이다. 우리는 세 대륙에 걸쳐 있는 18개의 YDB 지역에서 나온 퇴적물들을 조사했다……모든 YDB에서는 미세소구체들이 풍부하면서도 균일하게 발견되었다. 게다가 세 곳에서는……다공질(多孔質)의 고온 규산질 스코리아(scoria) 같은 물체(SLO)가 나왔는데, 이는 지구화학적으로 소구체와 완전하게 일치한다……우리의 생각은 YDB 물체가 핵의 공중 폭발에서 나온 잔해와 비슷하다는 것이다. 이것은 1만2,900년 전에 여러 번의 공중 폭발이나 지표면 충돌이 있었다는 가설을 강력하게 뒷받침한다. 여기에 제시된 자료들에 의하면, 공중 충격에서 나온 열복사(熱輻射)는 석영이 끓는 온도(섭씨 2,200도)보다 더 높은 온도에

서 지표면의 퇴적물들을 녹여버릴 수 있다.[31]

2013 : 그린란드 빙판의 대규모 플래티넘 무정형은 YD 초창기의 천재지변을 가리킨다. YD라고 알려진 갑작스러운 한랭시대는 YDB에서 우주적인 충돌이나 공중 폭발이 일어났기 때문에 발생했다. 그 충돌이 급격한 기온 강하를 가져왔고 다른 노목(蘆木)들을 만들어냈다. 우리는 이 물질의 성분을 점검하기 위해서 뷜링−알레뢰드/YDB에 분포하는 그린란드 빙상 프로젝트 2(GISP2)에서 나온 얼음 시료들을 분석했다. 또 그 분석 결과를 가지고 YD 충격 가설을 점검했다. 우리는 YDB에서 대규모 플래티넘(Pt) 무정형을 발견했다······이러한 상황 증거는 외계의 원천을 가리킨다······그 충격원은 비상한 물질구조를 가진 금속 충격원일 것으로 짐작된다······.[32]

2013 : 북부 안데스의 블랙 매트 지역에서 나온 새로운 증거는 1만2,800년 전의 우주 충돌을 뒷받침한다. 베네수엘라에서 나온 소구체는 형태적으로나 구조적으로 다른 곳에서 문서화된 YDB 소구체와 동일하다. 그 다른 곳은 북아메리카, 유럽, 아시아의 세 대륙에 걸쳐 있다. 따라서 이 물체는 예전 연구자들이 주장한 것처럼 YDB 자기(磁氣) 소구체의 결과물이다······따라서 이 소구체들의 가장 그럴 법한 원천은 1만2,800년 전에 발생한 우주 충돌/폭발이고, 그 현상은 동서 반구에 걸친 것이었다. 베네수엘라와 페루의 두 지역은 현재까지 알려진 YDB 충돌 사건의 여파 중 가장 남쪽에서 발견된 것이다. 또한 이 지역은 YDB 충돌이 남아메리카에까지 영향을 미쳤고 심지어 남반구로도 확대되었다는 것을 보여주는 첫 번째 증거이다.[33]

2014 : 세 대륙에서 나노다이아몬드가 풍부한 지층이 발견된다는 것은 1만2,800년 전에 대규모 우주적 충돌이 있었다는 가설과 일치한다. 1만

2,800년 전에(오차 ± 150년) YD 한랭시대의 초입에 대규모 우주적 충돌이 발생하여, 4개의 대륙의 약 5,000만 제곱킬로미터에 이르는 지역에 YDB 층이 형성되었다. 북반구 10개 국가의 연대가 확정된 24곳의 층서(層序) 구역에서, YDB 층은 주요 우주 충돌의 대리물인 나노다이아몬드를 풍부하게 함유하고 있다……현재 YDB 나노다이아몬드에 관하여 축적된 다량의 증거들은 1만2,800년 전에 있었던 우주 충돌의 근원과 일치하며, 지구상의 자연스러운 과정(들불, 인간의 작용, 우주 먼지의 유입 등)에 의하여 YDB 나노다이아몬드가 형성되었다는 주장과는 일치하지 않는다.[34] [노트 : 이 논문과 그 중요한 의미는 이 장의 뒷부분에서 자세히 다룰 것이다.]

교조적인 점진론자 공격하기

이처럼 인상적인 증거들이 축적되어 있다면, YD 충격 이론은 지금쯤 전면적으로 인정되어, 연구자들이 지금껏 생각하지 못한 그런 세계적인 천재지변의 의미를 더욱 심도 깊게 연구해서 지구와 인류의 역사를 좀더 잘 이해하는 쪽으로 나아갔을 것이라고 사람들은 상상하기 쉽다. 그러나 우리는 이미 J 할렌 브레츠의 사례를 보았다. 균일론과 점진론의 틀에 사로잡혀 있는 학계의 과학자들은 대격변 이론에 대하여 아주 부정적으로 반응해왔다.

이런 수모를 당한 사람이 브레츠만은 아니다. 대륙 이동 — 지각 변동 — 이론을 맨 처음 주장했던 알프레트 베게너도 그와 비슷한 조롱을 받았다. 그 뒤에도 루이스와 월터 알바레스(칙술룹 분화구, "K-T" 충격), 스티븐 J. 굴드(단속평형설[斷續平衡說]), 빅터 클러브와 빌 네이피어(일관된 대격변론), 지구생리학과 가이아 이론을 내놓은 제임스 러브록, 셔우드 롤랜드, 마리오 몰리나, 린 마굴리스 등도 역시 조롱을 받았다. 따라서 YD를 가져온 혜성 충돌 이론을 내놓고 후속 증거 등에 따라 그 입장을 견지하고 있는 리처드 파이어스톤, 앨런 웨스트, 제임스 케넷, 그 외의 학자들이 지속적으로 신랄한 공격의 대상이 되는 것은 그리 놀라운 일도 아니다.

파이어스톤, 웨스트, 케넷의 이단적인 대격변론을 일거에 해치웠다고 믿는 비판자들의 의기양양한 고함 소리는 지난 몇 년 동안 학계의 공기를 뒤흔들어놓았다. 그럴 때마다 사람들은 "하느님 감사합니다, 우리는 마침내 저 개자식들을 해치웠습니다"라고 말하는 한숨 소리를 듣는 듯했다. 그러나 몇 달 뒤에 아주 파괴적이고 설득력 높은 반박이 나오자, 비판자들은 다시 회의실에 모여야 했다. 그리하여 지난 8년 동안 비판자들의 공격은 오히려 YD 혜성 이론이 타당하다는 점을 다시금 확인했을 뿐이다.

관련 문헌을 검토하다 보면 학계의 학자들은 거의 조직폭력배 수준으로 끼리끼리 뭉치고 있다는 것을 알 수 있다. 비판 논문의 첫머리에 이름이 자주 오르내리는 "반(反) YD 혜성" 캠프의 주모자는 샌디아 국립연구소의 기술 부문에서 일하는 물리학자인 마크 보슬로와 서던 일리노이 대학교의 지질학 교수인 니컬러스 핀터이다. 2012년 이 두 사람은 다른 6명의 과학자들과 팀을 이루어 "YD 혜성 사건에 반대하는 주장과 증거"라는 제목의 논문을 발표했다.[35] 그리고 1년 뒤에 핀터와 그 논문에 참여한 일부 학자들은 다시 힘을 합쳐서 "YD 충돌 가설 : 사망의 진혼곡"이라는 다소 오만한 제목의 논문을 발표했다.[36]

마크 트웨인의 말을 빌려온다면, 혜성 이론의 죽음을 알리는 보고서는 크게 과장된 것이었다.

가령 2012년에 보슬로 등이 내놓은 핵심 비판 중 하나는 이런 것이었다.

충돌 이론 제창자들이 내놓은 자기 미세소구체가 풍부하게 발견된다는 주장은 다른 연구자들에게서는 나오지 않았다. 서로벨 등이 수행한 동일한 YD 층서 분석[2009]은 파이어스톤 등이 발간한 충돌의 두 가지 증거[2007]

를 다시 관찰할 수가 없었다. 서로벨 등이 수행한 연구[2009]는 YD 시간대에만 독특하게 있다는 풍성한 물질들을 발견하지 못했다.[37]

그러나 충돌 이론 제창자들은 나중에 다음의 사실을 증명할 수 있었다. 보슬로와 그의 공동 저자들은 "YDB 소구체들을 풍성하게 발견했다고 보고한, 두 대륙에서 수행한 9개의 독립된 소구체 연구들을 인용하지 않았다."[38] 더욱 결정적인 것은, 다른 과학자들이 서로벨 등의 분석을 반복했을 때, 그들은 실제로 충돌 이론을 뒷받침하는 증거들을 발견했다는 것이다. 과학자들은 다음과 같이 결론내렸다.

서로벨 등이 YDB 소구체의 최대치를 발견하지 못한 것은 정해진 추출 절차를 무시했기 때문이 아니었다. 예를 들면, 서로벨 등은 전자 현미경 스캐닝을 이용한 분석을 하지 않았다.[39]

맬컴 A. 르콩트 등에 의한 독립된 연구는 이렇게 지적했다. "서로벨 등은 7개의 YDB 발굴지에서 파이어스톤 등이 사용한 절차에 따라 시료를 수집하여 분석했으나, 예전에 보고된 두 곳의 발굴지의 YDB 퇴적물에서 단 하나의 소구체도 발견하지 못했다."[40] 르콩트 등은 이러한 차이점을 조사해보았다. 모든 증거를 완벽하게 검토한 끝에 나온 그들의 결론은 서로벨 등의 연구를 더욱 의심스러운 것으로 만들었다.

우리는 두 연구에 공통되는 두 지역을 독립적으로 면밀하게 조사했고, 또 오로지 서로벨만 조사한 제3의 구역도 살펴보았다. 우리는 세 지역에서 파이어스톤 등의 연구 결과와 일치하는 풍성한 YDB 소구체들을 발견했고, 서로벨 등이 취한 분석 절차는 파이어스톤 등의 그것과 크게 다르다는 결론을 내렸다. YDB 소구체에 대한 형태적, 지구화학적 분석은 다음과 같은 사실을 보여준다. 소구체들은……지구상의 물질이 갑작스럽게 녹았다가 냉각되면서 형성되었고…… 1만2,900년 전에 우주 충돌이 있었다는 예전의 주장과……일치한다.[41]

따라서 이런 주장이 나온 이후에 영거 드라이어스 충돌 가설은 "죽었다"라는 핀터의 주장은 때 이른 것으로 판명되었다.

핀터 등은 YDB 소구체 혹은 나노다이아몬드를 발견하지 못했다고 보고한 3곳의 연구에서, 케넷 등이 보고한 장소와 "똑같거나 거의 똑같은" 장소에서 YDB 층의 시료를 채굴했다고 보고했다. 그러나 발간된 유니버설 트랜스버스 머케이터 좌표는 그 연속적 순서가 실제로는 4개의 불연속적 부분임을 보여준다. 이들 위치는 케넷 등이 조사, 연구한 장소로부터 거리가 각각 7,000미터, 1,600미터, 165미터, 30미터 차이가 나서, 그들이 케넷 등의 YDB 지역에서 시료를 채취하지 않았다는 것을 보여준다. 더욱이 이 시료 보고는 과연 핀터 등이 YDB에서 시료를 채취했는지에 대해서도 의문을 불러일으킨다. 또 그들이 YDB 자기 소구체, 탄소 소구체, 혹은 나노다이아몬드의 최대치를 발견하지 못한 이유도 설명한다.[42]

2012-2013년 사이에, 빈약하고 엉뚱한 학문적 연구가 그들의 작업 결과를 훼손하는 일을 막기 위해서(실제로 훼손하지도 못했지만), 제임스 케넷, 리처드 파이어스톤, 앨런 웨스트와 충돌 주장 과학자들의 그룹은 "일찍이 수행된 바 없는 최대 규모의 소구체 조사, 연구작업"에 나섰다.[43] 그 작업은 북아메리카, 유럽, 중동(이 지역은 시리아의 아부 후레이라가 대표 지역)의 18곳에 집중되었다. 그들은 화학적 분석을 위한 에너지 분산 X-선 분

광기술, 미세구조의 특성을 파악하기 위한 전자 현미경 스캐닝 등의 기술을 동원하여 수집된 소구체들을 대상으로 700번 이상의 분석을 수행했다.

2013년 6월 4일 『국립 과학연구소 회보』에 실린 그 결과는 최신의 방사성 탄소 기술을 최대한 활용하여 1만2,900년과 1만2,800년 전 사이에 있었던 영거 드라이어스 연대를 더욱 정밀하게 파악했다.[44] 또 YDB 지역의 더욱 자세한 지도를 작성하여 북, 중, 남 아메리카, 대서양의 상당 부분, 대부분의 유럽, 북아프리카, 중동 등 5,000만 제곱킬로미터 지역을 망라하게 되었다. 과학적 계산에 의하면 혜성 충돌은 이 방대한 지역에 약 1,000만 톤의 소구체들을 흩뿌려놓았다.[45] 연구자들은 이 문제의 핵심에는 충돌이 자리잡고 있다는 것을 의심하지 않았다.

> 이 논문에서 제시된 771개의 YDB 물체의 분석은 1만2,800년 전에 대규모 우주 충돌이 있었다는 것을 강력하게 뒷받침한다……소구체들은……(1) 4 대륙 18개 지역에 광범위하게 흩뿌려져 있고, (2) 1만2,800년 전에 시작된 YD 때에만 최고로 다량으로 들어 있으며, (3) YDB 바로 위 혹은 바로 아래에서만 희귀하게 발견되어, 그 희귀한 사건을 암시하며 (4) 여러 대륙의 약 5,000만 제곱킬로미터에 달하는 지역에 약 1,000만 톤이 뿌려져 있어서, 그것이 소규모의 국지적 사건이 아니었음을 보여준다.[46]

이처럼 영거 드라이어스 혜성의 놀라운 능력이 계속 증명되고, 또 충돌 제창자들이 반대론을 성공적으로 물리치고 있는데도 불구하고, 2011년 "진혼곡" 논문의 대표 저자인 니컬러스 핀터는 2013년 9월 NBC 뉴스의 인터뷰에서 혜성 충돌 이론을 과학적 변옥(邊獄 : 지옥의 가장자리)으로 내몰려고 시도했다. 그는 이렇게 말했다. "내가 하고 싶은 말은 이렇습니다. 충돌을 지지하는 문헌들은 지금 이 순간 단 하나의 학술지에서만 추진되는 유사(사이비) 과학일 뿐입니다."[47]

특별한 목적의식을 가지고 있지 않은 다수의 관찰자들은 이런 논평에 당황했다. 첫째, 『내셔널 지오그래픽(*National Geographic*)』의 특파원 로버트 쿤지그는 그 논평이 핀터의 희망사항 혹은 절망적 심리상태를 드러내 준다고 말했다. 그는 이렇게 썼다. "그 가설의 반대자들은 그 이론이 사라지기를 너무나 소망한 나머지 그것이 죽었다고 말하고 싶어했다."[48] 둘째, 핀터가 유사 과학을 추진하고 있다고 비난한 잡지는 바로 존경받는 주류 잡지이고 과학자들이 많이 참고하는 『국립 과학연구소 회보』였다.[49] 셋째, 케넷, 웨스트, 파이어스톤과 그 팀이 작성한 다수의 논문들이 『국립 과학연구소 회보』에 게재되었지만, 이 잡지가 그들의 주장만 옹호한다는 것은 사실이 아니다. 오히려 핀터가 NBC 방송국의 인터뷰에 나가서 그런 논평을 하는 동안, YD 혜성 가설을 비판하는 사람들은 10번 논문을 게재한 반면, 그 가설의 제창자들은 겨우 8번을 게재했을 뿐이다. 또한 그 가설이 단 하나의 잡지에만 게재되었다는 핀터의 주장은 아주 엉뚱한 말이다. 2013년 9월에 이르러, 충돌 제창자들은 『국립 과학연구소 회보』에 8편의 논문을 실은 것 이외에 13개의 다른 잡지에 15편의 논문을 게재했다.[50]

영거 드라이어스 충돌 가설에 대한 학자들 사이의 싸움은 아직 끝나지 않았다. 내가 이 글을 쓰고 있는 지금도 가설의 비판자들이 최근에 쏘아올린 공격의 총성은 "북부 시리아의 홍적세(洪績世)와 충적세(沖積世) 고고학 유적지에서 나온 규산질 스코리아(광물이나 돌의 잔재/역주) 알갱이의 인간 기원에 대하여"라는 제목을 달고 있다. 공동 저자들은 P. 타이, G. 윌콕스, G. H. 바포드, D. Q. 풀러인데, 2014년 12월 16일에 온라인에 게재되었으며, 2015년 1월 『고고학 저널(*Journal of Archaeological Science*)』에 발표되었다.[51] 이 논문의 핵심 요지는 이러하다. 시리아의 아부 후레이라에서 나온 규산질 스코리아 알갱이(대부분 유리 매트릭스와 부분적으로 녹은 광물 알갱이로 구성된 것)는 충돌 지지자들에 의해서 충돌의 증거로 제시되고 있지만, 이 알갱이들은 충돌과는 무관하고 화재로 파괴된 오래된 건물에서 나온 것들일 뿐이다.

따라서 우리는 이런 결론을 내린다. 고대 정착지의 오래된 건물이 불타서 녹아버리면 일정한 온도에 도달할 수 있다. 규산질 스코리아 알갱이들은 아주 고온에서 흙이 녹으면서 만들어진 것이고, 따라서 우주적 사건의 결과라고 주장하는 것은 근거가 없다.[52]

논문의 제1저자인 피터 타이는 "시리아 지역의 경우 충돌 이론은 맞지 않는다"라고 언론 인터뷰에서 호기롭게 말했다. 그 언론은 "연구 결과는 매머드를 죽인 혜성 충돌에 대하여 의문을 제기"라는 헤드라인을 뽑았다.[53] 하지만 그런 호기로운 발언은 또다시 때 이른 것으로 판명되었다. 앨런 웨스트는 YD 충돌 지역에 대한 조사작업을 함께한 과학자 집단이 발간한 주요 논문들에 대하여 연락 담당 저자로 지정되었다. 나는 2015년 3월 18일 그에게 이메일을 보내서 그와 동료들은 타이 등이 제기한 반론에 대하여 답변할 것이 있느냐고 물었다.

오두막 화재가 유리를 만들 수 있다는 타이 등의 주장에 동의합니다. 그렇다고 해서 그들이 결론내린 것처럼 **모든** 유리가 오두막 화재에서 나온 것이라고 주장할 수는 없습니다. 우리는 그 연구 작업의 저자가 제공한 자연 유리를 분석했는데, 시리아에서 나온 1만2,800년 전의 유리는 피상적으로만 유사할 뿐이었습니다. 오히려 그 유리는 우주 충돌 유리나 고온 원자폭탄 유리와 일치되는 점이 더 많았습니다.
더욱 중요한 사실은, 그 논문의 저자들이 두 대륙의 3곳(펜실베이니아,

사우스 캘리포니아, 시리아)를 다룬 우리 논문에서 제시된 풍부한 고온 광물들의 증거를 논의하지도 살펴보지도 않았다는 겁니다. 우리는 그 유적지에서 섭씨 약 2,300도에서 녹은 광물 강자성 규화철과 섭씨 약 1,800도에서 녹은 강옥(鋼玉)을 발견했습니다. 우리는 시리아 지역에서는 그보다 더 강력한 증거를 발견하여 올해 발표할 논문을 준비 중에 있습니다. 1만2,800년 된 시리아 유리는 아주 비상한 고온에서 녹은 다양한 광물들을 포함하고 있어요. 우리의 새 논문에 들어갈 아래의 도표를 참고해보십시오.

녹은 광물	화학 공식	녹는 온도
크롬철석	$(Fe)Cr_2O_4$	$\approx 2,265$
석영	SiO_2	$\approx 1,720$
처트	impure SiO_2	$\approx 1,720$
자철석	Fe_3O_4	$\approx 1,550$
자연 철	Fe	$\approx 1,530$
염소인회석	$Ca_5(PO_4)_3Cl$	$\approx 1,530$

이 정도 온도라면 쇠도 녹일 수 있습니다. 더욱이 시리아 지역의 동일한 유리가 풍부한 층에는 최대치의 나노다이아몬드, 니켈, 플래티넘 등이 함유되어 있습니다. 건물 화재로는 이 정도로 풍부한 증거가 남지 않습니다. 그런 불로는 나노다이아몬드나 플래티넘의 최대치를 만들지 못해요. 이런 모든 증거는 이 유리가 저온의 가옥 화재로 생겨났다는 타이 등의 가설을 부정하고 있습니다.[54]

웨스트와 그 동료들이 작성한 새로운 논문이 2015년 후반에 발간되면, 나는 그 논문이 타이 등의 주장을 효율적으로 반박할 수 있으리라고 생각한다. 전에 나왔던 다른 모든 공격들이 성공적으로 논박된 것처럼 말이다. 그렇지만 그들 나름의 철학적인 이유로 인해서 1만2,800년 전의 대격변에 반대하는 사람들도 앞으로 영거 드라이어스 충돌 가설은 죽었다고 말하는 "진혼곡"을 계속 발간할 것이다. 우리가 이 책의 전편을 통해서 살펴본 것처럼, 대격변 이론은 아무리 잘 주장되고 기록되고 또 제시되어도, 균일론을 지지하는 학계에 의해서 주기적으로 무시되어 카펫 밑으로 감추어지기 일쑤였다. 이 때문에 끈기가 부족한 것도 아니요, 문서 작성이 완벽하지 못한 것도 아니면서 J 할렌 브레츠는 수 년간 그의 주장을 계속 거부당하다가 만년이 되어서야 간신히 주류 학계의 인정을 받았던 것이다.

제임스 케넷, 리처드 파이어스톤, 앨런 웨스트와 그 동료들은 브레츠 못지않은 끈기와 완벽한 문서 작성으로 영거 드라이어스 혜성 충돌에 의한 대격변 이론을 주장했지만, 그들 또한 거부와 적대감에 직면했다. 그러나 이 경우에는 두 가지 다른 사항이 있다. 첫째, 이제 시대는 21세기이고 우리는 인터넷을 가지고 있다. 그 덕분에 아이디어들이 재빠르게 공유되고 확산된다. 브레츠가 외롭게 투쟁을 벌여야 했던 때와는 주변 여건이 달라졌다. 둘째, 케넷, 파이어스톤, 웨스트는 브레츠보다 학문의 정치학을 더 잘 이해했고 그래서 많은 동료들로부터 그들의 이론에 대한 지원을 이끌어냄으로써 그들의 입장을 강화했다.

게다가 그 팀의 지원자는 점점 늘어나고 있다. 나는 이 장을 2015년 3월에 완성했는데 내 책상에는 파이어스톤, 케넷, 웨스트가 발간한 최신 논문이 놓여 있다. 제목은 "세 대륙에서 발견되는 나노다이아몬드 층은 1만 2,800년 전에 발생한 우주 충돌과 일치한다"인데 『지질학 저널』 2014년 9월호에 실린 것이다. 논문의 제1저자는 시카고 드폴 대학교의 화학과 교수인 칼스 R. 킨지다. 파이어스톤, 케넷, 웨스트와 다른 저명한 대학과 연구소 출신의 22명의 과학자들은 공동 저자이다.[55] 논문의 중요성, 그 저자들과 게재 잡지의 지명도, 혜성 충돌 비판에 대한 자세한 재비판 등은[56]

YD 충돌 가설을 "유사 과학"이라고 주장한 니컬러스 핀터를 웃음거리로 만들었다.

실제로는 그 정반대가 사실이다. 이 비상한 가설은 점점 더 그것을 뒷받침하는 비상한 증거를 내놓으라는 요구를 충족시키고 있을 뿐만 아니라 굳건히 닫힌 주류 학계의 문을 강제로 열어젖히는 중이다. 하지만 그것은 결코 쉬운 싸움이 아닐 것이다. 지금도 힘겨운 싸움이다. 앞으로 진전도 있고 좌절도 있을 것이다. 그러나 소구체를 다룬 2013년 논문과 나노다이아몬드를 다룬 2014년 논문은 아주 풍부한 증거들을 제시하고 있어서 완고한 점진론자들도 그 이론을 통째로 물리치기는 어려워졌다. 그래서 컬럼비아 대학교의 라몬트-도허티 지구 관측소의 지구화학자 겸 기후과학자인 월리스 브로커는 최근에 이런 마지못한 시인을 했다. "대부분의 사람들이 이 이론을 반증하려고 한다. 하지만 그런 사람들은 이 이론에 약간의 진리가 들어 있다는 것을 깨달을 것이다."[57]

그러나 충돌 이론에는 "약간의" 진리만 있는 것이 아니다. 영거 드라이어스 혜성 가설은 맞거나 틀리거나 둘 중 하나이지, 어정쩡한 중간은 없다. 나는 2007년에 이 이론이 처음 나온 이래 7년에 걸쳐 연구 논문들을 정독했고, 또 찬반양론을 다룬 모든 논문들을 섭렵했다. 나의 결론은 이러하다. 충돌 이론은 아주 강력한 주장이고 날이 갈수록 더욱 타당하면서도 설득력 높은 이론으로 자리잡을 것이다. 나는 이 가설의 제창자들이 지난 여러 해 동안에 내놓은 많은 다른 성공적인 사례들을 예시할 수도 있으나, 여기서는 이 정도로 하고 관심 있는 독자들은 "주"에 제시된 여러 자료들을 참조하기를 바란다.[58]

한편 2014년 9월에 게재된 논문은 제시된 증거들을 요약하면서 이런 결론을 내렸다.

영거 드라이어스 냉각시대 초입에 발생한 우주 충돌 사건은 적어도 네 대륙 (약 5,000만 제곱킬로미터에 이르는 지역)에 걸쳐서 발견되는 나노다이아몬 드, 자기 및 유리 소구체, 녹은 유리, 플래티넘, 기타 대리물 등이 풍성하게 발견되는 퇴적층을 설명할 수 있는 유일한 가설이다. 이러한 증거들은 1만 2,800년 전에 우주 충돌이 벌어졌다는 것을 강력히 뒷받침한다.[59]

제임스 케넷은 다음의 사실이 중요하다고 덧붙였다. YDB 층에서 발견 된 유리와 금속 물질들은 섭씨 2,200도를 넘어가는 온도에서만 형성될 수 있는 것이므로, 대규모 혜성 충돌 이외의 다른 시나리오로는 설명이 되지 않는다.[60]

충돌의 정확한 규모는 더 연구하여 확정해야 하는 문제로 남아 있다. 케 넷은 이렇게 말한다. "그때까지는 YDB 해당 지역을 정확하게 한정짓지 못 하지만, 현재로서는 지구의 10퍼센트 이상 지역에 충격을 가했으리라고 판 단된다. 따라서 YDB 사건은 대규모 우주 충돌이었다……이 연구에서 발 견된 나노다이아몬드 데이터는 등시(等時)라는 시간 속의 한순간에 대한 증명사진을 과학자들에게 제공한다."[61]

오늘날까지 과학자들은 전 세계적으로 단 두 개의 특수한 퇴적층을 발 견했다. 그 퇴적층은 "여러 대륙에 골고루 분포되어 있고, 나노다이아몬 드, 고온에 노출된 이후 냉각된 소구체들, 고온에서 녹은 유리, 탄소 소구 체, 이리듐, 포도송이 모양의 탄소 등 우주 충돌의 광범위한 표시물을 풍 부하게 함유하고 있다."[62] 이러한 두 개의 퇴적층 중 하나는 1만2,800년 전 의 YDB에서 발견되었고, 다른 하나는 6,500만 년 전의 백악기-제3기 경계 에서 발견되었다. 백악기의 충돌은 멕시코 만에서 벌어진 거대한 우주 충 돌이었고 공룡의 멸종을 가져왔다. 이 경우 충돌원은 직경이 약 10킬로미 터인 소행성이었을 것으로 추정된다.[63]

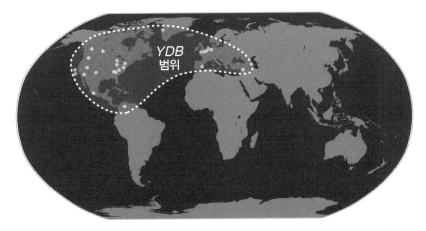

그림 20 영거 드라이어스 지역의 표석이 흩뿌려진 지역(위트케 등, 2013년과 킨지, 케넷 등, 2014년에 따름). 점선으로 표시된 지역은 우주 충돌 후에 대리물이 약 5,000만 제곱 킬로미터에 걸쳐서 흩뿌려진 YDB 범위의 경계를 보여준다.

　"우리가 제시한 증거들은 풍부한 YDB 나노다이아몬드의 존재에 대한 논쟁을 끝내리라고 생각된다"라고 케넷은 말했다. "우리의 가설은 충돌 동력학, 고고학, 고생물학, 고해양학/고기상학 등 여러 학문 내에 존재하는 기존의 패러다임에 도전한다. 이런 학문들은 비교적 최근에 나온 혜성 충돌 가설에 의해서 영향을 받을 수밖에 없다."[64]

　케넷의 주장은 인류의 과거에 대한 이해와 연구에 엄청난 파급효과를 미치는 것이다. 고고학자들은 우주 충돌을 수백만 년의 시차로 한 번 정도 일어나는 아주 드문 현상으로 여기는 습관이 있고, 그래서 현생 인류의 20만 년 역사와는 무관한 일로 치부한다. 공룡을 멸종시킨 소행성의 충돌이 6,500만 년 전에 일어난 일이라고 믿는다면, 이런 엄청난 시간 틀을 가지고 있는 우주의 사건을 그보다 훨씬 더 짧은 시간 틀을 가지고 있는 인류의 "역사"에 적용시키려는 것은 분명 무의미한 짓일 것이다. 그러나 케넷의 연구가 밝혀낸 실제적 가능성은 그렇게 어마어마하게 오래 전에 벌어진 우주 충돌이 아니었다. 아주 거대하고, 지구를 뒤흔들어놓고, 대형 동물들을 멸종시키는 수준의 우주적 사건이 겨우 1만2,800년 전에 발생한 것이다. 이 정도의 과거는 인류 역사의 뒤뜰 정도에 해당하는 것이고, 그 사건은 모든 것을 뒤바꾸어놓았다.

6

혜성의 지문

YDB에 있는 나노다이아몬드, 미세소구체, 고온에서 녹은 유리, 기타 "ET-충돌 대리물" 등의 퇴적층에서 나온 증거들은 약 1만2,800년 전에 대규모 혜성이 지구와 충돌했다는 사실을 강력하게 가리키고 있다. 혜성의 등장 지점은 캐나다 상공 어디였을 것이고, 모습을 드러냈을 즈음에 혜성은 이미 우주 공간을 여행해오면서 여러 개의 파편으로 분해되었을 가능성이 있다. 가령 1994년에 커다란 파편들의 "운송 열차"인 슈메이커-레비 9 혜성이 목성과 충돌하여 장관을 연출한 것을 상상하면 된다. 그러나 YD 혜성의 분해가 지구의 대기권에 들어와서 벌어졌을 가능성도 있다. 어느 쪽이든 파편들 중 일부는 곧 공중에서 폭발했고, 직경 2킬로미터의 다른 파편들은 북아메리카의 빙원을 여러 군데 강타했고, 다른 것들은 남동 방향으로 대서양을 건너가서 유럽의 빙원을 강타했으며, 또다른 것들은 좀더 공중에 표류하면서 터키, 레바논, 시리아 근처의 중동으로 흘러가서 그곳에서 최후의 충돌 비[雨]를 내렸다.

혜성의 증거가 너무나 새롭고 또 충돌 가설은 아직도 논쟁의 대상이기 때문에, 북아메리카의 빙원에서 발생했을 것으로 여겨지는 대규모 충돌의 직접적인 파급효과에 대해서는 거의 연구가 되지 않았다. 아무튼 그 빙원은 1만2,800년 전에는 두께가 2킬로미터 이상이었으므로 충돌의 충격을 거의 다 흡수하여 지상에는 그런 충격의 지속적인 흔적을 거의 남기지 않았다. 그렇지만 연구자들은 다수의 잠재적 분화구를 집중적으로 파고들기 시작했다.

한 후보 지형은 온타리오 호수의 채리티 사주(砂州)이다. 이 지형은 직경 1킬로미터, 깊이 19미터의 소규모 원형 분지를 둘러싼, 약간 융기한 지형인데, 트로이 홀콤이 이끄는 연구팀이 조사를 벌였다. 그는 이 지형이 ET(외계) 충돌로 생겼을 가능성이 있고, 그 시점은 YD가 막 시작되던 무렵인 갱신세 후기일 것이라고 결론내렸다.[1]

다른 하나는 노바스코샤 남서부에 있는 직경 500미터에 깊이 10미터인 블라디 크리크 구조도 충돌 분화구로 추정되고 있다. 이 연구는 이언 스푸너, 조지 스티븐스 등이 수행하여 2009년에 그 결과를 『기상학과 지구과학 (Meteoritics and Planetary)』 잡지에 논문으로 게재했다. 스푸너 등은 이 지형의 연대에는 확신하지 못했지만, 이렇게 언급했다. "약 1만2,000년 전 위스콘신 빙하작용이 쇠퇴해가던 시기에 빙산에 충돌이 발생하여, 얼음에 엄청난 충돌 에너지를 방사했고, 그리하여 현재와 같은 블라디 크리크 구조물의 형태가 만들어졌다."[2]

세 번째 후보는 캐나다 세인트 로렌스 만에 있는 코로솔 분화구이다. 수중 지도를 작성하던 중에 캐나다 수계지리국(水系地理局) 연구자들에 의해서 발견된 코로솔은 직경이 4킬로미터로서, 직경이 500미터 이상 되는 물체와 충돌하여 생겼을 것으로 추정되었다. 이 분화구는 현재 수심 40미터 내지 185미터에 자리잡고 있는데, 원래는 연대가 약 4억7,000만 년 전인 오르도비스기에 형성되었을 것으로 추정되었다.[3] 그러나 최근의 연구는 이 연대에 의문을 표시했다. 가령 퀘벡 대학교와 캐나다 지질조사국의 M. D. 히긴스와 그 동료들은 2011년 3월 제42차 '달과 지구의 과학회의'에 제출한 논문에서 이렇게 주장했다.

분화구에 퇴적층이 드물다는 것은 이 지층이 어리다는 것을 보여준다. 중

그림 21

앙 지구(地溝)의 7미터 중심부에서 채취한 시료를 사용하여 최소한의 연대
를 확정했다. 퇴적물의 조개들에 대해서 탄소−14 연대를 추출하여 미세 조
정해보면 이 분화구의 퇴적층 기반부 연대는 대략 1만2,900년 전일 것으로
추정된다……이것은 충돌에 의한 가장 어린 연대이다.[4]

"가장 어린" 연대인 1만2,900년 전은 현재 YDB 연대인 1만2,800년 전에
서 ±150년의 오차 범위 내에 있다.[5] 다르게 말하면, 히긴스와 그 팀의 발견
사항이 진실로 확정된다면, 지금까지 "실종되었던" YD 혜성이 남긴 충돌
분화구의 하나로 받아들여지게 될 것이다. 이러한 확인은 파이어스톤, 케
넷, 웨스트와 다른 충돌 지지 과학자들의 입장에서는 금상첨화가 될 것이
나, 그들이 여러 번 분명하게 밝혔듯이, 그들은 충돌 가설을 증명하기 위
하여 분화구를 필요로 하지 않는다. 공중 폭발이나 빙원 충돌로부터 항구
적인 분화구는 기대할 수 없기 때문이다.

그렇지만 분화구의 증거로 채리티 사주, 블러디 크리크, 코로솔만 있는
것은 아니다. 제4의 후보지로서 코로솔 서쪽의 지역이 있는데, 지질학자들

에게는 퀘베시아 지형으로 알려진 곳이다. 펜실베이니아의 멜로즈와 뉴저지의 뉴턴빌 근처에서 YDB 소구체들이 집중적으로 발견되었는데, 우, 샤마, 르콩트, 데미트로프, 랜디스 등은 이 소구체들을 연구하여 해당 논문을 2013년 9월호 『국립 과학연구소 회보』에 게재했다. 그 논문의 결론은 이러하다. 로렌타이드 빙상을 혜성 파편이 강타하여 퀘베시아 지형의 기반암까지 파고들어, 그 분출물을 대기권 높이 날아가게 했다. 그 분출물에는 직경 2-5밀리미터 범위의 소구체들이 포함되었고, 이 분출물은 바람에 실려 멀리 퍼져나가다가 수백 킬로미터 떨어진 멜로즈-뉴턴빌 지역에 비처럼 내렸다. 그 소구체들은 분석 결과 다음과 같은 물질을 포함했다.

섭씨 2,000도 이상의 온도에서 형성되는 강자성 규화철 같은 광물. 그 거친 구조, 광물의 성질, 소구체의 연대 등은 1만2,900년 전의 충돌에서 나온 분출물의 구조와 일치한다……소구체들의 희귀한 토양 요소 패턴과 스트론튬 및 네오디뮴 동위원소는 소구체들의 진원지가 퀘베시아 지형이라는 것을 보여준다.[6]

"우리는 빙상 꼭대기에 가해진 충격의 증거를 제공했습니다." 논문의 공동 저자인 무쿨 샤르마가 말했다. "우리는 사상 처음으로 YD 충돌이 발생한 지역의 범위를 좁힐 수 있었습니다. 물론 아직 그 분화구를 찾지는 못했지만 말입니다."[7]

YD 혜성이 북서에서 남동으로 움직이는 궤적을 보였다는 점을 감안할 때,[8] 온타리오 호의 채리티 사주, 퀘베시아 지형의 분출물, 세인트 로렌스 만에 있는 코로솔 분화구, 노바스코샤에 있는 블러디 크리크 등은 혜성의 대규모 파편이 북아메리카를 강타했다는 좋은 증거가 될 법하다. 그렇지만 규모가 더 큰 파편들—파이어스톤, 케넷, 웨스트가 추정한 것처럼 직경이 2킬로미터 범위의 것들—은 비행 궤적상 그보다 더 **일찍** 빙원을 강타했을 것이고, 그 지점들은 이것들보다 더 북쪽과 서쪽이었을 것이다. 따라서 우리는 브레츠 대홍수의 그 엄청난 녹은 물의 진원지로서 로렌타이드 빙상과 코딜레란 빙상의 서쪽 가장자리를 때린 혜성의 파편들을 지목해야 할 것이다.

급진적인 사고방식

주류 학계는 미줄라 빙하호에서 분출한 물이 브레츠가 기록한 엄청난 대홍수의 진원이라고 받아들였지만, 다수의 저명한 원로 학자들은 이 학설에 계속해서 반대해왔다는 사실도 주목할 필요가 있다. 반대자들 중에서 가장 저명한 사람은 캐나다 앨버타 대학교의 지구과학 교수인 존 쇼이다. 쇼는 이런 주장을 폈다. 미줄라 호의 수량은 가장 많을 때에도 대략 2,000세제곱킬로미터인데, 이 정도의 물은 현지의 증거를 충분히 설명하지 못한다. 따라서 쇼는 대안적 이론을 제시한다. 그보다 엄청나게 많은 물—대략 10만 세제곱킬로미터의 규모—이 북아메리카 빙원 아래의 저수지에 갇혀 있었고, 대홍수는 이 저수지가 단 한번 대규모로 물을 방출했기 때문에 벌어진 것이다.[9]

　일본인 연구자들인 고마츠 고로, 미야모토 히데유키, 이토 가즈마사, 도사카 히로유키 등은 암반지대를 뒤덮은 천재지변 규모의 대홍수에 대한 광범위한 컴퓨터 시뮬레이션 작업을 한 결과, 미줄라 호가 결코 대홍수의 진원이 될 수 없다는 존 쇼의 주장에 동의했다.

　　미줄라 호의 물이 전부 배수된다고 하더라도 높은 수위표(水位標)를 보이는 현장 증거를 설명하지 못한다……쇼가 주장한 북쪽으로부터 내려온 빙하 아래의 홍수가 수로 암반지대의 높은 수위표 증거를 설명하는 데에 필요한 엄청나게 불어난 물의 진원인 듯하다.[10]

마찬가지로 애리조나 대학교의 수문학 및 수자원 교수인 빅터 베이커와 미국 지질조사국의 짐 오코너는 미줄라 호수에서 정기적으로 "대규모 외퀼 라우프가 있었다는 주장"에 대하여 우려를 표시했다.

우리가 볼 때, 현장 증거의 몇몇 측면과 지금까지 옹호되어온 개념적 모델 사이에는 불일치가 존재한다. "수십 번에 걸친 홍수 가설이 브레츠의 상상력 넘치는 이론을 보완한다"는 입장은(웨이트, 1985, p. 1286), 수로 암반지대의 엄청난 파괴 규모를 해석하는 데에서 아직 해결되지 못한 문제들로부터 때 이르게 관심을 다른 곳으로 돌리게 했다.[11]

1977년 지질학자 C. 워런 헌트는 브레츠의 대홍수에 대해서 아주 자세한 조사를 수행했다. 그는 위에 인용한 학자들처럼 여러 번의 미줄라 호수로 촉발된 홍수 이론 — 1970년대 중반에 이르러 신성불가침의 지위를 획득한 이론 — 을 전혀 납득할 수가 없어서 그런 조사에 나섰다. 헌트는 댐이라는 구조물과 현지 지형을 이용하여 댐을 설계하는 요령에 대한 광범위한 지식을 가지고 있었기 때문에 그런 설명을 도저히 받아들일 수가 없었다. 결론부터 말하면, 그의 계산에 따르면 미줄라 호수를 지탱하는 것으로 추정된 클라크 포크 강의 얼음 댐은 사실상 **불가능하**다는 것이다.

먼저 통계 수치를 살펴보자. 미국 지질조사국에 의하면, 가장 높은 수위 — 클라크 포크 얼음 댐이 폭파되기 직전의 수위 — 의 미줄라 빙하호는 약 7,770제곱킬로미터의 면적을 뒤덮고 약 2,084세제곱킬로미터의 물을 포함한다. 호수의 표면은 해발 1,265미터일 것이고, 호수 밑바닥 지형은 지점에 따라서 높이가 다를 것이다. 그래서 미국 지질조사국은 오늘날의 미줄라에서 호수 깊이는 290미터, 다비에서는 80미터, 폴슨 근처에서는 335미터 정도일 것으로 추정한다. 얼음 댐 그 자체에서는, 수중 지형의 경사가 있으므로 빙하호는 깊이가 610미터 이상일 것이다(가장 수심이 깊은 곳은 오늘날 슈피리어 호보다 두 배나 더 깊다).[12]

미국 지질조사국의 수치에 대체로 동의하면서 C. 워런 헌트는 얼음이 클라크 포크를 댐처럼 가두어서 물의 깊이가 640미터에 이른다라는 주장을 거부한다. 그는 이렇게 썼다.

현대의 공학이 150미터 댐의 기반부를 확보하기 위해서 밑바닥 그라우팅(콘크리트 반죽)을 타설한다는 점을 감안할 때, 우연히 거기에 놓인 빙하가 중간 받침대도 없이 클라크 포크를 댐처럼 11킬로미터의 거리로 가두고 또 현대적 기술로 건설한 콘크리트 댐보다 4배나 더 큰 압력을 견뎌낸다는 것은, 댐에 대해서 조금이라도 아는 사람이라면 황당무계한 이야기라고 생각할 것이다![13]

헌트는 610미터 높이에 11킬로미터 길이의 얼음 댐이라는 것은 믿지 못할 이야기라고 보았다. 이런 헌트의 입장은 다음과 같이 주장하는 연구에 의해서 뒷받침되었다. "대략 200미터 깊이의 호수에서 얼음 댐에 가해진 유체정력학적 압력은 그 얼음에 구멍을 뚫게 될 것이다. 일단 뚫리면 그 구멍은 마찰에 의한 용해-확장에 의해서 더욱 커지고 그리하여 얼음 댐 호수의 물은 배수가 시작될 것이다."[14]

그러므로 높이가 그보다 세 배에 달하는 클라크 포크 얼음 댐은 현실적으로 "불가능하다"는 것이다.

그렇지만 헌트는 위에서 지적한 것처럼 미국 지질조사국의 통계 수치를 받아들였다. 미줄라 호수의 표면은 한때 해발 1,265미터였고 그래서 호수는 비터루트 산맥과 캐비닛 산맥 사이의 클라크 포크 계곡에서는 깊이가 약 640미터에 도달했다. 이러한 수치는 그 고도에 남아 있는 수위표와 다른 지점들에서 발견된 수위표에 의해서 확인된다. 일단 최고점에 달했다가 점점 물이 빠지는 수위를 보여주는 것이다.[15] 그래서 헌트의 결론은 이러하다. 그는 클라크 포크 얼음 댐을 지질학적으로 불가능하다고 생각하므로, 빙하기 말기에 수천 미터 깊이의 거대한 대홍수가 이 일대 전역을 휩쓸었다고 본다. 그렇게 휩쓸어가는 과정에서 미줄라 빙하호의 다양한 분지들을 가득 채웠고, 그리하여 가장 높은 수위표와 그다음 물이 빠지면서 낮은 수위표를 남겨놓았다는 것이다.[16]

이 일대 전역을 휩쓴 물의 진원에 대해서 헌트는 이렇게 제안했다.

천체의 움직임에 의한 중력의 형태로 조수의 범람이 발생했는데, 필자는 그 천체 움직임의 성질에 대해서는 잘 알지 못한다. 하지만 조수 범람으로……조수가……현재의 해발보다 1,600미터 높아지게 되었다……이 물은 거기서 여러 주일 동안 가두어졌다……이 동안에 물이 높이 솟구쳤고, 빙산들이 부분적으로 표류했고, "미줄라 호"의 호안이 최고 높이로 올라갔다. 이 조수의 밀물로 생겨난 홍수가 협곡을 휩쓸고, 예전의 빙하 퇴적물을 제거하고, 부채꼴 땅과 경사면을 휩쓸고, 암반지대에 깊은 상처를 냈으며, 얼음과 돌들을 표류시켰고, 계곡과 계곡의 바닥을 휩쓸고 지나가 그 표류하는 돌들을 물밑의 삼각주와 부채꼴 땅에다 부려놓았다. 마지막으로 조수가 휩쓸고 간 지역에는 실트(물에 의해서 운반된 침적 쇄설물) 층이 형성되었는데, 특히 막다른 하구의 물속에 이런 실트 층이 많이 형성되었다.[17]

달리 말해서, 헌트는 컬럼비아 고원을 단 한번의 거대한 홍수가 강타했다는 "브레츠의 이론"으로 되돌아간 것이었다. 하지만 천체의 중력 작용에 의해서 바닷물의 조수가 범람하여 하구까지 밀려들었다는 헌트의 1977년 주장은 유지되기 어려운 것이었다.[18] 헌트도 이후에 발간한 『폭력의 환경(*Environment of Violence*)』(1990)에서 이 문제를 다시 다룰 때, 이런 오류를 알아보았다. "조수 이론은 조수가 먼 거리를 여행해야 하고 또 그 긴 여행길에서 아무런 흔적도 남기지 않았다는 점에 의해서 유지되기 어렵다"라는 점을 시인하면서,[19] 그는 현장 증거를 충족시킬 수 있는 다른 물의 원천을 추적했다. 그 과정에서 그는 빙하 아래에 잠복해 있는 10만 세제곱킬로미터의 녹은 물을 주장한 존 쇼의 이론을 잠시 검토했으나, 그 이론과 관련하여 이런 예리한 질문을 던졌다.

아이슬란드의 외쾰라우프를 일으키는 화산 열 같은 열원(熱源)이 없이 어떻게 그 많은 녹은 물이 존재할 수 있겠는가? 어떤 기상 변화가 있어야 이처럼 많은 녹은 물이 생겨나겠는가? 설사 물이 녹아서 그렇게 많아진다고 해도 어떻게 물이 빙하 밑에 저장될 수 있는가? 그 물은 오히려 빙상의 가장자리를 들고 일어서지 않았겠는가? 그처럼 많은 물이 3,000미터 깊이의 얼음 아래 갇혀 있었다면 어떤 메커니즘이 작용했겠는가? 그처럼 두꺼운 얼음 밑에 있는 물이라면 빙상의 가장자리를 찾아 탈출하려고 하지 않았겠는가? 이처럼 거대한 물의 저수지가 축적될 수 있는 방법이 있는가?[20]

내용을 짧게 요약해보면, 헌트는 얼음 밑에 그처럼 많은 물을 가둘 방법이 없다고 본다. 게다가 쇼의 이론이 주장하는 10만 세제곱킬로미터의 물로는 충분하지가 않다. 현장 증거를 충족시키려면 그보다 10배는 많은 물이 있어야 한다. 조수의 범람, 미줄라 빙하호의 분출, 쇼의 빙하 밑 저수지 등이 모두 배제되자, 헌트에게는 단 하나의 가능한 이론만 남게 되었는데,

그것은 놀라울 정도로 대격변 이론에 가까운 것이었다. 어떤 형식이 되었든 북아메리카 빙원이 아주 급속하게 천재지변에 가깝게 녹아야 했다. 헌트는 필요한 계산을 해본 후에 84만 세제곱킬로미터의 얼음이 녹아야 한다고 결론을 내렸는데, 그것은 전체 결빙 지역의 약 10퍼센트가 "녹아야만 나올 수 있는 것이었다."[21]

독자들은 브레츠가 겪은 원래의 곤경을 알고 있을 것이다. 브레츠도 처음에는 이와 유사한 상상을 했는데, 지구 규모의 온난화나 빙하 아래의 화산 활동(둘 다 발생하지 않았다)이 그가 상상한 "대홍수"의 엄청난 물의 진원이 아니라는 점 때문에 패배했다. 결국 그는 우리가 이미 살펴본 바와 같이 미줄라 빙하호의 분출 홍수를 그 진원으로 받아들였다. 1990년 헌트는 똑같은 난관에 봉착했으나, 미줄라 호는 진원이 될 수 없다고 본 점만은 달랐다. 헌트는 아주 유능하고 선지적인 혁신가였다. 그는 아무런 사전 설명 없이 이렇게 썼다.

대지의 열은 빙산을 녹여 그 엄청난 대홍수의 물을 댈 수가 없다……**혜성의 열이라면 그런 일을 충분히 해낼 수 있을 것이다.**[22](저자의 강조)

북아메리카 빙원의 10퍼센트를 녹이려면, 직경 500미터의 혜성 하나면 충분할 것으로 헌트는 계산했다.

1908년에 퉁구스카 상공에서 폭발한 유형의 혜성이라면 이런 정도의 열을 제공할 수 있을 것이다. 그 충돌이 빙상 한가운데에 형성한 거대한 호수는 급격히 나머지 빙하의 밑부분으로 흘러들어가 여러 방면에서 대격변의 홍수로 등장했을 것이다. 그처럼 단기간 내에 그처럼 **많은 물이 흐른 것으로 볼 때 혜성이 빙상을 녹였을 것으로 보인다.**[23](저자의 강조)

분화구가 없는 것은 어떻게 된 일이냐는 반론을 예상하면서 헌트는 퉁구스카 사건 — 공중 폭발 — 도 아무런 분화구나 분출물 담요를 남기지 않았다고 지적했다. 더욱이 북아메리카의 빙원에 혜성이 충돌했다면, 다음과 같이 예상해볼 수 있다고 말했다.

모든 분출물과 혜성의 물질은 홍수에 실려 떠내려가다가 진원지로부터 아주 먼 곳까지 표류하여 그곳을 뒤덮으며 넓게 퍼졌을 것이다. 이렇게 하여 다른 잔해들과 뒤섞여서 희석되는 바람에, 과학의 세계로부터 영원히 실종되었다고 말하기는 어려울지 모르나 아무튼 폭발 발사물이나 분출물의 직접 증거는 알아보기가 어렵게 되었다.[24]

마지막으로 헌트는 아주 중요하면서도 선지적인 지적을 하나 했다. "만약 빙하 잔해물에서 유리 소구체들이 발견된다면, 이런 이론을 뒷받침할 수 있을 것이다."[25]

그는 지금으로부터 25년 전에 이런 글을 썼으므로 2007년 이후에 벌어진 사건들은 알지 못했다. 그때 이후 유수한 과학자들은 북아메리카 빙원을 때린 혜성 이론을 옹호했는데, 분화구를 찾지 못한 상태에서 미세소구체, 녹은 유리, 나노다이아몬드 등에서 상당히 많은 증거들을 찾아냈다.

한순간에 전 세계의 기후를 바꾸는 방법

헌트의 주장은 직경 500미터의 비교적 작은 혜성이 북아메리카 빙원의 10분의 1을 강타하여 대홍수를 일으킬 엄청난 양의 물을 제공했을 수 있다는 것이었다. 그후 25년이 흘러 영거 드라이어스 혜성 가설의 제창자들은, 우리가 이미 살펴본 바와 같이, "직경 2킬로미터의 물체 여러 개"가 빙원에 충돌했을 것이라고 주장한다.[26] 만약 그들의 주장이 옳다면, 그 충돌의 결과로 생겨난 대홍수는 어마어마한 규모였을 것이다. 또한 대홍수는 컬럼비아 고원의 수로 암반지대에만 국한되지 않았을 것이다. 혜성 가설은 충돌로 초래된 비가 태평양에서 북아메리카 대서양 전역의 빙상에 쏟아졌을 것이고, 그리하여 우리는 모든 지역에서 대홍수의 증거를 발견할 수 있을 것이라고 보았다.

우리는 실제로 발견했다. 컬럼비아 고원은 홍수가 만들어낸 암반지대를 보여주지만 그보다 훨씬 동쪽인 뉴저지 주도 그런 지형을 보여준다. 컬럼비아 고원은 산과 들에 흩뿌려진 거대한 빙산에 실려온 표석들로 유명하지만 뉴욕 주 또한 그런 표석들이 많다. 실제로 맨해튼 센트럴 공원의 암반 표면들 위에는, 허드슨 강 연안의 펠리세이드 암상(岩床)에서 온 휘록암, 그보다 더 멀리 떨어진 곳에서 온 결정편암 등을 포함하여 거대한 표석들이 많이 있다. 흥미롭게도 컬럼비아 고원에는 쿨리가 많다면, 뉴욕 주에는 핑거 호수들이 있다. 이 호수들은 오래 전부터 빙산에 의해서 형성된 것으로 추정되어왔는데, 호수의 지형학적 특징은 쿨리의 그것과 아주 유사하여, 몇몇 연구자들은 그 호수들이 빙산이 녹은 물이 높은 압력을 가해서 형성되었을 것이라고 본다. 이러한 과정은 그 침전물 증거로 볼 때, 대륙 빙상의 붕괴 현상과 관련이 있다.[27]

또 랜들 칼슨과 내가 북아메리카 장거리 여행을 끝낸 지점인 미네소타 주의 세인트 크루아 강의 바닥에는 빙하로 형성된 거대한 구멍이 80개 이상이나 있어서 장관을 이룬다. 한 구멍은 너비 3미터에 깊이가 18미터여서, 실측된 것들 중에서는 세계에서 가장 깊은 강바닥 구멍으로 평가된다. 하지만 아직 실측되지 않는 구멍들 중에는 이보다 더 너비가 넓은 것도 있고, 그 깊이 또한 더 깊을 것으로 추정된다. 이 모든 구멍들은 예외 없이 빙하기 말엽에 거대한 홍수에 의해서 형성되었다. 랜들은 그 물이 로렌타이드

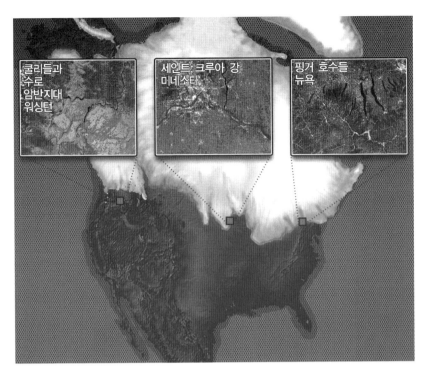

그림 22

빙상의 둥근 돌출 부분에서 흘러나왔을 것이라고 본다.

"당신이 평생 동안 이 땅을 여행한다고 해도 이 땅을 다 보지는 못할 겁니다. 대규모 홍수의 여파는 로키 산맥의 동쪽 지역(캐나다 포함), 평원 주(州)들, 큰 호수들의 인근 지방, 펜실베이니아, 뉴욕 서부, 뉴잉글랜드 등에서 광범위하게 문서로 기록되어 있습니다. 캐나다의 모든 주들도 거대한 물의 흐름을 보여주는 대규모 증거들을 간직하고 있어요. 마지막으로 거대한 빙하가 들어섰던 지역이나 그 인근 지역은 집중적인 대규모 홍수의 흔적을 보여주고 있습니다." 그가 내게 말했다.

그렇다면 남은 문제는 그 엄청난 물의 진원이다.

우리가 앞에서 살펴본 것처럼, 점진론을 옹호하는 학계는 발버둥을 치고 비명을 지르다가 마지못해 대홍수 이론을 받아들였고, 그리하여 미줄라 빙하호와 열애에 빠졌다. 그들은 이 호수와 거기서 발생한 엄청난 외퀼라우프가 컬럼비아 고원의 수로 암반지대를 만든 주범이라고 단정했다. 따라서 다른 빙하기의 홍수들도 발생 사실이 인정되는 한, 그 원인을 빙하호의 외퀼라우프 탓으로 돌리는 것은 전혀 이상한 일이 아니었다.

또한 영거 드라이어스 한랭시대의 원인으로 혜성 충돌 같은 천박한 설명을 들이대는 것이 아니라 빙하호의 분출 배수를 지목하는 것이 주류 학계의 정설이다. 마니토바 대부분 지역, 온타리오 북서부, 미네소타 북부, 노스다코다 동부, 서스캐처원 등에 면하고 있는 거대한 빙하호 아가시 호가 특히 자주 거론된다. 대략 1만3,000년 전에 — 영거 드라이어스가 시작되기 직전 — 아가시 호수는 44만 제곱킬로미터에 달하는 지역을 덮고 있었다. 그러다가 호수를 둘러싸고 있던 얼음 댐이 터지면서 약 9,500세제곱킬로미터에 달하는 엄청난 물이 배수되어 캐나다 북극 연안 평야의 매켄지 강 수계를 따라 흘러내렸다가 북극 대양으로 흘러들었다.[28] 그 바다에서 보퍼트 환류(環流)라고 알려진 고기압 순환 해류가 그 유입된 물을 북극을 관통하는 흐름 속에 집어넣어서 북극 아래의 북대서양으로 밀고 갔을 것이다.

> 녹은 물이 프램 해협에서 남쪽으로 서서히 흘러가면서 북극에만 있는 독특한 메커니즘을 제공했다. 이 메커니즘은 단기간에 걸친 고온의 녹은 물을 바다에다 배출하여 좀더 지속적이고 장기적으로 조절되는 북대서양에 합류하게 했다.[29]

그런데 **그와 동시에** 다른 빙하호들과 로렌타이드 빙상에서 나온 얼음 섞인 다량의 녹은 물이 북대서양으로 흘러들면서 사태가 더 악화되었다.[30] 주류 학계의 이론에 의하면, 이런 종합적 효과가 해류의 순환을 크게 방해하여 전 세계적인 기후 변화를 초래했다는 것이다.

녹고 있는 로렌타이드 빙상에서 나온 차가운 민물이 북대서양의 표면을 휩쓸었다. 그것은 남쪽 바다에서 올라온 따뜻하고 소금기 많은, 걸프 만 수중의 물이 표면으로 떠오르는 것을 억제했다. 바다의 통상적인 역류가 중단되었다. 그 결과 보통 때 같으면 따뜻해졌을 바다 표면의 온도가 차가운 상태로 남았고, 그 결과로 유럽과 북아메리카의 공기도 차가워졌다.[31]

이것은 아주 전문적인 문제이므로, 여기서는 길게 다루지 않겠다. 다만 간략하게 설명하자면, 대서양의 자오선 역류 순환, 혹은 열염(熱鹽) 순환은 바다의 거대한 컨베이어 벨트이다.[32] 이 벨트는 자오선의 따뜻하고 짭짤한 물을 표면 위로 올렸다가 북쪽으로 가서 그곳에서 마침내 차가워져서 그린란드와 노르웨이 해안에서 다시 가라앉는다. 또한 차가운 북대서양의 심층수를 남쪽으로 끌고 내려와 천천히 자오선으로 가져온다. 그리하여 자오선에서 찬물과 따뜻한 물이 섞여서 다시 그 물은 표면으로 떠오르고, 그러면 지금까지의 순환이 다시 반복된다.

그것은 다량의 물, 열, 소금, 탄소, 영양소와 기타 물질 등을 전 지구적으로 운송하며 해양 표면과 대기권을 깊은 바다의 거대한 저수지와 연결시킨다. 이런 작용을 하기 때문에 그것은 지구의 기후 체계에 아주 중요하다.[33]

이 미묘한 균형을 가진, 서로 긴밀하게 연결된 아주 복잡하면서도 중요한 **순환작용**이 YD 시대의 세계적인 냉각화를 가져온 원인이라고 과학자들은 말한다. 해류의 흐름이 봉쇄된 것은 빙하호수들과 로렌타이드 빙상에서 녹은 엄청난 물이 일으킨 홍수 때문이라는 것도 과학자들은 널리 동의한다. 그러나 여기 한 가지 중요한 난점이 있다. S. J. 피델이 『제4기 인터내셔널(*Quaternary International*)』이라는 잡지에 게재한 핵심 논문에서 지적했듯이, 왜 이런 변화가 1만2,800년 전에 발생했는가?[34] 그보다 800년 혹은 1,000년 앞선 YD 바로 직전의 뵐링-알레뢰드 간빙기라고 알려진 가장 따뜻한 시기에는 일어나지 않았는가? 직관적으로는 가장 따뜻한 시기에 녹은 물의 양이 꼭짓점에 도달할 것 같은 느낌이 드는데 말이다. 사실 녹은 물 방출은 뵐링-알레뢰드 간빙기/YD 시기에만 일어났다.

이 수수께끼에 대한 답안은 리처드 파이어스톤, 앨런 웨스트, 제임스 케넷 그리고 영거 드라이어스 충돌 가설의 제창자들이 볼 때, 너무나 명백한 것이다. 아주 간단하게 말해서 아예 수수께끼는 없다! 그들이 볼 때, 지구 기후에 영향을 미친 엄청난 녹은 물 홍수는 지구의 대기권을 뚫고 들어와 빙원과 충돌한 혜성의 파편들이 초래한 것이었다. C. 워런 헌트가 상상했던 것처럼 500미터 직경의 단 하나의 혜성이 아니라, 8개 혹은 그 이상의 혜성 파편이 등장한 것이었다. 그 파편들 중에는 직경이 2킬로미터에 달하는 것도 있었다.[35]

이런 충돌에서는 나오는 엄청난 열에다, 1,000만 메가톤으로 추정되는 엄청난 폭발력이 더해져서 북아메리카 빙원의 상당한 부분을 녹임으로써 진정으로 대격변의 용해가 발생했다. 이로 인해서 엄청난 홍수가 발생하여 아래쪽으로 흘러가면서 끔찍한 파괴를 자행했고, 결국에는 "대규모 민물"이 바다로 유입되어 대서양의 자오선 역류 순환에 충격을 가했다. 이 여파로 지구의 기후는 그후 1,200년 동안 아주 한랭한 상태를 유지했다. 이러한 상황은 대기권 상층부에 먼지와 엄청난 양의 연기가 주입되어 "상당히 오래 기간 햇빛을 가로막음으로써" 더욱 악화되었을 것이다. 이 또한 온도를 낮추는 효과를 가져왔다.

더욱이 충돌 사건은 광범위한 화재와 갑작스러운 기후 변화를 동반하여 대형 동물들과 그 외 다른 동물들의 급속한 멸종에 기여했을 것이다.[36]

독자들은 35개 속(屬)에 달하는 북아메리카 포유류가 영거 드라이어스 기간에 멸종했다는 사실을 기억할 것이다.[37] 따라서 우리는 "어떤 지질학적 순간에 한 대륙 전역에서 35개 속 이상의 동물을 쓸어버릴 멸종 메커니즘"을 알아보려는 것이다.[38] 우리가 고려해야 하는 것은 북아메리카뿐만이 아니다. 영거 드라이어스 이전에 번성했던 남아메리카의 다양한 대형 동물들 대부분도 1만2,000년 전, 즉 영거 드라이어스가 끝나기 전에 멸종했다.[39]

그 멸종이 인류의 "남획"에 의한 것일까? 이 질문은 논쟁이 끊이지 않는 문제를 건드린다. 즉 언제, 어떻게, 어느 경로를 통해서 인류가 아메리카 대륙에 도착했을까? 그 대답이 무엇이든 간에 이동하는 사냥-채취자의 집단이 그토록 짧은 기간에 두 대륙에 걸쳐서 컬럼비아 매머드를 포함하여 수많은 동물들을 다 잡아먹어 멸종시킬 정도로 능력이 있다거나 효율이 높다고 볼 수가 없다. 더욱이 아메리카 대륙의 인류는 영거 드라이어스 동안에 아주 심각한 어려움을 겪었다는 많은 증거들이 있으므로, 이 또한 그들의 동기와 효율성을 떨어뜨리는 요인이다. 남아메리카에서 나오는 고고학적 증거들은 제한적이지만, 북아메리카에서 당시는 정교한 돌 무기(武器) 기술을 갖춘 클로비스 문화의 시대였다. 그런데 이 문화가 기록에서 갑자기 사라진 것이었다. 실제로 모든 지표들은 "영거 드라이어스의 첫 몇 세기 동안에 인구의 상당한 쇠퇴/재조직"을 가리키고 있다.[40]

따라서 이런 모든 증거들을 합리적으로 해석하는 유일한 설명은 파이어스톤, 케넷, 웨스트와 동료들이 주장한 혜성-충돌 가설이다.

우리가 앞의 장들에서 광범위하게 살펴본 그들의 발견사항을 토대로, 나는 다음과 같이 주장하고자 한다.

1. 빙하기 말엽에 실제로 북아메리카에는 천재지변성의 대홍수가 발생했다.

2. 그 홍수는 빙하호의 분출에 의한 것이 아니라, 빙원의 넓은 지역에서 갑자기 녹아서 흘러내린 물에 의한 것이다.

3. 이처럼 엄청난 얼음을 녹일 수 있는 열의 진원은 1만2,800년 전에 북아메리카 상공의 대기권으로 뚫고 들어와서 북아메리카 빙원에 충돌한 일련의 거대한 혜성 파편들에서 나온 운동 에너지였다.

4. 북아메리카가 대재앙의 중심지인 것은 맞지만, 이 지역만 충격을 받은 것은 아니다. 분해된 혜성의 다른 파편들이—그중에는 엄청나게 큰 파편이 있었다—유럽의 빙원에도 충돌한 듯하다. 이와 관련하여 최근에 영국 해협에서 실시된 고성능 음파 스캐닝이 도움이 된다. 빙하기에 수면 위에 떠 있었던 이 해협의 바닥은 그곳에 엄청난 홍수가 발생했다는 증거를 보여준다. 해협 바닥의 암반층에 가라앉아서 부분적으로 메워진 계곡들이 400킬로미터 길이로 연결되어 있는 것이다. "이 자료는 다양한 지형을 보여주는데 종합적으로 살펴보면 대격변의 홍수가 있었음을 드러낸다"라고 『네이처(Nature)』에 게재된 논문의 저자들은 말했다. 이 연구 논문은 바다 밑에 가라앉은 지형이 "미국 워싱턴 주 수로 암반지대의 체니-팔루스 지형과 유사하다"라고 말했다. 논문의 저자들은 이런 결론을 내렸다. 이 연구는 "대홍수가 영국 해협 바닥의 계곡 연결망을 형성했다는 최초의 직접 증거를 제시한다. 우리의 관찰사항들은 수로 암반지대와 같은 대규모 홍수에 의한 지형 침식의 특징들과 일치한다."[41]

5. 전반적으로 보아 지표면의 5,000만 제곱킬로미터 이상이 영거 드라이어스 혜성의 충돌과 공중 폭발로부터 영향으로 받았다. 지역에 따라 그 영향의 편차는 있지만 모든 지역이 엄청난 피해를 입었다. 우선 북아메리카를 위시하여 대서양 그리고 대서양 건너편 유럽까지 효과를 미쳤고 또 저 멀리 중동 지역에까지 파편의 충돌로 인한 최종적인 비를 내렸다.

6. 다발적인 충돌의 효과가 더해지면서, 특히 엄청난 양의 민물이 북극과 대서양에 유입됨으로써, 그 자체로 진정한 세계적인 규모의 재앙이라고 할 수 있는 영거 드라이어스 한랭시대가 시작되었다. 그 결과 수많은 동물 종들이 멸종했고, 인류는 엄청난 시련을 겪었다.

7. 인류가 그 대재앙으로부터 겪은 피해는 북아메리카의 "클로비스" 부족 등 사냥-채집 문화의 완전한 파괴에 그치지 않는다. 이제는 역사에서 사라졌지만 그보다 더 발달된 문명이 아예 말살되었을 가능성도 고려해야 한다.

봄이 오고 있다

아주 특이한 점은 영거 드라이어스의 시점과 종점에 발생한 아주 급격한 기후 변화가 전 세계적인 것이었지만, 인간의 한 세대 동안에 불과한 세월(30년) 중에 발생했다는 것이다.[42] 또다시 혜성-충돌 가설은 이러한 현상을 가장 잘 설명한다. 충돌로 인한 1,000만 메가톤의 폭발력은 1만2,800년 전에 엄청난 분출물을 대기권으로 분출했을 것이고, 그리하여 지구는 핵 겨울과 비슷한, 아주 지속적으로 이어지는 박명(薄明) 속으로 빠져들었을 것이다. 이것을 많은 고대의 신화들은 "어둠의 시대"라고 불렀다. 이 박명은 1,000년 이상 햇빛의 방사를 가로막았을 것이다. 그러다가 1만1,600년 전에 극적인 지구 온난화가 시작되었는데, 이는 공중 분출물의 최종적인 제거와 북대서양의 열염 순환을 가로막았던 해류의 무기력 현상의 종식으로 설명될 수 있다.[43]

위의 메커니즘과 반드시 모순된다고 볼 수는 없는 또다른 가능성은 다음과 같은 것이 있다. 1만1,600년 전에 지구는 1만2,800년 전에 영거 드라이어스를 촉발시킨 것과 똑같은 분해된 혜성의 잔해물 흐름과 조우했다. 그런데 이 두 번째 조우에서는, 일차적 충격이 땅이나 빙원에 가해진 것이 아니라, 지구의 대양에 떨어져서 거대한 수증기 기둥을 공중에 발생시켰고, 이것이 "온실 효과"로 이어져서 전 지구가 차가워진 것이 아니라 따뜻해진 것이다.[44]

저명한 영국의 천문학자 프레드 호일 경은 이렇게 말했다.

따뜻한 바다와 차가운 바다의 차이는 10년 동안 태양 빛이 공급되거나 공급되지 않는 차이이다. 따라서 강력한 수증기 온실에 의해서 따뜻한 조건들은 대양을 변화시키기 위해서는 적어도 10년은 유지되어야 한다. 이것은 갑자기 성층권으로 던져진 물이 그곳에 머무르는 시간과 일치한다. 필요한 물의 양은 100조 톤이라는 어마어마한 양인데, 오로지 한 가지 사건만이 이것을 설명할 수 있다. 즉, 혜성 크기의 물체가 대양으로 떨어지는 것이다.[45]

아주 복잡한 양상을 가진 이런 메커니즘(YD의 갑작스러운 종식)을 정확하게 설명하기 위해서는 더 많은 연구와 조사가 필요할 것이다. 하지만 지구 기후에 미친 영향은 이미 잘 이해되고 있다. 과거를 바라보는 귀중한 창문인 그린란드 빙산들은 다음과 같은 사실을 말해준다.

10년 이내의 시간에 발생한 기온 상승은 영거 드라이어스 한랭시대의 종식과, 1만1,600년 전의 따뜻한 충적세의 시작을 알려준다.[46] 20년 이내의 시간에 북아메리카의 기후가 바다 얼음들의 급속한 후퇴로 인해서 좀더 따뜻하고 덜 불안정한 체제로 바뀌었다. 섭씨 7도에 해당하는 온난화가 약 50년 사이에 완료된 것이다.[47]

바로 그 정도의 세월 동안에 서유럽의 알프스 이하 지역에서는 낙엽송, 소나무, 잣나무 등 전에는 볼 수 없었던 수종(樹種)들이 생겨나와 갑자기

번성하기 시작했다.[48]

1만1,200년 전에 미국 북서부의 몬태나에서는 마리아스 고개의 빙하 얼음이 협곡 입구에서 후퇴하여 계곡 위쪽으로 밀려났고, 선 강의 빙하는 이 시기에 이르러 완전히 사라졌다.[49]

다른 수많은 사례들이 인용될 수 있다. 그러나 그 메시지는 어디에서나 분명하다. 태즈메이니아에서 안데스에 이르기까지, 터키에서 일본, 북아메리카에서 오스트레일리아, 페루에서 이집트에 이르기까지 겨울은 끝났고 거대한 규모의 봄이 시작되었다. "이것은 우주의 재탄생이다"라고 헤르메스 비문(秘文)은 주장한다. "그것은 모든 좋은 것을 다시 만드는 것이며, 거룩하고 외경심을 불러일으키는, 자연 만물의 회복이다……."[50]

재탄생?

다시 만들기?

회복?

무엇을? 누가 그 이전에 살았는가? 다시 태어나야 하는 것은 정확하게 무엇인가?

우리는 다음 장들에서 이런 질문들을 살펴볼 것이다.

제3부

현인들

7

다음번에 발생할 화재

마지막 빙하기 말엽에 세 가지 특이한 상황이 발생했는데, 이것들은 모두 영거 드라이어스라고 알려진 신비한 시대의 갑작스러운 시작과 역시 갑작스러운 종결과 연결되어 있다.

- 지구는 2,000년 이상 지속적으로 따뜻한 날씨를 보이다가 1만2,800년 전에(현재의 데이터가 허용하는 범위 내에서 실제 시간과는 ± 150년의 오차가 있을 수 있다), 얼음 녹은 물로 인한 대홍수가 갑자기 북대서양으로 유입되어 해류의 순환을 교란했다. 대홍수의 진원지는 북아메리카의 빙원이었다. 그 이전 2,000년 동안에 해수면이 지속적으로 상승했으므로, 관련 자료의 분석만으로는 얼마나 많은 연안 지대가 이 특이한 사건에 의해서 수몰되었는지는 정확하게 알 수가 없다. 전에 빙원 속에 갇혀 있던 엄청난 양의 물이 갑자기 유입됨으로써, 해수면이 일시에 크게 상승했으리라고 짐작해볼 수 있다.[1]
- 녹은 물로 인한 대홍수가 발생한 그 지질학적 순간에, 지구의 온도는 급격히 떨어져서 전 세계의 기후는 1만5,000년 전부터 시작된 2,000년 동안(1만3,000년 전에 이르러 모든 조건들이 크게 향상되어 지구는 오늘날보다 더 따뜻하고 습윤했을 것으로 추정된다)의 따뜻한 "여름"에서 차갑고 끔찍한 겨울로의 급격한 반전을 맞이하게 되었다. 관련 자료의 분석으로는 녹은 물 홍수가 흘러내린 후에 정확히 언제부터 한랭시대가 시작되었는지 알

수가 없다. 그러나 우리가 앞 장에서 살펴본 것처럼, 이런 급격한 기온 변화가 인간의 한 세대(30년)에 해당하는 기간에 벌어졌다는 것을 보여주는 증거들은 많이 있다. 이 기간 동안 어디에서나 녹으면서 퇴각하고 있던 빙상들이 갑자기 다시 전진하기 시작했고 해수면의 상승은 중지되었다.

• 1만1,600년 전에(또다시 자료 분석상 ± 150년의 오차를 인정하면서), 분명한 세대의 시간 동안에 한랭시대는 갑자기 끝났고, 지구의 기온은 상승했으며 남아 있던 빙원들은 붕괴되었다. 그리하여 녹은 물이 온 세상의 바다로 흘러들어 해수면이 극적으로 높아져서 오늘날의 해수면 수준과 거의 비슷해졌다.

우리의 조상들은 이런 엄청난 변화를 겪었고, 그 체험을 서로서로 주고받으며 위안을 얻으려고 했으리라는 것을 어렵지 않게 상상해볼 수 있다. 그들의 이야기와 목격담은 차례로 존경받는 구두 전승이 되었고, 그런 상태로 대대로 내려오다가 마침내 백발이 성성한 신화로 굳어졌을 것이다. 이 책의 제3장에서 독자들이 읽었듯이, 아메리카 인디언들의 "신화"는 마지막 빙하기 말엽에 벌어졌던 사건을 언급하는 것으로 보인다. 그 신화에서는 땅을 할퀴고 파괴한 무서운 대홍수가 자세하게 묘사되어 있다. 구두 전승에는 더욱 흥미로운 사항들이 담겨 있다. 즉 "길고 넓은 꼬리가 달린 별"이 "수천 년 전에 이곳으로 낮게 내려왔고" 그후에 "모든 것을 불태웠고," 그리고는 "세상은 완전히 달라졌고" 또 "날씨는 전보다 더 추워졌다."

이런 전승들은 혜성 충돌의 끔찍한 효과를 기억하는 것으로 보인다. 이제 우리는 그 충돌 사건이 150년의 오차 범위 내에서 1만2,800년 전에 발생했다고 확정적으로 연대를 제시할 수 있다. 리처드 파이어스톤, 앨런 웨스트, 제임스 케넷, 그리고 동료 과학자들은 혜성이 아마도 8개의 조각들 — 그중 큰 것은 직경이 2킬로미터에 달한다 — 로 분열되어 북아메리카의 빙

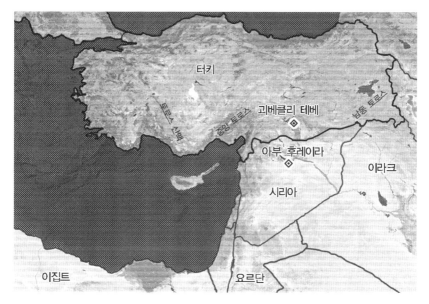

그림 23

원을 강타했다고 믿는다. 이 충돌은 엄청난 열을 발생시켰고 그 결과 거대한 빙산이 녹으면서 대홍수가 발생했다. 이 홍수는 바다로 흘러들어 해류의 순환을 단절시켰고, 그리하여 영거 드라이어스라는 한랭현상의 발생에 결정적인 역할을 했다. 독자들은 또한 거대한 혜성의 다른 파편들이 북유럽의 빙원도 강타했고 또 중동의 먼 지역까지 날아가 낙진의 비를 뿌렸다는 사실도 기억할 것이다. 대재앙의 중심지는 북아메리카였지만, 그후에 벌어진 영거 드라이어스는 전 세계 사람들과 문화에 영향을 미친 세계적인 사건이었다.

여기서 놀라운 점은 전 세계 각지의 전승들이 대격변의 사건을 언급할 뿐만 아니라 그 다가올 대재앙에 앞서서 소수의 "현인", "선량한 자", "순수한 인간"이 그 사건을 아주 구체적으로 경고했다고 지적한다는 점이다. 우리는 제3장에서 검토한 아메리카 인디언의 전승에서 이런 경고의 여러 사례들을 발견했다. 또한 충돌의 중심지로부터 바다와 대륙을 건너 혜성 충돌 효과가 미친 지역 중에서 아주 먼 곳인 중동 지역에서도 그와 유사한 이야기들이 발견되었다. 이 말은 혜성 잔해물이 "흩뿌려진 지역"이 현재 알려진 5,000만 제곱킬로미터에 국한된다는 뜻은 아니다. 이것은 그 이외의 다른 지역들에서 나온 시료를 대상으로 나노다이아몬드, 자기 및 유리 소구체, 녹은 유리, 플래티넘, 기타 충돌의 표시가 되는 대리물 등에 대해서 광물 표본 조사를 하지 않았다는 뜻일 뿐이다.

지금까지 수행된 연구의 범위 내에서, 북아메리카에서 가장 멀리 떨어진 지역으로서 영거 드라이어스 혜성의 존재나 효과를 증명하는 고고학적 유적지는 시리아에 있는 아부 후레이라이다. 이 유적지는 1974년에 발굴되었는데, 유프라테스 강의 타크바 댐이 완성되면 그 일대가 아사드 호수의 물에 잠길 예정이어서 서둘러 발굴에 나선 것이었다. 아부 후레이라의 고고학적 지구(地溝)의 퇴적물 시료들은 호수에 잠기기 전에 별도로 채굴되어 보관되었다. 그것은 파이어스톤, 웨스트, 케넷 등이 2012년에 광물 분석을 한 시료들 중의 하나였는데, YDB 층(연대가 1만2,800년 전인 지구에서 나온 것)의 하나였다. 우리가 제5장에서 살펴본 바와 같이 이 학자들은 섭씨 2,200도의 고온에서 형성되는 나노다이아몬드, 우주 충돌 소구체, 녹은 유리 등을 발견했다. 이런 광물들은 이 지역이 "고온의 공중-폭발/충돌 중심지에 가까이 있었다"는 것을 보여준다.[2]

아부 후레이라는 이제 아사드 호수 밑에 잠겼으므로 더 이상 직접적인 고고학적 조사의 대상이 될 수는 없다. 하지만 파이어스톤, 케넷, 웨스트는 "그 정착지와 정착민들에게 미친 혜성 효과는 엄청 났을 것"이라고 본다.[3] 이 유적지가 괴베클리 테페가 있는 터키 남동부와도 가깝고, 예전 페르시아(오늘날의 이란)와도 가깝다는 것은 특기할 만한 사항이다. 특히 이란의 경우, 태고의 전승들이 고대 페르시아의 이슬람 도래 이전의 종교인 조로

아스터교의 경전들 속에 잘 보존되어 있다.

"치명적인 겨울이 닥쳐와……"

조로아스터교가 어떻게 성립되었는지에 대해서는 만족스럽게 밝혀져 있지 않다. 그 예언자인 차라투스트라(통상적으로 조로아스터로 더 잘 알려져 있다)의 생애조차도 불확실하다. 그래서 컬럼비아 대학교의 권위 있는 『이란 백과사전(*Encyclopedia Iranica*)』도 이렇게 인정한다. "차라투스트라의 연대에 관한 논쟁은 조로아스터교 연구에서 오랫동안 난제로 여겨졌다."[4]

이 문제에 맨 처음으로 손댄 사람은 그리스 역사학자들이었다. 가령 플루타르코스는 조로아스터가 "트로이 전쟁보다 5,000년 전에 살았던 사람"이라고 말했다(트로이 전쟁 자체가 연대가 불확실하지만, 일반적으로 기원전 1300년으로 잡고 있으므로, 조로아스터는 기원전 6300년의 사람이 된다).[5] 디오게네스 라에르티오스도 이와 비슷한 연대를 제시했다. 그는 조로아스터가 "크세르크세스의 그리스 원정전보다 6,000년 전에 살았다"라고 말했다(대략 기원전 6480년).[6] 보다 최근의 학자들은 기원전 1750년 혹은 "알렉산드로스 대왕보다 258년 전"(즉 기원전 588년경)이라고 주장했다.[7] 정확한 연대가 어떻게 되든, 다음과 같은 주장에는 이견이 없다. 즉 조로아스터 자신도 그보다 앞선 전승들로부터 많은 것을 가져왔고, 따라서 조로아스터교는 다른 많은 종교들과 마찬가지로 선사시대로 거슬러올라가는 뿌리를 가지고 있다.

『젠드 아베스타(*Zend Avesta*)』로 알려진 조로아스터교 경전에는, 이런 아주 오래된 구두 전승들을 인용한 것으로 보이는 특정한 문장들이 있다.[8] 이 문장들은 이마(Yima)라고 불리는 태고의 아버지에 대해서 말한다. 벤디다드(Vendidad)라고 알려진 『젠드 아베스타』의 시작 부분에는 이 최초의 인간, 최초의 왕, 문명의 창건자가 등장한다. 시작 부분의 주된 내용은 이러하다. 아후라 마즈다 신이 "다이티아 강 기슭에 아이리아나 바에조라는 최초의 땅을 창조했다."[9] 그곳은 지상의 낙원이었고 "훌륭한 목자인 선량한 이마는……최초의 인간이었다." 아후라 마즈다는 그와 대화를 나누기로 결정하고서 그에게 설교자가 되라고 지시했다.[10] 이마가 그것을 거절하자 신은 그에게 다른 일을 주었다.

너는 설교자가 되어 내 법을 전달하는 사람이 되는 것을 거부했으니, 그렇다면 너는 내 세상을 번창하게 만들고, 내 세상을 더욱 커지게 하라. 내 세상에 먹을 것을 주고, 통치를 하고, 감독을 하라.[11]

이마가 이 일에 동의하자, 신은 그에게 황금 반지와 단검을 주었다. 우리가 제17장에서 살펴보겠지만 이 이야기와 저 멀리 떨어진 남아메리카 안데스 산맥의 전설 사이에는 상당한 유사점이 있다.

이어 이마는 황금 반지로 땅을 눌렀고 단검으로 땅을 뚫었다.[12]

이 행위로 그는 대지를 전보다 3분의 1 더 커지게 했는데, 이 위대한 일을 그후 수천 년에 걸쳐 두 번 더 수행했다. 이 과정에서 "인간, 개, 새들의 무리"가 이용할 수 있는 땅이 두 배로 커졌다. 이마는 인간과 동물들을 "그의 마음대로 또 그가 원하는 만큼 거두어들일 수 있었다."[13]

우리가 아는 한 현생 인류는 대략 20만 년 전에 출현했다. 과학계가 인정하는 가장 이른 현생 인류의 두개골은 에티오피아에서 발굴된 것인데 19만6,000년 전의 것이다.[14] 이러한 시간 구도에서 인류가 살기에 좋은 지역들이 늘어난 적이 딱 한번 있었는데, 10만 년 전과 1만1,600년 전 사이의 마지막 빙하기 때이다. 그 이전에는 바다에 잠겨 있었던 총 2,700만 제곱킬로미터의 땅—대략 유럽과 중국의 면적을 합쳐놓은 것—이 2만1,000년 전의 마지막 최대 빙하기에 해수면이 낮아지면서 지상으로 노출되었다. 최초의 인간 이마의 이야기에 나온 세상을 커지게 한 것이 바로 이 땅—상당 부분이 1만2,800년 전의 영거 드라이어스 시작 시점에는 여전히 물 밖에 나와 있었다—을 가리킨 것이라고 한다거나, 이마의 관대한 통치가 아이리아나 바에조에서 성취한 황금시대와 관련이 있다고 말한다면, 그것은 너무 황당무계한 생각이 될 것이다.[15] 하지만 그 다음에 벌어진 일은 아주 흥미롭다.

오랜 시간이 흘러간 뒤, 이마는 "좋은 강 다이티아 옆의 만남의 장소"로 소환되었고, 그곳에서 아후라 마즈마 신이 이마에게 나타나 갑작스러운 천재지변성의 기후 변화에 대하여 음울하게 경고한다.

오 선량한 이마여, 물질세계에 치명적인 겨울이 닥쳐와, 맹렬하고 지독한 서리를 가져올 것이다. 물질세계에 치명적인 겨울이 닥쳐와 커다란 눈송이가 떨어질 것이고 산들의 가장 높은 꼭대기에도 내릴 것이다…….

따라서 그대는 네 면이 승마장처럼 기다란 바라[지하 구덩이]를 만들도록 하라. 그리고 거기에 양, 소, 인간, 개, 새들, 그리고 붉게 타오르는 불의 씨앗들을 가져가도록 하라…….그곳에 그대는 이 지상에서 가장 위대하고 선량하고 멋진 남자들과 여자들의 씨앗을 가져가라. 그곳에 그대는 이 지상에서 가장 위대하고 선량하고 멋진 소들의 씨앗을 가져가라. 그곳에 그대는 이 지상에서 가장 위대하고 선량하고 멋진 모든 나무들의 씨앗을 가져가라. 그곳에 영양분이 많고 냄새가 좋은 모든 종류의 과일의 씨앗을 가져가라. 이런 씨앗들을 가져가되, 모든 종류를 두 가지씩 가져가서 그곳에서 그 씨앗이 떨어지는 일이 없도록 하라. 그 사람들이 바라에 머무는 내내 씨앗이 풍족하게 하라. 꼽추와 허리 굽은 자는 없도록 하라. 병약한 자, 정신 이상자……문둥이는 없게 하라.[16]

자, 이제 전반적인 윤곽이 잡히는가? 지하 대피처는 아이리아나 바에조에 곧 닥쳐올 끔찍한 겨울로부터 대피하기 위한 곳이었다. 또다른 조로아스터 경전인 『분다히시(*Bundahish*)』는 이렇게 말한다.

그 겨울의 초입에 악령이……하늘에서 뱀처럼 튀어나와 땅에 떨어질 것이다……그는 정오에 달려들 것이다. 그리하여 양떼가 늑대에게 놀라는 것처럼 하늘은 혼비백산하여 산산조각이 날 것이다. 그는 땅 아래 마련된 물을 타고 올 것이고, 이 대지의 중간은 그에 의해서 침투당해 찢어질 것이다……그는 모든 피조물에 달려들 것이고 한낮인데도 마침 한밤중인 것처럼 온 세상을 어둡게 만들고서 그들에게 부상을 입힐 것이다.[17]

이러한 이야기들을 연구하면서 나는 영거 드라이어스 이전의 따뜻했던 2,000년을 생각하지 않을 수 없었다. 1만2,800년 전에 영거 드라이어스 한랭현상이 갑자기 치명적으로 들이닥치기 전에 그 시대는 과연 황금시대였을 것이다. 그 한랭시대를 "맹렬하고 지독한 서리"와 "치명적인 겨울"로 묘사한 조로아스터교의 경전은 그리 큰 과장이라고 할 수 없으리라. 이러한 고통을 가져온 "악령"은 앙그라 마이뉴인데 어둠, 파괴, 사악함, 혼란의 주도자이며, 아후라 마즈다의 좋은 일에 정반대되면서 그것을 모두 파괴해버리려는 악신이다. 이렇게 볼 때 조로아스터교는 이원론적인 종교이다. 이 종교는 인간이라는 존재와 그가 선택하는 선과 악은 영원한 갈등관계에 있고 그리하여 이 세상은 어둠과 빛의 두 상반되는 힘이 작용하는 투쟁의 장이라고 가르친다.

이런 투쟁에서 어둠이 때때로 이긴다. 그리하여 벤디다드는 이렇게 가르친다. 아이리아나 바에조가 "아후라 마즈다가 창조하신 최초의 좋은 땅과 고장이나," 그것은 악령에게 저항하지 못한다.

그곳에 죽음인 앙그라 마이뉴가 등장했고 그는 자신의 마술을 사용하여 강 속의 뱀과, 악령의 소산인 겨울을 만들었다……[이제] 거기에는 겨울 열 달에 여름 두 달이 있고, 그 열 달 동안에는 물도 차갑고 땅도 차갑고 나무도 차갑다. 그곳에 최악의 전염병과 함께 겨울이 닥쳐온 것이다.[18]

다른 번역본에서는 "강 속의 뱀과, 겨울"은 "커다란 뱀과 겨울" 혹은 "막강한 뱀과 눈[雪]"으로 번역된다.[19]

또다시……. 전반적인 윤곽이 잡히지 않는가? 여기서 반복적으로 구사되는 비유는 이런 것이다. 하늘에서 튀어나와 땅에 떨어진 막강한 뱀이 땅속으로 파고들었고, 그리하여 이 세상에 지속적인 겨울을 가져왔으며 그 겨울은 너무 엄혹하여 대낮에도 "어두웠다"(어떤 번역본에 의하면 "아주 탁하고 불투명한"으로 되어 있다).[20] 금방 지나가는 여름조차도 너무 추워서 인류는 견디기가 어려웠다. 다시 한번 이러한 시나리오는 YD 혜성 이후에 세상을 괴롭힌 조건들을 아주 정확하게 묘사하고 있다. 혜성 충돌은 적어도 5,000만 제곱킬로미터의 지역에 파괴의 흔적을 남겼고, "맹렬하게 파괴하는 서리"를 가져왔으며, 엄청난 먼지를 대기권 상층부에 분출시켰고, 또 공중 폭발과 초고온 분출물에 의한 연기가 온 하늘을 뒤덮었다. 그리하여 혼탁하고 불투명한 어둠이 하늘에 가득했고, 햇빛을 차단했으며, 수백 년에 걸쳐서 핵겨울(nuclear winter : 핵전쟁이 일어나면 나타나게 될 것이라는 추위 현상/역주) 비슷한 상태를 지속시켰다.

조로아스터 경전은 이런 조건들이 문명의 존속에 매우 치명적인 위협이었다는 것을 분명하게 보여준다. 바로 이런 이유로 인해서 아후라 마즈다는 이마를 찾아와서 경고하면서 지하 대피소를 지으라고 지시했다. 또 그곳에다 일부 살아남은 인간들과, 모든 동식물의 씨앗을 안전하게 보관하면서 그 무서운 겨울이 지나가고 온 세상에 봄이 다시 올 때까지 기다리라고 명령했다. 게다가 이 이야기는 "신화적인" 내용이 별로 없고, 또 종교적인 환상의 비약을 보여주는 것도 아니다. 오히려 냉정하고 실용적인 계획의 분위기를 풍겨서 오싹하지만 동시에 실제로 벌어진 사실인 듯한 느낌을 준다.

예를 들면 꼽추와 허리 굽은 자는 없도록 하라. 병약한 자, 정신 이상자, 문둥이는 데려오지 말라는 것은 우생학의 주장처럼 들린다. 아주 혐오스러운 방침이기는 하나, 인류의 존속이 걸려 있고 또 대피소 내에 공간이 제한되어 있다면 실천할 법한 방침이다. 같은 이유로 지상에서 가장 위대하고 선량하고 멋진 모든 종류의 나무, 과일, 채소의 씨앗만을 가져가고, 또 "영양분이 많고 냄새가 좋은" 것들의 씨앗만을 바라로 가져가라는 명령도 그리 놀라운 것은 아니다. 제한된 공간을 최선의 것 이외의 것에다 낭비할 이유가 무엇인가?

조심스럽게 선택된 다수의 사람들이 관리자 혹은 감독자 자격으로 바라에 들어갔겠지만, 미래의 번식을 위한 준비로서, 씨앗이 특히 강조되고 있다. 그 씨앗은 사람의 경우에는 남자의 정자와 여자의 난자일 것이다. 따라서 우리는 바라를 지하 3층으로 짓되 밑으로 내려갈수록 공간을 적게 하고 각 층에는 서로 교차하는 "도로" 망을 구축하라는 경전의 지시를 읽을 때, 이곳은 일종의 저장시설, 서로 교차하는 통로들에 온갖 선반들이 들어찬 그런 공간이 아닐까 하는 생각이 드는 것이다.

그곳의 가장 큰 공간에다 그대는 9개의 길을, 중간 공간에는 6개의 길을,

그리고 가장 작은 공간에는 3개의 길을 내도록 하라. 가장 큰 공간의 길에다 남자와 여자의 씨앗 1,000개를 가져가라. 중간의 길에다는 600개, 가장 작은 공간의 길에다는 300개를 가져가라.[21]

이곳이 마치 정자 은행의 건축 시공 명세서처럼 보인다는 말이 다소 황당하게 들린다면, 바라의 다른 "기술적" 측면들은 어떻게 평가할까? 예를 들면 그 조명 시설을 한번 생각해보라. 그 공간에 문을 만들고 아후라 마즈다가 준 황금 고리로 그 공간을 봉인하는 것 이외에도, 이마는 "내부에서 저절로 빛나는 창문"을 만들게 되어 있다.[22] 이마가 "저절로 빛나는" 창문의 성격을 자세히 설명해달라고 하자, 아후라 마즈다는 은밀하게 "창조되지 않은 빛"과 "창조된 빛"이 있다고 말한다. 앞의 것은 별, 달, 태양 등인데 긴 겨울 동안 바라의 지하 공간에서는 보이지 않을 것이다. 그러나 뒤의 것은 "인공조명"으로서 "밑에서부터 빛나는 것"이다.[23]

이마는 지시받은 것을 충실히 수행하여 바라를 완성했고, 그후에 바라는 "그 자체의 빛으로 빛났다."[24] 그것이 끝나자,

그는 바닥에 1.6킬로미터 정도 물을 흐르게 한 뒤 그곳에 새들을 정착시켰고 새들은 풍성한 곡식을 내놓는 늘 푸른 둑에 안착했다. 그곳에 그는 거주지를 지었는데 발코니, 안뜰, 통로 따위를 갖춘 집이었다…….[25]

거기에 그는 신의 명령에 따라서

남자들과 여자들의 씨앗을 가져왔다……거기에 모든 종류의 나무……모든 종류의 과일……의 씨앗을 가져왔다. 이런 씨앗들을 가져가되 두 가지를 가져가서 그곳에서 그 씨앗이 떨어지는 일이 없도록 했다. 이 사람들이

바라에 머무는 한…….[26]

마지막으로 우리는 다음과 같은 사실을 알게 된다.

40년마다 모든 인간 부부 한 쌍 사이에는 남자아이와 여자아이 이렇게 둘이 태어난다. 모든 종류의 소도 마찬가지이다. 그래서 이마가 만든 바라에 들어간 사람들은 아주 행복한 삶을 살았다.[27]

흥미롭게도 번역자는 이 텍스트에 대한 고대의 박식한 논평가들의 논평을 각주에 인용하면서 이렇게 설명했다. 바라에 들어간 인간 거주자들은 "그곳에서 150년을 살았고 어떤 이들은 그들이 결코 죽지 않았다고 말한다."[28] 더욱 모든 암수 한 쌍에서 태어난 새끼들이 성적 교섭에 의해서 태어난 것이 아니라 "바라에 저장된 씨앗에서" 태어난다는 것이다.[29]

이마와 관련된 또다른 신비한 사라진 기술은 기적의 잔이다. 그는 그 잔을 통해서 이 세상 어디에서 벌어진 일이든 다 볼 수가 있고, 보석이 박힌 유리 옥좌(때때로 "유리 전차"로 묘사된다)는 하늘을 날 수 있다.[30]

홍수와 비

하룻밤 사이에 최대 빙하기의 추위로 급속히 반전하는 기후 대격변 이외에도, 우리는 영거 드라이어스가 전 세계적인 규모의 홍수 사태를 일으켰다는 것을 알고 있다. 이는 북아메리카 빙원의 상당 부분이 녹으면서 생긴 물이 바다로 유입되면서 생긴 현상이다. 따라서 조로아스터교 경전이 세계적인 겨울의 "맹렬하고 파괴적인 서리"뿐만 아니라, 엄청난 강우가 동반된 대홍수도 언급하고 있다는 것을 주목할 필요가 있다.

접시만 한 빗방울이 떨어졌고 사람 키 높이 이상의 깊은 물이 이 지상의 모든 지역을 덮었다.[31]

페르시아와는 정반대 방향이고, 대격변의 중심지인 북아메리카에는 훨씬 더 가까운 과테말라의 퀸체 마야족의 고대 문서인 『포폴 부(*Popol Vuh*)』는 스페인 정복 이전의 사료에 바탕을 둔 문서인데, 대홍수를 언급하면서 그것을 "많은 우박, 검은 비와 안개, 형언할 수 없는 추위"와 결부시킨다.[32] 놀라울 정도로 조로아스터교의 전승을 상기시키는 이 문서는 이런 언급도 한다. "그것은 전 세계에 구름과 박명이 뒤덮인 시대였다……해와 달의 얼굴은 가려졌다."[33] 다른 마야 문서들도 이런 이상하고 끔찍한 현상을 증언한다. "태고의 시대에 인류에 의해 체험되었다. 대지는 어두워졌다……태양은 여전히 밝고 투명했으나 그러다가 정오에 갑자기 어두워졌다……."[34] 햇빛은 다시 보이지 않다가 "대홍수가 난 지 26년 만에 다시 나타났다."[35]

다시 중동으로 돌아가 히브리 부족장 노아와 커다란 방주에 관한 이야기를 살펴보자. 노아가 이 방주를 타고서 대홍수를 이겨냈다는 서술은 우리의 관심을 끈다. 노아 이야기는 이마와 그의 바라와 유사한 점이 많다. 이마의 바라는 결국 얼음과 눈의 결빙 장치로 대지를 꽁꽁 묶어서 지상의 모든 피조물을 파괴하려는 저 끔찍하고 무서운 겨울을 이겨내는 수단이다. 마찬가지로 노아의 방주는 이 세상을 온통 물속에 잠기게 하여 모든 피조물을 죽이려는 대홍수를 이겨내는 수단이다. 두 경우 모두 신 — 조로아스터 전승에서는 아후라 마즈다, 히브리 전승에서는 야훼 — 이 개입하여 선량하고 순수한 남자에게 다가오는 대재앙을 미리 준비하라고 경고를 해준다. 두 경우에, 일의 핵심은 씨앗 혹은 모든 생명체의 암수 한 쌍을 보존하려는 것이다.

그리고 온갖 생물 가운데에서, 온갖 살덩어리 가운데에서 한 쌍씩 방주에 데리고 들어가, 너와 함께 살아남게 하여라. 그것들은 수컷과 암컷이어야 한다.

새도 제 종류대로, 짐승도 제 종류대로, 땅바닥을 기어다니는 것들도 제 종류대로, 한 쌍씩 네게로 와서 살아남게 하여라.[36]

종종 간과되지만 주목해야 할 점은 노아의 방주가 이마의 바라와 마찬가지로 "창문"이 있고 "문"을 닫게 되어 있으며, 3개의 층으로 이루어져 있다는 것이다.

방주에 창문을 만들되, 한 큐빗 위쪽에다 짓도록 하라. 문은 방주 옆쪽에 내라. 그리고 그 방주를 아래층과 둘째 층과 셋째 층으로 만들어라.[37]

마지막이지만 중요한 사항으로서 노아의 방주에는 바라의 "인공조명"과 비슷한 사라진 조명기술에 대한 암시들이 있다. 히브리 성서(구약성서)와 관련된 고대의 이야기와 전승을 방대하게 모아놓은 루이스 긴즈버그의 『유대인의 전설(*The Legends of the Jews*)』에는, "대홍수가 발생한 해[年] 동안에" 방주가 물 위를 떠가는 내내 낮이고 밤이고 공중에는 어둠이 깔려 있었다.

방주의 여행 내내, 해와 달은 빛을 뿌리지 않았다……[38]

그러나 바라의 "저절로 빛나는 창문"처럼,

방주는 보석에 의해서 조명이 되었다. 그 보석의 빛은 낮보다 밤에 더 찬란

하게 빛났다. 그리하여 노아는 낮과 밤을 구분할 수 있었다.[39]

지하의 도시들

잘 알려진 바와 같이 노아의 방주는 고대 아르메니아의 상징적 중심지인 아라라트 산의 등성이에서 그 여행을 마쳤다. 현재 아라라트 산은 20세기 초에 벌어진 전쟁의 결과로 터키의 영토이다. 그런데 터키는 이마의 바라가 우리에게 전해져온 이란 —고대 페르시아 — 과 국경을 맞대고 있다.

따라서 터키의 카파도키아 지역에 많은 고대의 지하 구조물이 있다는 것은 흥미로운 일이다. 그 구조물들은 바라와 마찬가지로 여러 층으로 구성되어 있다. 그것들은 "지하 도시들"로 알려져 있으며, 내가 2013년에 방문했던 데린쿠유의 음산하면서도 거대한 유적지도 그런 도시들 중 하나이다. 같은 이름을 가진 현대 도시의 지하에 있는 이 고대 구조물은 여러 층들 중 8개 층만이 일반에 공개되고 있다. 그 아래에 있는 다른 층들은 현재 봉쇄되어 있다. 이 층들은 놀랍게도 길이가 수 킬로미터에 달하는 지하 터널인데 이 지하 도시를 카이마클리에 있는 이와 유사한 지하 대피소와 연결시킨다.

데린쿠유로 들어가는 것은 보이지 않는 경계를 통과하여 지하 세계로 건너가는 듯한 느낌을 준다. 한순간 밝은 햇빛 아래에 서 있다가 서늘하고, 축축하고, 조명이 흐릿한(저절로 빛나는 창문은 없고 낮은 와트의 전기불만 있었다) 터널과 통로의 체계 속으로 들어가니, 나는 태고의 신화적 난쟁이들이 만들어놓은 영역으로 갑자기 뚝 떨어진 느낌이 들었다. 종종 터널이 낮고 좁아서 일렬 종대로 허리를 숙이고 걸어가야 했다. 벽은 오래된 연기가 침착(沈着)하여 거무튀튀했으며 여기저기에 푸른 곰팡이가 피어 있었다. 일정한 간격으로 더 깊은 공간으로 밀려들어가면서, 나는 마치

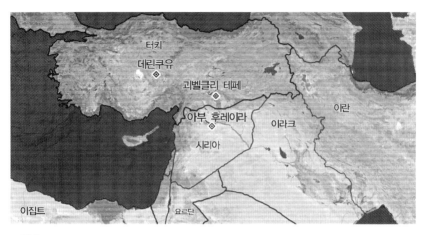

그림 24

이정표처럼 우뚝 서 있는 거대한 돌문들을 통과했는데, 그 문은 직경 1.5-
1.8미터에 무게는 500킬로그램 가까이 되었다. 그 돌문들은 밀어서 공간의
앞부분을 막아 접근을 차단하기 위한 것이었다. 계단과 가파른 경사로를
지나서 한 층에서 다른 층으로 내려가는데, 모든 층들은 서로 연결되어 있
었으며 돌문들은 필요할 경우 그 층들을 서로 격리시키는 용도로 사용되
었다.

　나는 아래로 뚝 떨어지는 환기용 수갱들이 깊은 층들과 지표면을 연결
시키는 정교한 구조에 감탄했다. 그 구조는 지하 80미터 혹은 그 아래에
서도 시원한 공기의 유입을 느꼈을 정도로 탁월했다. 어떤 곳들에서, 내가
따라가는 통로는 교차로에 접어들더니 그곳에서 여러 갈래로 분산되었고
다시 더 많은 계단을 통해서 더 밑쪽으로 내려가게 되어 있었다. 그리고 여
기저기에서, 때로는 이쪽 벽에 혹은 반대쪽 벽에 파놓은 구멍을 통하거나
아니면 천장까지 뚫린 통행 문들을 거쳐서 낮은 천장의 작은 동굴로 들어
갈 수 있었다. 그 작은 동굴은 소수의 사람들이 함께 앉아 있기도 불편할
정도로 협소한 공간이었다. 그러나 때때로 이 통행문은 서로 이어지는 방

과 통로에 연결되어 있었고, 때로는 반원통형의 둥근 천장에 넓은 방들과 높고 큰 홀로 이어졌다. 그 홀은 암벽에서 파낸 거대한 돌기둥으로 받쳐져 있었다.

　간단히 말해서 그 지하 도시는 거대한 규모로 지어진 복잡하고 세련된 미로였다. 그것은 놀라운 건축적 복잡성을 자랑하는 구조물로서 지상에 건설했다고 하더라도 사람들을 감동시켰을 것이다. 그런데 지하의 화산 기반암을 파고들어가, 끌로 파내고, 망치질 하고, 다시 잘 조각하고 다듬어서 그런 구조물을 만들었으니 더욱 놀라운 것이다. 나중에 평면도를 살펴보면서 나는 이 지하 대피소가 거대한 토끼 굴의 단면을 가지고 있고, 그 면적은 무려 4제곱킬로미터에 달한다는 것을 알았다.[40] 현대의 데린쿠유 도시 중 어디를 가나 그런 지하 구조물이 거리 대 거리, 방 대 방의 대칭을 이루면서 은밀한 대척적 도시를 형성하고 있다. 이 지하 도시가 고대의 어느 시점에 생겼는지 또 그런 도시를 건설한 목적이 무엇인지는 불확실하지만, 고대인들이 엄청난 창의력, 결단력, 기술력을 발휘하여 이 구조물을 건설했다는 점만은 틀림없다.

　그런데 데린쿠유는 200개에 달하는 지하 단지들 중 하나일 뿐이다. 각 지하 단지는 최소 2층 구조인데(약 40개 이상의 단지는 3층 이상이다), 터키의 카이세리와 네브세히르 지역 사이에 분포하고 있는 것으로 확인되었다.[41] 더욱이 새로운 지하 단지들이 계속 발견되고 있다. 데린쿠유는 1963년 건축업자들이 현대식 주택의 지하실을 보수하다가 그 아래에 있던 고대의 통로에 떨어지면서 발견되었다. 그리고 아주 최근인 2014년에, 데린쿠유에서 북쪽으로 자동차로 한 시간 거리인 네브세히르에서 현대식 주택 건설작업을 위해서 터파기 공사를 하던 인부들이 또다른 미지의 지하 대피소를 발견했다. 급히 고고학자들이 동원되었고, 이것은 지금껏 알려진 그 어떤 지하 도시보다 더 규모가 큰 것으로 파악되었다. 네브세히르 시의 시장인 하산 운베르가 말했듯이, 데린쿠유와 카이마클리는 이 새로 발굴된 유적지와 비교할 때, "주방" 정도에 지나지 않는다. "이것은 지금껏 알려지지 않은 지하 도시입니다." 터키 주택 개발청의 청장인 메흐메트 에르균 투란은 말했다. "현재 7킬로미터에 달하는 터널 통로들을 점검하고 있습니다. 이 도시가 발견된 후에, 이 지역에서의 주택 개발사업은 중단되었습니다."[42]

몇몇 논평가들은 새로 발견된 유적지가 "5,000년"은 되었을 것이라고 추정했다.[43] 하지만 이런 연대는 근거가 없고 또 그 어떤 연대를 들이대더라도 타당하지 않을 것이다. 우리가 확실하게 말할 수 있는 것은 다음의 사실뿐이다. 터키의 지하 도시들에 대한 최초의 언급은 그리스의 역사가 크세노폰이 기원전 4세기에 쓴 『아나밥시스(*Anabapsis*)』이다.[44] 따라서 지하 도시는 그보다는 더 오래되었다.

그렇다면 문제는 얼마나 더 오래되었을까 하는 것이다.

독자들이 제1장에서 읽어 알고 있듯이, 완전히 돌로만 만들어진 구조물의 연대를 파악할 수 있는 객관적인 방법은 없다. 그래서 고고학자들은 탄소 연대 측정이 가능한 유기물을 찾아나선다. 그러나 이런 유기물도 연대 측정이 가능하려면 특정한 장소에서 채굴된 것이어야 한다. 가령 거대한 돌에 눌려서 한번도 움직인 적이 없다든지 두 커다란 돌들 사이의 틈새에 붙어 있던 원래의 모르타르 등이어야 한다. 이런 유기물이어야만 그 자리에 놓인 구조적 요소들의 연대를 합리적으로 추론할 수 있다.

이 때문에 괴베클리 테페의 건설자들이 그 거석 구덩이를 아예 **파묻어버**린 것이 고고학자들의 연대 측정에는 큰 도움이 된다. 일단 땅속에 파묻혀서 변동이 없으면, 그 구덩이에서 나온 유기물은 연대 측정에 중요한 단서로 활용될 수 있다. 그러나 이와는 대조적으로 다른 많은 유적지에서는 후대의 유기물이 혼입되어 엉뚱한 후대의 연대를 알려줄 수도 있고, 또 어떤 경우에는—터키의 지하 도시들이 좋은 사례이다—믿을 만한 연대 측정이 아예 이루어지지도 못한다. 지하 도시는 세월이 흐르면서 많은 다른 사람들이 여러 차례에 걸쳐서 사용하고, 재사용하고 또 용도 변경을 하면서 그때마다 유기물들을 새로 가지고 들어왔기 때문에 최초의 건설 시점에 대한 연대 추정을 불가능하게 만들었다.

고고학자들 사이의 통설은 기원전 7세기나 8세기에 당시 카파도키아 지역에서 살았던 인도-유럽계인 프리기아인이 이 지하 도시들을 건설했으리라는 것이다. 이 이론에 의하면 프리기아인들은 이미 화산암에 존재하던 원래의 천연동굴과 통로를 더욱 넓히고 깊게 파서, 물품 보관공간 혹은 침략자들을 피하기 위한 대피공간 등으로 활용했다는 것이다.

프리기아인들이 사라진 지 오랜 시간이 흐른 로마 시대에 이르러, 이 지역에 살았던 그리스어를 말하는 기독교인들은 지하 공간들 중 일부를 예배당으로 전용했고, 또 그곳에 그리스어 비문을 남기기도 했는데 이 문장들 중 일부는 오늘날까지 전해진다. 기원후 8세기에서 12세기에 이르는 비잔티움 시대에는, 동로마 제국이 새로 이슬람으로 개종한 아랍인들과 전쟁을 벌였고, 지하 도시들은 또다시 대피장소로 활용되었다. 지하 도시는 14세기의 몽골 침략 때도 이런 대피 기능을 계속 발휘했다. 그보다 더 나중에는 그리스인 기독교 신자들이 터키의 무슬림 통치자들의 박해를 피해서 이 지하 도시를 활용했다. 이런 상황은 20세기까지 지속되다가 1923년에 그리스와 터키 사이에서 휴전과 그리스계 국민과 터키계 국민의 상호 교환이 이루어지면서 지하 구조물들은 마침내 사용되지 않게 되었다.[45]

이런 복잡다단한 역사 때문에 고고학적 기술을 동원해서 지하 도시의 연대를 측정하는 것은 불가능한 일이다. 게다가 단단한 암벽을 파내고 정교한 환기 시설을 설치하는 데에 엄청난 공을 들인 것으로 보아, 침략자들로부터 대피하기 위한 일시적이고 제한적인 필요보다 더 장기적인 어떤 이유가 있지 않았을까 하고 생각하게 된다. 이런 사실을 염두에 두면서 다음의 시나리오를 가상해보자. 특별히 타당한 이유도 없이 고고학자들에 의해서 이 지하 도시의 건설자로 지명된 프리기아인들은 이 도시를 활용한 후대의 문화들 중 하나였을지 모른다. 그럴 가능성은 아주 높다. 그렇다면 이 놀라운 지하 구조물들은 프리기아인보다 훨씬 이전 시대로 소급될 수 있다. 가령 1만2,800년 전에 시작된 영거 드라이어스의 "치명적 겨울"까지 거슬러올라갈 수도 있다는 것이다.

물론 증거는 없다. 하지만 터키의 역사가이며 고고학자이고 또 『카파도키아 : 역사의 요람(*Cappadocia : Cradle of History*)』의 저자인 오메르 데미르는 데린쿠유가 구석기 시대의 유물이라고 주장한다.[46] 그의 주장은 데린쿠유가 이미 프리기아인들의 시대에 존재했다는 개념에 바탕을 두고 있다.[47] 그 이유는 첫째, 상층부(더 오래된 것)와 하층부(후대의 것) 사이에 양식상의 차이가 있고,[48] 둘째, 돌을 파는 데에 사용된 도구의 흔적이 상층부에서는 완전히 사라졌는데 하층부에서는 여전히 발견된다는 것이다.

돌을 파내는 끌 자국이 사라지려면 오랜 시간이 경과해야 한다. 이것은 첫 번째 층과 나중 층들 사이의 건설 시기에 상당한 시차가 있다는 뜻이다.[49]

데미르는 또한 지하 도시의 공간을 만들기 위해서 파낸 엄청난 양의 암석들 — 이런 암석들은 지하 도시 근처에서는 발견되지 않는다 — 현지의 강물에 버려서 다른 곳으로 실려갔다고 주장한다.[50] 이런 강물 중 하나인 소그날리 강은 데린쿠유에서 26킬로미터 떨어져 있는데, 이 강에서는 손도끼, 돌칼, 기타 구석기 시대의 유물이 발견되었다.[51]

이런 증거는 기껏해야 정황 증거일 뿐이다. 나는 이런 증거에 내 목숨이나 명성을 걸고 싶지는 않다! 그렇지만 데린쿠유와 기타 지하 도시들이 YD 시대의 시작점인 약 1만2,800년 전인 후기 구석기 시대에 건설되었다고 보는 시나리오는 한 가지 훌륭한 장점을 가지고 있다. 그것은 이런 거대한 구조물을 지어야만 했던 이유에 대한 우리의 궁금증을 말끔히 해소해준다. 간단히 말해서 이 도시들은 지하 깊숙이 파놓은 바라이다. YD의 공포로부터 태곳적 사람들을 보호해준 대피소인 것이다. YD의 공포는 "맹렬하고 파괴적인 서리"에만 국한된 것이 아니라 ― 아부 후레이라 근처의 침전물 시료에서 발견된 우주 충돌의 소구체와 녹은 유리 등에서 알 수 있듯이 ― 하늘로부터 내려오는 엄청난 폭격의 위협도 안고 있었던 것이다.

하늘에서 튀어나온 뱀처럼

만약 지구가 파이어스톤, 케넷, 웨스트가 주장하는 것처럼 1만2,800년 전에 혜성의 경로와 교차했다면, 그 폭격은 첫 번째 충돌에서 나온 거대한 파편들에 국한되지 않았을 것이다. 혜성의 잔해물들이 지구와 교차하는 궤도에 남아 있다가, 몇십 년 혹은 몇백 년에 걸친 폭격으로 이어졌을 수도 있다. 물론 최초의 충돌 같은 파괴력을 보이지는 않았겠지만 하늘에 머무는 강력한 "뱀"의 공포와 충격을 주기에는 충분했을 것이고, 그리하여 안전한 지하 대피소의 건설이 절실한 문제로 떠올랐을 것이다.

우리가 앞으로 살펴보겠지만, 지구는 오늘날에도 거대한 YD 혜성의 잔해물들과 교차할 수도 있고, 또 석탄보다 더 검은 크고 치명적인 물체들 ― 우리의 망원경으로는 포착되지 않는다 ― 은 오늘날에도 그 흐름 속에서 궤도를 따라 돌고 있을지도 모른다. 나는 또다시 제3장에서 검토했던 오지브와의 예언이 떠오른다.

길고 넓은 꼬리를 가진 별이 다시 지상으로 낮게 내려오는 미래의 어느 날 그 별은 세상을 파괴하고 말 것이다. 그것은 '긴 꼬리를 가진 하늘로 올라가는 별'이라고 불리는 혜성이다.

YD 혜성이 되돌아올 것인가? 1만2,800년 전에 지구를 강타하여 YD의 맹렬하고 파괴적인 겨울을 초래한 저 무서운 분노와 파괴력이 아직 다 소진되지 않고 남아 있는 것인가?

기이하게도 고대 이란의 전승도 이와 비슷한 예언을 포함하고 있다. 이마가 다시 돌아와 인간들 사이에서 걸어다닐 것인데, 그때에는

지구 종말의 그림자를 알려주는 표징들이 나타날 것이다. 그런 표징들 중 최악의 것은 지금껏 세상이 알지 못했던 끔찍한 겨울인데, 그때에는 3년에 걸쳐 비, 눈, 우박이 내릴 것이다.[52]

혜성의 불 같은 파편들은 1만2,800년 전에 지구를 강타하여 이런 겨울을 일으켰다. 그때와 마찬가지로, 혜성이 다시 온다면 하늘은 공중 폭발과 혜성 충돌에서 나온 초고온의 분출물 등으로 인한 충돌 파편과 들불의 연기로 어두워질 것이다. 이것은 다가올 미래의 어두운 그림자인데, 우리는 이 문제를 제19장에서 다룰 것이다. 그러나 여기서는 먼저 이마의 히브리인 상대역이라고 할 수 있는 노아의 이야기를 살펴보자. 그는 방주를 타고서 대홍수에 떠밀려, 괴베클리 테페에서 걸어서 며칠 거리인 아라라트 산의 등성이에 도착했다. 노아의 이야기 또한 예언을 포함하고 있는데, 그것은 「신약성서」 "베드로의 둘째 편지" 제3장 3-7절에 분명하게 표현되어 있다.

그리고 물에 잠겨서 옛날의 세계는 멸망해버렸습니다. 사실 하늘과 땅은 지금도 하느님의 같은 말씀에 의해서 그대로 남아 있습니다. 그러나 하늘과 땅은 하느님을 배반하는 자들이 멸망당한 심판의 날까지만 보존되었다

가 불에 타버리고 말 것입니다.

또 오래된 노래의 가사는 이러하다.

하느님은 노아에게 무지개의 표징을 주셨다. 더 이상 홍수는 없고 다음번
에는 불로 심판을 내리리라.

8

대홍수 이전의 사람들

『성서』의 대홍수 이야기는 친숙한 내용이므로 여기서 자세하게 반복할 필요는 없을 것이다. 이야기의 핵심적 요소들만 요약하면 다음과 같다.

- 인간의 사악함을 징벌하기 위해서 하느님이 생명을 파괴하는 지구 규모의 대홍수를 내려 보냈다.[1]
- 하느님은 노아라는 사람을 선택하여 다가오는 대격변을 경고하고 그가 위기에서 살아남을 수 있게 배(방주)를 건조하도록 했다.[2]
- 방주는 씨앗, 즉 모든 형태의 생명들의 암수 한 쌍을 보존했다. 그중에서도 노아와 그의 아내와 자식들과 그들의 아내를 함께 태우는 등 인간을 강조했고, 또 동물들도 살리려고 했다. 우리가 앞 장에서 살펴본 것처럼, "새도 제 종류대로, 짐승도 제 종류대로, 땅바닥을 기어다니는 것들도 제 종류대로, 한 쌍씩 네게로 와서 살아남게" 했다.[3]
- 방주는 대홍수의 물이 빠질 때까지 운항을 했다.[4]
- 방주는 "아라라트 산상에 와서 머물렀다."[5]
- 물이 "땅에서 빠져나가자" 하느님은 노아에게 가족과 함께 방주에서 내리라고 지시했다. "모든 생물들, 너와 함께 있는 모든 살덩어리들, 곧 새와 짐승과 땅을 기어다니는 모든 것을 데리고 나와라. 그래서 그것들이 땅에 우글거리며 번식하고 번성하게 하여라."[6]
- 노아는 제단을 짓고 그 위에다 홍수에서 살아남은 동물과 새들 일부를

1. 괴베클리 테페의 전경. 앞쪽에 있는 것이 D구역이다.
2. D구역과 왼쪽 끝에 있는 신비한 43번 기둥.

3. 2013년 괴베클리 테페에서 슈미트(왼쪽) 교수를 만난 저자. 그는 2014년에 별세했다.
4. D구역의 동쪽 중앙 기둥.

5. 기둥의 대좌.
6. 기둥의 형상이 찬 허리띠의 서쪽 부분(세부 사진).

7. 괴베클리 테페의 D구역에서 나온 43번 기둥. 이 사진은 발굴자인 클라우스 슈미트가 찍은 것이다. 나중에 전갈이 새겨진 기둥의 아랫부분은 다시 흙더미에 파묻혔다.

8. 괴베클리 테페의 B구역.

9. 괴베클리 테페의 석산에 버려진 미완성의 T자형 기둥을 바라보는 저자.

10. 저자, 보스턴 대학교의 지질학자 로버트 쇼크(왼쪽), 대니 나타위자자(가운데)가 인도네시아의 구눙 파당에서 피라미드 내부의 지형 사진을 검토하고 있다.

11. 구눙 파당 앞에 선 저자와 나타위자자.

12. 13. 구눙 파당의 주요 테라스들의 전경. 이 유적은 이런 형태로 1세기 동안 고고학자들에게 알려져왔다. 그러나 2011년 지구물리학적 조사가 시작되면서 테라스 아래에 훨씬 선대의 건축물 층이 있다는 것이 발견되었다.

14. 드라이 폭포를 내려다보는 저자와 랜들 칼슨.

15. "물이 모여드는 곳"인 왈룰라 협곡, 멀리 "쌍둥이 자매"가 보인다.

16. 캐머스 평원의 거대한 물결무늬. 어떤 것은 높이가 15미터 이상이나 된다.

17. 워싱턴 주의 "볼더 공원." 무게 1만 톤 이상이 되는 거대한 암석들이 빙하시대 말엽에 대격변의 대홍수에 의해서 빙하 속에 실려서 이곳까지 흘러왔다.

18. 아르메니아의 즈바르노츠 대성당의 폐허 위로 우뚝 솟은 아라라트 산.

19. 터키의 지하 "도시" 데린쿠유의 출입 통행로와 돌문.

20. 상부 이집트의 에드푸에 있는 호루스 신전.
21. 신비한 에드푸 신전 텍스트에서 나온 장식 무늬. 이 텍스트는 "초창기 태곳적"의 "신들"이 선원이면서 항해자였다는 사실을 명확하게 밝혀준다. 고향이 파괴된 이후 신들은 배를 타고서 온 세상을 방랑했다고 한다.

22-27. 에드푸 신전 텍스트와 에드푸의 호루스 신전에서 나온 장면들.

28. 에드푸 호루스 신전에서 나온 장면. 호루스는 하마의 형상을 취한 그의 라이벌인 세트와 싸움을 하고 있다.

29. 에드푸 상형문자.

30. 오른쪽 : 신들의 필경사인 토트가 일곱 현인의 말씀을 적고 있다.

31. 32. 이집트의 기자 고원에 있는, 천문학적 배열을 갖춘 기념물들. 이 기념물들은 "하늘에서 내려온 책"인가?

33. 스핑크스와 그 신전들을 하늘에서 내려다본 항공사진.

34. "밸리 신전"의 아주 오래된 거석 석회암 중심 부분. 이것은 무게가 100톤이나 나간다.

맞은편 35. 스핑크스와 그 양발 사이에 있는 "꿈 비석."

36. "밸리 신전"의 화강암 덩어리들(위)은 왕조시대에 들어와 기존의 석회암 구조물에 추가된 것이다.

37. "밸리 신전"의 거대한 석회암 덩어리들은 스핑크스 건설 당시, 스핑크스의 핵심 몸체의 근처에 있던 석산에서 가져온 것이다. 따라서 석회암 덩어리들은 동일한 문화에 속하는 작품이다.

희생으로 바쳤다. 태워서 바치는 희생물의 냄새가 하느님에게 흡족했다.[7]

• 살아남은 인류와 동물은 그후 계속 번식하여 하느님의 명령대로 "지상을 가득 채웠다."[8]

아라라트 산은 높이 5,137미터인데, 지질학자들은 탁월한 과학적 연구를 바탕으로 이 산이 바닷물에 잠긴 적이 없다고 확신한다. 이 산은 약 1,600만 년 전인 중신세(中新世) 초기에 산악으로 형성되기 시작했다. 우리가 지난 장에서 살펴본 바와 같이, 현생 인류의 존재는 겨우 20만 년 전의 일이고, 또 침팬지와 공통되는 특성을 어느 정도 가진 마지막 인류의 조상—그 어떤 의미에서도 "인간"이라고 보기 어려운 존재—도 겨우 600만 년 전으로 소급되기 때문에, 인간이 탄 배가 아라라트 산 정상에 도착한다는 것은 연대적으로 보아 불가능한 이야기이다.

그렇지만 「구약성서」 속의 대홍수 이야기가 명시적으로 "아라라트 산"을 언급하고 있는 것은 흥미로운 일이다. 이 산은 봉우리가 두 개인데, 성서시대에는 "아라라트 왕국"의 일부로 간주되었다.[9] 이 왕국은 우라르투라는 역사적 땅으로, 기원전 2000년 말기에 샬마네세르 왕에 의해서 정복되었다.[10] 이 지역에서는 고고학적 발굴작업이 제한적으로만 진행되었기 때문에 역사가들은 "우라르투의 기원이 불확실하다"라고 말하는데,[11] 그렇지만 이 일대에서 정착한 최초의 정착촌과 농업의 시작은 "대략 기원전 1만 년에서 9000년으로" 소급된다.[12] 이것은 달리 말하면 괴베클리 테페의 시대와 일치한다.

더욱이 아라라트 산과 괴베클리 테페를 포함하는 이 일대 전역은, 『성서』에서 말한 아라라트 왕국의 직계 후손들이 사는, 과거에 존재했던 역사적 아르메니아의 중심지이다. 이 일대의 주민들은 그들 자신을 "아라라트의 백성"이라고 생각했고 또 오늘날에도 그렇게 생각한다.[13] 기원후 5세

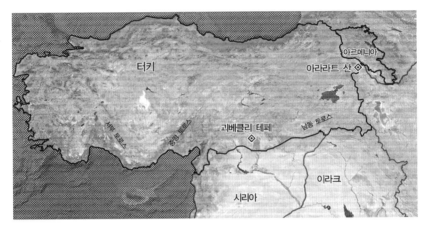

그림 25

기에 집필된 모세스 코레나트시의 『아르메니아인들의 역사(*History of the Armenians*)』는 족장 하이크(Haik)가 이 나라를 건설했다고 말한다. 하이크는 노아의 5대손으로서 방주에 올라타 대홍수에서 살아남은 사람들과는 인척관계이다.[14] 이 하이크 때문에 21세기에 들어온 이 시점에도 아르메니아인들은 그들 자신을 하이(Hai)라고 부르고, 그들의 땅을 하이아스탄(Haiastan)이라고 말한다.[15] 그들은 아라라트 산과 괴베클리 테페를 포함하는 넓은 땅이 현재 터키 공화국의 영토인 것을 역사의 비극으로 생각한다. 터키 군대가 1915-1923년에 100만 명 이상의 아르메니아인들의 종족 학살을 자행한 이후에 이 일대 땅이 터키로 넘어간 것이다.[16]

전 세계에 흩어져 있는 아르메니아 해외 이산 공동체들과, 오늘날의 아르메니아 공화국을 이루는 역사적 아르메니아의 일부 땅에서는 민족주의 감정이 여전히 높다. 이러한 긴장은 괴베클리 테페에도 영향을 미치고 있으며, 많은 아르메니아인들은 고대 아르메니아 문화는 아예 존재하지도 않으며 이 아주 중요한 유적지를 자신의 유산인 양 주장하는 것에 분노를 느낀다. 괴베클리 테페의 예전 아르메니아식 이름인 "포르타사르(Portasar)"

라는 핵심 검색어를 사용하여 인터넷을 몇 분만 검색해보면, 이런 사실을 금방 확인할 수 있다. 나는 여기서 "터키는 아르메니아의 포르타사르를 터키의 괴베클리 테페로 선전하고 있다"라는 제목이 붙은 유튜브 영상을 단일 사례로 거론해보겠다.[17] 그 내용은 이러하다.

이것이 내가 포르타사르(괴베클리 테페)를 바라보는 방식이다. 이 사람들은 의도적으로 이 신성한 사원을 파묻었다. 그들은 오랜 세월이 흘러간 미래의 어느 때에 이 사원이 발견되기를 기대하면서 그렇게 했다. 그들은 환생을 믿었다. 포르타사르(괴베클리 테페)를 지은 사람들은 여기 아르메니아인들 사이에 존재하고 있다. 그들의 영혼은 오늘날의 아르메니아인들의 몸속으로 들어갔다. 당신이 집안의 어떤 것을 후대에 물려주려고 한다면 그 누구보다도 집안사람에게 돌아가도록 단속할 것이다. 포르타사르와 이 땅은 자연법에 의거하여 아르메니아인들에게 돌아갈 것이다……[18]

같은 맥락에서, 비록 오늘날에는 터키의 국경 안에 있지만 아라라트 산도 아르메니아 민족주의의 강력한 상징이다. 홍수 물이 빠지고 노아의 방주가 산꼭대기에 걸려 있는 아라라트 산의 광경은 아르메니아 공화국의 문장(紋章)에 들어가 있으며, 지리적으로 아주 가까이 있지만 이제는 터키의 영토에 편입되어 아주 멀어진 아라라트 산은 아르메니아 공화국의 수도 예레반 위로 아득히 솟아올라, 다음과 같은 사실을 상기시킨다.

과거는 결코 죽지 않는다. 그것은 심지어 과거도 아니다.[19]

이처럼 노아와 방주, 그리고 끔찍한 대홍수 이후에 만들어진 세상에 대한 이야기는, 괴베클리 테페 지역에서 살아 있는 힘이 되어 여러 가지 방식으로 해석된다. 토로스 산맥의 신비한 성소인 괴베클리 테페에 거대한 돌기둥이 세워지기 시작한 것은 기원전 9600년이었다. 이 연대는 YD의 긴 "치명적 겨울"이 끝나는 시점이기도 하다. 클라우스 슈미트는 현장에서 인터뷰하는 내게 이런 수사적인 질문을 던졌었다(제1장 참조).

기원전 9600년에 괴베클리 테페에서는 기념비적 단계가 시작되었고, 또 그 때에 전 세계의 기후가 좋은 쪽으로 급변하면서 자연과 그 가능성이 폭발적으로 증가했습니다. 이게 어느 정도까지 우연의 일치일 것 같습니까?

그 연대에는 그 외에 다른 것도 있었다. YD의 시작인 기원전 1만800년에는 거대한 대홍수, 급속히 상승하는 해수면, 아메리카에서 흘러내리는 얼음 녹은 물의 갑작스러운 대서양 유입이 있었다면,[20] 두 번째 대홍수는 기원전 9600년경에 발생했다. 북아메리카와 북유럽의 남아 있던 빙원들이 전 세계적 온난화로 인해서 동시에 붕괴된 것이었다. 마이애미 대학교 지질학과 교수인 고(故) 체사레 에밀리아니는 심해 침전물에 대한 동위원소 분석을 수행했는데,[21] "1만2,000년과 1만1,000년 전 사이에" 대격변의 전 세계적인 대홍수가 발생했다는 놀라운 증거를 내놓았다.[22]

빙하기 말엽의 홍수들은 노아와 방주를 아라라트 산의 현재 해발 높이로 데리고 간 적은 없었지만, 그래도 그 파급 범위와 파괴력은 전 세계에 영향을 미쳤으며, 그 당시 사람들에게 아주 끔찍한 결과를 가져왔을 것이다. 아라라트 산맥 같은 험준한 산지는 자연스럽게 천연 대피소가 되었을 것이다. 그러니까 "모든 생명의 씨앗들"을 가져가서 다시 시작할 수 있는 자연스러운 장소였을 것이다. 따라서 노아의 이야기는 모든 세부사항에서 글자 그대로 진실이라고 할 수는 없으나, 그것이 본질적인 측면에서는 진실일지 모른다는 가능성을 고려해야 한다. 가령 그 이야기는 방주의 건설을 충실히 기록한 것이다. 그 방주 안에는 유익한 식물들과 암수 한 쌍의 동물들이 사람들에 의해서 선적되고 또 보존되었다. 그들은 이미 농업을 알고 건축 기술을 소유한 사람들, 대홍수에서 살아남은 사람들, 아라라트 산과 괴베클리 테페 사이의 땅으로 이주해온 사람들, 이후에 그 지역의 원주민인 수렵-채취자들에게 농업과 건축 기술을 전달한 사람들이었을 것이다.

괴베클리 테페의 거대한 돌기둥들은 갑작스럽게 전례 없이 나타난 것이었다. 이것은 거석 건축의 사전 경험이 있고, 또 동일한 지역에서 농업을 "발명한" 사람들이나 구상하고 실행할 수 있는 구조물이라고 생각된다. 내가 볼 때 실제로 그런 사람들이 이 기념비적 구조물을 건축했을 가능성이 높다. 따라서 괴베클리 테페는 돌에다 새겨넣고 기념하기 위한 일종의 "방주"가 아닐까 하는 생각이 든다. 그 돌기둥들에 새겨진 그림들이 동물에 관한 것일 뿐만 아니라 인간의 다산성 — 음부를 노출시킨 여자들[23]과 발기한 음경을 과시하는 남자들[24]을 묘사한 다수의 흥미로운 부조들 — 을 강조하는 것이기 때문이다. 벌거벗은 인간 남녀를 묘사한 후자의 형상에 대해서, 미주리 주립대학교의 종교사 교수인 칼 러커트는 전형적인 "어머니 대지"라고 해석한다.[25] 이는 또한 하느님이 모세와 그 가족에게 명한 "번식하고 번성하여 대지를 가득 채우라"를 상기시킨다.[26]

노아의 방주처럼 괴베클리 테페의 거석에 묘사된 다양한 동식물을 승선시킨 또다른 기념물이 있을까? 우리가 제1장에서 살펴보았듯이, 괴베클리 테페의 거석은 거미, 전갈, 뱀("땅바닥을 기어다니는 것들"), 새들과 소들("새도 제 종류대로, 짐승도 제 종류대로"), 여우, 고양이, 염소, 양, 영향, 멧돼지, 곰의 형상들을 묘사하고 있다. 간단히 말해서 「창세기」 제6장 20절에 말한 "모든 종류의 새와 가축과 파충류"를 망라하고 있는 것이다.

마지막으로 한 마디 더 덧붙이겠다. 노아는 홍수에서 살아남은 동물과 새들 일부를 희생으로 바쳤다. 괴베클리 테페에서 고고학자들은 거석 기둥에 조각된 여러 종의 동물들의 뼈들이 묻혀 있는 것을 발견했다.[27]

대홍수 이전의 도시들

학자들은 『성서』의 대홍수가 「구약성서」의 독창적인 이야기가 아니며, 그보다 훨씬 오래된 사료에서 빌려온 것임을 인정해왔다. 그 사료는 고고학자들이 인정하는 바와 같이 메소포타미아의 고대 수메르로 소급되는데, 이 문화는 기원전 5000년대에 발흥하여 기원전 4000년대와 3000년대에 번성하여 기원전 2000년대까지 존속했다.[28] 이 전 세계적인 대홍수 "신화"에 관해서 서술한 가장 이른 연대의 현존하는 기록 판본은 오늘날 펜실베이니아 대학교의 고고인류학 박물관[29]과, 노르웨이의 쇠위엔 개인 컬렉션[30]에서 찾아볼 수 있다. 이 두 판본은 모두 수메르어의 설형 문자로 기록되어 있고, 완본이 아니라 파편본이다.

둘 중에서, 수메르의 도시인 니푸르[31](오늘날의 바그다드 시에서 남쪽으로 200킬로미터 떨어진 유프라테스 강안에 위치)를 발굴하던 중에 발견된 펜실베이니아 대학교 점토판이 가장 온전하다. 하지만 이것도 기원전 17세기의 연대로 판정된 6줄짜리 점토판[32]의 밑 부분 3분의 1로만 구성되어 있다.[33] 쇠위엔 점토판은 이것보다 전해지는 분량은 적으나, 연대는 약간 더 오래되었고(기원전 19세기와 18세기 사이[34]), 펜실베이니아 점토판의 몇몇 행(行)을 반복하면서 다른 곳에서는 발견되지 않는 약간의 새로운 세부사항들을 담고 있다.[35]

그러나 이 부서진 자그마한 점토판은 아주 희귀하고 귀중한 자료이다! 이 점토판들은 많은 이야기를 전해준다. 나는 점토판의 이야기를 처음 읽었을 때, 즉각 흥미를 느꼈다. 점토판은 대홍수 이전에 다섯 도시들이 존

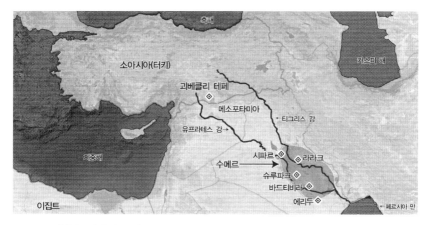

그림 26 대홍수 이전의 도시들을 보여주는 고대 수메르의 지도.

재했다고 명시적으로 언급하면서, 그 도시들이 대홍수에 의해서 물에 잠겼다고 말해주기 때문이다.

펜실베이니아 대학교 점토판의 첫 37행은 사라져서 우리는 이야기가 어떻게 시작되는지 알지 못한다. 그러나 문장이 시작되는 지점에서 대홍수는 아직도 먼 미래의 일이다.[36] 우리는 인간, 동물, 식물이 창조된 이야기를 듣는다.[37] 이어 또다시 37행이 결락되었고 그 다음에 우리는 시간을 건너뛰어 고급 문명의 시대로 간다. 대홍수 전의 이 시대에 "왕권이 하늘로부터 내려왔다."[38]

이어 익명의 통치자 혹은 신에 의해서 수메르의 대홍수 전에 도시들이 건립된 이야기가 나온다.

하늘로부터 높은 왕관과 옥좌가 내려온 이후에
그는 의례를 완성하고 신들의 법률을 현양했다……
정결한 곳에다……다섯 도시들을 세웠고,
그 이름을 지어주었으며 예배 중심지들을 배정했다.

이 도시들의 첫째는 에리두……

둘째는 바드티비라……

셋째는 라라크……

넷째는 시파르……

다섯째는 슈루파크……[39]

"인류의 씨앗을 보존하는 자"

우리가 세 번째의 37행 결락을 넘어가면 이야기의 장면은 놀라울 정도로 바뀐다. 대홍수는 아직도 미래의 일이지만, 대홍수 이전의 다섯 도시들 이야기는 이제 먼 과거의 일이 되었다. 문맥으로 비추어볼 때, 그 기간에 다섯 도시의 주민들은 신의 분노를 살 만한 행동을 했고, 그리하여 신들의 회의가 소집되었으며, 그 결과 지구를 파괴하는 대홍수라는 끔찍한 수단으로 인류를 징벌하기로 결정되었다. 우리가 이야기를 다시 접하는 그 순간에는 소수의 신들이 그런 결정에 반대하면서 불쾌함과 불만족을 표시한다.[40]

그리고 아무런 서두 없이 지수드라라는 남자가 소개된다. 그는 『성서』의 부족장 노아와 같은 역할을 하는 수메르 사람이고 노아보다 연대가 빠르다. 이야기는 그를 "경건하고, 신을 두려워하는 왕"이라고 묘사하면서[41] 신들 중 하나가 그에게 연민을 표시한다고 말한다. 이 신의 이름은 펜실베이니아 대학교 점토판에는 나오지 않으나 쇠위엔 파편은 그 신에 대한 단서를 제공한다. 즉 지수드라는 왕이었을 뿐만 아니라 엔키 신의 사제였다는 것이다.[42] 이 신에 대한 이야기는 나중에 더 나오는데, 그는 지수드라에게 말한다.

내 말을 잘 듣고 내 지시에 귀를 기울여라.

200

대홍수가 예배 중심지들을 휩쓸 것이다.
인류의 씨앗을 파괴해야 한다고 결정되었는데
이는 신들의 회의에서 나온 말이다.[43]

이어 40행은 결락되었다. 학자들은 동일한 신화의 후대 개정판으로부터 그 내용을 이렇게 추정한다. "지수드라에게 커다란 배를 건조하여 홍수의 파괴로부터 그 자신을 구하라는 자세한 지시사항이었을 것이다."[44]
이야기가 다시 시작되면서 대홍수는 이미 시작되었다.

엄청나게 강력한 모든 비바람이 하나가 되어 공격해왔다.
동시에 대홍수가 예배 중심지들을 휩쓸었다.
일곱 날과 일곱 밤 동안 대홍수가 땅을 휩쓸었고
거대한 배는 엄청난 물과 폭풍우에 마구 흔들렸다.[45]

대재앙 내내 하늘은 어두웠다. 이어 여드레째 되는 날에 햇빛이 구름을 꿰뚫었고 비와 폭풍우는 멈추었다. 생존에 사용된 배의 "창문"을 열고서 지수드라는 영원히 바뀌어버린 세상을 내다보았고, 신들에게 황소와 염소의 희생 제물을 바쳤다.[46]
또다시 39행이 결락되는데, 아마도 지수드라가 육지를 처음 발견하고 배에서 내린 곳과 그후에 그가 취한 조치들에 대한 내용일 것이다. 우리가 다시 이야기를 접하는 곳은 텍스트의 끝부분인데 지수드라는 수메르의 최고 신들인 아누와 엔릴과 함께 있다. 두 신은 지상에서 인류를 완전히 멸종시키려고 했던 결정을 후회하면서 방주를 건조하여 대홍수에 살아남은 지수드라에게 고마움을 표시하고 그를 불멸의 존재로 만들기로 결정한다.

그들은 그에게 신과 같은 생명을 주었다.

그들은 신과 같은 영원한 호흡을 그에게 내려주었다.

⋯⋯지수드라는 왕,

식물의 이름과 인류의 씨앗을 보존하는 자.[47]

마지막 39행은 사라졌다.[48]

일곱 현인들

고대 수메르에 대한 유명한 권위자 중 한 사람인 고(故) 새뮤얼 노아 크레이머 교수는 대홍수를 다룬 전 세계적 전승을 기록한 가장 오래된 이 판본에는 "안타까운 애매모호함과 불확실성이 있다"라고 말했다.[49] 하지만 다음의 한 가지 사실에 대해서는 의심의 여지가 없다. 이 점토판은 대홍수 이전에 도시 문명이 존재했으며, 그 신성한 도시들의 이름(에리두, 바드티비라, 라라크, 시파르, 슈루파크)을 우리에게 제공한다. 또 이 도시들이 대홍수 때 물에 잠겨버렸다는 사실도 명시적으로 말한다. 더욱이 수메르가 사라진 지 오랜 시간이 흐른 후에도 다섯 도시들에 관한 풍성한 전승들, 대홍수 이전의 시대, 그리고 대홍수 등이 메소포타미아에 계속 전해져왔고, 아카드, 아시리아, 후대의 바빌로니아 문화에서 반복되었으며 또 기독교 시대에까지 전해졌다.[50] 이 지역의 전통적 역사는, 고대에서부터 이미 그렇게 말해 왔듯이, 대홍수 이전과 이후의 두 시대로 아주 분명하게 나뉘어 있었고, 또 이 지역의 사람들은 그 두 시대를 실제로 존재했던 사실이라고 인식했다.

우리는 제1장에서 메소포타미아 전승이 대홍수 이전 도시들의 기억을 보존할 뿐만 아니라 대홍수 이전의 문명화 영웅인 오안네스와 일곱 현인의

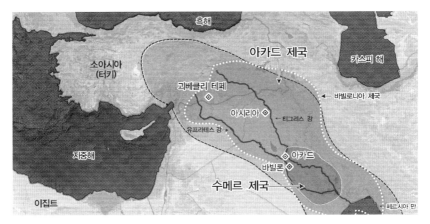

그림 27 메소포타미아의 고대 제국들은 역사의 여러 시대에도 유명했으며, 그 제국들은 아득한 고대에 인류를 거의 파괴할 뻔한 세계적인 규모의 대홍수의 전승을 간직하고 있다.

형제단이 존재했음을 보여준다는 사실을 살펴보았다. 일곱 현인은 "일곱 압칼루"라고도 하는데 이들은 오안네스의 문명화 임무를 보조하는 사람들로 알려져 있다. 독자들이 기억하다시피, 이 현인들은 그 지역에 현존하는 그림들 속에 특별한 종류의 가방 혹은 양동이를 든 수염 기른 사람으로 묘사되어 있다. 때로는 절반은 새[鳥]이고 절반은 사람인 반인반수(혹은 조인[鳥人])로 묘사되기도 한다. 나는 좀더 깊이 파고들어 바빌로니아 사제인 베로수스의 이야기(나는 이 이야기를 『신의 지문』에서 거론한 바 있다)를 다시 정독하면서, 오안네스와 압칼루 현인들이 이 경우에는 절반은 물고기, 절반은 사람인 다른 형태의 반인반수로 제시되어 있다는 것을 발견했다. 현인들은 각자 대홍수 이전 왕의 "조언자"로 활약했으며, 국정 업무에 대한 지혜, 건축가, 토목 건설자, 기술자 등의 재주로 유명했다.[51]

베로수스는 바빌론의 신전 문서보관소("15만 년 이상" 보관되어온 "공식 기록들"을 보관한 곳[52])를 이용하여 『역사(History)』를 편찬했다. 그는 우리에게 오안네스가 "괴물" 혹은 "피조물"이라고 전한다. 그러나 베로수스가 암시하는 바는 물고기 복장을 입은 사람이다. 간단히 말해서 일종의 변장이라는 것이다. 베로수스는 이렇게 썼다.

그 괴물은 온 몸이 물고기였다. 그러나 바로 그 밑에, 그러니까 물고기 머리에 또다른 사람의 머리가 붙어 있고 물고기의 꼬리 부분에는 사람의 발이 달려 있고 또 사람의 목소리를 가지고 있었다……낮이 다 지나가자 이 괴물 오안네스는 바다로 돌아가 밤을 보냈다. 그 괴물은 수륙양서의 존재여서 땅에서도 바다에서도 살 수가 있었다……후에 오안네스와 비슷한 다른 괴물들이 등장했다.[53]

그런데 오안네스와 압칼루 현인들이 휴대한 기이한 용기가 괴베클리 테페의 돌기둥 중 하나에도 묘사되어 있다(우리가 제1장에서 살펴본 바와 같이, 이곳은 고대 멕시코로부터 아주 멀리 떨어져 있는 곳이다). 그렇다면 우리는 이 모든 것을 어떻게 해석해야 할까?

우리가 메소포타미아 전승을 더 깊이 파고들면 그 신비는 더욱 신비해진다. 요약하면, 오안네스와 압칼루 현인들의 형제단은 수천 년 동안 인류를 가르쳐온 사람들로 묘사되어 있다는 것이다. 이 긴 세월 동안 대홍수 이전의 다섯 도시들이 생겨나고, 위대한 문명의 중심지들이 자리를 잡고, 왕권(王權)이 "하늘에서 내려왔다." 베로수스에 의하면, 오안네스가 처음 등장하기 이전에, 메소포타미아 사람들은 "들판의 짐승처럼 법도 없이 살았다."[54]

베로수스는 기원전 290년과 278년 사이의 어느 때에 『역사』를 집필했는데, 이 책은 온전하게 전해지지 않고, 그 파편들만이 신켈루스나 에우세비오스 같은 후대 저술가들의 저작 속에서 인용 혹은 요약의 형태로 전해지고 있다. 그러나 학자들은 이런 식으로 후대에 전해진 정보가 그보다 더이른 시대로 소급되는 설형문자 점토판 속의 고대 메소포타미아 전승들

그림 28 오안네스와 압칼루 현인들의 형제단.

을 아주 정확하게 반영하고 있다고 생각한다.[55] 예를 들면, 오안네스라는
이름은 후대의 저술가들이 그 정보를 전하면서 왜곡한 것인데, 이 이름은
설형문자의 우안나다파(Uannadapa)에서 나온 것으로 종종 아다파(Adapa)
혹은 우안나(U-Anna) 등으로 축약된다. 아다파는 원래 직함을 가리키는
말인데 "현명한"이라는 뜻이다(현인들을 가리키는 말로 적절해 보인다).[56]
고대 메소포타미아 비문에서 우안나는 "하늘과 땅의 계획들을 완수하는
자"라는 뜻이다.[57] 대홍수 이전의 현인들에 대한 다른 비문에는 우-안네-
두가(U-Anne-dugga)라는 말이 나오는데, "폭넓은 이해와 지식을 갖춘 자"
라는 뜻이고, 또다른 말인 안-엔릴다(An-Enlilda)는 "에리두 도시의 마술
사"라는 뜻이다.[58]

이 마지막 사항 — 즉, 대홍수 이전의 일곱 현인들이 "주술사", "마법사",
"마술사", "요술사"라는 점 — 은 설형문자 문헌들 속에서 반복적으로 강
조된다.[59] 동시에 이들의 마술 능력에는 실용적, 기술적, 과학적 기술도 포
함되어 있다.[60] 따라서 그들은 "화학적 처방"의 달인,[61] 병을 고치는 박사,[62]

목수, 석공, 야금사, 금세공사[63] 등이었으며, 그들이 또한 도시의 기반을 놓았다.[64] 실제로 후대에 들어와서 왕궁 건물 건설과 보수 공사에 들어간 모든 기술은 대홍수 이전 현인들의 지식에서 나온 것이었다.[65] 에스토니아 타르투 대학교의 아마르 아누스는 자세한 연구서에서 이렇게 요약한다.

대홍수 이전의 시대는 메소포타미아 신화에서 계시의 시대였다. 이때에 후대 지식의 모든 기반이 놓여졌다. 대홍수 이전의 현인들은 문화 영웅이었으며, 문명의 기술을 그 땅에 전수했다. 이 시대 이후의 시대에서는 새로운 것은 발명되지 않았으며, 원래의 계시가 전달되고 또 전개되었을 뿐이다. 오안네스와 다른 현인들은 문명의 모든 기반을 대홍수 이전의 인류에게 가르쳤다.[66]

고대 메소포타미아의 설형문자 점토판은 압칼루 현인들이 종종 들고 있는 것으로 묘사된 용기가 무엇인지 어느 정도 밝혀준다. 그 용기는 반두두(banduddu, "양동이")[67]라고 하는데, "신성한 물"을 담았을 것으로 추정된다.[68] 제1장에서 설명했듯이, 현인은 다른 손에는 원추형의 물체를 들고 있다. 이 물체는 비문들에서 물릴루(mullilu)라고 언급되는데 "정화시키는 것"이라는 뜻이다.[69] 동일한 장면들에서, 현인들은 종종 특정 스타일의 나무와 함께 있거나 때로는 왕과 함께 있고 어떤 때는 나무와 왕이 모두 등장한다. 이 나무를 설명하는 구체적 문헌은 전해지지 않지만, 학자들 사이의 일반적인 통설은 그것이 "신성한 나무"라고 보고, 일부 학자들은 "생명의 나무"라고 해석한다.[70] 이 나무는 "신성한 세계의 질서와, 그 질서를 지상에서 구현하는 왕"을 상징한다.[71] 따라서 결론은 이러하다. 우리는 이 장면에서 "마법적인 보호의 의례, 축복 행사, 기름 부음" 등을 본다.[72]

그 나무에 신성한 물을 뿌림으로써 현인들은 그 나무에 신성함을 부여하

그림 29 지혜와 마법의 수메르 신인 엔키는 특히 아브주라고 알려진 지하의 민물 바다를 책임지는 신이었다. 이처럼 아브주를 관장하기 때문에 그는 종종 어깨에 물고기들이 헤엄치는 물줄기를 매달고 있는 것으로 묘사되었다.

고, 우주적 조화를 현양하며, 그렇게 해서 하늘과 땅의 계획들이 정확하게 이행되도록 후견하는 것이다.[73]

일곱 압칼루는 엔키(엔키는 수메르식 이름이고, 아카드인들은 에아라고 부른다)가 창조한 것으로 여겨진다. 엔키는 쇠위엔 점토판에서는 아브주라고 알려진 지하의 민물 바다를 관장하는 위대한 신으로 묘사된다.[74] 엔키는 이 수계 이외에도 지혜, 마법, 문명의 기술과 공예술 등을 관장한다.[75] 따라서 일곱 압칼루가 엔키의 피조물로 여겨지는 것은 당연한 일이며, 압칼루는 종종 물고기로 상징된다. 한 학자는 이 물고기 형태의 압칼루에 대해서 이렇게 말했다.

이 형태는 땅속 깊은 바다에 감추어져 있는 비밀들과 관련이 있다. 감기는 법이 없고 늘 감시하는, 물고기 압칼루의 두 눈은 모든 것을 알고 있는 현명함을 부여한다.[76]

우리는 설형문자 문헌에서 다음의 사실을 알 수 있다. 지혜-왕 엔키의 마술사들인 이런 특별한 현인들의 조언과 가르침 덕분에, 인간의 문명은 급속한 기술적, 과학적 발전을 이룩했고, 또 "대홍수 이전에 이례적으로 번성하고 풍성한 황금시대"를 맞이할 수 있었다.[77] 모든 것이 전부 가능한 세상 속에서, 최선을 지향하는 것 같았다. 그러나 그 황금의 1,000년은 지나갔고, 인류는 우주와 신들과 조화를 이루지 못하게 되었다. 특히 위대한 신 엔릴의 비위를 건드렸다. 이 신은 "왕, 최고의 주인, 아버지이며 창조주" 그리고 (그의 성품을 잘 이해하게 만드는 표현인) "분노하는 폭풍우"로 묘사되었다.[78] 수메르의 신전에서 하늘의 신 아누가 이론적으로는 제1의 신이었지만, 그는 다소 초연하고 무능한 존재로 묘사된다. 엔릴은 명령 계통상 2인자였지만 실제로는 거의 모든 것을 "독자적으로 결정하는" 신이었고, 엔키 — 일부 문헌에서는 엔릴의 남동생으로 묘사된다 — 는 제3인자였다.[79]

우리가 이미 살펴본 바와 같이, 수메르 대홍수 이야기는 결락된 부분이 많다. 그러나 현존하는 메소포타미아 문헌들 중에서 가장 유명한 「길가메시 서사시」를 포함하여 다른 점토판들은 결락된 세부사항들을 채워주고 있으며, 그 덕분에 엔릴의 역할에 대해서는 의심의 여지없이 명확히 알게 되었다.

그 당시 세상은 번잡했고, 사람들은 번성했으며, 세상은 야생 수소처럼 고함을 질러댔다. 그리하여 위대한 신은 그 고함 소리에서 깨어났다. 엔릴은 그 고함 소리를 들었고 회의에 모인 신들에게 말했다. "인류의 고함 소리는

그림 30 강력한 수메르 신인 엔릴(오른쪽). 종종 "맹렬한 폭풍우"로 묘사되는 그는 대홍수를 보내서 인류를 멸절시키라고 명령했다.

참아줄 수가 없고 떠들썩한 말소리 때문에 잠을 잘 수가 없소." 그래서 신들은 인류를 멸종시키기로 결정했다.[80]

우리는 그 다음에 무슨 일이 벌어졌는지 안다. 엔키 신(쇠위엔 점토판 이외에 다른 후대의 문헌들도 이 신이라고 확인했다)이 개입하여 지수드라에게 멸종의 수단인 생명을 파괴하는 대홍수가 곧 발생할 것이라고 경고했다.[81] 지수드라를 크시수트로스라고 부르는 베로수스는 이야기의 다음 내용을 우리에게 말해준다.

[엔키가] 크시수트로스의 꿈에 나타나 다음을 계시했다……인류는 대홍수에 의해서 파괴될 것이다. 신은 이어 그에게 첫째, 중간, 마지막의 모든 점토판을 태양의 도시 시파르의 땅에다 묻고 감추라고 지시했다. 이어 배를

건조하여 그의 가족과 그의 가장 친한 친구들과 함께 타라고 말했다. 그는 배에다 음식과 음료를 준비하고 또 동물과 새들과 네 발 달린 동물들을 실으라는 지시를 받았다. 그 모든 것이 준비되면 그는 곧 출발해야 할 것이었다……그는 쉴 새 없이 일하여 배의 건조를 끝냈다. 그 길이는 약 914미터이고, 너비는 366미터였다. 그는 건조된 배에다 준비하라고 명령받은 모든 것을 실었고, 이어 아내, 자식들, 친한 친구들과 함께 배에 올랐다…….[82]

오늘날까지 전해지는 베로수스의 글들은 대홍수의 체험에 대해서는 말해주지 않지만, 「길가메시 서사시」는 지수드라/크시수트로스의 입을 통해서 그 체험을 묘사한다.[83]

여섯 날, 여섯 밤 동안 바람이 불었고, 급류와 폭풍우와 홍수가 온 세상을 휩쓸었다. 폭풍우와 홍수는 서로 싸우는 군대처럼 노호했다. 일곱 번째 날의 새벽이 밝자 남쪽에서 불어오던 폭풍우가 가라앉았고, 바다는 잠잠해졌으며 홍수는 줄어들었다. 나는 세상의 얼굴을 살펴보았고 거기에는 침묵이 있었다. 해수면은 지붕처럼 평평했다. 모든 인류는 흙으로 돌아갔다……나는 창문을 열었고 빛이 내 얼굴 위로 떨어졌다. 이어 나는 낮게 웅크리고 주저앉아 울었다. 눈물이 내 얼굴에서 마구 흘러내렸다. 세상은 온통 물바다였기 때문이다……14리그를 더 가니 산이 나타났고 거기서 배는 멈추었다…….[84]

다시 베로수스의 글을 살펴보자.

이어 크시수트로스는 땅이 다시 나타났다는 것을 알았다……그는 배에서

그림 31 수메르 대홍수의 생존자와 방주. "해수면은 지붕처럼 평평했다. 모든 인류는
흙으로 돌아갔다……14리그를 더 가니 산이 나타났고 거기서 배는 멈추었다."

내렸고 그의 아내, 딸, 키잡이도 따라 내렸다. 그는 대지에 엎드려 존경의
뜻을 표시했고, 제단을 설치한 후에 신들에게 희생 제물을 바쳤다. 그 직
후 그는 함께 배에서 내린 사람들과 사라졌다. 배에 남아서 크시수트로스
를 따라 내리지 않은 사람들은……그를 찾으면서 그의 이름을 불렀다. 그
러나 그때 이후 크시수트로스의 모습은 더 이상 보이지 않았다. 그때 공중
에서 목소리가 들려오더니 지시를 내렸다. 신들을 외경하는 것이 살아남은
자들의 의무이며, 크시스투로스는 신들을 높이 공경하여 신들이 사는 곳
으로 갔으며 그의 아내와 딸과 키잡이 또한 같은 영예를 누리게 되었다고
말했다. 그 목소리는 이어 말했다……이제 시파르 도시로 돌아가서 거기에

묻힌 점토판을 꺼내어 그것들을 인류에게 넘겨주도록 하라. 그들이 안식을 얻기 위해서 찾아온 곳은 아르메니아의 땅에 있었다.[85]

요약하면 『성서』의 이야기와 메소포타미아의 이야기는 아르메니아가 대홍수에서 살아남은 사람들의 대피처라고 말하고 있다. 그러나 베로수스는 구약성서에는 없는 몇 가지 중요한 세부사항을 추가한다. 첫째, 시파르시에 대한 언급이다. 이 도시는 우리가 살펴본 바와 같이, 수메르 전승에서 대홍수 이전의 다섯 도시들 중 하나이다. 둘째, 대홍수 이전 시대의 문서 혹은 문서 기록("첫째, 중간, 마지막의 모든 점토판")이 대홍수가 오기 전에 시파르에 묻혔다는 흥미진진한 정보를 제공한다. 셋째, 물이 빠진 후에 생존자들은 시파르로 돌아가서 땅을 파서 점토판들을 꺼내서 "인류에게 넘겨주라"는 지시를 받는다.

그러므로 여기서 예상되는 것은 대홍수의 천재지변 이후에 문명을 다시 살려내는 행위이다. 다시 살려낸다는 것은 대홍수 이전의 지시를 재발견하여 재선포하는 것이다. 그러나 일곱 현인들은 그 지식의 전파에서 이제 특별한 역할을 담당하지 못할 것이었다. 설형문자 문헌들은 현인들이 대홍수 때 아브주의 깊은 곳으로 가서 다시는 돌아오지 말라는 지시를 받았다고 전한다.[86] "인간의 후손인" 다른 현인들이 — 어떤 경우에는 이 현인들을 가리켜 "3분의 2 압칼루"라고 한다[87] — 그들의 역할을 대신 맡을 것이고, 그리하여 연속성이 유지되어 문명이 다시 부흥될 터였다. 또한 후대의 왕들은 대홍수 이전의 시대와의 연결관계에 대해서 말하게 될 것이었다. 기원전 1000년대의 후반에, 바빌로니아의 네부카드네자르 1세는 자기 자신을 "대홍수 이전부터 보존되어온 씨앗"이라고 말했다.[88] 또한 기원전 7세기에 메소포타미아의 아시리아 제국을 다스렸던 아슈르바니팔은 이렇게 자랑했다. "나는 현인 아다파의 기술, 즉 신비한 지식을 배웠다……나는 하늘과 땅의 표징을 잘 알고 있다……나는 대홍수 이전 시대의 비석들에 새겨진 문장을 읽을 줄 안다."[89]

다음 장에서 살펴보게 되겠지만, 아득한 고대에 일곱 현인이 문명의 전달자였다는 사상, 그리고 그들이 "대홍수 이전의 비석들에 새겨진 문장"을 보존하고 재선포한 사람들이었다는 사상은 고대 이집트라는 아주 뚜렷하고 무관한 문화에서 그대로 등장한다. 이것은 참으로 기이한 신비이다.

제4부

부활

9
"카"의 섬

나일 강의 둑은 종려나무와 푸른 들판이 이어지는 비옥한 지대이다. 그러나 이 지대는 아주 비좁은데, 영원한 강이 그 둑에 내려준 비옥함의 선물 덕분에 인근의 사막으로부터 보호되고 있다. 카이로에서 아스완까지도 마찬가지이다. 아스완 댐은 세계 최대의 인공호수인 나세르 호수를 만들어냄으로써 파라오들의 신성한 땅을 영구히 바꾸어놓았다. 이 호수의 물은 남쪽으로 흘러내려 수단과의 국경을 넘어간다. 호수의 수면은 1960년대 동안에 상승했으므로, 부헨 요새 같은 많은 고대 이집트의 유적지들이 물밑에 잠겼다. 그러나 세계적으로 유명한 아부 심벨이나 필레 섬에 있는 매우 아름다운 이시스 신전 같은 유적들을 조각조각 해체를 하여 지대가 높은 곳에서 다시 원상 복구했다.

다른 유적들은 해체되어 해외로 선적되었다. 가령 덴두르 신전은 현재 뉴욕의 메트로폴리탄 박물관에 소장되어 있고, 데보드 신전은 마드리드의 오에스테 공원에 있으며, 타페 신전은 네덜란드 레이덴의 국립고대 박물관에 소장되어 있다. 이런 식으로, 고대에 수천 년 동안 이집트에서 다시 만들어지고 다시 선포된 신들의 신성한 영역(신전)이 오늘날 부활과 재탄생을 겪고 있다.

에드푸의 호루스 신전의 비문에 의하면, 이 신전도 그런 식의 부활과 재탄생을 겪었다. 고대에 베흐데트(그 수호신인 매신[鷹神] 호루스는 그래서 베흐데트의 호루스로 불린다)로 알려진 에드푸는 아스완에서 북쪽으로

그림 32

110킬로미터 떨어진 나일 강 서안에 자리잡고 있어서 나세르 호수의 범람을 피해 살아남을 수 있었다. 이 신전은 상부 이집트의 뜨거운 햇빛을 받으면 반짝거리는 황금색 사암 벽돌로 지어진 건물이다. 이 신전의 연대는 프톨레마이오스 시대로서, 기원전 237년부터 기원전 57년 사이에 단계적으로 지어졌다.[1] 그러나 이 신전에는 아주 중요한 의미가 있는데, 이것이 최소한 고왕조(기원전 2575–2134)[2] 혹은 그 이전으로 소급되는 훨씬 오래된 신전을 가장 최근에 부활시켜놓은 것이기 때문이다.

아무튼 가장 흥미로운 것은 이 신전의 벽을 가득 메운 신비한 비문에 표현되어 있는 **사상**이다. 이 비문을 가리켜 에드푸 신전 텍스트라고 하는데, 이 텍스트는 우리를 "신들의 초창기 태고 시대"라는 아주 먼 시대로 데려간다.[3] 그리고 이 신들은 원래 이집트인들이 아니라,[4] 대양 한가운데에 있는 "태곳적 사람들의 고향"인 신성한 섬에 살았다.[5] 그러다가 과거의 어느 불특정한 시대에 재앙 — 우리가 살펴보겠지만 홍수와 화재의 대재앙 — 이 "신들이 아주 오래 전부터 살아왔던"[6] 이 섬을 강타하여 신성한 장소들이 침수되고 신성한 주민들 대부분을 죽임으로써 섬을 완전히 파괴했다.[7] 그러나 텍스트에 의하면, 그들 중 일부가 살아남아 배를 타고서(텍스트는 초창기 태고 시대의 신들이 항해자라는 것을 명백히 밝힌다[8]) 세상을 "방랑했다."[9]

그들이 그렇게 한 목적은 사라진 고국의 본질을 재창조하고 소생시키려는 것이었다.[10] 간단히 말해서

신들의 예전 세계를 부활시키려는 것이었다…….[11] 즉 파괴된 세상의 재창조였다.[12]

이집트학 학자인 이브 앤 엘리자베스 레이먼드는 에드푸 신전 텍스트에 대한 훌륭한 연구서를 펴냈는데, 이 책에서 다음과 같은 견해를 밝혔다. "일단 조직된 이후의 고대 세계는 파괴되어 죽은 세계가 되었으나 그 다음에 새로운 창조 시대의 기반이 되었다. 새롭게 들어선 세계는 처음에는 과거에 존재했던 것의 재창조이며 부활이었다."[13]

텍스트가 밝히는 중요한 사항 중 하나로는 그것이 이 역사적인 신전에서 **집필된** 것이 아니라는 사실이다. 레이먼드가 알려주는 바와 같이, 에드푸의 사제와 필경사들은 그들이 보관하고 있던 방대한 고대 문서들 중에서 아주 중요하다고 생각되는 것들만 **발췌했을** 뿐이었다.[14] 기원후 5세기에 이르러 로마와 기독교의 광신적 열기 때문에 고대 이집트 문명은 최종적으로 붕괴되었다.[15] 이후에 이슬람의 과거 증오가 더욱 사태를 악화시키는 가운데 이집트 신전들은 관리가 제대로 되지 않았고, 그리하여 과거의

신들을 더 이상 숭배하지 않는 현지 주민들에 의해서 창고, 마구간, 거주지 등으로 활용되었다. 1837년 영국 탐험가 하워드 바이스는 에드푸를 방문하고서 이 신전의 혼란상을 다음과 같이 기술했다.

이집트에서 가장 웅장한 신전들 중 하나인 에드푸는 그 비참한 오두막들과는 현격한 대조를 이루었다. 오두막들은 대부분 신전 터에 세워졌고, 다른 오두막들은 신전 주위의 거대한 쓰레기 더미 위에 세워졌다. 채색 상형문자들로 뒤덮인 내부는 토벽들을 세워 옥수수 저장공간으로 삼았는데, 그 공간 밑에 거대한 기초가 있어서 나는 아랍인 집의 구멍을 통해서 그 기초 부분에 접근했다. 기초 부분에도 주민들이 내다버린 쓰레기 더미가 가득했지만, 그래도 아주 견고한 방식으로 건설된 기초라는 것을 알아볼 수 있었다…….[16]

그러나 우리에게는 다행스럽게도 아직 에드푸 신전이 번성하던 때에, 신전 도서관의 신비한 문헌들을 읽을 수 있었던 사제와 필경사들은 중요한 문서들만 발췌하여 그것들을 "단단하고 웅장한" 신전의 벽들에다 새겨넣었다. 우연인지 계획인지 모르지만 그렇게 함으로써 그들은 현재까지 전해 내려오는 정보의 파편들을 남겼다. 반면에 원래의 문서 자료들은 약탈되거나, 불쏘시개로 사용되거나, 무시와 홀대의 여러 세기를 거치는 동안에 나일 강에 내던져져 오래 전에 사라지고 말았다.

원본이 이미 사라졌기 때문에 남아 있는 정보의 파편들은 종종 혼란스럽고 또 곤혹스럽다. 그렇기는 하지만 이 파편들은 원래의 문서들 — 이것들이 현존한다면 얼마나 좋겠는가! — 이 좀더 완벽하게 보여주었을 과거의 경이와 비밀들을 흘낏 엿보게 해준다.

이집트의 아틀란티스

유명한 그리스 철학자 플라톤은 솔론의 시대보다 9,000년 앞선 시대 — 우리의 달력으로는 기원전 9600년 — 에 홍수와 화재의 끔찍한 천재지변으로 파괴된 아틀란티스에 대한 놀라운 이야기를 전해준다. 그러나 고고학자들은 사라진 빙하기 문명의 이야기는 플라톤이 지어낸 것으로 널리 받아들여지고 있다. 플라톤의 저서 『티마이오스』와 『크리티아스』에 기록된 정보에 대해서 신빙성을 마지못해 부분적으로 인정하는 사람들은 다음과 같은 제2안을 내놓는다. 플라톤은 지중해에서 발생한 그보다 훨씬 후대의 대재앙에 바탕을 두고서 그런 이야기를 했다는 것이다. 가령 기원전 2000년대 중반에 테라(산토리니)에서 발생한 화산 분출을 생각했을 수도 있다. 1만 1,000년 전에 전 세계적인 대재앙이 있었다는 것과 그로 인해서 그 시대의 고급 문명이 사라졌다는 더욱 이단적인 주장은 기존 고고학계에 의해서 일축되거나 조롱받아왔다. 학계는 그런 문명은 없었다는 것을 "알고 있으며," 그 당시에는 결코 고급 문명이 존재하지 않았다고 확신하기 때문이다.

학계가 "알고 있다"라고 생각하는 것은, 후기 구석기 시대에 아틀란티스-유형의 문화가 존재하지 않았음을 보여주는 객관적인 증거를 가지고 있기 때문이 아니다. 생긴 지 200년밖에 되지 않는 "과학적" 고고학의 탐사 결과로 밝혀진 문명의 발전 연대에 비추어 그런 일은 있을 수 없다는 것이다. 학계는 다음과 같이 주장한다. 우리의 조상들은 기원전 9600년경에 후기 구석기 시대에서 신석기 시대로 이행했으며(본질적으로 둘 다 석기 시대이다), 그때 이후 수천 년에 걸쳐서 농업의 기술을 발전시켜 완성했다. 이 과정에서 기원전 7500년경에 터키의 차탈회위크 같은 아주 대규모의 항구적 정착촌이 형성되었다.

대략 기원전 4000년에 이르러, 경제적, 사회적 구조가 정교해지고 조직을 형성하는 능력이 향상되면서 최초의 거석 유적을 만들게 되었다(가령 고조의 몰타 섬에 있는 기간티자 등). 그리고 기원전 3500년경에 최초의 도시 국가들이 메소포타미아와 인더스 계곡에 세워졌고, 그 직후 이집트와 지구 반대편의 페루에서도 그런 도시 국가들이 세워졌다.[17] 기자의 피라미드들은 그런 거석 기념물이고 대(大)스핑크스 또한 마찬가지이다. 영국 제도(諸島)에서는, 외부 헤브리디즈 제도의 칼라니시와 남서부 잉글랜드의 에이브버리 등이 유명한 거석 유적지인데, 연대는 대략 기원전 3000년경이다. 스톤헨지의 거석 단계는 기원전 2400년경에 시작되어 기원전 1800년경까지 지속된 것으로 추정된다.

고고학계가 심사숙고하여 작성한 이런 질서정연한 시간표 내에는 아틀란티스 같은 선사 문명이 들어설 자리가 없다. 따라서 주류 학계는 플라톤의 "황당무계한" 이야기를 무슨 수를 써서라도 배척하고 싶어한다. 그들이 채택하는 수단으로는 그 황당무계한 이야기의 "이집트" 기원을 의심하는 것도 포함된다. 특히 『티마이오스』의 기록을 조롱한다. 이 책에 의하면, 나일 강 삼각주에 있는 사이스 사제들이 아틀란티스와 그 문명이 홍수와 화재로 파괴된 잔인한 운명을 말해준다. 사제들은 기원전 4000년대 후반에 이집트 문명이 시작되기 수천 년 전부터 전해져오는, 그들 신전의 "신성한 기록들"[18]에 그런 사실이 기술되어 있다고 말한다.[19] 학계의 전통적인 연대표를 신봉하는 사람들이 볼 때, 사이스의 사제들이 솔론에게 "말도 안 되는" 기록의 진짜 설명을 건네주고, 그 정보가 다시 플라톤에게 전해졌다는 말은 정말 황당무계한 것이다. 그들은 이런 역사적 모순어법 따위는 무시하는 것이 너무나 당연하다고 생각한다. 게다가 현존하는 고대 이집트의 파피루스나 비문들 그 어디에도 아틀란티스에 대한 언급은 존재하지 않는다고 말한다.

단 한 명의 이집트학 학자가 이런 학계의 통설에 도전하고 나섰다. 그는

2004년에 작고한 스완시 웨일스 대학교에 봉직했던 존 그윈 그리피스 교수이다. 그의 도전은 아틀란티스가 존재했다가 기원전 1만 년대에 파괴되었다는 근본적인 사항과는 무관하다. 그 대신에 그는 플라톤이 조상 솔론을 통해서 고대 이집트의 전승으로부터 영향을 받았을 수도 있다고 주장했다.[20] 박식한 학자로서는 조금 기이하게도 그리피스는 "신들"이 살았던 신성한 섬이 태고 시대에 홍수와 화재에 의해서 파괴되었다는 매혹적인 이야기를 전하는 에드푸 텍스트에 대해서는 알지 못했던 듯하다. 우리가 앞으로 살펴보겠지만, 이것은 플라톤이 기록한 아틀란티스의 원형이 되는 이야기이기 때문이다. 그리피스 교수의 관심은 현재 모스크바에 소장되어 있는 P. 레닌그라드 1115로 분류되어 있는 파피루스에 집중되어 있다. 여기에는 「난파 선원의 이야기」라는 흥미로운 산문(散文)이 들어 있다. 기원전 2000년에서 기원전 1700년에 해당하는 이집트 중왕조 시대에 나온 이 "동화"를 분석하면서, 그리피스 교수는 이것이 플라톤의 아틀란티스 이야기와 아주 비슷하다고 주장했다(나는 이런 분석이 타당하다고 생각한다).

파피루스 속의 "난파 선원"은 바다로 나가는 배를 타고 항해에 나섰다가 커다란 파도에 휩쓸렸을 당시를 말해준다.

이어 그 배는 침몰했다. 그 배 안에 있던 사람은 하나도 살아남지 못했다. 나는 해류에 밀려 섬으로 표류했다. 나는 사흘을 혼자서 지냈다⋯⋯나무 그늘에 누워서 꼼짝도 하지 않았다⋯⋯이어 두 다리를 뻗어서 어디 먹을 것이 없나 살폈다. 나는 거기서 무화과와 포도 그리고 온갖 종류의 채소와 단풍나무와⋯⋯마치 누가 돌본 것 같은 오이를 발견했다. 물고기와 닭도 있었다. 거기에 없는 것은 없었다. 나는 배부르게 먹었고 일부는 내려놓았다. 내 양팔에 너무 많은 먹을 것이 있었기 때문이다.[21]

난파 선원은 점화용 송곳을 만들어서 불을 피웠고 신들에게 불태운 희생 제물을 바쳤다.

그러자 나는 천둥 같은 커다란 소리를 들었다······나무들이 쪼개어졌고 땅이 흔들렸다. 얼굴을 들어 보니 커다란 뱀이 다가오고 있었다. 길이가 30큐빗[15미터]은 될 듯했다······뱀의 몸은 황금으로 덮여 있었다. 뱀의 눈썹은 하늘빛 청금석이었다······이어 뱀은 입으로 나를 들어올려 자신이 사는 곳으로 데려가서 나를 사뿐히 내려놓았다······.[22]

뱀은 선원에게 그 섬에 오게 된 경위를 물었고 그의 대답을 듣고 나서 두려워하지 말라고 말했다.

당신의 목숨을 살려주고 이 카의 섬으로 데리고 온 분은 신이다. 이 섬에는 없는 것이 없다. 여기에는 좋은 것들이 가득하다······.

"카의 섬"이라는 이름에는 "기이한" 음악적 울림이 있다고 이 이야기의 번역자인 미리엄 리히트하임은 말한다. 그녀는 또 저명한 이집트학 학자인 앨런 가디너 경이 "그 섬을 '환상의 섬'이라고 말했다"라고 덧붙인다.[23] 카(Ka)의 개념에 대해서 자세히 논하는 것은 이 책의 범위를 넘어서는 것이므로, 카는 "분신"으로 번역되며 사람 혹은 사물의 천체적(天體的) 혹은 정신적 본질을 가리킨다는 것만 짚고 넘어가자. 그것은 사람이 지상에 살아 있는 동안 그의 몸속에 존재하지만 그것은 원래 "죽음 너머의 영역에 있는 위대한 힘"에 속한다. 그래서 고대 이집트어에서 죽음을 가리키는 용어는 "그 자신의 카에게로 돌아가기" 혹은 "하늘에 있는 카에게 돌아가기" 등을 의미했다.[24] 신들도 카를 가지고 있고, 이집트의 거대한 기념물 또한 카를 가지고 있다. 여기서 특히 관련이 있는 것은 최고신 오시리스이다. 그는 두아트(Duat)라고 알려진 사후(死後) 천계(天界)의 주인이며 언제나 기자의 "피라미드들의 카"라고 불린다.[25]

카는 인간의 옆에서 걸으면서 친절, 정숙, 명예, 동정 등을 가르치는 일을 완수했으므로 인간의 무리들보다 앞서서 영원 속으로 들어갔다. 인간의 생애 내내 카는 그의 양심, 수호자, 안내자였다. 그러나 죽음 이후에 카는 최고의 존재가 되었다…….[26]

이러한 개념을 염두에 두면, 「난파 선원의 이야기」에 나오는 섬은 "환상의 섬"이라는 가디너의 주장은 합리적으로 보인다. 선원은 중왕조 이집트라는 현실 세계에서 배를 타고 출발했으나, 유령의 영역인 "카의 섬"에 표류했다. 그 섬은 정신적 본질이라는 형태 이외에는 이 세상에 존재하지 않는다.

그 섬을 다스리는 거대한 뱀이 선원에게 자신의 슬픈 사연을 말해주는 동안에도 같은 주제가 지속된다.

나는 형제들과 함께 여기에 있었고 형제들은 자녀가 있었다. 내가 기도를 통해서 얻은 어린 딸을 제외하고 우리는 형제 자녀를 포함하여 모두 75마리의 뱀이었다. 그러다가 별이 떨어졌고 그로 인해서 화염이 치솟았다. 우연하게도 나는 그 불의 피해를 입지 않았다. 나는 형제들과 함께 있지 않았다. 나는 한 무리의 시체가 되어 있는 형제들을 발견했을 때, 내가 차라리 그들을 대신하여 죽었더라면 얼마나 좋을까 생각했다.[27]

곧 그 섬 옆으로 배가 지나가서 선원은 구조되었다. 그 섬의 뱀 왕은 선원에게 몰약, 기름, 아편 팅크, 향신료, "향수, 눈 화장품, 기린의 꼬리, 커다란 향료 덩어리, 코끼리 상아, 그레이하운드, 원숭이, 비비, 각종 진귀한 물품" 등 풍성한 선물을 주어 보냈다.[28] 선원은 너무 고마워서 답례 선물을 가지고 이집트에서 다시 돌아오려고 했다. 그러나 그가 배에 오르기 전에 뱀은 그를 따로 불러서 말했다.

당신이 이곳을 떠나면 이 섬을 다시는 보지 못할 것이다. 섬은 그때쯤이면 물이 되어 있을 것이다.[29]

존 그윈 그리피스가 선원 이야기를 플라톤의 아틀란티스 이야기와 비슷하다고 생각한 것은 일차적으로 두 섬에서 코끼리를 포함하여 다양한 종류의 동식물이 서식한다고 서술되어 있기 때문이다. 다음은 아틀란티스에 대한 플라톤의 설명이다.

이 섬에는 코끼리가 많이 살고 있었다. 그밖의 동물들, 예컨대 늪이나 호수나 하천 근처에 사는 동물들 — 산이나 평지에 사는 동물에게 풍부한 먹이가 있었던 것처럼 본래 몸집이 거대하여 많이 먹어야 하는 이들 동물들 — 에게도 먹이가 풍부했다. 이 섬에는 또한 오늘날 지상에 있는 향료라면 무엇이든지, 그러니까 초근목피에서 향료를 채집하는 식물이건, 꽃이나 과실의 즙을 짜서 향료를 채취하는 식물이건 모두 무성하고, 포도나 주식인 곡물이나 흔히 우리가 "채소"라고 부르는 여러 가지 부식물과, 식용이나 착유용 식물의 열매(올리브나 야자열매), 그리고 과식의 고통을 덜어주는 데에 유효한 맛좋은 레몬 등……이 모든 식물들이 당시에 빛나는 햇볕을 담뿍 쬐고 있었던, 이 신의 선물인 섬 안에 수없이 자라 열매를 맺고 있었다…….[30]

게다가 아틀란티스는 신성한 섬이고 난파 선원이 신에게 인도되어 가게 되었던 카의 섬 또한 그러하다. 그러나 가장 유사한 점은 아틀란티스가 "바다에 의해서 삼켜져 사라질" 운명이었던 것처럼, 카의 섬도 "물이 되어" 다시는 볼 수가 없었다는 것이다.[31]

그리피스는 이러한 요소들을 종합하면서 이런 결론을 내렸다. 플라톤의 이야기는 "전반적으로 이집트에서 나온 것은 아니지만, 상당 부분 이집트에 개념적인 빚을 지고 있다."[32] 그리피스의 주장은 상당히 타당하지만, 만약 그가 에드푸 신전 텍스트를 알고 있었더라면, 그 주장을 좀더 강력하게 개진했을 것이다.

여러 실마리들을 종합적으로 살펴보기

우리는 아틀란티스 이야기를 담고 있다는, 사이스 신전에 한때 보관되었던 신성한 기록들을 더 이상 볼 수가 없다. 솔론이 기원전 600년경에 방문한 그 신전은 네이트 여신에게 바쳐진 신전이었고 건립 연대는 아주 오래되어 기원전 3200년경인 제1왕조 시대로 소급된다.[33] 그러나 불운하게도 사이스 신전은 기원후 1400년에 완전히 파괴되어 쓰레기 더미와 약간의 흩어진 돌덩어리들만 남아 있고 오늘날에는 사 엘 하가르 마을이 들어서 있다.[34] 반면 에드푸 신전은 당초의 신성한 기록들은 모두 사라졌지만, 건물 벽에 보존된 발췌본은 솔론이 들어서 플라톤에게 전했다는 것과 본질적으로 똑같은 이야기를 전해주고 있다. 또 그리피스가 「난파 선원의 이야기」에서 파편적이면서도 문학적인 형태로 우리에게 전해졌다고 주장한 사라진 섬의 이야기와도 유사한 정보를 전한다.

우리는 에드푸 텍스트에서 태곳적 사람들의 고향이 대양 한가운데에 떠 있는 신성한 섬이라는 것을 읽은 바 있다. 따라서 기본적인 지리적 배경의 수준에서도, 「난파 선원의 이야기」에 나오는 카의 섬과 유사하다. 그러나 둘 사이의 유사성은 이보다 더 깊은 수준에서도 계속된다. 에드푸 텍스트의 여러 군데에서 태곳적 사람들의 고향을 주재한 최초의 신은 "죽은 신, 즉 카"였다고 나온다.[35] 실제로 우리는 그 섬이 "카의 고향"으로 알려져 있고,[36] 또 "카가 그 섬을 다스렸다"는 내용도 읽었다.[37] "이 카는 그 섬의 갈대밭에서 살았다"는 것이다.[38] 달리 말해서 에드푸 텍스트에 나오는 태곳적 사람들의 고향은 바로 카의 섬이며, 카의 섬에서 플라톤의 아틀란티스 원형을 보았던 그리피스의 주장이 타당하다고 볼 때, 태곳적 사람들의 고향 역시 원형인 것이다.

이런 비교를 더욱 단단하게 뒷받침하는 것은 「난파 선원의 이야기」에는 나오지 않으나, 에드푸 텍스트에는 나오는 자세한 사항들이다. 특히 흥미로운 사항은 태곳적 사람들의 섬 한가운데에 있는 당초의 신성한 영역 주위에 원형의 수로가 있다는 사실이다. 이 원형 수로는 그 영역을 강화하고 보호하려는 목적으로 만들어졌으며,[39] 이 환상대 또한 아틀란티스와 직접적인 관련이 있다. 아틀란티스에도 신성한 영역이 있어서 그곳에 신전과 신의 궁전이 있었으며, 플라톤은 이 신을 "포세이돈"이라고 불렀다. 이 신전 또한 원형 수로에 둘러싸여 있었고, 원형의 육지에 의하여 격리된 또다른 동심원의 중심에 위치했는데, 이러한 배치는 축성과 보호의 목적을 띠고 있었다.[40]

다른 세부사항들은 세 이야기 모두에서 발견된다. 예를 들면 플라톤이 말한 아틀란티스 섬도 홍수로 가라앉았고, 「난파 선원의 이야기」에서 카의 섬도 큰물이 범람하여 물속으로 가라앉았다. 이러한 수몰은 에드푸 텍스트의 태곳적 사람들의 고향이 물바다가 되어버린 것과 너무나 유사하다. 에드푸 텍스트는 이렇게 말한다.

그 범람은 너무나 격심하여 신성한 땅을 파괴했다……[41] 태고의 물이……
그 섬을 침몰시켰고……그 섬은 원래 그곳에 살았던 신성한 주민들의 무덤
이 되었다…….[42] 고향은 원시의 바다 밑에서 어둠으로 끝나버렸다.[43]

이것을 플라톤의 이야기와 비교해보라. 그는 "엄청난 파괴력을 가진 지
진과 홍수"가 발생했고,[44] 그 결과로

끔찍한 단 하루 낮과 하루 밤 사이에……아틀란티스 섬은……바다에 삼켜
져서 사라졌다.[45]

흥미롭게도 플라톤은 아틀란티스를 파괴한 지진과 홍수의 직접적인 원
인에 대해서 암시하고 있다. 『티마이오스』에서 사라진 문명과 그 실종에 대
한 이야기의 서론으로서 플라톤은 이런 보고를 한다. 솔론에게 그 이야기
를 해준 이집트 사제들은 **천상의 격변**을 언급하면서 이야기를 시작한다.

옛날부터 여러 가지 원인에 의해서 많은 인류가 파멸되었으며, 또 앞으로도
파멸될 것입니다. 그 가장 큰 파멸은 홍수와 화재에 의한 것이며, 다른 사
소한 것들은 기타 여러 가지 원인에 의한 것입니다. 이 이야기는 당신들[즉
그리스인들]도 전해 듣고 있는 것으로 압니다. 즉 옛날 헬리오스의 아들 파
에톤이 아버지의 마차를 타고 천상의 길을 나섰는데, 아버지가 달리는 궤
도를 달릴 수 없었기 때문에 지상의 만물을 불살라버리고 자기는 벼락을
맞아 죽었지요. 이것은 진실의 신화적 버전입니다. 그러니까 오랜 시간 간
격을 두고서 천체들의 운행에 변화가 발생하고, 그 결과 지상에는 큰 화재
가 발생한다는 이야기인 것입니다.[46]

「난파 선원의 이야기」에서도 천상의 대격변이 큰 역할을 했다. 뱀 왕은 그의 종족이 파멸된 경위를 밝히면서, "별이 떨어졌고 그것을 통해서 화염이 치솟았다"라고 말했다. 에드푸 신전 텍스트에서도 그런 불길한 힘의 작용이 등장한다. 이 텍스트에서는 섬을 다스리는 슬픈 사연을 가지고 있지만 현명한 통치자가 등장하는 것이 아니라 섬과 그 섬의 신성한 주민들을 괴롭히는 치명적인 "적"이 등장한다.[47] 에드푸 텍스트의 의미를 좀더 큰 맥락에 대입하기 위해서 조로아스터교의 악령 전승을 먼저 살펴보기로 하자.

그 겨울의 초입에 악령이……하늘에서 뱀처럼 튀어나와 땅에 떨어질 것이다……그는 정오에 달려들 것이다. 그리하여 양떼가 늑대에게 놀라는 것처럼 하늘은 혼비백산하여 산산조각이 날 것이다. 그는 땅 아래 마련된 물을 타고 올 것이고, 이 대지의 중간은 그에 의해서 침투당해 찢어질 것이다……그는 모든 피조물에 달려들 것이고 한낮인데도 마침 한밤중인 것처럼 온 세상을 어둡게 만들고서 그들에게 부상을 입힐 것이다.[48]

내가 이미 제7장에서 주장했듯이, 우리가 여기서 다루고 있는 것은 "진실의 신화적 버전"이다. 이 신화의 밑바탕이 되는 진실은 혜성 충돌이 일으킨 대격변이다. 이제 다시 에드푸 신전 텍스트의 관련 문장을 살펴보자. 은프-웨르(nhp-wer), 즉 "크게 뛰어오르는 자"라는 뜻의 뱀이 "신의 주적"으로 묘사되어 있다.[49] 그의 "공격"으로 태곳적 사람들의 고향이 바다 속으로 삼켜졌는데, 그에 앞서 그 섬의 신—카, 여기서는 "대지의 신"[50]으로 묘사된다—의 양발이 "관통되었고 그의 영토는 분열되었다."[51]

레이먼드는 이것에 대해서 이렇게 논평한다.

이것은 명백한 재앙의 그림이다……이것은 신성한 땅을 파괴했고 그 결과 그 섬의 신성한 주민들은 죽었다. 이 해석은, "집단"[신성한 존재들의 그룹]의 죽음과 태고의 섬을 뒤덮은 어둠 등을 언급한 최초의 에드푸 기록의 다른 부분들과 일치한다.[52]

이제 여러 가지 실마리들이 합쳐진다. 플라톤이 말한 천체들의 운행에 변화가 발생하여 지상에 광범위한 파괴 행위가 벌어지고, 「난파 선원의 이야기」에서는 살인적인 별이 떨어지며, 조로아스터교의 전승에서는 하늘에서 뱀이 튀어나와 땅을 찢고 세상을 어둡게 만들며, 에드푸 텍스트의 크게 뛰어오르는 뱀은 대지의 신을 공격하여 그의 양 발을 관통하고 신성한 집단을 죽이며 태고의 섬을 어둠 속에 가두어놓는다. 나는 제3장에서 살펴보았던 오지브와족의 "신화"도 생각난다. "길고 넓은 꼬리를 가진 별은 과거 수천 년 전에 이곳으로 내려왔다." 그 별은 특히 "혜성"으로 알려진 별인데,[53] "지상에 최초의 홍수를 일으켰다."[54]

혜성과 소행성은 홍수를 일으킬 뿐만 아니라 지표면에 심한 압력을 가하여 지진과 화산 활동을 촉진시킨다. 아틀란티스의 이야기 서두에서 파에톤의 "천둥"을 먼저 말하고 그 다음에 아틀란티스 파멸의 원인을 지진과 홍수라고 한 다음, 그 연대가 솔론의 시대보다 9,000년 앞선 기원전 9600년이라고 말한 것이, 과연 우연하게 지어낸 것이라고 할 수 있겠는가? 나는 이 모든 전승들이 선사시대의 어떤 특정한 시기에 벌어진 끔찍한 사건을 실제로 가리키고 있다고 생각한다.

내가 앞의 장들에서 주장한 것처럼 이 특정한 시기는 영거 드라이어스 한랭시대이다. 이 시대는 1만2,800년 전에 대격변에 의해서 시작되었고, 역시 1만1,600년 전에 대규모 홍수라는 대재앙으로 막을 내렸다. 북아메리카와 북유럽의 빙원들이 연속적으로 붕괴한 현상이 YD 시대의 시점과 종착점에서 똑같이 발생한 것이다. 혜성이 대규모 파편들로 파열되어 여러 번 충격을 가했다는 주장은 내가 볼 때 아주 타당한 이론이다. 신화학적인 증거에 비추어볼 때, 동일한 대형 혜성의 잔해물이 궤도를 돌다가 다시 지구에 충격을 가하여 영거 드라이어스 시대를 끝냈다는 가능성도 진지하게 검토되어야 한다.

그 과정에서, 온 세상의 많은 신화와 전승이 주장하듯이 고급 문명이 역사에서 사라졌다.

사운드 아이(Sound Eye)의 신비

고고학은 1만2,800년과 1만1,600년 전 사이에 세상의 대부분 지역에서는 수렵-채취자들이 살고 있었고, 석기 시대에 갇혀 있었으며, 농업은 아예 시작조차 되지 않았다고 말하는데, 이는 그리 틀린 이야기는 아니다. 그러나 고고학자들에게는 아주 당황스럽게도 플라톤은 아틀란티스가 완전히 다른 문명이었다는 점을 명확하게 밝히고 있다. 간단히 말해서 그것은 경이로운 대제국이었다. 바다를 항해하는 대규모 해군을 보유했고 그 덕분에 제국의 위력을 멀리 아프리카의 이집트, 이탈리아를 포함하는 유럽,[55] 그리고 플라톤이 말하는 "정반대 대륙"의 본토에까지 떨칠 수가 있었다. 많은 사람들은 이 대륙이 남북 아메리카를 의미하는 것이라고 보는데,[56] 이 대륙은 "진정 대양이라고 할 수 있는 바다로 둘러싸여 있다."[57] 아틀란티스는 잘 발달된 도시국가로서 원숙하고 번성하는 농업 경제로부터 부를 축적하고, 선진 야금술과 세련된 건축, 토목 기술을 자랑했다. 이러한 부와 기술은 엄청나게 풍부한 천연자원에 의해서 더욱 촉진되었다.

이와 같은 혜택을 받은 이 땅은 그런 천연자원을 제공했다. 그들은 신전, 왕궁, 항구, 조선소를 건설했다. 그들은 그 섬을 다음과 같은 방식으로 배열했다. 먼저 그들은 고대의 도시를 둘러싼 바다까지 다리를 놓아 왕궁을 오가는 도로를 건설했다……그들은 대를 이어서 그 왕궁을 장식했다……그리하여 왕궁은 그 규모나 아름다움에서 쳐다보기에 경이로운 광경이 되었다.

그리고 그들은 바깥 바다를 기점으로 하여 폭이 약 100미터, 깊이 약 30미터, 길이 9킬로미터의 운하를 팠다. 그들은 이 운하를 바다의 가장 먼곳에서 배가 들어오게 하는 일종의 항구로 만들었고, 운하의 입구 부분을 넓혀서 아주 큰 배들이라도 드나들기 쉽게 했다. 더욱이 그들은 다리를 이용하여 바다의 환상대와 땅의 환상대를 구분하여, 한 척의 3단 노선이 바다 환상대에서 땅 환상대를 통과할 공간을 만들었고, 또 그 공간 위에 덮개를 놓아 배들이 그 밑으로 지나갈 수 있게 했다. 통과 공간의 양쪽 둑이 훨씬 더 높기 때문에 그런 덮개를 놓을 수 있었다.

배가 바다로부터 진입해 들어오는 환상대 중에서 가장 큰 것은 폭이 약 530미터인테, 바로 그 옆에 있는 육지 환상대의 폭도 그와 동일했다. 그 안쪽을 달리는 두 번째의 환상대(하나는 물, 하나는 땅)는 폭이 약 355미터이고, 가운데 섬을 바로 에워싼 육지 환상대는 폭이 약 180미터였다. 그리고 왕궁이 위치한 섬은 직경이 890미터였다. 이런 환상대들과 폭이 약 30미터인 다리와 관련하여 그들은 각 환상대마다 돌담을 두르고, 바다로 향하는 각 다리들에는 망루를 세우고 문을 설치했다.

이 작업에 사용된 돌은 희고 검고 붉은 여러 가지 색깔이었는데, 가운데 섬의 주변이나 안팎의 환상대에서 캐낸 것이었다. 그들은 자연 암벽에서 돌을 파낸 공간을 활용하여 두 개의 부두를 만들었다. 어떤 건물들은 단색의 석재를 사용했지만, 다른 건물들은 여러 가지 색깔의 석재를 사용하여 사람들의 눈을 즐겁게 하고 또 즐거움의 자연스러운 원천이 되었다. 또 그들은 가장 바깥쪽의 육지 환상대를 에워싼 돌담 주위를 물감으로 칠한 것처럼 구리판으로 뒤덮고, 두 번째 담은 주석으로 덮었으며, 마지막으로 성채를 내포하는 맨 안쪽 돌담에는 붉은빛으로 빛나는 오리칼쿰을 씌웠다.[58]

아무도 아틀란티스의 저 유명한 오리칼쿰이 어떤 금속인지를 알지 못한다. 플라톤은 그의 시대에도 이미 그 금속이 "이름으로만" 전해진다고 말했다.[59] 하지만 그것은 이 전설이 된 사라진 문명과 관련된 기술적 탁월함의 광휘를 보여주고 있다.

바다를 운항하는 항해술, 발달된 농업 기술, 대규모 토목공사 등은 에드푸 텍스트에 묘사된 태곳적 사람들의 고향의 주된 특징이기도 하다. 우리는 이미 그곳에서 운하의 환상대가 어떻게 기능하는지 보았다. 이 환상대는 또한 아틀란티스의 웅장한 신전들을 둘러싸고 있다. 예를 들면 우리는 그 텍스트에서 "세로 90큐빗에 가로 20큐빗 크기"(대략 세로 45미터에 가로 10미터)의 예배당을 보게 된다.

그 예배당의 전면에는 가로 90큐빗, 세로 90큐빗의 커다란 전정(前庭)이 세워져 있었……세로 50큐빗에 가로 30큐빗인 다주식(多柱式) 홀이 있었다……이어 세로 20큐빗에 가로 30큐빗의 또다른 홀이 있었다. 그리고 각각 세로 45큐빗, 가로 20큐빗의 두 개의 연속적인 홀이 첫 번째 다주식 홀의 정면에 덧붙여져 있었다.[60]

또한 서쪽에서 동쪽으로 300큐빗, 북쪽에서 남쪽으로 400큐빗 크기의 담장이 묘사되어 있다. 이 담장 안에는 "신의 집"이라는 사원이 있었고, 다시 그 사원 안에는 동쪽에서 서쪽으로 길이가 90큐빗 크기의 지성소가 있었다.[61]

에드푸 텍스트는 또한 세로 300큐빗에 가로 400큐빗인 거대한 규모의 세 번째 담장을 언급한다. 여기에도 서쪽에서 동쪽으로 90큐빗, 북쪽에서 남쪽으로 20큐빗인 내부 지성소가 있는데, 이것은 다시 세로 30큐빗, 가로 20큐빗 크기의 방 3개로 나뉜다.[62]

그러나 태곳적 사람들의 고향에 고도의 기술이 있었다는 가장 강력한 증거는, "크게 뛰어오르는 자"라고 천상의 "뱀"의 공격으로 대지의 신을 "관통하고" 또 그 땅을 "쪼개어놓는" 대격변 끝에 섬이 사라졌다고 서술하는 발췌본들 중 하나에서 찾아볼 수 있다. 그런 다음에 텍스트는 아주 신비하게도 "사운드 아이(Sound Eye)가 붕괴되었다"라고 말한다.[63]

"사운드 아이가 갑자기 나오는 것은……다소 이상하다"라고 레이먼드는 말한다. 그녀는 텍스트가 이 점에 대해서 불분명하다고 말하면서도 사운드 아이를 다음과 같이 추정한다.

그 섬을 비추는 빛의 중심을 가리키는 이름.[64]

간단히 말해서 신들의 태곳적 섬을 비추는 일종의 인공조명 시설이라는 것이다. 레이먼드는 이어 이렇게 말한다.

다소 유보적인 설명이기는 하지만, 먼저 대재앙이 일어났고 그 다음에 사운드 아이가 붕괴된 듯하다. 그 결과 창조주의 영역에는 완전한 어둠이 내려와 덮쳤다.[65]

신들은 항해를 떠나고……

대재앙이 아틀란티스를 내리친 다음에는 무슨 일이 벌어졌는가? 생존자들은 있었는가? 만약 살아남은 자들이 있었다면 그들은 자신들의 지식을 어떻게 했는가?

플라톤의 『티마이오스』와 『크리티아스』는 이런 질문들에 대답을 해주지 않는다. 그러나 에드푸 신전 텍스트는 태곳적 사람들의 고향을 파괴한 대재앙에서 살아남은 사람들이 있었다고 분명하게 밝힌다. "신들의 집단"은 신성한 섬이 대홍수에 의해서 물밑으로 가라앉았을 때, 이미 바다로 항해를 떠났다는 것이다. 이어 그들은 대격변이 지나가고 난 뒤에 섬이 있던 곳으로 다시 돌아왔다. 그러나 그들은,

수면을 둥둥 떠다니는 갈대만 보았을 뿐이다.[66]

거기에는 엄청난 양의 진흙도 있었는데,[67] 이는 대홍수 이후의 아틀란티스 인근을 묘사한 플라톤의 문장을 연상시킨다.

그 해역은 항해가 불가능했다. 물밑으로 가라앉은 섬의 잔해물인 진흙이 수면 바로 밑에 둥둥 떠 있었기 때문이다.[68]

태곳적 사람들의 고향의 경우에는 가라앉은 섬 중 약간의 땅이 수면 가까이에 있어서 생존자들은 그 땅을 바다로부터 회복시키려고 노력했다. 이 노력을 가리켜 에드푸 텍스트는 "파이(pãy)-땅의 창조"라고 묘사했다. "파이-땅"은 곧 바다에서 수복된 땅을 가리키는 용어였다.[69] 텍스트는 다시 이렇게 말한다. "쉐브티는 신성한 주문을 외웠고, 그러자 물이 서서히 섬의 가장자리에서 빠져나갔으며, 파이-땅이 그 본 모습을 드러냈다."[70] 텍스트는 이어 이렇게 묘사한다.

일련의 땅들이 계속해서 드러나는……지속적인 창조의……과정이었다.[71] 이 땅들의 창조……신성한 영역들은 실제로 과거에 있었으나 사라진 것의

부활이요, 회복이었다…….[72] 마침내 파이—땅이 더 드러났고 그리하여 옛 고향에 새로운 활기를 불어넣었다.[73]

그렇지만 천재지변은 태고의 섬을 완벽하게 파괴했기 때문에 그 어떤 복구 노력도 섬에 예전의 영광을 돌려줄 수가 없었다. 따라서 생존자들이 취할 수 있는 유일한 해결 방안은 천재지변의 피해가 극심하지 않은 다른 지역을 찾아내서 옛 영광을 재현하는 것이었다. 그리하여 위대한 복구사업이 시작되었고, 그 결과물이 오늘날 우리가 살고 있는 세상인 것이다. 레이먼드는 이렇게 설명한다.

에드푸 텍스트가 말하는 것은 다음과 같다. 신들은 원래의 파이—땅을 떠났다…….[74] 그들은……태곳적 세상의 또다른 부분으로 항해했다…….[75] [그리고] 태곳적 시대의 여러 땅들을……통하여 여행했다…….[76] 그들이 정착한 땅 어느 곳에서나 그들은 새로운 신성한 영역을 건설했다.[77]

요약하면 그들의 사명은 대홍수 이전 시대의 사라진 문명과 사라진 종교를 다시 전파하는 것이었다. 레이먼드가 말한 것처럼, 이 "태고 시대의 두 번째 시절"은 "여러 분야에서의 발전"을 가져왔고, "이 발전은 역사적 시대 속에서 살아남았다."[78]

어린아이처럼 다시 시작하기

에드푸 텍스트는 문명화 사업을 주도한 "신들의 집단"의 "방랑(smd)"을 언급한다.[79] 그 집단의 지도자는 매 호루스인데 에드푸 신전은 훨씬 후대에 이 신에게 봉헌되었고, 그 신들의 집단 중에는 지혜의 신 토트도 있었다.[80]

호루스와 토트를 따르는 신들의 무리에는, "창조"라는 구체적 책임이 부여된 쉐브티,[81] "건설의 실제 업무"를 담당하는 "건설자 신,"[82] 그리고 "일곱 현인"이 있었다.[83] 제8장에서 다룬 메소포타미아 전승의 압칼루에 비추어볼 때, 이 일곱 현인은 아주 흥미로운 존재이고 또 여기에는 우연의 일치 이상의 의미가 내포된 듯하다.

독자들은 압칼루가 종종 조인(鳥人) 혹은 반인반수의 존재, 그러니까 절반은 맹수, 절반은 인간의 모습으로 묘사되어 있는 것을 기억할 것이다. 마찬가지로 에드푸의 일곱 현인도 "매의 형태" 혹은 "매와 비슷한" 외관을 취하는 태고의 신들로 묘사되어 있다.[84]

대홍수 이전의 압칼루와 마찬가지로 에드푸 텍스트의 일곱 현인(이들은 고대 이집트의 비문 어디에서도 등장하지 않는다)은 신들 중에서도 마법사였다. 그들은 미래를 내다보는 견자(見者)였고,[85] "대지의 물질들을 마음대로 부리는 능력을 부여받았으므로(swr iht ti)"[86] "창조자의 말[言]로써"[87] 세상을 창조할 수 있었다. 레이먼드는 창조자의 말에 "필적할 수 있는 것은 없다"라고 논평했다.[88] 그들은 "사물을 확대시키는" 능력이 있는 것으로 생각되었으며, 그 능력 덕분에 마법적인 보호를 해줄 수 있었다.[89] 이 점에 대해서 레이먼드는 "아주 애매모호한" 내용을 최대한 해석하여, 이런 논평을 했다. "그들은 상징의 수단으로 마법적 보호를 해줄 수 있었다. 보호라는 마법적 힘은 사물들에 이름을 부여하는 데에서 나왔다."[90]

압칼루들은 그들의 마법에 도시와 신전의 건설 등 실용적인 기술을 뒤섞었다. 마찬가지로 에드푸의 일곱 현인은 실용적이고 토목건축적인 측면에 능숙했고, 텍스트의 많은 문장들은 그들이 건물들의 건설과 도시의 기초 공사에 관여했다고 증언한다.[91] 더욱이 이집트인들은 "역사적 신전들의 평면도가 태고 시대의 현인들이 토트에게 계시한 바에 따라서 작성되었다"라고 믿었다.[92]

일곱 현인과 토트의 특별한 관계는 우리가 앞에서 살펴본 바와 같이 압칼루와 메소포타미아 지혜의 신, 엔키와의 특별한 관계와 유사하다. 그러나 메소포타미아 비문에서 엔키는 현인들보다 명백하게 우월한 존재이다. 실제로 그는 그들의 창조자이다. 그러나 기이하게도 에드푸의 텍스트에서는 현인들의 지식이 지혜의 신 토트의 그것보다 우월한 것으로 간주된다. 실제로 에드푸의 전승은 다음과 같이 전한다. 에드푸 텍스트를 파생시킨 원래의 기록들은 토트에게 알려준 "현인들의 말"을 그대로 받아적은 것들이었다. 토트는 그후에 그 말들을 문자로 기록했다.[93] 에드푸 텍스트는 또한 다음과 같은 사실을 알려준다. 신화시대의 현인들은 "신전들과 신성한 장소들이 어떻게 창조되는지 그 방법을 아는 유일한 신적 존재들"로 여겨졌다.[94] 그들은 지식의 **창조자**이고,[95] 그 지식은 일단 창조된 이후에는 후대에 전해질 수 있을 뿐, 새롭게 발명되지는 않는다. 이것은 메소포타미아의 다음과 같은 사상과도 일치한다. 대홍수 이전의 압칼루들 시절 이래로, 새로운 것은 발명되지 않았고, 원래의 계시들이 후대에 전달되어 다시 전개될 뿐이다.

따라서 더 이상 세부사항들을 따져볼 것 없이, 고대 메소포타미아의 설형문자 비문에서 강력하게 개진된 사상, 즉 세계적인 대격변 이후에 대홍수 이전의 지식을 되찾아 다시 전파해야 한다는 계획은, 곧 에드푸 신전 텍스트에서 서술된 계획과 동일한 것이라는 점은 내게 자명해 보인다. 그리고 이 계획은 빙하기의 사라진 문명이 아틀란티스에 대한 플라톤의 보고와도 기이하고 혼란스러울 정도로 유사하다.

그보다 더 중대한 사실은 에드푸 텍스트가 다음과 같은 가능성을 깊이 생각하도록 유도한다는 것이다. 즉 "신들"이지만 분명 인간들인, 사라진 문명의 생존자들은 ─ 신비한 "힘"을 가지고 있었음에도 불구하고 ─ 대홍수 이후에 세상을 "방랑했다." 우연하게도, "대홍수의 철퇴를 모면한" 사람들은 주로 산악지대와 사막지대에 사는 수렵-채취 인구였다.[96] 플라톤은 『티마이오스』에서 이들을 가리켜 "문자도 없고 문화도 없는 사람들"이라고 분명하게 말했다. 그러나 문명의 전달자들은 간절한 희망을 품고 있었다. 만약 그들의 문명화 임무가 성공한다면, 인류는 "예전에 벌어졌던 일을 전혀 모르는 채, 어린아이처럼 다시 시작할" 필요가 없는 것이었다.[97]

메소포타미아 비문들의 증거와, 우리가 뒤에서 다시 논의하게 될 괴베클리 테페의 증거는 무엇을 의미하는가? 그것은 고대 아르메니아와 터키 동부의 산악지대가 문명의 전달자들이 대홍수 이후에 처음으로 찾아갔던 태고의 황무지들 중 하나였다는 것이다. 그리고 에드푸의 증언은 그들이 이집트 사막을 통과하여 비옥한 나일 강 일대에도 찾아왔다는 것을 보여준다.

더욱이 에드푸 텍스트는 그들이 가장 먼저 찾아온 이집트의 땅이 구체적으로 어디였는지를 분명하게 보여준다. 그곳은 에드푸가 아니었는데, 이에 대해서는 다음 장에서 살펴볼 것이다.

10

일곱 현인의 수도원

『티마이오스』에서 플라톤은 고대 이집트의 신전 기록들에 묘사된 사건, 즉 솔론의 시대보다 9,000년 앞선 기원전 9600년의 사건에 대해서 말했다. 그러나 플라톤이 이처럼 아득한 태고 시대에 대해서 언급한 것은 『티마이오스』뿐만은 아니다. 가령 플라톤은 자신의 『법률(Leges)』에서 고대 이집트인들에 대해서 이렇게 말했다.

> 당신이 현장에서 그들의 미술을 검토한다면, 1만 년 전에(나는 여기서 막연히 이야기하는 것이 아니라 글자 그대로 1만 년 전을 말하는 것이다) 나온 그림이나 부조들이 오늘날의 그것들보다 더 낫지도 그렇다고 더 나쁘지도 않다는 것을 발견할 것이다.[1]

그리스 철학자가 "1만 년 전"을 말하면서 결코 막연하게 말하는 것이 아니라고 강조한 점은 상당히 흥미롭다. 그는 문자 그대로 1만 년 전을 말한 것이다. 우리는 객관적인 연대 측정이 가능한 좀더 과학적인 시대에 살고 있다. 그러니 우리는 이 연대를 어떻게 해석해야 할까?

플라톤은 기원전 428년경에 태어났으므로, 그가 말하는 1만 년 전은 우리의 달력으로는 기원전 1만400년경이 되는데, 내가 『신의 지문』에서 제안했던 제프 테피(Zep Tepi), 즉 "최초의 때"—고대 이집트인들이 신들이 지상을 걸어다녔고, 나일 계곡의 문명이 처음으로 시작되었던 때[2]—인 기원전 1만450년에서 근접한 시기라고 할 수 있다.

이 연대는 나의 동료인 로버트 보발이 이집트의 기자에 있는 피라미드들의 천문학적 양상을 연구한 개척자적인 저서 『오리온의 신비(*The Orion Mystery*)』에 바탕을 둔 것이었다.[3] 이 연대는 우리 두 사람이 1996년에 공동 저작으로 펴낸 『창세의 수호신(*Keeper of Genesis*)』에서 더욱 자세히 설명된 바 있다.[4] 간단히 말하면, 이 연대는 기자 고원의 주요 기념물들의 정밀한 배치와 그 기념물들과 하늘의 별들의 상관관계를 바탕으로 산출한 것이다. 자세한 사항을 알고 싶은 독자는 『신의 지문』과 『창세의 수호신』을 참조할 것을 권한다. 여기서 핵심만 짚어서 설명하면 이러하다. 하늘에 떠 있는 별들의 위치는 고정된 것도 아니고 무한한 것도 아니며, 별들은 아주 긴 주기 — 천문학자들에게는 세차운동 주기로 알려진 것 — 을 따라서 아주 점진적으로 위치가 바뀐다. 이 세차운동 주기가 일순하는 데에는 2만5,920년이 걸린다.

이 주기는 지구의 움직임에서 비롯된 결과인데, 지구의 회전축은 매 72년마다 1도씩 기울어진다. 지구는 우리가 별들을 관측하는 전망대이기 때문에, 이러한 지구 방위의 변화는 지구에서 바라보는 모든 별들의 위치와 떠오르는 시간에 영향을 미친다. 예를 들면 하늘의 나머지 별들이 그것을 중심으로 회전하는 듯이 보이는 북극성은, 지구의 확장된 축이 지리적 북극을 지나면서 가장 직접적으로 가리키는 별일 뿐이다. 현재는 그것이 폴라리스(작은곰자리에 있는 알파 별)이지만, 세차운동의 효과는 아주 긴 시간이 흘러가면 북극성을 바꾸어놓는다. 이렇게 해서 이집트의 피라미드 시대가 시작되기 직전인 기원전 3000년경에 북극성은 투반(용자리의 알파 별)이었다. 그리스인들의 시대에 북극성은 작은곰자리의 베타 별이었다. 기원후 1만4000년에는 베가가 될 것이다.[5] 이처럼 긴 주기의 여행에서 때때로 지구의 확장된 북극이 공허한 공간을 가리키기도 하는데, 그럴 때에는 유

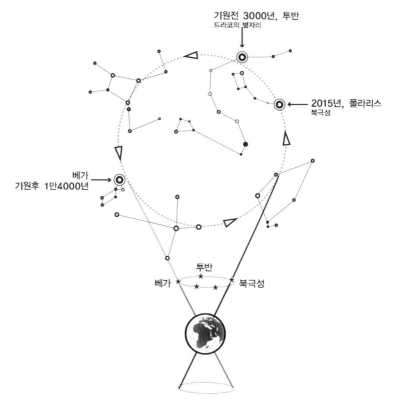

기원전 3000년, 투반
드라코의 별자리

2015년, 폴라리스
북극성

베가
기원후 1만4000년

투반
베가 북극성

그림 33 세차운동의 효과는 아주 오랜 시간에 걸쳐서 북극성을 바꾼다.

용한 "북극성"이 없게 된다.

세차운동의 가장 극적이고, 아름답고, 또 미학적으로 멋진 효과는 춘분 때에 지평선에서 관찰되는 효과이다. 이때 밤과 낮의 길이는 같고, 태양은 황도의 12궁을 배경으로 정확하게 정동에서 떠오른다. 황도의 변화율은 북극의 경우와 동일하여, 72년마다 1도 차이가 나는데, 그 때문에 한 사람의 생애 동안에는 측정은 고사하고 제대로 관찰하기도 쉽지가 않다. 그러나 당신의 문화가 장기간에 걸쳐서 면밀한 기록을 유지하는 문화라면, 그 특별한 날(북반구의 봄의 시작을 알리는 날)에 태양을 "모시는" 황도의 별자리가 지평선을 따라 아주 천천히 움직이다가 마침내 다음 별자리가 그 자리를 차지한다는 사실을 기록해놓았을 것이다.

대략적으로 설명하면 태양은 황도의 각 별자리에서 2,160년(30도 × 72년)을 보낸다. 황도에는 12개의 별자리가 있으므로 세차운동이 완전히 한 바퀴를 도는 시간은 2만5,920년(12개 × 2,160년)이다. 이 오랜 시간이 지나서 다시 1년차가 되어 처음부터 다시 시작하는 해를 가리켜 새로운 "그레이트 이어(Great Year)"라고 한다. 천궁도를 살펴본 사람은 알겠지만, 태양은 황도를 지나가는 1년 동안 각 별자리에 대략 한 달을 머문다. 물병자리가 지나가면 물고기자리가 나오고, 그 다음에는 양자리, 황소자리, 쌍둥이자리, 게자리, 사자자리 이런 식으로 바뀐다. 그러나 그레이트 이어를 통해서 태양이 지나가는 장엄한 세차운동 경로는 **역 방향**으로 틀어서 1년 단위의 경로와는 다르게, 사자자리 → 게자리 → 쌍둥이자리 → 황소자리 → 양자리 → 물고기자리 → 물병자리의 순서가 된다. 그리고 그레이트 이어에서의 한 "달"은 곧 2,160년인 것이다.

그러면 좀더 구체적인 사례를 들어보자. 초기 기독교인들이 물고기를 그들의 상징으로 사용한 것은 결코 우연의 일치가 아니다. 왜냐하면 물고기자리가 기독교 시대의 개막부터 오늘날에 이르기까지 춘분 날이면 태양을 모시는 황도의 별자리이기 때문이다. 따라서 유명한 노래가 "우리는 물병자리의 시대가 동터오는 시점에 살고 있다"라고 말한 것은 틀린 것이 아니다. 왜냐하면 21세기 초반은 "물고기자리 시대"가 끝나가는 지점, 즉 천문학적으로 무인지대(소속이 불명확한 영역)에 들어섰기 때문이다. 물고기자리 이전 시대는 양자리 시대(기원전 2330−170)였는데, 이때 고대 이집트에서는 양들이 주도적인 상징물이었다. 그보다 이전은 황소자리 시대(기원전 4490−2330)였는데, 이때는 아피스 황소에 대한 숭배가 제1왕조 혹은 그 이전부터 성행했다.

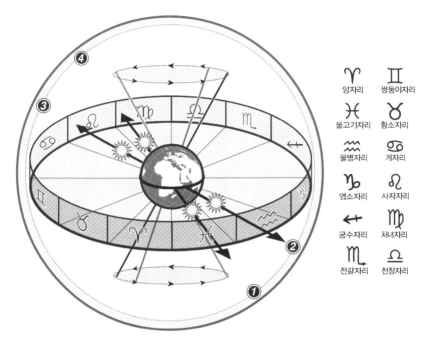

앙자리 ♈ 쌍둥이자리 ♊

물고기자리 ♓ 황소자리 ♉

물병자리 ♒ 게자리 ♋

염소자리 ♑ 사자자리 ♌

궁수자리 ← 처녀자리 ♍

전갈자리 ♏ 천칭자리 ♎

그림 34 태양은 지난 2,000년 동안 춘분 때면 ①물고기자리에 있으면서 점성술상으로 "물고기 시대"를 규정했으나 앞으로 ②물병자리로 들어갈 것이고 세차운동의 결과로 "물병자리 시대"가 시작될 것이다. 동시에 추분을 표시하는 별자리는 ④처녀자리에서 ③사자자리로 옮겨갈 것이다.

　점성술가와 천문학자들에 따라서는, 별자리의 경계가 몇 도 차이가 나기도 하는데(이로 인해서 1-2세기의 시차가 발생하는데), 하지만 전반적인 구도는 그들 사이에도 분명하게 이해되고 있고 그래서 위에서 제시한 연대는 객관적 사실에 아주 가까운 좋은 근사치이다. 현대의 컴퓨터를 이용하여 고대의 하늘을 시뮬레이션하는 것은 쉬운 작업이다. 컴퓨터로 시간을 황소자리 시대보다 더 뒤로 돌리면, 춘분 날에 황도에 태양을 모시는 별은 사자자리이므로 사자자리 시대가 된다. 이 점성술의 시대는 대략 기원전 1만970년에서 8810년 사이이다. 그러나 또다시 별들의 경계를 어디에다 놓느냐에 따라서 연대는 앞뒤로 2세기 정도 차이가 날 수 있다. 이처럼 시기적 경계가 유동적이기는 하지만 사자자리 시대는 영거 드라이어스 시대(기원전 1만800-9600)를 완벽하게 포괄한다. 나는 『신의 지문』을 집필할 때에는 이 사실을 알지 못했다. 그렇지만 『신의 지문』에서 고대 이집트인들이 제프 테피, 즉 "최초의 때"라고 부른 아주 먼 시대의 가장 가까운 후보로 사자자리 시대를 지목했었다.

천문학적 사실에 대해서 더 자세히 알고 싶은 독자들은 『신의 지문』, 『창세의 수호신』, 그 뒤에 나온 나의 책 『천상의 거울(Heaven's Mirror)』[6]을 참조하기를 바란다. 아무튼 여기서 핵심적 주장은 이런 것이다. 고대에는 "하늘에서와 같이 땅에서도"라는 전 지구적으로 전파된 교리가 있었다. 그리하여 하늘의 별자리 움직임의 패턴을 모방한 기념물을 의도적으로 지상에 건설했다. 더욱이 별들의 자리는 세차운동의 결과로 아주 천천히 꾸준하게 변하기 때문에, 별들의 위치를 반영하는 기념물의 패턴을 바탕으로 그 기념물이 가리키는 연대를 추리해낼 수 있다. 다시 말해서 지상에 있는 기념물이 그 건물이 지어진 당시의 하늘의 별자리를 보여주고, 그러면 이 별자리를 통해서 그 건물의 연대를 추정할 수 있다.

기자 고원은 세계에서 가장 뚜렷한 별들의 배치를 보여주는 기념물이지만, 이 문제를 좀더 분명하게 해두기 위해서, 이 배치는 나침반의 방향하고는 아무런 관련이 없다는 것을 미리 강조하고 싶다. 나침반이 가리키는 "북"은 자기(磁氣) 북으로 정북(正北)으로부터 10도의 편차가 있고, 지구의 핵심에서 자기가 계속 변하기 때문에 그 위치가 일정하지 않다. 정북은 지구의 지리적 북쪽 극이고, 달리 말해서 우리 지구의 회전의 축이다. 이 정북으로부터 정남, 정동, 정서가 나온다. 따라서 대(大)스핑크스의 시선이 정확하게 정동에 맞추어져 있고, 또 3개의 대(大)피라미드가 오싹할 정도로 정북과 정남에 일치한다는 것은 아주 의미심장하다. 실제로 대피라미드의 경우, 오차는 1도의 60분의 3에 불과하다.

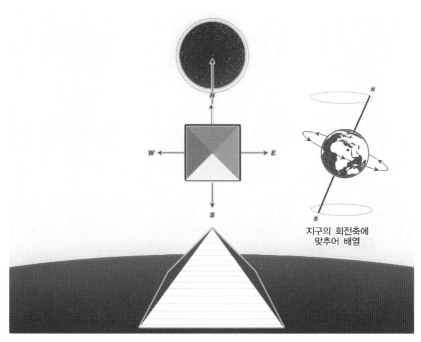

그림 35 대피라미드의 배치는 정북에서의 오차가 1도의 60분의 3에 불과하다.

　이것은 우리에게 무엇을 말해주는가? 그것은 이 모든 기념물이 천문학
적으로 결정된 자리에 배치되어 있다는 것이다. 천문학 이외에는 이런 정밀
성을 성취한다는 것은 불가능하기 때문이다. 달리 말해서, 설사 추가적인
천문학적 특징이 없다고 해도, 이러한 배치의 정확도만 가지고서도 천문학
자들의 판단이 반영되어 있음을 알 수 있다. 그러나 실제로는 다른 많은
천문학적 특징들이 있다. 기념물 그 자체뿐만 아니라 피라미드 텍스트 같
은 고대 이집트의 경전들이 그 점을 뒷받침하고 있다. 나는 이 문제에 대해
서 불필요한 반복을 피하고 싶으므로, 다시 한번 독자들에게 나의 이전 저
서들을 참조하라고 말씀드린다.

　여기서 문제의 핵심은 두 별자리와 관련이 있다. 하나는 사자자리이고
다른 하나는 오리온자리이다. 사자자리는 기원전 1만500년의 시절 춘분

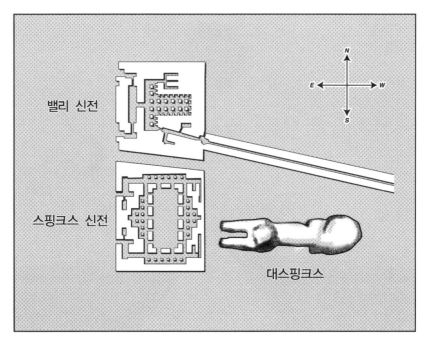

그림 36 대스핑크스의 시선은 완벽하게 정동에 맞추어져 있다.

새벽에 태양 위의 정동에서 떠오르는 별이다. 오리온자리는 고대 이집트인
들이 오시리스 신의 천상(天上) 형상(形象)이라고 생각했던 별이다. 오시
리스는 두아트라는 사후의 왕국을 다스렸던 작고한 신(神)—왕(王)이었다.
우리가 제9장에서 살펴보았던 것처럼, 오시리스는 어떤 의미에서 기자의 대
피라미드들의 카 — "분신" 혹은 정신적 본질 — 로 간주되었다.

　나는 다음에 나오는 주장들에 대해서 장황한 증거 제시로 독자들을 지
루하게 만들 생각은 없다. 그 주장들은 나의 예전 저서들에서 충분히 증명
되었고 또 참고 문헌도 제시되어 있기 때문이다. 아무튼 기원전 1만500년
의 시절에 놀라운 하늘—땅의 "연계"가 기자에서 벌어졌다. 나는 『신의 지
문』에서 그 연대를 이보다 50년 후인 기원전 1만450년으로 제시했으나, 이

그림 37 기원전 1만500년 춘분 날 일출 1시간 전의 새벽에 동쪽을 보면, 우리는 엎드린 사자자리를 볼 수 있는데, 스핑크스의 시선과 일직선상이다.

런 사소한 세부사항의 차이는 실제로는 그리 중요한 것이 아니다. 왜냐하면 별자리의 변화는 동일한 점성술 시대 내에서도 아주 느려서 별자리의 전반적 패턴은 여러 세기 동안 그대로 유지되기 때문이다. 실제로 기자 하늘-땅 연계는 기원전 1만800년에서 기원전 9600년에 이르는 영거 드라이어스 시대 동안에 대부분 같은 형태로 남아 있었다.

따라서 나는 편의상 "최초의 때"를 기원전 1만500년 또는 영거 드라이어스의 시대로 지칭하기로 하겠다. 이 시대는 좀더 북쪽 지역에서는 결빙의 시대였으나 — 특히 북아메리카와 북유럽 — 이집트의 기후는 사람이 살기에 편안하고 이로운 날씨였고 오늘날보다 한결 습윤하고 비옥했던 것으로 보인다. 이렇게 말한다고 해서 이집트가 영거 드라이어스의 대재앙을 완전히 모면했다는 뜻은 아니다. 앞으로 살펴보겠지만 강력하고 파괴적인 나일 강의 범람이 있었다. 그렇지만 세상의 다른 많은 지역들과 비교해볼 때, 매력적인 대피장소였을 것이라는 말이다.

하늘에서와 같이 땅에서도……다시 기원전 1만500년 시절의 기자에서 벌어진 하늘-땅 연계로 돌아가서, 정동을 바라보고 있는 사자의 몸(한때는 사자의 머리였을 가능성이 높은)을 가진 대스핑크스라는 기념물을 살펴보자. 스핑크스는 춘분 때에 떠오르는 태양을 바라보고 있을 뿐만 아니라 춘분 때에 태양을 모신 황도의 별자리를 바라보고 있다. 따라서 오늘날 이 기념물은 물고기자리와 물병자리 사이의 첨단을 바라본다. 카르나크 신전을 건설할 당시에, 스핑크스는 양자리를 바라보았고, 스핑크스가 지어졌을 것으로 추정되는 고왕국 시대에는 황소자리를 바라보았다. 이것은 분명 완벽한 하늘-땅의 일치가 아니다.

실제로 지난 2만5,920년 주기 중 딱 한 시대에만, 사자 몸의 스핑크스가 춘분 날의 동이 트기 전에 천상의 짝인 사자자리와 일치했는데, 바로 기원전 1만500년이었다.

그리고 또다른 일치사항이 있다. 같은 시절에 그러니까 태양이 정동의 지평선에서 양분되는 바로 그 순간에, 오리온자리의 세 별은 자오선의 정남에 위치하고 있었다는 것이다. 오리온이 하늘에 자리잡은 모양은 지상에서 3개의 피라미드의 배치와 일치한다. 이렇게 오시리스/오리온이 피라미드들의 카 혹은 "분신"이라는 숭고한 이미지를 만들어낸다.

로버트 보발이 『오리온의 신비』(1994)라는 책에서 이러한 상관관계를 전 세계의 독자들에게 알린 이후, 그리고 내가 이 문제를 『신의 지문』에서 다루고 또 나와 로버트가 『창세의 수호신』에서 이 문제를 추가로 다룬 이후, 이 가설은 주류 고대 천문학 학자이고 로스앤젤레스 그리피스 천문관측소에 근무하는 에드 크룹으로부터 강력한 비판을 받았다.

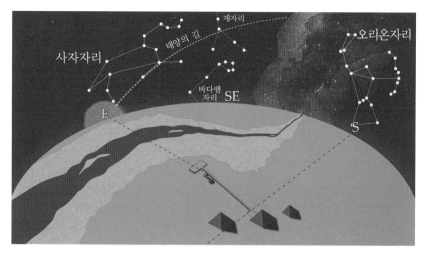

그림 38 기원전 1만500년의 춘분, 태양이 정동의 지평선에서 정확하게 반분될 때, 오리온자리의 세 별은 자오선 남쪽에 위치한다. 세 별은 지상의 3개의 대피라미드의 패턴과 일치한다.

크룹은 천상과 지상의 상호관계가 "거꾸로 되어 있다"라고 주장했다. 그 것은 하늘의 굴곡을 바탕으로 내놓은 세련된 주장인데, 오리온 벨트의 세 별들 중 가장 높은 것(오리온과의 상관관계에서 세 피라미드 중 가장 남 쪽의 것과 일치되는 것)이 실제로는 가장 북쪽의 별이라는 것이다. 우리는 크룹의 주장을 반박하면서 다음과 같이 주장했다. 크룹의 주장과 일치하 는 피라미드를 지상에 건설하는 것은 현대의 천문학적 관점에서 보면 기술 적으로는 "정확할지" 몰라도, 그 경우 피라미드는 하늘에 보이는 것(오리 온)과 지상에서 보이는 것(피라미드) 사이의 즉각적인 시각적 일치를 만들 지는 못할 것이다. 또한 우리가 21세기 천문학적 관점(북쪽을 "위"로 본다) 을 완전히 벗어나서, 기원전 1만500년의 춘분 날 새벽에 하늘에 보였던 것 을 그대로 지상에다 구현한다면, 로버트 보발이 한결같이 주장한 것처럼, 그 결과는 3개의 대피라미드와 오리온자리의 세 별이 보여주는 아주 근사 한 하늘-땅 일치가 될 것이다.

더욱이 위에서 지적한 것처럼, 이러한 일치의 더 인상적인 특징은 스핑크스/사자자리의 일치이다. 이 점은 다시 한번 강조할 필요가 있다. 기원전 1만500년 춘분 날 동이 트기 1시간 전쯤에 정동을 바라보면, 우리는 배를 지평선에 대고 엎드려 있는 사자자리를 볼 수 있다. 여기에는 명백한 하늘-땅의 상관관계가 있다. 이 순간에 바라본 사자자리의 옆모습은 사자 몸의 스핑크스의 옆모습을 아주 닮아 있을 것이다.

지구가 돌고, 별과 태양이 떠오르고, 빛이 하늘에 넘치고, 이어 — 약 1시간 뒤에 — 태양의 원반이 정동에서 정확하게 양분되는데, 이때 스핑스크의 시선과 태양은 일치된다. 바로 그 순간 오리온자리의 세 별이 자오선상의 정남 한가운데 위치한다. 이것은 현대의 천문학적 소프트웨어에 의해서 명확하게 확인이 되며, 천체의 움직임에 대한 해박한 지식을 갖춘 사람이 기원전 1만500년에 기자에 살았더라면, 그 역시 이런 사실을 알았을 것이다. 사실 우리는 천상에서 무거운 톱니바퀴가 거대한 시계처럼 작동한다는 느낌을 가지게 된다. 이 천상의 시계의 시침은 스핑크스/사자자리이고 분침은 피라미드/오리온자리이다. 그리고 이 시침과 분침은 기원전 1만500년의 시절을 가리키고 있다. 나는 오래 전에 이 시절이 신비한 고대 이집트인들이 말한 "최초의 때"라고 주장했는데, 이제는 그 시절이 또한 세상에 엄청난 천재지변을 가져온 영거 드라이어스의 시대였음을 알게 되었다.

별들에 의한 연대 측정

하늘의 별자리와 지상의 대규모 건축물을 상호 연계시켜서 역사상 중요한 순간들을 상징적으로 기록하는 것은 고대에서 널리 이용되던 관습이었다. 나는 『천상의 거울』(1998)에서 이것을 광범위하게 다루었다.[7] 이런 하늘-땅의 일치 사례들을 제대로 이해하면 고고학적 탐구에 새로운 빛을 얻게 된다. 예를 들면 2014년, 마케도니아 공화국에 있는 고대의 흙무덤은 고고학적 분석에 의해서 인공적으로 조성된 봉분으로 밝혀졌다. 이 흙무덤의 크기는 85 × 45미터이고, 북–남쪽을 향하고 있으며, 타원형 도랑 안에 위치하고 있는데, 이 거대한 흙무덤은 트리에스테 대학교의 연구자들에 의해서 카시오페이아 자리—기원전 356년 7월 21일 그 자리에서 바라본 하늘에 나타난 별의 모습—의 재현으로 확인되었다. 그날은 저명한 마케도니아 통치자인 알렉산드로스 대왕의 생일이었다. 연구자들은 이런 결론을 내렸다.

카시오페이아는 정북으로 누워 있고, 지상에 그려진 그림(geoglyph) 바로 위의 하늘에 수직으로 서 있다. 이것은 지상에 그려놓은 완벽한 하늘의 모습이다.[8]

이런 하늘–땅 일치는 고대 세계에만 국한된 것이 아니다. 보다 최근의 사례로는 미국의 후버 댐을 들 수 있다. 댐의 웅장한 기념탑은 검은색 섬록암 받침대가 거대한 날개 달린 두 형상—이 형상은 메소포타미아와 고대 이집트의 신들을 연상시킨다—을 떠받치는 구조인데, 이 기념탑의 기반에는 조각가 오스카 한센이 제작한, 별자리가 그려진 멋진 테라초 바닥이 있다. 다음은 미국 내무부의 토지개량국이 이 작품과 그 용도를 설명한 문장이다.

이 별자리표는 프랭클린 D. 루스벨트 대통령이 1935년 9월 30일에 후버 댐을 봉헌한 날짜를 미래의 세대들을 위해서 보존하기 위해서이다…….
이 천상의 지도에는 태양계의 별들이 정확하게 위치되어 있어서 천문에 밝은 사람은 향후 약 1만4,000년 동안의 세차운동을 계산할 수 있을 것이다. 반대로 미래의 세대들은, 특별히 다른 수단이 없다면, 이 기념물을 보고

서 후버 댐이 봉헌된 정확한 날짜를 파악할 수 있을 것이다.[9]

한센은 후버 댐을 명시적으로 대피라미드와 비교하면서 그것을 "공동의 필요 혹은 이상을 위한 공동체의 노력에 기여하는 집단적 정신의 기념물"[10]로 간주했고 또 그의 설계에 황도 12궁을 포함시켰다.[11] 그는 이런 요소들을 하나의 단서 혹은 표시로서 그것에 집어넣었다고 말했다. 그래야 "앞으로 다가올 먼 훗날의 시대에 지적인 사람들이 이 댐이 건립된 천문학적 연대를 파악할 수 있을 것이다."[12]

후버 댐과 그 기념비적 조각품들은 같은 해인 1935년에 완성되었다. 그러나 과거의 어느 시기에 대한 항구적인 진술을 하기 위해서 상징적 건축물이나 천문학적 배치를 사용할 수도 있다. 가령 12세기와 13세기에 지어진 유럽의 멋진 고딕 대성당들이 좋은 사례이다. 이 대성당들은 상징적 세부사항과 신성한 천문학적 사항을 돌과 스테인드 글라스에 새겨넣어,[13] 그 이전의 시대를 가리키고 있다. 가령 그리스도의 시대와 「구약성서」의 족장의 시대를 보여준다.

순수하게 천문학적 관점에서 살펴볼 때, 기자 기념물의 거대한 노력에 대해서는 이렇게 말할 수 있다. 피라미드와 스핑크스의 평면도는 명백하게 기원전 1만500년의 시절을 언급하고 있다. 하지만 나의 예전 책들을 읽은 독자들이 알고 있다시피, 기념물은 여러 특징적 사항들을 포함하고 있다. 가령 대피라미드의 몸통을 관통하는 4개의 비좁은 환기 구멍은, 이집트학 학자들이 피라미드의 건립 연대라고 생각하는 기원전 2500년 시절의 의미심장한 별들을 가리키고 있다.[14]

달리 말해서 기념물은 두 시대, 즉 기원전 2500년(환기 구멍)과 기원전 1만500년(평면도)을 상징하는 것이다.

장수를 누린 현인 숭배

내가 이 사실로부터 이끌어낸 가설은 다음과 같다. 영거 드라이어스 시대 어느 시점에 온 세상을 덮친 천재지변으로 위대한 선사시대의 문명이 거의 다 파괴되자, 그 문명의 생존자들은 세상을 방랑하다가 여러 곳에 나뉘어 정착하게 되었는데, 기자나 괴베클리 테페가 그런 정착지이다. 현인들은 이런 정착지에서 "예전 신들의 세계의 부활……파괴된 세계의 재창조하기" 위한 장기적인 계획을 실행했다.[15] 현인들은 그들의 문명이 어떤 끔찍한 실수, 혹은 치명적인 오류를 저질러서 YD 혜성의 형태로 우주의 징벌을 받았다고 생각했을 것이다. 따라서 파괴된 세상을 즉각 원상복구하려고 시도한다는 것은 불경하거나 현명하지 못한 일이었다. 어쩌면 즉각적인 복구는 **불가능한** 일이었을지도 모른다. 나일 강 일대는 날씨가 다소 좋기는 했지만 세상의 대부분 지역이 깊은 결빙의 상태에 빠져 있었으므로 나일 강 일대 또한 YD 시대의 시점과 종점에 대격변의 후유증을 겪었을 것이다. 그것은 소위 "난폭한 나일"의 사례에서 알아볼 수 있다. 나일 강은 때때로 극심하게 범람했고, 기원전 1만500년 시절에 그런 범람이 여러 차례 발생했으며, 기원전 9000년경이 되어서야 비로소 온화하고 예측 가능한 기상 조건을 회복했다.[16]

기자는 계곡 바닥보다는 훨씬 높은 지역에 위치하고 있었으므로 대홍수의 피해를 보지 않았을 것으로 추측되고 또 그런 피해의 증거는 없다. 따라서 사라진 문명의 생존자들이 이집트에서 이곳을 생활 터전으로 선택하여 건축 공사를 시작했을 법하다. 아마도 현인들은 고원의 자연 지형들을 감안하면서 건축을 해나갔을 것이다. 그런 지형들 중에서도 나는 높이 9미터 이상에 돌이 많은 언덕을 특히 주목해볼 것을 권한다. 앞으로 살펴보겠지만, 이 언덕은 에드푸 텍스트에서 언급된 "위대한 태고의 언덕"의 강력한 후보이다. 다시 말해서 이 언덕이 훨씬 더 후대에 내려와 대피라미드의 핵심이 되었을 가능성이 있다.

나는 또 이렇게 주장한다. 이 언덕에 갱도를 파서 아래로 내려가 기반암에 도달했을 것이다. 그런 뒤 이 암반을 파내서 오늘날 지하 현실(玄室)이라고 불리는 직사각형의 빈 공간을 만들었을 것이다. 이 현실은 오늘날에도 90미터 길이의 환기 구멍(현재는 "아래로 내려가는 통로"로 알려져 있다)을 이용해야 접근할 수 있다. 환기 구멍은 26도 각도로 대지의 내장 깊숙이 파고들어간다. 내가 볼 때 이 환기 구멍은 그 당시 만들어진 여러 가지 지하의 특징들 중 하나이고, 좀더 광범위한 특징들이 있을 것이나, 이것들은 아직 발견을 기다리고 있다.

마찬가지로 기원전 1만500년 전에 태곳적 기자를 방문한 사람들은 암석 산등성이(이런 지형에 대한 전문용어는 "야당[yardang]"이다)를 발견할 수 있었을 것이다. 아래로 완만하게 내려가는 이 산등성이는 이미 그 일대에 부는 바람에 깎여서 사자의 머리와 비슷한 형상을 하고 있었을 것이다. 그것은 동쪽을 바라보며 나일 계곡을 굽어보았을 터인데, 곧 광범위하게 굴착되고 조형되어 대스핑크스의 형상을 띠게 되었을 것이다. 기원전 1만500년의 시대에 상당한 조형작업이 진행되어 스핑크스의 핵심 몸체가 그 주변의 기반암으로부터 떨어져나왔을 것이다. 그러나 『신의 지문』을 집필한 이래 나의 변치 않는 견해는 다음과 같다. 스핑크스에 관한 주요 작업은 피라미드들에 대한 작업과 마찬가지로 후대에도 계속되어 마침내 기원전 2500년 시대에 완성되었을 것이다. 이때에는 스핑크스의 원래 사자 형상의 머리는 상당히 침식되었을 것이므로, 몸통 부분과는 전체적으로 균형이 맞지 않는 자그마한 인간의 머리로 재단장되어, 오늘날 그 형태로 전해지고 있다. 그때나 지금이나 나는 일관된 가설을 견지하고 있다. 즉 이러한 작업에는 아주 소수로 구성된 신성한 현인들에 대한 "숭배 집단"이 개입했으리라는 것이다. 하지만 그들이 남긴 고고학적 족적은 아주 희소하여 거의 무시할 수 있을 정도이다. 나는 그 숭배 집단을 일곱 현인의 집단이라고 부르겠다. 이 집단이 스핑크스와 피라미드의 주요 작업 단계들에 개입했고 또 그 단계들 사이에 기자에서 벌어진 모든 일을 주관했다. 내가 1995년에 썼듯이, 나의 가설은 두 시대 사이에서 "사라진" 8,000년(기원전 1만500년과 기원전 2500년 사이)이라는 변수를 중심으로 하고 있다.

기원전 1만,450년에 기자의 기본계획을 세우고 그후 오랫동안 존속한 동일한 집단이 대피라미드의 별을 바라보는 환기 구멍들을 만들었다는 가설을 세워보자. 물론 이것은 8,000년에 이르는 사라진 세월의 마지막에 세련된 문명인 이집트 왕조를 갑자기 "완전히 조직화된 형태로" 출현시킨 것도 동일한 집단이라는 말이 된다.[17]

빛에 의한 연대 측정

『신의 지문』을 출간한 이래 나는 여러 해 동안 기자의 신비를 심사숙고해왔다. 나의 견해는 불변이었다. 즉 스핑크스의 원형은 이미 기원전 1만500년에 이집트에 있었다는 것이다. 제4왕조 시대의 역사적 파라오들은 이 오래된 구조물을 보완하여 마침내 완성시킨 것이었다. 위에서 지적한 바와 같이, 기자 고원의 지하 특징들과, 스핑크스에 대한 초창기 작업은 실제로는 기원전 1만500년의 시대로 소급될 수 있다. 이 기념물의 측면뿐만 아니라, 그것을 둘러싼 구덩이의 여러 단면들에 남아 있는 뚜렷한 풍화의 작용의 흔적으로 미루어볼 때(이것은 보스턴 대학교의 지질학과 교수인 로버트 쇼크의 분석에 의해서 자세히 밝혀졌다), 스핑크스 원형은 이집트에 폭우가 내리던 빙하기 말기에 이미 존재한 것으로 보인다.[18] 어쩌면 연대가 그보다 앞선 '난폭한 나일' 시대로 거슬러올라갈지도 모른다.

나는 지질학적 증거를 토대로 스핑크스 원형이 실제로는 기원전 1만500년으로 소급된다는 것을 오래 전부터 확신했다. 그러나 기원전 1만500년과 기원전 2500년 사이의 사건들에 대해서는 흑백이 불분명한 회색 지대가 있다. 이것은 기자 고원의 거석(巨石) 신전들과 관련이 되는데 특히 스핑크스 신전(스핑크스 바로 앞, 그러니까 동쪽)과, 스핑크스의 남동쪽에 있는 밸리 신전이다. 이 두 신전은 스핑크스의 핵심 몸체 주변에서 캐낸 석회암 덩어리로 지어졌다. 그러나 많은 경우에 석회암 덩어리는 그 표면에 베니어처럼 덧씌운 화강암을 두르고 있다. 이 구조물(석회암과 화강암)에 대한 정통 고고학계의 연대는 기원전 2500년인 고왕국 시대이다. 좀더 구체적으로 말하면 제4왕조 시대로서 대략 기원전 2613년과 2494년 사이이다.[19]

『신의 지문』을 집필했을 때, 나는 이 신전들이 기원전 1만500년으로 소급될 수 있는 가능성에 대해서 열린 자세를 유지했다. 이것에 대해서는 최근에 나온 증거에 비추어볼 때, 좀더 면밀한 고찰이 필요하다. 표면 발광 연대 측정(돌에 보존된 빛 에너지를 측정하는 기술)이라는 발전된 과학적 기술로 신전의 연대를 측정한 결과, 표면상 두 신전이 우리가 현재 목격하는 형태로 기원전 1만500년에 존재했을 가능성을 결과적으로 배제했기 때문이다.[20]

나는 "표면상"이라는 말을 썼는데, 이 새로운 기술에는 특정한 문제점이 있기 때문이다. 다시 말해 이 기술에서 나온 결론은 좀더 면밀히 검토해야 할 필요가 있다. 더 중요한 사실로는, 연구자들 스스로가 시인했듯이 표면 발광 연대 측정은 검사 시료가 건물이 지어질 당시에 그 안에 들어가서 단 한번도 햇빛에 노출되지 않았다는 전제에 의존하고 있다. 만약 "단 몇 분"이라도 햇빛에 노출되었다면 — 가령 시료를 채취한 지역이 후대에 완벽한 차단 지붕을 설치하지 않은 채 보수작업을 한 지역이라면 — 시료에 잠재해 있던 "발광은 배출이 되어……그 신호는 0 혹은 0에 가까워진다." 이렇게 해서 건물이 지어졌던 당시의 원래 연대가 아니라, 보다 최근의 재작업을 한 연대를 보여주게 된다.[21]

　기자에 대한 표면 발광 연대 측정은 핵물리학자인 이오아니스 리리치스와 그의 동료인 아시미나 바피아두에 의해서 수행되었다. 이 두 학자는 모든 에게안 대학교의 고대측량학(archaeometry) 실험실 소속이다. 이들은 2015년 『문화유산 저널(*Journal of Culture Heritage*)』에 그들의 발견사항을 자세히 보고했다.[22] 그들이 시료를 채취한 구조물들 중 일부는 재작업을 했다는 결론이 나와서 잠재적 발광은 0이 되고, 연대를 재작업 시기로부터 계산해야 하는 건물은 4번 시료(밸리 신전 석회암)와 6번 시료(스핑크스 신전 화강암)였다. 4번은 오차범위 ± 540년에 기원전 1050년이라는 아주 어린 연대가 나왔고, 6번은 오차범위 ± 340년에 기원전 1190년이라는 연대가 나왔다.[23] 이 연대는 고대 이집트의 신왕국(18왕조와 그 이후)의 것으로 우리의 판단과는 아주 동떨어진 연대이다. 우리는 두 신전이 신왕국 시대에 이미 아주 오래된 건물이었다는 확고한 고고학적, 금석학적 증거를 가지고 있다.

　사정이 이러하므로 발광 연구에서 나온 다른 연대들도 신중하게 고찰해야 하며 두 신전 건설의 연대에 대한 확고한 증거가 되지 못한다. 특히 3번 시료(밸리 신전 화강암), 7번과 8번 시료(둘 다 스핑크스 신전 화강암)가 그러하다. 이 시료들에서 나온 표면 발광 연대는 3번은 오차범위 ± 470년에 기원전 3060년이고, 7번은 오차범위 ± 640년에 기원전 2740년, 8번은 오차범위 ± 540년에 기원전 3100년이다.[24] 이 연대는 대체로 고왕국 시대와 일치하나, 물론 여기에도 아래와 같은 약간의 단서가 붙는다. 하지만 이러한 연대는 그 어떤 상황에서도 그보다 훨씬 이전 시대에 석회암으로 건설되었을 가능성을 배제하지 못한다. 왜냐하면 로버트 쇼크는 이렇게 주장하기 때문이다.

이 화강감 덧씌우기는 그보다 더 오래된(훨씬 오래된—"스핑크스 시대") 석
회암 신전들을 보수하기 위해서 고왕국 시대에 추가되었다.[25]

이제 단 하나의 시료(5번)만 남았는데, 이것은 스핑크스 신전의 진정한
핵심 석회암에서 채취한 것이다. 이 시료는 ± 220년에 기원전 2220년의 연
대가 나왔다.[26] 그러나 이러한 결과에 대해서 아주 단정적이거나 확정적인
결론을 내리지는 못한다. 나는 쇼크에게 이 연대에 대해서 논평을 해달라
고 요청했는데, 그는 다음과 같은 가능성을 배제하지 못한다는 의견이었
다. "그 시료는 고왕국 시대에 구조물에 가해진 보수작업 때에 햇빛에 노
출되었거나 재작업되었을 수도 있다."[27]

요약하면, 새로운 발광 연구는 스핑크스 신전과 밸리 신전의 당초 석회
암 거석들이 고고학계에서 주장하는 것처럼 제4왕조의 파라오에 의해서
건설되었다는 주장을 진실이라고 확정지을 정도의 증거를 내놓지 못했다.
오히려 이 연구가 확인해준 유일한 사항은 두 신전이 신왕국 시대에 재작
업이 되었다는 것이다. 주류 학계의 연대를 더욱 위협하는 것은, 표면 발
광 연대 측정에 의해서 두 신전의 덧씌운 화강암이 제4왕조 시대에 추가된
것이 아니라 그보다 여러 세기 전에 이루어졌을 가능성(단 신왕국 연대를
가진 6번 시료는 제외)이 제기되었다는 점이다. 가령 7번 시료의 이른 연대
는 기원전 3380년이고, 3번 시료는 기원전 3530년이며, 8번 시료는 기원전
3640년이다.[28]

이것은 로버트 쇼크가 말한 스핑크스 신전에 대한 복구작업(아주 오래
되고 광범위하게 침식된 거석 석회암 덩어리에 화강암을 덧씌우는 작업)의
연대를 기원전 2500년보다 훨씬, 훨씬 이전인 왕조 이전의 시대로 밀어올

리는 것이다. 그러니까 이집트에 대규모 건설작업이 벌어졌다고 믿어지는 시기보다 훨씬 이전의 시대로 소급된다. 더 말해볼 필요도 없지만, 만약 이 두 신전이 이미 왕조 이전의 시대에 대대적 보수를 해야 할 정도였다면, 최초 건립 시점은 충분히 기원전 1만500년 시대로 거슬러올라갈 수 있다.

스핑크스 신전과 밸리 신전 이야기는 이 정도로 해두고, 그렇다면 두 신전을 굽어보고 있는 수수께끼 같은 피라미드는 어떻게 된 것인가?

연구자들은 일반적으로 (스핑크스와 두 신전처럼) 카프레 파라오가 건설했다고 추정되는 기자의 두 번째 피라미드는 연구하지 못했다. 그들은 또한 쿠푸가 조성한 것으로 추정되는 대피라미드도 연구하지 못했다. 그러나 그들은 세 피라미드 중 가장 작은 것에서 나온 단 하나의 시료를 실험했다. 이집트학 학자들은 이 피라미드가 카프레를 뒤이은 멘카우레 파라오 시절에 건설되었다고 본다. 이 피라미드의 핵심 석회암이 아니라 그 겉에 덧씌운 화강암 시료에 대한 연대 측정은 오차 ± 950년에 기원전 3450년이라는 연대를 내놓았다.[29] 오차범위 중 마이너스를 적용하면 기원전 2500년(3450−950)이 나오는데, 멘카우레의 즉위 시기와 비슷하게 맞아들어간다. 하지만 많은 권위자들은 멘카우레가 기원전 2490년 이후에 즉위했다고 보고 있으므로,[30] 표면 발광 연대 측정에 의한 최하한 날짜를 적용한다고 해도 멘카우레는 "그의" 피라미드가 이미 지어진 다음에 즉위한 것이 된다. 그러나 더욱 혼란스러운 것은 이 연대 측정이 제기한 다른 가능성들이다. 즉, 소위 "멘카우레 피라미드"의 정면 암석들은 기원전 3450년 혹은 그보다 950년 더 이른 기원전 4400년에 설치된 것으로서, 이는 고왕국 시대보다 거의 2,000년이나 앞선 왕조 시대인 것이다.

이 모든 것을 해결하기 위해서는 좀더 많은 연구가 진행되어야 한다. 이미 말했듯이, 나는 현재로서는 피라미드들이 고왕국 시대의 것이라는 주류 학계의 통설을 받아들인다. 그러나 지질학, 천문학, 보다 최근의 표면 발광 연대 측정 등은 이 유적지 전반에 대해서 보다 균형 잡힌 시각을 가질 것을 요구한다. 이 유적들은 이제 기원전 2500년에 조성되었다고 주장할 수 없게 되었다. 오히려 1만2,000년 전으로 거슬러올라가는 시점에 시작하여 그후 일련의 발전과정을 거친 것처럼 보인다. 표면 발광 연구의 제1저자인 에게안 대학교의 이오아니스 리리치스 교수가 결론내린 것처럼, 유적지의 여러 부분이 후대에 재사용된 것처럼 보인다.

제4왕조의 대규모 작업이 시작되었을 때, 기자에는 이미 몇몇 구조물들이 존재하고 있었다고 보는 것이 합리적이다.[31]

유적지의 연대 문제만이 미해결 사안인 것은 아니다. 이 유적의 기능 또한 누구나 임의로 해석할 수 있다. 이집트학 학자들은 피라미드가 "무덤일 뿐 다른 기능은 없다"라고 정의하기를 좋아한다. 그러나 리리치스 교수는 이렇게 지적한다.

그 어떤 이집트 피라미드에서도 그 당시의 인간 유해가 발견되지 않았고, 유적지의 천문학적, 기하학적 성격을 감안할 때, 피라미드들의 방위는 우연에 의한 것이 아니라 건설 당시의 별들의 형태와 위치 패턴을 인지한 상황에서 정해진 것이었다. 이것은 "무덤으로서의 피라미드" 이론이 더 이상 충분하지 않다는 것을 뜻하며, 따라서 피라미드의 조성 연대, 기능, 재사용 등에 대한 폭넓은 고찰이 필요하다……[32]

"하늘에서 내려온 이 책에"

에드푸 신전 텍스트에는 고향을 파괴한 대홍수에서 살아남은 초창기 태고

시대의 "신들" 중 일부는 적당한 곳들에다 새로운 신성한 영역을 건설할 목적으로 세상을 "방랑"했다는 내용이 여러 번 나온다. 한 문장은 이 "신들"이 찾아간 곳, 즉 이집트에서 처음 정착한 장소의 구체적 이름을 제시한다. 그곳은 상부(남쪽) 이집트에 있는 에드푸가 아니라, 그리스인들이 나중에 헤라클레오폴리스[33]라고 부른 하부(북쪽) 이집트에 있는 곳이었다. 이집트인은 이곳을 헤넨-네수트라고 불렀는데, "왕자(王子)의 집"이라는 뜻이다. 고고학자들은 헤넨-네수트가 언제 건설되었는지 알지 못한다. 그러나 팔레르모 비석(현재 이탈리아 팔레르모 시의 고고학 박물관에 소장되어 있어 이렇게 부른다)에 이 마을이 언급되어 있어서 이 문제에 빛을 던진다. 비문이 새겨진 고대의 섬록암 파편인 팔레르모 비석은 기원전 3000년 이전에 이집트를 다스렸다고 하는 약 120명에 달하는 왕조 이전 시대의 왕들에 대한 정보를 제공한다(이집트학 학자들은 "신화적"이라는 이유로 이 정보를 일축한다). 팔레르모 비석은 초창기 왕조 시대의 세부사항들도 제공하는데, 이집트학 학자들은 "역사적인" 정보로 받아들인다. 제1왕조의 두 번째 왕인 덴의 통치시기에 연대를 부여한 비석의 한 항목은 헤라클레오폴리스/헤넨-네수트의 기원이 왕조 이전 시대로 멀리 소급된다는 것을 암시한다.[34]

그러나 헤넨-네수트는 추적이 시작되는 부분일 뿐이다. 이 마을은 고대의 종교적 중심지인 멤피스, 즉 인부-헤드지(후대의 음은-은푸르[Mn-nfr]와 밀접한 관계가 있다. 멤피스는 이곳으로부터 북쪽으로 약 100킬로미터 떨어진 곳에 있고, 전설에 의하면 제1왕조의 초대 왕인 메네스가 건설했다. 하지만 또다시 이 마을의 기원은 그보다 훨씬 오래된 듯하다. 흥미롭게도 에드푸 텍스트의 번역자인 이브 레이먼드는 다음과 같이 논평했다.

에드푸 기록들을 읽다 보면 그 기록들 속에 보존되어 있는 아주 뚜렷한 멤피스 배경을 의식하지 않을 수 없다.[35]

그녀가 볼 때 에드푸 텍스트는 "한때 멤피스 근처에 존재했던 왕조 이전 시대의 종교적 중심지에 대한 기억을 간직하고 있다." 이 중심지를 "이집트인들은 이집트 신전의 고향으로 여긴다."[36] 여기서 그녀가 "한때 헤넨-네수트에 존재했던" 혹은 "멤피스에 존재했던"이라고 하지 않고 "멤피스 근처"라고 말한 것을 주목할 필요가 있다. 간단히 말해서 그 정확한 위치는 다소 수수께끼이다. 레이먼드는 고고학이 아직도 그 위치를 정확하게 밝혀내지 못했다고 생각한다.[37] 그러나 그 마을이 어디에 있었든, 호루스 신에게 바치는 새로운 세대의 신전들 중 첫 번째 신전이 세워질 장소로서, 신들이 조심스럽게 선정한 곳이었을 것이다. 이것은 파괴된 예전 세계의 재창조라는 장기적인 계획의 본질적 서두에 해당한다.[38] 레이먼드는 에드푸 신전 내부 벽면에 적힌 텍스트는 그 정확한 위치를 찾아내는 데에 아주 중요한 단서라고 본다. 그 텍스트는 이렇게 말하고 있기 때문이다.

> 호루스의 태곳적 신전은 선조들의 구술에 따라 지어졌는데, 그 구술은 멤피스 북쪽 하늘에서 내려온 이 책에 쓰여 있는 그대로였다.[39]

멤피스에는 왕들을 매장한 넓은 묘지가 있었는데, 이집트학 학자들은 그것을 "멤피스의 네크로폴리스(사자들의 도시)"라고 부른다. 이 도시는 제4왕조 시대인 기원전 2613년에서 기원전 2492년 사이에 특히 유명해졌고, 또한 정통 학계의 연대표에 의하면 이 시기에 대피라미드와 대스핑크스도 조성된 것으로 추정된다. 다흐슈르, 사카라, 기자의 피라미드 지역은 모두 네크로폴리스의 구성에 필수적인 부분들이므로, 이론적으로는 모두가 후보지가 될 수 있다.[40] 그러나 우리가 살펴본 바와 같이 기자의 스핑크스는 기원전 1만500년에 하늘의 사자자리를 향해 있고, 3개의 피라미드의 배치는 같은 시대의 오리온자리의 별들을 본뜬 것이며, 대피라미드의 환기 구멍은 후대인 기원전 2500년의 특정한 별들과 연계되어 있다. 따라서 내게는 다흐슈르나 사카라보다는 기자가 "하늘에서 내려온 책"의 기준을 절대적으로 충족시키는 것으로 보인다. 그 책은 비유적으로 표현하면, 거석 건축물이라는 "펜"을 가지고 세차운동이라는 "문자"로 집필된 것이다.

　이것 말고 또다른 사항도 있다. 태고의 신전이 봉헌된 호루스 신은 다양한 상징적 형태로 등장하는데, 특히 매의 형태로 자주 등장했다. 실제로 에드푸 신전의 앞마당에는 매의 형상을 한 호루스의 당당한 화강암 조각상이 오늘날까지 서 있다. 호루스는 또한 매의 머리를 가진 인간으로 형상화되기도 한다. 달리 말해서 메소포타미아의 압칼루 현인들처럼 전형적인 반인반수인 것이다. 그러나 호루스는 사자라는 또다른 분신이 있다.[41] 더욱이 이 호루스 사자는 때때로 인간의 머리를 가진 반인반수로 묘사된다. 가령 에드푸 텍스트는 이렇게 말하고 있다.

　에드푸의 호루스는 인간의 얼굴을 가진 사자로 변신했다⋯⋯.[42]

스핑크스의 신비

에드푸 텍스트가 기자 지역과 관련이 있다는 점과, 신비한 "하늘에서 내려온 책"과의 연계를 감안할 때, 고대 이집트인들이 호루스와 기자의 대스핑크스를 거의 동일시했다는 사실은 무시할 수가 없다. 이러한 자격 덕분에 사자의 몸을 가진(아마도 한때는 사자의 머리를 가진) 스핑크스는 호르-엠-아크헤트(Hor-em-Akhet, "지평선에 있는 호루스") 혹은 강조점을 약간 달리 하여 호라크티(Horakhti, "지평선의 호루스")라고 불렸다.[43]

　그러나 스핑크스에게는 아주 기이한 것이 있다. 오로지 라이너 슈타델만 박사만이 스핑크스가 제4왕조의 쿠푸 왕의 작품이라고 생각하고, 나머지 모든 현대의 이집트학 학자들은 그것이 쿠푸의 아들 카프레의 작품이라는 의견을 가지고 있다.[44] 나는 "의견"이라는 말을 일부러 사용했는데, 아예 첫 시작부터 다음의 사실을 확실히 해두는 것이 중요하다고 보았기 때문이다. 여기서 우리는 스핑크스에 관한 경험적 "사실"을 다루는 것이 아니라, 이집트학 학계의 통설을 마주하고 있을 뿐이다. 그 통설에 대한 반대가 없었기 때문에 그것은 마치 증명된 사실처럼 받아들여지게 되었다. "우리의 학계에서 자주 벌어지는 일이지만, 아주 오래되어 확실해 보이는 진술들은 그 뒤 아무런 검증 없이 통설로 받아들여진다"라고 슈타델만 박사는 말했다.[45] 그는 자신이 무슨 말을 하고 있는지 잘 아는 사람이다. 그는 1989년부터 1998년까지 카이로에서 독일 고고학 연구소의 소장을 지냈다.

우리가 이집트학 학계의 의견이 아니라 스핑크스에 관한 사실들만 이야기하기로 한다면, 가장 먼저 발견하게 되는 것은 이 거대하고 웅장한 기념물을 언급한 고왕국 시대의 비문은 전해지지 않는다는 것이다. 1930년대에 기자에서 광범위한 발굴작업을 수행했던 위대한 이집트학 학자 셀림 하산은 그래서 다음과 같이 인정할 수밖에 없었다.

스핑크스의 정확한 연대와 이 기념물을 조성한 인물에 대해서는 확정적인 사실은 알려져 있지 않다. 이 점을 밝혀주는 당대의 비문은 단 하나도 남아 있지 않다.[46]

말이 나온 김에, 제1차 중간시대, 중왕국, 제2차 중간시대에서도 관련 비문이 전해지는 것이 없다. 기원전 1550년 이후인 신왕국 시대에 와서야, 그러니까 기자 고원의 기반암을 파내어 스핑크스를 만든 지 약 1,000년 뒤에 와서야 비로소 고대 이집트의 파라오들은 갑자기 스핑크스에 대해서 언급하기 시작했다.

셀림 하산이 말한, "가장 이른 믿을 만한 의견"은 아멘호테프 2세(기원전 1427-1401)가 내놓은 의견이다. 그는 스핑크스 경내의 북쪽 면에다 자그마한 신전을 지은 인물이다.[47] 그곳에 세운 석회암 비문에서 이 신왕국의 파라오는 스핑크스를 호르-엠-아크헤트와 호라크티[48]라는 이름으로 불렀고, 기자의 피라미드들을 직접 언급했다. 하지만 이집트학 학자들에게는 곤혹스럽게도, 피라미드의 건설자를 선임 제4왕조의 쿠푸, 카프레, 멘카우레라고 하지 않고, "호르-엠-아크헤트의 피라미드들"이라고 말했다.[49] 이것이 분명하게 암시하는 바는, 아멘호테프 시절 — 우리 현대보다 제4왕조에 훨씬 더 가까웠던 시절 — 에 피라미드를 현대 이집트학 학자들이 건설자라고 지목하는 3명의 파라오와 연결시키는 역사적 문서나 전승 따위가 전혀 없었다는 것이다. 오히려 셀림 하산이 설명하듯이, "호르-엠-아크헤트의 피라미드들"이라는 표현을 썼다는 것은(호르-엠-아크헤트가 스핑크스를 부르는 이름들 중 하나이므로), 다음의 사실을 암시한다.

아멘호테프는 스핑크스가 피라미드들보다 더 오래되었다고 생각했다.[50]

연대적으로 볼 때, 스핑크스를 언급한 그 다음 비문은 저 유명한 투트모세 4세의 "꿈 비석"이다. 전해지는 바에 의하면, 그가 왕좌에 오르기 전에 미래의 파라오는 어느 날 기자 근처에서 사냥을 하고 있었다. 스핑크스는 그곳에서 목까지 모래에 파묻힌 채 방치되고 망각된 상태였다. 투트모세가 스핑크스의 거대한 머리가 드리운 그늘에서 낮잠을 자는 동안에,

꿈속의 환상이 그를 사로잡았다. 그때 태양은 천정에 있었고 그는 이 존경받는 장엄한 신이 직접 그의 입으로 말하는 것을 들었다. 마치 아버지가 아들에게 말하는 어조였다. "너는 나를 보라! 나의 아들 투트모세야, 너는 나

를 보라! 나는······호르-엠-아크헤트이다······나는 너에게 지상에 있는 나의 왕국을 주겠노라······.[51]

그러나 거기에는 조건이 있었다. 스핑크스는 말했다. "내가 누워 있는 이 사막의 모래가 내 몸을 덮었다······그래서 나는 사지가 아픈 형편이 되었다······너는 나의 보호자가 되어라······."[52]

긴 이야기를 간추려서 소개하면, 투트모세가 스핑크스를 파묻은 모래를 제거하여 옛 영광을 되찾아주면 파라오가 될 것이라는 말이었다. 따라서 그는 그대로 했고 복구작업이 완료되자, 왕좌는 예언대로 그의 것이 되었고, 그는 이를 기념하기 위해서 꿈 비석(Dream Stela)을 세웠다.

오늘날 이 유적지를 방문하는 사람은 여전히 서 있는 거대한 비석을 볼수가 있다. 높이 3.6미터에 너비 2.1미터인 이 비석은 스핑크스의 양발 사이, 가슴 바로 앞에 서 있다. 그러나 원래의 비문은 제13행 이후부터는 마모되어 사라졌다. 1830년에 이 비문의 탁본이 떠졌는데, 당시에는 제13행의 일부 — 아쉽게도 전부는 아니다 — 가 아직도 온전하게 남아 있었다. 이 탁본에서 카프(Khaf)라는 단 한 음절(오늘날에는 이것도 남아 있지 않다)이 판독되었고, 이것을 근거로 많은 학자들이 스핑크스는 카프레의 작품이라고 결론내리게 되었다. 미국의 저명한 이집트학 학자인 제임스 헨리 브레스티드는 이 비문을 번역한 권위 있는 번역본에서 이런 사정에 대해서 논평한 바 있다. 브레스티드는 이러한 결론이 "논리적으로 타당하지 않다"라고 잘라 말했다. 그는 먼저 19세기에 작성된 탁본에는 "카르투슈(Cartouche : 고대 이집트 왕의 이름을 적은 상형문자를 둘러싼 장식 테두리)의 흔적"이 없다고 지적했다. 이것은 카프라는 음절이 제4왕조의 파라오인 카프레를 언급하는 것이 아니었음을 강력하게 암시한다.[53]

더욱이 나중에 셀림 하산이 부연 설명했듯이, 설령 카르투슈가 있다고 하더라도 우리는 그 손상된 행으로부터 카프레가 스핑크스의 제작자라고 멋대로 해석해서는 안 된다. 기껏해야 "투트모세가 어떤 방식으로 스핑크스를 카프레와 연결시켰다"는 정도의 뜻인 것이다.[54] 19세기 말에 카이로 박물관의 고대유물부 소장이었고 거기에 한때 카르투슈가 있었다고 믿었던 가스통 마스페로도 그런 허약한 증거를 토대로 스핑크스가 카프레의 작품이라고 결론내릴 이유가 없다고 보았다. 오히려 그는 다음의 해석을 더 선호한다. 비문의 이 부분에서 투트모세는 예전에 카프레가 수행한 스핑크스의 수리와 보수작업을 언급했다는 것이다. 마스페로는 이렇게 썼다. "따라서 우리는 스핑크스가 이미 쿠푸[카프레의 아버지]와 그 이전의 파라오 시대에서도 모래 속에 파묻혀 있었다는 확실한 증거를 얻게 되었다."[55]

그러나 마스페로는 나중에 생각을 바꾸었고, 스핑크스는 "어쩌면 카프레 그 자신을 상징하는 것일지 모른다"라고 마지못해 인정하면서,[56] 20세기 이집트학 학자들의 통설에 합류했다. 마스페로의 당초 의견, 즉 스핑크스가 카프레보다 더 오래되었고 쿠푸의 시대에 이미 모래 속에 파묻혀 있었다는 것은 또다른 비석, 즉 인벤토리 비석(Inventory Stela)의 정보에 근거한 것이었다. 인벤토리 비석은 1850년대에 프랑스 고고학자인 오귀스트 마리에트가 발견했다. 한때 쿠푸 딸의 비석[57]이라고 불렸던 인벤토리 비석의 요지는 이러하다. 대스핑크스, 밸리 신전, 고원에 있는 다수의 다른 구조물들은 쿠푸가 왕위에 오르기 훨씬 이전부터 존재해왔다.[58]

그러나 이 비문이 가짜임을 "폭로하고" 그리하여 마스페로의 변심을 가져온 것은 비석에 사용된 상형문자의 철자법이었다. 그 철자법은 제4왕조의 문법과 일치하지 않고, 그보다 훨씬 후대, 셀림 하산에 의하면, 제26왕조의 것이었다.[59] 따라서 이 흥미로운 소규모 비석은 허구의 작품으로 간주되게 되었다. 아마도 이시스 여신(기원전 664-525년인 제26왕조 시대에 인기가 높았던 여신)의 이름을 널리 현양하고 싶은 일단의 사제들이 지어낸 것으로 짐작되었다. 따라서 인벤토리 비석은 그보다 2,000년 전인 제4왕조 시절 그리고 그보다 더 이전 시절에 기자에서 무슨 일이 있었는지를 알아내려는 우리의 노력에는 아무런 가치가 없는 증거물이다.

이것이 이집트학의 편리한 논리 ― 즉, 어떤 증거가 기존의 이론들을 뒷받침하면 그것은 증거로 받아들여진다. 그러나 그 증거가 기존의 이론을 부정하면 그것은 거부된다 ― 로 바라본 사태의 진상이다. 이렇게 하여 이집트학은 **전적으로** 정황 증거와 당대의 것이 아닌 자료를 들이대며 스핑크스와 거석 신전들이 제4왕조의 카프레가 세운 것이라는 주장을 뒷받침하려고 한다. 그러나 우리가 이미 살펴본 것처럼, 셀림 하산은 스핑크스의 정확한 연대를 알려주는 "단 하나의 당대의 비문도 없다"라고 말했다. 그래서 이 기념물이 제4왕조 시대의 것이라는 주장 ― 이집트학 학자들이 "사실"로 받아들여 대학에서 그렇게 가르치고 있고 또 언론을 통해서 널리 퍼진 주장 ― 은 순전히 근처 피라미드와 거석 신전들 등 "정황 증거"에 바탕을 둔 것이다. 또한 제18왕조의 꿈 비석에 딱 한번 나타나는 카프라는 단음절에 기댄 것이다.

이집트학의 근거 박약한 주장

정황 증거에 따라서, 설령 피라미드들이 순전히 제4왕조의 작품이라고 하더라도 ― 이미 살펴본 대로 이 주장도 피라미드를 멘카우레 시대의 것이라고 밝힌 표면 발광 연대 측정에 의해서 의문시되고 있다 ― 스핑크스 또한 제4왕조의 작품이라고 안전하게 결론내릴 수가 없다. 피라미드들은 스핑크스가 이미 거기에 있어서 고대의 신성함을 부여해주기 때문에 그곳에 세워진 것이라고 보아야 한다.

거석 신전들도 스핑크스의 연대에 대해서 아무것도 증명해주지 못하기는 마찬가지이다. 신전이 제4왕조에 건설되었음을 명백하게 드러내는 증거가 없는 까닭이다. 기껏 주장할 수 있는 것은, 검은색 섬록암으로 만든 카프레 조각상(현재 카이로 박물관 소장)이 밸리 신전의 깊은 구덩이에서 거꾸로 박힌 상태로 발견되었다는 것뿐이다. 그러나 이것은 카프레가 어느 시점에 그의 조각상을 신전 경내에 설치하라고 지시하여 이 신전과 어느 정도 관련이 있다는 것을 보여줄 뿐, 그가 이 신전을 지은 증거라고 볼 수는 없다.

표면적으로 좀더 설득력 있는 것은 카프레의 이름이 밸리 신전의 비문에서 발견되었다는 일부 이집트학 학자들의 주장이다. 『내셔널 지오그래픽』의 현지 탐구자인 자히 하와스 박사의 "가디언스" 웹사이트에 들어가보면, 기자 고원의 소장 겸 이집트 고대유물 최고협의회 사무총장을 역임한 하와스 박사는 밸리 신전에 대해서 이렇게 말한다.

건물 내의 비문들은 출입구 근처에 있다. 비문은 왕의 이름과 호칭, 바스테트 여신의 이름과 호칭(북쪽 문 입구), 하토르의 이름과 호칭(남쪽 문 입구)을 열거한다.[60]

기자에 대한 일반 대중의 여론 형성에 영향력이 있고 또 비주류의 접근방법을 "사이비 과학"이라고 매도하는 위키피디아는 하와스보다 한 술 더 떠서 밸리 신전에 대해서 이렇게 말한다.

카프레의 호루스 이름(Weser-ib)이 있는 비문의 부분적 잔해를 보여주는 돌덩어리들이 발견되었다.[61]

그러나 자세히 검토해보면 위키피디아는 잘못된 정보를 전하고 있다. 런던 유니버시티 칼리지의 이집트 고고학 교수인 스티븐 쿼크는 내가 문제를 제기하자, 나를 위해서 이 문제를 검토해주었고 곧 조사 결과를 알려주었다. 카프레의 호루스 이름이 있는 부분적 비문은 밸리 신전에서 나온 돌덩어리에 적혀 있는 것이 아니라, 기자의 전혀 다른 건물에서 나온 돌덩어리에 적혀 있다.[62]

그렇다면 하와스 박사가 말하는 "왕의 이름과 호칭"은 무엇을 의미하는가? 그의 출전이 무엇인지는 분명하다. 전에 영국박물관의 이집트 고대유물 관리장을 지낸 I. E. S. 에드워즈는 그의 고전적 연구서 『이집트의 피라미드들(The Pyramids of Egypt)』(1947) 초판에서 밸리 신전에 대하여 여러 페이지를 배정했다. 그 당시 이집트학계의 다른 학자들과 마찬가지로 그도 밸리 신전을 카프레의 작품으로 생각했다.[63] 그는 이렇게 썼다.

각 출입문 입구에는 왕의 이름과 호칭들을 서술하는 한 무리의 상형문자가 새겨져 있었다. 건물의 다른 지역에서는 비문이나 부조가 발견되지 않았다.[64]

이것으로 문제는 종결되는 듯했다. 그러나 에드워즈는 여러 해 뒤에 그 연구서의 결정판을 펴내면서 위의 인용문에다 1947년 당시에는 제시하지 않았던 중요한 정보를 추가하여 문장을 이렇게 고쳤다.

각 출입문 입구에는 왕의 이름과 호칭들을 서술하는 한 무리의 상형문자가 새겨져 있었다. 그러나 오로지 마지막 말인 '[여신] 바스테트의 사랑을 받는'과 '[여신] 하토르의 사랑을 받는'만이 보존되어 있다. 건물의 다른 지역에서는 비문이나 부조가 발견되지 않았다.[65]

말할 필요도 없는 것이지만, "바스테트의 사랑을 받는"과 "하토르의 사랑을 받는"은 이 말들만으로는 그 여신들의 사랑을 받는 왕이 카프레였다는 것을 증명하지 못한다. 그런 형용사는 누구에게나 붙일 수가 있으므로, 밸리 신전이 카프레의 작품이라는 주장의 근거가 되지 못한다.

그런 주장을 뒷받침하는 다른 증거가 있을까? 잘 알려지지 않고 아주 값비싼 책인 『고대 이집트의 고고학 백과사전(*Encyclopaedia of the Archaeology of Ancient Egypt*)』에는 "카프레 피라미드 단지"라는 항목이 있다. 또다시 자히 하와스가 집필한 이 항목은 이렇게 말한다.

밸리 신전은 신전의 서쪽 끝에 있는 화강암의 비문에 의해서 카프레가 건설한 것으로 밝혀졌다. 이 단지의 부조(浮彫)들은 엘−리슈트에서 발견되었는데, 그곳에서 부조들은 아메넴헤트(제12왕조)의 피라미드에 보충물로 사용되었다.[66]

이것은 그야말로 지푸라기를 거머쥐는 것이나 다름없다! 그 부조들은 몇 킬로미터나 떨어진 엘−리슈트에서 발견되었고, 후대 파라오의 피라미드 건설을 위해서 보충재로 사용되었기 때문에, 실상 이 덩어리들은 밸리 신전에 대한 믿을 만한 정보를 전혀 제공하지 못한다. 어쩌면 그 부조들이 정말로 밸리 신전에서 나온 것일 수도 있지만, 정반대로 아주 엉뚱한 곳에서 나온 것일 수도 있다.

게다가 그 비문이 밸리 신전의 핵심 석회암에 새겨진 것이라고 주장하는 사람은 아무도 없다. 그 비문은 모두 "덧씌운 화강암 덩어리"에서 나온 것이다. 우리가 앞에서 살펴본 바와 같이, 밸리 신전의 화강암 덩어리는 핵심 석회암 덩어리들이 제자리에 설치되고 오랜 세월이 지난 뒤에 덧대기용으로 덧붙여진 것이다. 따라서 핵심 석회암은 기원전 3640년대의 것인 반면, 뒤에 덧붙인 화강암은 기원전 1190년대의 것이다. 카프레는 이 긴 기간 동안에 밸리 신전의 복구작업을 수행한 여러 파라오들 중 한 사람일 수도 있고 또 그의 선행을 기념하기 위해서 공식 비문이나 그 자신의 조각상을 설치했을 수도 있다. 이 과정에서 그는 스핑크스에 대한 복구작업도 함께 했을 수도 있다. 그러나 이것은 그가 스핑크스 혹은 신전의 최초 건설자라는 것을 의미하지는 않는다.

그러니 우리에게 남아 있는 것은 제18왕조 꿈 비석의 카프라는 단 음절뿐이다. 19세기의 이집트학 학자들과는 다르게 현대의 이집트학 학자들은 이 단 음절을 "증거"로 삼아 카프레가 스핑크스를 건설했다고 주장한다. 말할 필요도 없지만, 제18왕조와 제4왕조는 서로 동시대의 왕조가 아니다. 게다가 과연 꿈 비석이 제18왕조의 것인지에 대해서도 의문이 제기될 수 있다. 가령 브레스티드는 "철자법의 오류와 놀라운 불규칙성"을 지적했고 또다른 다수의 "의심스러운 특기 사항들"을 예로 들면서 이 비문은 투트모세 4세의 작품이 아니라, 그보다 후대인 제21왕조와 제26(사이스)왕조 사이에 수행된 후대의 "보수작업"이라고 결론내렸다.[67]

달리 말해서 꿈 비석은 인벤토리 비석처럼 후대의 것일 가능성이 있다는 것이다. 그러나 이집트학 학계의 편리한 논리는 꿈 비석의 카프라는 단 음절의 허약한 증거를 신주단지처럼 여기면서 카프레가 스핑크스의 건설자라는 증명으로 받아들이고, 반면에 카프레가 스핑크스 건설자가 아니라는 인벤토리 비석의 여러 명백한 진술들은 "황당무계한 허구"라고 일축했다.

폭발적인 폭로

다음은 인벤토리 비석의 텍스트에서 나온 일부 내용의 발췌이다. 이것을 읽기 전에 이집트의 모든 파라오는 호루스 신의 환생으로 인식되었고,[68] 그래서 호루스라는 이름이 그들의 호칭 속에 주기적으로 등장했다. 각각의 파

그림 39 인벤토리 비석. 이집트학 학자들이 인정하지 않는 비문의 주된 내용은, 대스핑크스와 밸리 신전, 그리고 기자 고원의 다수의 구조물들이 쿠푸가 왕위에 오르기 전에 이미 존재했다는 것이다.

라오는 "호루스 이름"도 가지고 있었는데, 쿠푸의 경우에는 메제르였다.[69]

살아 있는 호루스, 메제르, 상부와 하부 이집트의 왕, 쿠푸, 생명을 받았다. 그는 피라미드의 여주인인 이시스의 집을 스핑크스의 공동(空洞) 옆, 로스타우의 주인인 오시리스의 집의 북–서쪽에다 지었다……호르–엠–아크헤트의 상(像)에 대한 설계도를 가져와서 그 상의 배치에 관한 말씀을 수정하게 했다……그는 채색 조각상을 복원시켰다……그는 네메스 머리장식이 결핍되어 있는 것을 보고서 황금 돌에서 채석하게 하여 채워넣었는데 그 길이는 7엘(3.7미터)이었다. 그는 천둥을 보기 위해서 순시에 나섰다. 천둥은 커다란 단풍나무가 있어서 큰 단풍나무 장소라고 불리는 곳에 떨어졌다. 하늘의 주인이 호르-엠-아크헤트의 장소에 내려왔을 때, 그 나무의 가지들이 부러졌다……이 신의 형상이 돌에 새겨져서 아주 단단하며 영원히 존재할 것이다. 그리고 그 얼굴은 언제나 동쪽을 바라볼 것이다.[70]

인벤토리 비석의 언어는 애매모호하다. 그러나 셀림 하산의 분석은 어느 정도 해명의 빛을 던진다. 그는 이렇게 썼다.

우리가 비문의 말을 그대로 믿는다면, 쿠푸가 천둥에 의해서 파괴된 스핑크스를 수리했다고 보아야 한다. 이 이야기에는 일리가 있다. 스핑크스의 네메스 머리장식의 꼬리 부분이 확실히 사라졌다. 그것은 스핑크스의 한 부분은 아니고, 그 형체와 위치로 인해서 쉽게 부러져나갈 수 있다. 단 어떤 무거운 물체가 굉장히 강한 힘으로 강타했을 때에만 그렇게 될 수 있다. 실제로 스핑크스의 뒷부분을 보면 이런 분쇄의 상흔이 남아 있고, 그것을 보수한 오래된 모르타르의 흔적도 있다. 이 상처의 길이는 약 4미터인데 비석에 기록된 치수와 일치한다……따라서 스핑크스는 번개의 타격을 받았을 수 있다. 하지만 이 사건이 쿠푸의 통치기에 벌어졌다는 것을 보여주는 증거는 단 하나도 남아 있지 않다.[71]

그러나 그 "사건"이 쿠푸의 통치기에 벌어지지 않았다는 것을 증명하는 증거 또한 **없다**. 우리가 가지고 있는 증거라고는 고고학계의 편견뿐이다. 학계에서는 스핑크스가 쿠푸의 아들인 카프레의 작품이라고 보기 때문에 번개가 스핑크스를 강타하는 사건이 쿠푸의 통치기에는 아예 벌어질 수 없다고 생각한다.

인벤토리 비석의 두 번째 폭발적 폭로에 대해서도 같은 이야기를 할 수 있다. 비석은 "로스타우의 주인 오시리스의 집"이라고 서술했다.[72] 우리는 이 구조물의 위치를 짐작할 수 있다. 비문에서 "스핑크스의 공동"은 그 북서쪽에 있다고 했기 때문이다.[73] 이것을 거꾸로 유추해보면, "로스타우의 주인 오시리스의 집"은 스핑크스의 남–동쪽에 있다는 뜻이다. 이 좌표에 딱 들어맞는 유일한 구조물은 밸리 신전이다. 이 신전은 실제로 스핑크스의 남–동쪽에 있다. 따라서 스핑크스 그 자체와 관련해서도, 인벤토리 비석의 증언은, 밸리 신전이 카프레에 의해서 건설된 것이 아니라는 것이다. 왜냐하면 그 신전은 카프레의 아버지인 쿠푸 시절에 이미 존재했기 때문이다.

바로 이 때문에 고고학계는 인벤토리 비석이 황당무계한 허구라고 비난하면서 일축한다. 훨씬 오래되고 진정한 전승을 후대의 언어와 용어로 보존하고 또 후대에 전달하는 비문이라고는 보지 않는다. 인벤토리 비석이 쿠푸 통치 시기와 동일한 시대의 것이 아니고, 제26왕조의 철자법을 쓰고 있다는 것 등은 일축의 진정한 이유가 아니다. 왜냐하면 꿈 비석 또한 동시대의 것이 아니고 "철자법에 뚜렷한 불규칙성"이 있는 등 인벤토리 비석과 동일한 문제점을 안고 있지만, 이집트학 학자들은 꿈 비석의 증언은 받아들이기 때문이다. 간단히 말해서, 인벤토리 비석은 기존 학계의 이집트 역사를 아주 난처하게 만들기 때문에 일축되었고, 꿈 비석은 기존 이론을 뒷받침하는 데에 편리하게 "왜곡할" 수 있으니까, 전자는 거부하고 후자는 받아들인 것이 아닐까?

하늘의 천둥과 고대의 문서보관소

스핑크스가 카프레 시대보다 훨씬 오래되었다는 증언 이외에도, 인벤토리 비석의 두 가지 사항은 여기서 좀더 살펴볼 가치가 있다.

첫 번째 사항은 스핑크스가 "천둥"에 의해서 파괴되었다는 점이다. 셀림 하산은 이 이야기에 일리가 있다고 하면서 받아들였지만, 우리는 그 천둥이 하산이 말한 것처럼 번개를 의미하는 것인지 확신하지 못한다. 문제의 천둥은 비문 속에서 쿠푸가 현장 "순시"를 할 때, "볼" 수 있었다고 되어 있다. 번개는 이렇게 눈으로 볼 수 있는 것이 아니다. 번개는 피해를 입히기는 하지만 육안으로 관찰 가능한 구체적인 물체가 아니다. 반면에 유성은 스핑크스를 강타하여 피해를 입힌 후에, 순시에 나선 왕이 현장에서 볼 수 있었을 것이다. 엄청난 소음과 함께 하늘에서 불의 형태로 내려와, 그 과정에서 커다란 나무를 불태운 유성은 쉽게 천둥으로 묘사될 수 있을 것이다 (사실 여러 문화권에서 유성을 천둥에 비유했다).[74]

이에 못지않게 흥미로운 사항은 호르-엠-아크헤트의 상(像 : 즉 스핑크스)에 대한 설계도를 쿠푸가 현장에 가져왔다는 것이다. 아마도 스핑크스를 보수할 때 참조할 목적이었을 것이다. 이것은 기자와 관련된 고대의 "문서보관소"가 있었다는 것을 암시한다. 에드푸 텍스트 발췌본을 만들 때 참조했던 에드푸 신전의 도서관에 보관되어 있었던 잃어버린 기록들을 연상시키는 "기록의 전당" 같은 것 말이다.

우리가 살펴본 바와 같이 이런 기록들은 일곱 현인들의 말씀이었고, 지혜의 신 토트 같은 지체 높은 인물이 받아 적은 그런 문서들이다. 레이먼드는 심지어 이집트의 "신성한" 계획이 모두 적혀 있는 『신들의 초창기 태고의 신성한 책』 같은 것도 존재했을지 모른다고 말한다.[75] 그녀는 또 이 책은 두 번째 고대의 책 『초창기 태고의 흙더미에 대한 설계 내역서』와 연결되어 있었을 것이라고 암시한다. 그녀는 이 두 번째 책에 "신들"의 파괴된 세상을 복구하려는 계획의 일환으로 모든 소규모 "흙더미"와 신전들뿐만 아니라, 거대한 태고시대 흙더미 그 자체에 대한 기록도 담겨 있었을 것이라고 추정한다.[76]

그러나 불행하게도 에드푸 텍스트의 아주 간단한 언급 이외에는, 이 인멸된 "책들"에 대해서는 알려진 것이 거의 없다. 하지만 나는 앞에서 이 대규모 태고시대 흙더미 — 이곳에서 지구의 현재의 시대가 시작되었을 것으로 짐작되는데 — 는 기자 주위의 암석이 많은 언덕이었을 것이고, 이 언덕에 대피라미드가 마침내 건조되었을 것이라고 주장한 바 있다. 이집트 중왕국 시절의 파피루스에는 놀라운 텍스트가 보존되어 있는데, "토트 지성소의 비밀 방[玄室]"에 대한 수색을 담고 있다. 쿠푸는 자신의 신전에서 이 비밀 방을 "모방하고자" 했다.

　　우리가 다음 장에서 탐구하게 될 고대의 아주 깊은 신비는 이 기이한 방에 대한 언급에 감추어져 있다.

11

토트의 책들

간략하게 정리를 해보자.

에드푸 신전 텍스트는 "태곳적 존재들의 고향"에 대해서 말한다. 그곳은 섬인데 정확한 위치는 알려져 있지 않다. 그 섬은 "뱀"으로 묘사되는 "적", 혹은 "크게 뛰어오르는 자"에 의해서 파괴되었다. 그 "뱀"의 공격으로 대홍수가 일어나서 "신들의 태곳적 세계"가 침수되었고, "신성한" 주민들 대부분이 목숨을 잃었다. 그러나 그들 중 몇몇은 재앙을 모면하고 배를 타고 현장에서 벗어나 세상을 방랑했다. 그들이 방랑한 목적은 그들의 신성한 계획을 실시할 적당한 장소를 물색하기 위해서였다.

그 계획은 예전 신들의 세계를 부활시키고⋯⋯파괴된 세상을 재창조하는 것이었다.

그리고 이 모든 사건들은 "초창기 태고"에 발생했다. 아주, 아주 먼 옛날로서 그 사건들을 보존하기 위해서 특별한 노력을 기울이지 않았더라면 그것들은 이미 인간의 기억에서 사라졌을 것이다. 사이스의 이집트 사제들은 거듭하여 솔론에게 말했다.

우리의 신전들에는 우리의 귀에 들려온 위대하고 화려한 업적과 주목할 만한 사건을 기록해놓은 문서들이 오래 전부터 보관되어왔습니다.[1]

이것은 에드푸 신전의 경우도 마찬가지였다. 레이먼드의 자세한 연구에 의하면, 한때 그곳에는 방대한 기록 문서들이 보관되어 있었다. 그것으로 부터 사제들은 발췌본을 만들어 신전 벽에다 새겨두었고 그리하여 이 텍스트는 오늘날까지 전해지고 있다. 우리는 앞의 장에서 이 발췌본의 단서들을 추적하여 대스핑크스에 이르렀고, 또 스핑크스가 "사람의 얼굴을 가진 사자"라는 것과 호루스 자신이 사자로 변신했다는 사실도 알게 되었다.

이런 맥락에서 볼 때, 쿠푸가 "조각상을 보수하기 위해서", 스핑크스의 설계도에 접근할 수 있었다는 인벤토리 비석의 기록은 고대 기자에 문서 보관소가 있었다는 것을 암시한다. 어쩌면 그 문서보관소는 아주 이른 시대, 즉 소급되었을지도 모른다. 뚜렷한 천문학적 특징을 가진 "신들"이 그 유적지를 건설한 시대로 소급될지도 모른다. 그리하여 후대에는 이 복잡한 단지 전체가 "하늘에서 내려온 책"으로 묘사되었을 수도 있다. 이 "책"은 하늘의 사자자리를 가리키는 것인가? 기원전 1만500년 시대에 춘분 새벽에 하늘에 떠오르는 별, 혹은 기자에 대스핑크스의 형태로 "하늘에서 내려온" 별 말이다. 아니면 그 먼 옛날에 오리온자리의 세 별이 "하늘에서 내려와" 기자의 3개의 피라미드의 설계도 형태로 자리잡은 것인가?

우리는 스핑크스가 혹은 그 상당한 부분이 기원전 1만500년의 시대에 조각되었을 수도 있다는 것을 살펴보았다. 피라미드들은 스핑크스보다 훨씬 뒤에 **완성되었다**. 그러나 나는 피라미드들이 신들의 시대로 거슬러올라가는, 이미 존재하던 구조물들 위에 덧붙여진 건물이라고 생각한다. 에드푸 텍스트는 이 신들이 "하늘과 합치되는 능력"을 가지고 있다고 분명하게 말했다.[2] 이 기존의 구조물들은 피라미드들 형태로 덧붙여지면서 그 모습이 감추어졌을 것이다.[3] 구조물들 중에는 이 계획의 밑바탕이 된 자연 언덕도 있었다. 이 언덕은 나중에 대피라미드의 구조물 속에 포함되었다.

에드푸 텍스트는 신들의 임무가 그들의 사라진 세상을 다른 땅에서 재창조하는 것이라고 말했다. 사라진 고향의 주된 특징이 "낮은 자연 언덕 위에 건설된 태고의 신전"이었으므로,[4] 신들은 그런 특징을 기자에서 재현 하려고 했을 것이다. 아무튼 전에 영국박물관의 이집트 고대유물 관리장 을 지낸 I. E. S. 에드워즈 교수 같은 권위 있는 학자가 자연 언덕이 현재 대피라미드 속에 포함되었고, 그 언덕이 고대 이집트 텍스트들에서 종종 언급되는 대규모 태곳적 언덕이라는 의견을 밝혔다.[5] 이 언덕은 과거 신들 의 잃어버린 세계에 서 있었던 선배 언덕으로부터 그 신성함을 부여받았다. 레이먼드는 이렇게 말한다. "자연 언덕 위에 세운 신전은 태고에 신들의 세 계에서 핵심을 이루는 구조물이었다."[6] 따라서 대피라미드의 중심에 있는 암석 언덕과 후대의 대피라미드 그 자체는 이집트에다 잃어버린 세상을 부 활시키려는 계획에서 당연히 신전이라는 동일한 기능을 발휘했다.

인벤토리 비석은 이런 재창조와 관련된 고대의 계획을 증언하는 유일 한 증거가 아니다. 우리는 에드푸 텍스트에서 이런 계획들이, 지혜의 신 토 트가 "현인들의 말씀에 따라서" 그 내용을 기록한 고대의 문서들 중 일부 분이라는 것을 살펴보았다.[7] 따라서 후대의 고대 그리스인들이 "토트의 책 들"에 집착하는 것은 그리 놀라운 일이 아니다. 그들은 이 책에 접근하는 방법을 잃어버린 듯하고, 그것을 모든 지식의 샘으로 생각했다. 토트의 책 을 찾아다니는 수색 행위를 기록한 다수의 파피루스가 전해지고 있다. 별 로 놀라운 일도 아니지만, 언제나 기자와 멤피스 근처의 네크로폴리스(사 자들의 도시)가 수색의 장소이다.

예를 들면, 기원전 13세기의 위대한 파라오 람세스 2세의 아들 세트나 우-카엠-우아스트의 이야기가 있다. 세트나우는 기자 근처의 고대 무덤 속에 토트 자신이 집필한 책들이 감추어져 있다는 말을 들었다.

세트나우는 동생과 함께 그곳으로 가서 사흘 낮, 사흘 밤 동안 무덤을 수

색했다……사흘째 되던 날 그들은 그것을 발견했다 [그리고]……그 책이 있는 곳으로 내려갔다. 두 형제가 무덤 안으로 들어가자, 그들은 무덤이 그 책에서 나오는 빛으로 환하게 밝혀져 있는 것을 발견했다.[8]

여기에는 고대의 기술에 대한 단서가 숨겨져 있고, "저절로 빛난다"는 이마의 지하 바라를 연상시킨다. 또 이 책의 제7장에서 묘사된 노아의 방주 속의 신비한 빛도 생각나게 한다. 사라진 기술의 특징처럼 보이는 것은 기자에 관한 아랍의 전승에서도 언급된다. 이집트 역사가 이븐 압델 하켐은 피라미드들이 대홍수 이전의 지식들을 보관할 장소로 건설되었다고 생각한다. 특히 다음과 같은 내용의 책들의 보관소였다는 것이다.

심오한 과학, 약초들의 이름과 용도, 점성술, 산수와 기하, 의학……[그리고] 시간의 시작부터 시간의 끝까지 존재하는 모든 것…….[9]

기원후 9세기에 살았던 하켐은 고급 야금술이나 합성 수지에 대해서는 전혀 알지 못했을 것이다. 하지만 그는 다음과 같은 대홍수 이전에 나온 보물이 피라미드 깊숙한 곳에 감추어져 있다고 말했다.

녹이 슬지 않는 무기, 휘어지지만 깨지지는 않는 유리.[10]

그는 또한 대홍수의 생존자들을 보호한 기계에 대해서도 언급했다.

옥좌 위에 긴 창을 들고 앉아 있는 검은색 마노(瑪瑙)로 만든 우상. 그가 눈을 뜨면 빛이 번쩍거린다. 누군가가 그를 쳐다보면 그는 그 옆에서 목소리를 듣게 되는데 곧 감각을 잃어버린다. 그리하여 그는 땅바닥에 그대로

쓰러지게 되며 미동도 하지 않다가 죽는다.[11]

두 번째 기계는 조각상의 형태를 취한다.

그 조각상을 바라보는 자는 그 상 쪽으로 끌려가다가 그 상에 딱 달라붙
는다. 그는 조각상으로부터 떨어지지 못하고 결국에는 죽는다.[12]

고대 이집트의 전승으로 다시 돌아가서 웨스트카 파피루스의 내용을 살
펴보자. 이 문서는 기원전 1650년경인 중왕국 시대의 것이나, 실제로는 그
보다 더 오래되었으나 이제는 인멸된 문서를 복사한 것이다.[13] 이 문서는
"인벤토리(목록)"라고 불리는 건물을 언급한다. 이 건물은 고대 이집트인
들이 인누(Innu)라고 불렀던 신성한 도시에 위치해 있다. 이 도시를 『성서』
는 온(On)이라고 불렀고, 후대의 그리스인들 사이에는 헬리오폴리스("태양
의 도시")라는 이름으로 널리 알려졌는데, 기자에서 북동쪽으로 18킬로미
터 떨어진 곳이다. 이 파피루스에 의하면, "쿠푸 왕이 찾으려고 많은 시간
을 쏟아부은" 신비한 문서를 담은 "부싯돌 상자"가 헬리오폴리스에 보관
되어 있다. 이 문서는 "토트 지성소의 비밀의 방의 번호"를 기록한 것인데,
쿠푸는 "그의 신전에서 그 방을 모방하려고 했다"는 것이다.[14]
  그렇다면 이것은 대체 무슨 뜻인가?
  I. E. S. 에드워즈는 이렇게 지적했다. "목록 건물"의 소재지인 헬리오폴
리스는 태곳적부터 기자와 관련된 천문학의 중심지였다. 그래서 이 도시의
대사제는 "최고 천문관"이라고 불렸다.[15] 여기에다 이집트학 학자인 F. W.
그린은 이런 설명을 덧붙였다. "목록 건물은 헬리오폴리스의 도표보관소
혹은 도안실로서 이곳에서 도시건설의 계획서가 작성되고 보관되었다."[16]
또한 앨런 H. 가디너 경은 이렇게 주장했다. "문제의 방은 문서보관소였고,

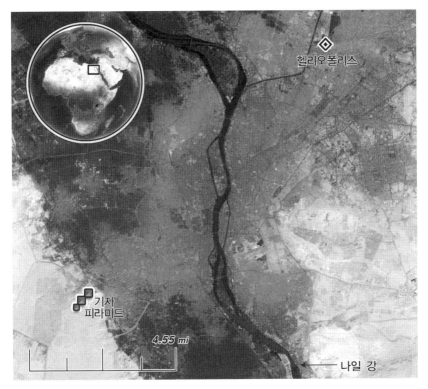

그림 40 헬리오폴리스는 기자의 피라미드들에서 북동쪽으로 약 18킬로미터 떨어진 곳에 있다. 현재 카이로 외곽의 엘 마타리야에 있는 오벨리스크를 제외하고 고대 "태양의 도시"에서 나온 유물들은 거의 전해지는 것이 없다.

쿠푸는 토트의 태곳적 지성소의 비밀의 방들에 관한 세부사항을 찾고 있었다."[17]

   우리는 여기서 다시 한번 쿠푸가 기자에서의 수리작업을 위해서 고대의 문서들을 찾았고 또 참고했다는 것을 알게 된다. 인벤토리 비석은 그의 목적이 스핑크스를 원래의 모습으로 복원하는 것이었다고 기록하고 있고, 혹은 고대의 설계도를 참고하여 보다 정확한 방식으로 그의 "신전"을 지으려고 했다고 웨스트카 파피루스는 말한다. 내가 볼 때, 이러한 전승들은 다음과 같은 생각을 더욱 강화한다. 쿠푸와 제4왕조의 다른 파라오들이 기자에서 무슨 일을 했든 간에, 그 일은 그들이 주도한 어떤 새로운 계획의 실천이라기보다는, 그들이 신들의 시대로부터 물려받은 계획들(다시 말해서 대홍수 이전의 계획들)의 완수 혹은 완성인 것처럼 보인다. 간단히 말해서 그들은 예전 신들의 세계의 부활이라는 계획에서 그들 나름의 역할을 수행한 것이다. 더욱이 제10장에서 검토한 표면 발광 연대 측정의 결과와 스핑크스와 그 신전들의 연대에 관한 지질학적 주장들을 종합해서 고려해 보면, 우리는 이렇게 추론할 수 있다. 이 과정은 기원전 1만500년의 대홍수 시대에 시작되었고, 그후 수천 년간 실제적으로 휴면 상태에 들어갔는데, 그동안 고대의 지식과 문서들은 일종의 수도원 같은 곳에 입회한 사람들에 의해서 이어져왔다. 그러다가 기원전 4000년대 초에 들어와 재건 계획이 다시 시작되었고, 그 공사가 점점 더 진척되어 마침내 기원전 2500년 시대에 완공되었다.

이런 입회자들의 무리가 존재했다는 사실과 그들의 장기적 임무에 대해서는 에드푸 텍스트가 명시적으로 밝히고 있다.

> 태고에 건물을 지은 건설자 신들, 빛의 주인들……유령들, 조상들……신들과 인간으로부터 씨앗을 거둔 자들……태초에 존재했던 선임의 존재들, 그들은 단합하여 이 땅에 빛을 비추었다.[18]

에드푸 텍스트는 이런 존재들이 불사불멸이었다고 주장하지 않는다. 그들이 죽은 다음에 그 이후 세대가 "그들의 무덤으로 와서 그들을 위해서 장례식을 거행했고,"[19] 이어 그들의 자리를 차지했다고 말한다. 이런 식의 연면한 입회와 지식의 전달을 통해서 "건설자 신들," "현인들," "유령들," "빛의 주인들," "빛나는 자들"은 신화 속의 피닉스처럼 그들 자신을 계속 새롭게 할 수 있었고, 예전 시대에서 나온 전승과 지혜를 후대에 전달할 수 있었다.

　이런 입회자들을 가리키는 또다른 이름인 셈수 호르(Shemsu Hor, "호루스의 추종자들")는 에드푸에서 호루스가 아주 중요한 존재인 점을 감안할 때, 아주 적절해 보인다.[20] 이 이름 아래, 그들은 토트 지성소의 비밀스러운 방들의 기록을 보관한 신성한 도시인 헬리오폴리스/인누와 밀접한 관계를 맺게 된다. 독자들은 에드푸에서 이집트 전역에 장차 지어질 신전들의 계획과 설계를 일러준 자가 일곱 현인이었음을 기억할 것이다. 그래서 다음의 사항은 참으로 흥미롭다. 에드푸에서 약간 북쪽에 있는 덴데라에서 나온 비문은 이렇게 말한다. 그 건축가들에 의해서 사용된 "위대한 계획"은 "호루스의 추종자들에게서 물려져 내려온 고대의 문서에 기록되어 있었다."[21] 모든 면에서 "현인들"과 "건설자 신들"과 동일한 존재인 호루스의 추종자들은 이집트의 "신성한 근원에 대한 지식"을 가지고 있었으며, 또 이 땅의 신성한 목적도 알고 있었다고 한다.[22] "이 땅은 한때 신성했으며, 이 땅의 헌신에 대한 보답으로 신들은 지상에서 오직 이곳에서만 머무르기로 결정했다."[23]

하늘에서 떨어진 돌들

에드푸의 현인들과 기자, 헬리오폴리스, 호루스의 추종자들을 연계시키는 연결 고리 덕분에 우리는 여러 가지 단서들을 얻어서 이 문제에 대한 탐구를 계속해나갈 수 있다. 그런 단서들 중에 가장 중요한 사실은 헬리오폴리스는 오늘날 카이로 교외의 별볼일 없는 마을이지만 과거에는 피닉스 신전이 있었던 곳이다. 피닉스는 고대 이집트에서 벤누(Bennu) 새로 알려졌는데, 부활과 재탄생의 유명한 상징이었다.[24] 종종 "피닉스의 전당"이라고 불린 이 신전에는 오래 전 역사에서 사라진 신비한 물체가 보관되어 있었다.

그 "돌"은 벤벤(Benben, 어원적으로 벤누와 밀접한 연결관계가 있는 단어[25])
이라고 하는데, 하늘에서 떨어졌다고 하며 신들의 아버지, 라−아툼의 씨앗,
혹은 정자로 묘사되었다. 고대 이집트어에서 벤벤이라는 단어의 지시 대상
에 대해서 한 전문가는 이렇게 설명한다.

> 그것은 끝이 가느다란 원추형의 형체를 가리킨다. 벤벤 돌은 작은 피라미
> 드인 피라미디온(pyramidion)의 형태로 건축 분야에서 활용되었다. 황금의
> 외피를 두르고 기다란 오벨리스크 기둥에 떠받쳐져서, 오벨리스크가 찬양
> 하는 햇빛을 받아 반짝거렸다.[26]

마찬가지로 모든 피라미드의 갓돌은 벤벤이라고 언급되었다.[27] 훌륭한
상태로 보존된 갓돌이 제12왕조의 파라오 아메넴헤트 3세의 피라미드에서
나왔는데 현재 카이로 박물관에 전시되어 있다.

벤벤이라는 개념이 어디에서 왔는가에 대해서 다수의 이론들이 제시되어
왔다. 그러나 내가 볼 때 가장 그럴듯한 이론은 나의 친구이며 동료인 로
버트 보발이 1989년 『이집트학의 논의사항들(Discussions in Egyptology)』이
라는 학술지에다 "벤벤 돌의 기원에 관한 탐구 : 그것은 무쇠 운석이었는
가?"라는 제목으로 실은 논문에서 주장한 이론이다. 고대 사람들이 운석
을 숭배한 경우가 많다면서 로버트는 이렇게 주장했다.

> 피닉스의 전당에서 한때 경배되었던 벤벤 돌은 운석일 가능성이 있다. 그
> 원추형 형체는……1−15톤 범위 내에 있는 무쇠 운석에서 나왔으리라는 것
> 을 강력하게 암시한다. 하늘에서 떨어진 이러한 물체들은 일반적으로 "떨어
> 진 별들"의 대표였고, 이집트 사제들에게 구체적인 별 물체, 즉 라−아툼의
> "씨앗"이라고 말할 근거를 제공했다.[28]

이와 유사한 가능성이 이집트학 학자인 R. T. 런들 클라크에 의해서 고려되었다. 클라크는 1949년에 『버밍엄 대학교 역사 저널(*University of Birmingham Historical Journal*)』에 "피닉스의 기원"이라는 논문을 발표했다. 그는 먼저 피라미드 텍스트들(고왕국, 제5왕조와 제6왕조)에서 발견되는 벤누 새에 대한 최초의 언급에 주목한다. 그 부분은 이러하다.

그대[라-아툼 신을 가리킨다]는 헬리오폴리스에 있는 벤누 새의 집에서 벤벤 돌을 향해 빛났다.[29]

그러나 기이하게도, 후대의 텍스트들에서는 기하학적인 피라미디온으로 묘사된 벤벤 돌이[30] 피라미드 텍스트들에서는 조금 둥근 거친 돌로 묘사된다. 런들 클라크는 이렇게 설명한다. "이것은 중요한 사실이다. 피라미드들이 헬리오폴리스에 있는 원래의 벤벤 돌을 정확하게 복사한 것이 아님을 보여주기 때문이다……벤벤 돌은 고왕국 시대에 피라미디온이 되었다고 추정해볼 수 있다. 그러나 제4왕조 피라미드들의 잘 발달된 윤곽에서 영향을 받았는지 여부는 알 수가 없다."[31]

이어서 다음과 같이 주장했는데, 그것이 나의 관심을 집중시켰다.

[피라미드 텍스트들]에 나타난 벤벤 돌의 형태는 배꼽 혹은 베틸의 형태인데, 베틸은 아시아의 초기 신앙에서는 널리 퍼진 배꼽 돌을 말한다……벤벤 돌이 베틸같이 생긴 물체였고, 제4왕조에 의해서 피라미디온으로 변형되었다는 것은……이 텍스트의 교훈이다.[32]

런들 클라크는 그의 1949년 논문에서 깨닫지 못했으나, 후대의 로버트 보발의 주장을 강하게 뒷받침해준 것은, 숭배를 받았든 받지 않았든 베틸이 바로 운석이라는 사실이다. 물론 그것은 무쇠 운석보다 돌 운석일 경우가 더 많았다. 나는 1980년대에 나의 책 『신의 봉인』을 위해서 조사를 하면서 이 문제를 좀더 심도 깊게 탐구할 기회가 있었다. 특히 계약의 궤에 들어 있다고 하는 십계명의 두 석판과 관련해서 깊이 파고들었다.[33]

성서학자이자 권위 높은 책 『고대 이스라엘의 신전들과 예배(*Temples and Temple Service in Ancient Israel*)』의 저자인 메나헴 하란은 이런 설득력 있는 주장을 폈다. "계약의 궤는 두 개의 계명이 새겨진 석판을 보관한 것이 아니었다……그것은 시나이 산에서 나온 운석을 보관하고 있었다."[34] 이렇게 볼 때, 고대의 계약의 궤와 그 내용물에 대한 숭배는 근동과 중동 전역에 널리 퍼진, "하늘에서 떨어진 돌들에 대한" 광범위한 전승과 일치한다.[35]

현대까지 존속되어온 사례들은 무슬림이 메카의 카바 벽 구석에 있는 신성한 검은 돌에게 올리는 특별한 예배를 들 수 있다. 이곳에 온 모든 순례자들이 만지는 이 돌은 예언자 무하마드에 의해서 하늘에서 땅으로 떨어졌다고 선언되었다. 지상에서 이 돌은 처음에 아담에게 주어져 에덴 동산에서 추방된 후에 그의 죄를 속죄하게 했고, 그 다음에는 대천사 가브리엘에 의해서 히브리 족장인 아브라함에게 주어졌다. 그리고 마지막으로 카바의 갓돌이 되어, 이슬람 세계의 "고동치는 심장"이 되었다.[36]

지질학자들은 이 검은 돌이 운석에서 나온 것이라고 본다.[37] 마찬가지로 이슬람 도래 이전의 아랍 부족들이 사막을 돌아다닐 때 휴대했던 베틸—신성한 돌—도 운석이었고, 또 이 베틸(주로 이동식 사당에 두었던 것)이 카바의 검은 돌, 계약의 궤에 포함되어 있는 "계명이 새겨진 석판들"과 서로 연결된다. 이것은 문화적 영향력이 어떻게 전파되었는지 그 직접적인 소통의 경로를 보여준다. 유럽에도 베틸이 알려져 있었고, 라피스 베틸이라는 이름으로 불렸다.

이 이름의 기원은 셈어이고, 후대에 그리스인과 로마인들에 의해서 신성한 생명을 소유한 돌, 다양한 미신, 마술, 예언 등에 사용되는 영혼을 가진 돌로 받아들여졌다. 이 돌들은 하늘에서 떨어진 운석의 돌이었다.[38]

이런 점들을 감안할 때, 인벤토리 비석에 언급된 "천둥"에 쿠푸가 특별한 관심을 기울였다는 내용은 새로운 의미를 획득한다. 그 비문은 "하늘의 주인"—라-아툼의 별명—이 스핑크스에게 "내려와" 피해를 입혔고, 그래서 쿠푸가 입수할 수 있었던 고대의 "계획들"에 의거하여 스핑크스를 수리했다고 전한다. 이러한 천둥이 단순히 셀림 하산이 말한 것처럼 번개라면 전혀 의미가 통하지 않는다. 왜냐하면 인벤토리 비석은 쿠푸가 "천둥을 보기 위해서" 그 유적지를 방문했다고 명시적으로 말하기 때문이다.

간단히 말해서 하늘에서 떨어진 물체, 하늘의 주인이 스핑크스에게 "내려온" 것으로 볼 수 있는 것은 구체적으로 거기에 존재하는 어떤 것이었다. 운석은 이런 기준을 충족시키지만, 그렇다고 해서 그것이 헬리오폴리스에 보관된 벤벤 돌이라고 볼 수는 없다. 왜냐하면 피닉스의 전당과 벤벤은 이미 쿠푸의 시대에 존재했기 때문이다.[39] 파라오가 "그 천둥을 보려고 했다"는 것은 이런 종류의 물체에 특별한 경배를 바쳤다는 것을 증언한다. 따라서 그런 경배가 어떤 구체적인 사건으로, 어느 정도까지 소급되는지 상고해보는 것은 자연스러운 일이다.

예를 들면 그것은 에드푸 텍스트에 나오는 태곳적으로 소급되는가? 신들의 섬이 "적 뱀"—아주 비유적으로 "크게 뛰어오르는 자"로 묘사된 뱀—의 공격으로 생겨난 대홍수에 의해서 파괴되었던 그 시대까지?

이 질문에 대답하기 전에 벤벤 돌과 그와 관련된 벤누 새에 대해서 좀더 자세히 알아보자.

피닉스의 비상

벤누–피닉스를 심도 깊게 연구한 R. T. 런들 클라크는 고대 이집트인들이 그들의 땅에 전해진 "생명의 본질" — 히케(Hike) — 을 믿었다고 보고한다.

> 그 본질은 멀리 떨어진 마법적 원천에서 온 것이었다. 그 원천은 "불의 섬" 이었다. 이 세상의 경계 너머에 있는 영원한 빛의 장소이고, 그곳에서 신들이 태어나거나 소생하고 또 그곳으로부터 신들이 지상에 파견된다. 피닉스는 이 접근 불가능한 땅의 주요 전령이다. 석관(石棺) 텍스트는 이 승리를 전하는 영혼이 이렇게 말했다고 전한다. "나는 내 몸에 히케를 가득 채우고 불의 섬에서 새처럼 날아왔다. 이 세상이 일찍이 알지 못했던 것들로 이 세상을 가득 채워준 그 새처럼."[40]

> 런들 클라크는 이렇게 결론내린다. 그래서 피닉스는 아주 멀리, 멀리 떨어진 곳에서 왔고, "그 새는 태고의 밤의 무기력함에 휩싸인 이 세상에 빛과 생명의 메시지를 가지고 왔다. 그 새는 대양과 바다와 강들을 건너서 이 세상 모든 곳으로 날아다닌다. 그 새는 마침내 지구의 상징적 중심인 헬리오폴리스로 와서 그곳에서 새로운 시대를 선언할 것이다."[41]
> 이런 결론에는 에드푸 텍스트를 연상시키는 점이 많다. 신들을 파견하는 저 멀리 떨어진 섬, 태곳적 어둠 이후에 빛의 귀환, 새로운 시대가 선언되는 헬리오폴리스 도착 등이 그러하다. 실제로 피닉스는 홍수에 잠긴 고향 땅을 떠나와 예전 세상의 부활과 재탄생이라는 장기적 목표를 가진 "신들"의 사명을 상징하는 듯하다.
> 그러나 이런 상징적 교차는 그보다 더 깊이 파고들어서 아주 복잡해진다. 피닉스가 빛하고만 관련이 되는 것이 아니라 불과도 관련이 있다는 점

은 주목할 필요가 있다. 그래서 기원후 4세기의 저술가 락탄티우스는 이렇게 말한다.

피닉스는 신성한 물에 목욕을 하고 살아 있는 가지를 먹고 산다. 1,000년이 흘러간 후……이 새는 둥지를 묘지로 건설하며 거기에 다양한 즙액과 향료를 집어넣는다. 그 새가 둥지에 앉아 있으면 몸이 점점 뜨거워지면서 불꽃이 일어나고 그 불은 새의 몸을 불태워 재로 만든다. 그 재는 우유 같은 하얀 벌레를 만들기로 되어 있다. 이 벌레는 잠이 들었다가 다시 알이 되고 마침내 그 알의 껍질을 깨고서 한 마리의 새로 태어난다. 그 새는 재들을 돌돌 말아 몰약과 유향이 섞인 공으로 만든다. 그리고 새로 태어난 새는 그 공을 헬리오폴리스의 제단으로 가져간다.[42]

이 불과 재생과 불타버린 죽음에서 태어난 새 생명의 주제는 이마가 바라를 지은 고대 이란에서도 등장하는데, 그곳에서 피닉스는 시모르그(Simorgh)라고 불린다. 민속학자 E. V. A. 키닐리가 설명했듯이, 시모르그의 이야기는 다음과 같은 사실을 결정적으로 확립시킨다.

피닉스의 죽음과 부활은 세상의 연속적인 파괴와 재생을 보여준다. 많은 사람들은 이 과정이 불을 동반한 대홍수의 작용으로 이루어진다고 생각했다.[43]

피닉스가 불 속에서 죽었다가 다시 살아나는 기간에 대해서는 서로 다른 긴 시간 — 100년, 500년, 540년, 7,006년 — 이 제시되었다.[44] 그러나 기원후 3세기 초에 솔리누스가 전한 아주 강력하고 구체적인 전승이 있다. 이 전승은 피닉스의 수명에 대해서 아주 임의적이고 기이한 세월, 즉 1만 2,954년을 제시했다.[45] 그러나 좀더 조사하면 "피닉스가 귀환하는 시기는 그레이트 이어"와 일치한다는 것을 알 수 있다.[46] 우리가 이미 알고 있듯이, 그레이트 이어는 12번의 "그레이트 먼스"(태양이 황도 12궁 중 하나의 별자리를 지나가는 데에 걸리는 기간)로 구성되며, 춘분의 세차운동과 관련이 있는 고대의 개념이다. "그레이트 먼스"는 2,160년이 걸리므로 12 × 2,160 = 25,920년이 된다. 그런데 이 2만5,920년은 1만2,954년의 두 배(2 × 12,954 = 25,908)에 아주 가까워서 우연의 일치라고 보기 어렵다. 키케로가 『호르텐시우스(Hortensius)』에서 그레이트 이어를 12,954라는 숫자와 연결시킨 것을 감안하면 더욱 그러하다.[47]

다른 사료들에서 피닉스가 다시 살아나기까지의 기간을 540년이라고 보는 것 또한 그레이트 이어에서 나온 것이다. 조르조 데 산틸라나와 헤르타 폰 데헨트는 『햄릿의 맷돌(Hamlet's Mill)』에서 신화를 통해서 전달된 세차운동의 지식을 아주 면밀하게 연구한 바 있다. 우리가 제10장에서 살펴본 바와 같이, 세차운동 주기의 핵심은 숫자 72인데, 세차운동이 1도 기울어지는 데에 필요한 햇수이다. 우리가 36(72의 절반)에 72를 더하면 108, 그런 다음에 108을 둘로 나누면 54가 나오고, 마침내 여기에 10을 곱하면 540이 된다. 나는 20년 전에 『신의 지문』에서 이 문제를 자세히 다루었으므로, 이런 세차운동의 숫자[48]를 자세히 알고 싶은 독자는 이 책을 참조하기를 권한다. 이 숫자는 전 세계의 고대 신화와 전승에서 발견되며, 산틸라나와 폰 데헨트는 오래 전 고대에 이미 천문학적 지식이 발달되어 있었다는 증거로 이 숫자를 제시했다. 두 학자는 이런 지식을 바탕으로 아직 알려지지 않은 "거의 믿기지 않는" 고대의 문명이 있었다고 주장했다.[49]

특별히 흥미로운 것은, 고대의 권위자들이 그레이트 이어의 도래(우리는 이제 이것을 피닉스의 재탄생 시기와 연계시켰다)를 "세상의 큰 화재"와 "세상의 큰 홍수"에 빈번히 연결시켰다는 것이다. 그레이트 이어가 반드시 그런 천재지변의 원인이라는 것은 아니고, 그런 천재지변을 기록하고 예언하는 시간적 지표라는 것이다.[50] 이런 자료는 그 기이함과 모순적인 사항 때문에 지난 수천 년간 계속 억압되어왔다. 나는 이와 관련하여 영거 드라이어스 혜성과 그 후속 현상으로 벌어진 대화재와 전 세계적인 홍수가 생각난다. 홍수는 북아메리카와 북부 유럽의 빙원들이 거대한 혜성의 파편과 충돌하여 붕괴하면서 생겨난 엄청나게 많은 물로 인해서 발생한 것이고, 대화재는 초고온 분출물이 최소한 5,000만 제곱킬로미터에 달하는 지역에 산불을 일으키면서 벌어진 현상이었다.

돌아가는 것은 다시 돌아온다

당신이 어떤 메시지를 가까운 미래가 아니라 아주 먼 미래에 전하고 싶다면, 어떻게 해야 할까? 그것을 문자 기록으로 남기는 것은 현명하지 못한 방법이다. 지금으로부터 1만2,000년 후의 문명이 그 문자를 읽을 수 있을지 확신하지 못하기 때문이다. 게다가 그 문자를 해독할 수 있다고 하더라도, 글로 적힌 문서는 시간의 파괴를 견디지 못할 것이다. 아주 먼 미래 세대에 당신의 뜻을 전달하고 싶다면, "시간 그 자체도 두려워할" 거대한 건축물을 활용하여 그 메시지를 전달하는 것이 더 좋을 것이다. 가령 기자의 피라미드들이나 대스핑크스 같은 것 말이다. 또 이런 기념물에다 하늘의 세차운동 같은 보편적 언어를 엮어넣는다면 더욱 좋을 것이다. 천문학을 이해하는 문화라면 그 메시지를 읽을 수 있을 테니까 말이다.

또 당신의 메시지는 간단한 것이어야 한다.

우리는 제10장에서 기자-헬리오폴리스-멤피스 일대가 에드푸 텍스트가 말하는 고향을 떠난 신들이 옛 세계의 재건을 위해서 찾아다닌 새로운 신성한 영역의 기준에 딱 들어맞는다는 것을 살펴보았다. 더욱이 이 지역은 "하늘에서 내려온 책"이라는 묘사와 정확하게 일치하는 영역이다. 우리가 거석 건축이라는 "펜"을 들어 세차운동의 "문자"로 적힌 그 "책"을 읽을 때, 우리는 당연히 기원전 1만500년의 시대를 살펴보게 된다. 이것은 정밀한 연대는 아니다. 세차운동의 "시계"는 아주 폭이 넓어서 "초 단위"나 "분 단위"까지 지정하기가 어렵다. 그러나 기원전 1만500년의 시대는 아주 결정적인 것으로서, 지금으로부터 1만2,500년 전에 해당한다. 마찬가지로 기자의 거대한 기념물에 의해서 상징되는 일반적인 천문학적 숫자도 기원전 1만500년을 기준으로 그 이전 500년 그리고 그 이후 약 1,000년 동안은 유효하다.

달리 말해서 우리가 이미 살펴본 바와 같이, 기념물들의 "메시지"는 영거 드라이어스 시대의 천재지변을 담고 있는 것이다. YD 시대는 거대한 혜성의 많은 파편들이 기원전 1만800년에 그러니까 지금으로부터 약 1만2,800년 전에 지구와 충돌하는 바람에 갑작스럽게 또 충격적으로 시작되어, 기원전 9600년경에, 그러니까 지금으로부터 약 1만1,600년 전에 갑작스럽게 끝난 — 우리는 그 이유는 알지 못한다 — 시대이다. YD 시대의 종점에 대한 가장 그럴듯한 설명은 이러하다. 지구가 기원전 9600년에 혜성(기원전 1만800년에 YD를 촉발시킨 혜성)의 파열되었던 잔해물들과 다시 충돌했다는 것이다. 그리하여 이 두 번째 충돌에서 벌어진 현상은 전 세계적인 냉각이 아니라 온난화였다.

신화상의 피닉스도 그렇지만 혜성도 돌아가는 것은 다시 돌아온다.

혜성들은 궤도를 따라 돌기 때문에, 주기적으로 우리의 하늘로 되돌아온다. 그 주기는 짧은 것은 3.3년(가령 엥케 혜성)이고, 긴 것은 4,000년(가령 헤일-봅 혜성), 또 어떤 것은 수만 년이 걸리기도 한다.

신화 속의 피닉스처럼 혜성도 실제로 우리의 하늘에 등장할 때마다 "갱신" — 실제로는 "재탄생" — 의 과정을 거친다. 혜성의 핵은 깊은 우주 공간을 여행할 때에는 보통 불활성인데다가 아주 어두워서, 은은하게 빛나는 "머리"나 불꽃을 발하는 "꼬리"의 특징을 보이지 않는다. 그러나 혜성이 태양에 접근하면서(그리하여 지구에 가까워지면서), 햇빛은 혜성의 내부에 파묻혀 있는 휘발성 물질에 영향을 주어 그 물질이 설설 끓어넘치는 행동을 하게 되고, 마침내 가스를 분출하게 된다. 과학자들은 이 과정을 가리켜 "가스 배출"이라고 하는데, 이때 수백만 톤의 미세한 먼지와 잔해물이 배출되어 혜성의 머리와 꼬리를 형성한다.

마지막으로 중요한 사항으로는, 가스를 내뿜는 혜성은 피닉스와 마찬가지로 불꽃 속에서 연소하는 외양을 보인다는 것이다. 더욱이 대규모 혜성 파편과 지구의 충돌은, 1만2,800년 전의 YD 충돌을 연구한 학자들이 생생하게 묘사했듯이, 대륙 전체에 걸쳐서 대화재를 불러일으키고, 또 빙상에 충돌했을 때에는 전 세계적인 대홍수를 일으켰다.

우리는 기원전 1만800년과 기원전 9600년 사이에 지구 표면을 바꾸어 놓은 혜성과 완전히 작별한 것이 아닐 수도 있다. 이것은 개연성이 있고 실제로 가능성이 높다. 좀더 분명하게 말하면, 이 점에 대해서는 제19장에서 다시 살펴볼 것인데, 어떤 사람들은 "피닉스의 귀환"이 우리의 시대에 벌어질 것이라고 생각한다. 그 시점은 2040년 이전 혹은 무렵이다. 혜성의 잔해물들 중에는 직경이 30킬로미터나 되는 엄청나게 거대한 것도 있다. 이런 거대한 혜성 파편과 지구가 충돌한다면, 우리가 알고 있는 문명은 끝장날 것이고, 지구상에 있는 모든 인간은 목숨을 잃게 될 것이다. 그 결과는 1만2,800년 전의 YD 충돌보다 더 파괴적인 대재앙이 될 것이다. 그래도 YD 충돌은 우리 인류에게 기억상실 증세를 안겨주어 예전에 벌어진 일은 아예 기억하지 못한 채 어린아이처럼 다시 시작할 수 있게 해주지 않았는가.

혹은 아예 기억하지 못하는 것이 아니라 거의 기억하지 못한다고 하는 것이 더 타당할 것이다.

우리 문명의 시작에 우리는 "현인들", "빛나는 자들"의 지도와 가르침을 받을 수 있었다. 이들은 "신들의 마법사"로서 대홍수를 극복하고 살아남았고 그들의 사명은 사라진 문명이 아예 사라지지 않게 하는 것이었다. 그들이 기원전 1만500년 시대에 기자를 방문했다는 연대적 사실만을 전하기 위해서 그처럼 엄청난 노력을 기울였다는 것은 앞뒤가 맞지 않는다. 나는 그들의 문명과 과학이 아주 수준이 높아서 이 세상에 벌어진 일이 무엇인지 정확히 이해했을 뿐만 아니라, 앞으로 다시 벌어질 일을 예언할 수 있을 정도였다고 주장한다.

간단히 말해서 그들의 목적은 우리에게 메시지를 보내기 위한 것이었다.

우리는 그 메시지와 거기에 내포된 의미를 뒤의 장들에서 더 깊이 살펴볼 것이다. 그보다 먼저 우리가 추적해야 할 또다른 단서들의 발자국이 있는데, 발자국을 따라가다 보면 우리는 "마법사들"과 그들의 "마법"에 더 가까이 다가서게 될 것이다.

제5부

돌

12

바알베크

우리는 2014년 7월 9일 저녁 늦게 레바논 베이루트의 국제공항에 도착했다. 이 공항은 총리를 지낸 라피크 하리리의 이름을 따서 명명되었다. 2005년 2월 14일, 총리의 자동차 행렬은 코니쉬라고 알려진 베이루트의 아름다운 해안도로를 통과하는 도중 세인트 조지 호텔 외부에 주차된 승합차 바로 옆을 지나갔다. 그 차에는 한 젊은 남성 자살 폭파범과 1,800킬로그램으로 추정되는 폭약이 들어 있었는데, 총리의 차량이 지나가는 순간 폭발했다. 하리리와 그의 경호원들, 하리리의 친한 친구이자 경제부 장관이었던 바셀 플레이한을 포함하여 23명이 목숨을 잃었다. 이 대학살을 준비했다고 의심을 받은 자들 중에는 헤즈볼라의 고위 인사들도 있었다. 헤즈볼라는 베카 계곡의 바알베크를 통제하는 시아파 무장세력이자 정당조직이다. 그 계곡에는 내가 이번 레바논 여행에서 조사를 해보고 싶은 매력적인 고대 유적들이 있었다. 아무튼 폭파 사건과 관련하여 헤즈볼라는 이스라엘을 비난했다. 거기에 더해 일부 사람들은 당시 시리아 대통령이었던 바샤 알 아사드가 직접 암살에 개입했다고 생각했다.[1]

시리아의 국경은 베카 계곡의 동쪽과 맞닿아 있어서 바알베크에서도 굉장히 가까웠다. 2013년 6월에는 이 지역에 미사일이 떨어지는 등 국경에서는 폭력 사태가 연달아 일어났다.[2] 참혹한 시리아 내전은 여전히 한창 진행 중이었고, 엄청난 수의 난민으로 혼돈과 불안정의 상태에 있었으므로 나는 그곳에 가지 말라는 조언을 받기도 했다. 하지만 나는 바알베크에

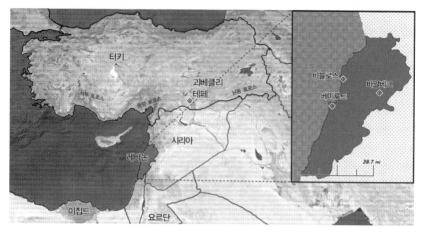

그림 41 레바논과 그 지리적 환경.

몇 년 전부터 가보고 싶었다. 고대 이집트를 연구하며 알게 된 관련 사항들 때문에 이전보다 더욱 강하게 그곳의 유적들에 매혹되었던 것이다.

바알베크에는 고대 이집트와 관련된 수수께끼 같은 사항들이 많았다. 따라서 비행기 안에서 전에 적어놓은 기록들을 다시 읽을 때도, 산타와 함께 비행기에서 내려 공항 건물로 들어설 때도 그런 사항들이 내 마음에 가득했다. 밤공기는 따뜻했지만, 지중해에서 불어오는 미풍은 신선했다. 앞날에 어떤 모험이 기다리고 있을지 기대가 되었다.

우리가 이곳에서 처음으로 마주한 장애물은 관료주의였다. 그 출입국 관리관은 회색 제복을 입었고 셔츠의 맨 위 단추는 풀어놓고 있었다. 젊지만 혈색도 좋지 않고 면도도 하지 않은 모습이라 어쩐지 의심이 많은 사람 같았다. 실제로도 그는 지극히 의심이 많았다. 마치 법의학자처럼 내 여권의 각 페이지를 살펴보면서 동시에 내 얼굴을 올려다보았다. 내 여권은 무려 41페이지였고 자주 여행을 다녀서 온갖 나라의 도장이 찍혀 있었다. 말레이시아, 인도네시아, 오스트레일리아, 남아프리카공화국, 인도, 미국, 브라질, 볼리비아, 페루, 이집트, 아랍에미리트, 캐나다, 터키 등의 비자가 내 여권을 화려하게 수놓았다. 젊은 출입국 관리관은 각국의 도장을 정밀하게 살피고 천천히 페이지를 넘긴 뒤 또다시 나를 쳐다보았다. 이어 다시 정밀 조사에 들어갔다가 나를 바라보았다. 마지막 페이지에 이를 때까지 그런 동작을 반복했다. 그리고 여권의 마지막에는 다시 순서를 바꾸어 맨 앞에 이를 때까지 그 지루한 과정을 되풀이했다.

이 젊은 관료가 무엇을 찾고 있는지 나는 잘 알았다. 필시 이스라엘의 입출국 도장일 것이다. 그것이 있다면 사정이 어찌 되었든 나는 레바논에 입국할 수 없을 터였다. 하지만 그가 아무리 살펴본들 그런 것은 있을 리가 없었다. 조사차 이스라엘에 여러 번 갔지만, 여권에 직접 도장을 받지 않고, 여권에 끼워넣은 붙였다 뗐다 할 수 있는 종이에다 입출국 도장을 받았다. 게다가 마지막 방문이 1999년이었으니, 그 사이에 나는 여권을 이미 두 번이나 바꾸었다. 따라서 전혀 염려할 것이 없었다. 그렇다고는 해도 이 혹독하고 집요한 여권 조사는 아무래도 불편했다.

여권을 3번이나 뒤지고 난 후에, 출입국 관리관은 여전히 적대적인 눈빛을 번쩍거리며 내게 물었다. "방문 목적이 뭡니까?"

"여행입니다." 나는 오랜 경험을 통해서 조사, 연구라고 대답하면 의심을 받는 것은 물론이고, 온갖 추가적인 문제가 생긴다는 것을 잘 알았다. 그런 대답은 우선 안 하는 것이 최선이었다.

이에 젊은 관료는 의심스럽다는 듯 눈썹을 치켜올리며 말했다. "여행이라고요?"

"네, 여행입니다."

"어디를 가려고요?"

이미 그 질문에 대한 대답은 준비되어 있었다. "베이루트입니다. 아름다운 코니쉬를 보려고요. 훌륭한 식당도 많다고 들었습니다. 그런 다음에는 비블로스도 갈 거고 물론 바알베크도 들러야지요."

관리관의 눈썹이 다시 올라갔다. "바알베크요?"

"그럼요. 무슨 일이 있어도 갈 겁니다." 최소한 이 말은 진심이었다. "신전, 거석 등을 보려고요. 세계적인 자연경관이라 들었습니다."

갑자기 젊은 관료가 미소를 지었다. "그럼요, 물론이죠! 제가 바알베크 출신이라 잘 압니다." 그는 요란하게 내 여권에 도장을 찍은 뒤, 비자 위에다 뭔가를 적었다. "레바논에 오신 것을 환영합니다."

이제 산타의 차례가 되었다. 하지만 적대적인 의심이 사라진 그는 여권을 몇 페이지만 대충 넘겨보더니 곧바로 도장을 찍어주었다. 우리는 이렇게 입국 절차를 마치고 수화물을 찾으러 갔다.

영혼의 우물

공항에서 호텔까지 가는 길에 우리는 라피크 하리리가 암살된 곳을 지나치게 되었다. 암살 현장은 이미 오래 전에 수습되어 아주 깨끗한 모습이었다. 모든 것이 굉장히 화려하고 세련된 곳이었다. 늦은 시간임에도 여전히 많은 사람들로 북적였다. 대부분은 아주 잘 차려입은 젊은이들이었는데, 코니쉬 해안도로를 따라 거닐며 가로등과 별이 비추어 아름답게 반짝이는 지중해를 내려다보고 있었다. 이런 광경을 보고 있으면, 지난 40년간 베이루트가 겪어왔을 내전의 참상을 떠올리기가 쉽지 않았다. 하지만 나는 곧 여기에 온 이유를 다시 떠올렸다.

이집트를 조사하고 또 에드푸 텍스트에 서술된 전 세계적인 대재앙 이후의 고대 문명화 전령들의 단서를 연구하던 중에, 나는 어떤 특이한 사항을 발견했는데, 그것은 이집트 기자 고원과 레바논의 거석 기념물들 사이에 모종의 연결관계가 있다는 것이었다.

수천 년 전에 레바논은 성서에서 가나안이라고 언급된 땅의 북쪽 영역에

자리잡고 있었다. 거기에 더하여 가나안은 개략적으로 현대 이스라엘, 팔레스타인, 요르단 서부, 시리아 남서부 등의 지역을 포함했다. 내가 흥미롭게 보았던 점은 이스라엘과 레바논의 신비한 거석 기념물들이 규모 면에서 이집트 기자의 것들과 비견될 뿐만 아니라, 오래 지속되는 기념물을 만들겠다는 동일한 근원적인 목적을 표현한다는 것이었다. 가령 오랜 세월의 풍상을 견디고, 관련 종교와 문화가 달라지더라도 세대에 걸쳐 계속해서 숭배의 대상이 되어온 신성한 언덕이나 성스러운 장소가 그런 구체적 사례이다.

예루살렘의 성전산(聖殿山)은 바로 그런 경우에 해당한다. 정통 고고학과 『성서』의 증언에 의하면, 이곳에 최초의 위대한 건축물이 세워졌고, 그 시기는 거의 신화적 시대인 솔로몬 왕 — 군주들 중에서도 유명한 마법사이며, 통치 시기는 기원전 10세기로 추정된다 — 의 통치 시대까지 거슬러 올라간다. 솔로몬의 사원이라고 알려진 건축물, 즉 유대인 "최초의 사원"은 기원전 587년 바빌로니아인들에 의해서 파괴되었고, 스룹바벨이 이를 기원전 520년대에 다시 지었다.[3] 로마의 영향을 받은 유대 군주 헤롯 대왕은 기원전 1세기에 더욱 야심 찬 복원사업을 시작해서 기원전 20년경에 대사업을 마무리 지었다.[4] 그로부터 90년이 지난 뒤인 기원후 70년, 그가 복원한 사원은 예루살렘 대부분과 함께 로마 침략군에 의해서 파괴되었다.[5]

그곳에 오늘날까지 살아남아 있는 것은 하람 에쉬 샤리프(Haram esh-sharif)로 알려진 광대한 사다리꼴의 대(臺)인데, 그 위에는 이슬람교에서 세 번째와 네 번째로 신성한 성소인 알 아크사 사원과 바위 사원이 서 있다.[6] 이곳의 최근 역사나 이슬람교도들이 이 장소를 차지하게 된 경위 등은 신경 쓸 필요 없을 것이다. 하지만 바위 사원은 짚고 넘어가도록 하자. 이 사원은 그 안에 거석이 있어서 그런 명칭을 가지게 되었으며, 유대인들에게 그 거석은 셰티야(sheitiyah : "토대"라는 뜻)로 알려져 있다. 솔로몬의 사원이 기원전 10세기에 바로 이곳에 세워졌을 때, 셰티야는 지성소(至聖所)의 바닥이 되었고 계약의 궤는 셰티야 위에 놓였다. 이 수수께끼 같은 궤에 대해서는 이미 나의 다른 책에서 폭넓게 살펴본 바 있다.[7]

셰티야는 에드푸 텍스트에서 "신들의 시간"이라고 불리는 시대로 소급되는 예루살렘의 유일한 거석은 아니다. 물론 이 거대한 자연석은 태곳적에 생긴 언덕 정상에서 헤아릴 수 없이 많은 시간을 보냈고, 그 언덕은 기자의 피라미드에 에워싸인 자연 언덕과 비슷했을 것이다. 하지만 고고학자들이 솔로몬의 사원 설립 시기로 받아들이는 기원전 10세기인지, 아니면 그보다 나중인지, 아니면 그보다 훨씬 이전인지 모를 어느 시점에 인간의 손에 의해서 거석에 구멍이 생겼고, 그 구멍으로 역시 인간의 손에 의해서 개조된 자연 동굴에 빛이 들어왔다. 그리하여 이 동굴에는 "영혼의 우물"이라는 멋진 이름이 붙었다.

나는 영혼의 우물에 여러 번 다녀왔다. 그곳에 기도실처럼 타일과 카펫을 깔고 가구를 갖추고 불을 켜놓은 몰지각 때문에 그곳은 기자의 피라미드 내부의 지하실 같은 압도적인 원시적 분위기를 풍기지는 못했다. 그러나 거석을 다듬고 모양을 만든 방식은 기자의 바위 표면에서 발견되는 패턴들과 아주 유사하다. 자연 언덕 아래에 지하실이 있는 이집트 기자와 마찬가지로, 거석과 영혼의 우물은 최초의 성소였고, 그후 시간이 흐르면서 예루살렘의 성전산을 중심으로 그 주위에 다른 건물들이 지어졌다.

그 다음으로 생긴 것이 거대한 돌들로 단단하게 지어진 사다리꼴 대이다. 이 대는 약간 높여진 평평한 지형인데 그 위에 후대의 사원들(과 모스크들)이 지어졌다. 예루살렘의 신비한 건물들을 탐구하는 것은 이 책의 주제와는 거리가 있지만, 이 장의 초점인 바알베크로 이동하기 전에 다음과 같은 놀라운 사항을 미리 지적해두고자 한다. 그 유명한 통곡의 벽 북쪽에 있고 또 통곡의 벽을 직접 확장시켜주는 하스모니안 터널에서 발견된 거석 덩어리들 — 일부의 경우 500톤 이상[8] — 은 훨씬 더 오래 전의 유물일지도 모르는데, 어처구니없게도 사람들은 헤롯 대왕의 업적이라고 너무나 쉽게 추정한다는 것이다.

바알베크에 있는 그와 굉장히 유사한 거석 덩어리들은 그보다 후대의 것으로 추정되고 있다. 이것들은 로마인들이 기원전 1세기부터 기원후 1세기 후반까지에 걸쳐 완성했다고 간주된다. 이 유물에도 건설 초반에 헤롯 대왕이 기여했을 가능성이 있다.[9] 하지만 기자 고원의 역사가 좁고 제한적인 경계들 사이에 억지로 끼워맞추어진 것처럼 바알베크의 경우에도 훨씬 더 오래 전의 것일지도 모르는데 후대의 것으로 추정되고 있다. 내가 보기에 바알베크 역사의 몇몇 부분은 현재 추정하는 것보다 훨씬 더 오래되었을 가능성이 있다.

내가 이런 가능성을 깊이 생각하게 된 것은, 우선 이집트 기자와 고대 가나안, 그리고 『성서』에서 가나안인들로 알려진 고대 셈족과의 기이한 연관 관계가 범상치 않기 때문이다. 내가 2014년 7월 현재 베이루트에 와 있고, 헤즈볼라와 시리아 국경 등 온갖 위험을 무릅쓰면서 베카 계곡으로 가려는 것은 바로 그런 연관성을 파헤치기 위해서이다.

신들 사이의 마법사

셀림 하산(1887–1961)은 진정한 이집트학 학자의 표본 같은 사람이다. 열정적이고, 박식하고, 연구하는 대상에 박통하고 무엇보다도 시원시원한 견해가 편협하지 않았다. 그는 또한 실무에 직접 참여하는 발굴자였기 때문에 1930년대에는 기자 고원의 모든 주요 건축물에 관해서 철두철미하고 상세한 조사를 수행했다. 스핑크스 구역을 발굴하는 동안, 하산은 기자에 가나안인들이 존재했다는 증거(단순히 존재하는 것을 넘어 장기간 정착했다는 증거)를 우연히 발견하게 되었다. 하지만 어떤 이유에서인지는 몰라도 그의 연구 초점은 두드러질 정도로 스핑크스와 거석 사원들에만 집중되었다. "어떻게 이 사람들이 이집트에 정착하게 되었는지, 왜 또 언제 떠났는지에 관해서는 아직 비문이 발견되지 않아 알 수 없다." 하산은 이렇게 말한 바 있다.[10] 가나안인들이 최소한 제18왕조시대(기원전 1543-1292)에도 존재했다는 점은 잘 증명되었지만, 그보다 더 오래 전부터 이집트에 머물렀을 가능성 역시 배제할 수 없다.

여하튼 기자의 대스핑크스와 관련된 봉헌 석비(石碑)와 다른 경배용 기념물들은 가나안 공동체의 구성원들이 제작하고 또 바친 것이었는데, 현재까지 꾸준히 발견되고 있다. 우리는 앞에서 스핑크스가 이집트의 신 호루스와 동일시되었다는 것을 살펴보았다. 호루스는 많은 형태로 나타나지만, 매의 형상으로 가장 자주 나타난다. 흥미로운 점은 가나안인들의 비문에서는 호루스가 후르나(Hurna)로 불리며, 때로는 하우론(Hauron)으로도 불린다는 것이다. 이것들은 이집트 단어가 아니라 가나안인들이 매의 신을 부를 때 사용하는 명칭이었다.[11] 고대 이집트인들이 종종 스핑크스를 호르-엠-아크헤트("지평선의 호루스")라고 불렀다는 것은 제10장에서 이미 살펴보았다. 이 명칭이 후르나와 직접적인 연관이 있다는 점은 많은 비문에서 드러났다. 기자 근처에 정착한 가나안 공동체뿐만 아니라, 고대 이집트인들도 이 명칭을 사용했다. 예를 들면, 아멘호테프 2세의 명판에서 그는 "후르나-호르-엠-아크헤트의 사랑을 받는 자"로 언급되었다.[12]

셀림 하산 역시 아멘호테프의 명판에서 드러나는 "후르나와 호르-엠-아크헤트라는 명칭의 동화(同化)"에 관한 언급을 남겼는데, 마찬가지로 "이집트에서 후르나 신(神)의 명칭이 호르-엠-아크헤트와 연관이 있으며, 스핑크스에도 적용이 된다는 것"을 간결하게 확인해주었다.[13] 기자에서 발견된 한 석비에도 이런 언급이 있다. "호르-엠-아크헤트에게 그의 이름 후르나로 경배를……당신은 모든 이가 죽을 때에도 영원까지 존재할 유일한 분이시나이다."[14] 또다른 기자의 비석은 비문 옆에 매의 형상을 한 후르나를 새겼는데 내용은 이러하다. "오, 후르나-호르-엠-아크헤트여, 은혜와 사랑을 베풀어주소서……"[15] 파리 고등연구원 종교연구소 소장인 크리스티안 지비-코슈는 하우론 역시 같은 방식으로 빈번히 활용되었다고 말했다.

하우론은 기자 스핑크스의 이름인 호르-엠-아크헤트와 밀접한 연관이 있다. 당시 사람들은 보통 스핑크스를 호르-엠-아크헤트, 하우론, 혹은 하우론-호르-엠-아크헤트로 불렀다.[16]

그러나 결국 나를 베이루트행 비행기에 태운 것은 거기서 한 걸음 더 나아간 지비-코슈의 다음과 같은 의견이었다.

작은 스핑크스 조각상에 부착된 별명(別名)은 하우론이 본래 레바논에서 유래했음을 보여준다.[17]

에드푸 텍스트와 메소포타미아 비문에 많은 흔적이 남아 있는 "현인들"과 "마법사들"의 문명화 작업이라는 측면에서 살펴보면, 아주 흥미로운 유물은 지중해 연안의 고대 도시 우가리트에서 나온 구운 점토판이다. 지금 그곳은 레바논의 비블로스에서 약간 북쪽에 있는 시리아의 영토이다. 하우론은 그 점토판이 다루는 주제이며, 메소포타미아의 압칼루 현인들과 마찬가지로 "마법사"로 묘사되었다.[18] 이집트학 학자 야코뷔스 판 데이크는 하우론을 "신들 사이의 마법사"라고 언급한 바 있다.[19]

압칼루를 연상시키는 또다른 측면을 들어보면, 하우론의 "마법"이 (우리 현대인이 보기에) 진보된 과학적 지식으로 구성되어 있다는 점이다. 그의 마법은 "죽음의 나무 숲"[20]에서 추출한 해독제를 말하는 것인데, 이 약은 치명적인 독사에게 물린 사람을 낫게 해주었다. 이 해독제를 환자에게 사용하면 뱀독이 중화되고 곧 "약해져서 개울처럼 흘러가버렸다."[21]

이외에도 바알베크와 그곳의 신비한 거석들과 직접 관련되는 사항이 있다. 가령 하우론/후르나만이 이집트 기자에서 숭배되고 또 스핑크스 및 매의 형태를 한 호루스와 동화되었을 뿐만 아니라, 바알베크라는 지명의 유래가 된[22] 가나안의 신 바알 역시 이집트에 추종 집단을 거느렸고, 또한 사막과 폭풍의 신인 세트와 연관되기 때문이다.[23]

마지막으로 중요한 점은 알렉산드로스 대왕이 기원전 332년 레반트와 시리아를 정복한 뒤 바알베크가 "헬리오폴리스" — 그리스어로 "태양의 도시"라는 뜻 — 로 개명되었다는 사실이다.[24] 제11장에서 이미 살펴본 바와 같이, 그곳에 불사조 신전이 있어서 기자의 신관들이 다녀가던 고대 이집트인들의 신성한 도시 인누를 그리스인들은 "헬리오폴리스"라고 불렀다는 사실을 기억할 것이다. 그리스인들은 인누를 최소한 기원전 5세기 헤로도토스의 시대부터 그렇게 불렀고,[25] 로마인들 또한 이를 충실히 따랐다. 따라서 바알베크는 로마 시대 내내 "헬리오폴리스"라고 불렸다.

알렉산드로스 대왕의 발자취를 따라서 행군하던 폼페이우스는 레반트와 시리아를 기원전 64년에 합병했다. 이 지역에서 로마의 지배력은 기원후 1세기와 2세기에 절정에 달했으며, 이 시기에 로마인들은 바알베크에 거대한 유피테르 신전을 지었고 그 뜰에 "헬리오폴리스의 최고 최선의 유피테르"라고 불리는 조각상을 세웠다.[26] 오늘날 파리의 루브르 박물관에서 볼 수 있는 이 조각상의 가슴 부분에는 날개가 달린 태양-원반이 있는데, 이는 로마인들의 평소 건축적 특징과는 다른 것이다. 베이루트의 아메리칸 대학교에서 건축학 교수를 역임한 프리드리히 라게트는 이것이 "이집트 헬리오폴리스의 신"을 가리키는 것일 수도 있다고 말했다.[27]

7세기에 이슬람교도들의 정복 활동이 전개되자, "바알베크"라는 본래 가나안 명칭이 레반트 기록에 다시 나타나기 시작했다. 이후 그리스와 로마식인 "헬리오폴리스"라는 도시명은 완전히 사라졌다.[28]

레바논 산맥과 안티레바논 산맥 사이에서

베이루트에 도착한 다음 날 아침, 친절하게도 레바논에 사는 우리의 친구들이 호텔까지 와서 우리를 데리고 바알베크로 향했다. 떠나기 전에 함께 커피를 마시면서, 그들은 우리에게 행운을 빌어주었다. 또한 시리아 내전이 잠잠한 상태여서 국경은 평온하니, 별 문제가 없을 것이라고 우리를 안심시켰다.

레바논의 수도는 낮에도 밤만큼이나 매력 있고 아름다웠다. 이 나라에서는 1975년부터 1990년까지 끔찍이도 길었던 내전 중에 12만 명의 사람들이 희생당했다. 하지만 베이루트는 그런 참혹한 일을 잊으려고 분투하는 모습을 보였다. 건물들에 새겨진 총알 구멍, 포탄 파편, 폭발의 흔적은 대부분 수리되었고, 새로운 건물들이 많이 지어지고 있었다. 낙관적인 분위기가 감돌았고, 여러 가지 건설사업들이 활발하게 진행되고 있었다. 물론 공기 중에는 슬픔이 느껴지기도 했다. 너무 많은 사람들이 목숨을 잃었고 대혼란을 겪었기 때문에 그것은 어쩔 수 없는 일이었다. 하지만 나는 레바논이 내전의 상흔에 파묻히지 않고 서서히 회복되고 있음을 느낄 수 있었다. 전도유망하고 지적인 청년들은 앞으로 전진하려는 의지가 확고해 보였다.

베이루트 동쪽에 있는 레바논 산맥의 작은 언덕들을 구불구불 올라가는 동안 교통체증은 상당히 심했다. 바알베크까지의 거리는 고작 86킬로미터에 불과했지만 그 사이에는 검문소가 굉장히 많았다. 검문소마다 우

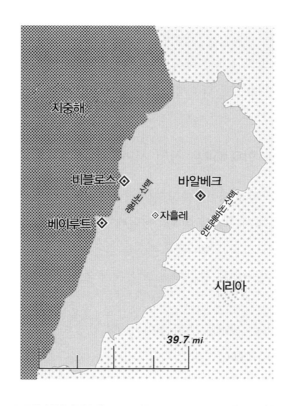

지중해

비블로스 ◇

레바논 산맥

바알베크 ◇

◇ 자흘레

안티레바논 산맥

베이루트 ◇

시리아

39.7 mi

그림 42

리는 감속용 장애물들을 거쳐야 했고 중무장한 군인들로부터 엄밀한 검사를 받았다. 이러니 진행 속도가 떨어지는 것은 당연했다. 하지만 우리의 눈에 보이는 광경은 가면 갈수록 장관이었다. 뒤에서는 지중해가 반짝이고, 앞에서는 푸른 나무로 가득한 레바논 산맥의 산등성이가 우뚝했다. 점차 급커브가 많이 나오기 시작했고 아래를 내려다보니 실로 아찔한 높이였다. 공기는 현저하게 시원해졌고 풍경은 더욱 황량해졌다. 이윽고 우리는 고도 1,556미터의 다하 엘 베이다 산 정상을 지나 아래쪽의 베카 계곡으로 향하는 넓고 잘 다져진 길로 나아갔다. 우리는 무분별한 개발이 진행 중인 자흘레의 교외 지역 가장자리와 유명한 크사라 포도주 양조장을 지나서 곧 베카 쪽으로 달리게 되었다. 자세히 살펴보면 베카는 실제로 계곡이라기보다는 고원이었다. 평균적으로 해수면보다 1,000미터 이상 솟아 있기 때문이다.

우리가 방금 지나온 레바논 산맥을 서쪽에, 안티레바논 산맥을 동쪽에 둔 베카는 리타니와 오론테스라는 두 역사적인 강으로부터 물을 공급받았다. 2,000년 전 로마가 이 지역을 식민지로 삼았을 때, 이 비옥한 고원은 그들의 곡창지대가 되었고 여기서 생산된 곡식은 제국 전역으로 수출되어 나갔다. 비록 몰래 기르고 있지만, 오늘날 이곳에서 수익성 높은 작물은 대마초이다. 레바논 당국은 지역 농부들의 환심을 사려고 이런 상황을 못 본 척하고 있다.

우리는 경작지 사이로 쭉 뻗은 평평한 길을 30~40분 정도 달렸고, 마침내 안티레바논 산맥 끝자락에 있는 바알베크로 들어서게 되었다. 그곳은 상점, 사무실, 다 허물어진 저층 아파트로 구성된 낙후된 마을이었다. 마을 곳곳은 헤즈볼라 깃발로 요란하게 장식되어 있었다. 깃발에는 위로 들어올린 팔이 그려져 있었는데 꽉 쥔 주먹은 AK-47 돌격 소총을 잡고 있었다. 손, 팔, 칼라시니코프가 만든 AK 소총은 헤즈볼라의 명칭, 즉 "신의 정당"을 나타내는 로고의 일부분이었다. 로고의 위로는 "그들은 분명한 알라의 정당이며 반드시 승리하리라"라는 문장이, 아래로는 "레바논에서의 이슬람 레지스탕스"라는 글귀가 적혀 있었다. 깃발의 배경색은 공격적인 노란색이었고, 로고와 문장은 초록색이었다.

신들에 관한 유행과 선호는 세월의 흐름에 따라 오고 가는 것이지만, 성지는 불변한다. 우리는 마을 위로 솟은 고지에 있는 화려한 유적들, 치솟은 돌기둥들을 분명하게 볼 수 있었다. 고대 세계에서 바알베크를 그토록 유명하게 만든 3개의 로마 신전의 잔해인 우뚝 솟은 박공벽(博栱壁)들 또한 그곳에 있었다. 각각 유피테르, 바쿠스, 베누스에 봉헌된 3개의 신전은 로마를 포함한 제국 전역의 다른 어떤 건축물보다 더 크고 인상적이었다.

하지만 내가 정말로 흥미를 느낀 것은 유피테르 신전의 3면을 두른 거석의 벽이었다. 그중 삼석벽으로 알려진, 벽 안에 낀 3개의 거석 덩어리는 특히 나의 관심을 끌었다. 나는 이전의 조사를 통해서 이 삼석벽에 대하여 다음과 같은 의심을 품게 되었다. 이 벽은 로마가 여기에 지은 신전들보다 훨씬 오래 전부터 어떤 불가사의한 목적을 충족하기 위해서 세워진 것일지 모른다.

이제 나는 삼석벽의 비밀을 알아낼 기회를 잡게 되었다.

어둠의 세기들

구름 한 점 없는 청명한 하늘에서는 햇볕이 쨍쨍 내리쬐고 있었고, 나는 "한때" 유피테르 신전이었던 곳의 한복판에 있는 커다란 석회암 덩어리에 앉아 있었다. "한때"라고 말한 이유는 이 거대했던 건축물에서 오늘날까지 남아 있는 부분이 굉장히 적기 때문이다. 내가 앉은 곳 뒤에 있는 축구장만한 넓은 공간에는 하늘 높이 솟은 6개의 돌기둥만이 남아 있었다. 본래 신전의 거대한 직사각형 구조의 외부 경계를 나타내던 돌기둥은 총 54개였다. 신전들이 있던 이곳은 굉장히 거대했고 동시에 너무 황폐했기 때문에 나는 생각의 갈피를 잡기가 어려웠다. 지금 와서 고백하는 바이지만, 멀리서 들려오는 길게 메아리치는 대포 소리와 그 사이에 간간히 끼어드는 기관총 소리, 간혹 들려오는 굉장히 시끄러운 폭발 소리 또한 나의 불안감을 증폭시켰다.

어쨌든 레바논 군이 연습 사격을 하는 것이 분명하니까, 나는 억지로 귀를 막고 여기서 알아낼 수 있는 것은 최대한 알아내기로 마음먹었다. 광대한 대(臺)의 가장자리에 선 6개의 커다란 돌기둥 사이로 남동쪽을 바라보니, 푹 꺼진 광장 너머에도 여러 개의 돌기둥들이 보였다. 이 돌기둥들은 술의 신 바쿠스의 신전 북쪽 경계이다. 바쿠스 신전은 유피테르 신전보다는 규모가 작았지만 좀더 온전한 모습이었고, 아직도 굉장히 아름다운 모습을 뽐내고 있었다.

나는 로마 건축을 연구하거나 그에 관한 글을 쓰러 이곳에 온 것은 아니었지만 그 건축물들은 상당히 인상적이고 아름다웠다. 신전이라고 하면 거룩하고 엄숙한 분위기를 자아내는 것이 일반적인데, 로마인들은 술과 주흥에 관련된 쾌락(전하는 바에 따르면 신전 내에서 정기적으로 성적인 방종을 즐기기도 했다고 한다)을 숭배하는 신전을 지었다니, 정말로 유머 감각이 대단했다. 뿐만 아니라 그들은 정말로 신전을 짓는 법을 잘 알았다. 일단 돌기둥 그 자체만으로도 로마인들이 거석 건축에 통달했다는 것을 엿볼 수 있다. 또한 그들은 박공벽의 육중한 돌덩이들도 어렵지 않게 운반해왔다. 돌덩이들은 각각 수십 톤에 이르렀고 때로는 수백 톤인 것도 있었지만, 로마인들은 아무 문제없이 그것을 신전 꼭대기에 올려놓을 수 있었다.

그러니 처음부터 로마인의 뛰어난 건축술에 관해서는 의심의 여지가 없다. 하지만 이 주제와 관련하여 무지몽매한 헛소리가 너무 많이 나돈다. 가령 로마인들은 믿을 수 없을 정도로 **기량이 뛰어난** 건축가들이어서 아주 거대하고 무거운 돌덩어리를 운반하고 배치하는 데에 아무 문제가 없었으며, 아무것도 없는 상태에서 시작하여 그런 건축물을 지었다고 말하는 것이 그런 경우이다. 바알베크에서 사라진 문명에 관한 논의를 진행하고자 한다면, 돌덩이의 무게나 로마인들의 건설 능력에 관한 순진하고 좁은 식견을 논의의 출발점으로 잡아서는 안 된다. 건축의 영역에 관해서라면, 내 주위에 넘쳐나는 증거들이 로마인들은 원하면 무엇이든 할 수 있었다는 것을 확인해주고 있다.

로마인들이 자주 했던 일들 중 하나는 기존에 있던 성지에 자신들의 신전을 세우는 것이었다. 그들의 목표는 토착 신과 종교를 없애는 것이 아니었다(예를 들면 스페인이 멕시코에서 했던 일을 생각하면 된다. 그들은 아스텍 사원의 자리에 교회를 세웠다). 로마인들의 진정한 목표는 로마의 신과 종교를 긍정적인 방식으로 토착 신과 종교에 결합하는 것이었다. 그리하여 로마 정복 이전의 컬트들(종교 집단들)은 보통 계속해서 번성했으며, 로마 정복 전의 신들은 사람들의 숭배를 받음과 동시에 창의적이고 끝없이 확산하는, 풍부한 혼합주의 신학 안으로 흡수되었다. 하지만 언제, 어떻게, 누가 그런 건물을 지었는지 등, 정밀한 고고학을 지향하는 사람들에게 이런 로마의 중건(重建) 작업은 필연적으로 까다로운 문제가 된다. 바알베크의 사례에서처럼 후대의 문화나 세월의 풍상이 지속적으로 유적지를 바꾸어놓는 상황도 고고학자들에게는 심각한 도전이 된다.

로마 제국이 말기로 접어들 무렵에 불길한 일이 바알베크에서 벌어지기 시작했다. 그런 사태의 전환점은 로마의 기독교로의 개종이다. 콘스탄티누스 1세(306-337)의 치세에 로마는 광신적이고 배타적인 기독교를 받아들이게 된다. 기독교의 호전적 투사들은 가장 먼저 베누스 신전에 그 번뜩이는 증오의 눈길을 돌렸다. 기독교 연대기 작가 에우세비우스는 비너스 신전을 "육욕을 채우는 악습을 배우는 곳"이며, 그곳에 참석하는 이들을 "온갖 방종을 탐닉하는 자들"이라고 비난했다.[29] 콘스탄티누스 1세는 이에 신전을 완전히 파괴하라고 명령했다(이미 파괴되지 않았을 경우).[30] 배교자라고 불렸던 후대의 황제 율리아누스(361-363)는 기독교를 혐오했고 따라서 과거의 이교도 신들을 복권했다. 테오도시우스 1세(379-395)가 황제의 자리에 오르자, 그는 아예 기독교를 국교로 만들었다. 『부활 연대기(Chronicon Paschale)』는 이런 기록을 남겼다.

콘스탄티누스 대제는 신전들을 폐쇄하며 크게 만족했다. 하지만 테오도시우스 황제는 아예 그것들을 파괴했다. 그는 헬리오폴리스의 신전을 기독교 교회로 바꾸었다. 그것은 원래는 바알-헬리오스의 신전 또는 삼석벽이 세워진 위대한 태양신 바알의 신전이었다.[31]

그 뒤 몇백 년이 흘러갔고, 이제 이슬람의 시대가 시작되었다. 664년경 바알베크는 무슬림 군대에 포위되어 함락되었고, 유피테르 신전과 바쿠스 신전은 곧바로 거대한 요새로 변경되었다. 온갖 파벌이 바알베크를 지배했고 요새는 지속적으로 강화되었다(실제로 오늘날에도 이곳은 종종 "요새"라는 뜻의 칼라아[Kala'a]라는 아랍어로 언급된다[32]). 이 과정에서 물론 고대 신전들은 심한 파괴를 겪었다. 902년 반체제 시아파인 카르마트파는 바알베크를 포위하여 함락시켰고 방어하던 이들을 학살했다. 파티마 왕조는 969년에 바알베크를 점령했고, 4년 뒤 자미테스 장군은 대군을 이끌고 쳐들어와 파괴적인 포위 공격을 가한 뒤 방어하던 세력을 학살했다.[33]

996년에는 그리스 기독교 군대가 바알베크에 불을 질렀다. 1100년이 되자 셀주크의 타드즈 에도라트 투투쉬가 바알베크를 점령했고, 1134년에는 진키가 바알베크에 포위 공격을 가했다. 전하는 바에 따르면, 그는 "낮과 밤을 가리지 않고 14개의 투석기를 사용해 석 달 동안 성벽에 돌의 비[雨]를 뿌렸다."[34]

1158년 바알베크는 "견줄 바 없는 파괴력"을 가진 지진에 의해서 강타를 당했고, 그로 인해서 "요새와 신전들은 파괴되었다." 진키의 아들 누레딘은 "지진으로 인한 피해를 복구하기 위해 서둘러 바알베크로 향했다."[35]

1171년 바알베크 요새에 포로로 잡힌 유럽 십자군 병사들이 봉기하여 수비대를 학살한 뒤 요새를 점령했으나, 곧 지하도를 통해서 침입한 무슬림 군대에게 몰살당했다. 1176년 십자군이 다시 들이닥쳐 바알베크를 마구 약탈했다. 그로부터 얼마 지나지 않은 1203년 또다시 거대한 지진이 발

생하여 도시에 광범위한 피해를 입혔다.[36]

1260년 몽골의 훌라구 칸은 바알베크를 점령한 뒤 도시를 파괴했다. "요새도 남겨놓지 말고 파괴하라"가 그의 지시였다. 하지만 술탄 바이바르스는 그 덕분에 손쉽게 바알베크를 공격하여 주둔하던 타타르인들을 쫓아냈다. 그는 요새—고대 신전들이 있던 유적지—를 즉시 다시 지으라고 명령했고, 곧 성벽이 재건되었다. 하지만 1318년 무시무시한 홍수가 요새를 강타하여 성벽에 여러 개의 큰 틈을 남겼다. 기록에 의하면 "홍수의 기세가 어찌나 강력했던지 12제곱미터의 탑을 400미터나 뒤로 밀어냈다"고 한다.[37]

다음으로 바알베크를 공격한 것은 튀르크–몽골인 정복자 티무르였다. 1491년 요새를 점령하고 저항하는 이들을 전부 살해한 뒤, 그는 "휘하 병사들이 무자비한 약탈을 통해서 탐욕을 채우는 것을 허락했다." 1516년이 되자, 바알베크는 오스만 제국의 일부가 되었고, 요새와 신전들은 "완전히 폐허가 되었다."[38]

1751년 영국 건축가 로버트 우드는 그 폐허를 살펴본 뒤 신전들을 상세하게 묘사한 그림을 제작했다. 그 그림에서는 유피테르 신전의 54개 돌기둥 중 9개가 남아 있었다. 1759년에 또다시 엄청난 지진이 도시를 강타했고, 그 결과 6개의 돌기둥만 겨우 살아남아 오늘날까지 전해진다. 이런 격동의 역사를 회상하며 고대 유적 앞에 앉아 있는 나는 그 6개의 기둥을 망연히 쳐다보았다.[39]

내가 궁금한 것은 다음과 같은 사항이었다. 이 장소는 건설, 파괴, 재건설의 과정을 엄청나게 겪었다. 그렇다면 고고학은 이곳의 기원에 관해서 정말로 어느 정도까지 안다고 주장할 수 있을까? 바알베크의 큐레이터였던 마이클 알루프는 다음과 같이 말했다.

불행하게도 이 신전은 세월의 유린과 무지한 자들의 야만 행위로 인해서 큰 손상을 입었다. 벽들은 무너졌고 돌기둥들은 파괴되었으며 토대는 손상되었다. 온전한 돌기둥은 남쪽 열주랑(列柱廊)에 있는 6개가 전부이며, 아랍 방어시설에 포함된 북쪽 열주랑에는 부서진 돌기둥 4개가 있다. 그 외에 남은 것이라고는 정면 열주랑의 주춧돌뿐이다. 비잔티움의 황제들은 바실리카를 지을 재료를 얻기 위해서 신전을 최초로 파괴한 이들이었고, 아랍인들은 이 선례를 충실히 따랐다. 그들은 성벽의 약한 부분을 강화하는 데에 유용하다 싶은 돌덩이라면 신전의 기반이든 벽이든 가리지 않고 돌덩이를 뽑아내어 가져갔다.[40]

이 유적을 조사하고 연구할 권리를 가진 독일 고고학 연구소는(이 기관은 터키의 괴베클리 테페에 대해서도 동일한 권리를 소유했다) 분명 최선을 다하고 있다. 그들은 발굴 중에 복합적인 층들을 발견하자 아주 당황했고, 이로 인해서 로마인들이 바알베크에 최초로 건축물을 세웠다는, 오래 지속된 학계의 주도적 의견이 뒤집혔다.[41] 내가 지금 앉아 있는 유피테르 신전의 한복판에는 셀라(cella)라고 불리는 신전의 내실이 있었는데, 실제로 그 아래에는 훨씬 더 오래된 성지의 잔해가 있었다. 이 지역에서 그런 성지는 "텔(Tell)"로 알려졌는데, 고고학자들은 이제 "텔 바알베크"가 **최소 1만 년 전**의 것이라고 보고 있다.[42] 이 시기는 로마인이 이곳에 도착한 때로부터 무려 8,000년이나 앞선 것이다! 신석기, 그것도 도자기를 만들기 이전의 신석기일 것이라고[43] 강력하게 추정되는 정착지의 오래된 층(層)이 발굴되었으니, 바알베크의 기원은 터키 괴베클리 테페가 번창하던 시절과 거의 인접해 있는 것이다.

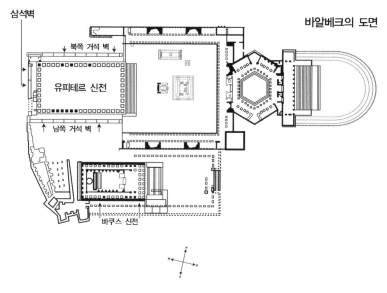

바알베크의 도면

북쪽 거석 벽

유피테르 신전

남쪽 거석 벽

바쿠스 신전

그림 43

북쪽의 거석 벽

여전히 대포 소리가 들려왔지만, 조금만 지나면 익숙해지는 소리였다. 나는 여태까지 앉았던 따뜻하고 쾌적한 돌덩이에서 일어나 유피테르 신전의 바닥이었을 장소를 지나 북쪽으로 걸어갔다. 후대에 임시변통의 마구잡이 방식으로 만들어진 아랍 요새의 벽에 고정된 신전의 북쪽 가장자리에 이르자, 나는 발길을 멈추었다. 그 가장자리에는 주춧돌 위에 솟은 부러진 돌기둥 4개가 있었는데, 마치 썩은 이빨의 뿌리 같았다. 벽에는 일정한 간격을 두고 총안이 설치되어 있었는데 총안에는 구멍을 뚫어서 방어 측이 침입자들에게 화살을 쏠 수 있게 되어 있었다. 구멍을 통해서 북쪽을 바라보니 내가 있는 곳에서 6미터에서 7.5미터 정도(물론 내 추측이다) 아래에 참으로 육중한 거석들의 열(列)이 있었고, 그 꼭대기가 눈에 들어왔다. 그 열을 세어보니 거석은 9개였는데 총안이 설치된 벽의 토대와는 수평 거리로 약 10.5미터 정도(대략적인 추측) 떨어져 있었다. 그 열과 벽 사이에 있는 틈에는 풀과 관목이 무성하게 우거졌고 떨어져 깨진 돌덩이들도 많이 보였다.

이 묘한 거석 벽을 더욱 자세히 관찰하기 위해서 나는 유피테르 신전의 북쪽 가장자리를 따라 서쪽으로 계속 걸어갔다. 그리고 마침내 내 앞에는 소위 "북서쪽 탑"이라고 불리는 아랍 요새의 또다른 부분이 나타났다. 탑으로 오르자 전망 좋은 편리한 테라스가 있었고, 그곳에서 나는 동쪽을 따라 연이어 서 있는 거석들과, 신전의 대(臺)에 있는 벽 사이에 있는 풀로 무성하게 덮인 틈을 내려다보았다.

나는 여기서 그 거석들이 무엇인지 설명하지는 않겠다. 이미 혼란스러운 요소들이 많이 있기 때문이다. 하지만 모든 것이 명확해지면, 다시 거석에 관한 이야기로 되돌아올 것이다. 곧 나는 아랍 요새의 탑을 나와 한때 유피테르 신전이 서 있던 거대한 직사각형 공간으로 되돌아왔다. 계속 동쪽으로 향해 걸어가서 신전의 입구와 이어진 계단에 도달했다. 계단을 내려가서 서쪽으로 방향을 돌려 북쪽으로는 유피테르 신전과, 남쪽으로는 바쿠스 신전과 맞닿은 푹 꺼진 광장을 바라보았다.

지식의 전달

자연스럽게 나는 술의 신 바쿠스의 신전을 확인하게 되었다. 바쿠스 신전은 그 자체로 강력한 에너지를 내뿜는 아름다운 건물이다. 고대에는 분명 많은 즐거운 행사들이 이 신전에서 개최되었을 것이다. 하지만 이 신전에는 로마인들이 아주 먼 고대에 그 기원을 둔 고대 지식과 상징의 흐름을 수용했음을 넌지시 드러내는 진지한 측면도 있다. 분명 그 지식의 흐름은 많은 지류로 갈라져서 오늘날까지 이어져왔다.

바쿠스 신전을 연구한 프리메이슨들은 그곳에서 발견되는 다수의 부조와 무늬가 자신들에게 의미가 있다고 말한다. 예를 들면 여전히 신전 돌기둥 위에서 균형을 잡고 있는 천정의 거석 덩어리 밑면에는 "솔로몬의 인장(원 안에 새겨진 육각형 별)"으로 알려진 무늬가 나타난다. 미국 프리메이슨 중진이자 성전 기사단 단장인 티머시 호건에 따르면, 별 중앙의 형상은 "입회한 프리메이슨 견습생에게 친숙한 신호를 보내기 위해서" 그려졌다고 한다. 또다른 부조는 나란히 앉은 두 사람이 어떤 몸짓을 하는 형상인데, 이는 "프리메이슨의 동료들만이 알아보는 신호"이다.[44]

바쿠스 신전과 바알베크 전체에 지식의 신에 대한 숭배의 증거가 대단히 많다는 점도 역시 주목할 만하다. 이 지식의 신을 가리켜 로마인은 메르쿠리우스, 그리스인은 헤르메스, 이집트인은 토트라고 불렀는데, 앞서 제9장에서 살펴보았듯이 이 신은 일곱 현인의 전통과도 연관되어 있다.[45] 또다른 특이한 연관은 초기 메르쿠리우스의 숭배 집단이 제11장에서 논했던 베틸,[46] 즉 "하늘에서 떨어진 돌(운석이나 부서진 혜성의 파편)"과 관련되어 있다는 점이다. 메카의 카바 신전에 있는 검은 돌이 운석이라고 불리는 점을 생각해보면, 고대 바알베크가 "질문에 답하는 검은 돌"이 있는 유명한 신탁의 장소였다는 점은 흥미롭다(전하는 바에 의하면 로마의 트라야누스 황제는 이곳을 중시했다고 한다).[47]

일부 학자들은 바쿠스 신전이 메르쿠리우스에게 함께 봉헌된 것이라고 주장하지만,[48] 로마 건축물을 연구하려고 바알베크에 온 것은 아니므로 더 이상은 언급하지 않겠다. 유피테르 신전과 그에 관련된 복잡한 과거는 정말로 내게 흥미로웠다. 특히 신전을 떠받치는 대(臺)를 통하여 신전이 괴베클리 테페의 시대까지 거슬러올라가는 아주 오래 전의 건축물과 맺고 있는 상관관계는 나의 관심을 끌었다.

건축물의 여러 시기적 단계를 분류하는 것은 어려운 일이어서 나는 많은 "대안" 역사가들이 빠지는 함정에 떨어지지 말자고 결심했다. 예를 들면, 거석들을 살펴볼 때, 그것들을 옮기고 들어올리는 과정에서 고도로 발달된 시공 기술, 더 나아가 "외계"의 기술이 반드시 개입되었다는 결론에 도달하는 것이 그런 함정에 빠지는 것이다. 앞서 말했듯이, 나는 로마인들이 거대한 돌덩이들을 옮길 수 있는 기술을 가지고 있었는지 여부는 거론하지 않겠다. 실제로 그에 대한 증거는 내 주변의 바쿠스 신전과 유피테르 신전 사이의 공간에 무척 많이 남아 있다. 그곳에는 두 신전의 손상된 박공벽에서 떨어져나온 조각되고 무늬가 새겨진 돌덩이들이 무더기로 흩뿌려져 있다. 이런 돌무더기는 의심할 여지없이 로마의 것이었다. 일부는 100톤 내외의 무게였고, 어떤 것은 360톤이었다.[49] 이런 돌덩이들은 전부 한때 땅에서 21미터 높이로 솟아오른 돌기둥들 위에 얹혀 있었다.[50]

나는 폐허를 따라 북쪽으로 걸으며 다시 유피테르 신전으로 향했다. 남아 있는 거대한 6개의 돌기둥들은 각각 약 2.7미터 높이의 거대한 주춧돌 위에 3개의 거대한 돌덩어리로 구성되어 있었다.[51] 다시 말하지만 로마가 이 돌기둥들이나 그 위에 있는 박공벽을 세웠느냐, 따위로 논쟁하려고 든다면 그 사람은 어리석은 논쟁꾼이 될 것이다. 건축양식에 근거를 두든, 포괄적인 고고학 연구에 근거를 두든, 어느 쪽이 되었든 이것은 명백하게 로마인의 작품이다.

앞에서 언급했듯이, 로마인들은 고대의 전통을 물려받고 전달한 사람들이므로, 그들이 유피테르 신전에 54개의 돌기둥을 세운 것은 결코 우연이 아니다. 독자들은 제10장과 제11장에서 논한 세차운동과 전 세계의 고대 신화와 전통에서 암호화된 "세차운동에 관계된 숫자들"의 수수께끼를 기억할 것이다. 조르조 데 산틸라나와 헤르타 폰 데헨트 교수는 이 숫자들을 아직은 정체불명이자 "거의 믿기 힘든" 고대 문명으로부터 물려받은 수준 높은 천문 지식의 증거로 받아들인다. 54는 세차운동과 관계된 일련의 숫자들 중 하나로, 세차운동의 1도에 필요한 연수(年數)인 72에서 나온 것이다. 우리는 그 절반인 36에 72를 더해서 얻은 108을 절반으로 나누어 54를 얻었다. 산틸라나와 폰 데헨트 교수는 획기적 연구서인 『햄릿의 맷돌』에서 캄보디아의 앙코르에 있는 조각상의 거리들에 "거리마다 양쪽에 54개씩 총 108개"가 늘어서 있음을 지목하며 이것은 분명 세차운동을 의식한 숫자라고 주장했다.[52] 그러니 바알베크의 유피테르 신전에 있는 54개의 기둥 또한 세차운동을 의식한 숫자라고 말하지 못할 것이 무엇인가?

남쪽의 거석 벽

나는 온전한 6개의 돌기둥 꼭대기에서 그 밑의 거대한 주춧돌로, 또 그 위에 유피테르 신전 남쪽 가장자리를 형성하는 250킬로그램 정도의 비교적 적당한 돌덩어리들로 만들어진 벽으로 시선을 돌렸다. 나는 거기서 다시 벽의 토대로, 또 그곳을 둘러싸며 도열한 9개의 거석들을 살펴보았다. 각 거석은 길이 9.5미터에 높이 4미터, 폭 3미터였다.[53] 이 기이할 정도로 큰 거석들은 각각 400톤 정도의 무게였다. 거석들 중 일부는 특히 서쪽으로 올수록 잘 마무리되어 있었다. 매끄럽고 윤이 나는 이 거석들의 위쪽 절반은 토대보다 좁아지도록 다듬어져 있었다. 하지만 그렇지 않은 거석들은 투박한 느낌을 주었고 석공들이 운반 중에 마름돌의 손상을 막기 위해서 표면에 남겨둔 보호층인 "돌기"가 여전히 남아 있었다.[54]

이 거석들을 가져온 채석장은 이미 확인되었는데 신전 남쪽에서 800미터 떨어진 곳이었다. 나는 로마인들이 기술적으로 얼마든지 거석들을 잘라서 운반할 수 있었음을 의심하지 않는다. 그들은 고대 역사에서 가장 훌륭하고 기발한 건축가들이었다. 하지만 여전히 의문점이 남는다. 이 거석들은 그들이 세운 것인가? 아니면 다른 이들이 그들보다 앞서서 세워놓은 것인가? 이 질문은 반드시 물어보아야 한다. 왜냐하면 내가 지금 보고 있는 9개의 거석은 이전에 신전 북쪽에서 본 동등한 크기의 9개의 거석과 함께 엄청나게 큰 거석 벽의 일부를 구성하기 때문이다. 북쪽의 거석 열과 남쪽의 거석 열은 거대한 U자형 단일 벽의 양팔이었다. 이 U자형 벽은 유피테르 신전의 북쪽, 남쪽, 서쪽을 두르고 있었으며, 토대는 서쪽에 자리잡고 있었다. 그리고 그 토대에는 내가 이곳을 찾아온 이유인 전설적인 삼석벽이 있었다.

그런데 바알베크는 마치 이런 정도로는 아직 복잡하다고 할 수 없다라고 말하는 것처럼 더 많은 복잡한 사항들을 간직하고 있었다. 독일 건축가이자 고고학자인 다니엘 로만은 지극히 철저하고 아주 탁월한 사람인데, 그는 수 년에 걸쳐 이곳을 발굴하고 상세히 조사함으로써 그런 복잡한 사항들을 폭넓게 탐구했다. 2015년 2월, 그는 고맙게도 이메일을 통해서, 내게 그의 광범위한 지식을 나누어주었다. 다음 장에서 자세하게 다루게 되겠지만, 그의 의견으로는 이 경외감을 자아내는 유피테르 신전을 두르는 U자형 거석 벽은 100퍼센트 로마인들이 세운 것이었다.

로만의 주장은 이러하다. U자형 거석 벽은 거대한 포디엄(podium : 건축양식에서 기둥이나 조각, 또는 벽을 지지하는 데에 사용된 돌출된 토대나 주춧대)의 일부로 지어졌다는 것이다. 나는 그의 주장을 따라 이제부터 이것을 "포디엄 2"라고 부르도록 하겠다. 신전의 건축을 명령한 사람은 당시의 기록이 전혀 남아 있지 않으므로 누구인지 알 수가 없지만,[55] 그 사람은 마치 "과대망상" 환자처럼 자신의 걸작을 울타리 같은 것으로 에워싸고 싶어했다.[56] 다니엘 로만의 연구가 제시한 최종 결론은 포디엄 2 안에 있던 것은, 그가 볼 때, 초기 건축과정의 잔재였다. 그는 이것을 "포디엄 1"이라고 불렀다.[57] 로만의 연구 결과에 따르면, 포디엄 1의 규모는 12미터 높이에 북쪽에서 남쪽으로 48미터의 길이, 동쪽에서 서쪽으로 95미터의 길이였다. 또한 그는 포디엄 1의 건축 시기를 알 수 있는 "유일하게 확실한 단서"는 "그것이 율리우스-클라우디우스 황가 시대에 지어진 신전 이전의 것"이라는 점이라고 주장했다.[58] (예를 들면 유피테르 신전은 율리우스-클라우디우스 황가 시대에 건설되었는데, 즉 아우구스투스, 티베리우스, 칼리굴라, 클라우디우스, 네로 황제에 걸친 시기인 기원전 27년부터 기원후 68년 사이의 작품이라는 뜻이다). 요약하면, 다니엘 로만은 포디엄 1이 기원전 1세기 후반에 고대 유대를 다스렸던 로마가 임명한 현지 왕인 헤롯 대왕의 작품이라고 주장한다. 하지만 이를 확증할 수 있는 비문이나 다른 문서 증거가 없으므로, "정보의 유일한 원천은 잘 보존된 구조 그 자체뿐이다."[59] 다니엘 로만은 특히 건축양식상의 특성에 주목할 필요가 있다고 말한다.

벽돌이 가로와 세로로 교차하는 열의 활용이나, 테두리를 다듬은 벽돌 세공이나, 초기 건축물의 도면을 복원한 것을 보면 헤롯 시대의 성소들과 놀라울 정도로 유사함을 알 수 있다. 특히 예루살렘 성전과는 더욱 비슷한데, 이는 전반적인 외관뿐만 아니라 비율과 치수 면에서도 분명히 드러난다. 정확한 본질은 더 밝혀져야겠지만, 두 건축물 사이의 이런 유사점들은 이 구조물이 헤롯 시대와 관련이 있음을 강하게 보여준다.[60]

우리가 이미 살펴본 바와 같이, 예루살렘 성전은 기원후 70년 로마인들에 의해서 파괴되었고, 따라서 로만은 "유일하게 남은 신전 부분인 하람 에쉬 샤리프의 거대한 사다리꼴 대(臺)"를[61] 그의 주장을 뒷받침하는 증거로 삼을 수밖에 없었다. 그렇지만 그의 상세한 비교는 실제로 바알베크의 포디엄 1에 "헤롯 왕의 개입"이 있었음을 보여주는 훌륭한 사례가 되었다. 이제 명확하게 정리해야 할 부분은 이런 고대의 개입이 얼마나 **폭넓었는지** 여부이다. 구체적으로 말하자면, 다니엘 로만은 "도자기를 만들기 이

전의 신석기 시대(괴베클리 테페가 존재한 시대)부터 지속적으로 사람들이 텔 바알베크에 거주했음"을 마지못해 인정한다.[62] 하지만 그는 율리우스-클라우디우스 황가의 황제들이 포디엄 2를 위한 육중하고 인상적인 U자형 벽의 건설을 시작했을 때, 기존의 포디엄 1 주위로 작업을 했지만, 헤롯이 지은 건축물의 밑바탕이 된 "포디엄 0"이 있을 가능성은 배제했다.

그렇다고 해서 그를 비난할 수는 없다. 내가 아는 주류 고고학자들 중 누구도 헤롯의 예루살렘 성전 복원과 관련하여(특히 앞에서 언급한 하스모니안 터널 근처에 노출된 채로 있는 거석 덩어리들에 관해서는) 그런 것이 더 오래되었을 가능성을 인정하지 않으니까 말이다. 그렇지만 이런 선사적 가능성을 무시해서는 안 된다. 특히 로만 자신도 바알베크 유적지가 "아주 먼 옛날의 것"이라고 언급했다.[63]

그리고 내가 고려하는 또다른 가능성이 있다. 그것은 다니엘 로만이 포디엄 2라고 부르는 것의 토대와 경계를 형성하는 U자형 거석 벽과 관련이 있다. 나는 이런 질문들을 던져본다. 만약에 U자형 벽이 로마인들이 만든 것이 아니라면? 헤롯이 포디엄 1을 지은 **이후가 아닌 그 전에** 이미 U자형 벽이 존재했다면? 더 나아가 포디엄 1보다 수천 년 전에 존재했던 텔도 U자형 거석 벽이 먼저 있었기 때문에 그 자리에 들어서게 된 것이라면? 다시 말해, 거대한 거석들로 만들어진 U자형 벽이 이곳에 지어진 **최초의** 건축물로서, 어떤 핵심적인 요소나 태고의 언덕을 포함하고 있었다면? 또 이 최초의 건축물로부터 수천 년 동안 텔이 발전했고, 그 위에 헤롯이 지은 신전이 지어진 뒤에 다시 로마인의 유피테르 신전이 세워진 것이라면?

삼석벽

가공할 정도로 큰 돌덩이의 옆면에 설치된 층계를 오른 뒤(이곳에서는 모든 것이 정말로 크다), 나는 높이 4미터에 무게 400톤인 거석들의 열 꼭대기에 섰다. 이 거석들의 열은 다니엘 로만이 (결국 완성되지 못한) 포디엄 2의 일부로 본 U자형 거석 벽의 남쪽을 형성한다. 서쪽으로 걸어가며 나는 6개의 온전한 돌기둥 아래를 지났는데, 저 높이 솟아 있는 듯 보였던 아까보다는 확실히 덜 거대해 보였다. 그 때문인지는 몰라도 육중한 규모에 비해서 기둥들은 훨씬 더 가볍고 우아해 보였다. 돌기둥 아래의 벽은 내 키보다 두 배 정도 높았고, 돌기둥이 서 있는 벽의 윗면은(내가 앞서 앉아보기도 한) 유피테르 신전 바닥의 높이와 같았다. 거석 벽과 내가 그 위를 걷고 있는 3미터 너비의 거석 가장자리 사이에 있는 공간에는 부서진 돌기둥의 파편들과 그것들이 지지했던 박공벽에서 떨어진 몇 톤에 이르는 장식 돌덩어리들이 널려 있었다.

거석들로 이루어진 긴 열의 끝에서 나는 탑, 아치 길, 다 쓰러져가는 중세 아랍의 방어시설 등을 마주치게 되었다. 나는 이것들을 요리조리 헤치며 나아갔고(약간은 당황스러웠다), 계단을 오른 뒤 오른쪽으로 꺾어 신전 단지의 서쪽 가장자리에 있는 좁은 길로 들어섰다. 두 명이 나란히 걷지도 못할 정도로 좁은 이 길을 따라 나는 북쪽으로 갔는데, 왼쪽에는 외부 요새 벽이 있었고(일부는 로마가 지은 그대로의 모습이었고 일부는 아랍이 재건한 모습이었다), 오른쪽에는 대충 자른 거석 덩어리의 열이 있었다. 나는 이 거석들이 무슨 용도인지 알 수 없었지만, 몇 달 뒤 다니엘 로만과 연락함으로써 그 의문을 풀었다. 그는 다음과 같이 답변했다.

빈 공간을 채우는 층의 일부입니다……헤롯 시대에 세운 벽과, 율리우스-클라우디우스 황가 시대에 세운 두 번째 포디엄의 외부 구조를 구성할 거석들 사이에 있는 공간을 채우려고 한 것입니다. 어차피 외부 구조로 인해서 보이지 않게 되어 있었으므로 손질을 하지 않아서 표면이 거칩니다.[64]

어떤 역할을 하든지 간에, 이 거석들은 나의 왼쪽에 있는 아랍 요새로 확장된 혼합 로마 성벽으로부터 나의 어깨 너비 정도 떨어져 있을 뿐이었다. 그 비좁은 공간은 압박감을 넘어서서 폐쇄 공포증을 안겨줄 정도였다. 스무 걸음 정도 움직이자, 좁던 길이 다소 넓어졌다. 이전까지 여러 벽돌층으로 되어 있어 두꺼웠던 요새의 외부 벽이 하나의 벽돌층으로 줄어들었기 때문이었다. 하나로 줄어든 벽돌층에는 큰 틈이 있었는데, 그곳을 통해서 아래를 내려다보니 11-12미터 정도 아래쪽에 풀이 자란 경계지가 있었다. 그리고 그 주변에는 바알베크 신전 단지 전체를 둘러싼 현대식 울타리가 있었다.

바로 그 순간 나는 바알베크를 찾아온 이유인 구조물의 위에 서 있다는 것을 확실히 깨달았다(나는 절반쯤 이것을 예측했지만 그 순간까지 확신하지는 못했다). 19.5미터 이상의 길이, 4.2미터 이상의 높이, 거의 4미터에 가까운 너비에 무게는 800톤 이상인 거석이 나의 아래에 있었다.[65]

그것은 삼석벽을 이루는 3개의 유명한 거석들 중 가장 남쪽에 있는 거석이었다.

13

그리고 홍수가 들이닥치다…

나는 예상한 대로 폐허를 지나면 삼석벽에 이를 수 있기를 바랐고, 거의 확신했다. 그러나 미궁에서 방황하다가 실제로 이 특별한 장소에 이르게 되자 은근한 승리감에 도취되는 것은 어쩔 수 없었다.

　유적을 찬찬히 검토하기에는 아주 좋은 순간이었다. 나의 서쪽에 있는 하나의 벽돌층으로 된 요새 외부의 석조 부분은 광대한 삼석벽의 너비를 4분의 1 정도만 간신히 덮고 있었다. 유적 전체를 둘러싼 울타리 안에 있는 풀이 자란 경계(境界)를 내려다볼 수 있는 요새의 틈 바로 옆에는 떨어진 돌기둥에서 나온 원통형 석재의 일부가 있었다. 요새 벽에 붙은 돌기둥은 삼석벽의 3개의 거석 중 가장 남쪽의 것에 얹혀 있었는데, 대략 그 너비의 절반 정도를 덮고 있었다. 대체로 보아 이곳은 보호를 받는 조용한 작은 마당이었다. 마침 앉을 수 있게 의자 높이의 돌덩이가 하나 있어서 편리했는데, 오후가 되니 그늘이 군데군데 생겨서 더욱 편안했다.

　돌덩이에 앉아 안도의 한숨을 내쉬면서 나는 공책을 꺼내 생각을 정리했다. 그러면서 나의 발이 삼석벽 거석에 새겨진 비문 같은 것을 밟고 있음을 깨달았다. 이것은 삼석벽 거석이 유피테르 신전보다, 비록 기간은 특정할 수 없지만, 더 오래되었음을 실제로 증명했다. 그림자가 방해하는 데다가, 발굴되어 세상에 드러난 이후 50년의 세월이 그 비문을 마모해버렸기 때문에 나는 새겨진 비문을 읽을 수 없었다. 레바논의 고대유물부가 주관한 바알베크 복원사업의 책임을 맡은 하루툰 칼라얀 교수는 1960년대 중반 당시 "과학적인 호기심 때문에 고대유물부 장관이었던 에미르 모리스 셰하브 왕자가 삼석벽 상부를 정리하는 결정을 내렸다"라고 말했다. 정리작업 이후에 벌어진 일에 관해서 칼라얀은 다음과 같은 기록을 남겼다.

> 남쪽의 삼석벽 거석에는 유피테르 신전 박공벽을 실물 크기로 나타내는 정사영(正射影) 도면이 그려져 있었다. 이 도면은 일부는 로마, 일부는 초기 아랍인들이 쌓아올린 부분 아래로 펼쳐져 있었다. 이 도면은 삼석벽이 박공벽 돌덩어리들의 치수나 배열방법을 기입하고 청사진을 그리는 판으로서, 신전 완성 이전에 이미 활용되었다는 점을 보여준다. 즉, 1세기 후반기 무렵 삼석벽은 이미 존재했던 것이다. 더 나아가 박공벽이 완성된 이후 도면이 역할을 다하자 삼석벽 위에 건축물을 올리는 계획이 실행되었다. 이것이 바로 도면의 일부가 로마 건축물 밑까지 확장된 이유이다.[1]

따라서 나의 발바닥 바로 아래에는 불행하게도 특별한 조명으로만 볼 수 있는 삼석벽을 둘러싼 진짜 수수께끼에 관한 확실한 증거가 존재했다. 이는 대안 역사가들이 제기하는 수수께끼와는 완전히 다른 증거였다. 칼라얀도 인정했듯이, 삼석벽은 유피테르 신전의 박공벽 건축 도면을 그리는 판으로 활용되었고, 또한 그 뒤 일부분은 로마 건축물에 의해서 덮었으므로, 논리적 추론에 의하면 당연히 삼석벽은 신전보다 더 오래된 것이 명백하다.

나는 이와 관련된 사항을 앞으로 더 알아보겠지만, 다니엘 로만은 이에 동의하지 않는다는 점을 미리 말해두고자 한다. 2009년 5월 독일의 콧부스에서 개최된 건설 역사에 관한 제3차 국제회의의 회의록에 실린 그의 논문은 이렇게 주장했다.

칼라얀은 이 도면을 근거로 삼석벽이 신전의 건설 당시 원래 그 자리에 있었고, 따라서 신전보다 더 오래되었다고 주장한다. 하지만 오늘날 새롭게 드러난 증거는 삼석벽과 신전이 동시에 만들어졌음을 보여주며, 따라서 그의 추정은 잘못된 것이다. 이 돌덩어리(도면이 그려진 가장 남쪽의 삼석벽 거석)의 상부 표면은 실제로는 동시 건축을 위해서 활용되었으며, 작업이 끝난 뒤에는 다음 계획에 따라 석조물에 의해서 덮였을 뿐이다.[2]

2010년의 후속 논문에서 로만은 자신의 추론을 더욱 확대한다.

미완성인 로마 이전의 성소(포디엄 1)는 신전 종합계획 속에 편입되었다. 이전의 건축물에 자극을 받은 초기 로마 황가의 유피테르 신전은 기원후 1세기 전반의 과대망상적 건축 설계와 건설 기법을 잘 보여준다. 가장 유명한 사례는 서쪽 신전 포디엄의 중간층을 형성하는 삼석벽이다……포디엄 2는 낡고 부자연스러운 형태의 신전 테라스를 최신 유행의 로마 방식 포디엄으로 감추려는 시도이다.[3]

나는 다니엘 로만의 논리를 이해하지만, 몇 가지 사항에는 동의하지 않는다. 일단 다른 무엇보다도 사람들의 입에 오르내리는 "포디엄"의 개념을 말하고자 한다. 사전은 "포디엄"을 다음과 같이 정의한다.

고전적 신전을 지지하는 석조물.[4]

혹은 다음과 같이 정의하기도 한다.

고전적 신전의 토대, 특히 수직적인 면을 가진 것.[5]

"토대"는 또 다음과 같이 정의된다.

건물이나 그와 비슷한 세워진 부류의 기초.[6]

고전적 신전의 바닥과 하부구조를 형성하는 견고한 기초. 크레피도마,
포디엄.[7]

"크레피도마(crepidoma)"는 "그 위에 건물의 상부구조를 세우는 건물의
기단(基壇)"이다.[8]

이 모든 정의가 공통적으로 내포하는 것은 포디엄은 그 위에 신전이 지
어지는 기반 구조물이라는 개념이다. 하지만 다니엘 로만의 포디엄 2는 이
와 맞지 않는다. 포디엄 2는 그 위에 세워진 유피테르 신전의 "기초"가 아
니며, "바닥을 형성하는 견고한 기초"도 아니다. 또한 유피테르 신전을 "지
지하는 석조물"도 아니다. 사실 유피테르 신전을 그 위에 올려놓고, "지지
하고" 있는 것은 다니엘 로만 자신이 분명히 밝혔듯이, 헤롯 시대의 포디엄
1이다. 로만의 포디엄 2는 유피테르 신전의 그 어떤 곳도 "지탱하지" 않는
다. 그저 포디엄 1을 삼면으로 둘러싸고 있을 뿐이다. 다시 말해서, 포디엄
2는 내가 제12장에서 여러 차례 언급한 U자형 거석 벽이지만 포디엄은 아
니다. 다니엘 로만이 생각하는 것처럼 로마인들이 그것을 지었다면, 구조
적으로 무엇인가를 지탱하기 위한, 말 그대로 포디엄으로 활용하려는 목
적이 아니라, 장식용으로 지었다는 뜻이 된다. 그의 말을 반복하자면, "낡
고 부자연스러운 형태의 신전 테라스를 최신 유행의 로마 방식 포디엄으로
감추려는 시도로서" 그 일을 한 것이다.

나는 다니엘 로만의 "포디엄"이라는 말이 오해받기 딱 좋다고 말할 수
밖에 없다. 그 용어는 현장에서 실제로 목격하는 것과 일치하지 않기 때문
이다. 기존에 있던 헤롯 시대의 건축물에 관한 다니엘 로만의 분석이 옳다

면, 우리는 로마인들이 최신 유행의 로마 "포디엄" 뒤에 "낡고 부자연스러운 형태의 신전 테라스"를 감춘 증거를 찾아볼 수가 없다. 로마인들이 어떤 확장 및 개발 계획을 가졌든 간에(그 어떤 기록도 남어 있지 않아 우리가 알 수 없는 계획이기는 하다), 땅에 남은 증거는 지지대 역할을 하지 않는, 포디엄 1을 삼면에서 둘러싼 육중한 U자형 벽뿐이다. 그리고 이 U자형 거석 벽은 로마인들이 지상에 지었다고 알려진 그 어떤 건축물보다도 훨씬 더 규모가 크다.

옮기고 설치하는 데에 틀림없이 굉장한 노력이 들었을 800톤 이상의 무게가 나가는 돌덩어리들(삼석벽)을 쌓은 U자형 벽은 심지어 로마 시대의 것처럼 보이지도 않는다.

물론 나는 로마인들이 그런 일을 할 수 없다거나 800톤 이상의 돌덩어리들이 그들의 건축 기술을 넘어서는 것이라고 말하려는 것은 아니다. 나는 그들의 기술적 한계를 알지 못하고, 또 안다고 주장하려는 것도 아니다. 하지만 다니엘 로만이 인지한 것처럼[9] 순전히 장식용으로 그런 무지막지한 고생을 했다는 것은 로마인의 냉철한 실용주의와는 굉장히 동떨어진 현상이다. 따라서 포디엄 1이 지어지기 오래 전부터(수천 년 전부터일 수도 있다) U자형 거석 벽이 이미 그 자리에 있었다는 다른 가능성도 고려해 보아야 한다.

그러나 칼라얀은 삼석벽이 유피테르 신전보다 앞섰다고 주장한 바로 그 논문에서 이런 추측에 찬물을 끼얹는 중요한 정보를 제공한다. 삼석벽은 유피테르 신전의 상부구조보다 오래된 것은 맞지만, 그리 오래되지는 않았다는 것이다. 그 이유는 다음과 같다.

유피테르 신전의 것과 크기가 비슷한 돌기둥의 원통형 석재 일부가 삼석벽 밑의 토대로 사용되었다. (우리가 아는 한) 바알베크에 비슷한 크기의 돌기둥을 사용한 다른 기념물이 없으므로, 토대로 사용된 원통형 석재는 이미 해체된 돌기둥에서 버려진 것을 가져다 썼다고 결론을 내릴 수 있다. 아니면 삼석벽의 토대를 형성하는 중에 돌기둥을 해체했을 수도 있다.[10]

이것은 "아름다운 이론을 무너뜨리는 지저분하면서도 사소한 사항인가?" 바알베크에서 사라진 문명을 추구하려는 내가 칼라얀이 주장한 돌기둥의 원통형 석재 때문에 비참한 타협을 해야 하는가? 정말 나는 짐을 싸서 집으로 돌아가야 하는가? 이 주제에 관련된 회의적인 글들을 보면, 그렇게 해야 옳을지 모른다. 그런 글들은 위에 인용한 문장을 끊임없이 생각도 해보지 않고 앵무새처럼 되풀이한다. 그렇게 하면 이 문제가 완전히 해결되는 것은 물론이고, 삼석벽이 로마의 작품이라는 주장에 합리적인 의심을 아예 제기도 할 수 없다고 생각하는 것 같다. 그러면서 그런 글들은 이 문제를 더 깊이 생각하고 그와 관련하여 의문을 가지는 일을 비논리적이고 사이비 과학에 휘둘린 시시한 행동으로 일축해버린다.

예를 들면 그런 글을 쓰는 작가로는 "비주류 과학과 수정주의 역사의 가면을 벗기는 사람"이라고 자칭하는 제이슨 콜라비토가 있다. 그는 "고고학과 건축공학은 삼석벽의 개별적 양상들을 모두 설명할 수 있으며," 따라서 대안이 되는 관점은 불필요하다고 말했다.[11] 콜라비토는 이런 주장을 스스로 합리적인 증거로 뒷받침하는 것이 아니라, 다른 "회의론자"인 물리학자 에런 어데어의 "훌륭한" 저술을 인용함으로써 자신의 주장을 뒷받침한다.[12] 그런데 그 어데어 역시 그저 칼라얀의 주장을 그대로 반복하고, 토대에 있는 돌기둥에서 나온 원통형의 석재를 철썩같이 믿었을 뿐이다. 그는 남쪽의 삼석벽 거석의 윗면에 그려진 건축 도면에 관해서는 이렇게 결론을 내렸다.

우리는 삼석벽 거석들이 유피테르 신전 건설과 동시에 그 자리에 놓였다는 것을 당연히 확신할 수 있다. 따라서 신전과 동시에 삼석벽 거석들이 존재했다는 점으로부터 우리는 이 구조물이 로마인들로부터 유래했음을 확증할 수 있다.[13]

그의 주장은 합리적이고, 유익하고, 설득력 있게 들린다. 하지만 사실인 양 행세하는 회의적인 글에 담긴 다른 많은 내용들처럼 이 역시도 면밀히 살피면 객관성을 가장한 짐작, 견해, 편견임이 드러난다. 칼라얀이 지나가 듯이 언급했던, 너무도 많은 이들이 바알베크의 연대에 관련된 생각을 강화하기 위해서 절대적으로 의지하는 돌기둥의 원통형 석재는 겉보기보다는 훨씬— **훨씬!**— 덜 중요한 것이다.

역설적이게도 내가 여기서 거론하고자 하는 핵심적인 문제가 물리학자 어데어가 제시한 유피테르 신전 서쪽 벽의 흑백 사진(분명 **굉장히** 오래된 엽서에서 가져왔을 것이다)에서 드러난다. 그는 자신의 주장, 즉 삼석벽 밑에 돌덩이들이 있으며, 사진에서는 보이지 않지만 그 돌덩이들 밑에 칼라얀이 언급한 돌기둥의 원통형 석재가 있다는 것을 입증하기 위해서 그 사진을 제시한다. 하지만 사진을 잘 살펴보면 삼석벽 **위**의 벽에 다른 로마의 원통형 석재가 들어 있는 부분이 있는데, 이는 바알베크 요새가 적의 투석기의 공격을 받은 뒤에 아랍인들이 거기다가 재배치한 결과였다.[14] 바알베크의 벽에 있는 모든 것이 재배치가 가능하며, 따라서 이와 관련한 논의는 덧없다는 것을 강조하기 위해서 구체적 사례를 하나 더 말해보겠다. 프리드리히 라게트가 1980년에 "제1차 세계대전 이전에 찍은" 사진을 복사한 사진에서는 볼 수 있었던 돌기둥의 원통형 석재 일부분은 최근의 복원작업 중 제거되었다.[15] 이 책의 화보에 들어 있는 산타의 2014년 사진들(사진 42-43)에서 이를 확인할 수 있다.

실제로 아랍인들은 정기적, 일상적으로 로마의 돌기둥 중 원통형 석재나 그 일부분을 해체하고, 재활용하고, 다른 목적에 맞게 고쳤다.[16] 우리가 제12장에서 살펴본 것처럼, 또 50년 이상 이 유적을 상세하게 알고 있던 마이클 알루프가 확인해준 것처럼, 바알베크의 기반이 무수한 포위전을 겪는 동안 요새로 사용된 성소는 지속적으로 **약화되고 훼손되었다**.[17] 포위전 이후 신전의 기반은 당연히 수리가 되었고(그렇지 않으면 벽의 전부가 무너질 수도 있었으니까), 내 생각으로는 이것이 본래 로마가 건설했던 것과는 다르게 삼석벽 밑의 토대에서 돌기둥의 원통형 석재가 발견되는 현상을 가장 잘 설명해준다. 설사 백보를 양보하여, 전통적인 이론이 수용하기를 요구하는 바대로 로마가 이런 기반을 만들었다고 치자. 그렇다면 그들은 분명 마음대로 활용할 수 있는, 목적에 맞게 특별히 제작된 규칙적인 돌덩이들을 충분히 준비했을 것이다. 그런데 갑자기 원통형 석재를 활용하다니 이상하지 않은가?

이것은 아무래도 이치에 맞지 않는다. 하지만 아랍 석공들은 수세기에 걸친 전투, 지진, 그 외의 재앙으로 약해진 기반을 보수하기 위해서 손에 잡히는 것이라면 무엇이든 활용하려고 했을 것이다. 이로 인해서 오늘날에도 여전히 유적 전반에 엄청난 양의 부서진 돌기둥 파편이 아무렇게나 놓이게 된 것이다. 실제로 로마인들이 벽에 원통형 석재를 끼워넣었을지도 모르는 또다른 가능성도 존재한다. 하지만 설사 로마인들이 했다고 하더라도 보수 차원에서 그렇게 한 것이지, 애당초 신전을 건설할 때부터 그렇게 했다고 보기는 어렵다. 로마인들이 이곳에 도착했을 때에 이미 아주 오래된 거석 벽이 있었고, 이를 기반으로 추가적인 건설을 하려고 했을 것이고, 그렇다면 확실히 그 토대를 살피고 세월의 흐름을 이길 수 없던 부분들은 수리했을 것이다.

나는 공책의 한 페이지에 "돌기둥의 원통형 석재에 관해서 더 많은 것을

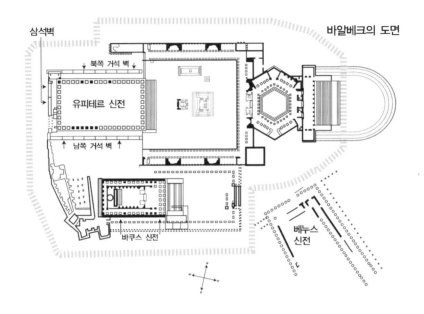

삼석벽　　　　　　　　　　　　　　　　　　　　　바알베크의 도면

북쪽 거석 벽

유피테르 신전

남쪽 거석 벽

바쿠스 신전

베누스
신전

그림 44

찾아내자"라는 문장을 휘갈겼다. 여하튼 이 문제는 아직 마무리되지 않았다. 하지만 삼석벽이 필수불가결한 부분인 U자형 거석 벽을 건설한 주체가 로마인들이 **아니라**는 가설은 입증할 수 있을 것 같았고, 더 조사할 가치가 있었다.

이제 외부에서 삼석벽을 바라볼 시간이 되었다. 시원하고 고마운 그늘을 떠나 거대한 돌덩이 상부를 조금 더 뒤져본 뒤 나는 왔던 길로 되돌아가 유피테르 신전 단지를 통해서 동쪽으로 나아갔다. 상당히 걸어간 뒤 나는 마침내 유적의 정문에 도착했다. 프로필라이움(propylaeum : 고대 그리스의 신전이나 성지로 들어가는 입구에 세운 문/역주)을 지나 정문에 이어진 계단으로 내려가면서 오른쪽으로 방향을 틀자, 아랍인들이 세운 요새의 남쪽 외벽을 따라 길이 나타났다. 베누스 신전이 주요 유적으로부터 남동쪽으로 몇백 미터 정도 떨어진 곳에 있었다. 그 신전은 아름다워 보였지만 나의 목적과는 관련이 없기에 무시하고 계속 남서쪽으로 나아갔고, 요새 벽에 지은 두 개의 아랍 탑을 지나 마침내 울타리가 쳐진 입구에 도착했다. 울타리 너머로 나는 멀리 삼석벽을 볼 수 있었다.

입구에는 경비원이 있었다. 그는 나를 막으려는 동작을 취했지만, 돈을 건네자 문이 요란하게 열렸다. 나는 과수원의 시든 나무들을 지나 세계 어느 곳에서도 사용된 적이 없는 엄청나게 큰 삼석벽의 거석들을 보러 갔다.

"권능과 과학의 정점"

19세기에 박식한 스코틀랜드인 데이비드 어커트는 레바논을 두루 여행한 뒤 1860년에 『역사와 일기(*History and Diary*)』라는 책을 출판했다. 어디서 단서를 얻었는지 설명한 적은 없지만, 그는 바알베크가 비밀스러운 해양제국 페니키아에서 중요한 역할을 했다고 믿었다. 페니키아는 기원전 2000년 대 다른 문화권에서 그 위업들이 언급된 문화이며, 페니키아인들은 본래 이 지역에 살던 가나안인들의 후손이었다. 실제로 그들은 자신을 가나안인이라고 말하기도 했다.[18] 페니키아인들은 초인적인 — 어떤 이는 정교하고 과학적이라고 말한다 — 항해기술로 명성이 높았고, 지금의 튀니지, 모로코, 스페인, 이탈리아, 터키, 키프로스, 몰타 같은 지중해 해안 전역에 항구를 세웠다. 그래도 그들의 중심부는 어디까지나 레바논이었고, 최초의 도시는 현대의 베이루트 북쪽에 있는 비블로스였다. 그 외에 중요한 곳은 티레와 시돈이었다.

페니키아인들과 관련된 수수께끼는 많다. 이들을 연구하다가 좌절한 연구자들은 종종 이렇게 푸념하기도 한다. "그들은 집요하게 자신들에 관해서 침묵을 지킨다. 역사 기록도 남기지 않았다. 그들에 관련된 지식은 전부

다른 민족들의 기록에서 나온 것이다. 그들이 번영했다고 주장하는 다른 나라의 옹호자들을 통해서 비로소 이 민족을 확인할 수 있다."[19]

그런 옹호자로는 그리스 학자 필로가 있다. 그는 기원후 1세기와 2세기에 비블로스에서 살았고, 그로 인해서 비블로스의 필로라고 알려지기도 했다. 그는 자신의 『페니키아 역사(*Phoenician History*)』가 자신보다 1,000년도 더 전에 살았던 페니키아 현인 산쿠니아톤이 쓴 책을 번역한 것이라고 주장했다.[20] 산쿠니아톤의 저술은 다른 어떤 문헌에서도 현재 전해지는 바가 없다. 앞에서 살펴본 바빌로니아의 신관 베로수스의 저술처럼, 필로의 『페니키아 역사』역시 인멸되었다. 현재까지 전해지는 편린들은 다른 저자들이 인용하거나 요약한 것이다. 그중 주목할 만한 저술가로는 4세기의 교부(敎父) 에우세비우스가 있다.[21]

필로의 편린들에서 우리는 그 이름이 "하늘"을 의미하는 그리스 신 우라노스와 동일시되는 "신"의 업적을 읽게 된다.

신은 생명이 부여된 돌을 고안함으로써 베틸을 창조했다.[22]

여기서 흥미로운 점은 두 가지이다. 첫째, 우리가 명백히 다시 베틸의 영역으로 되돌아왔다는 점이다. "하늘에서 떨어진 운석"인 베틸은 종종 부서지는 혜성의 잔해의 일부였고, 고대 극동 전역에서 숭배의 대상이었다. 베틸의 어원을 찾아보면 그 뜻이 "신의 집"이다.[23] 우라노스의 집은 물론 하늘이고, 유성에서 나온 물체의 고향으로는 아주 알맞은 곳이다. 둘째, "생명이 부여된 돌"이라고 언급된 점이다. 일부 번역에서는 이것을 "생명을 가진 것처럼 **움직이는** 돌"이라고 언급한다.[24] 이 점과 관련하여 나는 "마법사들"이 "권능의 말"을 사용하여 쉽게 거석을 움직였다는 고대 이집트 전설을 자연스럽게 연상하게 된다. 예를 들면, 영국박물관에 소장된 604번 파피루스에는 누비아인 마법사 호루스의 행동에 관한 설명이 있다.

> 그는 파라오와 귀족들의 머리 위로, 가로 200큐빗에 세로 50큐빗인 아치형
> 석재 천장을 만들었다……파라오가 하늘을 올려다보자 그는 입을 열어 고
> 함을 쳤고 궁중의 사람들은 함께 소리를 질렀다.[25]

200큐빗과 50큐빗은 대략 100미터와 25미터에 해당한다. 그런 육중한
돌덩어리를 움직일 수 있는 마법사라면, 그 4분의 1도 되지 않는 삼석벽 거
석들을 올리는 것쯤은 식은 죽 먹기였으리라. 어쨌든 이 신의 마법사를 생
각하다가 우리는 돌고 돌아 데이비드 어커트에게 이르게 되었다. 그는 자
신의 책 『역사와 일기』에서 19세기 중반 바알베크로 오게 된 이유를 다음
과 같이 설명했다.

> 고대 저술가들이 신비롭게 여긴 베틸리아[즉 베틸] 때문에 나는 그곳에 가
> 게 되었다. 나는 그것이 원거리 항해에서 페니키아의 배들이 활용하는 자석
> 이라고 생각했다. 그래서 선단이 돌아오면 바알베크의 신전까지 행진하는
> 종교의식을 통해서 베틸리아를 다시 원위치시키고, 또다른 항해를 할 때면
> 그것을 다시 가져온다고 생각했다.[26]

불운하게도 어커트는 사라진 기술, 즉 그가 바알베크에서 찾았던 "신비
한 자석 같은 돌들"의 힌트는 발견하지 못했다.[27] 그는 베틸리아를 보관하
던 신전이 어디에 있냐고 물었지만, 사라졌다는 대답만 들었을 뿐이다. 그
는 로마 신전에 자리를 내주기 위해서 그가 찾던 "대(臺) 위에 있던 것이 분
명한 신전은 허물어졌다"고 추정했다.[28] 따라서 그는 삼석벽과 현지 정보
원이 보여준 유적에서 남쪽으로 800미터 정도 떨어진 채석장에 버려진 채

로 남아 있는 삼석벽보다 더욱 크게 잘린 돌덩어리를 탐구하는 것으로 만족할 수밖에 없었다. 어커트는 "현재 대의 상부에 붙은" 나중에 지어진 신전들이 없다면, 이 유적은 "울타리를 친 사각형 땅"에 지나지 않는다고 말하기도 했다.[29]

누군가는 거대한 돌덩이를 쪼아서 만든 왕의 조각상, 궁전의 장식품, 신전의 장관(壯觀) 등을 상상했겠지만 그런 것들은 여기에 전혀 없다. 그런 상상을 일으킬 만한 대상이 아예 없다는 뜻이다.[30]

어커트는 다음과 같은 일련의 질문을 제기했을 뿐, 그 어떤 대답도 내놓지 않았다. 첫째, 왜 그런 거석들을 만들었는가("그는 바알베크에 비하면 스톤헨지는 아기의 장난감 같다"는 말도 남겼다)? 둘째, 바알베크는 큰 수도나 큰 항구도 아닌 멀리 떨어진 내륙인데, 왜 그런 거석들을 이곳에 두었는가? 셋째, 채석장에 남겨진 돌덩어리나 삼석벽이 포함된 미완성 U자형 벽이 보여주는 것처럼 왜 공사가 갑자기 중단되었는가? 넷째, 왜 바알베크는 독특한가?[31]

이 구조물은 철저하게 저 혼자 서 있다. 이곳을 털끝만큼이라도 닮은 곳은 세상에 없을 것이다.[32]

유적을 돌아본 날 밤, 어커트는 바알베크 지역의 에미르(통치자)와 저녁을 먹게 되었고, 그에게 거대한 U자형 벽은 누가 지었느냐고 물었다. 그러자 에미르는 당연한 이야기라는 듯이 그것이 3단계를 거쳐 지어졌다고 대답했다. 그 벽은 노아의 홍수가 들이닥치기 전인 원시시대에 다른 두 명의 통치자의 지시로 만들어졌다는 것이었다.

그 뒤에 노아의 홍수가 들이닥쳤소. 이후 솔로몬이 망가진 벽을 수리했지.[33]

베이루트로 돌아가는 길에 어커트는 바알베크의 에미르가 해준 말을 곰곰이 생각했다. 그 뒤 그는 통치자의 말이 근본적인 진실을 언급한 것이며 "바알베크의 석조물은 노아의 홍수도 휩쓸지 못한 견고한 물체로 간주되어야만 한다"고 결론을 내렸다.[34] 더 나아가 어커트는 이런 견해를 가지게 되었다.

노아의 홍수 이전의 인간 사회의 발전은 최종 단계에 이르렀다……바알베크에 이 석조물을 지은 자들은 틀림없이 권능과 과학의 정점에 도달한 상태였을 것이다. 그리고 이 지역은 분명 그들의 활동 영역 중에서도 중심부였을 것이다.[35]

그리하여 노아도 대홍수를 견디는 방주 건조기술을 그들로부터 배웠다.

길이 137미터, 폭 23미터, 깊이 14미터의 방주……노아 역시 뛰어난 이들이 가졌던 지식을 공유하고 있었음이 틀림없다. 또한 대홍수 이전의 항해술은 비범할 정도로 완벽한 수준에 도달했을 것이다. 회의론자들이 바알베크를 방문한다면 포를 달고 있는 3층 갑판 전함과 비슷한 무게의 석벽을 보게 될 것이고, 그렇게 되면 방주 같은 크기의 배를 지을 수 있느냐 같은 의심은 사라지게 될 것이다. 방주의 대홍수 이전 기원에 관해서는 비판자들이나 기독교 신자들이나 이의를 제기하지 못할 것이다.[36]

당연한 일이지만 오늘날의 회의론자들은 사람들이 쉽게 믿는 미신이나 신앙에 관한 모든 것에 대하여 의문을 제기한다. 하지만 어커트를 흥분하게 했던 전승은 아주 널리 퍼져 있다. 노아는 대홍수 이후의 여생을 보내기 위해서 바알베크 지역으로 돌아와 그곳에 묻혔다는 것이다.[37] 1670년부터 1704년까지 레바논의 마론파 총주교였던 에스테판 엘 두아이히는 다음과 같이 말했다.

바알베크는 세상에서 가장 오래된 건물이다. 그곳에는 부정을 저질러 홍수로 벌을 받은 거인들이 살았다.[38]

또다른 전승은 악마들이 거석들을 설치했다고 말한다.[39] 한 아랍 필사본은 대홍수 이후의 바알베크 재건 시도에 관하여 어커트가 들려주었던 이야기를 그대로 반복한다. 하지만 이 필사본에서 수리의 주체는 솔로몬이 아닌 노아의 증손자 니므롯이다. 그는 거인들을 보내서 손상된 벽을 수리하게 했다고 한다.[40]

악마, 거인, 굴림대, 캡스턴, 기중기……혹은 외계인?

삼석벽의 육중한 세 돌덩어리는 그 토대가 서쪽 벽의 지반보다 6미터 이상 위에 있는데, 이것을 보면 사람들이 악마나 거인이 한 일이라고 믿는 것도 이해는 간다. 실제로 삼석벽에는 겉보기에 **불가능해** 보이는 초자연적인 측면이 있다. 삼석벽 거석들의 길이는 각각 19.6미터, 19.3미터, 19.1미터이며, 높이는 모두 4.34미터에 너비는 3.65미터이다.[41] 그것들은 너무도 정밀하게 설치되어 있어서 연결 부위에 빈틈이 전혀 없다.

"정말 일대장관"이라는 말이 절로 나온다!

이 주제에 관한 정통파의 입장을 알고 싶은 사람은 장 피에르 아당의 1977년 논문인 「바알베크의 삼석벽에 관하여 : 거석들의 운반과 완성」을 읽으면 된다.[42] 그의 논문은 아직도 모든 회의론자들이 이것만 제시하면 문제 끝이라고 생각하며 인용하는, 인정받는 참고 문헌이다. 아당은 삼석벽 거석들을 운반할 때, 삼나무 굴림대를 활용했을 것이라고 주장했다.[43] 처음에 800마리의 소떼를 이용해서 굴림대 위의 거석들을 끌었을 것이라고 말했으나, 나중에는 논리적으로 입증이 되지 않아 그런 주장을 철회했다.[44]

인간의 약한 근력은 기술적인 재간으로 극복할 수 있다고 본 그는 마침내 많은 도르래가 달린 6개의 캡스턴(capstan : 닻을 감아올리는 기구/역주)이 거석들을 끌었다고 결론을 내렸다. 24명이 하나의 조를 이루어 캡스턴 1개를 작동했으므로, 총 144명이 건설 현장에서 800미터 떨어진 채석장에서 차례차례 삼석벽 거석들을 운반해왔다는 것이다.[45] 아당은 수송 절차의 막바지에는 더욱 큰 16개의 캡스턴 각각에 32명이 투입되어(총 512명) 거석을 지금의 최종 위치에 올려놓았을 것이라고 보았다.[46] 작업 말기에 캡스턴과 인원이 증가한 이유는 벽에 삼나무 굴림대들을 남겨놓으면 안 되기 때문이었다. 굴림대를 사용하지 않을 경우, 거석을 끌 때 지표면과의 마찰이 크게 증가하므로 추가적인 조치가 필요했고, 이 과정에서 윤활유 같은 것이 활용되었을 것이다. 로마인들은 이 정도 크기의 돌덩이라면, 그것을 직접 들어올리는 일을 피했을 것이라고 아당은 생각한다.[47]

프리드리히 라게트는 삼석벽 거석들을 운반하고 설치하는 문제에 관해서 약간은 다른 정통파적 해결책을 제시한다.[48] 그는 작업 말기에 직접 들어 올리는 과정이 포함되었다고 주장한다. 이 경우 많은 "루이스" 장치(석재 중심부에 특수한 구멍을 뚫어 끼워넣는 철제 장치, 쇠사슬이나 밧줄로 묶어 기중기나 권양기로 들어올린다)를 활용했을 것이라고 본다.

800톤 무게의 삼석벽 거석은 분명 굴림대들에 의해서 현장으로 운반되었을 것이다. 이후 굴림대들을 제거하기 위해서 거석을 약간은 들어올려야 했을 것이고, 그 다음에 거석은 조금씩 조금씩 땅에 내려졌을 것이다. 루이스 장치 하나마다 5톤의 무게를 견딜 수 있음을 생각하면, 거석에는 160개의 장치를 설치했을 것이다.[49]

나는 여기서 상세한 비평을 제시할 생각이 없다. 그저 아당과 라게트의 제안에는 일부 어려움이 있음을 언급하고자 한다. 예를 들면, 여러 계산들에 의하면 레바논 삼나무 중 가장 강한 것으로 만들었더라도 그런 굴림대들은 거석의 무게를 이기지 못하고 아주 빨리 부서진다.[50] 마찬가지로, 캡스턴은 물론 각각의 사람이 가할 수 있는 "근력"을 크게 높이고 또 아주 효과적인 장치이지만 아당도 인정했듯이, 땅에 단단하게 고정이 되지 않는다면 움직이는 것은 거석이 아닌 캡스턴 그 자체가 된다.[51] 마지막으로 모든 석공은 루이스 장치의 원리와 작용을 이해하고 있지만, 삼석벽 거석들에서는 루이스 장치가 달릴 만한 구멍이 어디에서도 발견되지 않는다. 160개의 구멍은 커녕 단 1개의 구멍도 찾아볼 수 없다.[52]

아당과 라게트는 물론이고, 삼석벽과 관련된 모든 업적이 특별할 것도 없고 신비스럽지도 않다고 생각하는 이들은 거석들이 역사상 알려진 기술들을 활용하여 옮겨졌다는 언급으로 그들의 설명을 시작한다. 예를 들면 25미터의 높이에 320톤이 나가는 이집트 오벨리스크는 칼리굴라 황제의 명령에 의해서 1세기에 로마로 운반되었다. 오벨리스크를 가져오기 위해서 이집트에서 지중해를 건너는 배가 특별히 제작되었고, 공학, 실행계획, 무거운 화물 인양이라는 측면에서 로마인들은 믿을 수 없는 재능을 보였다. 이집트 오벨리스크는 그보다 훨씬 뒤인 16세기에 칼리굴라 황제 시대부터 있었던 자리를 떠나, 교황 식스투스 5세의 지시로 성 베드로 광장에 세워지게 되었다.[53] 비슷하게 러시아에서도 18세기 후반 "선더스톤(Thunderstone)"이라고 알려진 1,250톤의 화강암 덩어리를 아직도 상트페테르부르크에 서 있는 표트르 1세의 승마상 토대로 사용하기 위해서 70킬로미터 떨어진 곳에서 특수 제작된 황동 구체(球体)의 이동 선로를 이용해서 육로로 가져왔다.[54]

그렇지만 초대형 거석을 황동 볼 베어링 위의 직선로로 끌고 오거나 거대한 광장 중앙에 세우는 것과, 여러 개의 거석을 거인이 레고 장난감 놀이를 하는 것처럼 벽 안에 설치하는 것은 차원이 다른 일이다.

어쨌든 그들의 주장대로 굴림대나 이동 선로로 가져왔다고 치자. 비슷한 사례들이 있다는 것도, 바알베크에서도 그렇게 했다는 것도 받아들이자(어쨌든 운송을 해왔으니까 이렇게 세워져 있는 것일 테니 말이다). 정말로 중요한 질문 하나는 이런 것이다. 로마인들이 삼석벽에 있는 거석들로 벽을 세운 것인가? 아니면 그들보다 1만 여 년 전에 존재했던 문화 공동체가 만든, 이미 존재하던 U자형 삼석벽을 발견하고 그들 나름의 구조물을 그 안에 알맞게 세워넣었는가?

내 눈에는 후자가 맞는 것처럼 보인다.

바알베크 평원 위에 솟은 단단한 기반, 즉 다니엘 로만이 로마 이전의 것이라고 확인하고 포디엄 I이라고 부른 것 위에 유피테르 신전이 있다. 그리고 U자형 벽은 이 신전을 외부에서 북쪽, 남쪽, 서쪽으로 훌륭하게 감싸고 있다. 그런데 이 벽은 유피테르 신전을 전혀 **지탱하지** 않는 완전히 분리된 외부 구조이다.

나는 서쪽 벽을 따라 여러 차례 걸었고, 경이로운 삼석벽 거석들을 외경의 눈빛으로 바라보며 이 구조물의 의미를 찾아내려고 애를 썼다. 삼석벽 거석들을 설치한 주체가 로마인들인지 아니면 정체 미상의 고대 문화 공동체인지 여부를 떠나서, 그보다 내가 더 알고 싶은 것은 왜 지반에서 6미터 위에 그것들이 놓여 있는가 하는 것이었다. 논리적으로 생각할 때 지반 위에는 가장 크고 무거운 돌덩이들을, 그 위로는 작고 가벼운 돌덩이를 놓는 것이 순서인데, 3개의 거석은 작은 돌덩이들로 구성된 층의 위에 있었다. 왜 이 구조물의 건설자들은 거석을 들어올리는 공학적인 도전을 추가로 부담하며, 비논리적인 행동을 했을까?

나는 다시 벽을 따라 걸으며 돌덩이들과 층을 세어보았다. 우선 지반 위로는 굉장히 작은 마름돌(그래도 1.5미터 높이에 250킬로그램 정도이다)의 층이 3개가 있다. 그 위로는 훨씬 더 큰 6개의 돌덩이가 있는데, 아주 훌륭하게 마무리되어(굉장히 심하게 침식되었기는 하지만) 상부 절반은 토대보다 더 좁게 다듬어져 있다. 이 6개의 돌덩이는 제12장에서 언급한 남쪽 벽의 돌덩이들과 거의 똑같았는데, 각각 약 400톤이다. 마침내 그 위에는 기이할 정도로 큰 800톤의 3개의 거석들이 있다.

나는 이제 북쪽으로 걸으며 서쪽과 북쪽 벽의 모퉁이로 향했다. 가장 북쪽에 있는 삼석벽 거석은 서쪽 벽의 끝까지 뻗어 있지 않았다. 대신 틈이 있었는데, 포디엄 1에서 확장되어 모퉁이 위에 지어진 아랍의 방어 탑이 그 틈을 채웠다. 하지만 그 탑이 없다고 상상하면, 나는 사태의 진상을 분명하게 알 수 있었다. 왜냐하면 탑의 다른 면에는 U자형 벽의 북쪽을 형성하는 또다른 거석의 열이 있었기 때문이다. 이 열은 제12장에서도 언급했듯이 내가 위에서 내려다보았던 것이다. 실제로 아랍인들이 지은 탑은 내가 포디엄 1의 북쪽 벽과 10.5미터 너비의 풀 자란 틈으로 구분된 이 거석 벽의 일부를 제대로 보려고 올라섰던 바로 그곳이었다.

고고학자들은 U자형 벽을 유피테르 신전의 거창하기만 한 미완성의 포디엄 2의 토대로 보고 있다. 다니엘 로만이 바로 그런 입장이다. 하지만 나는 그것이 아무것도 지탱하지 않고 순전히 장식적인 기능만 한다는 것이 여전히 신경 쓰였다. 실용적인 로마인들이 그런 낭비성 장식을 할 이유가 없기 때문이다. 그래서 나는 로마인들이 훨씬 이전부터 전해져오던 구조물을 그대로 활용했다는 생각을 떨쳐버릴 수가 없었다.

그럼에도 내가 고고학자들에게 동의하는 점은, 800미터 떨어진 채석장에 아직도 남아 있는 더욱 거대한 거석들이 — 물론 여기서 조사가 끝나면, 바로 가서 살펴볼 생각이었다 — U자형 벽의 북쪽과 남쪽 꼭대기에 틀림없이 올라갈 예정이었다는 것이다. 그래야 3개의 거석의 설치로 높아진 서쪽 벽과 높이를 맞출 수 있다. 채석장의 거석들은 삼석벽 거석들보다 약간 더 길고 넓었지만 운송 중에 그 면을 보호하기 위해서 남겨둔 "돌기"를 제거하면 조각 그림의 일부처럼 정확히 들어맞을 것이었다. U자형 벽을 포디엄 2의 일부로서 로마인들이 지었건, 선사시대의 사라진 문명의 건축가들과 석공들이 지었건 간에, 이것은 그 어느 쪽으로든 말이 되는 것이었다.

고고학자들에게 내가 동의하는 점은 한 가지 더 있다.

열광적인 지지자들에 의해서 제기되어 수십 년 전에 통용되던 생각인 "고대 우주 비행사설"은 합당하지 않아 보인다. 이 주장은 특히 제카리아 시친이 1980년 출판한 『틸문, 그리고 하늘에 이르는 계단(Stairway to Heaven)』이 대표적인 것이다(그는 이후 『지구 연대기[Earth Chronicles]』라는 시리즈를 발간하며 이 주장을 이어나갔다). 바알베크가 무엇이건, 800톤 혹은 그 이상인 거석들이 바알베크에 활용된 이유가 무엇이건, 또 그런 거석들을 설치한 이들이 누구이건 간에, 고대 우주 비행사설의 지지자들이 주장하는 것처럼 바알베크는 "신들의 비행기 착륙장"으로 건설된 것은 아니다.[55] 시친은 바알베크의 높은 대가 "지극히 무거운 무게를 지탱하기 위해서" 만들어졌으며, 그런 무게가 나가는 문제의 대상이 바로 "로켓과 비슷한 비행접시"일 것이라고 주장했다.[56] 하지만 이런 주장은 바알베크의 실제 외관과 설계를 전혀 모르는 사람이나 할 수 있는 것이고, 또 바알베크에 관한 직접적인 지식이 없는 사람이나 믿어줄 만한 주장이다.

시친은 삼석벽 거석들을 보고 바알베크의 대(플랫폼) 전체가 거석일 것이라고 확신한 듯하다. 하지만 삼석벽은 시친이 생각하는 것만큼 대단한 크기는 아닌, 포디엄 1을 둘러싼 U자형 벽의 일부일 뿐이다. 어쨌든 그 작은 포디엄에 (그 외에 다른 구조물은 없으므로) 외계인의 우주선이 착륙할 예정이었다면 확실히 벽의 꼭대기 위에 내리지는 않았을 것이다. 따라서 애초에 뭔가와 연결되지도 않고 뭔가를 지탱하지도 않는 포디엄이 지극히 무거운 무게를 견디기 위해서 설계된 외계인 비행선의 "이착륙장"이라고 주장하는 것은 무지하거나 부정직하거나 아니면 둘 다이다.[57]

게다가 바알베크 신전 단지 전체가 거석으로 구성되었더라도 우주선으로 태양계를 건너올 정도로 기술이 발달된 외계인에게 왜 그런 착륙장이 필요한지도 의문이다. 시친은 외계인이 행성과 행성 사이를 여행할 수 있다고 말하는데, 그렇다면 이착륙이라는 목적에 알맞은 좀더 고도로 발달된 뭔가를 건설하는 것이 그들 입장에서도 더 낫지 않았을까? 요약하면, 시친은 1970년대의 미국 항공우주국의 우주 기술을 가져와서 고대의 우주 비행사들에게 그대로 투영시킨 것이 아닐까?

나는 제카리아 시친을 개인적으로도 알고 있고, 뉴욕에서 여러 번 함께 저녁 식사를 하기도 했다. 나는 그를 좋아하고, 그가 훌륭한 연구를 해왔다고 생각한다. 하지만 최소한 바알베크에 관해서는(게다가 직접 바알베크를 탐사한 결과로 미루어볼 때) 그의 "외계인 이착륙장" 주장은 근본적으로 흠결이 있다고 확신한다. 그렇다고 그의 책에서 제기된 모든 생각이 똑같이 문제가 있다는 말은 아니다. 시친이 읽거나 해석할 수 없었다고 한 (따라서 그는 "해석"을 주류 학자들의 논문에서 가져와 어느 정도 "각색"했다) 메소포타미아 설형문자는 실제로 굉장히 흥미로운 소재였다. 그는 메소포타미아 설형문자에서 고도의 기술에 관한 단서를 알아냈다고 했는데, 그 점에서는 나 역시 그가 옳다고 생각한다.

그러나 그런 고도의 기술이 "외계인"의 것인가, 아니면 인간의 것인가? 제16장에서 우리는 『성서』나 다른 고대 문서에 "네피림"이나 "감시자"로 언급된 강력한 존재들에 관해서 알아보면서 이 질문도 다루려고 한다.

세상에서 가장 크게 잘라낸 돌덩이

엘리프 바투만은 2014년 12월 18일 『뉴요커(*New Yorker*)』지에 바알베크 관련 기사를 썼는데, 거기서 이렇게 말했다. "나는 고대의 우주 비행사라는 개념을 고고학자들이 좀처럼 수용하지 않는다는 것을 알아냈다. 그런데 그 문제에 대한 답변을 찾아나섰을 때, 그들이 발견한 것은 고작 좀더 크고 좀더 신비스러운 돌덩이뿐이었다."[58]

실제로 그렇다! 내가 바알베크에 도착하기 한 달 전인 2014년 6월, 독일 고고학 연구소는 유피테르 신전 남쪽으로 800미터 떨어진 채석장에서 엄청난 발견을 했다. 채석장에 삼석벽 거석들보다 상당한 차이가 날 정도로 무거운 거석이 2개가 있다는 것은 오랫동안 알려진 사실이었다. 하지만 한 세기 동안 바알베크 주변을 철두철미하게 조사해왔음에도 불구하고 수천 년간 채석장에 누적된 퇴적물 아래에 어마어마한 크기의 세 번째 거석이 묻혀 있을 것이라고는 아무도 생각하지 못했다. 고고학자들은 2014년 11월 말까지 이 발견에 관해서 공표하지 않았지만, 발굴 시기는 6월이었기 때문에 7월 10일, 내가 처음으로 채석장을 방문했을 때는 세 번째 거석을 완전하게 볼 수 있었다. 이때 근처의 한 가게 주인은 실제로 세 번째 거석을 발견한 것이 자신이며, 독일인들은 그저 자신의 공을 가로챘을 뿐이라고 주장하면서 나의 관심을 끌기 위해서 거석을 그려서 보여주기도 했다.

채석장은 한가운데로 지나가는 길에 의해서 두 부분으로 나뉜다. 신전들이 있는 방향에서 접근하면 처음으로 만나는 부분에 그 유명한 "임산부의 돌"이 누워 있었다. 이 돌은 "남쪽의 돌"로도 알려져 있는데, 100년 동안 바알베크의 관광 엽서를 장식해왔고, 그보다 훨씬 전에도 데이비드 어커트 같은 여행자들에게 잘 알려져 있었다. 임산부의 돌은 길이 21.5미터에, 높이 4.2미터, 너비 4.3미터이며 무게는 970톤이다.[59] 길을 건너자 먼 옛날부터 모습을 숨겨오다가 1990년대에 발굴된 더욱 큰 두 번째 거석이 있었다. 길이 20.5미터, 너비 4.56미터, 높이 4.5미터에 무게는 1,242톤에 달했다.[60] 2014년 6월에 발견된 거석은 앞선 거석들보다 더 컸는데, 길이 19.6미터에 너비 6미터, 높이 5.5미터, 추정 무게는 1,650톤이었다.[61]

앞에서 말한 가게 주인은 내가 처음 채석장을 방문했을 때, 꽤나 흥분한 목소리로 새로 발굴된 거석이 고대 세계에서 채석된 것들 중 가장 큰 돌덩어리라고 자랑스럽게 말했다. 새로운 거석의 상부 표면은 임산부의 돌 하부 가장자리에서 2미터도 안 되는 곳에 있었으니 거의 평행한 채로 그 밑에 있는 것이었다. 또한 임산부의 돌처럼, 이 새로운 거석도 훌륭하게 잘려 모양을 갖추고 있었다. 이 거석은 의심할 필요도 없이 이곳의 다른 두 거석과 함께 "돌기"를 제거한 뒤에 U자형 벽에 설치될 물건들이었다.

나는 이 기이하고, 비현실적인 돌덩어리들 위로 올라가보았다. 마치 등산을 하는 기분이었다. 거석들의 규모는 워낙 커서 어떤 면에서는 너무도 "외계의 것" 같았고, 덕분에 나는 일상의 현실에서 분리된 상태로 시간 감각을 잃어버렸다. 임산부의 돌은 마치 기반에서 깨끗하게 잘려나간 것처럼 보였다. 어떻게 이런 일이 가능했을까? 위, 아래, 옆, 어디에 서건 나는 고대의 알 수 없는 사람들이 만든 이 거석으로 인해서 나 자신이 왜소해지는 느낌이었다. 아주 먼 옛날 누군가는 이 일을 생각해내고, 거석을 잘라내어 모양을 갖추게 한 뒤, 결국에는 여기에 내버려두고 잊어버렸다는 것인데, 내게는 그것이 잘 이해가 되지 않았다. 임산부의 돌을 더 자세히 살펴볼수록, 나는 관련자들이 보여준 석공 솜씨의 정확성, 일의 규모, 거석의 창조 과정에서 보여준 의지와 상상력을 더욱 상세히 관찰할 수 있었다. 그리고 이 과정에서 채석장의 거석들, 삼석벽, 그 외 바알베크의 다른 거석들이 로마의 것이 아니라는 확신을 더욱 굳혔다.

나는 다니엘 로만이 이런 생각을 얼마나 강력하게 거부할지 잘 알고 있다. 채석장을 방문하고 몇 달이 지난 뒤인 2015년 2월, 나는 그와 며칠 동안 연락을 하게 되었다. 로만은 친절하게도 많은 질문들에 대답해주었고 내가 바알베크에 있을 때에 이해하지 못했던 그곳의 복잡한 특징들 일부도 이해할 수 있게 도움을 주었다. 그는 모든 광대한 계획이 로마 시대로부터 비롯되었음을 훌륭하게 입증했다. 게다가 그는 삼석벽이 있는 벽의 기반에 들어간 돌기둥의 원통형 석재의 사진을 내게 보내주기도 했다. 다음은 이 주제와 관련하여 로만이 내게 보낸 글이다.

최근 작업에서 저는 이 돌기둥의 원통형 석재(쌓아서 기둥을 만드는 석재) 파편의 위치를 알아내어 새롭게 발굴한 뒤 지름을 알아보기 위해서 밀리미터 단위로 정밀하게 측정했습니다. 유피테르 신전의 돌기둥과 대조하여 표면 구조와 석공의 솜씨를 보고, 암석학적으로 관찰도 했어요. 모든 징후가 로마 유피테르 신전 돌기둥의 원통형 석재와 정확히 같더군요. 파편은 마름돌 쌓기를 도와주기 위해서 가장자리가 잘 다듬어져 있었고, 거석을 포함한 로마 유피테르 신전의 모든 마름돌처럼 가장자리가 아름답고 예리하게 잘려 있었습니다.[62]

이를 보고 나는 이렇게 대답했다.

우선 분명히 해둘 점은, 저는 이 파편이 로마 유피테르 신전의 원통형 석재라는 것에 이의를 제기하지 **않습니다.** 분명 같은 것입니다. 또한 저는 로마 유피테르 신전에 있는 돌기둥의 일반적으로 합의된 연대 결정에도 이의를 제기하지 **않습니다.** 하지만 이 파편은 선생님과 선생님의 동료 분들께서 삼석벽의 연대를 확립할 때, 사용하는 논리구조의 가장 중요한 부분이며, 그 연대를 널리 전파할 때, 많은 사람들이 의존하는 것이기도 합니다. 그러니 제가 문의하고 싶은 점은 선생님께서 이 원통형 석재가 서쪽 벽의 건축과 동시에 그곳에 들어갔음을 어느 정도로 확신하는가 하는 것입니다. 해당 파편이 훌륭하게 잘려 모양을 갖추었다는 것에는 저도 동의합니다. 하지만 여전히 그 파편은 유독 두드러집니다(특히 선생님께서 제게 친절하게 보내주신 사진에서는 더욱 확실하게 그 점이 보입니다). 그 파편은 소속 층의 나머지 돌덩이들과는 굉장히 다르며, 마치 침범한 것처럼 어색하고 기묘합니다. 요컨대 제 생각으로는 파편이 기존 벽의 필수적인 부분이라기보다는 후대에 보수할 때 편입된 것이라는 주장이 더 개연성이 있어 보입니다. 이 주장에 신빙성을 더해주는 것은 아랍인들이 지속적으로 신전 단지 전역을 둘러싼 벽을 보수했으며, 때로는 그 과정에서 돌기둥의 원통형 석재가 사용되었다는 것입니다. 그러니 해당 파편이 그런 보수과정 중에 들어간 것일 수도 있지 않겠습니까? **이런 가능성을 완전히, 실질적으로 배제할 수 있는 절대적으로 강력한 고고학적 증거는 무엇입니까?** 답변에서 구체적으로 언급해주신다면 정말로 감사하겠습니다.[63]

로만은 이에 바로 답변을 보냈다.

해당 파편은 거석 포디엄과 신전의 동시 발생을 보여주는 징후들 중 하나일 뿐입니다. 우리의 연구 결과는 아니지만 100년 넘게 과학계에 알려진 것입니다. 최소한으로 잡아도 1900년부터 1904년까지 독일 연구팀의 발굴 이후 계속되어온 것입니다. 맞습니다, 그 파편은 아주 두드러지지요. 하지만 다른 돌덩이들과 다르지 않습니다. 신전 건축자들은 꽤 실용적이었습니다. 그들은 건축물이 토양 밑에 숨겨지거나 다른 뭔가에 가려지면 표면을 평평하게 하거나 외관을 훌륭하게 보이려고 애쓰지 않았습니다. 우선 중요한 점은 건물에 들어갈 마름돌이 상부와 하부가 완벽히 평평하게 다듬어지면 나머지 두 면은 견고하고 안정적인 벽의 목적을 수행했다는 것입니다. 로마의 방식은 똑같이, 정확하게 돌기둥의 원통형 석재에 적용되었고 그 주변의 돌덩이들도 마찬가지입니다. 해당 파편의 길이를 보시고 그 대신 벽에 구멍이 있다고 생각하시면, 위층의 더 작은 마름돌 2개는 떨어질 것이고 위의 구조에 더 큰 불안정을 초래할 것이라는 점을 알 수 있습니다. 여기서는 마찰로 인한 연결(독일어 kraftschluss의 번역어인데, 언어의 장벽을 느낍니다!)이 필요한데, "긴 면"의 열(列)에 단순히 마름돌을 대체할 수는 없습니다. 그 다음으로, 아랍인들이 보수한 로마의 벽은 이전과 많은 차이가 있습니다. 그들은 더 작은 돌덩이를 사용했고, 이전처럼 빽빽하게 돌덩이를 밀어넣지 못했습니다. 중세에 수리한 부분들은 연결 부위가 결코 치밀하지 않습니다. 이런 정밀함을 상호 대조해보면 저 같은 공학자는 이것이 로마 시대의 건축물임을 100퍼센트 확신하게 됩니다.[64]

나는 우리가 찍은 삼석벽이 속한 벽의 사진들 — 산타는 그곳에서 엄청나게 많은 사진을 찍었다 — 을 검토했지만, 로만의 주장을 납득할 수 없었다. 우선(사진 40 참조), 이 원통형 석재는 "토양 밑에 숨겨지거나 다른 뭔가에 가려지지" 않았다. 오히려 아주 쉽게 볼 수 있었으며, 벽의 가장 아래층에서 눈에 띄게 두드러졌다. 게다가 훨씬 더 어두운 특수하게 다른 석재로 만들어졌으며, 인근 돌덩이들과 굉장히 다른 "외관"을 가지고 있었다. 실제로 아주 독특한 돌이었다. 다음으로 정밀성에 관해서 말하자면, 나는 돌기둥의 석재가 아랍인의 보수로 인한 것이 아니라는 다니엘 로만의 주장에 동의하지 않는다. 사진 42와 43에서 독자는 바알베크의 성벽에서 아랍인들이 수리한 것이 분명한 또다른 돌기둥의 원통형 석재를 볼 수 있다. 그리고 그 정밀성이 토대의 원통형 석재 못지않게 훌륭하다는 것도 볼 수 있다. 내가 고려했던 다른 가능성(로마 이전의 성벽을 로마가 수리한 것일 수도 있다는) 역시 이 상황에 상당히 맞아들어가는 것이었다. 원통형 석재로 대체한, 기존의 심각하게 파괴된 돌덩이가 제거되었다면, 그 위의 작은 2개의 직사각형 돌덩이(로만이 "떨어질 것이고 위의 구조에 더 큰 불안정을 초래할 것"이라고 한 것) 역시 동시에 제거되어야 했을 것이다.

하지만 그 위층이 너무도 견고하여 그 층에 속한 돌덩이가 어느 것도 떨어지지 않는다면 그보다 위층에 있는 거석들에는 아무런 영향도 주지 않을 것이다. 2개의 작은 돌덩이를 제거한다고 하더라도, 그 위층에 있는 5개의 커다란 수평으로 누운 돌덩이 중 3개는 전혀 영향을 받지 않는 데다가 영향을 받는 나머지 2개도 "마찰로 인한 연결"에 의해서 자리를 지킬 것이었다. 돌기둥의 원통형 석재가 잘려져 맨 아래에 설치되면 2개의 작은 돌덩이는 벽에 되돌아갈 수 있고, 이로써 굉장히 깔끔하고 효율적으로 보수작업이 마무리될 터였다.

근본적으로 의견 차이가 있는 부분은 또 있었다. 내가 U자형 거석 벽(포디엄 1을 둘러싼)으로 보는 것을, 로만은 포디엄 2를 이루는 최초의 층들로 보고 있었다. 그는 "마름돌의 크기는 제외하더라도" 내가 U자형 거석 벽으로 부르는 것이 "아우구스투스 황제 시대 이후에 나타난 로마 신전 포디엄 표준 형태에서 보이는 기저 부분"과 같다고 말했다. 다니엘 로만은 내게 프랑스 님에 있는 메종 카레의 포디엄을 보고 나면,[65] 바알베크 바쿠스 신전의 포디엄 역시 이와 비슷하다는 것을 알게 될 것이라고 했다.[66] 그는 이메일에서 사진을 볼 수 있는 링크를 보내며 이렇게 말했다. "사진을 확대하면 맨 아래층 위의 두 번째 층에 있는 돌들이 삼석벽과 일치한다는 것을 보실 수 있습니다."

나는 곧 이렇게 답장을 보냈다.

명백히 굉장히 다른 규모임에도 선생님은 유피테르 신전의 거석 포디엄이 "로마 신전 포디엄의 표준 형태"라고 하셨습니다. 하지만 저는 링크로 보내주신 사진들에서 그런 점을 확신하지 못하겠습니다. 저 역시 바쿠스 신전에서 찍은 사진 중 하나를 첨부하겠습니다(보내주신 사진과 같은 구도의 것입니다).[67] 이 사진은 연속된 단일한 면을 보여줍니다(상부와 하부의 가장자리를 제외하고 말입니다). 반면 유피테르 신전의 포디엄은 거석 돌덩이들의 열로 계단 모양의 효과를 내고 있습니다. 율리우스-클라우디우스 황가 시대의 신전 포디엄의 가장 낮은 층에 있는, 대응되는 형태와는 분명 다르지요. 거석들의 열은 그 위의 수직 벽에서 조금 튀어나와 있으며, 맨 위에는 열주랑(列柱廊 : 신전의 셀라[내부 건물]를 둘러싸는 돌기둥들로 4면으로 구성된 현관 혹은 홀)이 있습니다. 저는 유피테르 신전 거석 층이 완전하게 벽의 꼭대기까지 확장되었다면 좀더 유사성이 있다고 생각하겠지만, 그래도 여전히 열주랑이 맨 위에서도 몇 미터 떨어져 있습니다. 이는 바쿠스 신전의 열주랑이 맨 위와 수평이 되는 것과는 다릅니다. 요약하면, 바쿠스 신전의 포디엄을 면밀히 살펴보았을 때, 저는 두 신전의 규모와는 상관없이 삼석벽 거석들에 대응되는 돌덩이들을 정말로 찾지 못하겠습니다. 제가 여기서 뭔가 명백하게 놓치고 있는 것이 있습니까?[68]

나는 또한 이렇게 로만에게 물었다. "'포디엄 2'의 어디에서든 그 기원을 알 수 있는 훌륭한 유기물을 발견하신 적이 있습니까? 또 그런 것들로 방사성 탄소 연대 측정도 해보셨습니까?"[69]
이 질문에 로만은 "불행하게도" 그런 적은 없다는 대답을 했다.

건물에 가해진 지속적인 변화와 지난 100년 동안 심층적인 수준으로 발굴을 한 결과, 관련 질문에 관해서 도움을 줄 수 있는 고고학적 혹은 유기적

물질은 전혀 남지 않게 되었습니다.[70]

이것은 그 나름대로 내게 뜻밖의 일이었다. 결국 이것은 (적절한 비유를 활용하자면) 유피테르 신전의 소위 "율리우스-클라우디우스 황가 시대의 포디엄(포디엄 2)"과 관련된 고고학적 연대의 전체 체계가 그 어떤 과학적인 연대 결정 증거에 바탕을 두고 있지 않다는 것이었다. 이렇게 말한다고 해서 고고학적 현장에서 방사성 탄소 연대 측정을 하는 것이 전혀 문제가 없다고 말하려는 것은 아니다. 이전 장에서도 보았듯이 실제로 그런 연대 측정은 자주 큰 문제가 된다. 괴베클리 테페의 경우처럼, 유기물의 잔해가 특정 순간에 "봉인되어" 최근의 연대로 오판하도록 유도하는 재료가 나중에 침입하지 못하는 그런 명백한 경우를 제외하고, 연대 측정은 그리 쉽지 않다.

그러나 문제든 문제가 아니든 포디엄 2에는 방사성 탄소 연대 측정 자체가 아예 실시되지 않았다. 결국 이 믿을 수 없이 흥미로운 독특한 구조물에 관한 정통파 연대는 결국 건축양식이라는 요소에 전적으로 기반을 두고 있다. 즉 건축물의 특정 양식은 특정 문화 및 특정 시대와 결합되었고, 포디엄 2에서 드러난 "양식"으로 보아 "율리우스-클라우디우스 황가" 시대의 로마 건축에 부합하므로, 그런 연대로 결정을 내린 것이었다.

내 생각에, 바알베크의 건축양식을 근거로 연대에 대한 주장을 펼치는 것은 결코 명쾌하지 못하다. 하지만 안타깝게도 수많은 사람들이 그에 의존하여 바알베크를 이해하고 있다. 열주랑의 위치에 관한 나의 질문에 대하여 다니엘 로만은 양식상 이례적인 사례라는 점을 인정했다.

맞습니다. 보통 열주랑은 바쿠스 신전에서 볼 수 있는 것처럼 포디엄의 끝에 있습니다. 그것이 바로 로마의 전례를 따른 것입니다(포로 로마노의 마르스 울토르 신전이 이런 양식의 대표적인 건물입니다[71]). 유피테르 신전에서 발견되는 특이점들 중 하나입니다.[72]

한편 로만은 열주랑이 세워질 곳에 신전이 이미 존재하고 있어서 포디엄 2가 완성되었더라도 궁극적으로 그 자리에 신전이 들어섰을 것이라고 말했다. 팔미라의 벨 신전, 터키 아이자노이의 제우스 신전, 터키 타르소스의 거대 신전이 그런 사례이다. 로만은 다음과 같이 말했다.

제 생각으로는 그런 이례적인 열주랑의 위치는 벨 신전과 바알베크의 유피테르 신전이 이미 기존 포디엄에 지어져 있었기 때문입니다(구체적으로, 바알베크에 헤롯 왕이 지은 것, 팔미라에 그리스풍으로 지은 것이 있습니다). 로마인들은 오래된 신전 건물 밑에 기원후 1세기의 최신식 로마 포디엄을 밀어넣을 방법을 찾아야 했습니다. 바알베크의 테라스는 엄청나게 높았고, 따라서 포디엄도 거대할 필요가 있었습니다. 팔미라에서는 이미 열주랑이 세워져 있었으므로 포디엄은 어느 정도 떨어진 거리에 세워졌습니다.[73]

더 나아가 로만은 포디엄 2의 모양에 대하여 자신의 주장을 고수했다. 포디엄 2가 불완전한 모습을 하고 있지만 그래도 상당히 정상적인 형태라는 것이었다.

표준적 포디엄은 바닥 윤곽(선생님께서 입술이라고 부르는 것), 주신(柱身) 혹은 수직적인 부분(바알베크의 삼석벽 층), 그리고 상부 입술 층으로 구성됩니다.[74]

그는 자신의 주장을 입증하기 위해서 레바논의 또다른 로마 신전인 호즌 니하의 포디엄 건축 설계도를 첨부했다.[75] 하지만 나의 눈에는 바알베크의 포디엄 2와는 놀라울 정도로 다르게 보였다. 그가 나에게 삼석벽과 비교하라고 한 층은 고작 1.58미터 높이였는데, 삼석벽은 앞에서 보았듯이 4.34미터 높이였기 때문이다.

이미 언급했지만 나는 다니엘 로만이 훌륭한 주장을 펼쳤다고 생각한다. 하지만 서로 연락을 주고받는 과정에서 U자형 거석 벽(유피테르 신전을 실제로 받치고 있는 포디엄 1을 지탱하는 것이 아니라 둘러싸고만 있는 벽)이 로마 시대의 작품이라고 증명해주는 것은 아무것도 없다. 어쩌면 다니엘 로만이 옳을 수도 있다. 하지만 사라진 문명에 관하여 전 세계에서 나타나는 모든 다른 징후의 측면에서 보면 그가 틀릴 수도 있는 것이다. 나는 바알베크에 관해서는 열린 마음을 가지고 결정적 판단을 보류하는 편이 현명하다고 생각한다.

마지막으로, 내가 이런 확신을 하게 된 것은 채석장에서 보았던 것들 때문이다. 우리는 1,000톤에서 1,650톤에 이르는 세 거석들이 왜 그곳에 남겨져야 했는지 스스로 물어보아야 한다.

이와 관련된 종래의 답변은 이 특별하게 큰 돌덩어리들을 캐낸 로마인들이 운반 문제 때문에 포기했다는 것이다. 하지만 이 설명은 타당하다고 보기 어렵다. U자형 거석 벽의 건설자가 로마인들이라는 주장이 맞는다면, 유피테르에게 바치는 대규모 신전 단지를 더 작은 돌덩이들을 활용하여 지었다는 이야기가 된다. 주류 고고학의 주장을 따르면, 신전 건설에 들어간 다수의 작은 돌덩이들의 근원은 엄청난 크기의 거석인데, 로마인들은 채석장에서 거석들을 캐내기는 했으나, 옮길 수는 없어서 그대로 두었다는 것이다. 이렇게 주장하는 것이 타당할까? 로마인은 실용적인 사람들이다. 그러니 엄청난 공을 들여 캐낸 거석을 헛수고로 놔두지는 않았을 것이다. 그들의 입장에서는 조금 덜 무거운 돌덩어리를 새롭게 채석하는 것보다는,

이미 거의 다 캐낸 1,000톤 이상의 육중한 돌덩이를 더 작은 크기로 잘라 좀더 손쉽게 운반하여 신전의 나머지 부분을 건축하는 데에 쓰는 것이 더 낫지 않았을까?

어쨌든 로마인들이 그렇게 하지 않았다는 것은 정말로 영문을 모를 일이다. 따라서 채석 작업이 거의 끝난 이 거대한 돌덩어리들이 채석장에 그대로 남겨졌을 뿐, 더 작은 크기로 잘려 유피테르 신전의 전반적인 건축에 활용되지 않았다는 사실은 무엇을 말하는 것일까? 나는 로마인들이 채석장의 거석들이 있는 줄도 몰랐다는 생각이 강하게 들었다. 독일 고고학 연구소가 100년의 발굴작업 과정에서도 지난 2014년까지 세 번째 거석이 채석장에 있는 줄 몰랐던 것처럼 말이다. 나는 적절한 때에 "채석장 거석들의 연대 결정과 실용성에 관한 훌륭한 새 정보"가 나오기를 바랐지만, 이 책을 쓰는 시점까지도 그런 정보는 드러나지 않았다.[76] 그렇다고 해도 나는 흥미롭게 새로운 정보를 기다릴 것이다. 그런 정보가 해결을 해줄지 아니면 더 많은 의문들을 제기할지 등에 대해서는 의문스러운 마음으로 지켜볼 것이다.

인간은 기억 상실증에 잘 빠지는 종족이다. 파괴적인 혜성은 1만2,800년 전 영거 드라이어스 시대를 촉발시켰고, 두 번의 전 세계적인 대홍수를 일으켰다. 영거 드라이어스의 초기와 말기에 일어난 대홍수는 우리로 하여금 아주 많은 것을 잊게 했다. 바알베크를 둘러싼 수십 년에 걸친 논쟁과 복잡성을 살펴보면 알 수 있듯이, 잔해의 파편에서 기억을 복원하는 일은 논리적으로 어렵고 심리적으로 고통스럽다. 하지만 현인들의 말씀, 마법사들의 업적, 그들이 뒤에 남겨놓은 웅장한 기념물은 여전히 먼 과거로부터 우리에게 이런 메시지를 보내고 있다. "대귀환"의 때를 기다리며 깨어 있으라.

제6부

별

14

태양의 문

주니에 만의 아름다운 해안 도로를 달리면서도 내 마음은 여전히 바알베크를 내려놓지 못하고 있었다. 이곳에서 남쪽으로 38킬로미터 떨어진 곳에 고대 페니키아의 항구 도시인 비블로스가 있었다. 비블로스는 세상에서 가장 오랫동안 사람들이 거주해온 도시로 알려져 있는데, 그것은 어느 정도 타당성이 있는 이야기이다. 고고학자들은 비블로스에 사람들이 기원전 8800년부터 거주했다는 점을 밝혀냈다.[1] 그 시점은 괴베클리 테페 역시 아직 매몰되지 않고 본연의 기능을 수행하고 있을 때였다.[2] 기원전 5000년, 비블로스는 안정되고 번영하는 정착지였으며, 그 이래로 사람이 거주하지 않은 적이 없었다.[3] 기원전 3000년이 되자 비블로스는 구블라 혹은 게벨이라는 명칭으로 알려졌고, 고대 가나안 해안의 주요 항구이자 도시로 성장했다.[4] 이 도시를 비블로스라고 부른 것은 그리스인들이었다. 수익성 좋은 이집트와의 파피루스 무역 핵심지인 이곳을 그들 역시 잘 활용했다(부블로스[bublos]는 그리스어로 파피루스라는 뜻이다).[5] 독자들은 그리스인들이 가나안인을 "페니키아인"이라고 부르고 페니키아인 역시 자신을 가나안인이라고 불렀다는 내용을 기억할 것이다. 나는 편의상 앞으로도 "페니키아인"과 "가나안인"이라는 용어를 상호 교환적으로 사용하고, 고대 구블라/게벨은 비블로스로 일관되게 사용하고자 한다.

비블로스에 들어서자, 해변에는 카페와 야자수들이 늘어섰고 아름다운 초승달 모양의 항구에는 반짝거리는 지중해가 찰싹이고 있었다. 그러는 중에도 바알베크에 관한 의문은 여전히 내 머리를 떠나지 않았다. 왜 로마인들은 제국 전역에서도 가장 크고 화려한 신전을 로마에 짓지 않았을까? 그것이 불가능하여 모종의 이유로 레바논에 유피테르 신전을 지어야 했다면, 왜 비블로스 같은 유명하고 중요한 수출입항에 짓지 않았을까? 비블로스가 아니라면 같은 해안에 있는 명성 높은 다른 페니키아 항구인 티레와 시돈에 짓지 않았을까?

　유피테르 신전을 지을 장소가 왜 하필이면 바알베크였을까? 그것이 바로 나를 괴롭힌 의문점이었다. 하지만 이 질문에 대답하기란 쉽지 않다. 고고학자들과 역사가들도 "누가 건설을 주문했고 자금을 댔는지, 혹은 누가 신전 단지를 (일부라도) 설계했는지"에 관한 증거는 하나도 남아 있지 않다는 점을 인정한다.[6] 따라서 우리는 그 동기를 어렴풋이 추측할 수 있을 뿐이다. 이 정도 규모의 사업을 벌였음에도 그 어떤 황제, 장군, 건축가도 그것을 자신의 공로로 돌리지 않았다는 점은 참으로 놀랍다. 실제로 신전은 건축이 완료된 이후 몇 세기 동안 로마와 다른 민족의 기록들에서 기이할 정도로 언급되지 않았다.[7]

　5세기에 들어와서(이때는 바알베크 지역이 기독교화된 지 오래였다) 마크로비우스가 이 신전을 언급하면서 비로소 우리는 신전에서 섬겼던 신이 누구인지를 알 수 있게 되었다.[8] 마치 이전 시대의 마법사들이 신전이 세워질 장소에 침묵의 마법을 걸고, 로마인들은 그 마법에 사로잡힌 채 신전의 거대한 돌기둥과 박공벽을 세운 것 같았다. 그 결과, 건축 역사가 델 업튼이 말한 대로, "고대 바알베크는 우리 상상의 산물이 되었다."[9] 우리가 보았던 신전 단지 자체도 어느 면에서는 상상의 산물이다. 그 이유는 다음과 같다.

　바알베크의 상당 부분이 20세기 초반의 독일 고고학 파견단 및 1930,

1950, 1960년대 프랑스와 레바논 고고학자들에 의해서서 재구성되었다. 우리가 아는 나머지 사항들은 신화적인 완성 상태를 보이는 신전 단지의 재건축 도면에서 나온 것이다.[10]

이런 고고학적인 "신화 만들기"가 계속되어 다니엘 로만은 다음과 같은 역설적인 추측을 하게 되었다. 로마 바알베크의 건설자들은 "과대망상증 환자"의 면모를 보였지만, 동시에 자기를 감출 정도로 겸손하여 이 건축물에서 시도한 "기념비적 특성을 향한 거대한 발걸음"을 그들의 이름과 결부시키지 않으려는 모순적인 행동을 했다.[11] "과대망상"의 행보 중에서도 가장 두드러지는 현상은 그들이 15미터가 넘는 높이로, 모든 로마 신전의 포디엄을 왜소하게 만드는 그런 포디엄을 유피테르 신전에 바치려고 했으나 미완성에 그쳤다는 것이다. 게다가 그 거대한 포디엄은 그 어떤 구조물도 지탱하지 않는 순전히 장식용이었고, 거기에 들어간 돌덩이들은 수백 톤에 이르며, 삼석벽의 경우는 1,000톤에 가깝다. 다니엘 로만이 주장하는 관찰의 틀이나, 지난 수십 년간 모든 고고학자들이 주장하는 틀에서는 오로지 과대망상증 환자만이 그런 비실용적인 구상을 할 수가 있다.

모두가 추측만 하고 있으니, 나 역시 대안이 되는 추측을 해보겠다. 내 생각으로 로마인들이 유피테르 신전을 지을 곳으로 바알베크를 선택한 이유는 그곳이 특별한 장소였기 **때문**이다. 더 정확히 말하면 U자형 벽이 이미 거기에 있었던 것이다. 이 벽은 다니엘 로만이 생각하는 "과대망상증" 같은 포디엄의 기반으로서 만들어진 것이 아니라, 원래 그곳에 있었다. 신들의 시대부터 내려온 이 벽은 순수하게 고대 신들을 기리기 위한 것이었고, 후대에 들어와서도 그 신들은 여전히 숭배의 대상이 되었다. 따라서 그런 숭배를 바친 자들의 자부심과 이름을 드높이는 일은 애초부터 할 수가 없는 것이었고 따라서 이 건물을 지었다고 주장하는 로마인들의 이름을 어디에서도 찾아볼 수가 없다.

별을 숭배하는 자들

페니키아와 로마 신전의 잔해를 내려다보는 성이 하나 있다. 이 성은 십자
군 전쟁 시기(12세기)에 세워진 것인데, 오늘날 비블로스의 가장 유명한 지
형지물이다. 흥미롭게도 이 성은 여러 번 재건되고 수리되었는데, 그 과정에
서 최소한 12개의 로마 돌기둥의 원통형 석재가 성벽을 메우는 돌덩이로 재
활용되었다. 이 사실은 이 지역에서는 건축물을 겉모습만으로 판단해서는
안 된다는 것을 다시 한번 상기시킨다.

어쨌든 이 성은 아주 오래된 비블로스 도시의 정취를 느낄 수 있는 훌
륭한 장소이다. 페니키아 선원들은 이 도시로부터 출발하여 알려진 세계
의 모든 지역과 그 너머로까지 나아갔다. 실제로 페니키아인들이 콜럼버스
보다 수천 년 전에 아메리카에 도달했다는 매혹적이지만 파편적인 증거가
있다.[12] 또한 이 도시는 고대 그리스와 신비한 관계를 맺었는데, 그것은 두
민족 사이의 파피루스 무역 이상의 관계로 확대되었다.

이런 호혜적 관계는 오시리스 신과 관련이 있는데, 고대 이집트인들은 이
신을 오리온 별자리와 동일시했다. 호루스의 아버지이자, 마법의 여신 이
시스의 남편인 오시리스는 전설에 따르면 태곳적의 위대한 왕이었다. 그는
문명이라는 선물을 가져와서 그것을 감사히 받아들이려는 자들에게 주었
다.[13] 오시리스는 이집트 토착민들에게 다음과 같은 영향을 주었다.

토착민들의 비참하고 야만적인 풍습을 금지시킨 뒤, 그는 땅을 갈고 씨를
뿌리고 작물을 수확하는 법을 가르쳤다. 토착민들은 오시리스가 만든 법
률을 따랐고, 그의 뜻에 따라 신들을 숭배하고 신들에게 바치는 의식을 치

렀다. 오시리스는 이후 이집트를 떠나 세상으로 나아가 여러 나라에 자신의 백성들이 살아가는 풍습을 가르쳤다. 어떤 것을 지시할 때 그는 강제한 적이 없었다. 온건한 설득과 이성에 호소하는 방법을 통해서 그는 자신의 메시지를 사람들이 실천하도록 유도했다.[14]

고대 이집트 연대기에 기록된 이 위대한 문명화 스승의 행동은, 에드푸 신전 텍스트에 나온 고향이 대홍수로 파괴된 뒤 태곳적 세계의 부활을 위해서 거대한 배를 타고 "세계를 방랑"한다는 신들, 마법사들, 현인들의 문명화 사명을 연상시킨다. 오시리스의 적대자(敵對者) 세트는 결국 호루스에게 패배하고 제압되는데, 이 또한 에드푸 전승에 나오며, 오시리스 신화에서 중요한 역할을 담당하기도 한다. 세트는 신이자 왕인 오시리스가 문명화 사명을 실행하기 위해서 떠나면서 자리를 비웠을 때 음모를 꾸몄고, 그가 복귀하자 공모자 72인의 도움을 받아 그를 살해한다.[15] 여기서도 하나의 암호가 등장한다. 독자들이 기억하듯이, 72는 세차 주기의 핵심 숫자이다. 세차운동 1도에 필요한 연수(年數)를 나타내는 숫자이기 때문이다.

오시리스의 시신은 세트와 공모자들에 의해서 석관에 담겨 나일 강에 던져진다. 물결은 석관을 북쪽으로 실어가 지중해에 들어서게 했고, 파도는 이를 다시 레바논 해안으로 실어갔다.

석관이 파도에 밀려 비블로스의 해안에 도착하자마자 거대한 나무가 그 주위에 솟아올랐다. 나무는 이어 그 석관을 감싸며 자라났고 자연히 석관은 그 안에 갇히게 되었다. 비블로스의 왕은 이 나무의 크기에 경탄했고, 곧 나무를 잘라내어 석관이 들어 있는 나무의 몸통 부분을 왕궁의 기둥으로 쓰고자 했다.[16]

남편의 유해가 어디 있는지 알아낸 이시스는 배를 타고 비블로스로 향했고, 곧 비블로스 왕자들과 공주들의 보모가 되었다. 사람들의 눈에 띄지 않을 때, 그녀는 제비로 변신하여 기둥 주변을 날아다니며 한탄했다. 마침내 이시스는 자신의 정체를 밝히고 왕을 설득하여 그 기둥을 받았고, 곧 오시리스의 시신이 담긴 석관을 빼내 함께 이집트로 돌아왔다.[17]

그 이후로 정말로 긴 이야기가 펼쳐지는데, 여기서는 생략하기로 한다. 어쨌든 결론부터 말하면 오시리스는 별의 신으로서, 오리온 별자리로 하늘에서 부활했고 배우자인 이시스는 빛나는 시리우스(고대 이집트어로 Sopdu나 Sept이고, 그리스어로는 Sothis이다) 별의 형태로 그의 곁에 남았다.[18] 한 문헌은 이런 별자리의 정체를 아주 분명하게 밝히는데, 거기서 이시스는 오시리스에 관해서 이렇게 말한다.

신성한 형상인 하늘의 오리온은 매일 뜨고 진다. 나는 그를 따르는 소티스, 결코 그를 저버리지 않을 것이다.[19]

피라미드 텍스트에는 "오시리스가 오리온이 되었다"는 많은 유사한 표현이 있다.[20] 다른 많은 문헌들 역시 사망한 이집트의 파라오들을 오시리스와 동일시하고, 또 오리온 및 시리우스 별과 동일시하는 면을 보인다. 예를 들면 다음과 같다.

오오 왕의 옥체여 썩지 말지어다……오리온으로서 하늘에 도달하고, 영혼은 소티스처럼 눈에 띄게 될 것이니……[21]

비슷하게 다음과 같은 글도 있다.

오오 왕이시여, 하늘은 당신을 오리온과 함께 받아들이고, 새벽빛은 당신을 오리온과 함께 품을 것입니다. 신들의 명령으로 사는 오리온이니 당신 역시 그렇게 될 것입니다. 당신은 어김없이 동쪽 하늘에서 오리온과 함께 떠오르고, 역시 함께 서쪽 하늘로 질 것입니다.[22]

이런 문헌에 관해서 이집트학 학자 셀림 하산은 다음과 같이 말했다.

특정 시점에 이르러 이집트인들이 왕의 영혼이 별들과 함께 섞이거나 아니면 별이 된다는 믿음을 가지게 된 사실을 부정할 수 없다……그리고 이 전통은 결코 완전히 사라지지 않았다. 게다가 기자 피라미드와 별 숭배 집단의 상호 연계는 전통적으로 오래 유지되었고 쿠푸와 카프레 피라미드도 한참 후대인 아랍 통치기까지 별 숭배와 관련된 명성을 유지했다.[23]

같은 문장에서 하산은 나의 연구와 큰 관련이 되는 소견을 피력한다. 그는 이런 글을 남겼다.

야쿠트 엘 하마위가 집필한 『모감 엘 불단(*Mo'gam-el-Buldan*)』이라는 지명 사전(카이로 판) 8권 457페이지는 기자의 피라미드들 중 가장 큰 것 2개의 규모를 제시한 뒤 이렇게 말했다. "두 피라미드 모두에 사비교도들이 순례를 왔다." 물론 이 사비교도들은 별 숭배자들이었다. 내 생각이 맞는다면 그들의 명칭은 이집트어로 "별"을 나타내는 스바(sba)에서 유래한 것이다. 사비교도들은 고대 종교를 추종했고, 하늘, 즉 천체의 주인들을 숭배했다. 사비교도들의 명칭에 관한 기원이 무엇이든, 그들이 쿠푸와 카프레 피라미드를 별 숭배 집단이 숭배하는 기념물로 온전하게 받아들이고 그 피라미드들을 순례지로 숭배했다.[24]

하산이 여기서 제시한 피라미드와 사비교도의 상호관계는 놀라운 것이다. 아득한 옛날부터 사비교도들의 고향은 괴베클리 테페에서 몇 킬로미터 떨어지지 않은 터키 남동쪽의 하란이었기 때문이다.[25] 게다가 "별 숭배자"인 하란의 사비교도들은 "토트의 책들"(제11장 참조)을 추종했다. 토트는 고대 이집트 지혜의 신으로, "현인들의 말"을 받아 적은 신이다. 사비교도들은 이슬람 통치기(7세기에 예언자 마호메트가 신의 계시를 받아 『코란』을 완성한 이후 수백 년)에 박해를 받지 않았다. 그들이 신성한 경전을 소유하고 있음을 보여주면서 기독교인이나 유대인처럼 "성전(聖典)이 선택한 민족"임을 주장한 덕분이었다.[26] "성전"을 보이라는 요구에 사비교도들은 헤르메스 텍스트의 사본을 만들었다. 이 텍스트는 토트(그리스인들에게는 헤르메스, 로마인들에게는 메르쿠리우스)와 수많은 그의 제자 사이에 오간 대화라고 주장되는 그리스어와 라틴어로 된 글의 모음집이었다.[27] 토트가 지혜의 신이라는 명칭 외에도 "달의 임금"이라는 명칭을 가지고 있었음은 주목할 만하다.[28] 하란의 중요한 신전들 중 한 곳은 사비교도들이 달의 신으로 숭배하는 신(Sin)에게 봉헌되었다.[29] 마지막으로 중요한 점은 비블로스의 필로가 자신의 책 『페니키아 역사』의 원천인 산쿠니아톤에 관해서 남긴 언급이다.

그는 타우토스가 행한 일을 세심하게 찾아다녔다. 산쿠니아톤은 타우토스가 문자를 발명하고 기록을 작성하여 학습의 기초를 놓은 최초의 인물이라는 점을 깨달은 뒤부터 그런 탐구를 멈추지 않았다. 이집트인들은 타우토스를 토우트라고, 알렉산드리아인들은 토트라고 불렀다. 그리스인들은 그의 이름을 헤르메스로 번역했다.[30]

우리는 비블로스에 몇 시간 정도 더 머물렀다. 십자군 시기에 지어진 성

주변으로 고대 도시를 발굴한 흔적이 여기저기에 널려 있었다. 로마의 열주(列柱), 페니키아의 성곽, 기원전 2800년경에 지어진, 비블로스를 수호한 페니키아의 여신에게 봉헌된 바알라트−게벨의 신전, 기원전 2600년경에 지어진 L자형 신전(한때 성스러운 호수가 여신의 신전과 이 신전 사이에 있었다)의 토대 등이 있었다. 한 포디엄 위에는 작고 투박한 오벨리스크들이 여전히 서 있었는데, 기원전 1900년에서 1600년경 사이에 지어진 "오벨리스크 신전"이었다. 기원전 18세기에서 10세기 사이에 조성된 비블로스의 왕들이 묻힌 왕족 공동묘지의 잔해도 있었고, 여기서 대단히 가까운 거리에는 신석기 구역도 있었다. 이 구역은 기원전 5000년 혹은 그 이전에 형성되었는데, 비블로스 거주민들이 기원전 4500년경에 최초로 부서진 석회암을 깔아서 건물의 바닥을 만든 곳이었다.[31]

이 모든 잔해들이 서로 뒤범벅된 상태였다. 몇백 년 전의 잔해들, 몇천 년 전의 잔해들, 심지어는 선사시대의 잔해들이 구분 없이 이리저리 뒤섞여 있었다. 고고학자들이 여기서 철저하게 유물을 선별하여 가져가고 남은 부스러기들이 관광객용 구경거리로 남겨진 것이었다. 이 유적지는 별로 나를 감동시키지 못했다. 페니키아의 고대사를 다룬 산쿠니아톤의 원서가 인멸되고 필로의 『페니키아 역사』(이 책은 편린으로만 전해진다) 또한 전해지지 않아 충실한 길 안내가 없는 관계로, 이곳에서는 더 이상 유익한 정보가 나오지 않을 것 같았다.

이제 다른 곳으로 이동해야 할 시간이었다.

기둥의 언덕

베이루트에서 이스탄불까지는 비행기로 얼마 걸리지 않았고, 이스탄불에서 샨르우르파까지 가는 여행도 그렇게 오래 걸리지 않았다. 산타와 나는 "별을 숭배한" 신비한 사비교도들의 도시인 하란과, 괴베클리 테페를 다시 방문할 예정이었고, 샨르우르파는 하란 방문의 출발점이 될 곳이었다. 우리가 처음으로 찾아나설 곳은 괴베클리 테페만큼 오래되었다는 징후가 즐비하고 똑같이 신비한 목적에 바쳐졌을 것으로 보이는, 아직 발굴되지 않은 선사시대의 유적지였다. 조사를 통해서 알아낸 그곳의 이름은 카라한 테페였다. 하지만 이름을 아는 것과 실물을 찾아가는 것은 전혀 다른 문제였다.

7월의 터키 남동부는 타는 듯이 더웠다. 우리를 데려다준 운전사는 영어를 할 수 있어서 우리와 소통하는 데에 아무런 문제도 없었고 더 나아가 우리의 말을 현지인들에게 전해주기도 했다. 하지만 밭과 민둥산이 펼쳐지는 풍경을 지나가는 동안 카라한 테페가 어디에 있는지 조금이라도 아는 사람은 아무도 없었다. 입장을 바꿔서 생각해보니, 그들이 그곳을 알아야 할 이유가 없었다. 이 지역 사람들 입장에서 그곳은 그저 또 하나의 산일 뿐이었고 게다가 인적도 드물었다. 어쨌든 우리는 결국 카라한 테페가 어디에 있는지 알아냈다. 그곳은 대략 E90 고속도로에서 15킬로미터 남쪽으로, 샨르우르파에서는 동쪽으로 65킬로미터 떨어진 곳에 있었다. 울퉁불퉁한 흙길의 끝에는 낮은 벽으로 둘러싸인 작은 농장이 있었고, 그 주위로 척박한 밭이 있었다. 우리가 테페의 위치를 묻자, 농부는 북쪽으로 몇 백 미터 떨어진 곳에 솟은 산을 가리켰다. 자신의 땅이지만 둘러봐도 좋다고 허락한 그는 자신의 10대 아들을 시켜서 산에 최대한 가까이 차를 몰고 가는 방법을 알려주었다. 산기슭까지 접근한 우리는 차에서 내려 나머지 구간은 걸어서 갔다.

카라한 테페는 대체로 북쪽에서 남쪽으로 이어지는 산인데 가파른 벼랑들이 많았다. 잘 부서지는 토양에 덮여 있었으며, 동서쪽 측면은 노란 풀이 웃자라 있었다. 산등성이의 꼭대기는 해수면보다 705미터 정도 높았지만 주차한 곳에서 50미터만 올라가면 되므로 차에서 내려 얼마 지나지 않

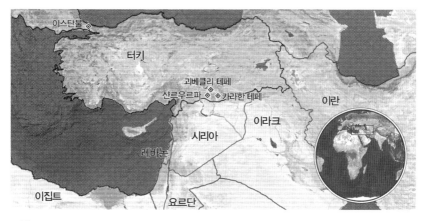

그림 45

아 우리는 괴베클리 테페에서 익숙하게 본 독특한 T자형 기둥들을 보게 되었다. 산등성이 주위 어디에서든 볼 수 있는 수십 개의 기둥들은 일부는 원형으로, 다른 일부는 평행을 이루는 열로 구성되어 있었다. 다만 전부 꽤 깊숙하게 묻혀 있어서 땅 위로 돌출된 T자형 기둥의 독특한 꼭대기 부분만 보였다.

카라한 테페는 괴베클리 테페와 같은 시기에 만들어졌고(지금으로부터 1만1,000–1만2,000년 전), 거의 같은 시기에 버려져(약 1만200년 전) 이후에는 아무도 정착하지 않은 것이 확인되었지만,[32] 이례적이게도 고고학적 탐사가 거의 이루어지지 않았다. 반면 이 지역의 사람들은 보물을 찾기 위해서 분주하게 움직였으며, 그들의 노력 덕분에 다수의 기둥이 드러나고 부서지기도 했다. 부서진 기둥들 중 2개에는 괴베클리 테페의 기둥들에 묘사되어 있는 뱀들과 정확히 같은 방식으로 뱀들이 조각되어 있었다.

산등성이의 꼭대기를 따라 걸으며, 우리는 바위에 마치 작은 분화구 같은 무수히 많은 반구형(半球形)의 파인 곳을 보았다. 그것들은 보통 지름이 30센티미터에 깊이는 15센티미터였는데, 그중 몇 개는 가장자리가 굉장히 깔끔하고 날카로웠다. 물론 그 사이에서도 크고 작은 것들이 있었다. 대부분의 경우 이 반구들은 12개 혹은 그 이상으로 모여 배열을 이루었는데, 때로는 그냥 열로, 때로는 원형이나 나선형의 형태를 보였다. 하지만 굉장히 무작위적이어서 그런 패턴 뒤의 논리를 찾아보기는 어려웠다.

괴베클리 테페와 마찬가지로, 돌기둥을 세우기 위한 채석작업은 현장에서 이루어졌음이 분명하다. 우리는 평행하게 파인 홈들을 여러 장소에서 발견했다. 이 평행한 홈들은 기둥의 모양을 기반암에 미리 표시해둔 것으로 돌을 잘라내는 작업을 하는 데에 도움을 주었을 것이다. 채석하던 자리에는 거의 완성된 T자형 기둥 1개가 여전히 남아 있었는데, 높이 4.5미터, 너비 1.5미터, 두께는 80센티미터이다.[33] 산의 양쪽 측면 위로 꼭대기 부분만 돌출된 기둥의 숲을 보고 있자니 나는 제대로 된 발굴이 이루어졌다면 무엇이 나왔을지 궁금해졌다. 괴베클리 테페는 이미 인류 역사를 새로 썼다. 하지만 사실상 방치된 채 남아 있는 이곳의 또다른 괴베클리 테페에 대해서는 아무도 관심조차 보이지 않는다. 한때 완벽하게 정사각형의 "창문" 혹은 "통기공(通氣孔)"을 형성했을, 세심하게 잘라낸 부서진 L자형 파편(괴베클리 테페에서도 비슷한 것이 온전한 채로 발견되었다)은 심지어 양치기의 난로 대용으로 사용되기도 했다. 이 파편은 산등성이 꼭대기 근처의 후미진 구석에서 연기에 그을려 검게 변한 채 땅 위에 아무렇지도 않게 놓여 있었다.

우리가 많은 것을 배울 수 있는 카라한 테페 같은 중요한 곳이 어떻게 이처럼 무시될 수 있는지 나는 도저히 이해할 수 없었다. 앞장의 마지막 부분에서도 언급했지만, 나는 우리 인류가 기억 상실증에 걸렸다고 자주 말해왔다. 과거에 대한 엄청난 망각, 즉 기억의 공백은 빙하기 말엽에 발생한 지구의 끔찍한 대재앙 때문으로 돌릴 수도 있지만, 적어도 카라한 테페에 관한 한 우리의 집단적 무감각은 우리 스스로가 만든 것이다. 마치 우리가 어디서 왔는지, 우리가 누구인지를 더는 알고 싶지 않은 사람들처럼.

과거에 대한 통제

다음 날 산타와 나는 괴베클리 테페로 향했다. 2014년 7월 이 시점까지 클라우스 슈미트는 살아 있었다. 하지만 여름 동안 독일에 가 있던 그는 며칠 뒤에 심장 마비로 세상을 떠나고 말았다.

그는 현장에 없었지만, 나는 괴베클리 테페의 다른 면을 보고 싶었다. 특히 밤중에 나가서 괴베클리 테페가 땅은 물론이고 그 위의 별들과도 관련이 있다는 느낌을 탁 트인 하늘 아래에서 경험하고 싶었다. 하지만 내가 겪은 것은 그와는 전혀 다른 불쾌한 감정이었다. 우리가 선조들이 남긴 귀중한 선물을 고의적으로 모독하고 있다는 느낌과 함께 말이다.

2013년에도 괴베클리 테페에 고고학적으로 훼손을 가하고 지면보다 높인 흉측한 보도를 만들어 유적의 외관을 망쳐놓았지만, 이번 방문 중에 겪은 일은 형언하기 힘들 정도로 불쾌한 것이었다. 거석으로 구성된 유적의 구덩이들 위로 꼴불견인 육중한 목제 지붕을 설치한 것이다. 어찌나 큰지 발굴작업용 구덩이들을 다 덮을 정도였다. 무수한 돌로 채워진 커다란 받침대들이 강한 바람에 지붕이 날아가는 것을 방지하기 위해서 지붕 아래에 설치되었다. 지붕을 지지하는 받침대들과, 눈에 잘 띄게 이곳저곳에 붙은 "출입 금지" 표지판들로 인해서, 거석 기둥들을 보고서 그 심오하고 독특한 아름다움과 정신적인 힘을 깨닫는 일은 거의 불가능하게 되었다.

물론 유적을 "보호하기" 위해서 그런 일을 했다고는 하지만, 고고학자들의 이런 결정은 웃기면서도 혐오스러운 일이고 또 미련스러움의 극치이다. 괴베클리 테페를 인류의 유산으로 물려받은 전 세계 사람들을 기만하고 무시하는 행위인 것이다. 나는 도저히 이런 식으로 괴베클리 테페를 구획화하려는 사람들의 생각을 이해할 수 없었다. 아니, 그들이 생각한 바가 무엇인지 짐작조차 하지 못했다. 그들의 주장대로 지붕이 "임시적인"(더 큰 지붕이 설치될 때까지를 뜻하는 것이 분명하다) 것이라고 하더라도 이 일은 변명할 여지가 없다. 나는 이 불쾌한 "임시적인" 시설을 단 5분도 견디지 못했다. 지붕이 아예 없는 것이 훨씬 더 나았다. 실제로 최초 발굴이 시작된 이후 거의 19년 동안 지붕 없이도 잘 관리되었다.

게다가 나는 그 조치가 얼마나 "임시적일지" 굉장히 의심스러웠다. 독일 고고학 연구소가 지붕을 올린 지 거의 1년이 지났고(지난번 2013년 9월에 방문했을 동안에도 이미 지붕을 건설하고 있었다), 실제로 많은 예산이 들어갔을 것이다. 따라서 나는 지붕이 제거되는 일이나, 지붕이 괴베클리 테페의 장엄함과 신비로움에 미적으로 더 적합한 다른 뭔가로 대체되는 일을 오랫동안 보지 못할 것 같아 우려되었다.

그러니 밤중에 거석 주변에서 별을 살펴보겠다는 내 계획은 원천적으로 불가능한 것이었다. 목제 지붕은 괴베클리 테페와 우주를 완전히 단절시켰다. 마치 고의적이고 계산적으로 유적의 문화적 영향력을 빼앗은 것 같았다. 관계 당국자가 이 고대 유적이 기존의 사고체계에 얼마나 큰 위험인지, 또 현대 사회의 질서를 유지하는 생각의 통제체계(과거에 대한 통제도 포함해서)에 얼마나 파괴적이 될 수 있는지 갑작스럽게 깨닫고 미리 선제적 조치를 취한 것 같은 느낌이 들었다.

고대의 천문학자들

그날 밤 나는 호텔로 돌아가서 노트북을 켜고 다운로드를 받기도 하고 직접 가져오기도 한 연구 논문들을 살펴보았다. 대부분은 학술지에서 나온 것이지만 그중 하나는 나의 홈페이지에서 가져온 것이었다. 엔지니어이자 환경지질학자인 폴 벌리가 쓴 논문이었는데, 2013년 3월에 내가 직접 홈페이지에 게시했음에도 나는 그후로 이 논문을 읽어보지 못하고 있었다. 당시 나는 벌리의 논문이 중요하다고 짐작은 했지만, 곧바로 왜 중요한지 그 이유를 이해하지는 못했다. 괴베클리 테페는 당시 지금처럼 나의 핵심 관심사는 아니었다. 나는 2013년 3월 이후로 알게 된 모든 사항들을 감안하여 벌리의 논문을 정독했는데, 그 핵심적 메시지와 주장의 중요성은 나를 흥분시켰다.

제1장에서 클라우스 슈미트는 괴베클리 테페가 천문학과 어떠한 형태로도 관련이 없다고 주장했는데, 나는 그것이 무엇보다도 천문학에 대한 깊은 무지와 혐오감에서 나온 것이라고 간단히 언급한 바 있다. 하지만 이 선구적인 고고학자의 적대감에도 불구하고 많은 과학자들은 괴베클리 테페 내의 구역들, 혹은 기둥들이 천문학과 명확한 연관성이 있음을 발견해왔다. 해당 과학자들의 연구는 괴베클리 테페가 **천문학과 깊은 관련이 있는 장소**라고 만장일치로 증언한다. 즉 괴베클리 테페를 건설한 이들은 별들을 면밀하게 관측했고, 그런 관측사항들을 지상에 지은 구조물의 배열로 멋지게 표현했다는 것이다.

이제 몇 가지 사례들을 들어보겠다.

밀라노 이공과대학에서 수리물리학 교수로 재직 중인 줄리오 말리 박사는 전 세계 다수의 고대 유적과 기념물에서 고대 천문학 연구를 수행한 뛰어난 이탈리아 천체물리학자이다. 2013년 그는 괴베클리 테페에 관한 논문을 발표했는데, 세차운동(우리가 이미 탐구했던 현상)으로[34] 오랜 기간에 걸쳐 생긴 하늘의 변화를 정밀한 컴퓨터 시뮬레이션으로 보여준 것이 논문의 주된 내용이다. 다음은 괴베클리 테페를 건설한 이들이 특히 흥미롭게 지켜본 대상이자, 고대 이집트인들이 이시스 여신과 동일시한 시리우스 별에 관한 말리의 논문 일부이다.

기원전 1만 년의 하늘을 시뮬레이션 해본 결과, 당시 괴베클리 테페의 하늘에는 상당한 장관이 펼쳐졌던 것으로 보인다. 그것은 바로 "새로운" 별, 그것도 평범한 것이 아닌 하늘에서 가장 밝은 별이며 네 번째로 밝은 대상인 시리우스의 "등장"이었다. 실제로 세차운동으로 인해서 기원전 1만5000년경에 괴베클리 테페가 있는 위도의 수평선 아래에 시리우스가 나오게 되었다. 최저점에 도달한 뒤, 시리우스는 기원전 9300년을 향해가며 지평선에 점점 가까워졌고, 정남쪽에 가까운 굉장히 낮은 모습으로 다시 보이기 시작했다.[35]

이어 말리는 세차운동으로 인해서 매우 천천히 변화하는 지평선을 따라 시리우스가 떠오르는 지점들을, 괴베클리 테페의 천문학자들이 D구역, C구역, B구역에서 "추적한" 것처럼 보인다고 주장했다. 그는 각 구역이 중앙에 있는 2개의 거석 중간에 있는 선으로 구역의 방위와 시리우스가 떠오르는 방위를 맞추었다고 추정했고, 그 시기를 각각 기원전 9100년, 8750년, 8300년으로 산정했다.[36] 말리는 이어 다음과 같은 결론을 내렸다. "괴베클리 테페의 구조물들은 하늘의 빛나는 '새로운' 별인 시리우스의 모습을 몇 세기 동안 추적하며 기념하기 위해서 세워졌다."[37]

보스턴 대학교의 로버트 쇼크 교수는 천문학자는 아니지만 괴베클리 테페에서 천문학적 배열을 발견했고, 그것도 말리가 조사한 동일한 하늘의 지역에서 그런 배열을 확인했다. 그러나 쇼크는 유적의 건설자들에게 영감을 주었을 별에 관해서는 다른 결론을 제시했다. "이것은 답하기 어려운 질문이지만"이라고 운을 뗀 뒤에 그는 다음과 같은 가설을 제기했다.

기원전 1만 년경의 춘분 오전, 괴베클리 테페 동쪽에서 태양이 떠오르기 전에 플레이아데스 성단, 황소자리, 오리온자리의 상부가 D구역의 중심 거석들이 가리키는 방향에서 보였다. 동틀 녘 오리온자리의 세 별은 수평선에서 그다지 멀리 떨어지지 않았다(그 지역의 가장 좋은 지점에서 볼 때). 기원전 9500년경에는 C구역의 중심 거석들이 가리키는 방향으로, 기원전 9000년경에는 B구역의 중심 거석들이 가리키는 방향으로 비슷한 일이 벌어졌다. 기원전 8500년경 오전에 A구역의 방향으로 플레이아데스 성단, 황소자리, 오리온자리가 보였지만 세차운동에 의한 변화로 인해서 오리온자리의 세 별은 더 이상 동틀 녘이 되기 전에 지평선 위로 떠오르지 않았다. 기원전 8150년경 춘분 오전 새벽에 오리온자리의 세 별은 지평선 아래에 있었다. 위의 연대는 방사성 탄소 연대 측정을 기반으로 확립된 괴베클리 테페의 연대와도 아주 잘 들어맞는다.[38]

작가 앤드루 콜린스와 엔지니어인 로드니 헤일 같은 다른 비(非)천문학자들은 쇼크와 말리가 본 방향과 정반대의 방향, 즉 남쪽 대신 북쪽을 보았다. 그리고 백조자리에서 가장 밝은 별인 데네브와 괴베클리 테페의 각 구역들이 서로 깊이 연관되어 있는 것으로 생각했다. 이들의 주장에서도 세차운동으로 인해서 발생한 별의 위치 변화를, 괴베클리 테페 유적이 추적한다는 것이 드러났다.[39] 괴베클리 테페의 건설자들이 하늘의 별들에 상당히 주목했고, 천체에서 세차운동으로 인해서 나타나는 영향을 충분히 인식했다는 점은 2015년 1월 『고고학적 발견(*Archaeological Discovery*)』이라는 학술지에 이탈리아 살렌토 대학교 수학/물리학부 교수 알레산드로 데 로렌치스와 빈센초 오로피노가 기고한 논문으로 확인되었다. 그들은 콜린스와 헤일이 옳으며, "연구된 각 구역의 중심 거석들의 방향이 실제로는 데네브 별에 맞춰져 있었다"고 말하며 그 방향이 북쪽이라고 확정했다.[40] 두 교수는 콜린스와 헤일이 제시한 연대를 약 200년 뒤의 시점으로 수정했지만, 구역들이 가리키는 방향이 미세하게 변한 것은 세차운동을

추적한 증거라는 점에는 동의했다.[41]

천체물리학자 후안 안토니오 벨몬테 역시 괴베클리 테페가 천문학적 특징을 가지고 있다고 판단했다. 그는 원형 구역들 중에 "기본 방위(북남동서)에 거의 완벽하게 맞는 정사각형과 다를 바 없는 벽이 있는 구역"이 있다고 말했다.[42] 이집트 기자의 피라미드처럼, 그런 정확한 배열은 동등한 수준의 정확한 천문학적 관측이 활용되지 않는다면, 도저히 성취될 수 없는 것이다.

벨몬테는 또한 괴베클리 테페의 T자형 기둥에 나타난 "많은 장식들"에도 주목했고, 그와 관련하여 이렇게 결론을 내렸다.

이는 후대 중동의 문화에 흔히 나타난 초승달과 별에 관한 다른 천문학적 관측도 있었으리라는 점을 보여준다……또한 동물들에 의한 토템의 상징으로 해석될 수도 있는데, 계속 추측해보면, 그런 장식들은 사자자리, 황소자리, 전갈자리 같은 별자리를 상징한다.

"괴베클리 테페보다 9,000년 뒤인 바빌로니아 시대가 되어야 황도의 별자리가 인식되었기 때문에" 괴베클리 테페에서 그 어떤 "천문학적인 형상"도 나타날 수 없다고 한 클라우스 슈미트의 주장(제1장 참조)을 반박하기에는 지금이 적기라고 생각한다. 2013년 9월, 그를 인터뷰하던 시점에서 나는 그에게 이의를 제기하지 않았다. 그를 상대로 격론에 휘말리기보다는 괴베클리 테페에 관한 그의 견해를 듣는 것이 더 흥미로웠기 때문이다. 그런데 천문학적 형상에 대하여 정통한 벨몬테는 슈미트의 반(反) 천문학적 입장에 전혀 동의하지 않는다.

별자리를 최초로 인식하고 명명한 것이(특히 큰곰자리) 기원전 2만 년이며,[43] 황도 12궁에 관해서 보다 상세한 지식을 알게 된 것이 기원전 5600년이라고[44] 주장하는 러시아의 천문학자이자 과학 역사가 알렉산드르 구르시테인도 역시 슈미트의 주장에 동의하지 않는다.

독일의 고대 천문학자 미하엘 라펜글루크는 황도대의 기원을 구르시테인보다 훨씬 전으로 잡았다. 그는 프랑스 라스코 동굴의 황소의 방에 그려진 정확한 황소자리 묘사를 확인했는데, 그것은 1만7,000년보다도 이전의 것이었다.[45]

라펜글루크는 1년에는 네 가지 중요한 순간, 즉 춘분과 추분, 동지와 하지가 있다는 점을 언급했다. 우리는 춘분에 태양이 "머무르는" 하나의 별자리가 있으며 다른 중요한 3개의 "태양의 위치"인 추분, 하지, 동지에도 각각 다른 별자리가 있다는 점, 그리고 시대가 바뀌면 다른 별자리가 기존 춘분의 별자리를 대체하고 나머지 세 "위치"에서도 같은 일이 벌어진다는 점을 이미 알고 있다. 그리고 이 세상의 시대적 "특징"이 네 중요한 순간에 바탕을 둔 황도대 개념으로 통제되어온 장구한 역사를 마찬가지로 살펴보았다.

여기서 관련 증거들을 자세히 살펴볼 수는 없지만. 라스코에 관한 라펜글루크의 주장의 본질은 황소자리 전체가 묘사되어 있다는 것(황소의 방에 그려진 야생 소들 중 하나에), 또 별자리가 그려진 소의 어깨 위로 황소자리에서 쉽게 알아볼 수 있는 요소인 플레이아데스 성단의 6개의 별을 나타내는 6개의 점으로 된 독특한 패턴이 있다는 것 등이었다. 더욱이 이 묘사를 통해서 해당 연대도 알아낼 수 있다.

플레이아데스 성단은 기원전 1만5300년 추분점에 굉장히 가까웠다……"황소의 방"에 있는 6개의 별은 따라서 가을의 시작을 알리는 놀랍고도 훌륭한 하늘의 표시를 나타냈다……천문학적으로 계산된 이 시대는 동굴의 황소의 방에서 인간이 거주하던 시기와 유별나게 가깝다……방사성 탄소 연

대 측정 결과, 동굴 인간들의 활동 시기는 기원전 1만5300년에 해당한다.[46]

라펜글루크의 다른 저서는 우리 선조들이 최소한 기원전 1만6000년과 1만 년 사이의 시기에 다음과 같은 일을 했다는 더욱 매력적인 증거를 제공한다.

당시 그들은 아주 복잡한 별의 패턴을 인식했다. 엘 카스티요(스페인)의 동굴에서는 은하수와 북쪽 왕관자리가 나타나고, 라스코(프랑스)의 동굴에서는 플레이아데스 성단에 더해 하늘의 주요 별자리들도 나타난다.[47]

그는 또한 사자 머리 동굴(프랑스)에서 발견된 암석판에 관해서도 기록을 남겼다.

이 판은 황소자리의 알데바란과 플레이아데스 성단의 패턴이 조합된 모습을 보여준다. 그리고 그 위로는 달의 주기가 그려져 있다. 이런 그림은 솔류트레 시기[기원전 2만 년에서 1만9000년경]의 것이다. 이것은 라스코 동굴의 묘사와 상당히 유사할 뿐만 아니라, 별의 패턴을 태음(太陰) 주기의 일부와 연결했다는 점을 분명하게 드러내는 것이다.[48]

간략하게 정리하면, 라펜글루크의 결론은 다음과 같다.

2만1,000년 전 구석기 시대에 수렵과 채집을 하던 이들은 고개를 들어 별이 총총한 하늘을 바라보았다. 그들의 시선은 플레이아데스의 산개 성단에서 황도의 황금 문 근처, 혹은 사이에 있는 해와 달로 옮겨갔다.[49]

여기서 라펜글루크가 언급한 "황도의 황금 문"은 전통적으로 히아데스 성단과 플레이아데스 성단(두 성단 모두 황소자리에 있다) 경계에 있는 지역으로 생각되었다. 황도는 그 두 성단 사이의 커다란 하늘의 "문"을 통해서 지나갔다.[50] "황도"는 하늘에 난 공인된 태양의 "길"을 나타내는 용어이다. 따라서 라펜글루크의 논평은 황도 별자리들의 배경 가까이에 있는 태양(그리고 달[51])의 길을 괴베클리 테페가 지어지기 1만 년 전의 구석기인들이 관측하고, 묘사하고, 이해했다는 뜻이다. 이런 이유로 벨몬테는 괴베클리 테페에 묘사된 "토템" 동물들에 "사자자리, 황소자리, 전갈자리 같은" 황도의 별자리들이 영감을 주었을 것이라고 논평하면서, 굳이 라펜글루크의 연구를 인용하고 라펜글루크가 제공한 라스코 동굴 황소의 방에 나타나는 황소자리 묘사에 관한 사진을 제시했다.[52]

요약하면 벨몬테의 입장은 이러하다.

괴베클리 테페는 1만1,000년보다 전에 하늘과 연관되는 기념비적인 구조물들을 만들 생각을 했던 완전히 미상인 수렵/채집 사회에 관한 증거를 제공한다. 차례로 겹겹이 지어졌을 일련의 성역들은 하늘의 움직임을 기록하는 장소로 몇 세기, 혹은 몇천 년 동안 활용되었을 것이다. 하지만 알 수 없는 이유로 테페의 건설자들은 의도적으로 그 구조물들을 땅속에 파묻었다. 그 덕분에 까마득한 시간이 흘렀음에도 훌륭한 보존 상태를 유지할 수 있었다.[53]

분명 괴베클리 테페 지역에 거주하던 토착민들은 수렵과 채집을 하던 사람들이었고, 그것도 전혀 이름이 알려지지 않은 사람들이었다! 그렇지만 그들이 갑작스럽게 엄청난 기념비적인 건축물을 세우는 모험을 감행하는 것이나, 얼마 지나지 않아 농업을 뛰어나게 "발명하는" 모습은 정말 이상하다는 것이 이 책의 일관된 주장이다. 사실 그런 불가해한 "엄청난 도약"은 논리 정연한 설명을 절실히 필요로 하지만, 고고학은 아직 그런 설명을 내놓지 못하고 있다. 따라서 우리가 여기서 탐구하려는 가설, 즉 이 변칙 현상들을 설명할 수 있는 가설은 이미 농업에 숙달되고 거석을 활용한 건축에 관해서 모든 것을 알고 있는 사라진 문명의 생존자들이 영거 드라이어스 대재앙 이후에 괴베클리 테페의 토착민들 사이에 정착하여 그들의 기술을 전수했다는 것이다.

이제 우리는 거석 건축과 농업에 더해서 천문학의 증거를 고려해야 한다. 벨몬테, 콜린스, 헤일, 쇼크, 말리, 그 외에 다른 이들의 연구가 괴베클리 테페에 유능한 천문학자들이 반드시 개입했을 것이라는 점을 확인했지만, 우리는 그곳의 기둥들과 여러 구역들이 보여주는 지식 수준이 세련된 "문명"의 수준과 같다고 말할 수는 없다. 구르시테인과 라펜글루크의 연구로 우리는 별들에 대한 세밀한 관측과 오늘날 사람들이 여전히 인식할 수 있는 별자리들에 대한 인식이 신석기 이전에도 있었으며, 그것이 2만 년보다도 더 전의 구석기 동굴의 그림에서도 나타난다는 점을 알게 되었다. 그러니 괴베클리 테페에서 그런 지식의 흔적이 드러나는 점은 전혀 놀라운 일이 아니다.

그러나 뭔가 다른 것, 즉 수렵/채집을 하던 사람들이 아무리 지식이 많더라도 전혀 알 수 없었던 뭔가가 있었다면?

2014년 7월, 샨르우르파의 호텔 객실에서 폴 벌리의 연구 논문을 다시 읽으며, 나는 그런 파악하기 힘든 "뭔가 다른 것"을 절감했다.

신석기의 수수께끼

벌리의 논문은 "괴베클리 테페 : 고대 우주 지형과 소통하던 신전들"이라는 제목을 달고 있다. 그는 2011년 6월에 이 논문을 썼고, 나는 그해 9월 애리조나 주 세도나의 세차운동과 고대 지식에 관한 회의에서 그를 만났다. 2012년 동안 우리는 여러 차례 이메일을 주고받았고, 2013년 2월에 벌리는 내게 자신의 논문을 읽어보라고 했다. 그는 논문의 내용이 "괴베클리 테페의 기둥들 중 하나에 남은 황도대의 증거"에 관한 것이라고 했다. 나는 그것을 읽고 "대단히 설득력 있고 흥미로우며, 중대한 내용을 담고 있다"고 생각한다는 답장을 보냈다. 이어 나는 그에게 내 홈페이지에 그 논문을 게시하고 싶다고 말했다. 벌리는 동의했고, 나는 2013년 3월 8일 그 논문을 게시했다.[54] 논문은 지금도 게시되어 있다.

　호텔 객실에서 그의 논문을 다시 읽으면서 나는 "중대한 내용"이라는 표현이 상당한 겸손의 표현이었음을 깨달았다. 하지만 나는 막상 2013년 9월 괴베클리 테페를 처음 방문할 때에는 벌리가 한 주장의 요점을 새까맣게 잊고 있었다. 그의 주장은 거의 D구역과 그곳의 43번 기둥에만 집중했고, 실제로 그 기둥은 내가 첫 번째 방문 때 가장 흥미롭게 보았던 것이었다. 그 기둥에 대한 내 관심은 토대 근처의 전갈 부조(슈미트가 치우면 안 된다고 하던 흙더미에 숨겨져 있었다)는 전갈자리를 나타낸 것이라는 벨몬테의 주장을 보고 촉발되었다. 그러니 괴베클리 테페에 가기 전에 같은 기둥에 있는 "황도의 별자리"에 관해서 언급한 벌리의 논문을 다시 읽지 않은 것은 내 실수였다. 6개월 전에 "중요한 내용"을 담고 있다고 인정하는 답장을 보냈으면서도, 벌리의 중요한 주장은 2013년 9월 괴베클리 테페에 들렀을 때에는 내 기억에서 완전히 사라져버렸다. 하지만 우리는 사람이고, 사람은 실수를 하기 마련이니 어쩔 수 없는 일이었다.

　다음은 벌리가 자기 주장의 요점을 언급한 부분이다.

　D구역의 석회암 기둥 중 하나의 한쪽 면 상부의 얕은 부조에는 날개를 쭉

뻗은 새 한 마리와 그보다 더 작은 새 두 마리, 전갈, 뱀, 원, 그리고 여러 물결선과 끈 같은 형태가 새겨져 있다. 언뜻 보기에 이 동물원은 기둥의 드넓은 면을 채우기 위해서 동물들과 기하학적인 디자인을 무작위로 뒤섞은 것처럼 보인다.

이 초기 신석기의 수수께끼를 푸는 열쇠는 이 장면의 중심에 있는 원이다. 나는 곧바로 우주의 아버지, 즉 태양을 떠올렸다. 그 다음으로 단서가 되는 것은 태양을 마주 보는 전갈과 쭉 뻗은 날개로 태양을 지지하고 있는 것처럼 보이는 큰 새였다. 익숙한 별자리인 전갈자리에 비하면 태양의 형상은 황도에 정확하게 자리잡고 있다. 기둥의 전갈은 별자리의 왼쪽 위치, 즉 현대 개념으로는 별자리의 머리 부분만을 묘사한다. 여기에 조각된 태양은 은하 면(面)을 건너면서 황도에서 최대한 은하 중심에 가까운 곳에 자리잡고 있다.

내 이야기를 조금만 참고 끝까지 들어달라. 나는 곧 이 모든 것을 설명할 것이다. 벌리의 논문 그 다음 부분은 내가 바짝 정신을 차리고 읽은 것인데, 내용은 이러하다.

여기서 중요한 것은 이유는 알 수 없지만, 괴베클리 테페의 건설자들은 명백히 1만1,600년 후의 미래 시점을 강조하는 신전을 지었다는 점이다. 게다가 이 장면(43번 기둥의 형상들/역주)은 분명 의도적인 것이다. 기둥에 새겨진 형상들의 상징은 아주 분명하며, 우리가 현재 살고 있는 이 시점에서 벌어지는 것과 동일한 사건(천상의 별들이 배열되어 있는 상황/역주)을 묘사한 많은 신화들과도 일치한다!

벌리는 이어 "은하 중심 근처 은하수의 은하 면에 있는 교차점과 그 근

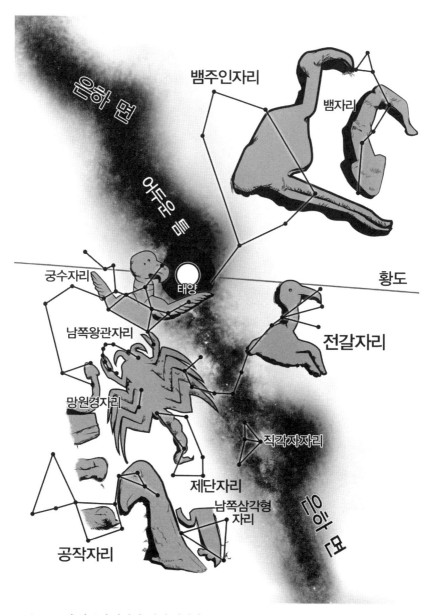

그림 46 43번 기둥에 나타난 천체 이미지.

처의 여러 친숙한 별자리들을 나타내는" 그림을 제시했다. 이어 그가 제시한 또다른 그림은 기둥에 나타난 고대 별자리들을 추가하면서 같은 장면을 보여주었다.

쭉 뻗은 날개, 태양, 새의 다리들, 뱀 등은 모두 황도를 따라가는 태양의 방향을 강조하기 위한 것임을 주목하라……이 얕은 부조가 은하수 중심에서 황도와 은하 적도가 교차하는 모습을 유사하게 표현했다는 사실은 부정하기 힘들다. 이런 유사성은 또한 학자들이 일반적으로 수용하는 가능성, 즉 인간이 수천 년보다도 더 전에 분점들(춘분과 추분)의 세차운동을 인식하고 기록했다는 주장을 뒷받침한다……괴베클리 테페는 아주 먼 고대인들이 이해했던 세계와 우주 지리에 관한 지식과 이해를 소통하려는 상징적인 장소로 건설되었다. 하지만 이런 지식이 왜 그 직후에 의도적으로 매장되었는지는 여전히 수수께끼로 남아 있다.

나는 여기서 벌리가 말한 모든 것을 곧바로 이해하지는 못했다. 하지만 이 문제를 더 알아보고 싶어질 정도로는 이해했다. 다행히도 내 컴퓨터에는 스텔라리움(Stellarium)이라는 천문 프로그램이 들어 있었고, 이를 통해서 세차운동을 고려한 고대 하늘의 모습을 살펴볼 수 있었다. 더욱이 이 프로그램의 좋은 점은 우리 시대의 하늘도 볼 수 있다는 것이다. 또한 일별, 월별로 천체를 볼 수 있고 원하면 언제든 전후로 시간을 옮길 수 있으며, 관심이 있는 구체적인 요소를 확대하여 관찰할 수도 있다. 나는 늘 고대 천체를 연구했지, 현대의 것을 연구한 적은 없었다. 하지만 이제는 드디어 현대의 천체를 면밀히 관찰할 때가 되었다.

물론 내가 살펴볼 현대의 천체는 샨르우르파의 호텔 객실에 앉아 있는 2014년 7월 현재의 것은 아니었다. 대신 1년 반 전인 2012년 12월 21일, 즉 동지가 관찰의 대상이었다. 이 날은 그 유명한 마야력에서 "종말의 날"이라고 하여 대대적으로 알려지기도 했다. 그러나 예상과는 다르게 세상의 종말은커녕 미미한 소동조차도 없이 지나갔다.

기둥에 적힌 메시지?

다음은 내가 컴퓨터에서 스텔라리움을 실행하고 알아낸 것이다. 폴 벌리는 괴베클리 테페에 묘사된 태양에 대하여 "황도에서 최대한 은하 중심에 가까운 자리에 있다"고 했고, 전갈자리가 이와 관계가 있다는 생각을 밝혔다. 나는 이것을 바탕으로 그가 특정한 어떤 시대를 언급했다는 것을 알 수 있었다. 그 시대는 2000년이었으며, 오차가 있더라도 최대 ± 40년이었다(즉 1960년부터 2040년 사이라는 것이다). 엄청난 별들과 성간(星間) 먼지로 이루어진 구름이 하늘을 아치형으로 가로지르는 것을, 우리는 은하수라고 부른다. 물론 실제로 이런 모습은 우리 은하를 모서리에서 바라본 것에 지나지 않는다. 은하수는 1년에 2번 황도, 즉 하늘에 난 뚜렷한 태양의 길에 걸리게 된다. 이런 거대한 교차 중 하나는 북쪽에서 쌍둥이자리와 황소자리 사이에서 일어난다. 우리 시대에 태양은 북반구의 하지, 즉 6월 21일경에 이 자리에 있게 된다. 또다른 교차는 남쪽에서 궁수자리와 전갈자리 사이에서 일어난다. 우리 시대에 태양은 북반구의 동지, 즉 12월 21일경에 이 자리에 있게 된다.

지구에서 보았을 때, 한 해의 중요한 네 번의 순간(춘분, 추분, 하지, 동지)에 태양이 "머무르는" 별자리들이 황도대 주위로 아주 천천히 이동하는 시각적인 효과를 인식할 수 있는데, 이것이 세차운동 때문임을 독자는 기억할 것이다. 태양은 네 번의 순간에 태양이 위치한 각각의 황도 별자리에 2,160년을 머무른다. 이후 세차운동으로 인한 분점들과 지점들의 변화로

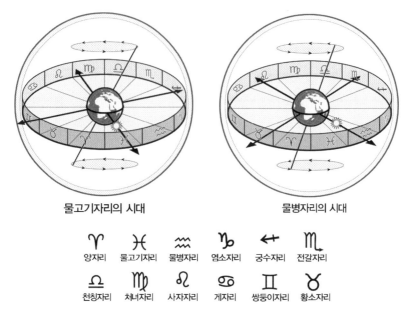

물고기자리의 시대　　　　　　　　물병자리의 시대

♈　　♓　　♒　　♑　　←　　♏
양자리　물고기자리　물병자리　염소자리　궁수자리　전갈자리

♎　　♍　　♌　　♋　　♊　　♉
천칭자리　처녀자리　사자자리　게자리　쌍둥이자리　황소자리

그림 47 세차운동으로 인한 물고기자리의 시대에서 물병자리의 시대로의 변화. 춘분점 변화로 인해서 배경의 황도 별자리들에 대한 태양의 위치가 물고기자리에서 물병자리로 이동한다. 따라서 하지점에서 태양의 위치는 쌍둥이자리에서 황소자리로, 추분점에서 태양의 위치는 처녀자리에서 사자자리로, 동지점에서 태양의 위치는 궁수자리에서 전갈자리로 이동할 것이다.

인해서 태양은 기존의 별자리에서 다른 별자리로 완전히 들어서게 되고, 한 곳에서 이런 변화가 생기면 나머지 세 곳에서도 연쇄적으로 같은 변화가 일어난다.

　원을 하나 그리고 그것이 황도, 즉 태양이 매년 지나가는 길이라고 생각하자. 그리고 그 원의 둘레로 간격이 동일한 황도의 별자리 12개를 그려보자. 이제는 그 원 안에 십자가 형태로 4개의 살[輻]을 넣어보자. 십자가 형태의 4개의 살 각각의 끝은 태양의 주요 위치이다. 그들은 각각 북반구의 춘분(3월 21일), 하지(6월 21일), 추분(9월 21일), 동지(12월 21일)이다. 우리 시대에 이 4개의 위치에 해당하는 황도 별자리들은 춘분은 물고기자리, 하지는 쌍둥이자리, 추분은 처녀자리, 동지는 궁수자리이다.

하지만 세차운동은 매우 천천히 십자가의 살들을 회전시킨다. 우리는 이제 "물고기자리의 시대(즉 춘분 때 태양이 물고기자리에 머무는 2,160년)" 끝에 가까워졌다. 물고기자리에 있던 살의 끝은 곧 물병자리로 이동할 것이다. 이 십자가는 꽉 붙어서 단일 개체처럼 움직인다. 따라서 여기에 달린 모든 살은 함께 이동한다. 그로 인해서 춘분이 물고기자리에서 물병자리로 이동하면, 하지는 쌍둥이자리에서 황소자리로, 추분은 처녀자리에서 사자자리로, 동지는 궁수자리에서 전갈자리로 이동하게 된다.

나는 가능한 한 단순하게 설명하고자 한다. 이제 은하수 이야기를 다시 해보자. 이미 살펴본 대로 은하수는 1년에 2번 태양의 경로와 교차한다. 각 교차점에는 은하수 양쪽으로 2개의 황도 별자리가 있다는 점을 기억하라. 그렇게 해당 별자리들은 사실상 은하수의 "길"이 지나가는 두 천체의 문들의 기둥을 형성한다. 북쪽에서는 쌍둥이자리와 황소자리가(현재 태양은 하지에서 쌍둥이자리에 머무른다), 남쪽에서는 궁수자리와 전갈자리가 (현재 태양은 동지에서 궁수자리에 머무른다) 그 역할을 하고 있다. 하지만 이 황도 별자리 두 쌍과 은하수의 관계는 세차운동의 영향을 받지 않으며 따라서 결코 변하지 않는다. 쌍둥이자리와 황소자리는 늘 은하수의 북쪽 "문"을, 궁수자리와 전갈자리는 늘 은하수의 남쪽 "문"을 담당한다.

그러나 둘 중에서도 궁수자리와 전갈자리가 있는 문이 더 중요하다. 왜냐하면 우리가 고개를 들어 밤하늘을 보면 우리 은하의 정중앙에 은하수의 일부가 이 문을 지나가는 모습이 보이기 때문이다. 뿐만 아니라 천문학자들은 은하 중심에 광대한 블랙홀(빛도 빠져나갈 수 없는 초밀도 물체[55])이 있다고 판단한다. 그리고 바로 그 지역에는 현저할 정도로 불룩한 부분이 있다. 이 불룩한 부분 중심에는 소위 "핵"이라고 불리는 또다른 극도로 독특한 요소가 있고 천문학자들은 이를 "어두운 틈(dark rift)"이라고 부

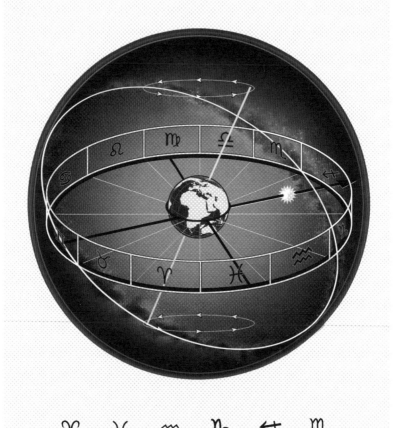

♈ ♓ ♒ ♑ ← ♏
양자리 물고기자리 물병자리 염소자리 궁수자리 전갈자리

♎ ♍ ♌ ♋ ♊ ♉
천칭자리 처녀자리 사자자리 게자리 쌍둥이자리 황소자리

그림 48 천체의 문들 : 오른쪽에 궁수자리와 전갈자리의 문이 있으며, 현재 태양은 동지에 궁수자리에 머무른다. 왼쪽에 쌍둥이자리와 황소자리가 있으며, 태양은 현재 하지에 쌍둥이자리에 머무른다.

른다. 이것은 빛이 나지 않는 일련의 겹치는 분자 먼지 구름을 만들어내며, 많은 고대 신화에서 굉장히 중요하게 생각되었다.[56]

세차운동의 결과로 태양은 현재 동지에 궁수자리에 머무는데, 지구에서 볼 때, 이는 총신의 가늠쇠처럼 은하 중심을 "겨냥하는" 듯이 보인다. 이렇게 지구, 하지의 태양, 은하 중심이 웅대하게 정렬하는 일은 세차운동 주기를 가득 채운 2만5,920년 전에 있었고, 마찬가지로 다음 발생도 2만5,920년 뒤일 것이다. 다시 말해서 우리는 천문학적, 우주적인 상징의 측면에서 굉장히 특별하고 고유한 순간에 살고 있다. 나는 다음 장에서 이런 상징적인 양상과 하지가 왜 특히 중요한지 상세히 언급할 것이지만, 여기서는 먼저 다른 사항을 분명하게 해두는 것이 중요하다.

가령 어떤 고대 문명이 특정 시대에 관심을 가지고 천체의 정기적인 움직임과 변화에 관해서 보유한 지식을 활용하기를 바랐다면, 우리가 기자의 피라미드들에서 고려한 가능성이나 세차운동으로 인한 시대들은 유용하기는 하지만, 정확한 연대를 판단할 수 있을 정도로 정밀하지는 않다. 하지만 각 세차운동으로 인한 시대의 성위(星位)는 2,160년 동안은 유효하다. 우리가 그보다 더 구체적인 정보를 원한다면, 우리의 관심 대상인 시대에 천체에서 일어난 일을 찾을 필요가 있는데, 그 일은 (1) 세차운동으로 인한 것이어야 하며, (2) 2,160년이라는 세차운동의 한 시대보다 훨씬 더 비좁은 시간대에 일어난 것이어야 한다.

그런 일이 바로 우리 시대에 일어나고 있다. 궁수자리와 전갈자리 사이의 은하수 남쪽 문에서 동지에 태양은 은하 중심을 겨냥하고 있다. 여기에 다소 불명확한 점도 있다. 가령 태양 면의 너비, 그리고 지구에서 보았을 때, 태양 면이 은하수 중심과 정확히 일치하는 시대 등이 그것이다. 그러나 우리는 여기서 2,160년의 시간대를 말하는 것이 아니다. 은하 중심을 정확히 겨냥하는 일은 최대 80년인 시간의 창문에서 발생하며, 우리는 앞으로 대략 25년 동안 그 창문 속에 계속 있게 될 것이다.

이는 괴베클리 테페의 43번 기둥이 전하는 메시지와 관련하여 흥미로운 상황을 연출한다. 왜냐하면 폴 벌리의 주장이 맞다면, 기둥의 부조는 궁수자리와 전갈자리 사이의 은하수 남쪽 문에 있는 동지의 태양을 묘사한 상징적인 언어이기 때문이다.

다시 말해서, 그 부조가 우리의 시대에 말을 걸고 있는 것이다.

그것이 지금 우리에게 말을 걸어온다.

15

창조의 장소

2014년 7월 샨르우르파의 호텔 객실에 앉아 노트북 화면에 떠오른 천체들을 회전시키면서, 나는 폴 벌리가 괴베클리 테페의 43번 기둥에 새겨진 장면에 대해서 천재적인 통찰력을 보여주었다는 결론에 도달하게 되었다. 논문에 드러난 벌리의 어조는 신중하다 못해 거의 소심할 정도이다. 제14장에서 살펴보았듯이, 그는 "익숙한 별자리인 전갈자리에 비하면 태양의 형상은 황도에 정확하게 자리잡고 있다"라고 했다. 그는 또한 근처에 다른 "익숙한 별자리들"에 관해서도 언급했다. 우리는 벌리의 설명으로 인해서 "쭉 뻗은 날개로 태양을 지지하고 있는 것처럼 보이는" 큰 새(독수리)에게도 관심을 가지게 되었다. 그는 독수리가 어떤 별자리의 상징인지 그의 생각을 명시적으로 말하지는 않았지만, 그가 자신의 주장을 강화하기 위해서 첨부한 그림들은 그것을 분명하게 보여주었다. 벌리는 독수리가 궁수자리에 대한 고대의 묘사라고 생각한다.[1]

우리가 이미 알고 있듯이, 저 멀리 빙하기로 소급되더라도 별자리는 동일하다는 증거가 있다. 그 먼 과거에 묘사되었던 일부 별자리들의 형태는 오늘날에도 여전히 알아볼 수 있다. 독자는 제14장에서 설명한, 황소자리에 관한 미하엘 라펜글루크의 연구를 기억할 것이다. 1만7,000년 전 라스코 동굴에 묘사된 오로크스(고대 야생 소)의 어깨에는 쉽게 알아볼 수 있는 플레이아데스 성단의 6개의 별이 보인다.

일부 별자리들을 묘사하는 방식이 놀라울 정도로 일관성이 있다고 주장한다고 해서, 오늘날 우리에게 친숙한 모든 별자리들이 모든 시대, 모든 문화에서 똑같은 방식으로 묘사되었다는 것은 아니다. 별자리는 때로는 급진적인 변화의 대상이 되기도 한다. 이런 변화는 제각기 다른 문화가 하늘에 어떤 상상의 형태를 투영할지 선택하느냐에 달려 있다. 예를 들면 메소포타미아 하늘의 황소 별자리와 현대의 황소 별자리는 히아데스 성단을 머리 부분으로 삼는 것은 같지만, 다른 부분에서는 굉장히 다르다.[2] 마찬가지로 메소포타미아의 활과 화살 별자리는 현대의 아르고자리와 큰개자리로 구성되며 화살 끝에는 시리우스가 있다. 중국에도 활과 화살 별자리가 있는데, 메소포타미아의 것과 구성은 상당히 같지만 화살이 좀더 짧고, 시리우스가 화살의 끝이 아니라 화살이 겨누는 대상으로 나타난다.[3]

문화에 따라서 별자리의 경계를 똑같이 설정하더라도 별자리를 보는 방법이 굉장히 다른 경우도 있다. 가령 고대 이집트인들은 우리가 큰곰자리라고 부르는 별자리를 알고 있었지만, 그것을 소의 앞다리로 나타냈다. 또한 그들은 작은곰자리를 자칼로, 게자리는 풍뎅이로, 용자리는 등에 악어가 올라간 하마라고 보았다.[4]

따라서 우리가 궁수자리라고 부르는 별자리(인간과 말의 혼성체인 켄타우로스가 활에 화살을 걸고 당기는 모습)에 대하여, 괴베클리 테페의 건설자들은 날개를 쭉 뻗은 독수리로 보았을 수도 있으며, 원칙적으로 이런 주장에 이의를 제기할 수 없다.

나는 스텔라리움으로 기원전 9600년과 우리 시대의 천체를 오가며 궁수자리와 전갈자리 사이의 하늘(벌리가 43번 기둥에 묘사되었다고 믿는 그 지역)에 집중했고, 배경의 별자리들과 태양과의 관계를 살펴보았다.

가장 먼저 명확하게 드러난 점은 날개를 쭉 뻗은 독수리가 현재 궁수자리의 모습을 아주 잘 상징한다는 것이었다. 실제로 이런 모습은 우리가 메소포타미아나 그리스로부터 물려받은 켄타우로스/궁수라는 개념보다 이 별자리의 중심 부분을 더욱 훌륭하고, 직관적이고, 명백한 방식으로 상징한다. 궁수자리의 중심부(켄타우로스의 다리와 꼬리를 제외한 부분)는 별자리의 가장 밝은 별들을 포함하며 오늘날 천문학자들이 종종 "찻주전자"라고 부르는, 쉽게 인지할 수 있는 성군(星群)을 형성한다. 천문학자들이 그런 명칭으로 부르는 이유는 해당 성군이 손잡이, 뾰족한 뚜껑, 주둥이가 있는 현대의 찻주전자와 유사하다고 생각했기 때문이다. 하지만 손잡이와 주둥이 요소는 동시에 독수리의 쭉 뻗은 날개로, 뾰족한 "뚜껑"은 독수리의 목과 머리로 볼 수 있다. 벌리가 "태양을 지지하고 있다"고 본 것은 독수리 앞에 있는 쭉 뻗은 날개(찻주전자의 주둥이)이고 43번 기둥의 중심부에 자리잡은 눈에 잘 띄는 원판은 태양을 상징한다.

그러나 독수리와 태양은 기둥에 나타난 복잡한 형상들 중 고작 두 가지 양상일 뿐이다. 독수리의 오른쪽 약간 아래로는 전갈이 있다. 독수리의 오른쪽 위로는 긴 낫처럼 생긴 부리가 달린 덩치 큰 두 번째 새가 있고, 이 새 옆에 바짝 붙은 거대한 삼각형의 머리를 가진 뱀은 반원을 그리며 몸을 감고 있다. 세 번째 새 역시 갈고리 모양의 부리가 있는데, 몸집이 작아 새끼새 같은 모습이다. 이 새는 앞에서 언급한 두 마리의 새보다 아래에 있고, 쭉 뻗은 독수리의 앞쪽 날개 오른쪽에 자리를 잡았다. 또 전갈의 밑에는 네 번째 새의 긴 목과 머리가, 옆에는 고개를 든 또다른 뱀이 있다.

내가 벌리의 결론을 굳건히 믿게 된 이유의 일부는, 비록 벌리는 논문에서 이 주변 형상들을 대수롭지 않게 보았지만, 그 형상들을 약간만 조정하면, 곧바로 궁수자리/독수리자리 주변의 다른 별자리들과 흥미로울 정도로 일치가 되기 때문이다.

첫째, 독수리의 살짝 오른쪽 아래에 있는 전갈은 황도 12궁에서 궁수자리 다음의 별자리인 전갈자리와 명백한 유사성이 있는데, 우리는 이런 사항을 이미 살펴본 바 있다. 그렇지만 전갈의 자세와 위치는 엉뚱했다(곧

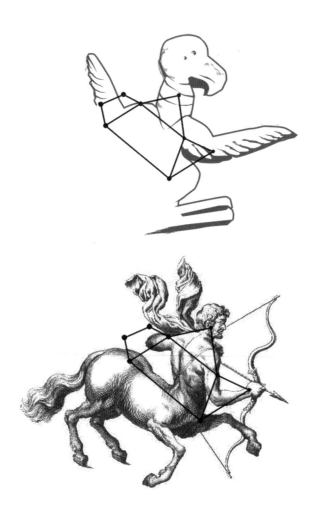

그림 49 날개를 쭉 뻗은 독수리는 궁수보다 더욱 훌륭하고, 직관적이고, 명백한 방식으로 궁수자리 중심부의 밝은 "찻주전자" 성군을 나타낸다.

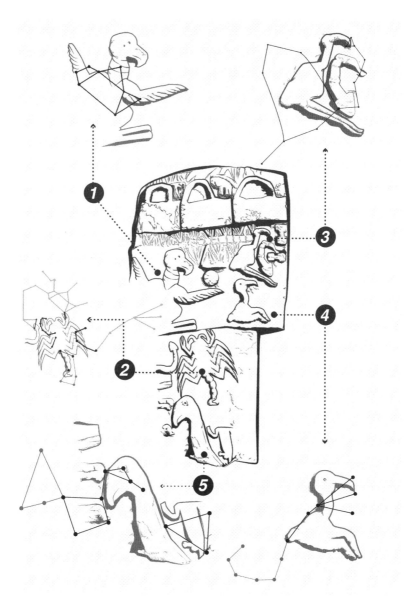

그림 50 43번 기둥에서 동물 형상으로 상징된 궁수자리와 인근 별자리들.

이와 관련된 내용을 자세하게 살펴볼 것이다). 어쨌든 전갈은 기둥에 새겨져 있고, 오늘날 우리가 전갈자리라고 인식하는 별자리의 맨 끝부분과 겹친다.

둘째, 독수리의 오른쪽 위에 있는 큰 새와 그에 바짝 붙은 몸을 감은 뱀을 보자. 이 두 형상은 올바른 위치에 있고 우리가 뱀주인자리, 뱀자리라고 부르는 별자리들의 관계와도 일치한다.

셋째, 독수리의 쭉 뻗은 앞날개의 바로 오른쪽에 있는 새끼 새처럼 보이는, 부리가 갈고리 모양인 다른 새를 보자. 나는 이 새, 그리고 현대 전갈자리에 비교하면 위치와 방향이 다른 43번 기둥상의 전갈에 관해서 의견을 나누려고 벌리에게 이메일을 보냈고, 여러 번 의견을 주고받은 결과 이런 해답에 도달했다. 독자들이 잘 기억하겠지만, 별자리의 경계는 모든 시기의 모든 문화가 반드시 똑같이 구획하지는 않는다. 시간이 흐르면서 이곳 괴베클리 테페의 별자리 경계에도 분명 변화가 생겼을 것이다. 43번 기둥의 새끼 새에 대하여, 괴베클리 테페 천문학자들은 고유의 작은 별자리를 상징하는 것으로 생각한 듯하다. 새끼 새가 상징하는 별자리는 오늘날 전갈자리의 일부로 생각되는 중요한 별들의 일부였다. 새끼 새의 갈고리 모양 부리와 몸통은 정확히 현재 전갈자리의 머리와 집게발들에 해당한다.[5]

넷째, 43번 기둥 전갈 옆에는 뱀이, 그 밑에는 또다른 새의 머리와 긴 목이 있다. 그리고 그 새의 오른쪽에는 머리가 없는 사람의 형상이 있다. 뱀은 궁수자리의 꼬리에 해당한다(이미 살펴보았듯이, 독수리는 궁수자리의 중심부 — 찻주전자 — 만 상징했고, 따라서 그 별자리의 나머지 부분은 고대인들이 다른 용도로 쓸 수 있었다). 새와 그 오른쪽의 독특한 작은 사람의 형상은 우리가 현재 알고 있는 공작자리와 남쪽삼각형자리의 일부분에 해당한다. 공작자리의 나머지는 새의 왼쪽에 있는 또다른 형상들로 상징된 것으로 보인다.

궁수자리의 경우와 마찬가지로, 현대 전갈자리의 요소들은 43번 기둥에서 묘사된 고대 별자리들에서는 재배치되었다. 현대 전갈자리의 꼬리 부분만 43번 기둥에서 보이는 전갈과 같은 위치에 있다. 현대 전갈자리의 머리 부분은 오른쪽이지만, 기둥의 전갈 머리는 왼쪽을 향한다. 기둥의 전갈은 독수리 밑에 있지만, 현대 전갈자리는 궁수자리 오른쪽에 나란히 있는 굉장히 큰 별자리이다. 나는 이 문제에 대한 해답을 이렇게 제시하겠다. 즉 43번 기둥의 전갈은 현대 전갈자리의 꼬리(43번 기둥 전갈의 오른쪽 다리 부분), 궁수자리의 "찻주전자" 성군의 활용되지 않은 일부(43번 기둥 전갈의 오른쪽 집게발 부분), 우리가 제단자리, 망원경자리, 남쪽왕관자리로 알고 있는 별자리들(각각 43번 기둥 전갈의 꼬리, 왼쪽 다리, 왼쪽 집게발 부분) 등을 종합적으로 상징하는 형상인 것이다. 이미 언급했듯이 현대 전갈자리의 집게발 2개와 머리는 43번 기둥에 나타난 부리가 갈고리 모양인 새끼 새로 상징되었다.

현대의 전갈자리와 궁수자리, 그리고 43번 기둥에 조각된 전갈과 독수리 형상 사이의 상관성은, 고대의 천문학적 형상 일부에서 궁수자리가 켄타우로스 외에도 전갈의 꼬리가 달린 인간과 말의 혼성체, 때로는 단순히 인간과 전갈의 혼성체로 상징된다는 점을 상기하면 새로운 수준의 의미를 가지게 된다.[6] 바빌로니아의 쿠두루 바위(종종 경계석으로 언급되지만 이것은 그 바위의 기능을 오해한 것이다[7])에서 보이는 활을 당기고 있는 인간과 전갈의 혼성체는 자주 "보편적으로 궁수자리의 궁수와 동일시되었다."[8] 43번 기둥의 독수리가 궁수자리의 상징임을 더욱 굳혀주는 것은, 바빌로니아의 쿠두루 바위에서 이런 인간과 전갈 혼성체들이 빈번히 새의 다리와 발을 가진 형상으로 묘사된다는 것이다.[9] 더욱이 일부 형상에서는 궁수자리의 몸통(즉, 찻주전자 성군) 밑에 두 번째 전갈이 나타나기도 하며,[10] 이 점은 43번 기둥의 전갈 위치를 연상시킨다(그림 50과 51 참조).

그림 51 바빌로니아 쿠두루 바위에서 나타난 인간과 전갈 혼성체의 궁수자리 모습은 (왼쪽) 빈번히 새의 다리와 발을 가진 형상으로 묘사되었고, 이 점은 궁수자리와 43번 기둥에 나타난 독수리가 같은 것이라는 판단을 더욱 강화시켜준다. 또다른 메소포타 미아의 묘사에서(오른쪽) 우리는 궁수자리의 몸통 밑에 43번 기둥의 전갈과 비슷한 위 치에 있는 두 번째 전갈의 모습을 볼 수 있다.

이런 모든 점을 고려했을 때, 기둥의 형상들과 별자리 사이의 상관성을 단순히 "우연의 일치" 정도로는 결코 설명할 수 없다. 거의 1만2,000년 전 괴베클리 테페의 하늘에 나타난 특정 별자리들의 동물 상징에 관한 생각 (예를 들면 하늘의 이 지역에는 전갈이 있어야만 한다는 개념 같은 것)은 후대로 전해지는 과정 중에 일부 변화를 겪었지만 그럼에도 충분히 알아 볼 수 있는 형상으로 수천 년 동안 지속되어왔다. 그 결과 훨씬 후대에 등 장하는 바빌로니아의 천문학적 도해(圖解)에서도 괴베클리 테페와 유사한 표현들을 찾아볼 수 있다. 하지만 이것은 고대 메소포타미아, 그리고 그곳 의 도시들, 일곱 현인, 방주에 탑승하여 괴베클리 테페 근처로 밀려온 대홍 수 생존자들과의 상호 밀접한 연관성을 고려해보면, 그다지 놀라울 일도 아니다.

마지막으로 남은 중요한 사항으로는, 43번 기둥의 상층부에 나타난 3

그림 52 천문학자 줄리오 말리는 괴베클리 테페의 43번 기둥 꼭대기에 새겨진 "가방들"이(오른쪽) 훨씬 더 후대인 바빌로니아의 기둥들에 새겨진 "하늘의 가옥들"과(왼쪽) 유사하다고 주장한다.

개의 "가방" 혹은 "양동이"의 수수께끼가 있다. 이것들은 괴베클리 테페를 처음 방문했을 때, 나의 시선을 끌었던 것이고 제1장에서 이미 논한 바 있다. 천문학자 줄리오 말리는 이것들에 관해서 다음과 같은 언급을 남겼다.

> 이 세 개의 "가방"은 훨씬(아주 훨씬) 후대의 바빌로니아 쿠두루 바위들에 나타나는 세 채의 "하늘의 가옥"과 상당히 흡사하다.[11]

말리가 말한 "하늘의 가옥들"(그림 52 참조)은 메소포타미아 신들의 상징이다. 특히 인류를 몰살하기 위해서 대홍수를 일으킨 엔릴과, 인류를 구원하기 위해서 개입한 지혜의 신 엔키와 연관이 있다.[12] 독자는 지수드라에게 대재앙이 올 것이라고 미리 경고하고, 거대한 방주를 지으라고 촉구한 신은 엔키였다는 제8장의 내용을 기억할 것이다. 그런 경고 덕분에 대홍수의 생존자들은 괴베클리 테페와 아주 가까운 아라라트 지역에 도착할 수 있었다. 기원전 1000년의 메소포타미아 도해와 기원전 1만 년의 괴베클리 테페의 도해에서 공유된 이 모든 주제는 무엇을 말하는가? 대홍수 이전의 훨씬 오래된 사라진 문명, 즉 양쪽 문화의 선조(혹은 전 세계 많은 다른 문화의 선조일지도 모르는 문화)가 있었기 때문에 그런 문화적 주제들이 공유되는 것이다. 따라서 우리는 이렇게 결론을 내릴 수 있다. 이런 문화적 공유 현상은 의도적으로 설계된 신화 및 지혜의 전승과 현인들이 시작한 이래 대대로 전해지는 세심하게 구조화된 가르침 등을 통하지 않았다면 실현되지 못했을 것이다. 선조들은 사라진 문명에 대한 기억이 세상에서 영원히 없어지지 않고 보존될 수 있도록 무진 애를 썼던 것이다.

마야 문명

밤이 늦도록 나는 샨르우르파의 호텔 객실에서 선사시대와 현대의 상관관계라는 시나리오를 구상했고, 벌리의 논문에 관한 내 확신은 점점 굳건해져졌다. 모든 관련된 맥락을 감안해볼 때, 앞쪽 날개로 "태양을 떠받치는" 독수리는 궁수자리의 찻주전자 성군(星君)을 상징하는 고대 별자리의 형상과 정말로 비슷한 모습이었다.

   이렇게 되자 수수께끼의 다음 질문이 떠올랐다. 독수리, 혹은 궁수자리는 언제 "태양을 떠받치는가?" 벌리는 43번 기둥에 나타난 순간은 괴베클리 테페가 지어지고 나서 한참 뒤의 미래라는 점을 분명히 했다. 실제로 이는 1만1,600년 뒤의 미래, 즉 우리 시대에 해당하는 2012년이었다. 그는 우리 시대, 구체적으로 1960년부터 2040년까지의 80년의 시간 창문에서, 동지인 12월 21일에 태양이 새의 쭉 뻗은 앞쪽 날개(즉 이 성군에 관한 현대적인 개념에서 보면 "찻주전자"의 주둥이)에 자리할 뿐만 아니라, 은하 중심의 어두운 틈과 "불룩한 부분의 핵"을 겨냥하기 때문에, 괴베클리 테페 기둥의 형상들이 상징하는 시대는, 곧 우리 시대라는 결론을 내린 것이다. 따라서 43번 기둥에 상징으로 제시된 시간은 천문학적으로 굉장히 의미 있는 순간이다.

실제로도 이 시간대는 굉장히 의미가 깊은데, 바로 그 유명한(이제는 악명 높다고 이야기하는 편이 나을지도 모르겠다) 마야력에서도 정확히 같은 80년의 시간 창문(2012년은 이 창문의 중앙에서 살짝 벗어난 해)이 제시되었기 때문이다. 이 마야력에 관해서는 터무니없는 생각과 추측들이 난무했는데, 특히 2012년 12월 21일에 관해서는 더욱 그러했다. 많은 이들이 마야력을 절대적이고 정밀한 예언으로 받아들였지만, 사실은 마야력은 언제나 "개략적 날짜"에 지나지 않는 것이었다.

이런 수수께끼에 대처하기 위해서 중요한 것은 오로지 천문학, 그것도 육안으로 관찰하는 천문학이다. 여기서 전파망원경이나 천체물리학은 논의의 대상이 아니다. 고대 마야의 육안 천문학에 관해서 본격적으로 연구하는 학자들 가운데서도 존 메이저 젱킨스가 가장 저명하다. 그는 2012년보다 훨씬 이전부터 마야력에서 나타난 종말의 날이 실은 은하 중심(은하수의 불룩한 부분의 핵, 어두운 틈)과 동지 태양의 합(合)이 일어나는 2만 6,000년 주기에 근거한 것이라는 점을 사람들에게 알려주기 위해서 부단히 노력해왔다. 태양의 지름과 육안 천문학의 한계 때문에 이런 합의 정확한 연도는 특정될 수 없었고, 그나마 최선의 결과가 위에서 언급한 것처럼 1960년부터 2040년까지에 이르는 80년의 시간 창문이었다.

세차운동의 영향으로 동지의 태양은 2012년에서 수천 년 전부터 은하 중심에서 합을 이루기 위해서 천천히 꾸준하게 움직이는 중이었다. 젱킨스는 1998년 출판된 자신의 책 『마야식 우주의 기원(Maya Cosmogenesis)』을 펴낸 이후 여러 책들에서 그 점을 탁월하게 밝혔다. 그가 제시한 도해들은 동지의 태양의 여정을 잘 보여준다. 기원전 3000년, 태양은 궁수자리의 어두운 틈과 교차하는 점에서 70도 떨어져 있었고, 예수의 시대에는 그 격차를 절반으로 줄였으며, 2012년(1960년부터 2040년까지의 80년 창문에 있는 해)에는 어두운 틈과 가장 가깝게 만났다. 기원후 5000년으로 나아가면, 어두운 틈을 지나쳐 태양은 70도 이동하게 된다.[13]

더 나아가 젱킨스는 아주 꼼꼼하게 동지의 태양과 은하수 중심의 불거진 곳에 있는 어두운 틈의 합이 마야 우주론에서 왜 그토록 중요한지 설명했다. 그 이유는 마야인들이 이 하늘의 지역을 "창조의 장소"로, 중심부의 불룩한 부분을 "하늘의 자궁이나 발생지"로 생각했기 때문이다.

마야는 이 밀집되고 밝은, 툭 튀어나온 부분을 우주의 중심이자 창조의 장소로 생각했다. 육안 관측에 근거를 두고 내린 결론이기는 하지만 실제로도 굉장히 옳은 생각이었다. 받침 접시 모양인 우리 은하의 중심은 은하수의 밝고 넓은 부분에 있는데, 그 초밀집 영역에서 우리를 포함한 은하수와 그 안의 모든 것이 쏟아져나왔다.[14]

마야력의 수수께끼에 관해서는 『신의 지문』에서 상당히 자세하게 논했으므로,[15] 여기서는 자세히 살펴보지 않을 것이다. 하지만 1995년 『신의 지문』을 출판한 이래 내 해석에 달라진 부분이 있고, 한 가지 분명하게 짚고 넘어가야 할 점이 생겼다. 2012년 주위의 몇십 년을 거대한 주기의 끝으로 표시했다고 해서 마야인들이 세상의 끝을 언급한 것은 아니다. 오히려 그들은 시대의 끝("거대한 변화 및 세계 갱생의 시간")을 말한 것이며,[16] 그 이후 새로운 거대한 주기 혹은 시대의 시작이 나타난다고 주장한 것이다. 마야의 세상 구도 속에서는, 당연히 우리가 사는 오늘날은 위험한 격동의 과도기이다. 따라서 우리는 이 예언이 다소 기이하고 실제로 으스스하다고 느끼게 된다. 마야가 인류사의 전환점을 나타내기 위해서 예언한 1960년에서 2040년까지의 80년의 시간 창문과 정확히 같은 시기 동안의 태양과 별들의 천문학적인 좌표들을, 마야에서 멀리 떨어진 터키 괴베클리 테페의 1만2,000년 된 기둥의 부조에서 찾아볼 수 있다니 말이다.

불가능한 것들을 배제하면

나는 43번 기둥의 부조에서 우리 시대에 대한 예측 혹은 예언, 통지, 그리고 우리에게 보내는 구체적 메시지 등을 읽는 것이 타당하다는 것을 다시 한 번 확인하고 싶었다. 부조의 메시지가 무엇을 이야기하는지 고려하기 전에 가장 먼저 해야 할 것은 폴 벌리의 발견이 타당한지 확인하는 일이었다.

나는 독수리가 궁수자리의 상징이며, 독수리의 날개로 지지되는 원판이 태양이라는 그의 주장은 이미 받아들였다. 주변 별자리들에 관한 전반적인 정황도 역시 훌륭하게 들어맞는다. 그렇다면 기둥의 부조가 궁수자리의 태양과 은하수 중심의 합을 묘사한 것은 맞지만, 1960년에서 2040년 사이의 동지가 아닌 다른 시기의 동지를 예언한 것일 수도 있지 않을까?

물론 가능하다. 동지에서의 해당 별들의 배열은 2만6,000년마다 반복되므로 기원전 2만4000년에 태양은 오늘날처럼 궁수자리에서 관측되고 은하 중심을 겨냥했을 것이다. 이런 드문 천체 배열은 지금으로부터 2만6,000년 뒤인 2만8000년에 또다시 발생할 것이다. 메시지가 이런 먼 연대와 관련이 있다는 가설도 불가능하지는 않다.

하지만 아주 흥미롭게도, 같은 좌표 체계를 활용하는 완전히 다른 문화, 즉 고대 마야에서 나온 또다른 "메시지"는 실제로 1960년과 2040년 사이의 시기에 집중하고 있다.

한편 괴베클리 테페에서는 한 해의 다른 중요한 세 순간(하지, 춘분, 추

그림 53 기원전 9600년 괴베클리 테페의 춘분 일출 때에 보인 천체.

분)을 고려해야 한다. 괴베클리 테페가 건설된 때인 기원전 9600년에 다른 세 개의 "태양의 위치"가 궁수자리를 통해서 은하의 중심과 일렬을 이룬 적이 있는가?

예전에 진행된 고대 이집트에 관한 연구 덕분에 나는 기원전 1만800년 춘분에 태양이 사자자리에 머물렀다는 것을 알고 있었다. 스텔라리움으로 잠시 알아보니 1,200년 뒤에도 마찬가지의 상황이었다. 기원전 9600년의 춘분에도 사자자리에 있던 태양은 은하 중심과 일렬이 되기에는 너무도 먼 황도의 한 지점에 있었다. 나는 마음 놓고, 최소한 우리의 시대에서는 춘분을 고려 대상에서 배제할 수 있었다.

기원전 9600년의 추분에서도 같은 상황이 펼쳐졌다. 태양은 물병자리에 있었고, 은하 중심과 정렬하기에는 굉장히 멀었다. 따라서 나는 추분 역시

그림 54 기원전 9600년 괴베클리 테페의 추분 일출 때에 보인 천체.

고려 대상에서 제외했다.

　더욱이 괴베클리 테페의 모든 발굴 구역들의 방향을 떠올리자, 분점(分點)들은 **모든** 시기에서 전부 배제할 수 있게 되었다. 왜냐하면 주요 4개 구역(A, B, C, D[43번 기둥이 이곳에 있다])이 전부 아주 확실하게 **북서쪽에서 남동쪽** 방향을 가리키고 있기 때문이다.[17] 이 구역들은 모두 분점에 태양이 떠오르는 정동 방향, 혹은 태양이 지는 정서 방향을 비슷하게라도 바라보지 않았다. 괴베클리 테페의 건설자들이 43번 기둥 같은 상징적인 예술품을 통하여 우리의 관심을 분점들에 유도하려고 했다면, 가장 먼저 했어야할 일은 구역들을 동쪽이나 서쪽으로 배치함으로써 명확한 단서를 제공하는 것이었으리라. 하지만 그렇게 하지 않았으므로 분점들에서 발생한 일은 그들의 고려사항이 아니었다.

그림 55 기원전 9600년 괴베클리 테페의 동지 일출 때에 보인 천체.

이제 지점(至點)들이 남았다. 태양은 동지에는 남동쪽에서 떠서 남서쪽으로 지고, 하지에는 북동쪽에서 떠서 북서쪽으로 진다. 따라서 이론적으로 동지의 일출 배열(남동쪽)과 하지의 일몰 배열(북서쪽)은 괴베클리 테페의 북서쪽에서 남동쪽 방향과 연관이 있다.

태양, 궁수자리, 은하 중심이 관계된 동지의 천체 배열은 기원전 9600년에서는 배제할 수 있다. 앞에서 살펴보았듯이 해당 배열은 우리 시대, 혹은 기원전 2만4000년, 혹은 기원후 2만8000년에 발생할 수밖에 없기 때문이다. 기원전 9600년의 동지에 태양은 황소자리에 있었고 따라서 은하 중심에서는 굉장히 멀리 떨어져 있었다. 하지의 일출은 북동쪽에서 있었으니 각구역들의 위치, 즉 남동쪽에서 북서쪽 방향을 고려했을 때, 기원전 9600년뿐만 아니라 모든 시대에서도 배제할 수 있다.

그림 56 기원전 9600년 괴베클리 테페의 하지 일출 때에 보인 천체.

　따라서 이런 배제의 과정을 통해서 기원전 9600년에 해당하는 가능성 있는 배열은 북서쪽으로 나타난 하지의 **일몰** 배열 단 하나뿐이다. 이는 괴베클리 테페가 지향하는 대략적인 남동쪽에서 북서쪽 방향과 전혀 상충되지 않는다. 게다가 컴퓨터 시뮬레이션은 기원전 9600년 하지에 태양이 전갈자리에 있음을 보여주었다. 하지의 태양은 은하 중심에 정렬되지 않지만(어두운 틈과 불룩한 부분의 핵을 지나친 위치에 있었다), 그럼에도 상당히 은하 중심과 가까웠다. 어두운 틈과 불룩한 부분의 핵 양쪽에 걸친 별자리는 궁수자리와 전갈자리이지만, 은하 중심에 딱 맞게 정렬하는 별자리는 전갈자리가 아닌 궁수자리라는 것을 독자는 기억할 것이다. 그럼에도 불구하고 기원전 9600년의 북서쪽으로 정렬된 하지의 일몰, 이것을 43번 기둥의 형상들이 묘사한다고 판단하는 것은 합리적으로 보인다. 기둥과 하늘 사이에 나타나는 사소한 차이점은, 부조를 만들던 조각가가 비교적 가벼운 실수를 했다고 생각하면 이론적으로 아무 문제없이 설명될 수 있다.

그러나 앤드루 콜린스와 그의 동료 로드니 헤일, 수학자 알레산드로 데로렌치스와 빈센초 오로피노는 모두 북서쪽을 향한 천체의 배열에 집중하는 과정에서 간과한 한 가지 사항이 있는데, 지난 장에서 살펴본 백조자리 데네브의 위치와 관련된 것이다. 실제로 데네브는 기원전 9600년에는 북서쪽에 있어서 D구역의 방향과 일직선상에 있었다. 그렇지만 매우 정확한 이런 정렬은 순전히 이론적인 것이고 D구역에서는 실제로 전혀 관측된 적이 없었다. 그 이유는 간단하다. D구역은 주요 구역들의 북쪽을 향해 솟아오른 테페의 가파른 산등성이의 측면에 지어졌다. 따라서 D구역에서는 데네브의 위치를 관측할 수 없었고, 같은 이유로 하지의 일몰도 관측할 수 없었다. 실제로 태양은 일몰 직전 약 20분 동안 산등성이 뒤로 사라져서 볼 수 없었고, 따라서 태양의 위치를 관측하려면 D구역을 벗어나서 산등성이를 올라가야만 했다.

이런 이유와, 태양이 전갈자리에 있어서 위치가 가깝기는 하지만 은하 중심을 겨냥하지 않는다는 사실을 종합해보면, 하지의 일몰 정렬 역시 배제의 대상이 된다.

아서 코난 도일의 소설에 등장하는 셜록 홈스는 이런 유명한 말을 남겼다. "불가능한 것들을 배제하면, 아무리 있을 법하지 않아도 남아 있는 것은 진실일 수밖에 없다." 배제과정을 통해서 우리는 괴베클리 테페가 분점들, 그리고 하지(이때의 일몰이 상당히 후보에 근접하지만)를 고려의 대상으로 삼지 않는다는 점을 알았다. 이제 남아 있는 것이라고는 동지뿐이고, 이때 궁수자리에 있는 태양은 은하의 중심을 겨냥한다. 따라서 이 천체들의 도해는 우리 시대인 1960년과 2040년 사이의 시간 창문에 발생하는 명확한 천문학적 특징(2만6,000년 간격으로 반복되는)을 보여주고 있다. 이것은 무엇을 의미하는가? 기원전 9600년 괴베클리 테페의 건설자들이 이미 세차운동의 난해한 현상에 관하여 진보된 지식을 가지고 있었으며, 동지에 궁수자리에서 발생하는 합의 정확하고 상징적인 묘사를 해내기 위해서 과거와 미래의 수천 년 동안의 세차운동 효과를 계산했다는 것이다. 우리는 이런 천문학적 가능성을 반드시 고려해야 한다. 하지만 회의론자들은 여전히 이것을 아주 황당무계한 이야기로 생각하고 있다.

이런 추측이 옳다면, 선사시대 이전의 오래 전 과거에 성취된 유사한 두 가지 과학적인 업적들(마야력과 이집트 기자의 지상 그림[geoglyph]) 역시 여러 시대들을 견디고 존속되었으며 같은 수준의 완성도로 우리에게 전해졌다고 보는 것이 타당하다.

그중 하나가 마야력이다. 마야력은 1960년과 2040년 사이의 80년의 시간 창문에 지구의 거대한 한 주기가 끝이 날 것이라고 예측했다. 더욱이 마야력은 중대한 합이 발생할 것이라고 예상하고, 구시대의 끝과 새로운 시대의 시작 사이를 규정하는 데에 정확히 같은 기준(은하 중심과 정렬하기 위한 동지 태양의 진전)을 활용했다.

다른 하나는 이집트 기자 고원에 세워진 웅장한 천문학적 지상 그림이다. 이 그림은 피라미드들과 스핑크스라는 형태로 나일 강 서쪽 제방에 새겨졌다. 이 거석 건축의 대작이 기원전 1만800년 춘분의 하늘을 묘사하기 위해서 세차운동에 관한 깊은 지식을 활용했다는 점은 독자도 기억할 것이다. 제19장에서 살펴보겠지만 이곳 역시 독특한 성격의 메시지를 내포하고 있으며, 이것은 우리 시대와 현대인을 특별히 지정하며 대대로 전해졌다.

괴베클리 테페에서 고작 40킬로미터 떨어진 도시인 하란에는 "별 숭배자들"이고, 지혜의 신의 추종자들이며, 기자의 피라미드로 불가사의한 순례 여행을 떠났던 사비교도들이 살았다. 그들은 두 과학적 업적의 메시지가 무엇을 의미하는지 밝혀내려는 우리의 연구에 단서를 제공한다.

16

◀(((· ·)))▶

별들의 메시지

제8장부터 제11장까지 우리는 현인들의 비밀스러운 전승을 탐구했다. 그 전승은 지난 수천 년간 이집트에서 유지되어왔고, 여러 시대를 이어가며 전승 전달자의 모집과 입회를 통해서 줄기차게 이어져왔다. 또한 "하늘의 신비로운 교사들", "호루스의 추종자들", "신들의 마법사들"인 현인들이 어떻게 이집트 문화를 크게 발전시킨 역사적으로 중요한 순간들에 여러 번에 걸쳐 핵심적인 역할을 맡았는지, 그 과정에 대해서도 함께 탐구했다.

제12장에서 우리는 바알베크의 놀라운 거석 유적과 이집트 기자 고원 근처에 정착한 수수께끼 같은 고대 가나안 이주민 집단 사이의 연관성을 살펴보았다. 가나안 이주민들은 스핑크스에 정기적으로 봉헌물을 바쳤고, 자신들의 매의 신의 이름을 따서 하우론, 후르나 등의 다양한 명칭으로 스핑크스를 불렀다.

제14장에서 우리는 "별 숭배자들"로 유명한 사비교도들에 대해서 조사했다. 그들은 상당히 먼 곳에서 기자의 피라미드까지 순례 여행을 왔다. 사비교도들의 고향은 하란이었는데, 이곳은 오늘날 터키 남동부에 있는 괴베클리 테페와 가까웠다. 이런 순례 여행이 언제 시작되었는지에 관한 기록은 없지만, 하란은 이미 수천 년 전부터 사람들이 거주한 유서 깊은 정착지였다.[1] 현존하는 가장 오래된 기록이라고 하는 기원전 2000년경의 비문에 이미 하란에 관한 언급이 나온다.[2] 놀라운 점은 사비교도들의 기자 순례가 기원후 1228년까지도 이어졌다는 점이다. 아랍의 지리학자 야쿠트

38. 바알베크를 방문하여 가장 남쪽에 있는 삼석벽 덩어리를 발밑에 두고 있는 저자. 저자의 뒤에 있는 벽은 삼석벽 위에 세워진 것인데, 후대에 아랍인들이 세운 요새이다.

39. U자형 거석 벽의 서쪽 측면에 있는 3개의 거대한 돌덩어리들. 거석 벽은 유피테르 신전의 대(臺) 바로 옆에 있지만 붙어 있지는 않다.

40. 저자의 오른쪽 발이 로마의 원통 모양의 석재 파편 앞에 있다. 이 석재는 삼석벽 지하의 기반으로 사용되었다.

41. 독일 고고학 연구소가 발굴하여 측정한 로마 돌기둥의 원통형 석재. 연구소는 이 석재가 후대 아랍인이 기초를 보수할 때에 사용된 것이 아니라고 판단했고, 그리하여 삼석벽은 로마인의 작품이라고 결론내렸다.

42. 아랍인들이 로마의 석재를 재활용하여 지은 요새 벽. 아치의 오른쪽에 수평으로 배치된 돌기둥의 원통형 석재가 보인다.

43. 아랍의 요새 벽에 재활용된 원통형 석재의 확대 사진. 이 원통형 석재의 바닥과 꼭대기 부분이 삼석벽 지하의 기반에서 발견된 원통형 석재처럼 완벽하게 평평해져 있다는 점을 주목할 필요가 있다. 따라서 아랍인들에게 석재를 잘라서 알맞게 다듬는 기술이 없었다는 주장은 전혀 말이 되지 않는다.

44. 유피테르 신전의 대를 둘러싸고 있는 U자형 거석 벽의 북쪽 부분. 대 자체(사진의 오른쪽)에 사용된 돌덩어리들의 작은 크기를 주목하라.

45. U자형 거석 벽의 남쪽 부분 위에 서 있는 저자. 그의 뒤에 있는 대의 가장자리에는 유피테르 신전의 남아 있는 6개의 기둥이 보인다.

46. 크기를 보여주기 위해서, 아직도 바알베크 채석장에 남아 있는 970톤 무게의 "임산부의 돌" 위에 서 있는 저자. 그 돌 밑의 왼쪽으로 2014년에 새로 발굴된 돌덩어리가 보이는데 무게는 1,650톤으로 추정된다.

47. 채석장에 있는 세 번째 돌덩어리로 무게는 1,250톤이다.

48. 위 : 괴베클리 테페의 자매 유적지인 카라한 테페의 언덕 등성이에 고개를 비죽 내밀고 있는 묻힌 거석 기둥들의 꼭대기 부분.

49. 왼쪽 : 하란의 "천문탑." 현재의 형태는 이슬람 시대의 것이나, 훨씬 더 이전에 사비교도들이 달의 신에게 바친 신전에 세운 탑이 있던 자리에 서 있다.

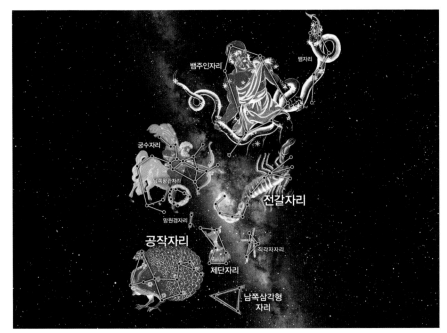

50. 오늘날 우리가 상상한 괴베클리 테페의 43번 기둥에 묘사된 그 당시 하늘의 별자리들. 본문의 그림 46 참조.

51. 괴베클리 테페 43번 기둥에 새겨진 형상들과 겹치는 동일한 별자리들. 제15장의 관련 내용과 그림 50 참조.

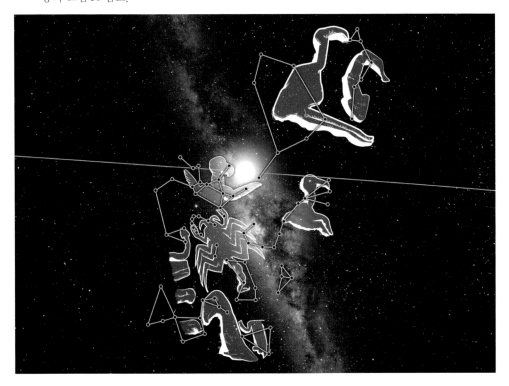

52. 왼쪽 : 괴베클리 테페의 괴이한 석회암 "토템 폴." 복잡하면서도 혼성적인 작품이다.

53. 위 : "우르파 남자." 지구상에 남아 있는, 가장 오래된 인간 형상의 3차원 조각. 괴베클리 테페와 같은 시대로 소급되며, 괴베클리 인근에서 발견되었다. 양손의 위치가 괴베클리 테페의 T자형의 인간 형상 기둥의 양손 위치와 동일한 점을 주목하라(본문의 그림 4 참조).

54. 사크샤우아만에 있는 거대한 "직소 퍼즐" 벽들. 헤수스 가마라에 의하면, 잉카 제국보다 수천년 전에 지어진 것이라고 한다.

55. 아래 왼쪽 : 쿠스코의 로레토 거리. 각기 다른 건축양식들은 다른 문화의 작품임을 보여준다.

56. 아래 오른쪽 : 처녀 신전의 내부 건축. 잉카인이 건설한 것으로 알려져 있다.

57. 페루의 쿠스코 근처.

58. 터키의 알라카 회위크. 선사시대의 동일한 거석문화가 이 두 장소에 존재했을까?

59. 저자와 헤수스 가마라. 피삭에서.

60. 동굴 사당. 이곳과 피삭에서 발견되는 다른 건축양식들은 서로 다른 문화가 작용했음을 암시한다. 가마라는 모든 것을 잉카인의 작품으로 돌리는 견해는 어리석다고 본다.

맞은편 61. 위 왼쪽 : 쿠팀보, 페루. 62. 위 오른쪽 : 괴베클리 테페, 터키.

63. 중간 왼쪽 : 쿠팀보. 64. 중간 오른쪽 : 괴베클리 테페.

아래 왼쪽부터 오른쪽으로. 65. 쿠팀보. 66. 괴베클리 테페. 67. 괴베클리 테페. 68. 쿠팀보.

69. 위 왼쪽 : 쿠스코 근처 "달의 신전"의 부조에 새겨진, 특히 커다란 머리를 가진 뱀을 살펴보는 저자(사진 70과 비교해볼 것).

70. 위 오른쪽 : 괴베클리 테페의 부조에 새겨진 커다란 머리를 가진 뱀.

71. 위 : 쿠팀보(사진 72와 비교해볼 것).

72. 오른쪽 : 괴베클리 테페.

73. 위 : 이스터 섬.

74. 위 오른쪽 : "우르파 남자," 터키.

75. 중간 오른쪽 : "H"자 덩어리, 티아우아나코.

76. 아래 오른쪽 : 괴베클리 테페 기둥의 형상. 사진 73, 74, 76의 양손 위치가 유사한 점을 주목하라. 사진 75, 76의 H 모티프를 주목하라.

77. 고대 이스터 섬 석상의 머리를 건축 자재로 재활용했다는 것은 이 벽이 석상보다 훨씬 더 후대의 것임을 보여준다.

78. 아래 왼쪽 : 티아우아나코에 있는 비라코차의 수염 난 얼굴.

79. 아래 오른쪽 : 이스터 섬의 수염 달린 두상, 라노 라라쿠 채석장. 두상의 몸체는 퇴적물에 9미터 깊이로 파묻혀 있어서, 아주 오래된 두상임을 말해준다.

80. 와투 팔린도, 인도네시아 술라웨시의 "바다 계곡의 현인."
81. 수마트라 섬의 파가르 알람 근처에 있는 채색된 거석 방.

엘 하마위는 자신의 『모감 엘 불단』("나라 사전")에서 사비교도들을 언급했다. 앞의 제14장에서 인용한 문장을 살펴보면, 이집트학자 셀림 하산은 하마위의 설명으로 인해서 사비교도들이 "쿠푸와 카프레 피라미드를 별 숭배 집단과 연관된 기념물로 인식한다는 것"을 알 수 있다고 말했다.[3]

이것은 사소한 사항처럼 보이고, 따라서 사비교도들을 연구하는 "전문가들" 역시 무시했지만, 실은 숨겨진 전승이 연면하게 이어졌음을 증명한다. 고대 이집트 종교와 문화는 기원후 1228년이 되기 전까지 몇백 년의 공백이 있었고(신성한 상형문자로 기록된 비문으로 연대가 가장 늦은 것은 기원후 394년이다), 이집트학 학자들은 피라미드 "추종 집단"의 별을 숭배하는 특성에 관한 증거를 1900년대 초반까지 다시 발견하지 못했다.[4] 따라서 "별 숭배자들"인 사비교도들이 피라미드와 별의 상호 연관성을 인식하고 그곳을 순례 대상으로 삼게 된 배경에는 숨겨진 전승이 존재하고 있다.

그러나 아, 하란은……사비교도들에게 전설적인 도시였던 하란은 오늘날 참으로 안타깝게도 아주 초라한 곳이 되었다. 전통적인 벌집 모양의 흙벽돌 집들이 소수 남아 있었고, 그 집들이 한데 모여서 관광객들의 비위를 맞추는 하찮은 기념품을 파는 쇼핑센터 노릇을 했다. 곧 무너질 것 같은 이 현대식 마을은 광대하고 황량한 평원의 한복판에 있었는데, 그곳에서는 푸르고 아련한 형태로 토로스 산맥의 산등성이들이 어렴풋이 보였다. 그 산등성이들은 하란에서 북쪽으로 40킬로미터 떨어진 곳에 있었다. 괴베클리 테페 역시 그 산등성이들 중 하나에 있었고, 실제로 하란과 괴베클리 테페는 서로 바라볼 수 있는 지점에 있었다.[5] 다시 말해서, 관광객의 눈이 아주 좋다면 하란에서 괴베클리 테페를 볼 수 있고 그 반대도 또한 가능하다.

고대에 그런 관측을 더욱 쉽게 해주었던 것은 한때 이곳에 있었던 신전에 부속된 높은 탑이었다. 해당 신전은 사비교도들이 섬기는 달의 신인

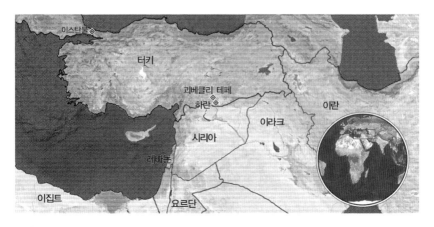

그림 57

수-엔(Su-en, 보통 신[Sin]으로 줄여 말한다)에게 봉헌된 것이었다.[6] 그리스 철학자 리바니오스(314-394)는 "신전에 강렬한 인상의 그림들"이 있었음을 언급한 뒤, 탑에 관해서는 "꼭대기에 오르면 하란 평원 전체를 내려다볼 수 있었다"라고 썼다.[7]

달의 신의 신전은 이미 기원전 1000년대보다 더 아득히 먼 고대에 존재했으며, 여러 번의 복구가 필요했음이 비문에서 드러난다. 예를 들면, 아시리아 왕 샬라멘사 3세(기원전 859-824년), 아슈르바니팔(기원전 685-627년)의 통치기에 신전 복구작업이 실행되었다. 후에 신(新) 바빌로니아 제국을 기원전 556년부터 539년까지 다스렸던 나보니도스 왕은 아예 신전을 다시 지었다.[8] 이집트의 투트모세 4세가 기자의 스핑크스를 복원한 것처럼(제10장 참조), 나보니도스도 꿈속에서 복원작업을 수행하라는 영감을 얻었다.[9]

이슬람 시대에 몇백 년간 하란의 "이교"가 살아남은 것은 놀라운 일이었다. 이는 사비교도들이 "성전(聖典)이 선택한 민족"으로 인식되었기 때문이다(사비교도들이 자신들의 예언자가 헤르메스라고 주장했고, 헤르메스 텍스트 모음집을 자신들의 성전으로 제시한 것이 이슬람교에 의해서 받아들여졌다는 내용은 제14장에서 소개했다). 아랍의 장군 이븐 가남은 7세기에 하란을 정복했을 때, 굉장한 탑이 있는 달의 신의 신전이 세워진 장소에 장엄한 모스크를 짓기로 결정했고, 그것을 짓기 위해서 달의 신전은 파괴된 것으로 보인다. 하지만 가남은 사비교도들에게 도시의 다른 대체 지역을 내어준 뒤 새로운 신전을 짓는 것을 허락했다.[10] 따라서 사비교도들은 큰 혼란을 겪지 않고 새로운 신전에서 "별 숭배"를 계속했다. 하지만 11세기가 되자(1032년 혹은 1081년인데 여러 설들이 상충하고 있다), 새로운 이슬람교 통치자들은 사비교도들을 배척하고 그들의 신앙을 억압했으며 그들의 새 신전마저 파괴했다.[11]

그로부터 두 세기가 지나자 몽골의 침입이 시작되었고 하란은 빈번히 맹렬한 무력 충돌의 현장이 되었다. 1259년, 1262년, 1271년에 연쇄적으로 발생한 전쟁으로 인해서 이슬람의 예배 공간들은 파괴되었다.[12] 가남의 모스크는 오늘날에도 폐허로 남아 있다. 달의 신의 신전이 한때 우뚝 솟은 탑 아래에 있었다는 점을 생각하면, 거의 온전한 모습으로 남은 모스크의 유일한 잔해가, 각 면의 길이가 4미터인 정사각형 토대에 50미터 높이로 솟은 구조물이라는 점은 참으로 기묘하다. 어쨌든 이 구조물도 이전 신전의 탑처럼 하란 평원을 내려다볼 수 있었다. 이것이 이븐 가남이 지은 모스크의 잔존하는 첨탑이라는 것은 의심의 여지가 없다. 건축양식이 분명하게 이슬람의 것이기 때문이다. 우선 이 지역의 사람들이 오늘날에도 이 첨탑을 "천문 탑"이라고 부른다는 점은 시사하는 바가 많다. 마치 그들은 천체를 관측하기 위해서 (오래 전에 사라진) 달의 신의 신전 첨탑에 올랐던 사비교도 선조들에 대한 오래된 기억을 그대로 간직하고 있는 듯했다.

1950년대 이래 몇몇의 고고학 원정대가 하란에서 발굴을 시작했고, 그들은 달의 신에 관계된 여러 비문들은 찾아냈지만 이슬람 이전 사원의 물리적인 흔적은 아직 밝혀내지 못했다.[13] 시카고 오리엔트 연구소의 발굴팀은 1986년 모스크의 폐허 주위에서 중요한 발굴작업을 시작하려고 했지만, 터키 당국의 심한 제약 때문에 작업을 중단할 수밖에 없었다.[14] 현재 발굴작업은 하란 대학교와 샨르우르파 박물관 담당 부서가 진행 중인데 이슬람 도래 이전 시기의 중요한 잔해를 복원하는 데에는 거의 관심이 없는 듯하다.[15]

지금까지 진행된 최소한의 고고학적 발굴 결과에 근거하면, 하란에서 나온 연대 측정 가능한 인공 유물은 기원전 5000년경까지 거슬러올라가는 것으로 밝혀졌다.[16] 물론 발굴이 더 진행되면 더 오래된 유물도 나올 가능성은 충분하다. 하란에서 북서쪽으로 몇 킬로미터 떨어진 아사기 야림카라고 불리는 정착지의 언덕에서는 기원전 6000년까지 거슬러올라가는 할라프 시기(기원전 5050-4300년 사이의 메소포타미아의 도시. 반짝이는 단색[單色] 도자기 등의 신석기 유물이 최초로 발견된 곳으로, 이 도시의 이름을 따서 그 시기를 할라프 시기라고 부른다/역주)의 개성 있는 단색 물품들이 출토되었다.[17] 하란에서 남쪽으로 6킬로미터 떨어진 발굴지에서는 2006년부터 터키 고고학자 누레틴 야딤치의 주도 아래 발굴작업이 진행되고 있는데, 기원전 8000년까지 거슬러올라가는 영구 정착지의 존재가 밝혀지기도 했다.[18]

1만 년 전인 기원전 8000년은 대략 괴베클리 테페가 버려지고 그 안의 거석 구역들이 의도적으로 매장된 시기였다. 나는 야딤치의 발굴지가 태곳적부터 텔 이드리스("이드리스의 정착지 언덕")로 알려졌다는 점을 듣고 흥미를 느꼈다. 그럴 수밖에 없었던 것이, 『코란』의 이드리스는 『성서』의 예언자이자 대홍수 이전의 시대에 살았던 유대 민족의 선조 10명 중 일곱 번째에 해당하는 에녹이었기 때문이다.[19] 구체적으로 말하면 에녹은 야렛의 아들이자 므두셀라의 아버지이며, 라멕의 할아버지이자 노아의 증조부였다.[20] 더욱이 이슬람 전승은 이드리스/에녹을 헤르메스와 연관 짓는다.[21] 페르시아의 이슬람 철학자 아부 마샤르(787-886)는 이와 관련하여 이렇게 말했다.

헤르메스는 직책명이다. 처음 이 직책을 맡았던 이는 대홍수 이전에 살았는데 유대인들은 그를 에녹이라고 불렀다. 아랍어로 그의 이름은 이드리스이다. 하란인들은 그가 자신들의 예언자라고 했다.[22]

대홍수 이전의 에녹/이드리스/헤르메스는 과학, "특히 천문학"에 통달했다. 마샤르는 다음과 같이 말했다.

그는 많은 책을 썼다. 그의 지식은 인멸되지 않도록 이집트 신전들의 벽에 보존되었다. 피라미드를 지은 것은 바로 그였다.[23]

아부 마샤르의 언급은 에드푸 신전 텍스트(대홍수 이전의 사라진 책들에서 파생된), 그리고 인멸을 피하려고 호루스 신전 벽에 새겨놓은 메시지를 상기시킨다. 여기서 드러나는 피라미드가 아주 먼 고대에 헤르메스 — 독자들이 기억하듯이, "천문학의 달인"인 이집트의 토트 — 에 의해서서 지어졌다는 인식은 제11장에서 살펴본 파라오 쿠푸의 이야기와 상통한다. 이 파라오는 "토트의 성역에 있는 여러 비밀스러운 방들"의 전승을 숭상했고 그 전승을 기자에 세우려고 한 자신의 건축물에 참조하면서 모방하려고 했다.

이런 소재와 마주하니 다시 한번 이런 생각을 하게 된다. 우리는 지금 전세계적인 재앙이었던 대홍수의 생존자들이 "신들의 예전 세계의 복원"을 위해서 착수한 계획의 흔적을 우연히 발견한 것이 아닐까? 그들의 계획이 어디에서 뿌리를 내리든 간에, 나는 그 계획의 본질이 연면히 이어져온 **전승**이라고 생각한다. 그것은 상황이 알맞으면 어느 시대, 어느 장소에서든 도입될 수 있는, 전승 조직에 입회한 대가(大家)들이 최초로 시작하여 대대로 이어지는 전승이었다.

최소 13세기까지 보존된 피라미드의 천문학적 특성에 관한 지식, 변화하는 환경에 적응하여 살아남을 수 있는 능력, 셀림 하산이 올바르게 인지한 고대 이집트어로 "별"[24]을 뜻하는 스바라는 단어에서 파생된 명칭, 이 모든 것을 구비한 하란의 사비교도들은 비밀스러운 전승의 전달자에 걸맞은 모든 특성을 구비했다.

감시자들에 관한 수수께끼

노아 이전 유대 민족의 선조라는 점, "신과 함께 걸었다"는 수수께끼 같은 진술, 신비롭게도 죽음을 경험하지 않고 신에게 "불려갔다"는 점 등을 제외하고,[25] 『성서』의 정전(正典)은 에녹에 관하여 더 이상 언급하지 않는다. 하지만 다행스럽게도 정전이 아닌 여러 고대 경전들 — 이런저런 이유로 『성서』 편집자들에 의해서 공인된 성서에 포함되지 않은 문헌들 — 에서는 상당히 많은 정보가 제공된다. 이런 경전들 중 가장 유명한 것이 「에녹의 서 (Book of Enoch)」이다. 18세기 이전까지 학자들은 이 책이 완전히 인멸되었다고 생각했다. 예수의 탄생보다 훨씬 이전에 완성되었고,[26] 유대의 신비스러운 문헌들 중에서 가장 중요한 것으로 간주된 「에녹의 서」는 파편이나 다른 문헌 속의 인용으로 알 수 있을 뿐이었다. 하지만 박식한 모험가 키네어드 가문의 제임스 브루스가 1770년부터 1772년까지 에티오피아에 다녀오면서 상황은 완전히 바뀌었다. 그가 에티오피아에서 세운 놀라운 업적들[27] 중 하나는 그곳의 신성한 언어인 게즈어로 번역된 고대의 「에녹의 서」 사본을 여러 권 입수한 것이었다. 브루스는 이 사본들을 가지고 영국에 무사히 도착했고, 이렇게 해서 유럽에 최초의 완벽한 사본이 들어오게 되었다.[28]

나는 「에녹의 서」가 프리메이슨 제도에 상당한 의미가 있다는 것을 지적해두고자 한다. 실제로 특정 프리메이슨의 의식에서는 에녹을 고대 이집트의 지혜의 신 토트, 그리고 토트의 그리스 분신인 헤르메스와 동일시한다(이것은 이슬람 전통과 묘하게 공명하는 점이다).[29] 1877년에 최초로 출판된 『프리메이슨 백과사전(*Royal Masonic Cyclopaedia*)』의 도입부에는 에녹이 글쓰기를 발명하고 "사람들에게 건축술을 가르쳤다"는 내용이 있다. 또한 대홍수 이전에 그가 "진정한 비밀이 사라질 것을 두려워했고, 이를 방지하기 위해서 지구의 가장 깊은 곳에 있는 흰색 반암에 거대한 비밀을 새겨 감추었다"는 언급도 있다.[30] 더 나아가 『프리메이슨 백과사전』은 대대로 전하는 비밀스러운 전승에 관한 정보도 말해준다. 그 내용은 에녹이 프리메이슨이며 지상에 머무르는 마지막 날에 "라멕에게 그랜드 마스터의 자리를 넘겨주었다"는 것이다.[31]

「에녹의 서」는 아주 기이한 문헌이다. 미래에 닥칠 대홍수라는 재앙에 관한 예언과, 왜 그런 재앙이 세계에 닥치는지 그 이유를 설명하기 때문이다. 일련의 꿈에서,[32] 에녹은 자신의 후손인 노아에게 내려질 재앙에 대한 사전 경고를 받는다. 신이 "온 세상을 덮어 그 위의 모든 것을 파괴할 대홍수"를 내릴 것이라는 경고였다.[33] 당연히 이것은 잘 알려진 이야기이다. 「창세기」에서 이미 본 것을 요약하거나 다시 말하는 것일 뿐이니까. 뒤이은 단락에서 에녹은 노아가 대홍수에 대비해야 한다는 점을 이해하게 된다. 그래야 노아가 재앙을 피해서 "자신의 자손을 세상 모든 세대에까지 이어갈 수 있기" 때문이다.[34]

흥미로운 것은 그 다음에 나오는 부분이다. 대홍수는 인류 대부분을 몰살하는 목적(물론 노아와 그의 후손은 예외)과는 별개로 다음과 같은 이유도 있었다.

천사들이 타락시킨 세상을 치유할 필요가 있다……그래야 인간의 자녀들이 멸망하는 것을 피할 수 있다. 감시자들이 인간의 아들들에게 알려주고

가르쳐준 비밀스러운 지식이 세상을 타락시킨 것이다.[35]

　수수께끼 같은 "감시자들"은 「에녹의 서」에서 고작 두 번 언급된다. 처음 언급된 것은 바로 몇 페이지 전이었다. 그 부분의 내용은 감시자들이 다가올 일들의 전망에 "전율할 것"이라는 내용뿐이었다.[36] 그 시점까지는 감시자들이 인류에게 "비밀스러운 것들" — 명백히 **위험한** 것들 — 을 가르쳐서 신의 계율을 벗어나는 행동을 했고, 그런 행동으로 인해서 엄벌을 받았다 (대홍수를 통해서 대부분의 인류도 함께 처벌받았다)는 내용밖에 없고, 그들이 누구였는지, 무엇을 했는지에 관한 내용은 전혀 없다.

　특정 감시자들 혹은 감시자들의 지도자였을지도 모르는 이름들은 제시되어 있다. 아자젤, 셈자자, 아르멘, 룸잘, 투렐, 아르마로스, 단잘, 코카벨, 그 외에 여럿이 있었다.[37] 「에녹의 서」는 이어 감시자들이 인류에게 가르친 "비밀스러운 지식"의 특성에 관해서도 구체적으로 언급한다.

　아자젤은 인류에게 칼, 방패, 흉갑을 만드는 법을 가르쳤다. 그리고 세상의 금속들 및 그것들을 연마하는 기술, 팔찌, 장신구, 안티모니의 활용법, 눈꺼풀을 꾸미는 법, 모든 보석 종류, 모든 착색제에 관해서 알려주었다. 이로 인해서 불경스러움이 잔뜩 생겨났고, 인류는 간음을 하며 잘못된 길로 들어서서 모든 면에서 타락하게 되었다. 셈자자는 마법과, 마술의 재료인 풀뿌리 캐기를, 아르마로스는 마법을 푸는 법을, 바라쿼잘은 점성술을, 코카벨은 별자리들을, 에제퀘엘은 구름에 관한 지식을, 아라쿼엘은 땅의 징후를, 샴시엘은 태양의 징후를, 사리엘은 달의 진로를 가르쳤다.[38]

　다음으로 우리는 감시자들이 서로 대척하는 두 개의 집단으로 나뉘었다는 점을 알게 된다. 왜냐하면 한 집단의 지도자들이 에녹을 소환하여(이 모든 일은 에녹이 꿈을 꾸는 상태에서 일어났다는 점을 기억하라) "하늘의 감시자들"이라고 칭한 다른 집단의 지도자들에게 메시지를 전달하라고 했기 때문이다.[39] 이 "하늘의 감시자들"[40]은 "여자들과 동침하여 자신들을 더럽혔고 지상의 인간들이 하는 행동을 따라 했으며 지상의 여자들을 아내로 삼았다."[41] 그들은 또한 "세상을 크게 파괴했다."[42] 이런 이유로 그들은 굉장히 불쾌하고 무섭고 다양한 방법으로 벌을 받을 것이었다.[43]

순종적인 에녹은 살생과 대혼란이 있을 것이라는 중대한 메시지를 각각의 감시자들에게 전했다.

그렇다면 여기서 대체 무슨 일이 벌어지고 있는 것일까?

「에녹의 서」를 더 자세하게 살펴보면, 다음과 같은 배경 이야기가 나타난다.

인간이 번성하던 때에 그들 사이에서 아름다운 딸들이 태어났다. 하늘의 자식들인 천사들은 이들을 보고 욕정을 품게 되어 서로 이런 말을 나누었다. "저 인간의 딸들을 아내로 삼고 그들에게 우리의 자식을 낳게 하자." 이런 주장을 하는 천사들의 지도자인 셈자자는 다른 천사들에게 이렇게 말했다. "나는 여러분이 실제로는 이런 행동에 동의하지 않을지도 모른다는 점이 두렵소. 그러니 나 홀로 이 엄청난 죄악에 대한 벌을 받겠소이다." 그러자 다른 모든 천사들이 그의 말에 응답했다. "그렇다면 모두가 맹세합시다. 서로에게 저주를 내려 이 계획을 실행할 수밖에 없게 서로를 구속합시다." 이어 그들은 모두 맹세를 하고 서로에게 저주를 걸어 서로를 구속했다. 이후 200명의 천사들은 야렛의 시대에 헤르몬 산의 꼭대기로 내려왔다.[44]

이제 상황은 좀더 분명해졌다. "감시자들"은 천사들을 지칭하는 용어였다. 그들 중에는 아름다운 인간 여성과 관계를 맺고 아이를 낳고자 하는 사악한 천사들도 있었다. 앞에서 인용한 단락에서 살펴본 것처럼 감시자들은 지상에 머무르는 동안 인류에게 금속, 별자리, 태양과 달의 진로(혹은 오늘날 천문학자들이 알고 있는 "태양의 진로," 즉 황도일 수도 있다) 등을 가르쳤다. 계획을 시행하기 위한 첫걸음으로 사악한 감시자들은 헤르몬 산으로 내려왔다. 이곳은 고대 가나안의 영역이었으며(지금은 레바논 지역), 바알베크에서는 고작 73킬로미터 떨어져 있을 뿐이다.

한편 선한 천사들, 즉 "신성한 감시자 천사들"도 있었으며,[45] 여기에는 우리엘, 라파엘, 라구엘, 미카엘, 사라퀠, 가브리엘, 레미엘 등이 있었다.[46] 에녹의 꿈에 나타나서 헤르몬 산의 사악한 감시자들에게 살생과 파괴의 메시지를 전달하라고 시킨 이들이 바로 이 선한 감시자들이다. 에녹은 어디에서 이런 꿈을 꾸게 되었는지 다음처럼 구체적으로 언급한다.

나는 헤르몬 산 남서쪽에 있는 단의 온천에 몸을 담그고 있었다. 잠이 든 나는 꿈을 꾸었는데 징벌의 광경이 보였고 뒤이어 하늘의 아들들에게로 가서 그들을 질책하라는 목소리가 들려왔다. 잠에서 깬 나는 그들에게로 향했다.[47]

나는 이 문장을 읽으면서 에녹이 샤먼이었을 것이라고 생각했다. 레바논과 고대 터키 사람들이 대홍수 이전에 수렵-채칩자였던 점을 고려해보면 그런 점이 더욱 명확해 보인다. 모든 시대, 모든 곳의 모든 샤먼이 그런 것처럼, 에녹 역시 환상(그의 경우에는 "잠에 들었을 때" 나타난 꿈의 형태)을 크게 중시했다. 그런데 흥미로운 점은, 에녹이 이런 환상의 상태에서 깨어난 뒤 사악한 감시자들이 있는 실제로 물리적인 장소인 헤르몬 산으로 가서 그들과 만나 대화를 했다는 것이다.

"나는 그들 앞에서 잠에서 본 모든 환상을 말해주었고, 그 뒤 정의로운 말을 하며 하늘의 감시자들을 질책했다."[48]

이것은 사악한 감시자들이 육체를 가진 존재라는 점을 강력하게 보여주고 있다. 하지만 선한 감시자들에 관해서는 잘 모르겠다. 그들은 에녹의 꿈에서만 나타났기 때문이다. 그들이 어느 정도는 실재했다는 점은 충분히 가능성이 있다고 생각한다. 샤머니즘을 다룬 나의 책 『슈퍼내추럴 (*Supernatural*)』을 읽은 사람이라면 의식 변용(變容) 상태(꿈을 꾸는 상태를 포함하여)에서 뇌의 "수신 파장"이 재조정될 수 있고, 이를 통해서 다른 현실 영역과 접촉할 수 있다는 나의 견해를 알고 있을 것이다.[49] 하지만 에녹의 이야기에서 사악한 감시자들은 틀림없이 실재한다. 그것도 물리적인 존재로서 이 세상에 말이다. 왜냐하면 에녹이 잠에서 깨어나 헤르몬 산에 올라서 그들을 질책했기 때문이다.

우리는 또한 사악한 감시자들 — 이들이 누구건, 무슨 일을 하건 간에 — 이 실은 사악하지 않을 수도 있다는 가능성을 생각해보아야 한다. 그들을 사악하게 판단하고 묘사한 에녹의 환상도 다시 고려해야 한다. 「에녹의 서」가 단순히 고대의 공상소설이라는 가능성 외에도 우리는 또다른 한 가지 가능성을 염두에 두어야 한다. 그 가능성은 바로 에녹이 "사악한" 감시자들을 실제로 만났으며, 그들이 수렵 및 채집을 생활방식으로 삼던 에녹의 사람들에게 가져온 변화에 대하여 그가 증오심을 품고 분개했다는 것이다. 이 경우 에녹이 꿈에서 선한 감시자들의 경고를 받아서 사악한 감시자들에게 했다는 질책은, 변화에 위협을 느낀 늙고 고루하고 편견에 사로잡힌 샤먼(에녹)의 관점을 드러낸 것일 수도 있다. 심지어 에녹 자신도 나중에는 감시자들과 접촉함으로써 변화된 모습을 보인다.

기괴하고 불가해하고 지나치게 도발적인 「에녹의 서」를 전부 검토하기에는 지면이 너무 부족하다. 내가 흥미를 느끼는 것은 헤르몬 산에 "내려온" 200명의 감시자들이 허구가 아닌 실재하는 존재였을 구체적인 가능성이다. 나는 그들이 어떤 존재였겠는지 좀더 알고 싶다. 또 증오와 적개심 가득한 에녹이 그 감시자들을 어떻게 생각했는지 좀더 정확하게 파악하고 싶다. 그들은 기술과 과학을 인류에게 전달한 자였는데, 이런 기술과 과학은 궁극적으로 선한 감시자들에 의해서 에녹에게 전달될 것이었고, 또 에녹의 이름은 그 기술의 전수와 관련되어서 전설과 전승 속에서 기억될 터였다.[50]

네피림의 신비

감시자들은 그들의 발전계획을 아주 사소한 방식으로 전개했다. 그들은 "주문과 마법, 풀뿌리 캐기"를 인류에게 가르쳤고 그들에게 "작물을 숙지시켰다."[51] 이는 별로 해로울 것이 없어 보인다. 약간의 "마법"만 제외하면, 나머지는 딱히 수렵/채집 단계의 기본적인 기술에서 벗어나지 않는다. 하지만 곧 앞에서 본 것처럼 우리 선조들은 금속의 비밀, 검을 만드는 법, 천체를 연구하는 법, 눈 화장과 보석으로 치장하는 법 등도 알게 되었다.

그 대가로(제2차 세계대전 중 미국 군인들은 영국 여자들의 환심을 사기 위해서 나일론 스타킹, 담배, 껌 등을 선물했다고 하는데, 이와 비슷하다.[52] 감시자들은 여성들과 관계를 맺게 되었고(그것도 많이!), 에녹은 그 점을 가장 못마땅하게 여긴 듯하다. 감시자들의 "간음"[53]과 "아름다운" 인간 여자들에 대한 그들의 "욕정"[54]을 거듭하여 비난한다. 그들은 인간 여자들과 "동침하고"[55] "어울리고"[56] 그리하여 "그들 자신을 더럽혔고"[57] 또 그 여자들에게 "온갖 종류의 죄악"[58]을 알려주었다는 것이다.

에녹의 질책에서 우리는 감시자들에 관한 몇 가지 사항들을 합리적으로 추론할 수 있다. 특히 그중 한 가지는 그들이 인간 여자들과 성 관계를 할 수 있는 필수적인 기관들과 욕구는 물론이고 이에 더하여 적당한 몸집과 외모를 갖추었을 것이라는 점이다. 내가 보기에, 감시자들이 실제로는 인간이거나 아니면 적어도 해부적, 유전적으로 현대 인간에 지극히 가까운 — 실제로 인간 여자들을 임신시키고 "간음으로 아이들"을 낳을 수 있을 정도로 가까운[59] — 모습을 하고 있었을 것이다. 이들의 후손들도 유전자 구성의 불일치로 병약한 모습을 보이는 그런 존재들이 아니었다. 오히려 그들은 너무도 왕성하게 번성하여 에녹이나 그를 통해서 말하는 "선한" 천사들은 사악한 감시자들뿐만 아니라 "감시자의 후손들 역시 멸절시켜야 한다"라고 말했을 정도였다.[60]

에녹의 말을 있는 그대로 받아들인다면, 이 혼혈 후손들에게는 굉장히 기이한 점이 있다. 왜냐하면 에녹은 감시자들에 의해서 "임신하게 된" 인간 여자들이 거인을 낳았다는 말을 했기 때문이다.

> 여자들이 낳은 거인들은 키가 3,000엘에 달했으며, 인간이 수확한 모든 것을 먹어치웠다. 사람들이 그들의 먹을거리를 더 이상 지원할 수 없는 상황이 오면, 그들은 사람들에게 달려들어 그들을 먹어치웠다.[61]

3,000엘은 1,371미터에 해당한다. 이런 주장이 사실이든 아니든, 분개한 늙은 샤먼이 감시자들의 평판을 깎아내리기 위해서 기가 찰 정도로 이야기를 꾸며낸 것만은 분명하다. 인간 여자들이 키가 1,000미터 이상으로 자라는 아이를 낳을 가능성은 없다고 보아야 한다. 그럼에도 불구하고 이 이야기는 『성서』의 한 부분으로 우리를 유도한다. 그 부분은 바로 다음과 같은 「창세기」의 악명 높은 단락들 중 하나이다.

땅 위에 사람이 불어나면서부터, 그들에게서 딸들이 태어났다. 하느님의 아들들이 사람의 딸들이 아름다운 것을 보고 여자들을 골라 모두 아내로 삼았다. 이에 주님께서 말씀하셨다. "사람들은 살덩어리일 따름이니, 나의 영이 그들 안에 영원히 머물러서는 안 된다. 그들은 120년밖에 살지 못한다." 하느님의 아들들이 사람의 딸들과 한 자리에 들어 그들에게서 자식이 태어나던 그때와 그 뒤에도 세상에는 거인들이 있었는데, 그들은 옛날의 이름난 용사들이었다.[62]

이것은 킹 제임스 판의 인용인데(나는 일부러 마지막 부분을 강조했다), 다른 번역본들에서는 킹 제임스 판이 "거인들"이라고 번역한 것을 본래의 단어인 네피림으로 그대로 사용한다. 그 예는 다음과 같다.

하느님의 아들들이 사람의 딸들과 한자리에 들어 그들에게서 자식이 태어나던 그때와 그 뒤에도 세상에는 네피림이 있었는데, 그들은 옛날의 이름난 영웅들이었다.[63]

이제는 상황이 더욱 명확해졌다. 사악한 천사들 무리, 즉 "하늘의 감시자들"이 땅으로(구체적으로는 레바논의 헤르몬 산으로) "내려왔고," 일부 기술을 전하며 인간 여자들과 관계하여 네피림이라고 불리는 거대한 후손을 낳았다. 다음은 『성서』의 바로 다음 구절이다.

주님께서는 사람들의 악이 세상에 많아지고, 그들 마음의 모든 생각과 뜻이 언제나 악하기만 한 것을 보시고, 세상에 사람을 만드신 것을 후회하시며 마음 아파하셨다. 그래서 주님께서 말씀하셨다. "내가 창조한 사람들을 이 땅 위에서 쓸어버리겠다. 사람뿐 아니라 짐승과 기어다니는 것들과 하늘의 새들까지 쓸어버리겠다. 내가 그것들을 만든 것이 후회스럽구나!" 그러나 노아만은 주님의 눈에 들었다.[64]

최근 인터넷에 이 구절에 관한 상당히 많은 허튼소리가 나도는데, 더 좋지 못한 것은 사람들이 그런 이야기들을 별 생각 없이 쉽게 믿는다는 점이다. 그런 이야기들의 대부분은 고(故) 제카리아 시친의 공상과학 소설들, 특히 그중에서도 『지구 연대기』 시리즈에서 비롯된 것이다. 일반 대중은 그의 작품들을 사실에 입각한 진지한 연구로 받아들이고 있다. 나는 이미 제13장에서 시친이 바알베크에 관해서 잘못된 설명을 했다는 점을 언급했다. 이미 말한 대로, 나는 그가 쓴 모든 것이 허구라고 보지는 않는다. 그중 몇가지는 굉장히 가치 있고 흥미로운 사실들이다. 하지만 전반적으로 그의 작품은 뻔뻔한 날조와 환상으로 점철되어 있으므로, 이를 읽는 사람들은 그 내용을 즉각적으로 신뢰하며 받아들일 것이 아니라 그런 공상과학적인 측면을 경계하면서 읽어야 한다.

네피림(시친은 Nephilim이 아니라 Nefilim이라고 적었지만, 크게 중요하지 않다)이라는 주제에 관한 그의 논의가 바로 그런 엉뚱한 사례에 해당한다. 『성서』에 나타난 내용에 관해서 그는 이런 제법 전문가적인 의견을 제시했다.

그렇다면 네피림(Nefilim)이라는 용어는 무엇인가? 이것은 셈어인 NFL("떨어지다")에서 기인한 것이다. 말 그대로, **땅으로 떨어진 사람들**이라는 뜻이다![65]

하지만 『성서』를 연구하는 학자이자, 고대 셈어에 정통한 마이클 S. 하이저는 단호하게 시친의 주장을 거부하면서 이런 반론을 편다.

시친은 "네피림"이라는 단어가 통상 "떨어지다"라는 의미의 히브리어 "나팔 (naphal)"에서 나온 것으로 추정했다. 그는 이어 "내려오다"라는 의미를 해 당 단어에 억지로 부여했고, 이를 바탕으로 "위에서 내려온"이라는 자신만 의 해석을 만들었다. 네피림이 히브리어 나팔에서 나왔다고 한다면 「구약 성서」에서 발견되는, 현재와 같은 철자가 되지 않았을 것이다. 마찬가지 로 네피림은 "떨어진 자들"을 의미할 수 없다(그런 의미를 가지려면 네풀림 [nephulim]으로 표기해야 한다). 마찬가지로 네피림은 "떨어지는 자들"을 의미하지 않는다(이 경우 노펠림[nophelim]이 되어야 한다). 히브리어의 어 형론 규칙에 의하면 히브리어 나팔로부터 네피림이라는 형태를 얻을 수 있 는 단 하나의 방법은 나필이라고 표기하는 명사가 있다고 추정하고 그것 을 복수로 만드는 것뿐이다. "추정한다"라고 말한 이유는 『성서』에 사용된 히브리어에서는 그런 명사가 존재하지 않기 때문이다(네피림이라는 단어도 「창세기」제6장 4절과 「민수기」제13장 33절에만 나온다). 따라서 시친은 단 순히 추정을 가지고 증명으로 삼고 있다! 하지만 아람어에서는 나필이라는 명사가 존재한다. 이 단어는 "거인"이라는 뜻을 가지고 있는데, 이를 바탕 으로 생각하면, 왜 70인역(「구약성서」의 고대 그리스어 번역)에서 네피림을 기간테스("거인")라고 번역했는지 쉽게 이해할 수 있다.[66]

이 주제와 관련해서는 하이저가 분명히 옳다. 그가 지적한 것처럼 「민수 기」 제13장에서 네피림이라는 단어가 나오기 때문이다. 「민수기」는 대홍수로 부터 몇천 년이 지난 뒤의 이야기이다. 실제로 기록된 역사의 시기에 속하며, 분명 기원전 1200년경의 일이다. 고대 히브리인들은 이 무렵 이집트에서 탈 출하여 처음으로 가나안에 들어섰다. 정찰대는 모세에게 이렇게 보고했다.

우리가 그 땅에서 본 백성은 모두 키 큰 사람뿐이다. 우리는 또 그곳에서

네피림을 보았다……우리 눈에도 우리 자신이 메뚜기 같았지만, 그들의 눈에도 그러했을 것이다.[67]

이 문맥으로 보면 네피림이 "키가 컸다"는 사실은 의심하지 않아도 될 것이다. 따라서 킹 제임스 판과 다른 판본에서 그들을 "거인"이라고 번역한 것은 확실히 이치에 맞는다. 따라서 시친이 우리에게 제공한 "해석"은 명백히 허위이다. 그는 자신의 책에서 이 사실을 다룰 때, 그 점이 허위라는 사실을 알았을까? 이는 알 수 없는 일이다. 하이저가 증명했듯이, 시친은 히브리어와 아람어를 구별하지 못할 정도로 『성서』의 언어에 대한 이해도가 크게 떨어지는 사람이었기 때문이다.[68] 그렇다면 시친은 왜 네피림이 "하늘 혹은 천국에서 떨어진 자들"이라는 개념을 활용했을까? 하이저는 시친이 "네피림을 고대 우주 비행사처럼 보이게 하는" 논거를 제공하기 위해서 억지로 이런 개념을 고안했다고 생각했다.[69]

이것은 무지로 인한 실수 정도로 끝날 수 있었는데도, 시친은 네피림이라는 단어에다가 자신의 목적에 부합하고 또 엉터리인 자신만의 "해석"을 부여했다. 이런 과도한 행동에 대하여 비판하는 것은 너무나 정당하다. 예를 들면 그는 네피림을 "땅 위의 하늘의 신들,"[70] 혹은 더욱 좋지 못하게도 "로켓선의 사람들"로 둔갑시켰다.[71] 이것은 그 어떤 고대 문헌에서도 근거를 찾을 수 없는 것인데도, 그는 이를 바탕으로 황당무계하고 기만적인 허구들 중 하나인 "네피림의 항공술과 우주 통치"를 논했다.[72]

과거에 대한 사람들의 인식에 지대한 영향을 미치는 이런 사항들을 검토하면서, 다음의 두 가지 사실을 명확히 해두는 것은 중요한 과정이다. 첫째, 『성서』에는 감시자들에 대한 언급이 전혀 없고, 「에녹의 서」에만 하늘에서 내려왔다는 언급이 있다. 둘째, 감시자들은 네피림과 굉장히 다른 존재이다. 「에녹의 서」에서도 네피림이 하늘에서 떨어졌다거나 내려왔다는 이야기는 전혀 찾아볼 수 없다. 오히려 네피림은 감시자들과 인간 여자들 사이에서 태어난 후손으로 나타나는데, 이마저도 그다지 명쾌하지 않다.

브루스가 가져온 에티오피아 문서의 권위 있는 영어 번역은 1917년에 처음 출판된 R. H. 찰스 목사의 것이다.[73] 이 번역본에는 네피림에 관한 언급은 없고 감시자와 인간의 후손은 그저 "거인"으로만 서술되어 있다.[74] 사해 문서에 들어 있는 새롭게 발견된 아람어 부분을 고려한 마이클 A. 닙 교수의 1979년에 출판된 「에녹의 서」 번역본에서도 네피림이라는 단어는 찾아볼 수 없다.[75] 하지만 이후 더 발견된 부분을 감안하여 2012년에 출판된 조지 W. 니켈스버그와 제임스 C. 밴더캠의 번역본 제7장 2절에는 네피림이라는 단어가 두 번 등장하는데, 내용은 이러하다.

인간 여자들은 감시자들의 아이를 가지게 되었고 엄청난 거인들을 낳았다. 이 거인들은 다시 네피림을 낳았고, 네피림은 다시 엘리우드를 낳았다. 그들은 자라나며 거대한 모습을 갖추게 되었다.[76]

니켈스버그와 밴더캠의 번역본에는 네피림이 등장하지 않는다. 그럼에도 위에 인용한 구절은 의심의 여지를 남기지 않는다. 네피림은 "떨어지거나" 혹은 "내려온" 존재가 아니라, 감시자와 인간의 관계로 생겨난 후손일 뿐이다. 더군다나 네피림은 첫 세대도 아니었다. 첫 세대는 "엄청난 거인들"이었다. 네피림은 거인들의 2세대였으며, 3세대인 "엘리우드"를 낳았다.

유대의 신비로운 전승 외에는 거의 알려진 바가 없는 "엘리우드"는 감시자와 인간 사이의 밀접한 — 너무도 밀접하여 틀림없이 같은 종으로 분류될 정도로 — 유전적 관계를 나타내는 증거이다. 일반적으로 후손을 볼 수 있을 정도로 충분히 밀접하다고 하더라도(예로 말과 당나귀가 있다) 다른 두 개의 종이 새끼를 낳으면, 그 후손은 생식할 수 없다. 하지만 말과 당나

귀의 교미로 태어난 노새와는 다르게, 네피림은 불임이 아니었다. 엘리우드라는 후손을 낳을 수 있었기 때문이다.

내가 이미 암시한 바 있듯이, 유일하게 합리적인 결론은 감시자가 틀림없이 인간이라는 것이다(물론 기술과 과학에 통달했으므로 독특한 존재의 분위기를 발산했을 수도 있지만, 그들이 동침한 여성들처럼 그들도 인간일 뿐이었다). 따라서 그들의 후손 역시 마찬가지로 인간이었다. 그들이 장신이었을 가능성은 충분하다. 그들에게 붙은 "거인"이라는 별칭이 우월하게 보일 수도 있는 지적 능력과 연관되어 붙여졌을 것이라는 가능성 역시 충분하다. 하지만 그렇다고 해도 그들은 인간이며 그 외에 다른 결론을 내려야 할 이유를 나는 찾을 수 없다.

이것은 상당한 혼란을 일으키는 주제이기 때문에 나는 한 번 더 반복할 필요가 있다고 본다. 「창세기」나 「민수기」— 네피림이 언급된 유일한 『성서』 부분들 — 에는 네피림이 "떨어졌다"는 언급이 전혀 나오지 않는다. 죄를 지었다는 비유적인 의미로도 그런 언급은 찾아볼 수 없다. 오히려 지탄을 받는 것과는 전혀 다르게 그들은 "옛날부터 이름난 장사들", "영웅들", "명사들"이었다. 앞에서 인용한 문장에서 확인할 수 있듯이, 「창세기」는 인류의 마음에 깃든 사악함 때문에 신이 대홍수를 내렸다고 명확하게 밝혔다. 그리고 그 대재앙으로 노아의 후손들만 살아남은 것이 아니라, 네피림 역시 살아남았다. 그들은 「민수기」가 증언한 것처럼 그 이후로 고대 히브리인들이 약속의 땅을 차지하려고 나타났을 때에도 여전히 장신(長身)으로 가나안에서 살고 있었다.

전령들

네피림에 대한 시친의 주장을 따르는 이들의 근거를 간략하게 살펴보았으니, 감시자가 누구인지, 무엇을 했는지에 관한 이야기로 다시 돌아가도록 하자.

에녹이 인간 여자들과 "간음했다"고 비난한 이들은 「창세기」에도 등장하는데, 이름은 알려지지 않았지만 분명 "하느님의 아들들"이었다. 그들은 "사람의 딸들이 아름다운 것을 보고, 여자들을 골라 모두 아내로 삼았다." 이후에 어떤 일이 벌어졌는지에 관한 이야기는 「에녹의 서」에만 나오는데, 우리는 다음과 같은 내용을 알게 된다.

감시자들은 지상에 모든 부정한 것을 가르쳤고 하늘에 보존된 영원한 비밀들을 폭로했다. 인간들은 이를 배우려고 열심히 노력했다.[77]

이제 또다른 비정전(非正典)의 문헌을 살펴보도록 하자. 『환희서(*The Book of Jubilees*)』는 하느님이 모세에게 내린 계시라고 한다. 감시자들은 여기에서 다시 등장하며, 우리는 이 책의 문맥을 통해서 다시 사비교도들 및 하란과 만나게 된다. 이슬람 역사가 알-마수디와 기독교 편년사가 그레고리 바 헤브라이우스에 따르면, 하란은 본래 노아의 증손자인[78] 가이난[79]이 세웠다고 한다. 따라서 당연히 하란은 대홍수 이후의 도시이다. 가이난(때로는 카이남이라고도 한다)은 아르박삿의 아들이다.

아들이 성장하자 그의 아버지는 글을 쓰는 법을 가르쳤다. 이후 가이난은 도시를 세울 장소를 찾으러 떠났다. 그러다 그는 이전 세대가 바위에 새긴 글을 발견하게 되었고, 그것을 읽고 옮겨 적으며 죄를 범하게 되었다. 왜냐하면 그 글은 하늘의 모든 표징에서 나타난 태양, 달, 별의 조짐을 관측할 때, 감시자들이 활용했던 가르침(지식)을 담고 있었기 때문이다.[80]

이렇게 해서 사비교도들의 별 숭배 기원은 수수께끼 같은 감시자들(그들이 누구건, 무슨 일을 했건)까지 거슬러올라가게 된다. 그들은 대홍수 이전에 근동 지방에 정착했고, 우리 선조들에게 금지된 지식을 가르쳤으며, 인간 여자들과 관계를 맺음으로써 어떤 근본적인 계율을 어겼다. 그로 인해서 대홍수라는 엄청난 대재앙을 초래한 책임자로 기억되었다.

이 감시자들은 빙하기의 잃어버린 문명이 보낸 전령들이었을까? 오늘날 아마존의 열대우림 지역에 거주하는 미접촉(未接觸) 부족들보다 우리의 문명이 훨씬 더 "진보"된 것처럼, 당시 세계 인구의 대다수를 구성했던 후기 구석기 시대의 수렵/채집자들보다 훨씬 더 진보된 문명이 이미 이 세상에 있었던 것일까? 물론 여기서 사용한 "진보"라는 말은 기술이나 지식 같은 것에 국한될 뿐, 도덕적이나 정신적 가치에도 적용된다는 뜻은 아니다. 여하튼 21세기에도 여전히 그런 문화의 격차가 있음을 생각하면, 기원전 1만800년과 기원전 9600년 사이의 영거 드라이어스 한랭시대에 발생한 대재앙 이전의 태곳적 시기에도 이와 비슷한 문화의 격차가 충분히 있었을 수 있다. 사실 이렇게 생각하지 못할 이유가 없다.

같은 맥락의 추측을 계속해보자. 대홍수 이전에 문화의 전파 같은 대외적 활동 행위가 있었을까?

즉 수렵과 채집을 하는 인구를 관찰하고 연구하기 — 달리 말하면 감시하기 — 하기 위해서 아주 세심하게 구성된 해외 봉사활동이 있었는지 궁금해지는 것이다. 그러니까 봉사활동을 하면서도, 현지인들과 섞이지 않고, 성적, 가족적 관계로 복잡하게 얽히지 않고, 특히 어떤 기술도 전하지 않는 해외 봉사단 말이다.

이런 상황은 다음과 같은 장면을 연상하면 쉽게 이해된다. 가령 오늘날 미접촉 아마존 부족을 연구하고자 현지로 떠난 한 무리의 인류학자들과 과학자들이 그와 비슷한 제약을 느끼지 않을까? 어쨌든 그런 봉사활동을 떠난 이들 중 일부가 그런 제약에 동의하지 않는다면, 어떻게 될까? 그들 중 일부가 "현지인처럼 살겠다"고 했다면? 이 경우는 영국제국 시절에 영국의 식민지 개척자들이 원주민과 교류를 하며 대단히 밀접하게 지낸 경우를 생각해보면 될 것이다.

헤르몬 산의 200명의 "감시자들"에게 벌어진 일이 바로 그런 것이었을까? 기원전 1만900년경에 봉사활동을 떠난 이들은 소속 문화의 계율을 깨고, 근동의 수렵과 채집을 하던 현지인들 사이에서 "현지인처럼 살았을까?" 그러다가 그들은 한 세기 뒤인 기원전 1만800년에 세계를 초토화한 거대한 혜성의 파편(그들의 도덕적 타락이 가져온 징벌의 현상)과 처음으로 만났을까?

마지막으로, 불완전하고 손상되고 영락한 형태이기는 하지만 영거 드라이어스 한랭시대의 가혹한 환경 속에서도 그들의 문명은 살아남았을까? 그렇다면 그렇게 이어져오다가 "긴 치명적인 겨울"을 끝내고, 또 "태곳적 사람들의 고향"을 가라앉히고 파괴시킨 기원전 9600년의 혜성의 잔해들을 만나 결국 버티지 못하고 몰락했을까?

대양 한가운데에 있는 그 "섬"의 영역은 플라톤의 아틀란티스 묘사와 놀라울 정도로 유사하다.

그렇다면 대홍수 이후 한때 진보되고 번성했던 문명의 최후 생존자들은 궁극적으로 신들의 이전 세상을 부활시키기 위한, 몇천 년이 걸릴지도 모르는 거창한 설계를 실천하려고 배를 타고 온 세상을 떠돌아다녔을까? 이집트, 바알베크, 괴베클리 테페는 "신들의 마법사들"이 그 계획에 착수하기 위해서 정착지로 삼은 곳일까? 그렇다면 대재앙 이전에 해당 지역들에 봉사활동을 해본 경험이 있어서 그곳 거주민들의 잠재력과 특성을 알았기 때문에 그곳에 정착한 것일까?

괴베클리 테페에서 최후의 전령들이 임무를 완수하고 후세에 재발견되기를 바라며 그곳에 만든 타임 캡슐을 매장했을 때, 하란은 마법사들이 세운 계획의 두 번째 단계의 일부였을까?

그 타임 캡슐은 앞에서 인용한 프리메이슨의 전승에서 언급된 "흰색 반암"이 지구 깊숙한 곳에 묻힌 것처럼, 그렇게 꽁꽁 묻혔던 것일까?

혹은 그 타임 캡슐은 감시자들의 가르침을 담고 있는 "바위에 새긴 글" (가이난은 하란을 세웠을 때, 여기서 태양, 달, 별, 그리고 "모든 하늘의 표징"에 관한 지식을 얻어 도시로 가져왔다) 같은 것이었을까?

바로 이런 유형의 지식이 이후 수천 년 동안 신비스러운 별 숭배 집단인 사비교도들에게 핵심적 사안이 될 터였다.

천문학과 지구 측정

고대 천문학자 제임스 Q. 제이컵스는 하란에는 특이한 점이 있다는 사실을 알아냈다. 그것은 도시의 위도가 적도 북쪽 36.87도에 있다는 것이다. 이것이 단순한 무작위로 보이지 않는 이유는 3:4:5 직각삼각형(각 변의 길이 비율이 3:4:5인 90도 직각을 가진 삼각형)의 예각과 같은 수치이기 때문이다.[81] 모든 3:4:5 직각삼각형(삼각법의 근거가 되고 따라서 천문학과 측지학에도 토대가 되는 삼각형)에서 직각을 제외한 다른 두 개의 각은 소숫점 처리를 하면 각각 53.13도와 36.87도이다.

이집트의 대피라미드 왕의 현실(玄室) 내부에도 이와 내각이 같은 3:4:5 직각삼각형이 있는 것이 그저 우연의 일치일까? 실제로는 그 어떤 파라오의 주검도 안치되지 않은 이 검소하고 아무것도 새겨지지 않은 붉은 화강암으로 만든 방의 바닥은 2:1 직사각형의 형태이다. 크기는 길이 20이집트로열큐빗(10.46미터), 너비 10로열큐빗(5.23미터)이다. 직각삼각형의 가장 짧은 변(15큐빗)은 하부 남서쪽 구석에서 상부 북서쪽 구석까지 서쪽 벽을

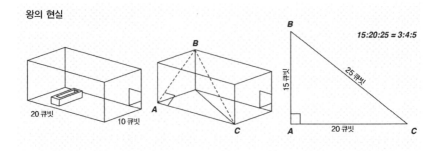

그림 58 대피라미드 왕의 현실 내부에 숨겨진 3:4:5 직각삼각형.

가로지르는 사선으로 나타난다. 중간 길이의 변(20큐빗)은 현실 남쪽 바닥 전부를 따라 그려진다. 가장 긴 변(25큐빗)은 현실의 상부 북서쪽 구석에서 하부 남동쪽 구석을 잇는 선으로 나타난다.[82]

15큐빗, 20큐빗, 25큐빗으로 나타나는 각 변은 3:4:5 비율이다. 왜냐하면 15큐빗은 "3", 20큐빗은 "4", 25큐빗은 "5"에 해당하기 때문이다. 각 변이 특별한 3:4:5 비율인 모든 직각삼각형은 "피타고라스의 직각삼각형"으로 불린다. 이 명칭은 3:4:5 직각삼각형이 독특한 특징을 가지고 있다는 사실을 최초로 발견한 기원전 6세기의 철학자 겸 수학자인 피타고라스의 이름을 따서 붙여진 것이다. 그는 가장 짧은 변의 제곱(3 × 3 = 9)과 중간 길이의 변의 제곱(4 × 4 = 16)을 더하면 가장 긴 변의 제곱(5 × 5 = 25, 9 + 16)이 된다는 점을 밝혀냈다.[83] 하지만 3:4:5 직각삼각형의 진정한 "비밀스러운 마법"은 아이슬란드 수학자 에이나 파울손이 지적한 것처럼 숫자들이 세제곱이 되었을 때에만 비로소 드러난다.[84]

$3 \times 3 \times 3 = 27$

$4 \times 4 \times 4 = 64$

$5 \times 5 \times 5 = 125$

27, 64, 125를 모두 더하면 216이 나온다. 앞에서 216은 과학 역사가들인 조르조 데 산틸라나와 헤르타 폰 데헨트가 분점들의 세차운동(이는 1도 이동에 72년이 걸리는 장기적인 천체 변화이다)을 정밀하게 관측하여 얻은 숫자들 중 하나라는 점을 독자는 기억할 것이다. 세차운동에서 비롯된 숫자들은 그 기원을 추적한 결과, 전 세계의 고대 신화들 및 기념물들에 암호화되어 남아 있는 것으로 드러났다. 이에 대하여, 산틸라나와 폰 데헨트는 "세상이 숫자, 단위, 무게에 따라서 만들어졌다고 처음 이해한 거의 믿기 힘든" 선사시대 문명의 영향 때문이라고 결론을 내렸다.[85]

우리가 이미 살펴보았듯이, 세차 주기의 핵심은 72이다. 이 숫자는 세차운동으로 인한 변화로 1도 이동하는 데에 걸리는 시간을 나타낸다. 관측이라는 측면에서 72년 — 사실상 인간의 평생이기도 한 시간 — 에 걸친 1도의 변화는 육안으로 관측하기가 힘든 수준이다. 대략적으로 설명하면, 지평선 쪽으로 솟은 검지의 너비와 같은 수준이다. 하지만 30도의 변화 — 하나의 황도 별자리를 전부 지나치려면, 즉 완료하려면 $30 \times 72 = 2{,}160$년의 세월이 흘러야 하는 변화 — 는 확실히 눈에 띈다. 그렇다고 해도 성실하고 정밀한 관측자들이 대대로 정확하게 기록하고 주목하지 않으면 변화 과정을 아는 것은 쉽지 않은 일이다. 60도의 변화 즉, 황도 별자리 두 개를 지나가는 변화는 4,320년($2160 \times 2 = 4320$)이 걸리고, 360도의 변화(황도 12궁을 전부 지나가는 "그레이트 이어")는 2만5,920년이라는 엄청난 시간이 걸린다.

산틸라나와 폰 데헨트가 확실하게 보여준 "세차운동 코드" 안에서, "핵심 수치"인 72(세차운동으로 인해서 1도 이동하는 데에 걸리는 햇수)는 누구나 곱할 수 있다. 이것은 전 세계의 신화들과 기념물들에서 그대로 나타난다. 가령 제12장에서 살펴본 캄보디아의 앙코르 와트나 제18장에서 보게 될 인도네시아의 보로부두르 등이 그런 사례이다. 216은 3×72이다

(혹은 2160 ÷ 10이다). 따라서 대피라미드의 왕의 현실 내부에서 이끌어낸 3:4:5 직각삼각형은 우연의 일치일 가능성이 거의 없다. 그리고 이 모든 사항과 천문학, 측지학은 분명하게 연관되어 있다. 이것은 『신의 지문』에서 내가 밝힌 것처럼, 대피라미드의 바깥 둘레치수들이 세차운동에 관계된 1:43,200 비율로 우리 지구의 둘레 크기를 나타낸다.[86]

독자가 대피라미드의 높이에 43,200을 곱하면 지구의 극반지름이 나오며, 대피라미드의 토대 둘레에 43,200을 곱하면 지구의 적도 둘레가 나온다. 43,200이 산틸라나와 폰 데헨트가 확인한 세차운동과 관계된 숫자들 중 하나라는 사실은 이런 관련 사항이 우연일 가능성을 더욱 없애준다. 우리가 "역사"의 시작이라고 보는 시대보다 훨씬 이전에 "거의 믿을 수 없을" 정도로 발달된 우리 선조들의 문명은 과학적인 정밀함을 발휘하면서 지구를 측정하고 별의 변화를 관측했다. 그러니 우리는 선조들이 남긴 지적 유산의 일부분을 바라볼 때, 그것이 뜻하는 바를 진지하게 받아들여야 한다.

하란에 관한 이야기로 다시 돌아가보자. 제임스 Q. 제이컵스의 발견은 북위 36.87도라는 하란의 위치가 측지학적 관점에서 도시 건설자들에 의해서 선택되었다는 점을 분명하게 보여준다. 여기에 더해 제이컵스는 하란과 전설적인 메소포타미아의 도시 우르 사이의 측지학적 관계도 밝혀냈다. 두 도시는 태곳적부터 밀접한 관계가 있다고 알려져왔다.[87]

메소포타미아의 역사와 신화는 이렇게 주장한다. 수메르의 중심부인 하란과 우르가 중요한 도시이며, 이 두 도시는 모두 달과 관련이 있다. 우르의 지구라트 위도를 확인하니 30.963도였다. 처음에 나는 여위도(餘緯度)가 5분의 3 역(逆)탄젠트라는 점을 알지 못했다. 여위도는 측지 기준인 가장 가까운 극까지의 거리이다. 위도는 자전축과 수직을 이루는 양극의 중간에 있는 평면인 적도를 기준으로 한다. 하란이 있는 지역의 평면은 3분의 4 역

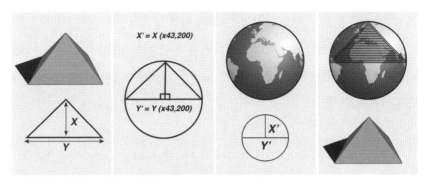

그림 59 대피라미드는 세차운동과 관계된 1:43,200 비율로 우리 지구의 크기를 나타낸다. 대피라미드의 높이에 43,200을 곱하면 지구의 극반지름이, 토대 둘레에 43,200을 곱하면 지구의 적도 둘레가 나온다. 이 두 경우의 오차는 극히 사소하다.

탄젠트 각도에서 자전축과 교차하고, 적도 및 측지 중심과 연관된 하란의 위도도 마찬가지이므로 3:4:5 직각삼각형이 형성된다. 요약하면, 하란의 여위도는 3분의 4 역탄젠트, 우르의 여위도는 3분의 5 역탄젠트이다. 따라서 하란의 위도는 4분의 3 역탄젠트이며, 우르의 위도는 5분의 3 역탄젠트이다. 이 "우상 숭배자들"은 천문학을 잘 알고 있었던 것이 아닐까?[88]

나는 여기서 한 걸음 더 나아가 "별 숭배자들"인 하란의 사비교도들도 천문학을 의심의 여지없이 알고 있었다고 말하고 싶다. 제14장과 제15장에서 검토한 증거, 즉 괴베클리 테페의 건설자들에 의해서 정확하게 계산된 세차운동 — 1만1,600년 이후, 즉 우리 시대의 동지 하늘까지 상징적으로 묘사할 정도로 정확한 천문학 지식 — 을 고려하면, 이 아주 오래된 지역에서 지극히 정확하고 과학적인 천문학과 측지학에 관한 증거가 더 나온다고 해도 전혀 놀랍지 않다. 이런 증거는 역사상의 메소포타미아 문명이 보여주는 역량보다 훨씬 더 진보된 것이다. 이런 증거가 베일을 걷어주었으므로, 우리는 선사시대를 깊이 고찰할 필요가 생긴다. 그리고 결국에는 사라진 문명에 관한 논의가 부상할 수밖에 없다.

제이컵스는 이것을 인지했고 그로 인해서 당혹스러웠다는 점을 인정했다. 그가 이 지역에서 발견한 마지막 요점은 괴베클리 테페와 하란 사이의 측지학적 연관성이다.

두 곳은 고작 40킬로미터 떨어져 있어서 서로를 바라볼 수 있다. 하란과 괴베클리 테페의 위도 차이는 정확히 지구 둘레의 1,000분의 1이다. 이 부분이 바로 우리가 고대 천문학에서 황혼지대로 들어서는 곳이다. 물론 정반대의 비유(고대 천문학의 "새벽")도 관련성이 있다는 점에서는 적절하다. 괴베클리 테페는 북쪽과 남쪽으로 정렬된 가장 오래된 구역들을 특징으로 하는데, 이것은 천문학적 지식이 실제로 활용되었다는 분명한 증거이다.

고고학자가 아닌 사람들도 깊을수록 더 오래된 것이라는 층리(層離)와 퇴적의 기본은 알고 있다. 괴베클리 테페는 1만2,000년 전의 것이다. 하란은 "문명화된 땅," "문명의 요람"이라고 불리는 수메르의 우르와 같은 시기에 생겼다. 이 요람과 천문학은 1만2,000년이 아닌 4,000-5,000년 정도 된 것으로 추정되어왔다. 하란은 고정 파라미터인 4분의 3 역탄젠트 위도에 있고, 괴베클리 테페는 그와는 다르게 북쪽으로 특정 위도에 있다. 물론 고정 파라미터가 반드시 우선해야 하므로, 두 곳의 위도 차이가 정확히 지구 둘레의 1,000분의 1과 같다는 점을 우연의 일치로 보아야 하는지 아니면 이를 받아들여 고대 천문학의 시작을 1만2,000년 전으로 잡아야 하는지는 결정하기 어려운 문제가 된다.[89]

내 생각에 제이컵스는 대안 역사를 지지하지 않으며, 인터넷과 각종 매체에서 괴베클리 테페에 관해서 현재 떠돌고 있는 엄청난 양의 "도저히 믿을 수 없는 유사 과학"을 단도직입적으로 비판하고 있다.[90] 그는 고대의 천문학과 정확한 측지가 주류 고고학이 여태껏 생각했던 것보다 훨씬 더 고대의 "황혼지대"로 소급될 수 있다는 가능성에 개방적인 태도를 보이면서, 진정한 과학이 인도하는 곳으로 나아가고 있다. 나는 그런 제이컵스에게 찬사를 보낸다.

하란의 마법사들

하란은 도시의 초창기부터 제이컵스가 "정밀과학"의 핵심지라고 제시한 곳이었고,[91] 그때 이래 수천 년 동안 같은 모습을 유지했다. 이 세월 동안 사비교도들은 하란에서 "별 숭배"를 해왔던 것이다. 알바테니우스라는 이름으로 서양에 더 잘 알려진 알-바타니는 중세에 가장 유명한 천문학자이자 수학자였는데, 9세기에 바로 이곳 하란에서 태어났다. 이어 그는 장수하며 명성을 드높였고,[92] 많은 뛰어난 과학적 업적을 달성했다.

그중 특기할 것은 정밀한 천문학과 측지학을 결합하여 지구와 달의 거리를 산출한 것이다(달의 궤도는 타원형이고, 이 궤도에는 지구와 달이 가장 가까워지는 지점인 근지점[近地點]과 반대로 가장 멀어지는 지점인 원지점[遠地點]이 있다). 알-바타니가 추정한 원지점에서 지구와 달의 거리는 현대의 수치와 0.6퍼센트밖에 차이가 나지 않는다.[93] 그는 또한 태양년의 길이를 365일 5시간 46분 24초라고 계산한 것으로도 명성이 높다.[94] 이 산출 결과는 현대 천문학자들이 진보된 기술을 통해서 얻은 수치와 비교해도 2분 22초밖에 차이가 나지 않는다.[95] 알-바타니는 489개의 별을 열거한 별의 목록을 만들었고,[96] 600년 뒤의 코페르니쿠스보다 훨씬 더 정확한, 태양의 진로에 관련된 측정 결과를 얻었다.[97] 또한 그는 직각삼각형과 관련하여 중요한 삼각법 공식들을 제공하기도 했다.[98] 앞에서 논한 3:4:5 직각삼각형과 하란의 위도가 가진 관계를 생각하면, 이것은 주목할 만한 과학사의 한 장면이다.

알-바타니의 이름은 몇 가지 암시적인 별칭까지 포함하여 읽으면 아부 압둘라 알-바타니 이븐 자비르 이븐 시난 알-라키 알-하라니 알-사비가 된다. "알-바타니"라는 별칭의 기원은 미상이지만, 추측하자면 그가 태어 난 도시인 하란의 거리나 구역을 가리키는 것 같다. "알-하라니"는 물론 하란이 기원인 별칭이다. "알-라키"라는 별칭은 시리아 유프라테스 강 근 처에 있으며, 알-바타니가 노동을 하며 생애 대부분을 보낸 알-라카라는 도시를 가리킨다. 하지만 가장 흥미로운 것은 "알-사비"라는 별칭이다. 권 위 있는 『과학 전기 사전(*Dictionary of Scientific Biography*)』에 따르면, 이 별칭은 그 자신 혹은 그의 조상들을 가리키는 것이다.

알-바타니와 그의 조상들은 하란의 사비교를 믿었다. 이 교도들은 고대 메소포타미아 별 신학과 별 전승을 상당히 많이 보존한 것으로 보인다. 11 세기 중반까지 사비교도들은 이슬람 통치자들의 용인 덕분에 존속할 수 있었다. 알-바타니보다 나이는 많지만 동시대인인 위대한 수학자이자 천 문가인 타비트 이븐 쿠라가 그와 같은 지역 출신이고 사비교에 충실했다 는 사실은, 메소포타미아 별 숭배의 마지막 단계에서조차 천문학에 관한 깊은 관심이 있음을 보여준다.[99]

타비트 이븐 쿠라(836-901, 하란 출생)는 사비교도들을 "이교"라고 하면 서 폄훼하는 것을 참지 못했고, 보복적이고, 편협하고, 옹졸하고, 비과학 적이며, 성직의 권위를 주장하는 일신교들인 기독교, 유대교, 이슬람교보 다 사비교를 한 수 아래로 보려는 시도들을 용납하지 못했다. 그는 생긴 지 얼마 되지 않은 이 종교들이 고대 사비교도의 실천을 근본적으로 "별 숭배"로 오해하고 있다는 점을 잘 알고 있었다. 하지만 사비교도는 실제로는 정밀한 과학의 실천자였고, 그것은 인류의 발전에 큰 도움을 주었다. 이에 타비트는 다음과 같은 글을 남겼다.

소위 "이교"의 귀족들과 왕들이 아니었다면 다른 누가 세상을 문명화하고 도시를 세웠겠는가? 많은 항구와 강은 누가 정비했겠는가? 숨겨진 지혜는 누가 가르쳤겠는가? 이교도들 중의 여러 명사들이 아니라면 신이 누구에게 그분의 모습을 드러내어, 신탁을 말하고, 또 미래에 대해서 말해줄 수 있었 겠는가? 이교도들이 바로 이 모든 것을 사람들에게 전한 것이다. 그들은 육신은 물론이고 영혼을 치유하는 기술을 가졌다. 그들은 정착된 정치 형 태들과 최고의 선인 지혜를 이 세상에 가져다주었다. 이교가 없었다면 세상 은 공허하고 비참했을 것이다.[100]

덧붙여서 말하자면, 심지어 이 번역도 타비트의 원뜻을 완전히 전하지 못한다. 그가 원본에서 활용한 시리아어인 한푸토(Hanputho)는 위의 번역 처럼 "이교"가 아니라, 실제로는 "순수한 종교"를 의미한다.[101] 어원이 같은 아랍어 단어로는 하니프(hanif)가 있는데, 『코란』에서 이슬람 이전의 고대 신앙은 순수한 것이니 박해해서는 안 된다는 구절이 나올 때 등장한다.[102] 실제로 초기 이슬람의 많은 선도적 사상가들은 사비교도들을 전형적으로 순수한 종교인으로 인정했으며,[103] 더불어 사비교도들 역시 자신들이 "성전 (聖典)이 선택한 사람들"임을 주장함으로써 오랫동안 자유롭게 예전의 예 배방식을 그대로 실천할 수 있었다.

앞에서 살펴본 것처럼, 7세기에 아랍의 장군 이븐 가남이 하란을 정복한 뒤에도 사비교도들은 그들의 종교적 실천을 위해서 달의 신의 신전을 새 로 지을 수 있는 허가를 받았다. 이는 그 자체로 굉장히 드문 종교적 호 의이다. 보통 이슬람의 군대는 "이교도들"에게 개종이냐 죽음이냐 양자택

일을 강요했기 때문이다. 하지만 더욱 흥미로운 부분은 사비교도들과 아바스조 칼리프인 아부 자파르 압둘라 알−마문의 만남이다. 마문은 830년 사비교도들의 도시를 지나갔는데, 그들의 종교에 대해서 집중적으로 질문을 했다고 한다.[104]

하란을 방문하기 10년 전인 820년, 마문은 대피라미드에 터널을 뚫어 그때까지 숨겨져 있던 여러 통로와 방을 찾아냈다. 따라서 마문의 탐사와 사비교도들의 이집트 기자 순례는 연관이 있을지도 모른다. 여하튼 이 "마문의 구멍"을 통해서 오늘날의 방문객들도 대피라미드에 들어간다.[105] 기번이 "보기 드문 박식한 군주"[106]라고 서술한 마문은 대피라미드에 관한 정보를 받고서 탐사를 결심한 것으로 보이는데, 특히 그 정보에는 이런 내용도 있었다.

천구(天球)와 지구에 관한 여러 도해와 표가 있는 비밀스러운 방이 있다. 태곳적에 만들어졌다는 이야기가 있지만, 아주 정확한 정보라고 한다.[107]

「아라비안 나이트」로 유명한 그의 아버지 하룬 알−라시드처럼, 마문 역시 박식하고 개방적인 칼리프였다. 하지만 11세기에 들어서자, 더욱 근본주의적이고 훨씬 더 인내심이 없는 새로운 당파가 이슬람을 장악하게 되면서, 하란에 남은 마지막 달의 신의 신전은 완전히 파괴되었다. 이어 본격적으로 사비교도들의 "순수한 종교"를 대상으로 한 압제가 시작되었다. 우리는 그들이 13세기까지 기자로의 순례 여행을 계속했다는 사실을 알고 있다. 하지만 이후 그들은 역사에서 사라졌다. 일부 학자들은 사비교도들의 신앙적 요소들이 이라크의 만다이즘 교도나 야지디족(이들은 오늘날에도 이슬람의 심한 박해를 받고 있다)에서 나타난다고 생각되지만,[108] 오늘날 사비교도들의 흔적은 남아 있지 않은 것으로 보인다.

그러나 한 가지 짜릿하면서도 흥미로운 사건이 있다.

사비교도들의 성전은 「헤르메스 문서(*Hermetica*)」[109]라는 이름으로 알려진 글들의 모음집이다. 그리고 이 「헤르메스 문서」의 사본은 아주 신비하게도 메디치 가문의 장기 집권의 토대를 놓은 코시모 데 메디치의 대리인인 레오나르도 데 피스토이아의 손에 들어가게 되었다. 1460년 피스토이아는 마케도니아를 여행하고 있었는데, 이 고대 지혜의 보물을 입수하자 곧바로 피렌체로 돌아왔다. 이에 코시모 역시 재빠르게 대응했다. 플라톤 전집의 번역을 시작했던 양아들 마르실리오 피치노에게 기존의 일은 연기하고 대신 「헤르메스 문서」를 번역하라고 지시한 것이다.[110] 르네상스에 관해서 세계적인 전문가인 고(故) 프랜시스 예이츠 여사가 말한 것처럼, 그것은 "아주 특별한 상황"이었다.[111]

실제로 그것은 특별한 역할을 했다. 15세기 유럽에 이 헤르메스 사상을 도입함으로써 르네상스가 본격적인 궤도에 올라섰고 그리하여 근대 세계가 탄생했다고 많은 사람들이 말하기 때문이다.[112]

또는 그것이 새로운 세계의 탄생이 아니라, 신들의 예전 세상이 부활했다고(에드푸 텍스트의 내용에서도 "부활"이라고 되어 있다) 볼 수 있는 것이 아닐까?

맞닿은 두 손이 보여주는 암시

앞에서 본 것처럼, 에드푸 신전 텍스트는 인류에게 지혜를 전하고 과학과 마법을 가르친 일곱 현인을 이야기하고 있다. 메소포타미아의 문서들 역시 일곱 현인(압칼루)에 관해서 언급했는데, 그들의 역할은 이집트에서 나타난 일곱 현인의 그것과 동일하다. 이와 관련해서는 앞에서 살핀 바 있으니 여기서 다시 반복할 필요는 없을 것이다. 하지만 내가 「에녹의 서」, 「환희서」,

그 외의 다른 책들을 검토하기 전까지 몰랐던 점이 한 가지 있는데, 그것은 학자들이 발견한 감시자들과 압칼루들 사이의 밀접한 관계이다.

예를 들면, "악을 막기 위해서 메소포타미아 건물들의 토대에는 정초매장물(定礎埋藏物)을 담은 상자들을 묻었는데, 압칼루의 작은 조각상들도 그 안에 포함되었다. 마사레(massare)라는 용어는 감시자들을 뜻하는데, 이 작은 조각상들을 가리키는 말이기도 하다."[113] 마찬가지로 대홍수 이전의 과학을 인류에게 가르쳤다고 전해진 압칼루들도 감시자들이었다.[114] 어떤 학자는 이런 결론을 내리기도 했다. "유대의 저술가들은 그들의 문화적 기반이 우월하다는 것을 보여주려는 의도로 메소포타미아의 지적 전승들의 순서를 빈번히 뒤집었다. 그리하여 대홍수 이전의 현인들인 메소포타미아의 압칼루들을 대홍수 이전의 인류에게 불경한 것을 가르친 '하느님의 아들들'이자 감시자들로 나쁘게 묘사했다."[115]

대체로 보아 이런 연구들은 감시자들과 압칼루들 사이에 일련의 연결 고리가 존재한다는 것을 보여준다. 둘은 너무나 밀접하기 때문에 같은 존재가 두 개의 다른 명칭이나 호칭으로 불렸다고 생각하는 것이 합리적이다.[116] 많은 연관성을 가진 이 사항을 더 살펴보기에는 지면도 부족하고 또 그럴 필요도 없다. 하지만 괴베클리 테페의 높게 솟은 거석 기둥들에 감시자들과 현인들의 모습이 묘사되어 있을지도 모른다는 상상을 하니 참으로 짜릿하다는 생각이 들었다.

메소포타미아 신들의 상징과의 유사성에도 불구하고(제15장 참조), D구역의 43번 기둥의 상층부에 있는 가방 비슷한 물건(제1장에서 처음 나의 관심을 끌었던 물건)은 계속하여 내게 강한 호기심을 불러일으켰다. 43번 기둥의 가방은 많은 고대의 묘사에서 드러났듯이, 압칼루가 손에 들고 있는 가방들과 대단히 흡사했기 때문이다. 그런 유사성은 근동 지방에만 국한되지 않는다. 멕시코 만이 내려다보이는 라 벤타의 올멕 유적에 있는 조각상에서, 깃털 달린 뱀이자 중부 아메리카 사람들에게 문명을 전달했다는 전설적인 존재인 케찰코아틀도 동일한 가방을 들고 있다.

2014년 7월 터키를 떠나기 전에 우리는 다시 한번 괴베클리 테페를 방문했다. 거기서 주요 구역 네 곳을 모두 기분 나쁜 음침한 어둠 속에 빠지게 만든 끔찍하고 육중한 목제 지붕을 보고 있으려니 참으로 견디기가 힘들었다. 하지만 마지막으로 특별히 D구역을 보려고 했던 것은 43번 기둥 때문이 아니라 중앙에 있는 2개의 기둥 때문이었다. 나는 거기에 새겨진 굽은 팔, 손, 그리고 배 위에서 서로 거의 맞닿은 긴 손가락들을 보았다.

나는 그 광경을 충분히 본 다음, 운전기사의 도움을 받아 샨르우르파의 중앙 박물관으로 갔다. 그곳에는 수많은 유물들이 전시 중이었다. 괴베클리 테페에 그냥 놔두기에는 그 가치가 너무 높아서 그곳으로 이전된 것들이었다. 전에도 이 박물관을 방문한 적이 있지만, 다시 보고 싶은 세부사항들이 많았기 때문에 일부러 찾아간 것이었다.

나는 인간의 형상을 한 매력적인 조각상 앞에서 오랜 시간 서 있었다. 이 것은 괴베클리 테페에서 발견된 것이 아니라, 1980년대에 샨르우르파의 구시가지 중심부에서 주차장 건설 공사 중에 우연히 발견된 것이었다. 괴베클리 테페의 시기—기원전 9000년경—에 만들어진 이 조각상은 클라우스 슈미트가 적었듯이, "세계에서 가장 오래되고 유명한, 완벽하게 보존된 실물 크기의 인간상이 되어가는 중이었다."[117]

"머리 부분"이 "T"자의 윗부분을 닮은 형상으로 양식화된 괴베클리 테페의 거석 기둥들과는 다르게, 이 조각상은 완전히 인간의 머리 형태를 갖추었다. 눈은 반짝거리는 흑요석 같았고, 두드러진 턱은 수염의 존재를 보여주었고, 흉부에는 두 개의 큰 "V"자가 가로질러 새겨져 있었다. 팔은 굽고 손가락은 배 앞에서 서로 거의 맞닿았는데, 이는 괴베클리 테페의 거석 기둥에 새겨진 형상과 같았다.

나는 잘 살펴보고 싶은 두 번째 유물로 걸음을 옮겼다. 소위 "토템 폴 (Totem Pole)"이라고 하는 것인데, 앞선 조각상보다 훨씬 더 기묘했다. 인간과 같은 크기로 만들어졌지만 아무리 보아도 도저히 인간이라고 할 수는 없었다. 오히려 많은 다양한 특성들이 복잡하게 혼재된 형상이었다. 크게 손상된 머리 부분에서는 귀와 눈 부분이 보존되었는데, 곰인지 사자인지 표범인지 모를 맹수의 모습이었다. 이 반인반수의 다리에 감긴 거대한 뱀들은 과도하게 큰 머리를 사타구니 부근 쪽으로 들이밀고 있었다. 여기에 더해 반인반수의 것으로 보이는 두 쌍의 팔들과 손들이 있었다. 상부에 있는 한 쌍은 괴베클리 테페에서 흔히 보았던 것처럼 팔은 굽어 있었고 손은 함께 모였으며 손가락은 흉부를 가로질러 서로 거의 맞닿은 모습이었다. 다른 한 쌍은 팔뚝들과 손들뿐이었는데, 손가락은 배꼽 근처에서 복부를 가로질러 서로 거의 맞닿았다.

생식기 부근에는, 작은 머리 하나와 다른 두 개의 팔이 정중선(正中線)에서 외부로 돌출되어 있었다. 또다시 그 손의 긴 손가락은 서로 거의 만나고 있었지만, 이번에는 북을 두드리는 듯한 모습이었다. 그 옆 바로 아래에는 더 많은 팔들과 손들의 흔적이 크게 손상된 채 남아 있었다.

내게는 이 모든 것들이 익숙했다. 그것도 굉장히.

다음 장에서 살펴보겠지만, 그 형상은 괴베클리 테페가 아닌 지구의 반대편에서 다시 등장하게 된다.

제7부

거리

17

산

2013년 10월, 나는 쿠스코 위로 솟은 안데스 산맥의 높은 경사면에 있었고, 잉카의 후예인 헤수스 가마라와 함께 경이로운 사크샤우아만 거석 유적을 탐사하는 중이었다. 70대 중반인 가마라는 나보다 열 살 정도 나이가 많았지만 겉보기만으로 그를 판단하면 안 된다. 그는 3,701미터의 고도에 완전히 적응하여 산양처럼 날렵했다. 또한 그는 잉카 문화의 기원을 연구하느라 평생 고향의 산길을 누비고 다녔기 때문에 올림픽 선수만큼이나 건강한 신체를 자랑했다.

나는 1992년 사크샤우아만을 처음 방문했고, 이후로도 여러 번 그곳에 갔으며, 그때마다 늘 새로운 것을 배웠다. 1995년에 출판된 『신의 지문』에서, 나는 안데스 산맥의 거대한 기념물 전부가 실제로 잉카의 것이라는 통설에 회의감을 표시했다. 잉카 제국은 1531년 스페인의 페루 정복이 시작되었을 때로부터 정확히 1세기 전에 수립되었다. 나는 『신의 지문』에서 이렇게 적었다. "잉카인들이 사크샤우아만의 고대 성채를 빈번하게 사용했다는 것이 알려져 있기 때문에, 성채를 잉카인이 건설했다고 생각하는 것은 그럴싸한 추론이다. 그러나 사용했다고 해서 꼭 잉카인이 건설했다는 보장은 없다. 이 두 명제 사이에는 명백하거나 필연적인 관련이 전혀 없다. 잉카인들이 건축물을 발견하고 그곳에 정착한 것인지도 모른다."[1] 『천상의 거울』(1998)에서 나는 이러한 주장을 더욱 발전시켰다. 그것은 사크샤우아만뿐만 아니라 안데스 산맥 전역의 바위를 잘라 만든 엄청난 거석 구조물

그림 60

들이 실은 잉카의 것이 아니라 그보다 훨씬 전, 즉 역사에서 사라진 지 오래된 과거 문명의 것이라는 주장이었다.

이 경우, 연속성과 관련하여 가설상의 "더 오래된 문화"와 잉카 제국 사이에 완전한 단절이 있다고 반드시 상상해야 하는 것은 아니다. 오히려 잉카는 이전 문명의 전승과 지식 일부를 물려받아 더 작은 규모로 그들의 거석 세계를 흉내냈을 수도 있다.[2]

이 글을 썼을 무렵에 나는 가마라나 그의 저술은 알지 못했다. 어쨌든 그는 지금 내게 사크샤우아만 주변을 보여주면서, 내게 알리고 싶은 모든 것을 세심하게 공들여 설명해주었다. 이어 가마라는 내가 예전에는 전

456

혀 인식하지 못했던 유적의 숨겨진 부분을 보여주었고, 그 덕분에 나는 기존의 직관을 더욱 뒷받침하고 강화하는 모든 부류의 세부사항에 눈을 뜨게 되었다. 더 나아가 그는 자신의 아버지인 알프레도 가마라가 예전에 연구한 믿음직한 고고학적 주장을 제시했다. 가마라 본인 역시 선친의 주장을 크게 개선하고 확장했다. 나는 주류 학자들이 이들 부자(父子)의 주장을 진지하게 고려할 가치가 있다고 생각한다. 물론 이렇게 하려면 학자들은 이 모든 기념물이 고작 수백 년 전에 세워졌으며 전부 잉카의 것[3]이라는 융통성 없는 편견에 너무 사로잡히지 말아야 한다.

비문이 전혀 없는 무명의 거석 기념물들의 제작 시기를 어느 정도 확신할 정도로 특정하기란 아주 힘든 일이다. 유기물 소재와 관련하여 방사성 탄소 연대 측정법이 유용하려면, 관심 대상인 석제 구조물이 잘리고 건설되었을 때와 동시에 해당 유기물이 같이 들어갔다는 절대적인 확신이 전제되어야 한다. 많은 거석 구조물에서 그런 유기물을 찾아내는 일은 불가능하다. 제10장에서 살펴본 표면 발광 연대 측정법은 이미 멘카우레 피라미드와 스핑크스, 그리고 기자의 계곡 신전들에서 서로 다른 결과를 내놓았다. 또한 이 방법은 아직까지 주류 고고학계에 널리 받아들여진 것도 아니어서 안데스 산맥의 기념물들에도 적용되지 않았다. 따라서 유용한 객관적인 검사방법이 없는 상황에서 차선책은 건축양식과 기법을 살피는 것이다. 도자기의 각기 다른 양식들이 어떤 시기의 어떤 문화가 특별한 도자기를 만들었는지 믿을 만한 징후들을 제공하는 것처럼, 건축의 양식과 기법도 그런 역할을 한다. 경험 법칙상 석제 기념물들이 나란히 있더라도 건축 혹은 창조에 관한 양식이나 접근법이 굉장히 다르면, 이는 과거 다른 시기의 다른 문화가 개입했음을 보여준다.

불행하게도 건축양식으로 연대를 측정하는 이 논리적이고 합리적인 방법은 안데스 산맥의 기념물들을 연구하는 고고학자들에게는 별로 인기가 없다. 그런 방법을 활용하면 잉카가 모든 기념물을 만들었다는 통설에 의문이 제기될 것이기 때문이다. 고고학은 대단히 보수적인 학문 분야이다. 내가 만났던 고고학자들은 무엇을 연구하든지 간에 선배나 동료가 이미 진실이라고 선언한 것에 관해서 의문을 제기하는 일에 공포를 느끼는 듯했다. 그렇게 하면 여태까지 쌓은 경력이 위태로워지는 것이었다. 그 결과 고고학자들은 절반쯤 무의식적으로 기존의 이론을 뒤집지 않고 보호해주는 증거와 주장에 집중하게 된다. 통설의 모난 부분을 다듬거나 그 이론 자체를 약간 개선하는 것은 가능하지만, 확립된 패러다임을 심각하게 전도시키거나 약화시키는 발견사항은 결코 내놓아서는 안 되는 것이다.

사크샤우아만 주변을 걸으며 가마라가 내게 보여준 것은 명백하게 다른 세 가지 건축양식이었다. 실제로 이 양식들은 서로 너무나 달라서 고고학자들이 이 모든 것이 잉카 문화에서 비롯되었고, 스페인이 정복을 시작하기 1세기 정도 전에 만들어졌다고 주장하는 것이 잘 이해되지 않았다. 내가 예전에 출판한 책들에서 이미 사크샤우아만에 관해서 상세하게 설명했으므로, 여기서는 필요한 내용만 간추려서 이야기하겠다. 하지만 이야기의 전개를 위해서 간결하게 요약하면 이러하다. 사크샤우아만은 쿠스코가 내려다보이는 비탈에 자리하고 있다. 이 유적은 벽이 3겹으로 둘러싸고 있는데, 각 벽은 약 6미터 높이에 전체가 커다란 거석들로 구성되었고 일부 거석은 무게가 360톤 이상이다.[4] 각 벽은 들쭉날쭉하여 거의 지그재그처럼 보이는 형태인데, 산등성이를 따라 지어져서 계단 형태로 정렬되었다. 즉, 벽 위에 또다른 벽이 있는 모습이다. 가장 위에 있는 벽을 넘어서면 산등성이는 남쪽으로 계속 솟아오르는데 이 등성이에는 벽과 비교하면 훨씬 작은 건물 여러 채로 구성된 폐허가 이리저리 흩어져 있다. 꼭대기에 있는 폐허에는 훌륭하게 잘라낸 돌덩이들로 만든 3개의 동심원 구조물이 있는데, 지금은 토대만 남았지만 온전했다면, 틀림없이 아주 인상적인 구조물이었

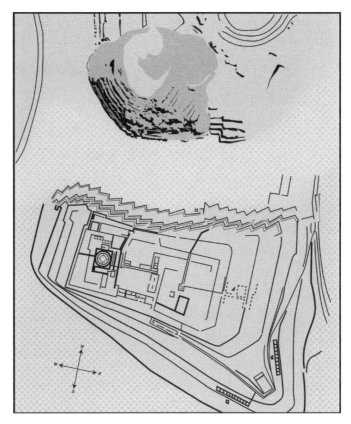

그림 61 사크샤우아만의 평면도. 남쪽으로 지그재그 벽들이 있고, 북쪽으로 암석을 파낸 바위 둔덕이 있다.

을 것이다. 폐허를 넘어가면 계곡이 나오고, 남쪽으로 가파르게 내려가는 등성이에는 나무와 빽빽한 덤불이 무성하게 자라고 있고, 다 내려가면 쿠스코 마을이 나온다.

북쪽으로 시선을 돌리면 가장 낮은 거석 벽의 토대에서 100미터 정도 너비로 뻗어 있고, 길이는 400미터 정도 되는 풀이 무성한 고원이 있다. 고원의 북쪽에는 화산 작용으로 인한 섬록암으로 구성된 자연적인 바위 둔덕이 솟아 있다. 그 둔덕의 암석을 파내는 방식으로 정교한 테라스와 계단이 만들어졌다. 이곳이 바로 가마라와 내가 서 있는 곳이고, 그는 내게 설명을 시작했다.

"이건 '하난 파차'의 것이죠." 가마라는 우리가 서 있는 아름답게 잘린 섬록암 테라스를 가리키며 말했다. "첫 번째 세계에서 만든 것입니다. 잉카 시대보다 수천 년 전의 일이죠. 그들은 돌을 다듬어 건축하는 법을 알고 있었습니다." 장난기 어린 미소를 지으며 그가 말을 이었다. "그들은 원하면 돌로 무엇이든 할 수 있었습니다. 어쩌면 그들에게는 쉬운 일이었을 겁니다." 그는 몸을 웅크리고 내게 바닥을 자세히 보라고 손짓했다. "보이십니까?"

나는 당황하며 어깨를 한번 들썩해 보였다. 그가 무엇을 보라고 하는지 도무지 알 수가 없었다.

"도구의 흔적이 없습니다." 가마라가 말했다. 이어 그는 조각된 유물, 즉 바위 둔덕을 변형하여 만든 거대한 작품을 자랑스럽게 가리켰다. "어디에서도 도구의 흔적이 보이지 않아요."

"그렇다면 그들이 어떻게 한 거죠? 바위를 잘라낸 뒤에 도구의 흔적을 지워버린 겁니까?"

"그렇지 않아요. 그들에게는 도구가 필요 없었습니다. 다른 방법이 있었거든요. 그건 제가 '우란 파차'라고 부르는 두 번째 세계에서도 마찬가지였습니다." 그는 어렴풋이 보이는 반대쪽의 거석 벽들을 가리켰다. 전문가들 사이에서는 벽을 어떤 종류의 돌로 만들었는지, 어디서 채석을 했는지에 관해서 서로 의견 차이가 있다. 비록 초록색 섬록암, 반암, 안산암을 일부 사용하기는 했지만, 거석 그 자체는 굉장히 단단하고 밀도가 높은 근방의 석회암이 활용되었다는 것이 대체로 합의가 이루어진 내용이다. 유적에서 각각 15킬로미터와 3킬로미터 떨어진 채석장은 석회암의 출처로 이미 확인된 바 있다.[5]

우리는 바위 둔덕을 따라 내려온 뒤, 풀이 자란 고원을 지나 엄청난 거석들의 층 아래에 섰다. 온 세상에 알려진 사크샤우아만의 명확한 이미지는 바로 이 모습이다. 이곳에 올 때마다 늘 느끼는 것이지만, 첫인상은 그야말로 경이로움이었다. 거석에 비하면 나는 아주 작은 난장이로 축소된 것 같은 기분을 느꼈다. 벽만 큰 것이 아니었다. 그 안의 돌덩이들도 마찬가지였다. 그들은 자기만의 개성이 있는 것 같았다. 뭐라고 말해야 할까, 잠든 거인의 개성이라고나 할까?

이 벽 자체의 크기와 최소한 1,000개의 개별 거석들로 구성되었다는 사실과는 별개로, 돌덩이들을 연결하여 벽을 세운 석공의 솜씨는 놀랄 만하다. 벽을 세우는 데에 사용된 가장 작은 돌덩이가 1톤이고, 대부분은 20톤이 넘으며 꽤 많은 숫자가 100톤이고, 일부는 200톤이며, 소수는 300톤까지 나간다면, 이런 무게의 석재는 이미 운반의 측면에서 만만치 않은 도전이 된다.

그런데 그렇게 무거운 돌을 가져와서 거대한 3차원 직소 퍼즐의 형태로 3개의 벽을 세워야 한다. 모든 돌덩이는 6–12면의 다각형이고 또 서로 같은 것은 없다. 각각의 돌덩이는 다른 돌덩이와 반드시 단단하게 맞아야 하고 연결 부위 사이로는 면도날도 들어갈 틈이 없이 치밀해야 한다. 그러면 이 석공의 작업이 얼마나 어려운 것인지 독자는 쉽게 상상할 수 있을 것이다.

나는 단단히 결합된 거석들의 **뒷면**에 대해서는 말하지 않겠다. 하지만 거석들로 구성된 기묘한 전면부를 따라 나타난 패턴은 이미 충분히 복잡하므로, 보이지 않는 뒤쪽에 무엇이 있는지를 고려할 필요가 없을 정도이다. 경외감으로 망연자실한 상태로 그 앞에 서서 거석 벽의 규모와 복잡함을 응시하고 있노라면, 이 일이 얼마나 어려웠을까를 명확히 알게 된다. 사크샤우아만의 거석 유적을 책임졌던 사람은 많은 세월을 통해서 얻은 경험과 대단히 오랫동안 축적된 지식을 활용한 최고의 석공 전문가였을 것이다. 이런 유적은 시행착오를 겪으며 한두 세기만에 구상하고, 계획하고,

세울 수 있는 그런 것이 아니다(하지만 잉카인들이 그렇게 했다고 고고학계는 믿고 있다). 이 사크샤우아만의 거석들은 최고의 석공이 원숙한 기술을 발휘하며 장시간에 걸쳐 만든 것이다.

게다가 안데스 산맥을 통틀어 이런 건축물을 짓는 방법을 배운 도제들에 관한 증거는 보이지 않으며, 또한 노력을 들였지만 성공하지는 못한 초기 시작품(試作品)에 관한 증거도 남아 있지 않다. 피삭, 오얀타이탐보, 마추픽추, 그 외에 여러 다른 곳에 있는 구조물들은 사크샤우아만 정도의 대규모는 아니지만(하지만 다수가 그 수준에 육박한다), 동일한 수준의 복잡성을 보이고 있으며 더 나아가서 사크샤우아만은 극복할 필요가 없는 난제들(채석장에서 지극히 멀리 떨어져 있다는 위치 문제 등)을 안고 있었다. 그것들 모두 처음부터 명장의 손길이 닿은 것이었으며, 저마다 완벽함을 뽐냈다. 가마라가 앞에서 말한 것처럼, 그런 작품을 만드는 것이 "그들에게는 쉬운 일이었다."

이런 현상을 설명해주는 가마라의 이론은 이러하다. 처음 두 "세계"(하난 파차, 우란 파차)의 시기 동안에는 중력이 후대보다 더 낮았기 때문에 돌덩이가 가벼워서 처리하기가 더 쉬웠다는 것이다. 그의 이론에 의하면, 한때 지구가 태양과 훨씬 더 가까운 궤도를 돌았기 때문에 중력이 낮았던 것이다. 그러니까 지금의 365일 주기가 정립되기 전에 지구의 공전 주기가 225일 혹은 260일이었던 적이 있었다는 뜻이다.[6] 가마라의 말은 옳을 수도 있다. 새로운 과학은 행성의 궤도가 고정되거나 안정적이지 않음을 보여주며, 그리하여 태양계 내부에 혜성의 유입이 증가하면 그 궤도가 급변할 수도 있다.[7]

그러나 그가 내세우는 이론 중에서 내가 흥미를 느낀 부분은 그것이 아니었다. 내가 굉장히 설득력 높다고 생각한 부분은 안데스 산맥의 기념물들이 불연속적인 특성을 가지고 있다고 지적한 부분이다. 가마라 본인이 현장에서 50년, 그의 아버지가 현장에서 60년을 보낸 경험을 토대로 정립한 이론은 대단히 설득력이 있었다. 가마라 부자는 무수한 현장 답사를 통하여 이 일대의 기념물에 관한 지식을 축적해왔고, 그리하여 나름대로 주장을 펼칠 수 있는 자격을 얻었다. 비록 그들이 잉카의 후예이기는 하지만, 그들이 전하는 메시지는 아주 명확하다. 잉카의 것이라고 간주된 많은 거대한 건축물들이 실제로는 잉카인들이 만든 것이 아니다. 이곳에는 사라진 문명의 흔적이 있다. 가마라의 연대 설정이 맞는다면, 사라진 문명은 하나가 아닌 둘이 된다.

"사크샤우아만의 큰 돌덩어리들은 전부 우란 파차 시대의 것입니다." 가마라가 말했다. 우리는 믿을 수 없을 정도로 큰 돌덩어리들이 12개 혹은 그 이상 겹치는 부분의 구석에 서 있었다. 가마라는 현대의 기계를 사용한 것 같은 정교한 연결 부분과 돌덩이들이 형성하는 패턴의 위압적인 복잡성을 다시 한번 강조했다. 그런 뒤 그는 나의 관심을 다른 부분으로 유도했다. 가마라는 내게 몇 가지 돌덩이를 보여주었는데, 어떤 것은 표면이 기이하게 원형으로 움푹 파였고, 다른 것은 표면이 얕은 물결 모양으로 돌출되어 있는 등, 모두 무작위적인 특이한 모양이었다. "여기에는 도구의 흔적이 없습니다. 끌, 망치, 그 어떤 것도요." 가마라는 말했다.

"그렇다면 어떻게 이 벽을 세울 수 있었을까요?"

"돌이 무른 상태에서 공사를 한 것 같지 않습니까?" 가마라가 다각형으로 된 연결 부위의 곡선과 모서리를 따라 손을 움직이며 물었다. "마치 부드러운 버터 같을 때 말입니다. 그렇다면 이 모든 것을 주물러서 만들 수 있지 않았겠습니까?"

갑자기 모든 것이 분명해졌다. 돌덩이가 차갑고 단단한 석회암이 아닌 상온의 버터와 같은 상태라면 이런 바위의 기이한 형태는 실제로 힘들이지 않고 만들 수 있었을 것이다. 그렇다면 이 거대한 직소 퍼즐을 제작하는 것도 마찬가지로 쉬운 일이었으리라. 얕은 물결 모양을 파는 것도 칼 끝 부분만 있으면 되고, 움푹 팬 곳을 만드는 것도 숟가락 뒷부분을 활용하면 되는 것이었다.

나는 이것이 매력적인 생각이기는 하지만 그 무늬를 설명하기 위해서 궤도나 중력에 관한 가마라의 이론을 받아들여야 한다고 보지는 않는다. 돌들의 무늬를 설명하는 다른 방법들도 있다. 예를 들면, 사라진 문명은 바위를 무르게 하는 기술이 있어서 돌덩이들을 버터 같은 상태로 만들어 작업을 했을 수도 있다. 그렇다면 여기에 열이 관련되었을까? 페루의 문화부와 협업 중인 러시아 과학학술원 산하 구조지질학 및 지구물리학 협회의 한 매력적인 연구는 사크샤우아만의 석회암 거석들이 어느 시점에 섭씨 900도가 넘는 온도에 노출되었으며, 1,100도에 달하는 열을 받았을 수도 있다는 증거를 제시했다.

러시아 연구자들은 돌덩이들을 캐낸 곳이라고 생각되는 채석장에 갔을 때, 아주 작은 유기체 화석들로 채워진 자연 석회암을 발견했다. 사실 이것은 그리 놀라운 일도 아니다. 석회암은 고대 바다에서 형성된 퇴적암이고 대부분 작은 조개껍질의 잔해나 기타 해양 생물의 극도로 작은 뼈대로 구성되었기 때문이다. 하지만 기묘하게도 사크샤우아만 거석에서 채취한 표본을 분석했을 때, 연구자들은 거석이 실제로 "고밀도"의 석회암임을 확인했다.[8]

표본에는 명백히 화석이나 유기체 잔해가 없었다. 거석은 결이 고운 구조물이었다.[9]

연구자들의 결론은 돌덩이들이 채석되었을 시점과 벽에 놓였을 시점 사이의 어느 시점에 고열에 노출되었으며, 이 열로 인해서 화석들이 알아볼 수 없을 정도로 결이 고운 구조가 되었다는 것이다.

물론 연구한 석회암 표본에 미친 열 효과의 원인을 추측하려면 더 상세한 연구와 분석이 필요할 것이다……하지만 유기물에 의해서 형성된 규산질의 석회암이 미정질(微晶質)의 규산질 석회암으로 재결정(再結晶)되었다는 사실은 변함이 없다. 이 과정의 결과를 우리는 사크샤우아만의 다각형 벽을 형성하는 소재에서 볼 수 있다. 일반적인 자연의 상태에서 이런 과정은 절대적으로 불가능하다.[10]

마법으로 세워진 벽

헤수스 가마라와 나는 거석 벽들의 열 사이로 나 있는 계단을 오르며 그 위의 비탈에 도착할 때까지 탐사를 계속했다. 그런 뒤에야 우리는 언덕 정상에 이리저리 흩어져 있는 폐허들에 접근할 수 있었다. "이것들이 우쿤 파차 시기에 만들어진 사례들입니다. 즉 잉카인들의 작품이죠." 가마라가 폐허를 가리키며 말했다. 그는 일부는 굉장히 훌륭하게 지어졌다고 하면서 그 예로 3개의 동심원 구조로 된 벽을 가리켰다. 가마라의 설명에 따르면, 잉카인들은 그것을 무유크 마르카(Muyuc Marca)라고 불렀다. 무유크 마르카는 한때 30미터 이상 솟은 탑이었고 "잉카"라는 칭호의 황제가 거주하는 황궁이었다. 그리고 이 칭호는 후대에 나라 전체에 적용되어 "잉카 제국"이 되었다.

가마라의 주장은 무유크 마르카 같은 건물에서 볼 수 있는 것들이 잉카인들이 만들 수 있는 최상의 결과라는 것이었다. 만약 그렇다면 잉카인들의 결과물은 거석 벽보다 확연히 열등하고 다른 것이어서 명백히 다른 문화의 작품일 수밖에 없었다.

이런 생각은 오늘날 고고학자들 사이에서 이설로 간주되지만 흥미롭게도 안데스 산맥에서 최초로 19세기 후반과 20세기 초반에 진지한 과학적 정밀조사를 했을 때에는 이설로 생각되지 않았다. 예를 들면 페루의 광범위한 지역을 여행한 뒤 고전적 연구서 『페루의 잉카(*The Incas of Peru*)』를 저술한 위대한 지리학자 클레멘츠 마컴 경은 사크샤우아만의 기원에 관해서 "잉카인들은 아무것도 모른다"라고 말했다.

가르실라소는 잉카인들이 지은 탑, 벽, 문을 언급하고 건축물의 이름까지도 제시했다. 하지만 이것들은 거대한 거석 요새 안에다 후대에 지은 방어 시설이었다. 외부의 벽은 틀림없이 거석문화 시기의 것이다. 이러한 종류의 벽으로 이것에 비견될 수 있는 구조물은 세계 어느 곳에서도 없다.[11]

마컴이 언급한 "가르실라소"는 편년사가 가르실라소 잉카 데 라 베가이다. 그는 스페인 정복자와 잉카 공주의 아들이며, 쿠스코에서 태어나고 자란 데다가 어머니의 모국어인 잉카인의 언어 케추아어를 말할 수 있었다. 따라서 이런 유산 덕분에 그는 진정한 잉카 전통에 본격적으로 접근할 수 있었다. 만약 사크샤우아만의 거석 요소들이 가르실라소의 탄생보다 한 세기만 앞서는 상대적으로 최근의 것이었다면, 그 사실은 아주 생생하게 그의 기억 속에 남아 있었을 것이다. 더 나아가 굉장히 장엄한 업적을 눈으로 목격하고 그것을 전하는 설명도 있었을 것이다. 하지만 가르실라소는 그런 부류의 설명은 전혀 하지 않았다. 대신 거석 벽을 "세계 7대 불가사의보다 더욱 신비하다"고 서술하며 마법으로 지어진 것 같다고 말했다. 다음은 그가 『잉카에 관한 공식 보고서(*Royal Commentaries*)』에서 사크샤우아만에 관해서 적은 것이다.

실제로 보지 않은 이들은 상상도 하지 못할 크기이다. 가까이서 주의 깊게 바라보면 대단히 비범하여 건설에 마법이 주도적인 역할을 한 것이 아닌가 하는 생각이 든다. 사람이 아닌 악마들이 지은 것이 틀림없다고 생각해도 무난할 정도이다……만약 이 믿기지 않는 작품이 기계의 도움 하나 없이 완성된 것이라면 세계 7대 불가사의보다 더욱 신비하다고 말하는 것이 지나친 것일까? 페루인들이 건축 석재라기보다는 산덩이 같은 거대한 돌덩어리들을 나누고, 새기고, 들고, 운반하고, 끌어올리고, 내려서 이런 벽들을 완성했다는 사실을 대체 어떻게 설명해야 할까? 그것도 기계나 도구의 도움 없이? 마법의 도움을 받았다는 것 외에는 이 수수께끼를 쉽게 풀 수 없을 것이다.[12]

그렇다면 우리는 다시 신들의 마법사들이 해낸 일을 보고 있는 것인가? 호루스에게 바쳐진 상부 이집트 에드푸의 거대한 신전을 기억하는가? 호루스는 때로는 매로, 때로는 사자로 묘사되었는데, "사크샤우아만"이라는 명칭 자체가 매(구체적으로는 "만족한 매")를 뜻한다는 점은 참으로 흥미롭다. 게다가 주변 산의 정상에서 바라보면 쿠스코의 가장 오래된 구역과 결합하여 어마어마한 크기의 고양잇과 동물(구체적으로 말하면 아메리카에서 가장 구세계 사자와 가까운 생물인 퓨마)의 지상 그림을 형성한다는 것은 오래 전부터 알려진 사실이다. 투유마요 강(지금은 지하로 흐르는 강)은 이 고대 사자의 척추를 나타낸다. 흉부는 투유마요 강이 동쪽으로 흐르는 지역과, 우아트나이 강(현재 지하로 흐르는 강)이 서쪽으로 흐르는 지역 사이의 비좁은 땅에 해당한다. 그리고 사크샤우아만은 사자의 머리로 인식된다. 헤수스 가마라가 안데스 산맥의 두 번째 문명(우란 파차)이 세운 것이라고 주장하는 지그재그 벽은 코와 주둥이 부분의 위쪽 윤곽에 해당한다. 코는 서쪽, 즉 분점(分點) 일몰의 방향을 향한다. 기자의 스핑크

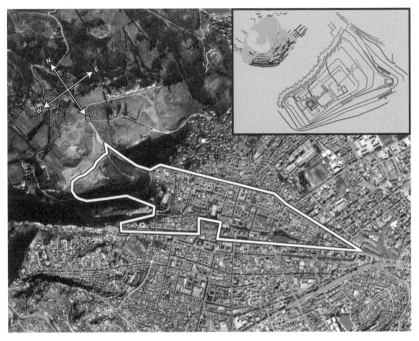

그림 62 쿠스코와 사크샤우아만의 "퓨마."

스가 분점 일출 방향인 동쪽을 향하는 것과 같다.[13]

전승에 의하면 스핑크스 아래의 터널 연결망에는 신비스러운 보물들이 숨겨 있다고 했는데, 이는 현대의 발굴로 인해서 사실임이 드러났다.[14] 사실상 같은 전승이 이곳에도 있다(역시 현대의 발굴로 증명되었다). 그 내용은 사크샤우아만 사자의 머리 아래에 있는 엄청나게 긴 터널들의 미로에 들어가면, "영원히 길을 잃어버리거나, 아니면 그곳에서 나오기는 하나 손에 보물을 쥔 채 정신을 잃고 헛소리를 하게 된다"는 것이다.[15]

우리가 사크샤우아만을 떠나기 전, 헤수스 가마라는 거석 벽에서 북동쪽으로 몇백 미터 떨어진 아주 기이한 장소로 나를 데려갔다. 그곳에는 높이 6미터에 폭이 6미터인 육중한 바위 중앙에 형성된(잘린 것이 아닌) 듯한 디딤대가 12개 정도인 좁은 계단이 있었다. 그 계단은 완공되었을 때 오직

위에서만 내려다볼 수 있었을 것이다. 하지만 바위는 두 부분으로 갈라져 (가마라는 지진 때문이라고 생각했다), 한 부분이 똑바로 선 다른 부분에 40도 정도의 각도로 기대면서 계단을 노출시켰다. 우리는 땅에서 그 계단 쪽으로 접근해갔다. 본래대로라면 계단의 맨 밑 부분이 땅에 닿았을 법한 지점에 이르자, 가마라는 내게 지금은 석판들로 채워진 깊고 어두운 구멍처럼 보이는 입구를 보여주었다. "터널입니다. 쿠스코까지 지하로 연결되어 있죠. 하지만 정부가 사람들의 탐사를 막기 위해서 입구를 봉쇄했습니다."

문명화 임무

이후 며칠간 헤수스 가마라는 내게 자신의 이론을 뒷받침하는 더 많은 증거들을 보여주었다. 그의 논리를 이해하고 나니, 모든 곳에서 관련 사례들이 보였다.

쿠스코 ― 잉카인들의 언어 케추아어로 "지구의 배꼽"이라는 의미를 가진 곳[16] ― 의 도심지에 이르자, 가마라는 나를 코리칸차로 알려진 고대 신전으로 데려갔다. 이 신전은 스페인의 정복 이후 성당으로 개조되었다. 이 신전은 잉카인들이 사용했고 실제로 그들의 종교적인 삶의 중심지였지만, 가마라는 잉카인들이 그 신전을 지었다고 보지 않았다. 그는 잉카인들이 직접 신전의 일부분을 수리하고 사소한 구조물을 몇 개 증축했지만, 세련되고 정밀하고 각이 예리한 회색 화강암 석조물 대부분은 잉카보다 수천 년은 앞서는 우란 파차("두 번째 세계") 시기의 것이라고 주장했다. 가마라는 구체적 시기 설정을 망설였지만, 코리칸차가 본래 "2만 년보다도 더 이전에" 세워졌다는 의견을 제시했다. 그는 이 신전이 하난 파차("첫 번째 세계")의 거석 유적(쿠스코라는 도시명의 기원이 된 "노출된 지구의 배꼽을 나타내는 바위"가 있던 곳[17])을 기념하기 위해서 지어졌다고 말했다.

쿠스코의 토대와 관련하여 잉카인들은 전설을 남겼고, 가르실라소 잉카 데 라 베가는 이를 우리에게 전했다. 과거에 안데스 산맥 거주민들은 전 세계적인 대재앙으로 인해서 굉장히 초라한 상태로 전락했다. 잉카의 귀족이 었던 가르실라소의 삼촌은 대재앙 이후의 저 먼 옛날 사람들에 관해서 가르실라소에게 다음과 같이 말했다. "그들은 짐승처럼 살았지. 질서도 종교도, 마을도 집도, 밭도 옷도 없었단다……동굴에서 살면서 풀, 뿌리, 야생 과일, 더 나아가 인육까지 먹었지……그들의 이런 모습을 보자, 우리 아버지 태양께서는 창피함을 느끼시고 문명이라는 선물을 안기고 교화를 하기 위해 그분의 아들과 딸을 하늘에서 땅으로 내려보내기로 하셨단다. 그들은 이제 태양의 법과 계율을 지키고, 집을 짓고 모여 마을을 이루게 될 것이었지."[18]

이 천상에서 온 남녀 한 쌍은(남매이자 남편과 아내이기도 했던 이집트의 이시스와 오시리스처럼) 태양신이 내린 황금 막대를 가지고 땅을 여행했다. 태양신은 자신의 아들과 딸에게 적합한 장소를 찾을 때까지 땅의 다양한 지점에 그 막대를 꽂아보라고 지시했다. 적당한 장소만 찾으면 단 한번에 막대가 사라지고 그 터에 그들을 위한 궁전이 생겨날 것이었다. 결국 "잉카와 그의 아내는 쿠스코 계곡에 들어섰다. 그들은 그곳(쿠스코 카라 우루미, 즉 "노출된 지구의 배꼽을 나타내는 바위"라고 불리는 곳)에 막대를 꽂았고, 그것은 땅에 파묻혔을 뿐만 아니라 완전히 사라졌다……그리하여 왕의 도시가 생겨났다."[19]

이 전설은 제7장에서 다루었던 조로아스터교의 족장인 이마의 이야기와 지극히 유사하다. 이마는 신으로부터 황금 단검을 받고 땅에 찔러넣었는데 그로부터 문명의 기반이 형성되었다.

안데스 산맥에서 피어난 문명은 그 얼마나 대단한 문명이었던가! 비범하고 거대한 건물인 코리칸차 신전을 볼 때, 틀림없이 비범한 기술과 기량을 발휘한 것으로 보인다. 엄청난 화강암 돌덩이들은 매우 훌륭하게 잘려나 갔고(가마라는 잘린 것이 아니라 버터처럼 주물러서 그렇게 만들었다고 주 장한다), 그 돌들로 구성된 우뚝 솟은 내실은 신전이라기보다는 거대하고 정교한 기계의 일부 같은 느낌이 들었다. 여러 돌덩이들에 새겨진 복잡한 일련의 장식 홈, 구멍, 틈새는 마치 회로가 제거되어 흔적만 남은 인쇄된 회로 판을 보는 것 같았다.

코리칸차 내부에서 어느 정도 시간을 보낸 뒤 가마라는 나와 함께 신전 에서 빠져나와 인근의 로레토 거리로 향했다. 그는 나와 함께 걸으며 그 거리가 자신의 주장을 생생하게 입증해준다고 장담했다. 로레토 거리는 높은 벽들과 인접한 좁은 골목이었다. 위로는 현대식 석고 세공의 영역이 있는 이 벽들에서는 명확히 구분되는 네 가지 다른 석조 건축양식이 보인 다. 가마라는 이 양식들 중 두 가지가 잉카, 즉 우쿤 파차의 것이며 한 가 지가 17세기 혹은 18세기경 식민지 시대의 것, 나머지 한 가지가 우란 파차 의 것이라고 했다.

길의 한쪽 면을 따라가면 모든 부분이 코리칸차의 내부처럼 훌륭하고 아름답게 딱딱 들어맞는 화강암 돌덩이들이 있다. 실제로 이 벽의 영역은 코리칸차의 큰 방들 중 하나가 외부로 돌출된 것이었으므로, 가마라에 따 르면 우란 파차 시기의 것이었다. 돌덩이들 사이의 연결 부위는 굉장히 얇 고 복잡했다. 서로 맞물리는 형상이어서 실제로 주물러서 만든 것처럼 보 이기도 했다. 여기에 더해 연결 부위 주변으로는 흥미로운 유리 같은 윤기 가 돌았는데 — 이전에 가마라는 사크샤우아만에도 같은 사례가 있음을 보여주었다 — 가마라는 이것이 "고열로 인한 유리화"의 증거라고 생각했 다. 그는 우리가 보고 있는 것이 몇 세기 동안 행인들이 문지르거나 만지거 나 해서 생기는 일반적인 윤기와 다르다는 것을 설득력 있게 주장했다. 실 제로 일부 파손되거나 부서진 부분들에서도 "유리화된" 요소 — 나는 이것이 정말로 그런 요소라고 주장하지는 않겠다—는 남아 있었고 그리하여 밑에 깔린 돌덩이들은 표면이 말끔했다.

우란 파차 돌덩이들의 층 옆으로는, 비록 높이가 같지는 않았으나 표면 적으로는 비슷해 보이는 돌덩이들이 있었다. 그러나 자세히 살펴보면 명백히 도구의 흔적이 있었고 유리 같은 윤기도 없는 조잡한 돌덩이들이었는데, 일부 연결 부위 사이에는 큰 틈이 나 있었다. "훌륭한 우쿤 파차의 작품이군요." 가마라가 평했다. "잉카인들이 만든 겁니다. 우란 파차 양식을 모방하려고 최선을 다했지만, 그다지 성공하지 못했죠. 그들의 노력은 뒤로 갈수록 점점 더 신통치 못한 결과를 내놓았습니다."

이어 그는 더 위에 있는 연결 부위 사이의 넓은 공간을 어도비 점토로 채운 불규칙한 자갈들로 쌓은 4개의 층을 가리켰다. "식민지 시대의 것이죠."

마침내 그는 나를 길의 다른 부분으로 데려가서 모르타르 등을 쓰지 않고 자연스럽게 만든 긴 석벽 영역을 보여주었다. 자갈들은 특정 모양을 내려고 했지만, 어설프고 고르지 않게 맞춰져 있었다. 연결 부위의 틈에는 어도비 점토가 없었다. "잉카인들의 것입니다." 가마라가 말했다.

"고고학자들의 의견은 어떻던가요?" 내가 물었다.

이에 가마라가 싱긋 웃으며 말했다. "식민지 시대의 작품은 알아보더군요. 하지만 그들은 어리석게도 다른 모든 것이 잉카인들의 것이라고 믿었습니다. 그들은 잉카 이전에는 진보된 문명이 없었다고 굳게 믿기 때문에, 우란 파차 시기의 돌덩이들과 잉카의 작품 사이에 큰 차이가 있다는 사실을 외면했습니다."

"잉카인들이 때로는 작품을 더 복잡하게 보이기 위해, 적어도 저기 보이는 영역에서는 우란 파차 양식을 모방하려 했다는 거죠?"

"더 복잡하게 만들려고 했지만 미치지는 못했죠. 고고학자들은 이런 차이점을 알아봐야 마땅합니다. 기량의 질에 굉장한 차이가 있고, 특히 유사한 사례들이 이 지역 전체에서 발견되니까요. 이런 다양한 차이점은 서로 다른 문화들이 엄존한다는 증거가 아니고 무엇이겠습니까?"

신성한 계곡

가마라는 코리칸차 신전의 훌륭한 거석 작품이 우란 파차 시기의 것이라고 보았다. 그런데 그는 이 지역에서 많은 건축물들이 순수하게 하난 파차 시기(안데스 문명 중 가장 오래되었고 또 석조작업이 완전히 거대한 돌로만 이루어진 시기)의 것이라고 생각한다. 여러 커다란 기반암의 노두(露頭)는 계단, 테라스, 벽감의 기괴한 복합체로 완전히 변모되었다. 사크샤우아만을 넘어 조금 더 나아가면 나오는 켄코라는 노두에는 암붕(岩棚), 복도, 숨겨진 벽감 등으로 채워진 신비로운 돔의 측면을 구불구불 나아가는 뱀처럼 생긴 홈과 통로들이 있었다. 원석을 조각하여(혹은 손으로 주물러서) 만든 최상부에는 타원형 돌출부가 있었는데, 그 위로는 짤막한 두 갈래 포크형의 가지가 나 있었다. 여기에 더해서 다양한 동물들(퓨마, 콘도르, 라마)의 윤곽이 있었고 또 더 많은 테라스와 어디로도 통하지 않는 계단들도 있었다.

우리는 현지에서는 달의 신전으로 알려진 100미터 높이의 다른 조각된 노두로 향했다. 작은 산 같은 이 노두의 토대에는 어둡고, 신비롭고, 습곡처럼 생긴 안으로 들어가는 틈이 있는데, 그 틈의 가장자리를 따라서 대략 어깨 높이로 구불구불하게 조각된 기묘한 구근 모양 머리를 가진 뱀의 형상이 나타난다. 노두의 안으로 들어가는 입구 오른쪽 바위는 명확히 눈, 코, 귀를 완벽하게 갖춘 코끼리 머리 모양이다. 뱀에 관해서는 의심을 품을 여지가 없지만 코끼리라니? 이것이 바로 심리학자들이 파레이돌리아(pareidolia : 실제로 존재하지 않는 중요한 모양과 패턴을 보는 인간의 경향)라고 부르는 환각의 한 사례일까? 그렇지 않다면 과거의 어느 영

그림 63

리한 예술가가 고의로 바위에 코끼리 형태를 조각한 것일까? 후자의 경우라면 역사에 문제가 발생한다. 여기에 묘사될 수 있는 코끼리와 연관된 최후의 종은 적어도 6,000년 전에 남아메리카에서 멸종한 쿠비에로니우스(Cuvieronius)이다. 그에 반해서 잉카인들은 1,000년도 채 되지 않는 과거에 달의 신전을 만들었다고 추정되고 있다.

　뱀에 관해서는 이 장에서 앞으로 좀더 많이 설명할 것이고, "코끼리"에 관해서는 그 다음에 언급할 것이다. 아무튼 나는 신전에 들어가기 위해서 바위의 틈 사이로 허리를 구부렸는데, 발 근처에 조각된 다른 바위 동물이 있다는 것을 알아챘다. 이번에는 퓨마의 조각이었는데 다소 손상된 모습이었다.

　이어 산의 내부 같은 곳으로 들어가자, 은은한 벨벳 같은 어둠이 나를 감쌌다. 동굴은 5미터 너비였는데 구불구불 나아가는 느낌이었다. 내 왼쪽으로는 벽을 깊이 파서 만든 벽감이 2개 있었고, 20미터 앞에서는 눈부신 황금빛이 위쪽의 바위 구멍을 통해서 내려오고 있었다. 그 빛은 2개의 큰 계단이 있는 약 1.5미터 높이의 바위 토대를 비추었다. 나는 토대에 올라서서 그곳에 앉아 바위에 등을 기대고 깊은 생각에 빠졌다.

가마라는 이곳이 가장 고대인 하난 파차 시대의 것이며, 잉카와는 무관하다고 말했다. 어쨌든 하난 파차는 사크샤우아만의 거석들과, 놀라울 정도로 정교한 코리칸차 신전의 건축물을 만든 우란 파차 시대보다 한참 앞서는 시대이다. 주변을 둘러보고 그 분위기에 흠뻑 젖어들면서 나는 점점 더 가마라의 주장에 동의하게 되었다. 이 동굴을 만든 사람들은 코리칸차 신전을 만든 사람들과는 분명 다르다. 시대의 차이로 건축양식만 다른 것이 아니라, 시대적 윤리와 정신적 분위기마저도 서로 달랐다.

우리는 달의 신전에서 빌카노타 강의 성스러운 계곡 가장자리를 따라 18킬로미터를 차로 달려 피삭에 도착했다. 우리의 한참 아래에 있는 강은 햇빛을 받아 반짝였고 주변에 장관을 이루는 산간 지역은 셀 수 없이 많은 비옥한 계단식 밭들로 인해서 에메랄드 빛으로 빛났다. 그것은 제국에 풍족한 농업적 결실을 가져오기 위해서 잉카인들이 만든 것이었다. 안데스 전역 어디서든 볼 수 있는 이 계단식 밭의 가장자리를 떠받치는 수천, 수만의 자연석으로 만들어진 벽을 조직하고 건설하는 일은 불가사의하게 보였다. 그야말로 건축학적 경이였고 세계 7대 불가사의에 견주어 조금도 손색이 없는 업적이었다. 그것은 다른 많은 잉카 문명의 양상도 마찬가지이다. 나는 잉카 이전에 문명이 있었다는 주장으로 잉카의 업적을 깎아내릴 생각은 전혀 없다. 오히려 그와는 반대로, 잉카가 과거의 지혜와 지식이라는 뛰어난 유산을 잘 계승했기 때문에 그토록 놀라운 모습을 보일 수 있었다고 생각한다.

그리고 우리는 성스러운 계곡이 내려다보이는 훌륭한 자연경관 속에서 피삭을 탐구했다. 피삭은 여기에서 북서쪽으로 70킬로미터 떨어진 마추픽추보다 덜 알려진 유적지이지만, 여러 가지 측면에서 더 장관인 곳이었다.

마추픽추처럼, 주변의 모든 것들이 시립(侍立)하는 것처럼 보이는 피삭의 중심적 존재는 인티후아타나(Intihuatana : "태양을 거는 기둥"이라는 뜻)이다. 인티후아타나는 가마라가 주장한 하난 파차 시대의 양식 그대로, 인간의 손으로 만들어진 육중한 바위 노두였고, 꼭대기에는 지시침(指時針) 같이 생긴 형상이 튀어나와 있었다. 인티후아타나 주변으로는 후대의 우란 파차 양식의 다각형 돌덩이들을 활용하여 만든 아름다운 모양의 벽들이 있었다(경우에 따라서는 노두의 표면에다 벽을 세우기도 했다). 이것들은 마치 인티후아타나를 떠받치고 보호하려고 설계된 것처럼 보였다. 그리고 그 벽들 주변으로는 보다 단순하고 조잡한 우쿤 파차(잉카)의 돌 구조물들이 있었다.

"각 문명은 이전 문명을 숭배하고 존경했습니다. 선조들의 작품 근처에 건물을 짓고 그들의 작업을 모방함으로써 존경심을 표시했던 거죠. 로렌토 거리에서 보여드렸던 것처럼, 잉카인들은 우란 파차 방식을 모방하려고 무척 애를 썼습니다. 하지만 그렇게 훌륭한 작품을 만드는 지식이나 올바른 조건을 알지 못했습니다." 가마라가 말했다.

가마라가 말한 "올바른 조건"은 그가 추론한 과거 시대의 낮아진 중력이나 바위의 높은 가소성(可塑性)이었다. 하지만 다른 문화에서 기원한 다른 건축양식들에 대한 가마라의 탁견만으로도 지금 우리가 보고 있는 것을 잘 이해할 수 있었으므로, 나는 그런 중력이나 바위의 가소성까지 받아들일 필요는 없었다.

나는 세 가지 독특한 양식에 관한 많은 사례들을 살펴보았다. 때로 가마라가 안내한 경우도 있었고 그렇지 않은 경우도 있었다. 내가 이전 책들에서 상세하게 논했던 마추픽추 역시 전형적인 하난 파차 시대의 유적이고, 후대의 문명들은 마추픽추의 방식을 수용하여 거기에다 증축을 했다. 이 지역에는 먼 계곡을 내려다볼 수 있는 한 신비로운 작은 동굴이 있었고, 이곳의 바닥을 통과하여 쿠스코와 마추픽추를 연결하는 철도 선로가 지나갔다.[20] 몹시 가파른 계곡의 측면을 따라 난 300미터의 비좁은 길을 올라가는 일은 꽤 힘들었지만, 그래도 충분히 보람이 있었다. 동굴 앞에는 검은 안산암 바위가 있었는데, 그 표면에 계단형 피라미드가 조각되어서 — 혹은 손으로 주물러서? — 바위는 기이하게 보이는 사당으로 꾸며져 있었다(사진 60 참조).

보물 사냥꾼들은 이곳에 와서 사당을 다이너마이트로 폭파했지만, 거기서 살아남은 부분들만으로도 폭파 전에 이 유적이 얼마나 훌륭했는지 짐작할 수 있었다. 같은 하난 파차 방식이 적용되어 동굴의 한쪽 벽은 매끄럽게 다듬어져 있었고, 모서리가 기계로 갈아내기라도 한 듯이 아주 정밀한 직선인 벽감 역시 벽에 설치되어 있었다. 그 과정에서 나는 동굴 밖을 내다보며 오른쪽에 있는 다른 벽을 보게 되었는데, 어도비 점토를 바른 거친 잉카의 석벽이었다. 이 벽에는 조잡하게 만들어진 6개의 벽감이 있었는데, 이는 분명 왼쪽의 고도로 정교한 벽감을 모방하다가 실패한 것이었다. 시공 기량의 수준과 방식은 완전히 달라서 양쪽의 벽감이 같은 문명의 것이라고 주장하는 현재의 통설은 정말 납득하기 어려웠다. 눈으로 증거를 직접 보니 잉카인들이 과거의 기념물을 숭배하고 모방했다는 가마라의 이론이 훨씬 더 타당하다는 생각이 들었다.

데자뷔

페루를 떠나 볼리비아로 향하는 길에 우리는 해발 3,812미터인 티티카카 호반에 있는 푸노라는 마을에서 잠시 쉬었다. 그다음 날 우리는 다시 남쪽으로 차를 몰아 22킬로미터를 달려 해발 4,023미터의 인상적인 대지(臺地)에 도착했다. 이곳의 정상에는 쿠팀보라는 고고학적 유적이 있었다. 유적의 주된 특징들 — 여러 개의 높은 탑 형태들, 일부는 원형, 일부는 사각형인데 묶어서 추야파스(chullapas)라고 한다 — 은 길에서도 볼 수 있었다. 이 유적은 현지의 귀족인 루파카스 가문의 무덤으로 지어진 것으로 보이는데, 이 인디언 귀족 가문은 1470년과 1532년 사이에 잉카의 봉신이었던 것으로 추정된다.[21] 그 시기에 추야파스에 매장이 이루어졌던 것은 틀림없어 보이지만,[22] 뛰어난 다각형 돌덩이들로 만들어졌고, 가마라가 말한 우란 파차 양식의 특성을 고스란히 간직한 탑들이 귀족들의 매장 시기보다 훨씬 이전에 완성되었을 가능성 또한 반드시 고려해야 한다.

이제 나는 안데스 산맥의 희박한 공기에는 익숙해졌지만, 타오르는 오전 태양 아래에서 대지의 옆면까지 풀이 웃자란 황색 팜파스를 따라 오래 걸어서 몹시 고단했다. 하지만 정상에 이르자 피로감은 싹 사라졌다. 여러 개의 탑과 — 보물 사냥꾼들의 폭파로 인한 결과 — 이곳저곳에 무작위로 널린 돌덩이들에 선명한 부조에 보이는 진정으로 흥미로운 형상을, 나는 관찰하기 시작했고 산타는 카메라의 셔터를 열심히 눌러댔다.

그로부터 1년 뒤, 지구 반대편의 샨르우르파 박물관에서 괴베클리 테페의 부조들을 검토하다 갑자기 내 머리에 떠오른 그림이 바로 이 형상이었다(물론 달의 신전에서 보았던 바위 뱀도 생각났다). 나는 독자들이 사진 61-72를 보고서 독자적으로 판단해보기를 바란다. 이것들 사이에는 다음과 같은 명백한 유사점들이 있었다.

클라우스 슈미트가 확인한 바에 의하면, 괴베클리 테페의 부조에 새겨진 벌어진 발톱과 강한 어깨를 가지고 몸의 왼쪽으로 꼬리를 구부린 맹수이다.

굉장히 유사한 동물이 쿠팀보에서도 나타난다. 똑같이 벌어진 발톱, 강한 어깨를 가지고 있지만 대신 꼬리는 오른쪽으로 구부린 모습이다.

괴베클리 테페나 쿠팀보 모두 도롱뇽과 뱀을 묘사한 부조가 있다. 이들 모두 그 제작방식이 굉장히 유사하다.

괴베클리 테페의 소위 "토템 폴(기둥)"의 생식기 높이에는 작은 머리 하나와 두 개의 팔이 돌출되어 있다. 머리는 툭 튀어나온 이마에, 단호한 표정이다. 양손의 긴 손가락은 거의 만날 정도로 가깝게 놓여 있다. 남자의 자세는 바위에 기대어 북을 연주하는 모습이다. 쿠팀보의 원형 탑들 중 하나의 커다랗고 볼록한 돌덩이에 나타난 두 형상의 자세도 마찬가지이다. 그들은 "토템 폴"처럼 똑같이 단호한 모습에 튀어나온 이마를 가지고 있다.

"토템 폴"의 다리에 감긴 두 마리의 뱀은 유별나게 머리가 커서 마치 향유고래처럼 보인다. 쿠스코 위에 있는 달의 신전의 어둡고 비좁은 입구에 나타난 뱀도 마찬가지이다.

괴베클리 테페의 부조에서 나타난 사자나 쿠팀보의 부조에서 나타난 퓨마나 묘사방식은 흡사하다.

나는 이런 유사성을 어떻게 해석해야 할지 난감하다. 우연의 일치일까? 그럴 수도 있다. 하지만 그런 유사성이 계속 발견된다면 어떻게 될까?

비라코차의 도시

페루에서 볼리비아 국경으로 들어가는 과정은 상당히 골치 아팠다. 일련의 관료주의적 장애물이 계속 나타났고 긴 대기 행렬을 거쳐야 했기 때문이다. 하지만 국경 가까이에는 코파카바나라는 매력적인 이름의 도시가 있었고, 티티카카 호수를 내려다볼 수 있는 편안한 호텔이 있었다. 시간이 허락했더

그림 64

라면 우리는 태양과 달의 섬을 방문했을 것이다. 하지만 이미 여러 번 가본 적이 있었고 더군다나 이번 여행의 목표도 아니었다. 거대한 호수의 남동쪽 기슭 근처에 있는 해발 3,901미터인 알티플라노의 티아우아나코 유적이 바로 우리의 목표였다. 이곳은 개인적으로도 꼭 다시 와보고 싶었던 곳이다.

정통 고고학자들은 티아우아나코가 기원전 1580년에서 기원후 724년 사이의 시기에 지어진 것으로 추정하지만, 나는 『신의 지문』과 『천상의 거울』에서 그보다 수천 년 전의 것으로 결국 증명될 것이라고 주장했다. 아직까지 유적은 2퍼센트도 발굴되지 않았다. 발굴이 더 진행되면 고고학적 패러다임은 바뀔 수밖에 없다는 것이 내 생각이다. 2015년 3월 27일, 볼리비아의 티아우아나코 고고학 연구소의 보고가 그런 변화의 전조일지도 모른다. 지하 투과 레이더를 활용한 연구 결과, 그들은 전에 발굴되지 않은

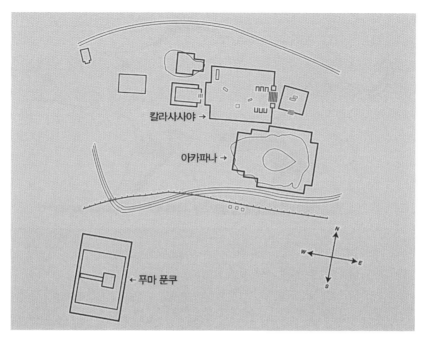

그림 65 티아우아나코의 주요 구조물들.

유적 구역에 "완전히 묻힌 피라미드"와 거석들로 추정되는 "지하의 많은 이례적인 것들"이 있다고 밝혔다. 이 신비로운 구조물들에 관해서 더 많은 것을 알려주게 될 5년의 발굴계획은 이제 막 시작되었다.[23]

  이전에 출판된 내 책에서 이미 상세하게 티아우아나코에 관해서 서술했기 때문에 여기서 불필요하게 되풀이하지 않겠다. 2013년 10월에 이곳을 방문해서 새롭게 알게 된 사실은 푸마 푼쿠의 광대한 단(壇) 주변으로 흩뿌려진 거석들이 아주 수준 높은 방식으로 절단되었다는 점이었다(헤수스 가마라는 손으로 주물러 만들었다고 할 것이다). 또 그 거석들이 딱딱 들어맞는 점은 기계 시대 수준의 정밀함을 자랑했다. 이곳에서 나는 코리칸차 신전에서 본 것과 흡사한 회로가 뜯겨나간 회로처럼 보이는 거석들을 보기도 했다. 다른 거석들은 십자 모양의 움푹 들어간 부분이 있었는데 그

그림 66 톡소돈의 상상도(위). 티아우아나코의 반지하 신전 기둥에 새겨진 형상(아래 왼쪽 : 사진, 아래 오른쪽 : 강조한 사진).

모습이 마치 어떤 기묘한 장치의 일부분처럼 보이기도 했다. 아니면 오래 전에 산화(酸化)되거나 약탈자들에 의해서 해체된 금속 축이나 연결부분처럼 보이기도 했다.

이전에 몇 차례 방문했을 때에는 미처 발견하지 못해서인지는 몰라도, 특히나 놀라웠던 점은 여러 층을 구성하는 육중한 안산암 돌덩이들이 같은 틀에서 찍어낸 것처럼 모두 똑같으며, 전부 "H"자의 형태를 취하고 있다는 것이었다. 이것이 괴베클리 테페 기둥들의 띠에서 드러난 "H"자 무늬와 너무나 비슷하여 서로 비교해보자, 그저 우연의 일치라고 하기는 힘들어 보였다(참조 사진 75, 76).

이어 티아우아나코의 반지하 신전에 새겨진 기둥 조각상이 있다. 의인화된 특성이나, 측면을 감고 있는 뱀들이나, 몸의 앞에서 긴 손가락이 거의 만나는 모습은 괴베클리 테페의 토템 폴과 비슷하다. 하지만 얼굴은 동물이 아닌 사람이고, 덥수룩하게 수염이 나 있다. 머리 옆에 새겨진 동물은 영락없이 톡소돈을 닮았다(그림 66 참조). 톡소돈은 대략 1만2,000년 전 빙하기 말엽의 대재앙 동안에 멸종한 일종의 신세계 코뿔소였다. 톡소돈은 분명 이곳에 존재했다. 그렇다면 이제 답하기 어려운 단 하나의 질문이 남게 된다. 이것은 톡소돈을 묘사한 것인가, 아니면 예술가가 상상력을 발휘하여 허구의 생물을 그려넣은 것인가?

나는 이어서 칼라사사야로 향했다. 고대 티아우아나코의 의식 중심지로 보이는 칼라사사야는 거석 벽으로 경계를 세운, 탁 트인 거대한 직사각형 유적이다. 단일 거석으로 된 태양의 입구 위로는 코와 상아를 가진 코끼리의 형상이 새겨져 있는데, 이는 사크샤우아만 근처 달의 신전의 기반암에 새겨진 코끼리와 유사했다. 비평가들은 이 티아우아나코 "코끼리"를 그저 나란히 선 두 마리의 콘도르 머리라고 해석하면서 대수롭지 않게 보았다. 비평가들의 말이 맞는다면, 입구 좌우의 같은 위치에 있는 형상을 설명하기가 굉장히 난처하다(그림 67 참조). 나란히 선 두 마리의 콘도르가 코끼리 부조와 다르다는 것이 분명하게 드러난다.

자연에서 보고 조각을 새긴 것이라고 한다면, **그렇게** 오래된 일도 아니다. 이전에 말했듯 쿠비에로니우스는 6,000년 전까지 남아메리카에 존재했기 때문이다. 반면 마스토돈과 가장 연관된 종은 1만2,800년에서 1만1,600년 전인 영거 드라이어스 시기 동안에 멸종했다.

칼라사사야는 거대하고 탁 트인 빈 공간이다. 하지만 이곳에는 내가 다시 한번 살펴보고 싶은 두 개의 조각상이 있었다. 볼리비아 고고학의 "대

그림 67 태양의 입구에 새겨진 것은 코끼리인가, 아니면 나란히 선 두 마리의 콘도르인가?

부" 카를로스 폰세 산히네스의 이름을 딴 폰세 거석, 그리고 폰세 거석과 양식은 거의 같지만 조금 다른 버전이고 크기가 더 작은 엘 프라일레("수사[修士]")가 그것이다.

두 거석이 놀라웠던 것은 손의 모양 때문이었다. 손가락이 배를 가로질러 거의 만나고 있었던 것이다. 이는 실질적으로 괴베클리 테페 기둥이나 토템 폴에 나타난 손 모양과 동일한 것이다. 하지만 티아우아나코의 손들은 메소포타미아 압칼루들처럼 수중에 물건을 들고 있었다. 그렇지만 원뿔이나 양동이는 아니었다. 고고학자이자 민족식물학자인 콘스탄티노 마누엘 토레스에 의하면, 그 물건은 환각제인 디메틸트립타민 분말을 흡입하기 위한 코담배 쟁반이다.[24] 그런 분말은 아마존 우림의 약초에서 채취한 것이었다.

이것은 알티플라노의 춥고 검소한 산악지에서도 분방하고 활기 넘치는 아마존의 생활이 그리 멀리 떨어져 있지 않음을 상기시키는 것이다. 한때 전 세계에 퍼졌을지도 모르는 사라진 문명의 흔적을 찾아나설 때 아마존은 우리가 가장 먼저 생각하는 장소는 아닐지 모른다. 하지만 아마존의 빽빽한 정글은 그동안 완전히 숨겨져 있었고, 최근의 벌채로 인해서 고대 도시, 거석, 거대한 토목 공사, 농경의 잔해가 세상에 드러나게 되었다. 이런 것들은 신비한 문명화 과정의 영향으로 더욱 세련되게 다듬어져 수천 년 동안 풍요롭게 유지되었을 수도 있다.[25]

또한 명백한 것은 어딘가에서 물려받은 높은 수준의 과학 기술의 유산이 대대로 샤먼들을 통해서 전해졌다는 점이다. 두 개의 정글 식물로 환각제 디메틸트립타민이 포함된 음료(아야와스카)를 만들었다는 것은 믿기 힘들 정도의 약학적 업적이다(재료가 되는 두 식물은 개별적으로는 환각을 일으키지 못한다). 아마존에 각기 다른 15만 종의 식물들이 있다는 점을 고려하면, 어떻게 이런 조제를 할 수 있었는지 더욱 신비스럽다. 마찬가지로, 11개의 다른 재료를 사용하고 준비과정 중에 치명적인 연기가 나오는 쿠라레 같은 신경 치료제는 하룻밤 동안에 환상적인 꿈을 꾼다고 만들 수 있는 것은 아니고, 철저히 계산된 과학을 적용하여 만든 약제이다.

티아우아나코 단일 거석들에 관한 또다른 흥미로운 점은, 허리 아래의 의복이 물고기 비늘의 형태를 취한다는 점이다. 여기서 또 압칼루들과의 유사성이 드러난다. 그들 역시 수염을 기르고 "물고기 옷을 입은" 자들이었기 때문이다. 압칼루들은 메소포타미아에 고차원의 문명을 가져왔고 그들과 관련된 수수께끼는 이 책의 앞 장들에서 이미 탐구했다. 티아우아나코의 이야기에서도 수염을 기른 인물들은 빠질 수 없다. 살아남은 두 사람 중 한 사람은 반지하의 신전에 있는 기둥에 새겨져 있고, 태곳적부터 문명을 전한 위대한 신(神) 콘-티키 비라코차로 확인되었다. 콘-티키 비라코차와 관련하여 나는 기존에 나온 나의 책들에서 상세하게 기술했는데, 다양한 신화와 전설에서 흰 피부에 수염을 길렀다고 묘사되는 신이다. 쿠스코에서 성장하여 스페인 정복 말기에 살았던 가르실라소 잉카 데 라 베가는 비라코차와 관련하여 이런 글을 남겼다.

원주민들이 깨끗하게 면도를 한 것과는 다르게 그는 덥수룩하게 수염을 길렀다. 잉카인들은 무릎까지만 오는 옷을 입었을 때, 그는 땅까지 내려오는 옷을 입었다. 이것이 바로 페루인들이 스페인인들을 보자마자, "비라코차"라고 부른 이유이다……주민들은 스페인인들을 전부 신의 아들이라고 믿을 수밖에 없었다.[26]

다시 말해서, 아득히 먼 선사시대에 안데스 산맥으로 찾아와서 사람들에게 농업, 건축, 공학의 기술을 가르친 문명화 영웅들에 관한 기억, 부족들 사이에서 대대로 이어져온 오래된 기억이 있었다. 잉카인들은 오랫동안 그 기억을 간직해오다가 흰 피부에, 수염을 기른 스페인인들에게서 그것을 발견했던 것이다.

그렇다면 콘-티키 비라코차 자신에게는 어떤 일이 벌어졌을까?

그는 아메리카 전역에 문명화 임무를 마친 후 어디로 갔을까?

그는 만타(에콰도르)로 나아갔고, 그곳에서 물 위를 걸어 태평양을 건넜다.[27]

나는 여기서 나의 기존 저서들에서 논한 비라코차에 관련된 이야기와 전설을 반복하지 않겠다. 하지만 비라코차는 대홍수 이후의 암울한 시대에 이 지역에 찾아와서 문명의 선물을 전한 안데스의 오시리스이자 케찰코아틀이었다.

어쨌든 그가 첨단기술 수단을 활용하여("물 위를 걸어") 태평양을 건넜다는 점은 참으로 흥미롭다.

이제 그가 태평양을 건너 어디로 갔는지 따라가보자.

18

대양

메소포타미아의 가장 오래된 전설에 따르면, 인류는 "지구의 배꼽"에서 우주(uzu, 살[肉]), 사르(sar, 결속), 키(ki, 장소 혹은 흙)로 창조되었다고 한다.[1] 인도의 가장 오래된 경전인 『리그 베다(*Rig Veda*)』에는 우주(宇宙)가 "중심점인 핵심"에서 탄생하여 발전했다고 말한다.[2] 예루살렘의 성전산에 있는 셰티야(토대)는 헤수스 가마라라면 안데스의 가장 오래된 하난 파차 양식이라고 단번에 지적할 법한 그런 흔적을 간직하고 있다. 셰티야는 지금 바위 돔 사원의 "바위"(제12장 참조)가 되어 있는데, 통상 "지구의 중심"으로 간주된다.[3] 이처럼 모든 것을 생성시킨 원초적 창조의 중심이 있다는 개념은 전 세계적으로 고대 종교와 신화의 주제이다.

> 가장 신성한 분께서는 배아처럼 세상을 창조하셨다. 배꼽에서 배아가 성장하자 신께서는 배꼽으로 세상을 창조하기 시작하셨고, 그곳으로부터 세상은 온 방향으로 퍼져나갔다.[4]

그리스 신화에서는 인류의 사악함을 징벌하기 위해서 제우스가 일으킨 세계적인 대홍수로 데우칼리온과 피라만 살아남게 된다. 그들의 방주는 델포이 위로 높게 솟은 파르나소스 산에 안착했다. 그곳은 고전고대 내내 "지구의 배꼽"으로 간주된 곳이었다.[5] 이집트의 헬리오폴리스가 신성한 벤벤, 즉 하늘에서 떨어진 베틸 바위를 소유했던 것처럼(제11장 참조), 델

포이 역시 베틸을 가지고 있었는데, 이를 가리켜 옴팔로스 혹은 "배꼽 바위"라고 했다. 그리스 신화에서 옴팔로스는 괴물 같은 시간의 신 크로노스 — 자신의 자식들을 먹어치웠다 — 가 어린 제우스 대신 바위를 삼키는 장면에서 구체적으로 확인된다. 성장한 제우스는 크로노스에게 복수를 했고, 먼저 바위를 토하게 한 뒤(혜성의 잔해들의 흐름을 연상시킨다), 크로노스를 "하늘에서 우주의 가장 깊은 부분으로 추방했다."[6] 크로노스의 입에서 튀어나온 "바위는 정확히 세계의 중심에 떨어졌는데, 바로 델포이의 사원 내부였다."[7]

지난 장에서 설명한 페루 안데스 산맥의 거석 도시 쿠스코의 이름 역시 "지구의 배꼽"이라는 뜻이다. 이곳에서 남서쪽으로 태평양을 건너 4,000킬로미터 이상 떨어진 이스터 섬의 고대 이름은 테-피토-오-테-에누아(Te-Pito-O-Te-Henua)인데, 역시 "지구의 배꼽"이라는 의미이다.[8] 이것은 티아우아나코의 고대 이름인 타이피칼라(Taypicala), 즉 "중심의 바위"와도 유사하다.[9] 실제로 이스터 섬 가장자리의 라 페로우세 만(灣)에는 정성을 들여 만든 신비로운 구(球) 모양의 바위가 있었는데, 이 바위는 테-피토-쿠라(Te-Pito-Kura, "황금 배꼽 바위")라고 불렸고, 그 자체로 섬의 배꼽으로 간주되었다.[10]

전승에 의하면, 옛적에 "위대한 마법사들"은 이 바위를 활용하여 초자연적인 힘(말 그대로 "마법")을 얻었다고 한다. 힘을 얻은 그들은 이스터 섬의 유명한 거석상인 모아이(Moai)를 채석장으로부터 "걸어가게" 하여 지금의 위치에 자리잡게 했다고 한다.[11] 태곳적부터 티아우아나코 근처에 살던 볼리비아 토착민인 아이마라족도 거의 동일한 전승을 간직하고 있다. 그들은 엄청나게 큰 거석상들이 세워져 있는 신비스러운 도시가 마법에 의해서 하룻밤 만에 건설되었다고 말한다. 또한 그들은 "바위가 저절로 혹은 트럼펫 소리를 듣고서 산의 채석장에서 내려와 도시의 적당한 위치에 자리를

잡았다"고 말한다.[12]

유사한 점은 이것만이 아니다. 토르 헤위에르달이 콘-티키(우리가 지난 장 마지막 부분에서 살펴본, 문명을 전달한 티아우아나코의 신인 콘-티키 비라코차의 이름을 딴 것) 탐험을 수행한 1940년대 후반부터 티아우아나코의 조각상과 이스터 섬의 모아이가 비슷하다는 점이 인지되었다. 예를 들면, 우리가 살펴보았듯이, 티아우아나코의 비라코차 조각상들은 뚜렷하고 확연한 수염을 기르고 있다(이것은 그런 수염을 기르지 못한 안데스 토착민들과 선명하게 대조되는 부분이다). 마찬가지로 이스터 섬의 조각상들 역시 턱에 뚜렷하게 수염이 드러난다(사진 78, 79). 헤위에르달은 이렇게 논평했다.

이스터 섬의 조각상들은……턱이 뾰족하고 돌출되도록 조각되었는데, 이는 조각가들이 그런 수염을 기르고 있었기 때문이다.[13]

이 노르웨이 모험가는 이스터 섬의 조각상이나 티아우아나코의 조각상이나 "복부 위에 손을 얹어놓고,"[14] 독특한 넓은 띠를 허리에 찼다는 점에 깊은 인상을 받았다. 그는 이렇게 썼다.

이스터 섬 조각상들의 유일한 장식은 항상 복부 주변에 새겨진 띠였다. 이와 똑같은 상징적인 띠는 티티카카 호수 근처 콘-티키의 고대 폐허에 있는 조각상들에서도 빠짐없이 발견된다.[15]

영광스럽게도 개인적으로 나와 친분이 있는 헤위에르달은 사라진 문명과 연관된 가설을 열정적으로 지지한 사람이었다.[16] 하지만 헤위에르달은 2002년 타계하여 괴베클리 테페를 방문할 기회가 없었다. 만약 그가 괴베

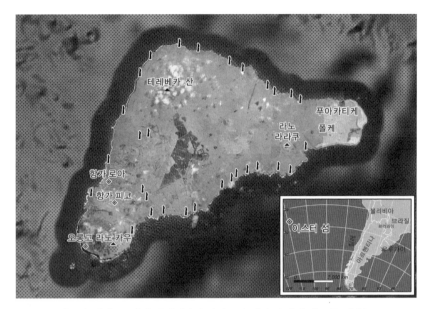

그림 68 이스터 섬과 그 지역(위키미디어 커먼스의 에릭 가바의 자료를 인용).

클리 테페를 방문했더라면, 이 유적의 "토템 폴" 조각상의 손 위치, 비라코차 기둥 조각상의 손 위치, 티아우아나코의 폰세, 엘 프라일레 단일 거석의 손 위치가 서로 유사하다는 점에 크게 매료되었을 것이다. 나는 지난 장에서 이미 이런 유사성을 지적했지만, 이 손에 대해서는 좀더 이야기하고자한다.

예를 들면, 괴베클리 테페의 더 규모가 큰 사람 모습의 기둥들에는 넓은 띠가 조각되어 있는데, 이것은 티아우아나코와 이스터 섬의 조각상의 띠와 굉장히 비슷하다. 괴베클리 테페 기둥들에서 보이는 손 위치도 주목할 만한 점이다. 그들의 긴 손가락은 복부를 가로질러 그 앞에서 거의 만나고 있는데, 이스터 섬의 모아이도 정확히 같은 손 위치를 보인다. 마지막으로 이스터 섬처럼 티아우아나코와 쿠스코도 "지구의 배꼽"이라는 묘한 개념을 공유하는데, 이는 괴베클리 테페도 마찬가지이다. 터키어, 혹은 아르메니아어로 괴베클리 테페를 나타내는 포르타사(Portasar)라는 명칭은 "배꼽의 언덕"이라는 뜻이다.[17]

이 모든 것들이 우연의 일치라고 한다면, 어떻게 우연이라는 것이 그처럼 자주 일치되는지 조금 기이하다고 생각해야 할 것이다. 그러나 1만 1,600년 전 영거 드라이어스 말기에, 괴베클리 테페를 만들어서 그것을 타임 캡슐로 묻은 신들의 마법사들이 이스터 섬의 모아이 거석에도 개입했다고 본다면, 이야기는 달라진다.

다시 말해서, 이스터 섬의 모아이는 고고학자들이 생각한 것보다 훨씬 더 오래 전의 작품일 수도 있는 것이다.

대홍수 이전에 있었던 육지의 남은 부분?

고고학자들은 이스터 섬의 모아이 중 가장 오래된 것이 기원후 690년경에, 가장 나중의 것이 그보다 1,000년 뒤인 1650년경에 만들어졌다고 생각한다. 이런 연대는 방사성 탄소 연대 측정을 바탕으로 한 것인데, 이 연대 측정방법은 또한 이스터 섬에 인간이 최초로 정착한 시기를 기원후 318년으로 보고 있다.[18] 하지만 우리가 이미 살펴본 바와 같이, 이 방법은 모아이의 연대를 직접적으로 밝히지는 못한다. 연대 측정의 대상이 된 유기물과 거석 사이의 상호관계를 추정해야 하는데, 때로는 이런 추정이 아주 엉뚱한 것일 수도 있다. 예를 들면, 아나케나 만에 있는 아후 나우 나우의 아후[臺座]를 그 위에 세워진 일곱 모아이와 같은 시기의 것이라고 결론을 내리면 큰 실수를 하는 것이 된다. 이 대좌는 명백히 후대의 문명이 조각상들을 다시 세우면서 만든 것이기 때문이다. 대좌 그 자체에 오래되고 심하게 풍화된 모아이 머리가 건설용 자재로 재활용되었던 것이다.

그렇다면 해수면이 오늘날보다 훨씬 더 낮은 영거 드라이어스 동안에 이스터 섬에 인간이 살았다면 어땠을까? 이스터 섬이 안데스 산맥만큼 길게 펼쳐진 가파르고 비좁은 대홍수 이전의 연쇄적인 섬들 중 일부라면? 이것이 사실이라면 그 상황에서 고고학자들이 방사성 탄소 연대 측정을 할 수 있는 유기물이 얼마나 많이 남아 있을까? 우리가 오늘날 이스터 섬으로 알고 있는 동태평양 오름의 정상 부분이 아예 거주용이 아니라, 거대한 단일 거석으로 된 조각상들이 일정한 역할을 수행하는 종교 의식의 공간으로만 활용되었다면? 군도의 다른 곳에서 온 사람들이 의식에만 참가하고 지금은 모두 바다 밑에 잠긴 고향으로 되돌아갔다면?

물론 이는 순전히 추정일 뿐이다. 하지만 이스터 섬의 전설은 아주 먼 옛날의 우오케(Uoke)라고 부르는 초자연적 존재에 관한 매력적인 이야기를 전한다.

우오케는 거대한 지렛대를 들고 태평양 근처를 돌아다녔다. 그는 지렛대로 섬 하나를 통째로 들어올려 바다로 던졌고 그 섬은 이후 파도 속으로 영원히 사라졌다. 많은 섬을 파괴한 뒤 그는 결국 오늘날보다 훨씬 더 큰 테-피토-오-테-에누아의 해변에 도착했다. 우오케는 이제 섬의 일부분을 들어올려 바다에 던져버리려고 했다. 마침내 그는 푸코 피히푸히라고 불리는 장소에 도착했는데, 그곳은 한가 후누["황금 배꼽 바위"가 있던 라 페로우세 만] 근처였다. 이 지역의 바위들은 매우 견고하여 우오케의 지렛대는 결국 부러지고 말았다. 그는 섬을 완전히 바다에 던질 수가 없었고, 그리하여 그 나머지가 오늘날의 이스터 섬이 되었다. 테-피토-오-테-에누아는 우오케의 지렛대가 부러짐으로써 계속하여 존재할 수 있었다.[19]

전설은 최초로 이스터 섬에 거주하게 된 이들의 태곳적 고향이 "히바(Hiva)"라는 곳이었으며, 같은 태평양에 있었음을 또한 언급했다. 그런데 히바는 "우오케의 지렛대 장난"으로 인해서 "바다 밑으로 가라앉고 말았다." 이 전설은 대홍수 이전 메소포타미아 전설에서 언급된 일곱 현인(압칼루), 그리고 가라앉아 완전히 파괴된 신들의 세계를 재현하기 위해서 새로운 땅을 찾아다니는 에드푸 텍스트의 일곱 현인과 일맥상통하기 때문에 아주 흥미롭다. 하지만 특히 흥미로운 점은 일곱 현인(모든 것을 배운 왕자)이 이스터 섬의 최초 정착에서 중요한 역할을 했다는 것이다.[20] 압칼루가 메소포타미아에 추후 지어질 모든 신전의 토대를 놓고, 에드푸 현인들이 이집트를 종횡무진하며 미래에 건설될 피라미드와 신전용의 신성한 언덕을 마련한 것처럼, 이스터 섬에 도착한 뒤 히바의 일곱 현인이 가장 처음 한 일은 "바위 언덕을 건설하는" 것이었다.[21]

여기에 혹시 깊은 뜻이 들어 있는 것은 아닐까? 이스터 섬의 모아이 조각상들이 1만2,000년, 혹은 그 이전의 빙하기에 존재했던 사라진 문명의 생존자들의 작품일 가능성은 없을까?

노스캐롤라이나 주의 보퍼트에 있는 듀크 대학교 해양연구소의 대양 연구 책임자인 로버트 J. 멘지스 박사의 연구는 한 가지 가능한 단서를 제시한다. 1966년 멘지스 박사는 페루와 에콰도르의 해변에서 떨어진 태평양에서 6주일간의 해양학 조사를 주도했고, 조사 대상은 깊이가 무려 5,791미터에 달하는 밀네드와르스 해구(海丘)의 해역이었다. 연구에 쓰인 안톤 브룬이라는 배에는 당시 최첨단이었던 수중 카메라가 설치되어 있었다. 카야오(페루의 수도인 리마의 항구)에서 서쪽으로 약 88킬로미터 떨어진 곳에 1,828미터 깊이의 해양 침전물이 잘 쌓이는 지역이 있었는데, 이곳의 해저에서 "기묘하게 조각된 바위 기둥들"의 사진이 찍혔다.[22]

지름이 60센티미터 혹은 그 이상인 두 개의 꼿꼿한 기둥은 진흙에서 1.5미터 정도 밖으로 나와 있었다. 다른 두 기둥은 쓰러져 있었고 부분적으로 파묻

혀 있었다. 그 외에도 모난, 거의 사각형으로 보이는 돌덩이가 보였다.[23]

"이것들과 비슷한 구조물은 어디서도 보지 못했습니다. 전에도 비슷한 것을 본 적조차 없어요."[24] 『사이언스 뉴스(Science News)』와의 인터뷰에서 멘지스 박사는 말했다. 나중에 발간된 연구 선박의 조사 결과 보고서에 의하면, 한 기둥에는 "비문"처럼 보이는 무늬가 있었다고 한다.[25]

멘지스 박사의 발견은 수몰된 히바의 땅에 관한 진정한 기초가 될 만한 단서를 남겼고, 그 덕분에 나는 여기까지 생각을 전개할 수 있었다. 하지만 안타깝게도 그때 이후 후속 연구는 이루어지지 않았다. 그렇다면 잃어버린 세계를 복원하기 위해서 생존자들이 정착했다는 이스터 섬 자체는 무엇인가? 지질학은 이를 고려해볼 만한 단서를 일부 제시한다.

저기 저 아래에 무엇이 있는지……

보스턴 대학교의 로버트 쇼크 교수는 기자의 스핑크스에 대하여 지질학적 연대를 새롭게 제시한 학자로 명성이 높다. 그러나 그는 주류 고고학에서 허용한 것보다 훨씬 오래 전의 연대를 너무 쉽게 혹은 빠르게 부여하지는 않는다. 그는 대부분 정통 연대 결정에 따르지만, 이집트 기자의 스핑크스와 인도네시아의 구눙 파당(제2장 참조)같이 의견이 엇갈리는 경우에는 고고학이 보지 못한 강력한 지질학적 증거가 있다면, 다른 의견을 제시한다.

아래는 쇼크가 조사차 이스터 섬을 방문한 이후 모아이 조각상에 관해서 깊이 숙고한 뒤에 내린 의견이다.

각기 다른 모아이에서 나타나는 다양한 정도의 풍화와 침식은 특히 인상적이었다. 이것은 설립 시기에 엄청난 격차가 있다는 숨길 수 없는 징후이다.

특정 모아이 주위의 퇴적 수준 역시 깊은 인상을 주었다. 어떤 모아이는 6 미터 혹은 그 이상의 퇴적물에 묻혀 꼿꼿이 서 있어서, 턱과 머리만 현재의 지면 위로 나와 있다. 이런 굉장한 수준의 퇴적은 파멸적인 산사태나 이류 (泥流), 혹은 섬 전체를 엄습하는 쓰나미 등이 닥친다면 빠르게 생겨날 수 있다. 하지만 그런 일이 발생했다는 증거는 보이지 않았다(산사태나 쓰나미가 있었다면 이 큰 조각상들은 위치가 바뀌거나 쓰러졌을 것이다). 오히려 특정 모아이 주변의 퇴적은 종래의 고고학자들이나 역사가들의 판단과는 다르게, 모아이가 훨씬 고대의 것임을 보여준다.[26]

이어 쇼크는 현대에 관측이 시작된 이후 확인된 이스터 섬의 일반적인 풍화, 침식, 퇴적 속도에 관한 증거를 수집하고서 이런 논평을 했다. "지금까지 살펴본 바로는 지난 세기 동안 퇴적은 비교적 소량이었던 것으로 보인다."[27]

쇼크는 평소처럼 자신의 주장을 겸손하게 말했는데, 그런 태도를 잘 보여주는 부분이 라노 라라쿠 분화구의 경우이다. 사화산의 칼데라인 이곳은 이스터 섬의 모아이가 주로 채굴된 채석장이었다. 갈대가 주위를 감싼 작은 호수로 이어지는 칼데라 내부의 비탈에는 제각기 완성 시기가 다른, 270개로 추정되는 조각상들이 줄줄이 서 있다. 일부 조각상은 누워 있지만, 대다수가 완벽하게 수직으로 서 있다. 물론 일부는 엉뚱한 각도로 땅 밖으로 돌출되기도 했다. 이 광경을 보고 느낀 전반적인 인상은, 기이한 초현실주의적 쇼를 준비하던 예술가가 도중에 갑자기 싫증을 느껴서 더 이상 작업을 하지 않고 영원히 포기해버린 작품 같다는 것이었다.

이 조각상들이 무엇인지, 무엇을 위한 것인지는 많은 이론들이 있음에도 불구하고 아무도 정확하게 답변하지 못한다. 그렇다고 해도 이 환경은 명백히 지질학적이다. 무엇보다도 조각상들은 자연적인 기반암과는 독립된 지질학적 인공물이다. 또 조각상들이 현재 배치된 모습만으로도 원래의 온전한 모습을 상상해볼 수 있다. 대부분의 사람들은 흥미와 경탄을 느끼며 조각상들을 바라보면서 주로 조각상의 평화롭고 사색하는 수염 난 얼굴, 긴 귀가 달린 머리, 어깨, 흉부 상단 일부분 등을 주목한다.

대다수의 사람들은 이 조각상들이 1미터 내외로 땅 속에 파묻혀서 충분히 고정되어 있다고 생각하면서 더 이상의 의미를 부여하지 않을 것이다. 하지만 끈기 있는 모험가이자 탐험가인 토르 헤위에르달은 실은 그렇지 않다는 것을 증명했다. 1956년과 1987년에 다수의 라노 라라쿠 모아이를 발굴한 그는 조각상들이 마치 빙산처럼 표면 아래에 대부분의 모습을 숨기고 있다는 사실을 알아냈다. 두 차례의 발굴에서 찍은 사진은, 깊고 두꺼운 황색 점토 아래로 조각상이 9미터 이상 이어지고 있음을 보여주었다.[28] 이런 모습들을 감안할 때, 쇼크의 오랜 연대 주장이 타당하며 그런 육중한 양의 퇴적물이 고작 몇백 년 사이에(앞에서 말했듯이, 고고학자들은 모아이의 건설이 1650년에 중단되었다고 주장했다) 누적된다는 것은 불가능하다.

이것은 이스터 섬이 연속되는 광대한 토지 — 바람과 물이 한 지역에서 토양을 실어와 다른 지역에 쌓아놓을 가능성이 있기 때문이다 — 의 일부라고 해도 여전히 진실이다. 오늘날 이스터 섬은 엄청난 수수께끼이지만 지도로 보면, 세계에서 가장 크고 깊은 대양의 한복판에 있는 아주 작은 점에 불과하다. 남아메리카의 해변에서 3,200킬로미터 이상 떨어져 있을 뿐만 아니라, 바로 옆 상당한 크기의 군도인 타히티에서도 역시 3,200킬로미터 이상 떨어져 있다.[29] 섬의 총면적이 163.6제곱킬로미터라는 점을 감안하면, 라노 라라쿠 분화구의 모아이 주변에 쌓인 9미터의 퇴적물을 이스터 섬이 독자적으로 쌓았을 것이라고는 생각하기 힘들다. 그 정도 퇴적물의 양은 앞에서 본 것처럼 1만2,000년보다도 더 이전에 해수면이 낮아 이스터 섬이 광대한 군도의 일부였을 때나 가능했을 것이다. 쇼크는 이스터 섬에서 또다른 수수께끼를 발견했다. 소수이기는 하지만 현무암으로 조각된 모아이가 있었던 것이다. 문제는 이스터 섬에는 현무암 매장 층이 없다는 것이다. 그래서 쇼크는 다음과 같이 추정했는데, 어쩌면 해당 수수께끼에 관한 답이 될지도 모른다.

"사라진 현무암 채석장"은 지극히 고대의 것이기 때문에 지금은 해수면 아래에 잠겨 있을 것이다. 따라서 현무암 모아이는 지극히 고대의 것이다. 1만 년 혹은 그 이전인 지난 빙하기 말엽 이후로 해수면은 극적으로 높아졌다. 현무암 모아이가 지금은 바다에 침수된 지역에서 이스터 섬 해변을 따라 채석되었다면, 이 사실은 그것들의 연대 측정에 도움을 주고 또 종래에 측정했던 것보다 몇천 년 전의 것임을 보여줄 것이다.[30]

이스터 섬이 한때 엄청나게 광대한 토지 일부였다는 해답은 소위 롱고 롱고(Rongo Rongo) 문자라고 불리는 또다른 아주 난해한 수수께끼도 설명할 수 있을 것이다.[31] 완전히 발전되고 세련된 문자체계가 작고 격리된 섬 공동체에서 발명되었다는 것은 인류 역사상 전례가 없는 일이다. 그러나 이스터 섬은 고유의 문자체계를 가지고 있었는데, 그 용례의 대부분은 원본을 복사하고, 또 복사하여 나무판에 새긴 것이었다. 하지만 이것들은 19세기에 수집되어 현재는 전 세계의 여러 박물관들에 나뉘어 소장되었고, 현재 이스터 섬 자체에는 롱고 롱고 문자의 용례가 남아 있지 않다. 수집이 한창 진행 중이어서 그런 용례가 남아 있었던 때에도 이스터 섬 거주민들은 더 이상 그 문자를 읽지 못했다. 그리고 오늘날까지도 롱고 롱고 문자는 해독되지 않았다. 이 신비로 가득한 섬의 또다른 많은 수수께끼들처럼 말이다.

바다 계곡의 현인

2014년 5월 28일 나는 이스터 섬에서 수천 킬로미터 떨어진 인도네시아의 술라웨시 중부 바다 계곡(Bada Valley)의 중심부에 있었다. 내 앞에는 들판에 박힌 견고한 현무암을 조각하여 만든 커다란 모아이 조각상 같은 형상이 있었다. 엄청난 크기와는 별개로(조각상이 보이는 부분은 왼쪽으로 가파르게 기울어져 있었고, 땅에서 4미터 이상 올라온 것 같았다), 내가 이 조각상을 보고 놀란 이유는 팔과 손의 모양 때문이었다. 이스터 섬의 모아이나 괴베클리 테페의 조각상들과 똑같이 측면의 팔은 굽어 있었고, 양손은 복부 앞을 가로질러 양 손가락이 거의 만나고 있었다. 이 지역에서는 와투 팔린도(Watu Palindo, "현인"[32])라고 알려진 이 조각상의 색다른 점은 뻗은 손가락 사이에 발기한 음경과 한 쌍의 고환이 새겨져 있다는 것이다.

그렇다면 "현인"은 얼마나 오래된 것인가?

"알 수 없습니다. 우리 섬에서 고고학은 걸음마 수준이니까요." 중부 술라웨시 박물관의 큐레이터인 이크삼 케일리가 말했다. 나는 인도네시아 전역에서 장기간 연구 여행을 했는데, 그는 이 지역에서 친절하게도 나와 동행했다. 케일리 본인은 현인 조각상과 그와 유사한 바다 계곡에 있는 여러 입상들이 최소한 4,000년 전의 것이라고 생각한다.[33] 다른 이들은 5,000년 전에서 1,000년 전 이하까지 다양하게 추정하지만,[34] 최종적인 고고학적 연대 측정은 시행된 적도 없고, 시행될 수도 없으니 그런 추정은 무의미하다. 수천 년간 이 계곡에서 살아온 각기 다른 문화의 유기적 재료들의 개입과, 서로 다른 시간대에서 와투 팔린도에서 보물을 찾으려고 땅을 파헤친 여러 사례들을 생각하면 진실을 얻어내기란 불가능할 것이다. 그다지 멀지 않은 베소아 계곡의 인공물이 방사성 탄소 연대 측정 결과 2,890년 전의 것으로 드러났지만,[35] 그것이 무슨 소용인가? 그것은 현인 조각상의 연대에 대해서는 아무것도 말해주지 못한다.

바다 계곡까지 가는 것은 상당히 힘들었다. 산타와 나는 대니 힐먼 나타위자자와 함께 이동했다. 그는 자바 섬 서부의 구능 파당에 있는 수수께끼 같은 피라미드를 발굴하여 세계적 주목을 받은(제2장 참조) 지질학자였다. 또다른 동행인은 대니의 친구이자 동료인 위스누 아리아스티카였는데, 친절하게도 우리의 여행 일정을 세심하게 조정해주었다. 5월 26일 우리는 자카르타에서 출발해서 중부 술라웨시의 주도인 팔루로 향했다. 이크삼 케일리는 그곳에서 5월 27일 아침 우리와 합류했다. 우리는 종일 아주 형편없는 길을 달려 일대장관의 산간 지역을 지나 같은 날 저녁 커다란 호수인 포소 주변에 있는 텐타나라는 도시에 도착했다. 다음 날인 5월 28일, 우리는 50킬로미터를 더 달려 바다 계곡 중심부의 봄바라는 마을에 도착했다. 이 마을은 인도네시아의 대부분의 마을처럼 녹색 산들에 둘러싸인 놀랍도록 아름다운 넓고 평평한 고원에 있었다. 산꼭대기에는 은빛 구름들이 걸렸고, 운영(雲影)은 반짝이는 논에 마법처럼 반사되었다. 아침나절에 봄바에 온 우리는 수수하지만 편안한 여행자 숙소에 투숙 절차를 끝내고 곧장 거석들을 확인하러 나섰다.

계곡에는 본질적으로 두 종류의 거석이 있었다. 하나는 칼람바라(Kalamba)라고 불리는 굉장히 큰 바위 수조(水曹)들인데, 정교하게 조각되었고 내부가 움푹 들어가 있었다. 경우에 따라서는 무게가 1톤을 넘기도 했다. 다른 하나는 와투 팔린도와 같은 형상이었는데 무게는 20톤까지 나갔다. 이틀 동안 우리는 물을 잔뜩 머금은 논과 숲을 가로지르는 거친 길을 따라 걸었다. 그러다 어느 순간 우리는 개척지 한복판에 등을 대고 하늘을 바라보는 조각상 하나를 보게 되었다. 이로부터 조금 지난 뒤에는 강 한가운데에 누운 조각상도 보았다. 두 조각상 모두 와투 팔린도, 즉 현인과 같은 손과 팔 모양을 보여주었다. 세 번째 조각상은 물고기를 닮

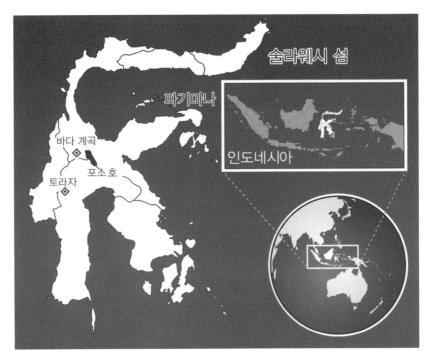

그림 69 술라웨시 섬과 그 지역적 환경.

은 기이한 형상이었는데, 논 위로 목을 내밀고 있었다. 네 번째 것은 홀로 산등성이에 서서 저 멀리에 있는 산들을 바라보고 있었다.

정말로 난처한 것은 이 거석들의 배경에 대하여 알려진 바가 전혀 없다는 점이다. 누가, 언제, 왜 이 거석들을 만들었는지는 전부 수수께끼였다.

호빗, 용 그리고 홍수

바다 계곡에서 우리는 술라웨시 남부의 토라자까지 장거리 여행을 했다. 사실 이곳에서 한 모든 여행은 장거리가 아닌 것이 없었다. 술라웨시는 세계에서 11번째로 큰 섬이기 때문이다. 토라자에서 우리는 이틀을 보냈는데,

그곳에는 망자(亡者)와 관련된 섬뜩한 종교적 숭배가 있었다. 그들은 1년에 한 번 시체를 꺼내 새로운 옷을 입히고 부패가 진행 중인 머리를 빗겼으며, 관을 정돈하고 다시 매장했다. 절벽 높은 곳의 바위를 깎아 만든 사당에는 망자의 실물과 흡사한 조상(彫像)이 안치되어 있었고 뼈로 가득한 동굴들도 있었다.

그러나 우리가 이곳에 보러 온 것은 망자가 아니라 거석들이었다. 세계의 다른 곳과는 달리(실제로 인도네시아의 다른 곳도 토라자와는 다르다) 토라자의 거석들은 모두 망자와 관련된 것이었다. 거석들은 아주 먼 잊어버린 과거의 유물이 아닌, 현재도 활동하면서 완벽하게 그 기능을 다하는 종교 집단의 일부였다. 우리가 보리 파린딩을 들렀을 때, 그곳에는 길고 바늘 같은 선돌(menhir) 무리가 우뚝 솟아 있었다. 이 선돌 무리는 무대를 유럽으로 옮겨놓으면 5,000년 이상 된 유물로 어렵지 않게 받아들여질 법한 그런 유적이었다. 하지만 보리 파린딩은 고작 200년밖에 되지 않은 곳이었다.

이곳의 가장 오래된 거석은 1817년에 세워진 것이었다. 거석들은 사망한 토라자 명사들을 기념하고 있으며, 매년 새롭게 채석장에서 돌을 캐내어 선돌을 세우고 있다. 안산암 선돌들은 인근 매장 층에서 캐낸 암석을 잘라와 망치와 끌로 형태를 만든 것이었다. 한 나이 든 지역 주민은 어떻게 선돌을 만드는지 내게 보여주기도 했다. 무게가 15톤 정도로 추정되는 석회암 선돌들 중 일부는 5킬로미터 떨어진 채석장에서 가져왔다. 수백 명의 사람들은 교대로 선돌을 나무 굴림대에 올려놓고 1주일 이상 시간을 들여 운반해왔다.

인도네시아는 고대의 전통이 매력적인 방식으로 살아남아 있고, 또 먼 과거와의 연관성이 아직도 남아 있는 땅이었다. 나는 그런 전통을 날마다 깨달아가고 있었다.

이런 깨달음이 절실하고 강력하게 다가온 것은 다음 목적지인 플로레스 섬을 방문했을 때였다. 우리는 차를 타고 토라자에서 마카사르로 이동했고, 그곳에서 발리로 향하는 비행기를 탄 뒤 "코모도 왕도마뱀"이라고 알려진 거대한 포식자의 서식지로 유명한 코모도를 경유하여 플로레스 섬의 인구 6만이 사는 주요 "도시"인 엔데에 도착했다. 최근 플로레스 섬은 멸종된 인류인 호모 플로레시엔시스(*Homo floresiensis*)의 잔해가 발견되어 유명세를 탔다. 이 인종은 성인이 되더라도 키가 110센티미터밖에 되지 않았고, 그런 이유로 "호빗"이라고 불렸다. 호모 플로레시엔시스에 관해서는 뒤에서 좀더 설명할 것이다. 어쨌든 코모도에서 잠시 머문 뒤 엔데에 내리자, 나는 인도네시아가 진정으로 신화적인 장소라고 생각할 수밖에 없었다. 이곳은 용(왕도마뱀)과 호빗이 환상이 아니라 과학의 대상이 되는 현대의 유일한 나라였다.

플로레스 섬은 매력적이었다. 세계의 먼 가장자리에 있어서 현대적인 편의품들은 부족할지 몰라도, 사람들은 친절하고 온화했다. 우리는 바자와라는 도시를 거점으로 삼고 이틀간 그곳에 머물렀다. 그동안 우리는 폭넓은 거석 기념물들 주변으로 지어진 초가와 정연하게 대나무가 늘어선 여러 마을들을 들렀다.

바자와에서 16킬로미터 떨어진 베나라는 마을에서는 사우 해(海)와 이네리 산이 어렴풋이 보였는데, 이곳을 구경시켜준 사람은 여든여덟 살의 존경받는 마을 원로인 조셉이었다. 마을에는 높게 초가지붕을 올리고 단면이 삼각형인 집들이 평행하는 두 줄로 늘어선 지역적 특징을 보였다. 집들은 길고 넓은 공용 장소로부터 분리되어 있었는데, 공용 장소에는 선돌과 고인돌이 놀라울 정도로 가득 모여 있었다. 토라자의 선돌처럼, 이곳의 선돌과 고인돌도 유럽의 신석기 지층에서 발굴되었다고 해도 믿어줄 법한 그런 것들이었다. 하지만 참으로 낯선 느낌이 들었다. 조셉은 고인돌은 무덤

플로레스 섬

바자와   우고   엔데

이네리에   베나
산

사우 해

그림 70 플로레스 섬과 그 지역적 환경.

이 아니지만(유럽에서는 통상적으로 무덤이다), 제단은 마을에 거주하는 각기 다른 일족이 사용한다고 했다. 그는 또한 이따금 작고한 명사를 기리기 위해서 제단에서 들소를 희생물로 바치는 의식이 치러지는데, 거석들은 망자와의 소통을 보조하고 초자연적인 영역과 세속의 영역을 서로 이어주는 역할을 한다는 이야기도 들려주었다.

그러나 이런 생각은 플로레스 섬의 또다른 일부인 기독교와는 상충된다. 실제로 마을 저편에는 성모 마리아에게 헌정한 성소가 있었다. 조셉은 자신이 청년일 때만 해도 선돌과 고인돌이 세워졌지만, 지금은 그렇지 않으며 전통이 점점 사라지고 있다고 했다. 어쨌든 내가 그에게 거석 숭배의 기원에 관해서 묻자, 그는 놀라운 이야기를 하기 시작했다.

"우리 선조들은 대홍수가 발생한 약 1만2,000년 전 배를 타고 이곳으로 왔습니다." 조셉은 실제로 마을 전체가 돛단배가 아니라, "기관(機關)" 추진의 배를 기념하기 위해서 설립되었다고 말했다. 이어 그는 마을 한복판에 있는 거석의 방을 내게 보여주었다. 이 방은 선조들이 타고 왔던 배의 "기관실"이 있던 장소를 상징한다고 했다. 나는 조셉에게 이 거석들이 전부 어디에서 나왔냐고 물었는데, 그는 선조들이 20킬로미터 떨어진 이네리 산의 비탈에서 특별한 "능력"으로 옮겨와 세웠다고 답했다. 이어서 조셉은 "미국인 학자인 스미스라는 교수"가 이 이야기를 확인해주었다고 했다.

외국인 학자의 이름이 언급되자 — 나는 이 학자의 신원과 신빙성을 확인할 수가 없었다 — 이야기 전체가 토착의 것은 아니라는 생각이 자꾸 들었다. 이 이야기는 수입된 허구 혹은 환상일 수도 있는데 조셉은 진실이라고 믿는 듯했다. 우리는 플로레스 섬의 다른 거석 마을에서는 조셉의 이야기와 같은 것은 듣지 못했다. 예를 들면, 워고 바루에서는 마을 원로들이 다케라고 불리는 "거인"이 단독으로 이네리 산의 비탈에서 거석들을 가져와 세웠다고 했다.

어쨌든 모든 이야기에서 공통되게 나타나는 점은 불가사의와 마법의 분위기였다.

남쪽 대양의 여왕

우리는 엔데에서 플로레스 섬을 떠나 발리의 덴파사르를 경유하여 수마트라의 도시 팔렘방에 도착했다. 이어 남부 수마트라를 기준으로 동쪽에서 서쪽으로 나아가는 이틀간의 여정을 시작했다. 우리가 주목하는 것은 거석이었지만, 우리가 본 것은 대개 힌두교나 불교의 예술 영향을 받아 명백히 선사시대의 것이 아닌, 커다란 인간의 형상 혹은 인간을 닮은 조각상들이었다. 그렇게 여행을 계속하던 우리는 파가르 알람 근처 산에 있는 커피 재배 농장에서 정말로 흥미로운 것을 발견하게 되었다. 그것은 일련의 거대한 거석 지하실이었는데(사진 81 참조), 몇몇 방은 붉은 황토와 검은 숯의 두드러진 색으로 소용돌이 같은 무늬가 칠해져 있었다. 또한 그런 무늬 가운데에는 동물의 형상도 있었다.

이들에 관련해서는 연대 측정이 이루어진 적은 없었지만, 유사한 방들, 즉 영국의 웨스트 케넷 롱 배로나 프랑스 브르타뉴 카르나크의 가브리니는 5,000년 이상 되었고, 프랑스와 스페인에는 이보다 더 오래된 벽화 동굴이 있다. 예를 들면 쇼베 동굴의 경우는 그 기원이 3만3,000년 전까지 거슬러올라간다. 수마트라의 벽화들은 남부 유럽에서 발견된 벽화들과 많은 공통점이 있다. "변화하는" 특유의 패턴은 지극히 환상적이었는데 이것은 벽화를 그린 사람이 샤먼임을 보여준다. 샤먼들은 이런 일에 능숙했고, 환각을 일으키는 식물이나 버섯의 영향으로 빠져든 깊은 의식 변용 상태에서 본 환상들을 묘사했다.[36]

우리는 벵쿨루로 차를 몰았고 그곳에서 비행기를 타고 자바 섬에 있는, 외곽으로 크게 뻗어나간 인도네시아의 수도 자카르타로 향했다. 자카르타는 문어 같았다. 일단 꽉 막힌 도로의 촉수에 휘감기면 빠져나가기란 몹시 어려웠다. 하지만 같은 날 저녁 늦게 다음 목적지인 플라부한 라투에 도착할 수 있었다. 이곳은 자바 섬의 남서부 해안에 있어서 인도양을 마주하고 있다. 다음 날 아침에는 내륙에 있는 또다른 거석 유적으로 향할 예정이라 하룻밤만 묵었지만, 플라부한 라투("여왕의 항구"라는 뜻)는 그 자체로도 흥미로웠다. 우리가 머무를 사무드라 비치 호텔의 308호는 아무도 투숙할 수 없는 방이었다. 남쪽 대양의 여왕을 위해서 영구적으로 비워둔 것이었기 때문이다. 이 여왕은 수몰된 도시를 통치하던 바다 요정 혹은 여신이었고, 가끔 필멸자(必滅者)인 인간과 교류하기 위해서 땅에 나타났다.

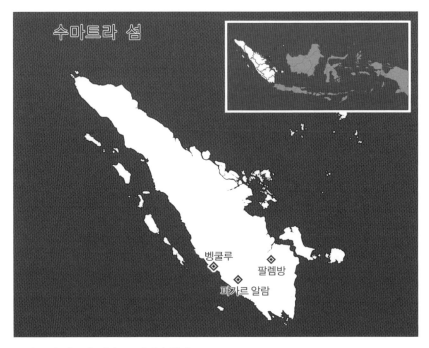

그림 71 수마트라 섬과 그 지역적 환경.

　나는 바다 아래로 가라앉은 도시들에 관심이 많은데, 특히 인도네시아의 섬들 근처에서 수몰된 도시들이라니, 더욱 흥미를 느꼈다. 인도네시아의 섬들은 모두 지질학자들이 순다랜드로 알고 있는 거대한 대륙의 일부였다. 순다랜드는 1만1,600년 전까지는 바다 위에 있었고 남동 아시아의 다른 지역과 연결되어 있었다. 영거 드라이어스 말엽의 대재앙으로 인해서 해수면이 치솟았을 때, 이 지역은 지구상의 그 어떤 지역보다도, 광대한 낮은 평원을 포함하여 많은 주거 가능한 땅을 잃어버렸다.[37] 비록 자정이 가까웠지만, 나는 308호를 한번 둘러보고 싶다고 강력하게 요구하여 살펴볼 수가 있었다. 그 방은 왕족 부인의 거실처럼 장식과 가구가 완벽하게 갖추어졌으며, 남쪽 대양의 여왕인 느자이 라라 키둘을 상상해서 그린 그림이 걸려 있었다.

참으로 낭만적인 이야기이다. 혹시 아는가, 그런 여왕 같은 존재가 있을지? 순다랜드는 1만1,600년 전에 침몰되기 이전에는 네 개의 주요 급수체계로 훌륭하게 관개된 비옥한 땅이었다.[38] 하지만 이 인류 문명의 수수께끼 같은 기원을 밝혀내려는 시도는 없었고, 순다랜드의 급속한 침몰은 그런 식으로 무시되고 말았다. 1만1,600년 전은 플라톤이 아틀란티스가 침몰했다고 말한 바로 그 시기였고, 이러한 시기적 일치 때문에 우리의 여행 동반자인 지질학자 대니 나타위자자는 인도네시아가 곧 아틀란티스라고 믿고 있었다.[39] 그런 신념 때문에 그는 구눙 파당의 괴이한 거석 피라미드를 발굴하는 데에 굉장한 노력을 기울이고 있었다.

2013년 12월 처음으로 방문한 구눙 파당은(제2장에서 상술) 우리가 있던 곳에서 북쪽으로 120킬로미터 떨어져 있었는데, 여행의 마지막 목적지이기도 했다. 하지만 그 전에 보고 싶은 유적이 하나 더 있었다. 투구 게데라고 불리는 그 유적은 플라부한 라투 북쪽의 산악지대 방향으로 20킬로미터 들어간 쳉쿡이라는 마을 근처에 있었다.

인도네시아의 많은 도로가 그렇듯이, 우리는 아침부터 가파르고 약간은 걱정도 되는 길을 따라 투구 게데를 향해 출발했는데 고생한 보람이 있었다. 차로 갈 수 있는 최대한도까지 간 뒤에는 긴 도보 여행이 시작되었다. 우리는 바나나 농장 한복판에 있는 마을을 지나 빽빽한 숲으로 들어갔고, 마침내 그 안의 신비로운 작은 공터에 도착했다. 그곳의 중심에는 양쪽 측면이 특정한 모양으로 조각된 육중한 선돌이 있었는데, 그 끝은 오벨리스크처럼 뾰족했고, 땅에서 3미터 정도 노출되어 있었다. 이 선돌은 작은 선돌들로 둘러싸였는데, 어떤 것은 쓰러지고, 어떤 것은 여전히 서 있었다. 그 주변으로는 좀더 세공된 바위들이 많이 있었는데 대부분이 반구형으로 파인 형태였다. 그것은 터키 카라한 테페의 것과 매우 비슷한 형태였다.

투구 게데에서는 약간의 겉핥기식 발굴작업이 진행되었으나, 이 유적이

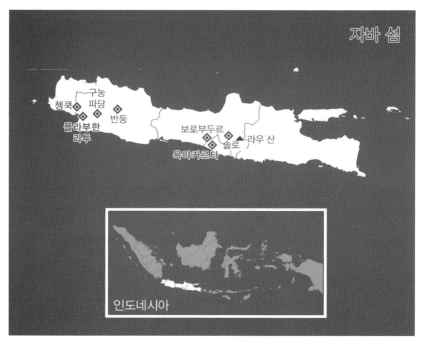

그림 72 자바 섬과 그 지역적 환경.

먼 옛날의 것이라는 점에 대하여는 분명한 합의가 없다. 거석들 그 자체는
선사시대의 것으로 인정되지만 — "수천 년 전의 것"이지만, 정확한 시기는
아무도 모른다고 한다 — 도자기나 인공물들이 출토된 후대의 문화층(유
적에서 특별한 문화적 특징을 나타내는 발굴상의 층위)은 겨우 몇백 년밖
에 되지 않았다. 투구 게데 유적은 사람들이 거주하는 정착지와 가까운 곳
에 있어서 오늘날에도 그 영향을 받고 있다. 여기서 가장 이례적인 발견물
은 작은 조각상이었다. 고고학자들은 별로 신통치 못한 근거를 들어 이
조각상이 힌두교의 시바 신이라고 주장한다. 하지만 이것은 내가 본 시바
의 어떤 이미지와도 비슷하지 않다(최소한 내가 보기로는 그렇다). 오히려
마주 잡은 손과 독특한 머리 장식 등이, 투박한 고대 이집트의 조각상처럼
보였다.

주류 고고학은 고대 이집트인들이 인도네시아까지 진출했으리라고 생각하지 않으며, 따라서 그런 진출은 단 한번도 진지하게 고려하지 않았다. 하지만 파라오의 시대 동안에 대양을 가로지르는 장기간의 항해가 이루어졌다는 흥미로운 증거가 있다. 기원전 1070년과 기원후 395년 사이로 연대가 측정되는 9구의 미라들에서 코카인과 담배가 발견되었는데, 이 두 가지는 아메리카의 토착 식물로 콜럼버스의 시대 이전에는 구세계에 없는 것이었다.[40]

S. 발라바노바, F. 파르슈, W. 피어시그가 발표한 이 연구 결과는 고대 이집트인들의 장거리 항해가 **원천적으로** 불가능하다고 생각하는 다른 학자들에게 논쟁의 대상이 되었다. 예를 들면, 이집트학 학자 존 베인스는 이렇게 말했다. "이집트인들이 아메리카로 여행했다는 개념은 전반적으로 터무니없다……나는 그 분야를 연구하는 학자를 본 적이 없다. 그 분야는 본격적으로 연구하기에는 아무런 의미가 없다고 생각하기 때문이다."[41] 하지만 내가 보기에 베인스의 이 말은 이집트학 내부와 일반적인 고고학 내부에 깃들인 뿌리 깊은 문제를 잘 보여줄 뿐이다. 발라바노바를 포함한 3인의 학자가 사실에 기반을 두고 발표한 연구 결과보다는 그런 편견의 문제가 더욱 심각한 것이다. 고고학은 무엇이 가능하고 불가능한지에 관한 완고한 기준을 세워놓고 그것에 지나치게 제약을 받는다. 또 그 기준에 이의를 제기하는 증거를 무시하고, 회피하고, 조롱하는 경향을 보인다. 빙하기의 사라진 문명의 경우도 주류 고고학계의 기준을 충족시키지 못하는 주제이다. 그리하여 고고학계는 **원천적으로** 불가능하다는 막연한 말 이외에는 그리 타당한 근거도 없이 사라진 문명을 일축한다.

발라바노바 외 2인의 연구 결과는 그 타당성이 입증되었다.[42] 따라서 고대 이집트인들이 아메리카까지 항해했다면 다른 방향, 즉 동쪽으로 인도네시아나 그 너머까지 항해했을 가능성 역시 배제할 이유가 없다. 역시 논란의 대상이기는 하지만, 실제로 고대 이집트의 상형문자 비문이 오스트 레일리아 동부 시드니 북쪽의 도시 고스퍼드 인근 황무지에서 발견되었다. 나는 해당 비문의 상형문자를 연구할 기회가 있었고, 따라서 20세기의 속 임수일 뿐이라고 일축하는 주류 고고학계의 주장에 동의할 수 없다. 오히 려 그들의 주장과는 반대로, 최근(2014년 10월)에 상형문자 전문가인 모하 메드 이브라힘과 유세프 압델 하킴 아얀은 고스퍼드 비문을 해독한 뒤 이 런 결론을 내렸다.

고스퍼드 상형문자는 진품이다. 뿐만 아니라 비문의 저자들은 정확하게 고대의 여러 상형문자를 사용했고, 결정적으로 그들이 보여준 문법 변형은 2012년까지 드러난 이집트 상형문자 문서들에 기록되지 않은 것이었다. 오 랫동안 "속임수"로 일축한 입장은 이로 인해서 틀렸음이 입증되었다. 활용 된 상형문자의 독특한 방식은 해당 문자가 어느 시대의 것인지를 알려주 며, 이것으로 미루어보면 이집트인들은 **최소 2,500년 전**에 오스트레일리아 를 방문했음이 드러난다. 또한 번역된 텍스트는 고대 비문 저자들의 이름 과 직위까지 알 수 있을 정도로 아주 자세한 정보를 제공한다.[43]

나는 이것으로 이 문제에 대한 결론이 났다고 주장하는 것은 아니다. 고 스퍼드 상형문자는 속임수일 수도, 아닐 수도 있다. 이와 관련하여 최종 결론을 내리려면 훨씬 더 많은 연구가 필요할 것이다. 하지만 내 주장을 분명하게 밝히고자 한다. 정통 고고학자들은 과거에 발생했던 일에 관해 서 "원인 무효"라는 천편일률적인 주장을 고수하며 그 일에 대해서 광범위 한 조사를 수행하지 않으려고 한다. 이는 참으로 안타까운 학문적 태도이 다. 나는 고대 이집트인들이 아메리카뿐만 아니라 인도네시아와 오스트레 일리아에도 발을 디뎠을 것이라는 가능성을 총체적으로 배제하기보다는,

왜, 어떤 시간대에 고대 이집트인들이 그런 항해를 했는지를 진지하게 물어보는 모습이 우리에게 필요하다고 본다. 특히 나는 에드푸 텍스트에서 아주 분명하게 표현된, 동쪽 어딘가에 있던 침몰당한 신들의 고향에 관한 전설이 이 오스트레일리아 수수께끼와 관련되는지 여부가 궁금하다.

좀더 구체적으로 말해서, 한때 남동 아시아 본토의 일부였지만 빙하기 말엽의 대재앙으로 촉발된 해수면 상승으로 1만3,000개 이상의 섬으로 갈라진(특히 자바에는 45개의 활화산이 있다) 인도네시아가 고대 이집트인들이 "불의 섬"이라고 생각했던 그 섬이 아닐까? 인도네시아는 R. T. 런들 클라크가 "수평선 너머의 신비한 기원의 땅"이라고 서술한 그곳이 아닐까?[44]

지구의 상징적 중심이자 배꼽인 헬리오폴리스로 피닉스가 가져왔다는 마법의 정수, 히케의 출처가 바로 그 "불의 섬"이 아닐까?[45](우리는 제11장에서 이 내용을 살펴보았다.)

에드푸의 호루스가 직접적으로 관련되어 있는 불의 섬,[46] 현인이자 지혜의 주인인 토트가 "신들과 여신들을 위해서 사당을 세운"[47] 그 불의 섬이 아닐까?

정통 고고학의 죽은 손

2014년 인도네시아에서의 마지막 여정을 소화하기 위해서 우리는 구눙 파당으로 향했다. 사람들은 이 수수께끼로 가득한 피라미드를 무척 오랜 기간 동안 자연적으로 형성된 나지막한 산이라고 생각했다. 하지만 지질학자 대니 나타위자자는 산이 아니라는 확고한 신념 아래 그 신비를 파헤쳤고, 그로 인해서 피라미드는 전 세계의 주목을 받게 되었다. 이와 관련해서는 제2장에서 이미 소개한 바가 있으니 다시 서술하지는 않겠다.

구눙 파당의 최상단 테라스에서 나타나는 원주형(圓柱形)의 현무암 거석 유적이 긴긴 피라미드 이야기의 마지막 부분이라는 것과, 대니와 그의 팀이 지표면에서 수십 미터 아래에 있는 인간이 만든 구조물들을 보기 위해서 엄청난 단층 촬영, 지하 투과 레이더, 그 외에 다른 원격 탐사기술들을 활용했다는 것 등은 이미 우리가 살펴본 바 있다. 이런 매몰된 구조물들로 코어 드릴링(회전식 굴삭법으로 지층을 자연 그대로인 기둥 상태의 시료로 채취할 수 있다)을 한 결과 흠잡을 곳 없는 유기적인 재료들을 얻을 수 있었고 방사성 탄소 연대 측정 결과 이것들은 최종적으로 2만2,000년보다도 이전의 것으로 밝혀졌다. 이는 마지막 빙하기 말엽보다도 이전의 시기이다. 정통 고고학 이론에 따르면 우리 선조들은 그때 원시적인 수렵과 채집을 하는 상태였고, 따라서 이런 대규모의 건축물을 지을 수 있는 공학적인 솜씨는 당연히 없었다. 역시 제2장에서 다루었지만, 원격 탐사장비로 인해서 3개의 숨겨진 방처럼 보이는 것이 피라미드 내부 깊숙이 자리잡고 있음을 알게 되었는데, 이 점은 굉장히 흥미롭다. 방들의 형태는 매우 직선적이어서 아무리 보아도 자연적인 것이 아니다. 가장 큰 방은 21.3미터에서 27.4미터 사이의 깊이에 있는데, 높이는 5.5미터, 길이는 13.7미터, 너비는 9.1미터이다.[48]

우리가 2014년 6월 초, 구눙 파당에 들렀을 때만 해도 발굴은 여전히 정통파 고고학자들의 반대로 지체되고 있었다. 하지만 8월이 되자, 당시 인도네시아 대통령이던 수실로 밤방 유도요노의 결정적인 개입으로 대니와 그의 팀은 마침내 처음으로 단기간이기는 하지만 발굴을 진행할 좋은 기회를 얻었다. 그렇지만 불행하게도 얼마 지나지 않아 또다시 발굴은 중단되었다. 2014년 10월 유도요노 대통령이 두 번째 임기를 마치고 물러나자, 후임 대통령 조코 위도도는 대니의 발굴작업에 전임자와 같은 관심과 열정을 보이지 않았던 것 같다. 그것이 아니라면 반둥 고고학 센터장인 데스릴 샨티의 반대 때문일 수도 있다. 그녀는 2014년 9월 구눙 파당 발굴을 공공연하게 맹비난했고, 대니의 작업이 고고학 발굴작업에 적용되는 일반적인 방식을 따르지 않는다고 항의했다. "그 유적지에 간 적은 없지만, 사진만으로도 판단할 수 있겠어요. 고고학적 발굴은 저런 식으로 수행되어선 안 됩니다."[49] 샨티는 또한 발굴작업에 예산을 배당하는 것도 반대했다. 그녀가 생각하기로는 그 자금은 자신의 연구단체에 할당되어야 한다는 것이었다.[50]

세월이 흘러 2014년 10월이 되었을 때, 독자들은 이미 제2장을 읽어서 기억하고 있겠지만, 대니는 아래와 같은 열정적인 글을 내게 보냈다.

연구는 아주 잘 진전되고 있습니다. 지난 보름 동안 우리는 거석 유적의 최상단에서 세 개의 지점을 발굴했습니다. 우리는 매몰된 구조물들에 관한 증거와 세부적인 부분을 그곳에서 얻을 수 있었죠. 발굴로 인해서 더 많은 바위 인공물을 출토하기도 했습니다. 거석 유적 밑에 피라미드와 비슷한 건물이 있다는 것은 아주 분명합니다. 그것은 비전문가라도 여기에 와서 한번 보면 어렵지 않게 이해할 수 있죠. 우리는 지표면에서 5-7미터 아래 묻힌 탁 트인 홀 같은 곳도 발견했습니다. 하지만 주된 방에는 아직 도달하지 못했어요. 현재 우리는 거석 유적의 중앙부에서 방이 있다고 생각되는 지점을 향해 구멍을 뚫고 있습니다(지표 밑과 관계된 지구물리학에 근거를 두고서).[51]

그러나 대통령이 바뀌고 구멍을 뚫는 작업은 물론이고 발굴 자체가 중단되었다고 대니가 소식을 보낸 것은 고작 며칠 뒤의 일이었다. 정치적 간섭으로 중단되기는 했지만 그 최초의 짧은 발굴작업에서 중요한 결과들이 나왔다. 대니는 시간이 별로 없어서 상대적으로 이른 시기의 층만 발굴했지만, 그래도 지표에 보이는 거석 유적 아래에 두 번째 인공적인 원주형 바위 층이 있음을 확인했다고 내게 말했다. 이 두 번째 바위 층은 방사성 탄소 연대 측정 결과, 기원전 5200년의 것으로 드러났다(그렇다면 7,200년 전의 것으로, 정통 고고학에서 측정한 이집트의 기자 피라미드의 연대보다 거의 3,000년이나 더 오래된 것이다). 또 기존의 원격 탐사와 코어 드릴링은 그보다 아래쪽에는 더 오래된 지층들이 있다는 것을 보여주었다.[52] 요약하면, 구눙 파당은 수십 년 동안 고고학자들이 고집하던 연대보다 3,000년이나 더 전의 유물이라는 점이 이제는 명백해졌다. 따라서 대니와 그의 연구진에 가장 적대적인 이들조차 유적에 관한 평가의 틀을 다시 짜기 시작했고, 유적을 "군도의 가장 큰 거석 문화의 일부인 거대한 테라스가 있는 무덤"이라고 말했다.[53]

이 책을 쓰고 있는 동안에도 나는 대니와 연락을 계속했다. 2015년 1월 14일 그는 내게 실망스러운 이메일을 보냈다. 후속 발굴작업이 허가되지 않았다는 것이다. "여전히 우리는 새로운 정부가 구눙 파당 발굴팀을 계속 유지해주기를 기다리고 있습니다." 대니가 말했다. 덧붙여 그는 구눙 파당에서 그 사이에 뭔가를 건설하고 있다는 사실에 우려를 표했다. "관광청과 다른 유관 부서에 의해서 공공 토목공사가 진행되고 있습니다. 우리와 상의도 하지 않고 명백한 계획이나 설계도 없이 말입니다. 이건 유적을 파괴하는 행위입니다." 하지만 그는 낙관적이었고, 얼마 지나지 않으면 허가를 받아 계속 발굴할 수 있으리라고 생각했다. 그는 이렇게 말했다. "그 경우 2015년 말 정도면 두 번째 층(7,000년 된 건축물들)에 관해서 더 많은 정보를 얻게 될 것이고, 세 번째 층(1만 년보다 이전)에 관해서 비로소 이해하는 단계로 들어설 것입니다."[54]

2015년 3월 10일, 나는 대니로부터 또다른 소식을 들었다. 하지만 굉장히 불운하게도 1월 14일에 연락을 보낸 이후 아무런 진전이 없다는 이야기였다.

여전히 새 정부의 문화부는 정부 내 관련 팀의 활동 재개에 대하여 허가를 내리지 않고 있습니다. 우리는 구눙 파당 연구에 문화부가 호의적인 모습을 보이기를 희망하면서 기다리고 있습니다.[55]

시간이 지나야 알 수 있겠지만 전조가 썩 좋지는 않아 보인다. 이 책이 인쇄소에 막 보내지던 그 순간, 나는 그런 우려가 들었다. 정통 고고학의 죽은 손이 또다시, 우리가 과거에 관한 진실을 알아내려는 것을 막으려고 방해 전략을 구사하는 것이 아닐까 하는 우려 말이다. 구눙 파당의 약 7,000년, 그리고 1만 년 전의 층 아래에는 인간이 만든 건축물이 숨겨진 오래된 층이 있다. 아직 발굴되지 않고, 아직 탐사되지 않은 이 층들은 코어 드릴링과 원격 탐사장비로 확인한 결과 영거 드라이어스에 일어난 대재앙(1만2,800년에서 1만1,600년 전) 이전의 것이었고, 더 나아가 사라진 문명(우리가 신화와 전설로만 알고, 생존자들이 노력하여 "이전 신들의 세계"를 재현하려고 했던 바로 그 잃어버린 문명)이 마지막 빙하기의 전성시대로까지 소급되는 것이다.

아주 오래 전에 발전하고 성숙했던 사라진 문명의 중심지로 가장 타당한 후보군에 인도네시아는 반드시 포함되어야 한다. 대니 나타위자자와 아리시오 산토스 교수 같은 여러 진지한 연구자들은 이 점을 인정하고, 아틀란티스의 위치를 대서양으로 본 플라톤의 생각이 잘못되었다는 증거를 제시했다.[56] 그들이 제시한 단서는 모두 동쪽을 가리켰으며 사라진 문명이 인도양과 태평양 사이에 있었다고 했다. 더 정확히 말하자면, 그곳은 현재의 인도네시아 군도만 남겨놓고 나머지는 전부 빙하기의 대홍수 때 침몰된 순다랜드가 있던 장소였다. 주류 고고학은 서쪽이든 동쪽이든, 어떤 이름을 가지고 있든, 사라진 문명이라는 개념 자체를 강력히 부정한다. 하지만 내 견해로는 인도네시아에서 나타나는 고대의 "아주 기묘한 현상들"이 그런 생각에 이미 의문을 표시하고 있다. 몇 가지 예를 들어보자.

- 앞서 언급한 "호빗" 호모 플로레시엔시스는 진화론적 사촌인 네안데르탈인과 데니소바인이 사라지고 이후 수만 년을 살아온 현생 인류와는 완전히 다른 인종일 가능성이 크다.[57] 호모 플로레시엔시스의 멸종 시기가 약 1만2,000년 전이라는 점은 흥미롭다.[58] 정확히 영거 드라이어스 시기에 일어난 대재앙과 같은 때이기 때문이다.

- 2014년 10월 8일에 발행된 명망 높은 학술지 『네이처』는 놀랍다는 논조로 인도네시아의 술라웨시 섬에서 발견된 최소 3만9,900년 전의 정교하고, 세련된 동굴 벽화에 관해서 보도했다. 이것은 유럽에서 발견된 그 어떤 동굴 벽화보다도 오래된 것이다. 유럽은 지금까지 초창기의 진보된 상징적 행위의 독점적 기원으로 생각되어왔으나, 이제 생각을 바꾸어야 한다는 것이다.[59]

- 2015년 2월 12일에 『네이처』는 자바 섬에서 발견된 기하학적 음각(陰刻) 조각(彫刻)을 보도했다. 이것은 "일반적으로 근대적 지식과 행동을 나타낸다고 해석되는" 그런 조각이었다. 놀라운 것은 이 조각이 50만 년 전의 것이라는 점이었다. 이는 해부학적 현생 인류가 지구에 처음 등장했던 때(20만 년 전)보다 30만 년 전이다.[60]

인류사를 새롭게 쓰고 있는 이러한 증거들이 아주 최근까지도 인도네시아에서 미발견의 상태로 있었으니, 앞으로 얼마나 많은 다른 것들이 발견될까? 고고학자들이 다음번에 또다른 지금까지 인정받지 못한 문명을 밝혀낼 수도 있지 않을까? 빙하기 말엽에 100미터 이상의 해수면 상승으로 이 지역의 광대한 땅이 사라진 점을 고려하면, 그 어떤 파격적인 일도 가능하지 않을까? 이것이 바로 구눙 파당이 그토록 중요한 이유이다. 무엇보다도 중요한 것은 지하 투과 레이더와 다른 원격 탐사기술로 확인한 유적 꼭대기에서 밑으로 21.3미터 내지 27.4미터 사이에 거대한 방이 있을지도 모른다는 것이다.

그곳은 사라진 문명을 증언하는 기록의 전당일까?

또다시 시간만이 말해줄 수 있는 문제이다.

불과 재의 산들

생각과는 달리 2014년 6월 연구 여행의 끝은 구눙 파당이 아니었다. 경이로운 유적을 다시 탐구하며 나는 이 유적이 풍기는 오래되고 친숙하며 다소 당황스러운 분위기에 흠뻑 젖어들었다. 그런 뒤, 나는 왜 지금까지 이곳 사람들이 구눙 파당을 빛의 산으로 부르며 사랑과 존경을 보내는지 전보다 더 명백하게 이해할 수 있었다. 아쉬운 마음으로 구눙 파당을 뒤로 하면서 산타와 나는 이 지역의 주도(州都)인 반둥으로 향했고, 그곳에 도착한 다음 날 아침, 이후의 여정을 소화하기 위해서 기차에 몸을 실었다. 자바 섬 중부의 욕야카르타까지는 7시간 예정이었고, 그곳에서 우리는 전설적인 불교 사원 보로부두르 주변을 며칠 동안 탐사할 생각이었다.

기차 여행은 매력적이었다. 어디든 논과 산, 푸른 나무가 있는 생명력 넘치는 끝없는 풍경과 친근하고 분주하게 움직이는 사람들은 보는 것은 그 자체로 큰 기쁨이었다. 욕야카르타에 도착했을 때는 이미 해질녘이었지만, 우리는 다음 날 새벽 4시에 일어났다. 보로부두르가 있는 계곡을 내려다볼 수 있는 비탈인 셋툼부 언덕으로 일찍 가야 했기 때문이다. 날씨는 그다지 춥지 않았다. 여기서는 본격적인 겨울 추위 같은 것은 찾아볼 수 없다. 신선한 공기를 흠뻑 들이마셨고 우리의 발아래에는 새벽의 어둠이 아직도 엎드려 있었으나, 곧 사라질 것이었다. 그 어둠 속에 보로부두르가 있었고 곧 해가 떠올라 햇빛이 그 어둠을 사라지게 할 것이었다.

태양이 천천히 올라왔고, 빛이 하늘에 스며들었다. 점점 밝아지는 하늘 덕분에 우리는 밑에 있는 울창한 산비탈과 계곡을 볼 수 있었다. 보로부두르를 내려다보는 우뚝 솟은 쌍둥이 화산의 먼 산비탈 또한 눈에 들어왔다. 하나는 여전히 활화산인 메라피 산(문자 그대로 "불의 산")이었고, 다른 하나는 휴화산인 메르바부 산("재의 산")이었다. 새벽 5시경이 되자 계곡 바닥을 덮은 밀집한 나무들이 눈에 들어오기 시작했다. 잠깐 낮게 깔린 구름에 가려져 보이지 않았지만, 곧 바람이 안개를 걷어내자 육중하고 뾰죽뾰죽한 피라미드 형태의 보로부두르 사원이 드러났다. 사원의 꼭대기에는 우뚝 솟은 사리탑이 하나 있었는데, 마치 하늘에라도 닿을 기세였다. 하늘과 지하 세계를 연결하기 위해서 지구의 배꼽을 관통하는 우주적인 축 같다는 생각도 들었다. 태양이 더 높게 솟아오르자 안개는 빙빙 돌며 퍼져나갔고, 나무들 사이에 감기며 계곡의 더 깊은 부분에 웅덩이처럼 내려 앉았다. 하지만 그 위의 보로부두르 사원은 전부 명확하게 드러났는데, 마치 태초부터 있던 신화적 섬 같은 모습이었다.

우리는 그런 유혹적인 손짓에 어서 사원에 가보고 싶었지만, 이날은 다른 계획이 있었기 때문에 욕야카르타의 동쪽으로 차를 몰아 수라카타 시(그곳에 사는 사람들은 솔로라고 부르는 곳)로 향했다. 이후에는 거기서 동쪽으로 더 나아가 또 하나의 육중한 휴화산인 라우 산으로 갔다. 자바 섬 전체는 이런 휴면 중인 거인들이 버티고 있는 고장 같았다. 과거에 있던 화산 분출은 이 섬에 축복과도 같았다. 그것은 필수적인 영양분을 제공했을 뿐만 아니라, 초목으로 뒤덮인 비옥하고 생산력 있는 토양을 선물했다.

우리는 구불구불한 라우 산의 가파른 비탈을 오르며 눈부신 초록으로 빛나는 차 농장을 거쳐 910미터 고도에 올랐다. 아직도 화산의 정상은 우리 위로 2,000미터 이상 되는 곳에 우뚝 솟아 있었다. 이 근처의 작은 마을에 도착하자, 대니 나타위자자는 우리에게 다소 기이하고 신비스러운 작은 사원인 캔디 수커를 둘러보라고 권했다. "이 사원은 인도네시아가 아닌 다른 곳에서 온 것처럼 보이죠. 마야의 계단형 피라미드와 상당히 흡사합니다." 대니가 말했다.

그의 말은 전적으로 옳았다. 수커 사원은 규모는 작았지만 외형은 유카탄 반도 치첸 이트사의 쿠쿨칸/케찰코아틀의 계단형 피라미드와 몹시 비슷했다. 수커는 인도네시아가 힌두교와 불교에서 이슬람교로 개종하기 바로 전인 15세기에 세워졌다. 하지만 이 사원이 무슨 이유로 지어졌는지, 또는 왜 그 건축양식이 인도네시아의 것과는 다르게 굉장히 독특하고 이례적인지는 여전히 수수께끼로 남아 있다. 쿠쿨칸 피라미드는 — 비록 더 오래된 구조물을 포함하고 있지만 — 현재의 모습으로는 9세기와 12세기 사이에 세워졌다고 간주된다. 두 건축물은 서로 수천 킬로미터 넘게 떨어져 있고 시간 차이는 수백 년에 이르므로, 어느 하나가 다른 하나에 영향을 주었을 가능성은 지극히 낮다. 하지만 수커 사원을 살펴보니 — 그 자체로도 신비스런 분위기가 감돌았는데 산 전체를 두른 늦은 오후의 안개로 그런 분위기가 한층 더했다 — 두 유적 간의 유사성을 인정할 수밖에 없었다. 그러나 그것이 순전히 우연의 작용인지, 아니면 두 지역이 똑같은 먼 고대의 원천에서 공통적으로 영향을 받았는지는 알 수가 없었다.

신호

그런 먼 고대의 영향은 분명 보로부두르에도 있었다. 화산 작용으로 만들어진 160만 개의 안산암으로 구성된 이 피라미드 형태의 사원은[61] 8세기의 마지막 25년과 9세기의 첫 25년, 즉 50년에 걸쳐 세워진 것이었다.[62] 그러나 이 사원에서는 헌정 비문은 차치하고라도 그 어떤 부류의 비문도 보이지 않는다.[63] 하지만 보로부두르는 틀림없는 불교 기념물이다. 방대한 숫자의 정교하고 아름답게 만든 부조들은 대체로 부처의 생애 중에 벌어진 이야기들을 담았는데, 이 사실로만 보더라도 그 점은 명백하다. 전통적인 불교 사상에서 보로부두르 사원은 이렇게 간주된다.

그곳은 우주산이다. 온전한 깨달음, 즉 삼보디(sambodhi)를 자각하여 불교의 궁극적인 목표인 보살에서 부처가 되는 길로 성지 참배자들을 이끌려는 우주의 신성한 복제품이다. 열성적인 불자들은 오른쪽 어깨가 기념물을 향하도록 하면서 이 산의 꼭대기까지 이어진 길을 오른다. 이후 그 길을 따라온 불자들은 불교의 특성이 분명히 드러나고 오래된 불경 속의 장면을 묘사한 돋을새김 석판들을 보여주는 많은 회랑에 이르게 된다.[64]

시계 방향으로 보로부두르를 답사하면 점차 땅에서 하늘로 향하게 되는데, 그러는 도중에 504개의 실물 크기 부처상을 지나가게 된다. 432개는 정사각형 모양의 계단형 테라스들에, 72개는 정상 중앙에 있는 거대한 사리탑 주변에 배치된 3개의 원형 테라스에 있다. 게다가 다음과 같은 특징도 있었다.

4개의 돋을새김 회랑을 통하는 참배 불자의 올바른 경로를 산출하면, 길의 방향과 각 회랑을 몇 번 걸어야 하는지가 회랑의 각 면에 있는 부조들로 결정된다. 올바른 순서로 부조들을 "읽기" 위해서 불자들은 시계 방향으로 각 테라스 주변을 총 10회씩 여러 번 돌아야 한다. 그렇게 함으로써 각 불자들은 정상 입구의 통로에 도착하기 전까지 총 2,160번 부처상을 지나게 된다.[65]

보로부두르 답사를 수행하며 내가 깨달았던 것처럼, 독자는 다음의 사실을 즉시 깨닫게 될 것이다. 즉 앞에서 언급한 숫자들이 이전 장들에서 기술했던 신비스러울 정도로 반복되는 보편적 숫자의 암호와 관련된다는 것이다. 앞에서 살펴보았듯이 이런 숫자의 암호는 관측하기 어려운 분점의 세차운동 현상에 기반을 두고 있다. 1도 변화에 72년이 걸리고, 분점의 태양이 순서대로 황도 12궁의 각 별자리로 자리를 옮기는 데에 2,160년이 걸리고, 기자 피라미드는 1 : 43,200의 비율로 지구를 모델로 삼고 있다. 이런 숫자들이 보로부두르에서도 확인되는 것이다.

바알베크와 괴베클리 테페에서처럼, 이제 보로부두르에서도 드러난 세차운동 현상은 전 세계의 신화와 전설에서도 그 존재감이 확인된다. 이런 존재감은 모든 장소에서, 그리고 모든 형태로 나타나도록, 아득히 먼 과거의 어느 때에 공통적인 영향을 준 주체가 있었다는 것 외에는 달리 설명할 방법이 없다. 그 주체는 조르조 데 산틸라나와 헤르타 폰 데헨트 교수가 확인한 "세상이 숫자, 단위, 무게에 따라서 만들어졌다고 처음 이해한 거의 믿기 힘든" 선조들의 문명인 것이다.[66]

내 직관으로(이 책에 여러 관련 사항들을 제시했을 때에도 역시 직관을 활용했다) 미루어볼 때, 사라진 문명은 미래에, 좀더 구체적으로는 21세기에 사는 우리에게 신호를 보내려고 했었다. 그리고 이 신호의 반송파(搬送波)는 세차운동의 코드였다.

시간이 흘러도 이런 신호가 존속한다는 것을 확실히 하기 위해서는 다음과 같은 두 가지 방법이 활용되었다.

첫째, 그 신호는 신화와 전설, 그리고 수학과 건축학의 가르침 속에 단단히 뿌리를 내렸다. 이것들은 서로 다른 수용(受容) 문화에 의해서 전승되어 몇 번이고 갱신되었을 것이며, 따라서 신호는 더 증폭되고 그리하여 수천 년 동안 온전히 살아남게 되었다. 신호가 설사 그 의미를 모르는 사람들에게 전해진다고 하더라도, 세월의 흐름으로 고색창연해진 성스러운 전통의 무게 덕분에 그 무지한 사람들도 부지불식간에 그 신호를 계속 전달하고 또 그 신호가 방해받지 않도록 최선을 다했던 것이다.

둘째, 그 신호는 특정 거석 유적들에 내장되었다. 일부 신호는 이집트의 기자 단지("신성한" 계율에 따르면, 연속된 문화들이 수천 년 동안 지속적으로 공을 들이고 완벽하게 관리해온 단지) 같은 알아보기 쉬운 곳에 숨겨졌다. 다른 일부 신호는 적기가 되었을 때, 재발견될 것을 준비하며 땅속에 묻혔다. 괴베클리 테페 같은 타임 캡슐이 여기에 해당하며, 구눙 파당 밑의 수수께끼 같은 방 역시 그럴 가능성이 있다.

헤르메스의 신성한 설교는 이렇게 말한다. "땅에는 그들이 해낸 많은 일들을 보여주는 기념물들이 있을 것이고, 주기가 일신할 때 그 뒤에 희미한 자취를 남길 것이다."[67]

영지주의(靈知主義)와 헤르메스 연구 분야에서 선구적인 학자였던 G. R. S. 미드에 따르면, 위의 말은 다음과 같은 과거에 우리의 주의를 환기시키려는 뜻이었다고 한다.

그때는 지혜의 함양에 헌신하는 강력한 인류가 이 땅에 살았다. 그들은 손수 작업하여 그들의 지혜를 보여주는 위대한 기념물들을 남겼다. 그 기념물들의 희미한 흔적은 "시대가 새롭게 소생하는 때"에 비로소 발견될 것이다.[68]

미드는 이 문구가 "불과 물로 파괴되는 시기와 갱신하는 시기가 번갈아 나타난다"는 고대 신념을 연상시킨다고 보았다.[69]

이집트에서는 이전의 파괴가 물, 즉 대홍수로 인한 것이라는 생각이 일반적이다. 대홍수 전에는 강력한 이집트 민족이 있었고 최초의 헤르메스가 그들 중에 나타났다……이 과거의 지혜를 사랑하던 문명이 남긴 대단한 업적들의 희미한 자취는 아직도 일부 나타나고 있다.[70]

미드는 현대의 학자들이 감히 하지 못할 이런 대담한 주장을 했다.

나 자신은 이 전설을 강하게 믿는 편이다. 때때로 나는 하나 혹은 그 이상의 피라미드 밑에 대홍수에서도 살아남은 일부 선사시대의 건축물이 묻혀 있을 가능성을 깊이 생각한다.[71]

『헤르메스 문서(*Hermetica*)』는 이 주제에 관해서 더 많은 내용을 다룬다. 특히 "토트의 책들", 토트/헤르메스 그 자신이 책을 만든 사실, 책의 목적 등을 언급한다.

그는 바위에다 그가 알고 있던 지식을 새겼다. 그렇게 새겨두기는 했지만 그 지식을 대부분 감추고서, 그는 일절 그와 관련된 언급은 하지 않았다. 하지만 우주의 시간 속에서 나중에 오는 훗날의 세대가 그의 지식을 찾을 지도 모른다는 말을 남겼다.[72]

지혜의 신은 자신의 책들을 맡긴 뒤 다음과 같이 말했다. 그 과정에서 자신의 "필멸성(必滅性)"을 인정함으로써 자신은 신이 아니라 언젠가는 죽을 사람이라는 사실을 암시한다.

언젠가는 부패할 내 손으로 적은 이 신성한 책들에다가 나는 불멸의 약을 발랐다……하늘이 나이가 들어 당신을 섬길 자격이 충분한 "생물들"이 나타날 때까지……이 책들은 이 땅의 평원에 왔다가 가버리는 모든 자들에게

보이지도, 발견되지도 않을 것이다.[73]

미드는 "생물들" ─ 때로는 "도구들"로도 번역된다 ─ 이라는 기이한 단어에 관해서 아무런 설명도 하지 않았다. 하지만 월터 스콧 경은 자신이 펴낸 『헤르메스 문서』에서 이런 해석을 했다. "긴 세월이 지난 뒤 헤르메스의 책들을 읽을 자격이 있는 인간들이 태어날 것이다."[74]

그때가 온 것인가?

우리는 마침내 대홍수 이전에 은폐되었던 잃어버린 지식이 담긴 "책들"을 읽을 자격을 얻게 된 것인가?

만약 그렇다면, 책들은 무엇을 이야기하고 있는가?

제8부

마무리

19
◀((·· ·))▶
다음번의 사라진 문명?

먼 과거로부터 우리에게 전해진 2,000개 이상의 대홍수 신화는 여러 가지 측면에서 괴이할 정도로 일치하는 모습을 보인다. 특히 대재앙이 우연히 벌어진 일이 아니라, 인류가 저지른 행동 때문이라는 주제도 한결같다.

인류에게서 나타나는 교만, 다른 사람에게 가하는 잔혹함, 비난과 갈등, 사악한 마음이 신들의 분노를 산 것이다. 또한 인류는 영성(靈性)을 함양하지도 않고, 땅을 사랑하거나 보살피지도 않고, 우주를 더 이상 경외심과 놀라움을 품고 숭배해야 할 대상으로 생각하지도 않았다. 스스로가 이룩한 성공에 도취된 인류는 중용과 절제를 통하여 번영을 계속 유지하는 방법을 잊어버렸다.

플라톤이 말해준 바와 같이, 아틀란티스의 주민들도 마찬가지였다. 그들은 한때는 너그럽고 선량한 사람들이었다. 전에는 "탁월한 정신을 가지고, 재산을 덧없는 것이라 생각하고, 지혜와 관용으로 다른 사람들을 대했지만," 시간이 흐르자 스스로의 업적에 도취되어 자만하면서 형편없는 물질만능주의, 탐욕, 그리고 폭력에 빠져들게 되었다.

지각 있는 사람은 그들의 타락이 어느 정도로 심각한지 분명히 알 수 있었다. 하지만 진정한 행복을 제대로 판단하지 못하는 사람들은 야심과 권력을 무분별하게 추구한 나머지 자신들이 명성과 재산의 정점에 올랐다고 오해했다.[1]

다음번 사라진 문명의 신화적 기준을 만족시키는 사회가 있다고 한다면, 그것은 지금의 우리 사회가 아닐까? 우리는 지구의 웅장한 정원을 오염시키고 방치하고 있으며, 지구의 자원을 강탈하고, 대양과 우림을 남용하거나 남벌하고 있다. 무수히 많은 격렬한 지역적, 종파적 갈등은 다른이들에 대한 우리의 공포, 증오, 의심을 증폭시키고 있다. 우리는 수백만의 사람들이 계속 고통을 받고 있음에 불구하고, 두 손 놓고 아무것도 하지 않는다. 우리는 무지하고 편협한 인종차별을 하고 있다. 배타적 종교들은 우리에게 나쁜 영향을 주고 있으며, 우리는 인류가 모두 형제자매라는사실을 잊고 살아간다. 호전적이고 광신적인 애국주의는 나라 사랑이라는 미명으로 사람들로 하여금 끔찍한 학대에 탐닉하게 한다. 또한 신앙과단순한 탐욕도 같은 결과를 빚어낸다. 물질적 재화의 생산과 소비에 관해서 우리는 강박감과 경쟁심을 느끼고, 어떻게 하든 이기려는 이기적 면모를 보인다. 물질주의 과학의 승리로 부채질된, 물질이 전부라는 신념은 많은 이들에게 확산되고 있는데, 이것은 영성 같은 것은 없고 우리라는 존재가 오로지 화학과 생물학의 결과라고 보는 태도에 다름 아니다. 이 모든것과 그 외에 더 많은 것들이 최소한 신화의 관점으로 보면, 우리에게 그리좋은 조짐은 되지 못한다.

　우리는 상당히 진보된 기술들을 소유하게 되었다. 거의 마법처럼 보일정도인 이 기술들은 일상에서도 지속적으로 활용되고 있다. 컴퓨터 과학, 인터넷, 항공술, 텔레비전, 전기 통신, 우주 탐사, 유전공학, 핵무기, 나노기술, 이식 수술 등 구체적 사례를 들자면 끝이 없다. 하지만 우리 중 극소수만이 이런 기술들이 어떻게 작동하는지를 이해한다. 그리고 이런 기술들이 번창할수록 인간의 영성은 허약해지고, 우리는 "온갖 종류의 무모한 범죄, 전쟁, 약탈, 사기, 그리고 영혼의 본질에 적대적인 모든 일"에 휘말리게된다.[2]

대재앙이 우리에게 닥쳤다고 가정해보자. 이 대재앙은 우리의 문명, 그러니까 엄청나게 광대하고 복잡하여, 서로 연결되고, 굉장히 특화된 기술을 단숨에 무너뜨릴 것이다. 복원의 희망도 품어보지 못할 정도로 철저하게 말이다. 이런 일이 발생하면 현재 우리 세계에서 가장 사회적으로 무시를 당하면서도 가장 참을성 많은 사람들이 — 예를 들면 아마존 정글과 칼라하리 사막의 수렵과 채집을 하며 살아가는 사람들이 좋은 예인데, 이들은 매우 적은 것만으로도 만족하기 때문에 훌륭한 생존 기술을 가지고 있다 — 대재앙 이후까지 살아남아 인류의 이야기를 계속 지속할 가능성이 아주 높다.

그들의 후손은 지금으로부터 몇만 년이 지난 뒤에 우리를 어떻게 기억할 것인가? 예를 들면, 지금 우리에게 당연한 행동으로 생각되는 전 세계, 더 나아가 우주 공간에서 오는 영상이나 24시간 텔레비전 뉴스를 수신하는 일은 어떻게 그들의 신화와 전설에서 기억될 것인가? 마야의 고대어인 키체어로 적힌 성전인 『포폴 부』에서 기억된 "선조들"처럼 경이롭게 언급될 것인가?

그들은 지성을 타고났다. 그들은 즉시 멀리 있는 것을 볼 수 있었고, 보게 되면 알게 되었다. 이런 식으로 그들은 세상 모든 것을 알고 있었다. 그들은 뭔가를 보면 즉시 그 주변에 있는 모든 것을 보았다. 이어 그들은 하늘의 궁륭과 지구의 둥근 표면을 고찰했다. 멀리 숨겨진 것마저도 그들은 움직이는 수고를 하지 않고 지켜볼 수 있었다. 그들은 제자리에서 세상을 즉시 볼 수 있었다. 그들의 지혜는 이처럼 대단했다. 그들의 시선은 숲, 호수, 바다, 산, 계곡 등 미치지 않는 곳이 없었다.[3]

그러나 선사시대의 사라진 문명에 관한 많은 다른 기억들에서 공통적으로 나타나는 것처럼, 어느 때가 되자 그 "선조들"은 오만방자해져서 행동의 금도를 넘어섰다. 이에 신들은 이런 생각을 하게 되었다. "저들이 창조주인 우리와 동등해지려고 하는가? 우리가 저들에게서 보는 상황이 좋지 않으니 저들의 욕망을 약간 견제해야겠다."[4] 그리하여 징벌은 신속하게 나타났다.

> 하늘의 중심에서 안개가 불어왔고, 선조들의 눈은 마치 숨을 불어서 김이 서린 거울처럼 흐릿해졌다. 안개로 덮인 눈 때문에 그들은 오로지 가까이 있어 명확하게 보이는 것만 볼 수 있었다. 이런 식으로 선조들의 모든 지혜와 지식은 사라지고 말았다.[5]

『포폴 부』는 선조들을 철들게 하려고 신들이 활용한 방법을 보여주는데, 이는 상당히 흥미롭다.

> 하늘의 중심은 홍수를 일으켰다……엄청난 송진이 하늘에서 떨어졌다……지표면은 새까맣게 변했고 검은 비가 낮과 밤을 가리지 않고 내렸다[6]……태양과 달의 모습은 감춰져 보이지 않았다[7]……우박, 검은 비, 안개, 형언할 수 없는 추위가 널리 퍼졌다.[8]

이러한 모든 현상은 아주 추웠던 영거 드라이어스 한랭시대의 시작인 1만2,800년 전에 지구를 강타한 대재앙의 복잡한 특징을 아주 정확하게 반영한다. 이 책의 제2부는 이와 관련하여 많은 증거들을 제시했다. 어쨌든 지금은 많은 과학자들이 분열하는 거대한 혜성의 여러 큰 조각들이 그 당시에 지구와 충돌했음을 확신하고 있다.

이것은 내 의견이자, 실제로 내가 이 책을 쓰게 된 이유이기도 한데, 우리는 저런 이야기들과 그 안의 보편적인 세부사항들(멕시코든, 페루든, 이스터 섬이든, 메소포타미아든, 고대 이집트든, 고대 가나안이든, 터키든 어느 곳에 전해져도 공통되는 사항들)에 주목할 필요가 있다. 흥미로운 사례는 『포폴 부』가 홍수와 재앙의 배경을 서술하면서 메소포타미아의 압칼루 현인들과 정확히 같은 "어인(魚人)"을 언급했다는 것이다[9]("온 몸이 물고기였다. 그러나 바로 그 밑에, 그러니까 물고기 머리에 또다른 사람의 머리가 붙어 있고 물고기의 꼬리 부분에는 사람의 발이 달려 있고 또 사람의 목소리를 가지고 있었다"[10]). 압칼루들이 그랬던 것처럼, 이 어인들은 고대 마야의 전설에서 마법 같은 힘을 가지고 "많은 기적을 행했다."[11]

그러므로 『포폴 부』에서는 구쿠마츠라는 이름으로 등장한 문명의 전달자가[12] 우리가 제1장에서 본 것처럼, 멕시코 만에 있는 라 벤타 유적에서는 날개 달린 뱀 케찰코아틀의 고대 형상으로 나타났다는 것은 그리 놀라운 일이 아니다. 거기서 케찰코아틀은 메소포타미아의 부조에서 압칼루가 들었던 가방 혹은 양동이 같은 물건을 들고 있는데, 이 물건은 괴베클리 테페의 43번 기둥에서도 발견된다. 라 벤타는 올멕인들의 수수께끼 같은 초창기 문명의 중심지들 중 한 곳이다. 올멕인들은 이목구비가 뚜렷한 수염 난 사람들의 조각을 남겼는데, 아메리카 본토인들과 전혀 닮지 않은 이 조각상은 메소포타미아의 압칼루 부조와 볼리비아 티아우아나코의 콘-티키 비라코차 조각상에 보이는 수염과 아주 비슷하다. 또다시 전 세계에 문명의 선물을 전파하려는 집단과 연관된 보편적인 상징이 드러난 것이다. 게다가 마야를 유명하게 만든 뛰어난 천문과학은 올멕인들이 전해준 더 넓은 진보된 지식의 일부이며, 마야력 그 자체는 올멕인들의 유산 중 가장 잘 알려진 것이다.

제15장에서 살펴본 것처럼, 마야력의 거대한 주기는 2012년 12월 21일에 끝이 났다. 이것은 2만6,000년에 한 번 일어나는 동지 태양과 우리 은하

의 중심의 합(合)을 보여주는 날짜였다. 태양의 지름과 육안 천문학의 한계 때문에 합 그 자체는 정확한 순간을 나타낸 것이라기보다 1960년부터 2040년까지에 이르는 80년에 걸친 시간의 창문을 나타낸 것이다. 우리는 또한 괴베클리 테페의 43번 기둥이 정확히 같은 시간의 창문을 보여주기 위해서 동물들의 형상으로 성수도(星宿圖)를 그려놓았다는 점도 살펴보았다. 인터넷상의 천문 프로그램이 보여준 바와 같이, 동지 태양은 여전히 다음 자리를 향해 움직이는 중이다.

내가 볼 때, 마야력이나 괴베클리 테페 기둥은 세차운동 코드를 사용하여 미래에 메시지를 보내려는 시도이다. 그 메시지의 특징은 이집트의 기자 고원에서 피라미드들과 스핑크스로 형성된 거대한 천문학적 지상 그림에서도 나타난다. 이 기념물들은 같은 세차운동 코드, 그리고 오리온자리 및 사자자리와 맺고 있는 관계를 활용하여 우리로 하여금 1만2,800년 전과 1만1,600년 전 사이에 있었던 영거 드라이어스 시대에 주목하게 한다. 그리고 피닉스의 대귀환이라는 상징을 통해서 세차운동 주기의 절반에 해당하는 시간이 흐른 뒤에 오는 시대, 즉 우리가 지금 살아가고 있는 이 시대를 주목하게 한다(제11장 참조).

이런 대귀환의 연대 측정은 괴베클리 테페의 기둥과 마야력이 제공한 것만큼 정교하지는 않다. 하지만 영거 드라이어스 시대에 발생한 충격을 1만2,800년 전의 일이라고 측정한 과학도 실은 그리 정교하지 못하다. 과학자들이 연대 측정의 증거를 방사성 탄소 연대 측정으로 확인한 결과, 허용 오차가 전후로 150년이라는 점이 드러났다. 다시 말해서, 영거 드라이어스 혜성 — 편의상 "피닉스"라고 부르기로 하자 — 은 1만2,950년 전(현재 내가 글을 쓴 시점은 2015년이므로, 기원전 1만935년)이나 1만2,650년 전(기원전 1만635년) 사이, 즉 300년 시간 창문의 어느 시점에 지구와 충돌했다는 것이다.

세차운동 주기의 절반이 1만2,960년(혹은 솔리누스가 전하는 유별나게 정확한 피닉스의 귀환 시점을 따르면 12,954년[13])이라는 점을 생각하면, 내가 지금 이 글을 쓰는 때로부터 10년 뒤(2025년)부터 시작하여 "피닉스" 충격이 마지막으로 발생할 수 있는 때, 즉 1만2,960년의 주기가 종료되는 때(2325년)까지의 300년 시간 창문 중 어느 한때를 혜성 충돌의 시기로 상정해볼 수 있다. 앞에서 살펴본 것처럼 마야력과 괴베클리 테페의 43번 기둥은 이 계산을 정교하게 다듬어놓았다. 내가 메시지를 올바로 이해했다면, 우리는 지금부터 2040년까지는 혜성 충돌이라는 위험한 시간대에 들어 있다. 이와 관련하여 나는 제3장에서 인용한 오지브와족의 전설이 생각난다.

길고 넓은 꼬리를 가진 별이 다시 지상으로 낮게 내려오는 미래의 어느 날 그 별은 세상을 파괴하고 말 것이다. 그것은 '긴 꼬리를 가진 하늘로 올라가는 별'이라고 불리는 혜성이다. 그 별은 과거 수천 년 전에 이곳으로 내려왔다. 태양처럼. 그 별은 꼬리에 방사선 빛과 모든 것을 태우는 열을 가지고 있다.

혜성은 모든 것을 태워서 부수어버린다. 남아 있는 것은 아무것도 없다. 인디언들이 그런 일이 벌어지기 전에 이곳 지구에서 살았다. 그러나 일이 잘못 되어갔다. 많은 사람들이 정신적인 길을 잃어버렸다. 성스러운 영혼은 혜성이 오기 오래 전에 사람들에게 경고를 발했다. 병을 고치는 마술사도 준비를 하라고 모든 사람에게 말했다. 지구상의 자연이 잘못되어 돌아갔다……그러다가 혜성이 이곳에 나타났다. 그것은 길고 넓은 꼬리가 달려 있었고 모든 것을 불태웠다. 혜성은 아주 낮게 날았기 때문에 꼬리가 지구를 초토화했다……혜성 이후에 세상은 완전히 달라졌다. 그때 이후 살아남기가 힘들어졌다. 날씨는 전보다 더 추워졌다.[14]

앞에서 언급한 전설에서(또한 전 세계의 수많은 다른 신화와 전설에서) 언급된 혜성이 "귀환하는" 단계에 막 들어설지도 모른다는 이야기는 불안 감을 조성하는 말처럼 들리는가?

내가 난해한 고대 기념물들과 달력들에 지나치게 의미를 부여하고 있는 것인가? 전 세계에서 보편적으로 혜성은 늘 두려움과 혐오의 대상으로, 또 임박한 종말과 파멸의 전조로 여겨진다는 사실을 내가 너무 큰 의미로 받아들이는 것인가?[15]

이런 질문에 올바른 답이 어떤 것인지 나는 확신하지 못하겠다. 다정한 아버지요, 또 할아버지이기도 한 나는 당연히 이 지상에 그런 위험이 없기를 바란다. 하지만 조금이라도 그런 위험이 있다고 한다면, 타조처럼 우리의 머리를 모래 속에 처박으면서 현실에서 도피하고, 걱정할 일이 없다고 가장하고, 아무런 대책도 세우지 않는 어리석은 행동을 해서는 안 된다. 따라서 나는 이 주제에 관한 최신 과학이 고대의 지혜와 완전히 일치한다는 점을 지적하고자 한다.

혜성 충돌의 위험은 실제로 존재한다.

사상누각 같은 역사의 집

인간 문명의 진화를 어떻게 바라보아야 하는지에 관해서 엄청난 패러다임의 전환이 활발하게 벌어지는 시기에 우리는 살고 있다. 제5장의 끝 부분에서 언급했듯이, 고고학자들은 우주적 영향이 수백만 년 간격으로 발생한다고 생각하는 습성이 있다. 그러니 결국 그런 우주적 대격변은 현생 인류가 살아온 지난 20만 년의 역사와는 무관하다고 보는 것이다. 6,500만 년 전에 공룡을 멸종시킨 소행성이 최후의 거대한 우주적 영향이라고 믿으며, 이보다 훨씬 짧은 "인류사"의 시간 내에 그런 대규모 우주적 사건은 발생하지 않았다고 생각한다. 하지만 영거 드라이어스에 우주적 충격이 있었다는 가설을 세운 과학자 집단이 제기하고, 제2부에서 검토한 다수의 흥미로운 증거들에 의해서 지지되는 획기적인 시나리오(즉, 인류사의 범위 이내인 1만 2,800년 전에 전 세계를 근본부터 흔드는, 멸종 수준의 거대한 사건이 발생했다는 가설)가 기존 학계를 발칵 뒤집어놓았다. 1만2,800년 전은 인류의 짧은 역사 안에서도 본채에서 뒤뜰로 나가는 정도밖에 되지 않는 시점이다.

무엇보다 이렇게 되면, 모든 학교와 기관에서 "사실"로 가르쳤던 역사의 연대표(구석기부터 신석기까지의 느리고 고통스러운 단계, 농경의 발전, 최초 도시의 부상 등), 즉 문명의 기원에 관해서 고고학이 내린 모든 결론이 잘못된 근거 위에 세워진 사상누각이 되어버린다. 기존의 역사 패러다임의 토대를 요약하는 단 하나의 단어로, "잘못된"이라는 말보다 더 나은 것이 없으리라. 공룡의 멸종 이후 지구를 강타한 가장 큰 대격변을 무시하고 인류의 역사를 서술했다는 사실, 바로 이것을 우리가 지금 알아냈기 때문이다. 게다가 이 대격변은 1만2,800년 전과 1만1,600년 전 사이의 아주 구체적이고 (우주적 관점에서 볼 때) 비교적 최근인 영거 드라이어스 시기에 벌어진 것이다. 게다가 대격변의 도래 이후 곧바로 터키의 괴베클리 테페에서 문명 발생의 첫 징후가 있었고, 그 뒤로도 곧 전 세계의 많은 부분에서 같은 현상이 반복되었다.

영거 드라이어스의 "기준점" 직후에 문화생활의 모든 초기 시도가 나타나고 있음을 인식하면서도, 영거 드라이어스 시대의 우주적 영향으로 생겨난 세계적 트라우마와 그에 따른 파괴 현상을 무시했다는 것은 진정으로 기존 학계의 과실이다. 하지만 안타깝게도 현재의 고고학자들은 그런 잘못된 모습을 보이면서도 고치려고 하지 않는다. 하지만 더 좋지 못한 점은 인류사의 중요한 부분들(더 나아가 선사시대에 존재했을지도 모르는 위대한 문명)이 혜성의 충돌, 그리고 그 이후 나타난 홍수, 검은 역청질의 비,

어둠의 시간, 형언할 수 없는 추위 등으로 인해서 역사 기록에서 사라졌을 가능성은 단 한순간도 고려하지 않으려고 한다는 점이다.

만약에 21세기를 맞은 우리의 현재 문명이 그와 비슷한 연쇄적인 거대한 영향을 받는다면 우리는 과연 살아남을 수 있을까?

모든 조짐으로 볼 때, 우리는 살아남지 못할 것이다. 이 때문에 고고학자들은 영거 드라이어스 혜성의 진실성을 점진적으로 인정하면서, "아틀란티스"와 과거로부터 전해오는 사라진 빙하기 문명의 소문을 능멸하는 태도를 고쳐야 한다. 신화, 이례적인 기념물들, 인류사의 잊힌 거대한 사건에 관한 여러 가지 암시, 자취, 단서를 무시하고, 얕보고, 조롱하는 일에 매진하는 행동을 그만두어야 한다. 그 대신 1만2,800년 전에 발생한 혜성 충돌의 증거를 바탕으로, 모든 과학적 역량을 동원하여 사상 처음으로 이 수수께끼에 관해서 철저한 조사에 돌입하는 모습을 보여야 한다.

불편한 진실을 은폐하려는 음모

그런 철저한 조사를 시작하려면 틀림없이 엄청난 저항이 있을 것이다. 같은 이유로 제임스 케넷, 앨런 웨스트, 리처드 파이어스톤 및 영거 드라이어스 영향에 관한 다른 선두적인 연구자들은 점진론자이자 "균일론자"인 동료들의 거센 저항을 받았다. 케넷이 말한 것처럼, 영거 드라이어스 가설이 넓은 분야에 걸쳐서 기존의 패러다임과 충돌하기 때문이다. 이것은 단지 고고학의 문제만은 아니다. 고생물학, 고해양학, 고기후학, 충돌 역학 등에서도 저항이 있는 것이다.[16]

누군가가 많은 사람들의 심기를 건드리는 새로운 증거를 제시하면, 반대에 직면하게 되는 것은 불가피하다. 하지만 학계의 영역 다툼은 어디까지나 영역 다툼일 뿐이다. 일부 학자들이 오랫동안 소중히 여긴 입장을 포기하지 못해 위험의 존재를 인정하지 않고 또 인류의 미래에 아주 큰 위험이 있다는 사실을 알려주지 않는 것은 전혀 다른 이야기이다.

케넷, 웨스트, 파이어스톤, 그리고 다른 학자들의 연구에 대하여, 진정한 비판을 가장한 이념적 공격이 가해졌을 때, 우리는 바로 그런 우유부단의 모습을 볼 수 있었다. 제2부에서 살펴보았듯이, 케넷 등의 학자들은 그런 공격을 받았을 때, 거듭하여 충분한 증거를 제시하며 논박했다. 하지만 기존의 학계는 영거 드라이어스 혜성 같은 오싹하지만 전적으로 확실한 새로운 증거를 합리적으로 평가하지 않았다. 오히려 그들은 근시안적인 영역주의를 고집했다. 그런 해이한 풍토가 지속되는 한 근거 없는 무분별한 공격은 계속될 것이다.

그러나 여기에는 단순히 학계의 영역 다툼 이상의 것이 개재되어 있다. 실제로 불편한 진실을 은폐하려는 음모 비슷한 일이 있었던 것이다. 이 책을 집필하기 위해서 조사, 연구하는 과정에서 나는 앨런 웨스트와 여러 번 이메일을 주고받았다. 그가 영거 드라이어스에 관한 다수의 논문에 연락 담당 저자였기 때문에 나는 그를 통해서 사실을 확인하게 되었다. 우리의 논의는 상당히 광범위했는데, 어느 날 그는 이런 글을 보냈다.

선생님의 새 책은 더 많은 사람들에게 혜성 가설을 알려줄 것이라고 생각합니다. 이 점은 우리 지구에 굉장히 잘된 일입니다. 이 혜성 충돌이라는 주제는 단순히 흥미로운 과거의 역사가 아니니까요. 영거 드라이어스 시기에 일어난 충돌은 대단히 파괴적이지만, 그보다 훨씬 소규모의 충돌조차도 오늘날의 도시, 지역, 나라를 완전히 파괴할 수 있습니다. 그런 충돌은 NASA와 ESA[유럽우주기구]가 공개적으로 인정하는 것보다 훨씬 더 빈번합니다. 그들도 점차 이를 인식하고 있는 것처럼 보입니다.[17]

이처럼 혜성 충돌, 특히 영거 드라이어스의 충돌에 관해서 의도적으로 정보를 은폐하고 있음을 알게 된 나는 웨스트에게 이런 이메일을 보냈다.

대격변설에 관한 생각들이 몇 년 동안 부당한 대우를 받는 일이 되풀이되는 상황을 본 입장이라 선생님을 혹평하는 사람들의 일치된 적대감, 일을 질질 끄는 모습, 지속적으로 혜성 이론에 최후의 "진혼곡"을 선사하겠다며 우쭐하던 모습 등이 나는 전혀 놀랍지 않습니다. 진혼곡이라니요, 그 사람들의 행동은 근본적으로 프로파간다에 지나지 않습니다! 선생님을 비난하는 혹평가들은 "매머드를 멸종시킨 충돌에 의문을 제기하는 연구", 혹은 "시리아 유적에서의 충돌 이론이 종결되다" 같은 제목을 만들기 위해서 선생님이 제시한 중대한 증거를 고의로 무시하고 있는데, 이런 방식은 정말로 상식 밖의 일입니다. 애초에 "종결되지도" 않은 것을 "종결되었다"고 하다니요!

　그렇게 그들의 논문에서 사실을 날조하면서까지 세상이 안전하고 예측 가능한 장소이기를 바라는 그들의 소망사항을 충족시키는 것이 과연 정당한 일입니까? 아니면 학계에 어떤 다른 아젠다가 작용하고 있나요?[18]

웨스트의 답변은 흥미로웠다.

그것도 분명 한 가지 양상입니다. 저를 혹평하던 어떤 학자는 제게 이렇게 불평했습니다. "선생, 선생 말이 옳다면 우리는 교과서를 전부 다시 써야만 할 거요!" 하지만 전 그것이 나쁜 일인지 모르겠습니다. 흥미로운 것은 우리를 가장 맹렬하게 혹평하는 일부는 NASA 및 정부와 관련이 있는 사람들이라는 점입니다. 한 NASA 직원은 제게 혜성 충돌 이론에 반대하는 태도가 NASA에 완고하게 자리잡고 있으나, 현재는 천천히 변하는 중이라고 하더군요. 수십 년 전 NASA는 소행성과 혜성이 중대한 위협이 될 것이라는 점을 분명하게 알았지만, 직원들은 정부의 최고위 관리로부터 그 위험을 가볍게 처리하라는 지시를 받았죠. 정부는 국민들이 소행성과 혜성에 대한 "공포"에 사로잡혀 대책을 세우라고 촉구하는 상황이 생기는 것을 우려했습니다. NASA 역시 그에 대해서 아무런 조치도 할 수 없었고 또 그 점을 인정하고 싶은 마음도 없었죠. 뿐만 아니라 다른 분야에 쓰고자 하는 자금이 혜성 충돌 연구에 전용될 것이 우려되어 혜성의 위험을 과소평가한 측면도 있습니다.[19]

검은 여행자

영거 드라이어스 혜성 충돌의 물리적, 지질학적 증거가 발견되기 전인 1990년, 천체물리학자 빅터 클러브와 천문학자 빌 네이피어는 다음과 같이 경고했다.

우주가 인간사에 전혀 무해한 배경일 뿐이라고 생각하는 관점을 우리는 경계해야 한다. 지금 학계는 이런 관점의 유지를 학계 본연의 임무라고 생각하고 있는데, 사실 교회와 국가도 그런 견해가 지속되기를 은근히 바라고 있다.[20]

1990년 클러브와 네이피어가 내놓은 선견지명의 관점에서 보면, 이러한 고식적 관점은 아주 위험한 것이다. 이런 관점을 가지게 되면 "인류는 위험 앞에서 모래 속에 머리를 처박는 타조보다 별로 나을 것이 없는 존재이며, 그 결과 공룡과 같은 운명을 맞이하게 될지도 모른다."[21]

영거 드라이어스 가설에 관한 "학계" 일부의 반응에서 볼 수 있는 것처럼, 이런 관점, 즉 클러브와 네이피어가 "우주 안전에 관한 크나큰 착각"[22]
이라고 지적한 관점은 오늘날 세상에서 여전히 강력한 힘을 발휘하고 있
다. 우리의 과거에 관한 진실이 위태로워진다는 점도 문제이지만, 영거 드
라이어스 혜성 충돌이 인류에게 미치는 영향에 대하여, 클러브와 네이피어
의 연구, 그리고 케닛, 웨스트, 파이어스톤, 그 외의 학자들의 연구가 서로
일맥상통한다는 점은 참으로 오싹한 일이 아닐 수 없다.

이런 일맥상통의 의미를 적절히 이해하기 위해서는 클러브, 네이피어, 그
외의 학자들이 1980년대와 1990년대에 발표한 일부 연구들을 자세히 검토
할 필요가 있다. 분명히 기억해야 할 점은 이런 연구들은 나중에 영거 드
라이어스 충돌에 관해서 케닛/웨스트/파이어스톤의 팀이 발표한 연구와는
전적으로 별개로 이루어졌다는 점이다. 제11장에서 이미 말했던 것처럼 긴
이야기를 요약하면, 위의 연구들의 취지는 1만2,800년 전과 1만1,600년 전
사이에 지구의 표면을 변화시킨 혜성이 완전히 끝난 이야기가 아닐 가능성
(실제로 높은 가능성)이 있다는 것이다. 클러브와 네이피어의 연구에 더해
작고한 프레드 호일 경과 수학자이자 천문학자인 찬드라 위크라마싱헤
교수의 연구는 그보다 더 두려운 가능성을 제기했다. 그것은 영거 드라이
어스 시기에 나타난 혜성은 그보다 훨씬 큰 거대한 혜성(한때 지름이 100
킬로미터의 거대한 크기)의 조각일 뿐이며, 그 본체인 혜성은 약 3만 년 전
내(內)태양계로 들어왔다가 태양에게 붙잡혀 지구와 교차하는 궤도에 던져
졌다는 것이다. 본체 혜성은 1만 년 동안 상대적으로 온전한 모습으로 궤
도를 돌았지만, 지금으로부터 약 2만 년 전 궤도 어딘가에서 심각하게 "분
열되었다." 그리하여 세상을 멸망시킬 수 있는 이 치명적인 물체는 지름 5
킬로미터에서 1킬로미터(혹은 이보다 작은)까지의 많은 혜성들로 분열되었
다. 이런 분열로 생겨난 혜성들 하나하나는 여전히 자력(自力)으로 전 세계
적인 대재앙을 일으킬 수 있다.[23]

여러 작은 혜성들이 1만2,800년 전 지구와 충돌하여 영거 드라이어스가 시작되었고,[24] 1만1,600년 전 다시 혜성 무리가 등장하여 영거 드라이어스 시대가 종결되었다[25]는 증거는 남은 혜성들이 미래의 어느 때에 지구와 다시 충돌할 수 있다는 뜻이다.[26] 클러브와 네이피어는 다음과 같이 말했다. "이 독특하고 복잡한 혜성들은 현재 지구가 직면한 가장 큰 충돌 위험의 요소이다."[27]

황소자리 유성군은 땅에서 관측할 때, "유성들"을 쏟아내는 것 같고 또 황소자리에서 비롯된 것처럼 보여서 그런 명칭을 가지게 되었다. 본체인 거대한 혜성은 아직도 분열이 진행 중인데, 황소자리 유성군은 그 결과들 중에서 가장 익숙하고 잘 알려진 현상이다. 이 유성군은 지구의 궤도에 완전하게 걸쳐 있다(3억 킬로미터가 넘는 거리이다). 지구는 매년 유성군에 있는 두 개의 공간을 각각 두 번씩(들어올 때와 나갈 때) 통과한다. 한 번은 6월 말에서 7월 초이고(햇빛을 만나 "유성들"이 보이지 않을 때), 다른 한 번은 장관을 이루는 "핼로윈 기념 불꽃놀이"를 볼 수 있는 10월 말에서 11월 초이다.[28] 지구는 매일 궤도를 따라 250만 킬로미터 이상을 여행하는데, 유성군의 공간을 12일에 걸쳐 통과하므로 황소자리 유성군의 "너비" 혹은 "두께"는 최소 3,000만 킬로미터가 된다. 실제로 지구가 유성군을 만나는 두 개의 시기에는 분열된 잔해들의 "튜브(관)" 혹은 "파이프"를 가장 잘 관측할 수 있다. 유성군은 거대한 도넛처럼 생겼다. 기하학 용어로는 그런 형태를 "원환체(圓環體)"라고 한다.

"유성들"은 해를 끼치지 않는다. 대기에서 불타서 사라지기 때문이다. 그렇다면 유성군에 관해서 우리가 걱정을 해야 하는 이유는 무엇인가? 천문학자들은 50개 정도의 유성군을 발견했는데, 이들은 서로 구분되는 독특한 특성을 가지고 있다(사자자리 유성군, 페르세우스자리 유성군, 안드로메다 유성군 등). 질문에 답변을 하자면 대부분의 경우 위험하지 않으므로 별로 걱정할 필요가 없다. 그런 유성군이 포함하는 조각 대부분은 실제로 크기도 작아서 지구에 별로 위협이 되지 않기 때문이다.

그러나 황소자리 유성군의 경우는 아주 다르다. 클러브, 네이피어, 호일, 위크라마싱헤가 입증한 것처럼, 황소자리 유성군은 육중한 물질들이 넘쳐 날 정도로 많다. 이 물질들은 어떤 때는 잘 보이고 어떤 때는 먼지 구름에 싸여 보이지 않는데, 굉장한 속도로 우주를 날아다닌다. 그리고 마치 시계 장치처럼 규칙적으로 매년 두 번 지구의 궤도와 만난다. 황소자리 유성군 의 육중한 물질들 중 치명적인 것은 지름이 5킬로미터 정도로 추정되는 엥 케 혜성이다. 하지만 엥케 혜성만 치명적인 것은 아니다. 클러브와 네이피 어는 다음과 같이 말했다.

> 황소자리 유성군 내부에는 지름이 1킬로미터 이상인 100개에서 200개에 이 르는 소행성들이 궤도를 돌고 있다. 분명 지극히 큰 물체가 부서진 잔해일 것이다. 분열 혹은 분열의 결과는 틀림없이 2만 년, 혹은 3만 년 안에 발생 했을 것이다. 그렇지 않았다면 소행성들은 내행성계로 퍼져나갔을 것이고 더는 유성군으로 인식되지 못했을 것이다.[29]

엥케 혜성 말고도 유성군 안에는 최소한 두 개의 다른 혜성이 있다. 하나 는 루드니츠키 혜성인데, 엥케와 마찬가지로 지름이 약 5킬로미터인 것으 로 판단된다. 올지아토라는 이름의 신비로운 혜성은 지름은 1.5킬로미터 정도이다.[30] 처음에 소행성으로 생각되었던 올지아토는 지구와 교차하는 극히 어두운 발사체이다. 이 혜성은 때로는 망원경으로 볼 수 있는 휘발성 과 가스 방출의 징후를 보이는데, 대부분의 천문학자들은 이런 현상을 깨 어나는 중인 비활성 혜성의 모습으로 간주한다.[31] 엥케 혜성은 1876년 천 문학자들이 처음으로 갑자기 타오르며 활동하는 모습을 관측하기 전까지

긴 시간 동안 비활성 상태였다.[32] 오늘날 학자들은 이 혜성이 장기간에 걸쳐 규칙적으로 비활성 상태와 휘발하는 상태를 오간다고 생각한다.

클러브와 네이피어의 연구는 **아직 발견되지 않은** 엥케 혜성의 동료가 황소자리 유성군의 중심부에서 궤도를 도는 중이라는 점을 확신시켰다.[33] 그들은 이 물체가 이례적인 크기를 가진 혜성이며, 엥케와 올지아토처럼 때로 (굉장히 오랜 시간 동안) 스스로 활동을 멈춘다고 생각했다. 가스가 방출되는 동안 내부에서 계속 역청 같은 타르가 용솟음치고, 그 결과 많은 양의 타르가 핵의 외부 표면 전체를 덮어 두껍고 딱딱한 껍질을 형성한다. 그렇게 생긴 껍질은 수천 년 동안 핵심을 완벽하게 봉인하고,[34] 이때 혜성은 활동을 중단하게 된다. 표면적으로 찬란하게 빛나는 "머리"와 꼬리가 사라진 후 모든 것이 잠잠해진다. 겉보기에 활동을 멈춘 물체는 조용히 초당 수십 킬로미터의 속도로 우주를 헤쳐나간다. 하지만 핵심의 내부는 여전히 활동 중이고, 점차 압력이 상승하게 된다. 방출 밸브가 없는 과열된 보일러처럼, 혜성은 결국 내부에서 폭발이 일어나 많은 파편들로 갈라진다. 그리고 이 파편들은 하나같이 지구를 위협하는 혜성이 된다.

추정에 의하면 현재 관측되지 않는 황소자리 유성군 중심부의 이 물체는 지름이 30킬로미터 정도일 것으로 보인다.[35] 게다가 다른 거대한 파편들을 동반할 가능성이 크다는 언급도 있다. 베르가모 대학교의 에밀리오 스페디카토 교수는 다음과 같이 말했다.

그 혜성의 관측을 가능하게 해주는 잠정적인 궤도 매개변수가 계산되었다. 가까운 미래(2030년경)에 지구는 파편들을 포함한 원환체의 일부분과 다시 교차하게 될 것이다. 이런 조우는 과거 인류에게 극적인 영향을 미쳤다.[36]

재탄생

2030년은 마야력과 괴베클리 테페의 43번 기둥이 보여준 위험이 닥칠 시간의 창문과 정확히 일치한다. 6,500만 년 전 공룡을 멸종시킨 소행성은 지름이 10킬로미터에 불과했지만 전 세계를 불바다로 만들었고 세상을 완전히 바꾸어놓았다. 30킬로미터인 물체와 충돌하게 되면, 우리의 문명은 종말을 맞이하게 될 것이고, 인류도 마찬가지로 멸종하게 될지도 모른다. 제11장에서도 언급했듯이, 분명 1만2,800년 전의 영거 드라이어스 충돌과는 차원이 다른 위력을 발휘할 것이다. 영거 드라이어스 충돌이 오늘날 세계에 비축된 핵무기 전부의 폭발력을 합친 것보다 1,000배는 더 위력적이었고, 인류에게 기억 상실을 안겨주어 마치 전에 어떤 일이 벌어졌는지 전혀 기억이 없는 아이와 같은 상태로 만들었던 것을 생각하면, 앞으로 닥칠 혜성 충돌로 인한 결과는 상상하기 힘들 정도이다.

그러나 일이 반드시 그렇게 되리라는 보장은 없다. 우선 우주가 지구를 구해줄지도 모른다. 원환체와 교차하는 일을 안대를 쓰고 6차선 고속도로를 건너가는 것이라고 생각해보자. 운 좋게도 도로에는 그다지 차가 많지 않아 매년 두 번 건너지만 통상 부딪히지는 않는다. 하지만 어떤 때 고속도로를 건너는 것이 다른 때보다 훨씬 위험한 이유는 큰 트럭이나 다른 무거운 차가 한꺼번에 나타나는 경향이 있기 때문이다. 클러브와 네이피어는 황소자리 유성군 "고속도로"에 있는 알려진 물체들의 궤도들을 역추적하면서 효과적인 계산을 했다. 그리하여 이 두 학자는 실질적으로 지금, 혹은 앞으로 수십 년 동안 지구가 굉장히 위협적인 "무거운 차"와 연쇄적으로 충돌할 위험이 크다고 경고한다.

1만2,800년 전과 1만1,600년 전 사이에 발생한 일련의 충돌과, 본체인 거대한 혜성의 분열이 황소자리 유성군의 물체들 전부를 생성시켰다는 증거는 우리가 이 문제에 집중해야 할 충분한 이유가 된다. 우리는 수백만 년 간격으로만 발생하는 막연한 현상을 다루는 것이 아니라, 인류사에서 아직 종료되지 않은 **대재앙의 과정**으로 보이는 현상에 집중해야 한다.

사정이 그렇다고 해도 우리는 희망의 끈을 놓으면 안 된다. 또한 우리 귀중한 삶의 단 한순간도 우울함과 나쁜 운명을 받아들이는 데에 낭비되어서는 안 된다. 빙하기 동안 번성한 문명이 있었고, 그 문명이 원시적인 문화에 살던 사람들에게 마법처럼 보이는 진보된 과학을 만들었다는 것을 나는 확신한다. 하지만 우리 특유의 기술 발전 경로를 그 문명이 보여주었을 것이라고는 생각하지 않는다. 우리가 걸어온 경로는 많은 부정적인 결과를 초래했지만, 사라진 문명에는 분명 없었던 능력을 갖추게 되었다. 그것은 바로 우주적인 환경에 직접 개입하여 인류의 생존을 위협하는 소행성과 혜성의 방향을 바꾸거나 그것들을 파괴하는 능력이다.

앞으로 필요한 것은 우리가 같은 인류이자 같은 가족이라는 점을 인정하는 것이다. "신," "국가," 정치적 이념, 이기적인 탐욕의 이름으로 지독한 갈등을 벌이느라 에너지를 낭비할 것이 아니라, 삶의 모든 양상에서 두려움과 혼란을 쫓아내기 위해서 사랑과 화합의 일치를 이루어야 할 때가 되었다. 반드시 그렇게 해야만 인류의 미래를 보장할 수 있다. 이렇게 하면 우리는 거울에 비친 자신의 모습을 보는 것을 그만두고 대신 우주를 살펴보는 법을 배우게 될 것이다. 또한 증오, 의심을 몰아내고 인류의 구원에 숭고한 노력을 기울이면서 거기에 우리의 자원, 지식, 재능을 집중하게 될 것이다.

간단히 말하면 우리는 인간의 의식(意識)이라는 이 위대한 재능의 모든 신비를 깨달아야 한다. 물론 조금이라도 그것을 허비해서는 안 된다는 점도 명심해야 한다.

왜냐하면 그것이 마야력의 약속이었기 때문이다. 우리는 지금 인간의 의식에 관한 새로운 시대의 문턱에 와 있다. 만약 우리가 그 시대가 함축하는 바를 전부 깨닫고 그 시대로 들어설 수 있다면, 남은 혜성들이 지구를 황폐화하는 일을 손쉽게 막아낼 수 있을 것이다. 또한 그 과정에서 우리는 지난 1만2,000년 이상의 역사를 결산하면서 사상 처음으로 우리가 누구인지에 대하여 진정한 정체성을 발견하게 될 것이다. 우리는 이런 적극적 발견의 길로 나설 수도 있고 아니면 저 오래된 메시지를 무시하며 그저 가만히 있을 수도 있다.

그것은 우리의 선택이다.

늘 그래왔다.

우리를 가로막는 것은 우리 자신밖에 없다.

부록

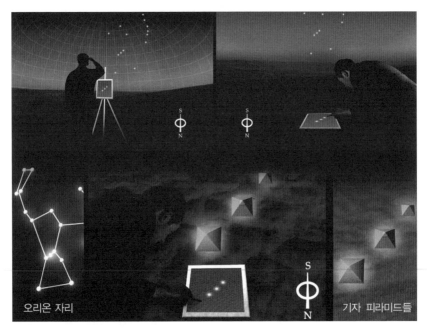

오리온 자리

기자 피라미드들

그림 73 오리온자리와의 상관관계는 "뒤집혀 있지" 않다. 단순히 그림으로 보게 되면, 3개의 피라미드 그림(혹은 3차원 모형)을 만들고 그 그림(혹은 모형)을 우리 앞에 가장 자연스러운 방법으로 놓으면 정확히 땅에 있는 3개의 피라미드의 위치와 일치한다는 것을 알게 된다.

부록 I

오리온자리와 피라미드의 상관관계는 뒤집힌 것이 아니다

현대 천문학자들은 하늘을 머리 위에서 곡선을 이루는 돔으로 보고 있다. 따라서 그림 73의 사람은 남쪽으로 오리온자리를 본다. 오리온자리와의 상관관계는 오리온자리에 있는 3개의 별이 땅에 있는 3개의 피라미드로 상징되고 있음을 보여준다. 가장 아래의 별은 대피라미드, 중간의 별은 카프라 피라미드로(두 번째 피라미드), 가장 위의 별은 멘카우레 피라미드이다 (세 번째이자 가장 작은 피라미드인데, 가장 위의 별이며 사실상 셋 중 가장 작고 가장 덜 밝은 별의 상징).

땅에 있는 대피라미드는 3개 중에서 가장 북쪽에 있고, 두 번째 피라미드는 중간에 있으며, 세 번째 피라미드는 가장 남쪽에 있다. 로스앤젤레스의 그리피스 천문 관측소 소속 에드 크룹 같은 천문학자들은 하늘이 머리 위의 곡선을 이루는 돔이라는 현대적 합의에 기반을 두고서 위의 해석에 반대한다. 그들의 방식으로 하늘을 보면 가장 위의 별(오리온자리와의 상관관계에 따르면 멘카우레 피라미드의 상징)은 실제로 가장 북쪽의 별이며(우리가 남쪽을 보고 있음을 기억하라. 하늘은 머리 위에 곡선으로 나타나 있다. 따라서 높이 있을수록 하늘의 북극에 더 가까워진다. 북극은 그림 73에 있는 사람의 뒤에 있다), 오리온자리와의 상관관계에 따르면 대피라미드로 상징되는 가장 아래의 별은 실제로 가장 남쪽의 별이다. 하지만 땅에서 대피라미드는 가장 북쪽의 것이며, 멘카우레 피라미드는 가장 남쪽의 것이다. 그래서 크룹 박사는 둘 사이의 상관관계가 "뒤집혔다"고 주장하는 것이다.

그림 73은 다음과 같은 사실을 증명한다. 즉, 크룹 박사의 주장은 현대의 천문학적 합의, 즉 하늘이 머리 위의 곡선 영역 내부에 있다는 개념을 따를 때에만 타당하다. 우리가 오리온 별자리를 하나의 예술적 그림으로 보아서—다시 말해서 그 3개의 별을 그림으로 그려서 우리 앞의 땅에다 자연스럽게 내려놓으면—그것이 정확히 땅에 있는 3개의 피라미드의 위치와 일치한다는 것을 알게 된다.

주

제1장

1. "터키어 괴베크는 배꼽 혹은 배를 의미한다." Klaus Schmidt, *Göbekli Tepe, A Stone-Age Sanctuary in South-Eastern Anatolia*, Ex Oriente, Berlin, 2012, p. 88. See also http://www.ancient.eu/article/234/and http://archive.archaeology.org/0811/abstracts/turkey.html.

2. 혹은 "배의 산." See Klaus Schmidt, *Göbekli Tepe, A Stone-Age Sanctuary in South-Eastern Anatolia*, op. cit., p. 88.

3. 그레이엄 핸콕이 2013년 9월 7일과 8일에 클라우스 슈미트 교수와 가진 인터뷰. 이하 이 장에서 인용된 슈미트 박사의 발언은 이 인터뷰에서 나온 것이다.

4. John Anthony West, *Serpent in the Sky*, Harper and Row, New York, 1979, p. 13.

5. Interview with Klaus Schmidt, op. cit., and see also Klaus Schmidt, *Göbekli Tepe. the Stone Age Sanctuaries: New Results of Ongoing Excavations with a Special Focus on Sculptures and High Reliefs*, in Documenta Praehistorica XXXVII, 2010, p. 243.

6. Klaus Schmidt, *Göbekli Tepe. the Stone Age Sanctuaries*, op. cit., p. 245.

7. Juan Antonio Belmonte, *Journal of Cosmology*, Vol 9(2010), pp. 2052–2062.

8. 제14장 참조.

9. 나의 친구 앤드루 콜린스는 그의 저서 *Göbekli Tepe: Genesis of the Gods*, Bear & Co., Vermont, 2014, 99쪽에서 이 독수리 형상이 보여주는 사람 같은 특징에 대하여 자세히 설명한다. 나는 그의 책에 서문을 썼다.

10. H구역에서의 발굴 작업에 대하여 세부사항을 알고자 하는 사람은 다음의 자료를 참조하라. *Göbekli Tepe Newsletter 2014*, German Archaeological Institute, pp. 5–7. Available as a pdf here: http://www.dainst.org/documents/10180/123677/Newsletter+G% C3%B6bekli+Tepe+Ausgabe+1–2014.

11. Klaus Schmidt, *Göbekli Tepe . the Stone Age Sanctuaries*, op. cit., p. 242.

12. 슈미트는 *Göbekli Tepe . the Stone Age Sanctuaries*, op. cit., p. 243에서 이 아이디어들에 대하여 자세히 설명했다.

13. Neil Baldwin, *Legends of the Plumed Serpent: Biography of a Mexican God*, Public Affairs, New York, 1998, p. 17.

14. Graham Hancock, *Fingerprints of the Gods*, William Heinemann Ltd., London, 1995, p. 130.

15. Neil Baldwin, *Legends of the Plumed Serpent*, op. cit., p. 17.

16. Gerald P. Verbrugghe and John M. Wickersham (Eds.), *Berossos and Manetho: Native Traditions in Ancient Mesopotamia and Egypt*, University of Michigan Press, 1999, p. 44.

17. Benno Lansberger, "Three Essays on the Sumerians II: The Beginnings of Civilisation in Mesopotamia", in Benno Lansberger, *Three Essays on the Sumerians*, Udena Publications, Los Angeles, p. 174; Berossos and Manetho, op. cit., pp. 17and 44; Stephanie Dalley, *Myths from Mesopotamia*, Oxford University Press, 1990, pp. 182-3, 328; Jeremy Black and Anthony Green (Eds.), *Gods, Demons and Symbols of Mesopotamia*, British Museum Press, London, 1992, pp. 41, 82-3, 163-4.

18. John Biershorst, *The Mythology of Mexico and Central America*, William Morrow, New York, 1990, p. 161.

19. North America of Antiquity, p. 268, cited in Ignatius Donnelly, *Atlantis: The Antediluvian World*, Dover Publications Inc. Reprint, 1976, p. 165.

20. Sylvanus Griswold Morley, *An Introduction to the Study of Maya Hieroglyphs*, Dover Publications Inc., New York, 1975, pp. 16-17.

21. John Biershorst, *The Mythology of Mexico and Central America*, op. cit., p. 161.

22. Sylvanus Griswold Morley, *An Introduction to the Study of Maya Hieroglyphs*, op. cit., pp. 16-17.

23. See Graham Hancock, *Fingerprints of the Gods*, op. cit., note 16, p. 517.

24. Plato, *Timaeus and Critias*, Penguin Classics, London, 1977, p. 36.

제2장

1. See *New Scientist Magazine*, cover story on Göbekli Tepe, 5 October 2013, "The True Dawn: Civilization is Older and More Mysterious than we Thought."

2. Plato, *Timaeus and Critias*, op. cit., p. 36.

3. Email from Danny Hilman Natawidjaja to Graham Hancock, 2October 2014.

4. Danny Hilman Natawidjaja, *Plato Never Lied: Atlantis in Indonesia*, Booknesia, Jakarta, 2013.

5. 쇼크와 나는 여러 해 동안 알고 지낸 사이인데, 고트라사왈라 페스티벌 겸 문화회의에 논문을 제출해달라는 요청을 동시에 받았다. 이 회의는 주로 구눙 파당에 대한 논의를 했는데 2013년 12월 5-7일에 반둥에서 열렸다. 회의의 일환으로 구눙 파당으로의 전문적 현지답사가 개최되었는데, 그곳에서 나타위자자는 그의 발견사항들을 보고했다.

6. Reported in *Fingerprints of the Gods*, op. cit., p. 420ff.

7. Robert M. Schoch Ph.D., "The Case for a Lost Ice Age Civilization in Indonesia", *Atlantis Rising Magazine*, March.April 2014, p. 41ff.

8. 아인슈타인은 이렇게 썼다. "나는 종종 사람들로부터 그들의 미발간 아이디어에 대하여 자문해달라는 편지를 받는다. 물론 그런 아이디어들은 대부분 과학적 타당성이 없다. 그러나 햅굿 씨로부터 처음 편지를 받았을 때 나는 전율했다. 그의 아이디어는 독

창적이었고, 아주 단순했으며, 만약 그 타당성을 계속 증명해 나간다면 지표면의 역사에 관련된 모든 사항에 아주 중요한 기준이 될 것이라는 생각이 들었다." 이 문장은 다음 저서에 쓴 알베르트 아인슈타인의 서문에서 나온 것이다. Charles H. Hapgood, *Earth's Shifting Crust: A key to some Basic Problems of Earth Science*, Pantheon Books, New York, 1958, pp. 1-2.

제3장

1. *Archaeoastronomy: The Journal of the Center for Archaeoastronomy*, Vol. VIII, Nos. 1.4, January-December 1985, p. 99.
2. Thor Conway in Ray A. Williamson and Claire R. Farrer, Eds., *Earth and Sky: Visions of the Cosmos in Native American Folklore*, University of New Mexico Press, Albuquerque, 1992, pp. 243-4.
3. Reported in W. Woelfi and W. Blatensperger, "Traditions connected with the Pole Shift Model of the Pleistocene", in *arXiv*: 1009.578vl, 26 September 2010, p. 24.
4. Thor Conway in Ray A. Williamson and Claire R. Farrer, Eds., *Earth and Sky*, op. cit., p. 246.
5. Cited in Richard Firestone, Allen West and Simon Warwick-Smith, *The Cycle of Cosmic Catastrophes: Flood, Fire and Famine in the History of Civilization*, Bear & Co., Rochester, Vermont, 2006, pp. 152-3.
6. Ibid.
7. 해리(Castoroides). 평균 크기는 대략 1.9미터였고 2.2미터까지도 자랐다. 갱신세 중에 북아메리카에 알려진 가장 덩치 큰 설치류였고 또 가장 덩치 큰 비버였다.
8. Richard Erdoes and Alfonso Ortiz, *American Indian Myths and Legends*, Pantheon Books, New York, 1984, p. 181.
9. Martha Douglas Harris, *History and Folklore of the Cowichan Indians*, The Colonialist Printing and Publishing Company, Victoria, British Columbia, 1901, pp. 11-12.
10. Ibid.
11. Ella E. Clark, *Indian Legends of the Pacific Northwest*, University of California Press, Berkeley, 1953, pp. 161-2.
12. Richard Erdoes and Alfonso Ortiz, *American Indian Myths and Legends*, op. cit., p. 474.
13. *New Larousse Encyclopedia of Mythology*, Paul Hamlyn, London, 1989, p. 426.
14. Sir J.G. Frazer, *Folklore in the Old Testament: Studies in Comparative Religion, Legend and Law*, Macmillan, London, 1923, pp. 111-12.
15. *New Larousse Encyclopedia of Mythology*, op. cit., p. 431.
16. http://www.firstpeople.us/FP-Html-Legends/AlgonquinFloodMythAlgonquin.html.
17. From Lynd's History of the Dakotas, cited in *Atlantis: The Antediluvian World*, op. cit., p. 117.
18. 추가 논의를 위해서는 다음의 자료 참조. Gail J. Woodside, *Comparing Native Oral*

History and Scientific Research to Produce Historical Evidence of Native Occupation During and After the Missoula Floods: A Project submitted to Oregon State University, University Honors College, in partial fulfillment of the requirements for the degree of Honors Baccalaureate in Natural Resources, 28 May 2008. 우드사이드는 이런 결론을 내린다. "대홍수 지역에 거주하는 아메리카 원주민들의 공통된 전승은, 실제로 벌어진 지질학상의 정보와 비교해볼 때, 원주민들이 대홍수 지역에서 거주하면서 천재지변을 이기고 살아남았다는 증거를 보여준다.

19. Carlson's website is www.sacredgeometryinternational.com.

20. J Harlen Bretz, *The Channeled Scabland of Eastern Washington*, Geographical Review, Vol. 18, No. 3, July 1928, p. 446.

21. John Soennichesen, *Bretz's Flood: The Remarkable Story of a Rebel Geologist and the World's Greatest Flood*, Sasquatch Books, Seattle, 2008, p. 17.

22. Ibid., p. 33.

23. Ibid., p. 39.

24. Ibid., p. 43.

25. Ibid., p. 79−90.

26. Ibid., p. 110.

27. Ibid., p. 126.

28. Ibid.

29. J Harlen Bretz, The Channeled Scablands of the Columbia Plateau, *The Journal of Geology*, Vol. 31, No. 8, Nov−Dec 1923, p. 621−2.

30. Ibid., p. 649.

31. John Soennichesen, *Bretz's Flood*, op. cit., p. 131.

32. David Alt, *Glacial Lake Missoula and its Humongous Floods*, Mountain Press Publishing Company, Missoula, Montana, 2001, p. 17.

33. Ibid., p. 17.

34. Ibid.

35. J Harlen Bretz, The Spokane Flood beyond the Channeled Scablands, *The Journal of Geology*, Vol. 33, No. 2, Feb−March 1925, p. 98.

36. Cited in Stephen Jay Gould, "The Great Scablands Debate", *Natural History*, August/September 1978, pp. 12−18.

37. Cited in Victor R. Baker, "The Spokane Flood Controversy and the Martian Outflow Channels, *Science*, New Series, Vol. 202, No. 4734, 22 December 1978, p. 1252.

38. Cited in Stephen Jay Gould, "The Great Scablands Debate", op. cit.

39. Cited in John Soennichsen, *Bretz's Flood*, op. cit., p. 192.

40. Ibid.

41. Ibid.

42. Ibid.

43. Ibid.

44. Bretz, cited in Victor R. Baker, "The Spokane Flood Controversy," op. cit, pp. 1252-3.

45. Bretz, cited in ibid., pp. 1252-3.

46. Victor R. Baker, ibid., p. 1253.

47. Bretz, writing in the Bulletin of the Geological Society of America, No. 39, 1928, p. 643, cited in Victor R. Baker, "The Spokane Flood Debates: Historical Background and Philosophical Perspective, Geological Society, London, Special Publications 2008, Vol. 301, p. 47."

48. Bretz et al writing in the Bulletin of the Geological Society of America, 67, 957, 1956, cited in Victor R. Baker, "The Spokane Flood Controversy," op. cit., p. 1249.

49. J Harlen Bretz, "The Spokane Flood beyond the Channeled Scablands, II", *The Journal of Geology*, Vol. 33, No. 3, April.May, 1925, p. 259.

50. 브레츠, 워싱턴 지질학회에 제출한 논문의 개요. January 1927, p. 5, cited in John Soennichsen, Bretz's Flood, op. cit., p. 185.

51. John Soennichsen, *Bretz's Flood*, op. cit., p. 206.

52. 미줄라 호수와 스포케인 대홍수[개요], Geological Society of America Bulletin, 1 March 1930, Vol. 41, No. 1, pp. 92-3, cited in John Soennichsen, Bretz's Flood, op. cit., p. 185.

53. The Grand Coulee, by J Harlen Bretz, New York, American Geographical Society, 1932, cited in John Soennichsen, *Bretz's Flood*, op. cit., p. 210.

54. Cited in John Soennichsen, *Bretz's Flood*, op. cit., p. 222.

55. Ibid., pp. 222-3.

56. Bretz, "Washington's Channeled Scabland", p. 53, cited in John Soennichsen, *Bretz's Flood*, op. cit., p. 227.

57. John Soennichsen, *Bretz's Flood*, op. cit., p. 229.

58. Stephen Jay Gould, "The Great Scablands Debate", op. cit.

59. John Soennichsen, *Bretz's Flood*, op. cit., p. 231.

60. http://en.wikipedia.org/wiki/J_Harlen_Bretz.

61. J Harlen Bretz, "The Lake Missoula Floods and the Channeled Scabland", *The Journal of Geology*, Vol. 77, No. 5, September 1969, pp. 510-11.

62. Victor R. Baker, "The Spokane Flood Debates", op. cit., p. 46.

63. J Harlen Bretz, "The Channeled Scablands of the Columbia Plateau", op. cit., p. 649.

64. J 할렌 브레츠에게 수여된 펜로즈 메달 : Response, *Bulletin of the Geological Society of America*, Part II, 91, 1095, cited in Victor R. Baker, "The Spokane Flood Debates", op. cit., p. 48.

65. 다음 자료들의 논의 사항을 참조할 것. James E. O"Connor, David A. Johnson, et al, "Beyond the Channeled Scabland", *Oregon Geology*, Vol. 57, No. 3, May 1995, pp. 51-60. See also Gerardo Benito and Jim E. O"Connor, "Number and Size of last-glacial Missoula floods in the Columbia River Valley", *Geological Society of America Bulletin*, 115, 2003, pp.

624−38; Richard B. Waitt Jr., "About Forty Last−Glacial Lake Missoula Jokulhlaups through Southern Washington", *The Journal of Geology*, Vol. 88, No. 6, November 1980, pp. 653−79; E.P. Kiver and D.F. Stradling, "Comments on Periodic Jokulhlaups from Pleistocene Lake Missoula", Letter to the Editor, *Quaternary Research* 24, 1985, pp. 354−6; John J. Clague et al, "Palaeomagnetic and tephra evidence for tens of Missoula floods in Southern Washington", Geology, 31, 2003, pp. 247−50; Richard B. Waitt Jr., "Case for periodic colossal jokulhlaups from Pleistocene Glacial Lake Missoula", *Geological Society of America Bulletin*, Vol. 96, October 1985, pp. 121−128; Keenan Lee, *The Missoula Flood*, Department of Geology and Geological Engineering School of Mines, Golden, Colorado, 2009.

66. Vic Baker, in an interview with John Soennichsen, Bretz's Flood, op. cit., pp. 251−2.

67. David Alt, *Glacial Lake Missoula and its Humongous Floods*, op. cit., p. 25.

68. Thomas J. Crowley and Gerald R. North, *Palaeoclimatology*, Oxford University Press, 1991, p. 62.

69. Lawrence Guy Strauss et al, *Humans at the End of the Ice Age*, Plenum Press, New York and London 1996, pp. 66 and 86. 영거 드라이어스는 유럽의 한랭 단계를 명시적으로 가리키는 용어이나 그 한랭 단계 자체는 전 세계적인 것이었다. 때로 다른 곳에서는 동일한 한랭 단계가 다른 용어로 지칭되기도 한다. 하지만 이것은 일반적인 용어이므로, 여기에서는 그런 개념으로 사용되었다.

70. Crowley and North, op. cit., p. 63.

71. 애덤스와 오트는 영거 드라이어스 한랭시대의 시작을 1만2,800년 전, 그리고 종료를 1만1,400년 전으로 잡고 있다. *Current Anthropology*, 1999, vol. 40, pp. 73−7, see 73.

72. Strauss et al, *Humans at the End of the Ice Age*, op. cit., p. 86.

73. Graham Hancock, *Underworld: Flooded Kingdoms of the Ice Age*, Penguin, London, 2002, pp. 194−5.

제4장

1. See, for example, US Geological Survey, "Columbia River Basalt Stratigraphy in the Pacific North West": http://or.water.usgs.gov/projs_dir/crbg/.

2. J Harlen Bretz, "The Channeled Scablands of the Columbia Plateau", *The Journal of Geology*, Vol. 31 No. 8 op. cit., pp. 637−8.

3. Ibid., p. 622.

4. Randall Carlson: My Journey to Catastrophism, www.sacredgeometryinternational.com/journey−catastrophism.

5. Ibid.

6. 이하 이 장에서 랜들 칼슨의 인용은 내가 2014년 9−10월에 현지답사를 하면서 그와 가졌던 인터뷰에서 나온 것이다.

7. 이 수치들은 뉴욕 주 지질학 조사에서 확인된 것이다. See: http://www.nysm.nysed.gov/nysgs/experience/sites/niagara/.

8. Ella E. Clark, *Indian Legends of the Pacific Northwest*, University of California Press, Berkeley, 2003, p. 71.

9. Wikipedia: http://en.wikipedia.org/wiki/Lake_Chelan.

10. See Eric Cheney, *Floods, Flows, Faults, Glaciers, Gold and Gneisses*, From Quincy to Chelan to Wenatchee, Northwest Geological Society, Fieldtrip Guidebook No. 24, 13-14 June 2009, p. 18. (http://www.nwgs.org/field_trip_guides/floods,_flows_faults.pdf). "집 위에 있는 언덕의 거대한 CRBG 표류물을 주목할 것." CRBG는 컬럼비아 강 현무암 집단의 약어인데, 중신세의 대홍수에 떠밀려 내려온 현무암 덩어리들을 가리킨다. 이 암석 집단은 1,700만 년 전과 600만 년 전 사이에 북부 오리건 주, 동부 워싱턴 주, 그리고 서부 아이다호 주를 뒤덮고 있었다(http://or.water.usgs.gov/projs_dir/crbg/).

11. http://www.wvc.edu/directory/departments/earthsciences/2014NAGT- PNWFieldTrips.pdf.

12. 랜들의 365미터라는 수치는 다음 자료에 의하여 확인이 되었다. David K. Norman and Jaretta M. Roloff, A Self-Guided Tour of the Geololgy of the Columbia River Gorge, Washington Division of Geology and Earth Resources, Open File Report 2004-7, March 2004, p. 3. "워싱턴-오리건 경계에 있는 컬럼비아 강의 왈룰라 갭의 대홍수 때 높이는 약 365미터인데, 이는 표류하다가 산등성이에 남겨진 빙하 표류물에 의하여 증명이 된다. 대홍수의 물은 컬럼비아 협곡을 흘러내리면서 오리건 주의 달레스까지 표층과 사면을 청소하여 300미터 높이로 쌓아올리면서 계곡을 넓혀놓았다."

13. See discussion in Graham Hancock, *Fingerprints of the Gods*, op. cit., p. 46ff.

제5장

1. Keenan Lee, "Catastrophic Flood Features at Camas Prairie, Montana", Department of Geology and Geological Engineering, Colorado School of Mines, Golden, Colorado, 2009, pp. 4 and 5.

2. Ibid., p. 5.

3. Charles R. Kinzie, et al, "Nanodiamond-Rich Layer across Three Continents Consistent with Major Cosmic Impact at 12,800 Cal BP", *The Journal of Geology*, Vol. 122, No. 5 (September 2014), pp. 475-505.

4. 예를 들면 다음을 참조하라. http://phys.org/news/2014-08-year-old-nanodiamonds-multiple-continents.html, and "Wittke et al, Nanodiamonds and Carbon Spherules from Tunguska, the K/T Boundary, and the Younger Dryas Boundary Layer", paper presented at the American Geophysical Union, Fall Meeting, 2009(http://adsabs.harvard.edu/abs/2009AGUFMPP 31D1392W).

5. Heather Pringle, New Scientist, 22 May 2007: http://www.newscientist. com/article/dn11909-did-a-comet-wipe-out-prehistoric-americans.html#. VJqZ88AgA.

6. Ibid.

7. Ibid.

8. Ibid.

9. Ibid.

10. Ibid.

11. R.B. Firestone, A. West, J.P. Kennett, et al, "Evidence for an extraterrestrial impact 12,900 years ago that contributed to the megafaunal extinctions and the Younger Dryas cooling", *PNAS*, Vol. 104, No. 41, 9 October 2007, p. 16016.

12. Ibid., p. 16016.

13. Ibid., p. 16020.

14. 유사한 사례는 슈메이커-레비 9혜성이다. 이 혜성은 여러 개의 파편들로 분열하여 1994년에 굉장한 효과를 일으키며 목성을 강타했다.

15. R.B. Firestone, A. West, J.P. Kennett, et al, "Evidence for an extraterrestrial impact 12,900 years ago that contributed to the megafaunal extinctions and the Younger Dryas cooling", op. cit, p. 16020.

16. Ibid., p. 16020.

17. Ibid.

18. Ibid.

19. Ibid., p. 16020-1.

20. Ibid., p. 16021.

21. Ibid., p. 16020.

22. http://en.wikipedia.org/wiki/Tsar_Bomba.

23. http://www.edwardmuller.com/right17.htm.

24. D.J. Kennett, J.P. Kennett, G.J. West, J.M. Erlandson, et al, in *Quaternary Science Reviews*, Vol. 27, Issues 27-28, December 2008, pp. 2530-45.

25. Douglas J. Kennett, James P. Kennett, Allen West, James H. Wittke, Wendy S. Wolback, et al, in *PNAS*, 4 August 2009, Vol. 106, No. 31, pp. 12623-8.

26. Andrei Kurbatov, Paul A. Mayewski, Jorgen P. Steffenson et al, in *Journal of Glaciology*, Vol. 56, No. 199, 2010, pp. 749-59.

27. W.M. Napier in *Monthly Notices of the Royal Astronomical Society*, Vol. 405, Issue 3, 1 July 2010, pp. 1901-6. 완전한 논문은 다음의 사이트에서 읽을 수 있다 : http://mnras.oxfordjournals.org/content/405/3/1901.full.pdf+html?sid =19fd6cae-61a0-45bd-827b-9f4eb877fd39, and downloaded as a pdf here: http://arxiv.org/pdf/1003.0744.pdf.

28. William C. Mahaney, David Krinsley, Volli Kalm in *Sedimentary Geology* 231 (2010), pp. 31-40.

29. Mostafa Fayek, Lawrence M. Anovitz, et al, in Earth and Planetary Science Letters 319-20, accepted 22 November 2011, available online 21 January 2012, pp. 251-8.

30. Isabel Israde-Alcantara, James L. Bischoff, Gabriela Dominguez-Vasquez et al, in *PNAS*, 27 March 2012, Vol. 109, No. 13, pp E738-47.

31. Ted E. Bunch, Robert E. Hermes, Andrew T. Moore et al, in *PNAS*, June 2012, 109 (28), pp. E1903-12.

32. Michail I. Petaev, Shichun Huang, Stein B. Jacobsen and Alan Zindler, in *PNAS*, 6 Aug

2013, Vol. 110, No. 32, pp. 12917–20.

33. William C. Mahaney, Leslie Keiser, David Krinsley, et al, in *The Journal of Geology*, Vol. 121, No. 4 (July 2013), pp. 309–25.

34. Charles R. Kinzie, et al, "Nanodiamond–Rich Layer across Three Continents Consistent with Major Cosmic Impact at 12,800 Cal BP", op. cit., p. 475.

35. Boslough, Daulton, Pinter et al, "Arguments and Evidence against a Younger Dryas Impact Event", *Climates, Landscapes and Civilizations*, Geophysical Monograph Series 198, American Geophysical Union, 2012, p. 21.

36. Nicholas Pinter, Andrew Scott, Tyrone Daulton et al, "The Younger Dryas Impact Hypothesis: A Requiem", *Earth-Science Reviews*, Vol. 106, Issues 3–4, June 2011, pp. 247–64.

37. Boslough, Daulton, Pinter et al, "Arguments and Evidence against a Younger Dryas Impact Event", p. 21.

38. James H. Wittke, James P. Kennett, Allen West, Richard Firestone et al, "Evidence for Deposition of 10 million tons of impact spherules across four continents 12,800 years ago", *PNAS*, 4 June 2013, p. 2089.

39. Ibid., p. 2089.

40. Malcolm A. Le Compte, Albert C. Goodyear, et al, "Independent Evaluation of Conflicting Microspherule Results from Different Investigations of the Younger Dryas Impact Hypothesis", *PNAS*, 30 October 2012, 109 (44), pp. E2960–9.

41. Ibid., pp. E2960 and E2969.

42. James H. Wittke, James P. Kennett, Allen West, Richard Firestone et al, "Evidence for Deposition of 10 million tons of impact spherules across four continents 12,800 years ago", op. cit., p. 2089.

43. Ibid., p. 2089.

44. Ibid., p. 2088–9.

45. Ibid., p. 2096.

46. Ibid.

47. Cited in Robert Kunzig, "Did a Comet Really Kill the Mammoths 12,900 years ago?" *National Geographic*, 10 September 2013 (http://news.nation algeographic.com/news/2013/09/130910–comet–impact–mammothsclimate–younger–dryas–quebec–science/).

48. Ibid.

49. Ibid.

50. Cosmic Tusk, "In desperate hole, Pinter grabs a shovel": http://cosmictusk. com/nicholas–pinter–southern–illinois/comment–page–2/.

51. P. Thy, G. Willcox, G.H. Barfod, D.Q. Fuller, "Anthropogenic origin of siliceous scoria droplets from Pleistocene and Holocene archaeological sites in northern Syria", *Journal of Archaeological Science*, 54 (2015), pp. 193–209.

52. Ibid., p. 193.

53. "Study casts doubt on Mammoth−Killing Cosmic Impact", *UC Davis News and Information*, 6 January 2015: http://news.ucdavis.edu/search/news_ detail.lasso?id=11117.

54. 그레이엄 핸콕과 앨런 웨스트 사이의 개인적인 이메일. 웨스트가 핸콕에게 보낸 2015년 3월 18일자 이메일.

55. Charles R. Kinzie et al, "Nanodiamond−Rich Layer across Three Continents Consistent with Major Cosmic Impact at 12,800 Cal BP", op. cit.

56. Ibid. See in particular pp. 477−8.

57. Cited in Robert Kunzig, "Did a Comet Really Kill the Mammoths 12,900 years ago?", *National Geographic*, 10 September 2013, op. cit.

58. E.g. see Mark Boslough et al, "Faulty Protocols Yield Contaminated Samples, Unconfirmed Results", *PNAS*, Vol. 110, No. 18, 30 April 2013, and response in the same issue by Malcolm A. LeCompte et al, "Reply to Boslough: Prior studies validating research are ignored". See also Annelies van Hoesel et al, "Cosmic Impact or natural fires at the Allerod−Younger Dryas Bounday: A Matter of Dating and Calibration", *PNAS* Vol. 110, No. 41, 8 October 2013, and response in the same issue by James H. Wittke, et al, "Reply to van Hoesel et al: Impact related Younger Dryas Boundary Nanodiamonds from The Netherlands". See also David L. Meltzer et al, "Chronological evidence fails to support claim on an isochronous widespread layer of cosmic impact indicators dated to 12,800 years ago", in *PNAS*, 12 May 2014. 나는 앨런 웨스트로부터 다음과 같은 연락을 받았다(앨런 웨스트가 그레이엄 핸콕에게 보낸 2015년 3월 18일자 이메일). 멜처 등에 대한 답변 논문이 27명의 공동 저자에 의해서 준비되고 있으며, 논문 제목은 잠정적으로 "Bayesian chronological analyses consistent with synchronous age of 12,820−12,740 cal BP for Younger Dryers Boundary of Four Continents" 로 정해졌으며, 곧 제출이 될 것이다. 같은 이메일에서 웨스트는 이미 출판된 연대에 대하여 다음 한 가지 사항을 추가하고 싶다고 말했다(2015년 3월 18일 현재). "YDB 층에서 우리는 나노다이아몬드를 포함하여 고온 대리물들을 발견했는데, 모든 충돌 사건들에서 발견되는 대리물들 중 하나이다. 증거는 광범위하게 퍼져 있다. 우리의 YDB 범위는 네 대륙(북아메리카, 남아메리카, 유럽, 아시아) 12개 이상의 국가들에 퍼져 있다. 두 논문에서 위트케 등과 킨지 등은 12개의 고해상 방사성 연대들을 보고했는데, YDB 층에서는 평균적으로 ± 100에 1만2,800년 전이다. 이것은 통계학적으로 모든 범위의 YDB 층이 같은 날 퇴적되었을 수도 있음을 보여준다. 그렇게 퇴적되었다는 결정적인 증거는 아니지만, 그럴 가능성이 높다는 것을 보여주는 것이다. 이런 연대들이 YDB 층에 직접 새겨져 있고 또 통계학적으로 동일한 것이지만, 멜처 등은 그 연대들을 같은 것이라고 보기를 거부한다. 그러나 이러한 거부는 옹호될 수 없는 것이다."

59. Charles R. Kinzie et al, "Nanodiamond−Rich Layer across Three Continents," op. cit., p. 501.

60. Cited by Jim Barlow−Oregon, in "Did Exploding Comet Leave Trail of Nanodiamonds?" *Futurity: Research News from Top Universities*: http://www.futurity.org/comet− nanodiamonds−climate−change−755662/. See also Charles R. Kinzie et al, "Nanodiamond−

Rich Layer across Three Continents Consistent with Major Cosmic Impact at 12,800 Cal BP",
op. cit., p. 476.

61. Quoted in Julie Cohen, "Nanodiamonds Are Forever: A UCSB professor's research examines 13,000−year−old nanodiamonds from multiple locations across three continents", *The Current*, UC Santa Barbara, 28 August 2014. http://www.news.ucsb.edu/2014/014368/nanodiamonds−are−forever

62. Charles R. Kinzie et al, "Nanodiamond−Rich Layer across Three Continents Consistent with Major Cosmic Impact at 12,800 Cal BP", op. cit., pp. 498−9.

63. Quoted in Julie Cohen, "Nanodiamonds Are Forever: A UCSB professor's research examines 13,000−year−old nanodiamonds from multiple locations across three continents", op. cit.

64. Ibid.

제6장

1. Troy Holcombe, John Warren, et al, "Small Rimmed Depression in Lake Ontario: An Impact Crater?", *Journal of the Great Lakes Research*, 27 (4), 2001, pp. 510−17.

2. Ian Spooner, George Stevens, et al, "Identification of the Bloody Creek Structure, a possible impact crater in southwestern Nova Scotia, Canada", *Meteoritics and Planetary Science* 44, No. 8 (2009), pp. 1193−1202.

3. http://en.wikipedia.org/wiki/Corossol_crater.

4. Higgins M.D., Lajeunesse P., et al, "Bathymetric and Petrological Evidence for a Young (Pleistocene?) 4−km Diameter Impact Crater in the Gulf of Saint Lawrence, Canada", 42nd Lunar and Planetary Science Conference, held 7−11 March 2011 at The Woodlands, Texas. LPI Contribution No. 1608, p. 1504.

5. Charles R. Kinzie et al, "Nanodiamond−Rich Layer across Three Continents Consistent with Major Cosmic Impact at 12,800 Cal BP", *The Journal of Geology*, Vol. 122, No. 5 (September 2014), op. cit., p. 475.

6. Yingzhe Wu, Mukul Sharma, et al, "Origin and provenance of spherules and magnetic grains at the Younger Dryas boundary", PNAS, 17 September 2013, p. E3557. Available to read online here: http://www.pnas.org/ content/110/38/E3557.full.pdf+html.

7. Mukul Sharma cited in Becky Oskin, "Did ancient Earth−chilling meteor crash near Canada?" http://www.livescience.com/39362−younger−dryasmeteor−quebec.html.

8. See for example W.C. Mahaney, V. Kalm, et al, "Evidence from the Northwestern Venezuelan Andes for extraterrestrial impact: The Black Mat Enigma, *Geomorphology* 116 (2010), p. 54.

9. John Shaw, Mandy Munro−Stasiuk, et al, "The Channeled Scabland: Back to Bretz", *Geology*, July 1999, Vol. 27, No. 7, pp. 605−8. E.g. p. 605: "우리는 딱 한 번의 후기 위스콘신 홍수가 침전물 기록에 남겨져 있다는 증거와, 미줄라 빙하호 분지 내의 침전은 수로 암반지대의 침전과 무관하다는 증거도 제시한다." 쇼 교수의 주장이 뜻하는 바와,

그가 제시하는 핵심 증거에 대한 자세한 논의는 다음의 자료 참조. Graham Hancock, *Underworld*, op. cit., Chapter Three.

10. G. Komatsu, H. Miyamoto, et al, "The Channeled Scabland: Back to Bretz?": Comment and Reply, *Geology*, June 2000, Vol. 28, pp. 573–4.

11. Jim E. O'Connor and Victor R. Baker, "Magnitudes and implications of peak discharges from Glacial Lake Missoula", *Geological Society of America Bulletin* 1992, 104, No. 3, p. 278.

12. US Geological Survey, "The Channeled Scablands of Eastern Washington", section on Lake Missoula: http://www.cr.nps.gov/history/online_books/ geology/publications/inf/72–2/sec3. htm.

13. C. Warren Hunt, "Inundation Topography of the Columbia River System", *Bulletin of Canadian Petroleum Geology*, Vol. 25, No. 3, p. 472.

14. See Fiona Tweed, Andrew Russell, "Controls on the formation and sudden drainage of glacier–impounded lakes: implications for jokulhlaup characteristics", *Progress in Physical Geography*, March 1999, Vol. 23, No. 1, p. 91. 3,218킬로미터 길이에 높이가 11킬로미터인 얼음 댐이 온전히 유지되겠느냐 하는 의심은 지질학자인 피터 제임스가 다음의 글에서 표시한 바 있다. "The Massive Missoula Floods: An Alternative Rationale", *New Concepts in Global Tectonics Newsletter*, No. 48, September 2008, pp. 5–23.

15. C. Warren Hunt, "Inundation Topography of the Columbia River System", *Bulletin of Canadian Petroleum Geology*, op. cit., p. 468 and p. 472.

16. Ibid., p. 473.

17. Ibid.

18. Ibid., and see also C. Warren Hunt, "Catastrophic Termination of the Last Wisconsin Ice Advance: Observations in Alberta and Idaho, *Bulletin of Canadian Petroleum Geology*, Vol. 25, No. 3, pp. 456–67. Peter James, in "The Massive Missoula Floods" op. cit, p. 17. 피터 제임스는 해수가 대규모로 유입되었다고 보는데, 그의 주장은 북극의 빙상이 온 사방을 돌아다녔을 것으로 가정한다.

19. C. Warren Hunt, *Environment of Violence: Readings of Cataclysm Cast in Stone*, Polar Publishing, Alberta, 1990, p. 137.

20. Ibid., pp. 118–19.

21. Ibid., p. 119.

22. Ibid.

23. Ibid.

24. Ibid., pp. 119–20.

25. Ibid., p. 120.

26. Firestone, West, Kennett, et al, "Evidence for an Extraterrestrial Impact 12,900 years ago that contributed to the megafaunal extinctions and the Younger Dryas Cooling," op. cit., p. 16020.

27. Henry T. Mullins and Edward T. Hinchley, "Erosion and Infill of New York Finger Lakes: Implications for Laurentide Ice Sheet Deglaciation", *Geology*, Vol. 17, Issue 7, July 1989, pp.

622-5.

28. Julian B. Murton, Mark D. Bateman, et al, "Identification of Younger Dryas outburst flood path from Lake Agassiz to the Arctic Ocean", *Nature* 464 (7289), April 2010, p. 740.

29. Alan Condron and Peter Winsor, "Meltwater Routing and the Younger Dryas", *PNAS*, 4 December 2012, Vol. 109, No. 49, p. 19930.

30. James T. Teller, "Importance of Freshwater Injections into the Arctic Ocean in triggering the Younger Dryas Cooling", *PNAS*, Vol. 109, No. 49, 4 December 2012, p. 19880. See also Claude Hillaire-Marcel, Jenny Maccali, et al, "Geochemical and isotopic tracers of Arctic sea ice sources and export with special attention to the Younger Dryas interval", *Quaternary Science Reviews* (2013), p. 6.

31. S.J. Fiedel, "The mysterious onset of the Younger Dryas", *Quaternary International* 242 (2011), p. 263.

32. Andreas Schmittner, John C.H. Chiang and Sydney R. Hemming, "Introduction: The Ocean's Meridional Overturning Circulation", in Andreas Schmittner et al, *Ocean Circulation: Mechanisms and Impacts-Past and Future Changes of Meridional Overturning*, Geophysical Monograph Series 173, 2007, p. 1 (published online 19 March 2013).

33. Ibid.

34. S.J. Fiedel, "The mysterious onset of the Younger Dryas", op. cit., p. 264.

35. R.B. Firestone, A. West, Z. Revay, et al, "Analysis of the Younger Dryas Impact Layer", Journal of Siberian Federal University, Engineering and Technologies, Vol. 3 (1), 2010, pp. 30-62 (page 23 of pdf: http://www.osti. gov/scitech/servlets/purl/1023385/).

36. Ibid.

37. J. Tyler Faith and Todd A. Surovell, "Synchronous extinction of North America's Pleistocene mammals", *PNAS*, Vol. 106, No. 49, 8 December 2009, p. 20641. 35개 속(屬) 중 16개 속의 대형 동물이 마지막으로 나타난 연대는 1만3,800년과 1만1,400년 전 사이 어디쯤이다. 다시 말해 영거 드라이어스 시대와 아주 가까운 것이다. "대형 동물의 멸종 연대 분석은 다음의 사실을 보여준다. 샘플의 오류 때문에 나머지 19개 속이 마지막으로 나타난 연대에 말기 갱신세가 포함되지 않는 것이다."

38. Ibid., p. 20641.

39. S.J. Fiedel, "The mysterious onset of the Younger Dryas", op. cit., p. 264.

40. D.G. Anderson, A.C. Goodyear, J. Kennett, A. West, "Multiple Lines of Evidence for a possible Human Population Decline during the Early Younger Dryas", *Quaternary International*, Vol. 242, Issue 2, 15 October 2011, pp. 570-83.

41. Sanjeev Gupta, Jenny S. Collier, Andy Palmer-Felgate, Graham Potter, "Catastrophic Flooding Origin of the Shelf Valley Systems in the English Channel". *Nature*, Vol. 448, 19 July 2007, pp. 342-5.

42. Don J. Easterbrook, John Gosse, et al, "Evidence for Synchronous Global Climatic Events: Cosmogenic Exposure Ages of Glaciations", in Don Easterbrook, *Evidence-Based Climatic*

Science, Elsevier, August 2011, Chapter 2, p. 54.

43. 이러한 가능성들을 더 자세히 알아보려면 다음의 자료 참조. W.C. Mahaney, V. Kalm, et al, "Evidence from the Northwestern Venezuelan Andes for extraterrestrial impact", op. cit, p. 54, and William C. Mahaney, Leslie Keiser, et al, "New Evidence from a Black Mat site in the Northern Andes Supporting a Cosmic Impact 12,800 Years Ago", *The Journal of Geology*, Vol. 121, No. 4 (July 2013) p. 317.

44. See in particular, Sir Fred Hoyle, *The Origin of the Universe and the Origin of Religion*, Moyer Bell, Wakefield Rhode Island and London, 1993, pp. 28–9. See also Fred Hoyle and Chandra Wickramsinghe, *Life on Mars? The Case for a Cosmic Heritage?*, Clinical Press Ltd., Bristol, 1997, pp. 176–7.

45. Sir Fred Hoyle, *The Origin of the Universe and the Origin of Religion*, op. cit., p. 29.

46. Jeffrey P. Severinghaus et al, "Timing of abrupt climate change at the end of the Younger Dryas interval from thermally fractionated gases in polar ice", *Nature* 391 (8 January 1998), p. 141.

47. W. Dansgaard et al, "The Abrupt Termination of the Younger Dryas Event", *Nature*, Vol. 339, 15 June 1989, p. 532.

48. Oliver Blarquez et al, "Trees in the subalpine belt since 11,700 cal BP, origin, expansion and alteration of the modern forest", *The Holocene* (2009), p. 143.

49. Paul E. Carrara et al, "Deglaciation of the Mountainous Region of Northwestern Montana, USA, as Indicated by Late Pleistocene Ashes", *Arctic and Alpine Research*, Vol. 18, No. 3, 1986, p. 317.

50. Walter Scott, Trans. and Ed., *Hermetica: The Ancient Greek and Latin writings which contain Religious of Philosophic Teachings Ascribed to Hermes Trismegistus*, Shambhala, Boston 1993, *Asclepius III*, pp. 345–7.

제7장

1. 작고한 마이애미 대학교의 체사레 에밀리아니 교수는 스웨덴 베가 메달의 수상자이고 또 미국 국립과학 아카데미의 아가시즈 상을 수상했다. 에밀리아니 교수의 연구는 해수면 상승을 집중적으로 다루었는데 그는 해수면 상승의 수치를 다음과 같이 설명했다. "암반지대를 형성한 대홍수의 결과로, 해수면은 –100미터에서 –80미터로 급상승했다. 1만2,000년 전에 이르러 50퍼센트 이상의 얼음들이 바다로 돌아왔고, 해수면은 –60미터로 상승했다." –100미터, –80미터, –60미터는 오늘날의 해수면과 비교한 것이다. 따라서 컬럼비아 고원의 암반지대를 형성한, 대홍수 이전에 해수면은 오늘날보다 100미터가 낮았는데, 대홍수 후에는 오늘날보다 60미터 낮아졌다. 다시 말해서 해수면이 무려 40미터나 상승한 것이다. See Cesare Emiliani, *Planet Earth: Cosmology, Geology and the Evolution of Life and Environment*, Cambridge University Press, 1995, p. 543.

2. Ted E. Bunch, Richard B. Firestone, Allen West, James P. Kennett, et al, "Very high temperature impact melt products as evidence for cosmic airbursts and impacts 12,900 years

ago", *PNAS*, June 2012, 109 (28), op. cit., pp. E1903, 1909-10 and 1912. See also Kinzie et al, "Nanodiamond-Rich Layer across Three Continents Consistent With Major Cosmic Impact 12,800 years ago", *The Journal of Geology*, Vol. 122, No. 5 (September 2014) op. cit., p. 476 and Appendix B "Site descriptions and dating".

3. Ted E. Bunch, Richard B. Firestone, Allen West, James P. Kennett, et al, "Very high temperature impact melt products . . ." op. cit., p. E1912.

4. *Encyclopaedia Iranica*, "Zoroaster ii. General Survey", http://www.iranicaon line.org/articles/zoroaster-ii-general-survey.

5. Ibid.

6. Ibid.

7. Ibid.

8. R.C. Zaehner, *The Dawn and Twilight of Zoroastrianism*, Weidenfeld and Nicolson, London, 1961, e.g. see page 135: 이마의 황금시대, 그의 바라(지하 대피처) 굴착, 그가 바라에서 다시 나와 지구에 새롭게 식민한 것(이 에피소드는 오로지 팔라비 책들에서만 등장한다) 등의 모든 이야기는 아주 오래된 이란의 민간전승에 속하는 것이며, 이 전승은 조로아스터의 가르침 이전의 것이다.

9. J. Darmetester and H.L. Mills, Trans., F. Max Muller, Ed., *The Zend Avesta*, Reprint edition by Atlantic Publishers and Distributors, New Delhi, 1990, Part I, p. 5.

10. Ibid., p. 11.

11. Ibid.

12. Ibid., p. 13.

13. Ibid.

14. Reported by Frank Brown and John Fleagle in *Nature*, 17 February, 2005. And see *Scientific American*, 17 Feb 2005, http://www.scientificamerican. com/article/fossil-reanalysis-pushes/.

15. "그것은 황금 시대였다. 들판에는 소들이 먹을 풀이 아주 풍부했다. 이제 홍수가 흘러가고 눈이 녹았으므로 그것은 세상에서 행복한 땅으로 보일 것이다." J. Darmetester and H.L. Mills, Trans., F. Max Muller, Ed., *The Zend Avesta*, op. cit., p. 16. 또한 다음의 문장도 참조할 것. Yasna, cited in R.C. Zaehner, *The Dawn and Twilight of Zoroastrianism*, op. cit., pp. 92-3: "왕자이신 이마, 좋은 목초지를 마련해주시고, 지상에 태어난 모든 사람들 중에 가장 영광되시다. 인간들 사이에서 태양처럼 높이 우러러보는 존재이시다. 왜냐하면 그의 통치 기간 중에 그는 동물과 사람을 불멸의 존재로 만들었고, 물과 풀들이 마르지 않게 했으며, 먹을 수 있는 식량이 무한정 존재하도록 했다. 용감한 이마의 통치시기에는 더위도 추위도 없었고 노년도 죽음도 질병도 없었다." "모든 사람이 죽지 않고 영원한 젊음을 즐겼던 이마의 황금 통치시대는 1,000년 동안 지속되었다."

16. J. Darmetester and H.L. Mills, Trans., F. Max Muller, Ed., *The Zend Avesta*, op. cit., pp. 15-18.

17. E.W. West, Trans., F. Max Muller, Ed., *Pahlavi Texts*, Part I, Reprint Edition, Atlantic

Publishers and Distributors, New Delhi, 1990, p. 17.

18. J. Darmetester and H.L. Mills, Trans., F. Max Muller, Ed., *The Zend Avesta*, op. cit., p. 5.

19. Cited in Lokmanya Bal Gangadhar Tilak, *The Arctic Home in the Vedas*, Reprint edition by Arktos Media, 2011, p. 254.

20. E.W. West, Trans., F. Max Muller, Ed., *Pahlavi Texts*, op. cit., p. 17, note 5.

21. J. Darmetester and H.L. Mills, Trans., F. Max Muller, Ed., *The Zend Avesta*, op. cit., p. 18.

22. Ibid.

23. Ibid., p. 20. See also the US (1898) edition of Darmetester's translation of the Vendidad, reprinted 1995, edited by Joseph H. Peterson, p. 14, note 87.

24. R.C. Zaehner, *The Dawn and Twilight of Zoroastrianism*, op. cit., p. 135.

25. J. Darmetester and H.L. Mills, Trans., F. Max Muller, Ed., *The Zend Avesta*, op. cit., p. 17.

26. Ibid.

27. Ibid., p. 20.

28. Ibid., note 5.

29. Ibid., note 4.

30. *Encyclopaedia Iranica*, op. cit. "Jamshid i" (http://www.iranicaonline.org/ articles/jamsid−i) and "Jamshid ii" (http://www.iranicaonline.org/articles/ jamsid−ii).

31. E.W. West, Trans., F. Max Muller, Ed., *Pahlavi Texts*, op. cit., p. 26.

32. Delia Goetz, Sylvanus G. Morley, Adrian Reconis, Trans., *Popol Vuh: The Sacred Book of the Ancient Quiche Maya*, University of Oklahoma Press, 1991, p. 178.

33. Ibid., p. 93.

34. John Bierhorst, *The Mythology of Mexico and Central America*, Quill/ William Morrow, New York, 1990, p. 41.

35. J. Eric Thompson, *Maya History and Religion*, University of Oklahoma Press, 1990, p. 333.

36. Genesis 6: 19−20.

37. Genesis 6: 16.

38. Louis Ginzberg, *The Legends of the Jews*, The Jewish Publication Society of America, Philadelphia, 1988, Vol. I, p. 162.

39. Ibid.

40. Omer Demir, *Cappadocia: Cradle of History*, 12th Revised Edition, p. 70.

41. http://en.wikipedia.org/wiki/Derinkuyu_%28underground_city%29.

42. *Hurriyet Daily News*, 28 December 2014 (http://www.hurriyetdailynews. com/massive−ancient−underground−city−discovered−in−turkeys−nevsehiraspx?PageID=238&NID=76196 &NewsCatID=375), *The Independent*, 31 December 2014 (http://www.independent.co.uk/ news/world/middleeast/vast−5000−yearold−underground−city−discovered−in−turkeys−cappadocia−region−9951911.html).

43. E.g. see report in *The Independent*, 31 December 2014, op. cit.

44. *Turkey*, Lonely Planet, 2013, p. 478.

45. http://en.wikipedia.org/wiki/Derinkuyu_%28underground_city%29.

46. Omer Demir, *Cappadocia: Cradle of History*, 9th Revised Edition, p. 61.

47. 예를 들면, 2,000년 전까지의 최초의 히타이트 시대. See Omer Demir, op. cit., p. 70.

48. Ibid., p. 60.

49. Ibid.

50. Ibid., p. 59.

51. Ibid., p. 61.

52. R.C. Zaehner, *The Dawn and Twilight of Zoroastrianism*, op. cit., p. 135.

제8장

1. Genesis 6: 7.

2. Genesis 6: 8–21.

3. Genesis 6: 19–20.

4. Genesis 8: 3.

5. Genesis 8: 4.

6. Genesis 8: 13–17.

7. Genesis 8: 20–1.

8. Genesis 9: 1–7.

9. For example see Jeremiah 51: 27; also Isaiah 37: 38; 2 Kings 19: 37.

10. Armen Asher and Teryl Minasian Asher, *The Peoples of Ararat*, Booksurge, 2009, p. 241.

11. Charles Burney and David Marshall Lang, *The Peoples of the Hills: Ancient Ararat and the Caucasus*, Phoenix Press, London, 1971, p. 127. See also Amelie Kurht, *The Ancient Near East*, Routledge, London and New York, 1995, Vol. II, p. 550: "Archaeologically, the second millennium of the region is something of a blank at present."

12. Ibid., p.17.

13. Armen Asher and Teryl Minasian Asher, *The Peoples of Ararat*, op. cit.

14. Moses Khorenatsi, *History of the Armenians*, Caravan Books, Ann Arbor, 2006, pp. 72 and 82ff. Haik는 Hayk라고도 표기하는데 토르고마[토르곰]의 아들이다. 토르고마는 티라스의 아들이고 티라스는 다시 고메르[가메르]의 아들인데, 고메르는 노아의 아들인 야펫의 아들이다.

15. Arra S. Avakian and Ara John Movsesian, *Armenia: A Journey Through History*, The Electric Press, California, 1998–2008, p. 47. See also Armen Asher and Teryl Minasian Asher, *The Peoples of Ararat*, op. cit., p. 284–5.

16. http://www.armenian-genocide.org/genocidefaq.html.

17. https://www.youtube.com/watch?v=ahoFlLh2Y3E.

18. https://www.youtube.com/all_comments?v=ahoFlLh2Y3E.

19. The quotation is from William Faulkner's *Requiem for a Nun*, 1951.

20. 이것은 컬럼비아 고원의 수로 암반지대를 형성시킨 대홍수였다. Cesare Emiliani, *Planet Earth: Cosmology, Geology and the Evolution of Life and Environment*, Cambridge University Press, 1995, p. 543. 그는 해수면 상승의 수치를 다음과 같이 설명했다. "암반지대를 형성한 대홍수의 결과로, 해수면은 −100미터에서 −80미터로 급상승했다. 1만 2,000년 전에 이르러 50퍼센트 이상의 얼음들이 바다로 돌아왔고, 해수면은 −60미터로 상승했다." −100미터, −80미터, −60미터는 오늘날의 해수면과 비교한 것이다. 따라서 컬럼비아 고원의 암반지대를 형성한, 대홍수 이전에 해수면은 오늘날보다 100미터가 낮았는데, 대홍수 후에는 오늘날보다 60미터 낮아졌다. 다시 말해서 해수면이 무려 40미터나 상승한 것이다.

21. 체사레 에밀리아니는 시카고 대학교에서 박사학위를 받았고, 그곳에서 심해 침전물의 동위원소 분석으로 지구의 과거 기후를 연구하는 획기적인 방법을 개척했다. 그는 이어 마이애미 대학교로 전직하여 그곳에서 동위원소 연구를 계속했고 여러 번 심해 탐사작업에 나섰다.

22. Emiliani, *Earth and Planetary Science Letters*, 41 (1978), p. 159, Elsevier Scientific Publishing Company, Amsterdam.

23. E.g. see Karl W. Luckert, *Stone Age Religion at Göbekli Tepe*, Triplehood, 2013, p. 101.

24. Joris Peters and Klaus Schmidt, "Animals in the symbolic world of Pre−Pottery Neolithic Göbekli Tepe, south−eastern Turkey: a preliminary assessment", *Anthropozoologica*, 2004, 39 (1), pp. 204−5.

25. Karl W. Luckert, *Stone Age Religion at Göbekli Tepe*, op. cit., pp. 100−2.

26. Genesis 9: 1.

27. Joris Peters and Klaus Schmidt, "Animals in the symbolic world of Pre−Pottery Neolithic Göbekli Tepe", op. cit., pp. 206−8.

28. Samuel Noah Kramer, *The Sumerians: Their History, Culture and Character*, The University Press of Chicago, 1963, p. 33.

29. http://www.penn.museum/collections/object/97591.

30. http://www.schoyencollection.com/literature−collection/sumerian−litera ture−collection/sumerian−flood−story−ms−3026.

31. Samuel Noah Kramer, *History Begins at Sumer*, University of Pennsylvania Press, 1991, p. 148ff.

32. Kramer, *History Begins at Sumer*, op. cit., p. 148.

33. http://www.penn.museum/collections/object/97591.

34. http://www.schoyencollection.com/literature−collection/sumerian−literaturecollection/sumerian−flood−story−ms−3026.

35. Ibid., and see Irving Finkel, *The Ark Before Noah*, Hodder and Stoughton, London, 2014, p. 91.

36. Kramer, *History Begins at Sumer*, op. cit., p. 149.

37. Ibid., p. 149.

38. Ibid.; William Hallow, *Journal of Cuneiform Studies*, Vol. 23, 61, 1970.

39. Cited in Kramer, *History Begins at Sumer*, op. cit., pp. 149−51.

40. Ibid., p. 151.

41. Ibid.

42. http://www.schoyencollection.com/literature−collection/sumerian−litera ture−collection/ sumerian−flood−story−ms−3026. And again see Irving Finkel, *The Ark Before Noah*, op. cit., p. 91.

43. Kramer, *History Begins at Sumer*, op. cit., p. 151.

44. Ibid., p. 152.

45. Ibid.

46. Ibid.

47. Ibid., pp. 152−3.

48. Ibid., p. 153.

49. Ibid., p. 148.

50. See discussion in Gerald P. Verbrugghe and John M. Wickersham (Eds.), *Berossos and Manetho*, University of Michigan Press, 1999, p. 15ff.

51. Benno Lansberger, *"Three Essays on the Sumerians* II: The Beginnings of Civilisation in Mesopotamia", in Benno Lansberger, Three Essays on the Sumerians, Udena Publications, Los Angeles, p. 174; *Berossos and Manetho*, op. cit., pp. 17, 44; Stephanie Dalley, Myths from Mesopotamia, op. cit., pp. 182−3, 328; Jeremy Black and Anthony Green (Eds.), *Gods, Demons and Symbols of Mesopotamia*, British Museum Press, London, 1992, pp. 41, 82−83, 163−4.

52. *Berossos and Manetho*, op. cit., p. 43.

53. Ibid., p. 44.

54. George Smith, with A.H. Sayce, *The Chaldean Account of the Genesis*, Sampson Low, London, 1880, p. 33.

55. *Berossos and Manetho*, op. cit., pp. 26 and 34. See also George Smith, with A.H. Sayce, *The Chaldean Account of the Genesis*, op. cit p. 32.

56. Amar Annus, "On the Origin of the Watchers: A comparative Study of the Antediluvian Wisdom in Mesopotamian and Jewish Traditions", *Journal of the Study of Pseudepigrapha*, Vol. 19.4 (2010), p. 285.

57. Ibid.

58. Ibid.

59. Ibid., e.g. pp. 282, 290, 297, 301, 306. See also Jonas C. Greenfield, "The Seven Pillars of Wisdom (Prov 9:1): A Mistranslation", *The Jewish Quarterly Review*, New Series, Vol. 76, No. 1, Essays in Memory of Moshe Held (Jul., 1985), p. 16.

60. Ibid., p. 281: "Many kinds of Mesopotamian sciences and technologies were ideologically

conceived as originating with antediluvian apkallus".

61. Erica Reiner, "The Etiological Myth of the Seven Sages", *Orientalia* NS 30 (1961), p. 10.

62. Jonas C. Greenfield, "The Seven Pillars of Wisdom" op. cit., p. 15.

63. Amar Annus, "On the Origin of the Watchers", op. cit., p. 289.

64. Jonas C. Greenfield, "The Seven Pillars of Wisdom", op. cit., p. 16.

65. Amar Annus, "On the Origin of the Watchers", op. cit., p. 289.

66. Ibid., p. 283, See also: W.G. Lambert, "Ancestors, Authors and Canonicity", *Journal of Cuneiform Studies*, Vol. 11, No. 1, 1957, pp. 8-9: "계시된 지식의 종합은 대홍수 이전의 현인들에 의하여 단 한번 주어졌다."

67. Jeremy Black and Anthony Green (Eds.), *Gods, Demons and Symbols of Mesopotamia*, op. cit., p. 46.

68. Amar Annus, "On the Origin of the Watchers", op. cit., p. 293.

69. Jeremy Black and Anthony Green (Eds.), *Gods, Demons and Symbols of Mesopotamia*, op. cit., p. 46.

70. Ibid., p. 170.

71. Amar Annus, "On the Origin of the Watchers", op. cit., p. 293.

72. Jeremy Black and Anthony Green (Eds.), *Gods, Demons and Symbols of Mesopotamia*, op. cit., p. 171.

73. Amar Annus, "On the Origin of the Watchers", op. cit., p. 293.

74. Anne Draffkorn Kilmer, "The Mesopotamian Counterparts of the Biblical Nepilim", in E.W Conrad and E.G. Newing (Eds.), *Perspectives on Language and Text: Essays and Poems in Honour of Francis I. Andersen's Sixtieth Birthday, July 28, 1985*, Winona Lake, IN, Eisenbrauns, p. 41. For Enki/Ea and the Abzu see Jeremy Black and Anthony Green (Eds.), *Gods, Demons and Symbols of Mesopotamia*, op. cit., pp. 75 and 27: "고대에는 이렇게 믿었다. 샘물, 우물, 시냇물, 강, 호수는 모두 민물 바다에서 그 물을 얻고 또 보충했는데, 그 바다는 땅 속의 아브주(아프수)에 있었다. 반면에 소금 바다는 지구를 둘러쌌다. 아브주는 지혜-왕 엔키의 고향이며 영역이었다. 엔키는 인류가 창조된 이래 아브주를 점령한 것으로 생각되었다. 바빌로니아의 창조 서사시에 의하면, 아프수는 태초의 존재, 티아마트의 애인을 가리키는 이름이었다. 에아가 아프수를 죽였을 때 그는 죽은 자의 시체 위에다 그의 고향을 세웠는데, 그때 이래 그 이름(아프수)이 에아의 거주지 이름이 되었다.

75. Jeremy Black and Anthony Green (Eds.), *Gods, Demons and Symbols of Mesopotamia*, op. cit., p. 75.

76. S. Denning-Bolle, cites in Amar Annus, "On the Origin of the Watchers", op. cit., p. 314.

77. Amar Annus, "On the Origin of the Watchers", op. cit., p. 287.

78. Jeremy Black and Anthony Green (Eds.), *Gods, Demons and Symbols of Mesopotamia*, op. cit., p. 76.

79. Ibid., pp. 76 and 75: see also Gwendolyn Leick, *A Dictionary of Near Eastern Mythology*,

Routledge, London and New York, 1998, pp. 4-6.

80. *The Epic of Gilgamesh*, Penguin Classics, London, 1988, p. 108.

81. E.g. see Jeremy Black and Anthony Green, *Gods, Demons and Symbols of Ancient Mesopotamia*, op. cit., p. 84.

82. Berossos and Manetho, op. cit., pp. 49-50. NB. 신켈루스에 의해서 보존된 이 베로수스 파편에서, 엔키는 "크로노스"로 되어 있다. 번역자들은 각주 17에서 이렇게 설명한다. "엔키가 마르둑의 아버지인 것처럼, 크로노스는 제우스의 아버지였다. 베로수스 혹은 신켈루스는 여기서 바빌로니아 신에 해당하는 그리스어 대응어를 사용하고 있다."

83. 길가메시 서사시에서 대홍수 생존자는 분명 지수드라/크시투트로스와 같은 인물인데 우트나피쉬티라는 이름으로 알려져 있다. 대영박물관 중동부의 차장인 어빙 핑켈은 이렇게 설명한다. "지수드라라는 이름은 불멸의 대홍수 영웅에게 아주 적합한 이름이다. 왜냐하면 수메르어에서 그것은 '장수하는 사람'의 뜻을 가지고 있기 때문이다. 길가메시 서사시에서 이에 해당하는 대홍수 영웅의 이름은 우트나피쉬티인데, 대충 그와 비슷한 의미이다. 우리는 바빌로니아 이름이 수메르 이름의 번역어인지 혹은 그 반대인지는 알지 못한다." Irving Finkel, *The Ark Before Noah*, op. cit., p. 92.

84. *The Epic of Gilgamesh*, op. cit., p. 111.

85. *Berossos and Manetho*, op. cit., p. 50.

86. Amar Annus, "On the Origin of the Watchers", op. cit., p. 282; Anne Draffkorn Kilmer, "The Mesopotamian Counterparts of the Biblical Nepilim", op. cit., p. 43.

87. Anne Draffkorn Kilmer, "The Mesopotamian Counterparts of the Biblical Nepilim", op. cit., pp. 39-40.

88. Amar Annus, "On the Origin of the Watchers", op. cit., p. 295.

89. Jeanette C. Fincke, The Babylonian Texts of Nineveh: Report on the British Museum's Library Project, *Archiv fur Orientforschung* 50 (2003/2004), p. 111.

제9장

1. John Baines and Jaromir Malek, *Atlas of Ancient Egypt*, Time-Life Books, 1990, p. 76.

2. Ibid. 내부와 외부의 울타리 벽들은 연대가 고왕국이며, 외부 벽 바깥에 세워진 후대의 벽은 제1중간기(기원전 2134-2040년)의 것이다. 제2중간기(기원전 1640-1532년)와 신왕국(기원전 1550-1070)으로 연대가 소급되는 다른 구조물들도 있다.

3. E.A.E. Reymond, *The Mythical Origin of the Egyptian Temple*, Manchester University Press, 1969, p. 8.

4. Ibid., p. 151: "우리가 분석한 신화적 상황은 다른 곳에서 발원한 전통을 드러낸다."

5. Ibid., pp. 55, 90, 105, 274.

6. Ibid., p. 55.

7. Ibid., pp. 109, 113-14, 127.

8. E.g. See p. 19 "the crew of the Falcon". See also pp. 27, 177, 180, 181, 187, 202 : 에드푸 텍스트 전편에 걸쳐서 배의 선원들과 항해에 대한 언급이 반복적으로 나타난다. 가령

180쪽은 "쉐브티가 항해했다"라고 적고 있고, 187쪽은 "그들은 태곳적 세계의 다른 곳으로 항해했을 것으로 믿어졌다"라고 적었다.

9. Ibid., p. 190.

10. Ibid., p. 274:"그들은 태곳적 시대의 미점령 지역들을 여행했고, 다른 신성한 영역들을 건설했다."

11. Ibid., p. 122.

12. Ibid., p. 134.

13. Ibid., pp. 106-7.

14. E.g. Ibid., pp. 44, 258: "에드푸에서 우리는 파편의 기록들만 가지고 있다. 이집트의 신전들에 보관되었던 위대하고 중요한 역사 중에서, 선별된 이야기들이다." 고대 이집트의 신성한 상형문자로 기록된 비문 중 가장 나중의 것은 기원후 394년에 필라이의 이시스 신전에서 작성된 것이고, 민중 문자의 가장 후대의 것은 역시 그 신전에서 발견되었는데 그 연대는 기원후 425년이다. "설사 상형문자의 지식이 이 시대 이후에 존재했다고 하더라도 그에 대한 기록은 발견되지 않았다." John Anthony West, *The Traveller's Key to Ancient Egypt*, Harrap Columbus, London, 1987, p. 426.

15. Howard Vyse, Operations Carried on at the Pyramids of Gizeh in 1837, with an Account of a Voyage into Upper Egypt, James Fraser, Regent Street, London, 1840, Vol. I, pp. 67-8.

16. 메소포타미아와 이집트의 연대기들은 잘 알려져 있다. 페루의 것은 다음의 자료 참조. Ruth Shady Solis et al, *Caral: The Oldest Civilization in the Americas*, Proyecto Especial Arqueologico Caral-Supe/INC, 2009.

17. Plato, *Timaeus and Critias*, Penguin Classics, 1977, p. 36.

18. Ibid., pp 34-8.

19. J. Gwynn Griffiths, *Atlantis and Egypt With Other Selected Essays*, Cardiff, University of Wales Press, 1991, pp. 3-30.

20. Miriam Lichtheim, *Ancient Egyptian Literature, Vol. I: the Old and Middle Kingdoms*, University of California Press, 1975, p. 211.

21. Ibid., pp. 212-13.

22. Ibid., p. 215, note 3.

23. Margaret Buson, *The Encyclopedia of Ancient Egypt*, Facts on File, New York, Oxford, 1991, p. 130.

24. Ibid.

25. Ibid.

26. Miriam Lichtheim, *Ancient Egyptian Literature*, op. cit., p. 213.

27. Ibid., p. 214.

28. Ibid.

29. Plato, Critias Benjamin Jowett Translation, Internet Classics Archive, http:// classics.mit.edu/ Plato/critias.html.

30. Plato, *Timaeus and Critias*, Penguin Classics Edition, op. cit., p. 38.

31. J. Gwynn Griffiths, *Atlantis and Egypt*, op. cit., p. 23.

32. https://egyptsites.wordpress.com/2009/03/03/sa−el−hagar/.

33. Ibid.

34. E.A.E. Reymond, *The Mythical Origin of the Egyptian Temple*, op. cit., p. 324.

35. Ibid., p. 213.

36. Ibid., p. 31.

37. Ibid., p. 111.

38. Ibid., p. 142.

39. Plato, *Timaeus and Critias*, op. cit., Critias, p. 136.

40. E.A.E. Reymond, *The Mythical Origin of the Egyptian Temple*, op. cit., p. 113.

41. Ibid., p. 109.

42. Ibid., p. 127.

43. Plato, *Timaeus and Critias*, op. cit., Timaeus, p. 38.

44. Ibid.

45. Ibid., p. 35.

46. E.A.E. Reymond, *The Mythical Origin of the Egyptian Temple*, op. cit., p. 19.

47. E.W. West, Trans., F. Max Muller, Ed., *Pahlavi Texts*, Part I, Reprint Edition, Atlantic Publishers and Distributors, New Delhi, 1990, p. 17.

48. E.A.E. Reymond, *The Mythical Origin of the Egyptian Temple*, op. cit., p. 113.

49. Ibid., p. 279.

50. Ibid., p. 113.

51. Ibid.

52. *Archaeoastronomy: The Journal of the Center for Archaeoastronomy*, Vol. VIII, Nos. 1−4, January−December 1985, p. 99.

53. Thor Conway in Ray A. Williamson and Claire R. Farrer, Eds., *Earth and Sky*, op. cit, p. 246.

54. Plato, *Timaeus and Critias*, op. cit., Timaeus, p. 38.

55. Ignatius Donnelly, *Atlantis: The Antediluvian World*, Dover Publications Inc., New York, 1976, p. 23.

56. Plato, *Timaeus and Critias*, op. cit., Timaeus, p. 37.

57. Plato, Critias Benjamin Jowett Translation, Internet Classics Archive, http:// classics.mit.edu/Plato/critias.html.

58. Plato, *Timaeus and Critias*, op. cit., Critias, p. 138.

59. E.A.E. Reymond, *The Mythical Origin of the Egyptian Temple*, op. cit., p. 37.

60. Ibid., p. 220.

61. Ibid., p. 240.

62. Ibid., p. 198.

63. Ibid., p. 108.

64. Ibid.

65. Ibid., p. 109.

66. Ibid., pp. 202, 323-4.

67. Plato, *Timaeus and Critias*, op. cit., Timaeus, p. 38.

68. E.A.E. Reymond, *The Mythical Origin of the Egyptian Temple*, op. cit., p. 171: "파이-땅은 창조주가 그의 원래 장소 근처에 있던 물을 말린 이후에 생겨난 땅이라고 한다." See also p. 172: "파이-땅이라는 단어는 물에서 나타난 땅을 묘사한다."

69. Ibid., p. 162.

70. Ibid., p. 173.

71. Ibid., p. 324.

72. Ibid., p. 194.

73. Ibid., p. 274.

74. Ibid., p. 187.

75. Ibid., p. 274.

76. Ibid., p. 190.

77. Ibid., p. 274.

78. Ibid., p. 190. See also p. 33.

79. Ibid., p. 33.

80. Ibid., p. 24: "쉐브티의 기능은 딘 이흐트라고 하는데, 사물들에게 이름을 붙여주는 것(=창조하는 것)이었다. See also p. 180.

81. Ibid., p. 41.

82. Ibid., p. 28.

83. Ibid., pp. 95, 96, 108, 110-11.

84. Ibid., p. 96.

85. Ibid., p. 91.

86. Ibid., p. 92.

87. Ibid.

88. Ibid., p. 25, 41, 289.

89. Ibid., p. 159.

90. Ibid., e.g. pp. 28, 66, 236.

91. Ibid., pp. 310-11.

92. Ibid., p. 9.

93. Ibid., p. 48.

94. Ibid., p. 273.

95. Plato, *Timaeus and Critias*, Penguin Classics, op. cit., Timaeus, p. 36.

96. Ibid.

제10장

1. Plato, *Laws* II, in John M. Cooper, Ed., Plato: Complete Works, Hackett Publishing Company, Indianapolis/Cambridge, 1997, p. 1348.

2. Graham Hancock, *Fingerprints of the Gods*, William Heinemann Ltd., London, 1995, e.g. p. 446 ff., pp. 456–8.

3. Robert Bauval and Adrian Gilbert, *The Orion Mystery*, William Heinemann Ltd., London, 1994.

4. Robert Bauval and Graham Hancock, *Keeper of Genesis*, William Heinemann Ltd., London, 1996.

5. Giorgio de Santillana and Hertha von Dechend, *Hamlet's Mill: An Essay Investigating the Origins of Human Knowledge and its Transmission through Myth*, Nonpareil Books, 1977, reprinted 1999, p. 59.

6. Graham Hancock and Santha Faiia, *Heaven's Mirror: Quest for the Lost Civilization*, Michael Joseph, London, 1998.

7. 자세한 논의를 위해서는 위의 책(주 6)을 참조할 것.

8. Paolo Debertolis, Goran Marjanovic, et al, *Archaeoacoustic analysis of the ancient site of Kanda (Macedonia)*, Proceedings in the Congress "The 3rd Virtual International Conference on Advanced Research in Scientific Areas" (ARSA–2014) Slovakia, 1–5 December 2014: 237–251. Published by: EDIS–Publishing Institution of the University of Zilina, Univerzitna 1, 01026 .ilina, Slovak Republic. 온라인에서 볼 수 있는 논문은 다음과 같다 : https://www.academia. edu/9818666/Archaeoacoustic_analysis_of_the_ancient_site_of_Kanda_Macedonia_._Preliminary_results.

9. http://www.usbr.gov/lc/hooverdam/History/essays/artwork.html.

10. Ibid.

11. Ibid.

12. Richard Guy Wilson, "American Modernism in the West: Hoover Dam." *Images of an American Land*, ed., Thomas Carter. Albuquerque: University of New Mexico Press, 1997. P. 10, cited in, *The Hoover Dam: Lonely Lands Made Fruitful*, http://xroads.virginia.edu/~1930s/display/hoover/modern. html.

13. E.g. see: https://www.wisdomuniversity.org/ChartresOverview.htm: "이것은 '대성당들의 여왕'인 샤르트르의 마법이요, 신비이다. 이것은 또한 고대인들에게 알려져 있던 바, '천문학'의 힘이다. 천문학은 7학예(문법, 논리, 수사, 산수, 기하, 음악, 천문) 중에서 가장 나중에 오고 또 가장 높은 것으로서, 인류에게 알려진 가장 오래 전에 전해진 학문이다. 이 학문은 고대 이집트에서 시작하여 샤르트르의 장인들에 의하여 최고로 세련된 수준으로 높여졌다. 신성한 천문학이 샤르트르 대성당의 돌과 채색 유리 속에 깃들어 있다. 천문학은 인문학의 최고봉으로 인식되었는데, 이 학문만이 우주를 명상하면서 천지창조의 궁극적 의미와 목적을 추구하기 때문이다."

14. See discussion in Graham Hancock, *Fingerprints of the Gods*, op. cit., Chapter 49, p. 443ff.

15. E.A.E. Reymond, *The Mythical Origin of the Egyptian Temple*, op. cit., p. 134, cited in

Chapter Nine.

16. Michael A. Hoffman, *Egypt Before the Pharaohs*, Michael O"Mara Books Ltd., 1991, pp. 89–90. See also Karl W. Butzer, *Early Hydraulic Civilization in Egypt*, The University of Chicago Press, 1876, p. 9.

17. Graham Hancock, *Fingerprints of the Gods*, op. cit., Chapter 52, p. 497.

18. 보스턴 대학교의 로버트 쇼크 교수가 스핑크스를 대상으로 하여 수행한 지질학적 연대 확정 작업의 자세한 논의에 대해서는 다음의 자료 참조. ibid., Chapter 46, p. 420ff.

19. L. Liritzis, A. Vafiadou, "Surface Luminescence Dating of Some Egyptian Monuments", *Journal of Cultural Heritage* 16 (2015), Table 1, p. 137.

20. Ibid., pp. 134–50.

21. Ibid., p. 134.

22. Ibid., pp. 134–50.

23. Ibid., Table 1, p. 137.

24. Ibid.

25. 로버트 쇼크 교수에게 받은 2015년 1월 20일자 이메일.

26. L. Liritzis, A. Vafiadou, "Surface Luminescence Dating of Some Egyptian Monuments", *Journal of Cultural Heritage*, op. cit., Table 1, p. 137.

27. Personal communication from Professor Robert Schoch by email dated 20 January 2015.

28. L. Liritzis, A. Vafiadou, "Surface Luminescence Dating of Some Egyptian Monuments", *Journal of Cultural Heritage*, op. cit., Table 1, p. 137.

29. Ibid.

30. For example see John Baines and Jaromir Malek, *Atlas of Ancient Egypt*, Time–Life Books, 1990, p. 36.

31. L. Liritzis, A. Vafiadou, "Surface Luminescence Dating of Some Egyptian Monuments", *Journal of Cultural Heritage*, op.cit., p. 147.

32. Ibid.

33. E.A.E. Reymond, *The Mythical Origin of the Egyptian Temple*, op. cit., p. 187.

34. Toby A.H. Wilkinson, *Early Dynastic Egypt*, Routledge, London and New York, 1999, p. 325.

35. E.A.E. Reymond, *The Mythical Origin of the Egyptian Temple*, op. cit. p. 262

36. Ibid., p. 263.

37. Ibid.

38. Ibid.

39. Ibid., p. 262.

40. 레이먼드는 (*The Mythical Origin of the Egyptian Temple*, op. cit., p. 263) 그 책이 하늘에서 내려온 것으로 믿어지는 "멤피스 북쪽의 장소" 후보로 마침내 사카라를 지정했다. 나는 그녀의 논리를 받아들이기 어렵다. 헤넨-네수트는 위도 29.08, 멤피스는 위도 29.84, 사카라는 위도 29.87, 기자의 대피라미드는 위도 29.98, 다흐슈르는 위도 29.80

에 있다. 숫자가 높을수록 북쪽에 더 가깝기 때문에 우리는 헤넨-네수트와 다흐슈르는 배제해야 한다. 전자는 멤피스의 남쪽 0.76도, 후자는 멤피스 남쪽 0.04도에 위치하고 있다. 사카라는 멤피스의 북쪽이지만 0.03도 차이뿐이다. 너무 가까워서 거의 같은 위도라고 할 수 있다. 이에 비하여 기자는 멤피스의 북쪽 0.14도이며, 따라서 필요한 기준에 더욱 부합한다.

41. E.A. Wallace Budge, *The Gods of the Egyptians*, Methuen and Company, Chicago and London, 1904, reprinted by Dover Books, 1969, Vol. I, pp. 467, 468, 473, etc.

42. Selim Hassan, *The Sphinx: Its History in the Light of Recent Excavations*, Government Press, Cairo, 1949, p. 80.

43. See discussion in Robert Bauval and Graham Hancock, *Keeper of Genesis*, op. cit., pp. 5, 156ff, 160ff, etc.

44. Rainer Stadelman, "The Great Sphinx of Giza", in Zahi Hawass (Ed), *Egyptology at the Dawn of the Twenty-first Century* (Proceedings of the Eighth International Congress of Egyptologists, Cairo, 2000; Vol. I: Archaeology), The American University in Cairo Press, Cairo, New York, 2002, pp. 464-9.

45. Ibid., p. 465.

46. Selim Hassan, *The Sphinx*, op. cit., p. 75.

47. Ibid., p. 75.

48. Ibid., p. 76.

49. Ibid., pp. 76, 185.

50. Ibid., p. 76.

51. James Henry Breasted, *Ancient Records Of Egypt*, University of Illinois Press, Urbana and Chicago, 2001, Vol. 2, p. 323.

52. Ibid.

53. Ibid., pp. 320, 324.

54. Selim Hassan, *The Sphinx*, op. cit., p. 76.

55. Gaston Maspero, *The Dawn of Civilization*, SPCK, London, 1894, p. 366.

56. Gaston Maspero, *A Manual of Egyptian Archaeology*, Putnam's Sons, New York, 1914, p. 74.

57. Selim Hassan, *The Sphinx*, op. cit., p. 222.

58. 인벤토리 비석의 전문을 번역한 텍스트에 대해서는 다음 자료 참조. James Henry Breasted, *Ancient Records of Egypt*, op. cit., Vol. I, pp. 83-5. See also Selim Hassan, *The Sphinx*, op. cit., pp. 222-7.

59. Selim Hassan, *The Sphinx*, op. cit., p. 225.

60. http://www.guardians.net/hawass/khafre.htm.

61. http://en.wikipedia.org/wiki/Khafra#Valley_Temple.

62. 카프레의 업적으로 인정되는 소위 "시체 안치 신전." 스티븐 퀴크 교수가 그레이엄 핸콕에게 보낸 2015년 4월 2일자 이메일.

63. I.E.S. Edwards, *The Pyramids of Egypt*, Pelican Books, 1947, reprinted 1949, p. 107ff.

64. Ibid., p.109.

65. I.E.S. Edwards, *The Pyramids of Egypt*, Penguin, 1993, p. 124. Emphasis added.

66. Kathryn A. Bard (Ed.), *Encylopaedia of The Archaeology of Ancient Egypt*, Routledge, 1999, pp. 342-5.

67. Breasted, *Ancient Records of Egypt*, op. cit., Vol. II, pp. 320-1, note b.

68. Henri Frankfort, *Kingship and the Gods*, The University of Chicago Press, Chicago and London, 1948, 1978, p. 148.

69. William Matthew Flinders Petrie, Memphis I, *The Palace of Apries (Memphis II), Meydum and Memphis III*, Cambridge University Press, 2013, p. 43.

70. Selim Hassan, *The Sphinx*, op. cit., pp. 222-4.

71. Ibid., pp. 224-5.

72. Ibid., p. 223.

73. Ibid.

74. 예를 들면 티베트어 "토크차"는 운석 쇠로 만들어진 것이다. "토크차라는 말은 위[上], 첫째, 천둥 등을 의미하는 토크와 쇠 혹은 금속을 의미한 차의 두 단어가 합성된 말이다. 따라서 토크차는 '최초의 쇠' 혹은 '천둥 쇠'라는 뜻이다. : http:// en.wikipedia.org/ wiki/Thokcha.

75. E.A.E. Reymond, *The Mythical Origin of the Egyptian Temple*, op. cit., p. 10.

76. Ibid., pp. 8-10, 18.

제11장

1. Plato, *Timaeus and Critias*, Penguin Classics, op. cit., pp. 35-6.

2. E.A.E. Reymond, *The Mythical Origin of the Egyptian Temple*, op. cit., p. 285.

3. 이 개념은 일부 이집트학 학자들에 의해서 받아들여졌다. 그들은 왕조 이전 시대 혹은 왕조 초기 시대의 건축 자재를 가져다가 피라미드의 기저단을 만들었다고 주장했다. See Serena Love, "Stones, ancestors and pyramids: investigating the pre-pyramid landscape of Memphis," in Miroslav Barta (Ed), *The Old Kingdom Art and Archaeology, Proceedings of the Conference held in Prague*, 31 May.4 June 2004, Czech Institute of Egyptology, Prague, 2006, p. 216.

4. E.A.E. Reymond, *The Mythical Origin of the Egyptian Temple*, op. cit., p. 327.

5. Letter to Robert Bauval dated 27 January 1993, cited in Robert Bauval and Graham Hancock, *Keeper of Genesis*, op. cit., p. 200 and note 11, p. 333.

6. E.A.E. Reymond, *The Mythical Origin of the Egyptian Temple*, op. cit., p. 59.

7. Ibid., p. 9.

8. E.A. Wallis Budge, *Egyptian Magic*, Kegan Paul, Trench, Trubner and Co., London, 1901, reprinted by Dover Publications Inc., New York, 1971, p. 143.

9. Cited in John Greaves, *Pyramidographia: Or a Description of the Pyramids in Egypt*, George

Badger, London, 1646, reprinted by Robert Lienhardt, Baltimore, p. 96.

10. Ibid.

11. Ibid.

12. Ibid.

13. I.E.S. Edwards, *The Pyramids of Egypt*, 1947 edition op. cit., p. 134.

14. Miriam Lichtheim, *Ancient Egyptian Literature*, Vol. I, op. cit., pp. 218−19.

15. I.E.S. Edwards, *The Pyramids of Egypt*, 1993 edition, op. cit., p. 286.

16. F.W. Green, *Journal of Egyptian Archaeology*, Vol. XVI, 1930, p. 33.

17. Alan H. Gardiner, *Journal of Egyptian Archaeology*, Vol. XI, 1925, pp. 2−5.

18. E.A.E. Reymond, *The Mythical Origin of the Egyptian Temple*, op. cit., p. 77.

19. Ibid., p. 112.

20. See discussion in Robert Bauval and Graham Hancock, *Keeper of Genesis*, op. cit., pp 13, 108, 192, 193−6.

21. R.A. Schwaller de Lubicz, *Sacred Science, Inner Traditions*, Rochester, Vermont, 1988, p. 104.

22. Ibid., p. 111.

23. Sir Walter Scott (Ed. and Trans.), *Hermetica*, Shabbhala, Boston, 1993, p. 343.

24. See discussion in Sylvia Cranston (Ed.), *Reincarnation: The Phoenix Fire Mystery*,Theosophical University Press, Pasadena, 1998, p. 114ff.

25. R.T. Rundle Clark, *The Origin of the Phoenix*, University of Birmingham Historical Journal (1949−1950), p. 17: "벤벤 돌과 벤누 새는 빈이라는 동일한 어근에서 나온 이름이다. 두 단어는 파생어이다. 따라서 한 단어가 다른 단어의 속성을 드러낸다고 말할 수 없다. 새와 돌—만약 그것이 돌이라면—이 함께 연결되어 있다."

26. Henri Frankfort, *Kingship and the Gods*, The University of Chicago Press, 1978, pp. 153−4.

27. See, for example, E.A. Wallis Budge, *An Egyptian Hieroglyphic Dictionary*, John Murray, London, 1920, reprinted by Dover Publications Inc., New York, 1978, Vol. I, p. 217.

28. Robert Bauval, *Discussions in Egyptology*, Vol. 14, 1989.

29. PT 1652, cited in R.T. Rundle Clark, *The Origin of the Phoenix*, op. cit., p. 14.

30. E.A. Wallis Budge, *An Egyptian Hieroglyphic Dictionary*, op. cit., Vol. I, p. 217.

31. R.T. Rundle Clark, *The Origin of the Phoenix*, op. cit., p. 15.

32. Ibid., p. 18.

33. Graham Hancock, *The Sign and the Seal: A Quest for the Lost Ark of the Covenant*, William Heinemann Ltd., London, 1992, pp. 67−9.

34. Menahem Haran, *Temples and Temple Service in Ancient Israel*, Clarendon Press, Oxford, Reprinted by Eisenbrauns, Winona Lake, Indiana, 1985, p. 246.

35. For a discussion see Emma Jung and Marie−Louise von Franz, *The Grail Legend*, Coventure, London, 1986, p. 148, footnote 28.

36. Jennifer Westwood (Ed.), *The Atlas of Mysterious Places*, Guild Publishing, London, 1987, p.

74.

37. Ibid.

38. W.H. Roscher, *Lexicon der griechischen und romischen Mythologie*, 1884, cited in Emma Jung and Marie-Louise von Franz, *The Grail Legend*, op. cit., p. 148.

39. See ibid., p. 14-16.

40. R. T. Rundle Clark, *Myth and Symbol in Ancient Egypt*, Thames and Hudson, London, 1991, pp 246-7.

41. Ibid.

42. Summary of Lactantius from Elmer G. Suhr, "The Phoenix", *Folklore*, Vol. 87, No. 1 (1976), p. 30.

43. E.V.H. Kenealy cited in Sylvia Cranston (Ed.), *The Phoenix Fire Mystery*, op. cit., p. 18.

44. R.T. Rundle Clark, *The Origin of the Phoenix*, op. cit., p. 1; Elmer G. Suhr, "The Phoenix", op. cit., p. 31; R. Van den Broek, *The Myth of the Phoenix According to Classical and Early Christian Traditions*, E.J. Brill, 1972, pp. 68-72.

45. R.T. Rundle Clark, *The Origin of the Phoenix*, op. cit., p. 1; Gerald Massey, *The Natural Genesis*, Vol. 2, Black Classic Press, Baltimore, 1998 (Reprint Edition) p. 340.

46. M.R. Niehoff, "The Phoenix in Rabbinic Literature," *The Harvard Theological Review*, Vol. 89, No. 3 (Jul 1996), p. 252.

47. R. Van den Broek, *The Myth of the Phoenix According to Classical and Early Christian Traditions*, op. cit., p. 73.

48. See Graham Hancock, *Fingerprints of the Gods*, op. cit., Chapters 28 to 32.

49. Giorgio de Santillana and Hertha von Dechend, *Hamlet's Mill*, op. cit., p. 132.

50. R. Van den Broek, *The Myth of the Phoenix*, op. cit., pp. 73-4.

제12장

1. 이 글을 쓰고 있는 이 시점에서도 누가 살인사건의 책임자인지 만족스럽게 밝혀지지 않았다. 유엔 재판소에 의하여 헤즈볼라의 고위 인사 5명, 시아파의 호전적 정치집단 등이 기소되었다. 헤즈볼라는 이 살인사건의 책임자로 이스라엘을 지목했다. 게다가 시리아의 바샤르 알-아사드 대통령이 테러 사건에 직접적으로 관여되었다는 소문도 있다. http://www.bbc.co.uk/news/world-middle-east-13972350 and http://www.bbc.co.uk/news/world-middle-east-25749185 and http:// www.jpost.com/Middle-East/Special-Lebanon-Court-permits-prosecutorto-bring-evidence-against-Assad-in-Hariri-case-381986 and http://www. thenational.ae/world/lebanon/probe-into-hariris-assassination-to-focuson-al-assad.

2. 2006년 이스라엘 특공대의 공습작전 포함. 다음의 자료 참조 : http://www.foxnews.com/story/2006/08/02/israeli-commandos-raid-hezbollah-hideout-inbaalbek-hospital/. And see also: http://www.reuters.com/article/2013/04/26/ us-syria-crisis-hezbollah-idUSBRE93P09720130426. 2013년 6월의 바알베크 미사일 공격에 대해서는 다음 자

료 참조 : http://www.ynetnews.com/articles/0,7340, L-4386949,00.html and http://www.arabtoday.net/home/also-in-the-news/ syrian-missiles-reach-lebanons-baalbek.html.

3. 솔로몬 신전과 그 후의 성전산 건축의 역사에 대해서는 다음의 자료 참조. Graham Hancock, *The Sign and the Seal*, op. cit., Chapter 14.

4. Andreas J.M. Kropp and Daniel Lohmann, ""Master, look at the size of those stones! Look at the size of those buildings." Analogies in Construction Techniques between the Temples of Heliopolis (Baalbek) and Jerusalem", in *Levant*, Vol. 43, No. 1 (2011), Council for British Research in the Levant, 2011, p. 42-3.

5. Dan Bahat, *Carta's Historical Atlas of Jerusalem*, Carta, Jerusalem, 1989, p. 30.

6. For a discussion see Graham Hancock, *The Sign and the Seal*, op. cit., Chapter Five, pp. 91-2.

7. Ibid., p. 95.

8. For video see: https://www.youtube.com/watch?v=LCFGjSgTzo0 (from about 1 minute 30 seconds forward). For photographs, see: http://survin city.com/2012/07/megaliths-of-israel-the-foundation-of-the-temple/ and http://earthbeforeflood.com/megalithic_blocks_on_the_temple_mount_in_ jerusalem.html.

9. Andreas J.M. Kropp and Daniel Lohmann, "Master, look at the size of those stones!", op. cit.

10. Selim Hassan, *The Great Sphinx and its Secrets: Historical Studies in the Light of Recent Excavations (Excavations at Giza 1936-1937*, Vol. VIII), Government Press, Cairo, p. 267.

11. See, for example, ibid., pp. 264-6.

12. Ibid. p. 49.

13. Ibid.

14. Ibid., p. 256.

15. Ibid.

16. Christiane Zivie-Coche, "Foreign Deities in Egypt", in Jacco Dielman, Willeke Wendrich (Eds.), *UCLA Encyclopedia of Egyptology*, Los Angeles, 2011, p. 5. NB: 인용된 문장에서 지비-코슈는 고대 이집트어 호르-엠-아크헤트의 그리스식 표기인 Harmachis를 쓰고 있는데, 이름의 표기와 관련하여 혼란을 피하기 위해서 나는 임의로 호르-엠-아크헤트라고 표기했다.

17. Ibid., p. 6.

18. N. Wyatt, *Religious Texts from Ugarit*, Sheffield Academic Press, 1998, p. 378 ff.

19. Jacobus Van Dijk, "The Canaanite God Hauron and his Cult in Egypt", GM 107 (1989), p. 61. 제4차 이집트학 국제 대회에 제출된 논문, Munich, 26 Aug-1 Sept 1985. Pdf available here: http://www. jacobusvandijk.nl/docs/GM_107.pdf.

20. N. Wyatt, *Religious Texts from Ugarit*, op. cit., p. 385.

21. Ibid., p. 386.

22. Nina Jidejian, *Baalbek: Heliopolis, City of the Sun*, Dar el-Machreq Publishers, Beirut, 1975, p. 5. See also Michael M. Alouf, *History of Baalbek,* American Press, Beirut, 1951, p.

38, and Friedrich Ragette, *Baalbek*, Chatto & Windus, London, 1980, p. 16.

23. Christiane Zivie-Coche, "Foreign Deities in Egypt", op. cit., pp. 2-4, and Figure 4. See also Selim Hassan, *The Great Sphinx and its Secrets: Historical Studies in the Light of Recent Excavations (Excavations at Giza 1936-1937*, Vol. VIII), op. cit., p. 278.

24. Friedrich Ragette, *Baalbek*, op. cit., p. 16.

25. See David Grene (Trans.), Herodotus, *The History*, Book 2, The University of Chicago Press, Chicago and London, 1987, p. 132 ff.

26. Friedrich Ragette, *Baalbek*, op. cit., p. 20.

27. Ibid.

28. Ibid., pp. 16-17, 72.

29. Cited in Michael M. Alouf, *History of Baalbek*, op. cit., p. 65.

30. Ibid.

31. Cited in Ibid., p. 66.

32. Friedrich Ragette, *Baalbek*, op. cit., p. 27.

33. Michael M. Alouf, *History of Baalbek*, op. cit., pp. 69-70.

34. Ibid., p. 71.

35. Ibid.

36. Ibid., pp. 71-2.

37. Ibid., p. 73.

38. Ibid., p. 74.

39. Dell Upton, "Starting from Baalbek: Noah, Solomon, Saladin, and the Fluidity of Architectural History," *Journal of the American Society of Architectural Historians*, Vol. 68, No. 4 (December 2009), p. 458.

40. Michael M. Alouf, *History of Baalbek*, op. cit., p. 86.

41. See Dell Upton, "Starting from Baalbek", op. cit., pp. 459-60: "바알베크가 유럽 문화, 특히 '서구'의 밑바탕인 로마 문화의 소산이라는 인식이 학자들의 문헌 속에 등장하게 된 것은, 독일 고고학 탐사자들이 20세기 초에 우리가 오늘날 알고 있는 바알베크의 모습을 제시한 이후였다."

42. 예를 들면, 다음을 참조. Margarete van Ess and Llaus Rheidt (Eds.), *Baalbek-Heliopolis 10.000 Jahre Stadtgeschichte [Baalbek-Heliopolis: 10,000 Year History of The City]*, Zabern Philipp Von GmbH, 2014.

43. Margaret van Ess, "First Results of the Archaeological Cleaning of the Deep Trench in the Great Courtyard of the Jupiter Sanctuary," in "Baalbek/ Heliopolis: Results of Archaeological and Architectural Research 2002-5", in *Bulletin d"Archaeoligie et d"Architecture Libanaises* (BAAL), Hors-Serie IV, Beirut, 2008, p. 113. See also Daniel Lohmann, "Giant Strides Towards Monumentality: The Architecture of the Jupiter Sanctuary in Baalbek/ Heliopolis," *Bolletino Di Archeologia On Line*, 2010, Volume special/Poster Session 2, p. 29: "텔 발베크에는……도자기 이전 신석기 시대 이후 지속적으로 사람들이 거주해왔다."

44. Timothy Hogan, *Entering the Chain of Union: An Exploration of Esoteric Traditions and What Unites Them*, 2012, pp. 238-9, 242-5.

45. 바알베크에서의 메르쿠리우스 숭배에 대해서는 다음의 자료 참조. Nina Jidejian, *Baalbek Heliopolis*, op. cit., pp. 28, 29, 30, 33, 36, 37, 45, 54-5. 토트-헤르메스의 상관관계에 대해서는 다음의 자료 참조. Garth Fowden, *The Egyptian Hermes*, Cambridge University Press, 1987, and Patrick Boylan, *Thoth: Hermes of Egypt*, Ares Publishers, Chicago, 1987.

46. Nina Jidejian, *Baalbek Heliopolis*, op. cit., p. 54.

47. Hartoune Kalayan, "Notes on the Heritage of Baalbek and the Beka"a", op. cit., p. 53.

48. Nina Jidejian, *Baalbek Heliopolis*, p. 30.

49. 유피테르 신전의 박공벽 북쪽 구석에서 나온 파편 조각으로 확인되었다. 나는 그 조각을 보았고 다음 자료에서 제시된 360톤이라는 무게에 이의를 제기하지 않았다. Christian and Barbara Joy O"Brien, *The Shining Ones*, Dianthus Publishing Ltd., Cirencester, 2001, p. 272.

50. Michael M. Alouf, *History of Baalbek,* op. cit., pp. 85-6.

51. Ibid., p. 85.

52. Giorgio de Santillana and Hertha von Dechend, *Hamlet's Mill*, op. cit., p. 162.

53. 길이와 높이는 우리의 최근(2015년 2월 8일자) 이메일에 의한 것이다. 다음의 자료는 너비와 약간 다른 길이와 높이를 제시한다. Michael M. Alouf, *History of Baalbek,* op. cit., pp. 86-7 .

54. 우리의 최근(2015년 2월 8일자) 이메일로 이런 세부사항들을 나에게 설명해준 건축가 겸 고고학자인 다니엘 로만에게 감사한다.

55. Dell Upton, "Starting from Baalbek," op. cit: "고대의 서면 증거는 거의 존재하지 않는다. 후대에 전해지는 대부분의 문서들은 이 건물들이 건설되고 나서 수세기 후에 작성된 것이다. 예를 들면, 누가 이 건물 단지를 제작 주문했고, 자금을 지원했고, 또 일부 설계를 담당했는지 보여주는 증거는 하나도 없다."

56. 다니엘 로만은 그 벽의 설계와 시공을 가리켜 "기념비적 특성을 향한 거대한 발걸음"을 보여주는 "과대망상증"이라고 말했다. op. cit., p. 28.

57. Andreas J.M. Kropp and Daniel Lohmann, "Master look at the size of those stones!" op. cit., p. 38.

58. Ibid., p. 39.

59. Ibid.

60. Ibid, p. 38.

61. Ibid, p. 44.

62. Daniel Lohmann, "Giant Strides Towards Monumentality", op.cit., p. 29.

63. Daniel Lohmann, "Master look at the size of those stones," op.cit., p. 39.

64. Personal correspondence with Daniel Lohmann, email of 8 February 2015.

65. Jean-Pierre Adam, "A propos du trilithon de Baalbek: Le transport et le mise en oeuvre des

megaliths", *Syria*, T. 54 Fasc 1.2 (1977) p. 52.

제13장

1. H. Kalayan, "The Engraved Drawing on the Trilithon and the Related Problems About the Constructional History of the Baalbek Temples", *Bulletin du Musee de Beyrouth*, XXII (1969), p. 151.
2. Daniel Lohmann, "Drafting and Designing: Roman Architectural Drawings and their Meaning for the Construction of Heliopolis/Baalbek, Lebanon", Proceedings of the Third International Congress on Construction History, Cottbus, May 2009.
3. Daniel Lohmann, "Giant Strides Towards Monumentality: The Architecture of the Jupiter Sanctuary in Baalbek/Heliopolis," *Bolletino Di Archeologia On Line*, 2010, Volume special/Poster Session 2, p. 28.
4. http://dictionary.reference.com/browse/podium?s=t.
5. Ibid.
6. http://dictionary.reference.com/browse/stereobate?s=t.
7. Ibid.
8. http://en.wikipedia.org/wiki/Crepidoma.
9. 다니엘 로만과의 2015년 2월 9일자 이메일.
10. H. Kalayan, "The Engraved Drawing on the Trilithon and the Related Problems", op. cit., pp. 151-2.
11. http://www.jasoncolavito.com/blog/ancient-astronauts-at-baalbek. 스스로를 유사과학과 수정주의 이론의 가면을 벗기는 사람이라고 칭하는 클로비토의 전기에 대해서는 다음의 자료 참조. http://www.jasoncolavito.com/biography.html.
12. https://gilgamesh42.wordpress.com/about/.
13. https://gilgamesh42.wordpress.com/2013/04/25/moving-the-stones-ofbaalbek-the-wonders-of-roman-engineering/. 어데어의 전반적인 주장은 다음과 같다. "삼석벽을 구성하는 3개의 거대한 돌덩어리 아래에는 석벽의 기반으로 기능을 발휘하는 다른 인상적인 돌들이 있다. 삼석벽의 돌들처럼 거대하지는 않지만 이 기반 구조물들은 상당한 부피를 가지고 있다. 그러나 그 구조물 아래에서 돌기둥을 형성하는 원통형 석재가 발견되었다. 원통형 석재의 크기는 유피테르 신전에 사용된 돌기둥의 크기와 일치한다. 이 석재는 기반 돌들 밑에 있기 때문에, 삼석벽이 설치되기 이전에 거기에 놓였을 것이다. 또한 삼석벽의 한 돌덩어리 위에는 유피테르 신전의 건설 도면이 있다. 이 신전은 더 이상 필요가 없어진 바탕 위에 로마인들에 의해서 지어졌다. 삼석벽 밑에서 유피테르 신전의 돌들이 발견되고 또 삼석벽 윗부분에서 건설 도면이 발견되었으므로, 우리는 삼석벽의 거석들이 유피테르 신전의 건설과 같은 시기에 설치되었다고 확신할 수 있다. 따라서 삼석벽의 거석들이 유피테르 신전과 동시대의 것임을 입증함으로써 우리는 이 구조물이 로마 시대의 것임을 증명했다."
14. Michael Alouf, *History of Baalbek,* op. cit. 이 책에서 벽의 이 부분에 대한 언급이 나온

다. 이 책은 원래 1870년 7월에 발간되었고, 1951년까지 여러 번 재판되었다. 책의 98쪽
에서 그는 이렇게 썼다. "이 거대한 암석 덩어리가 관찰자에게 주는 압도적이고 놀라운
인상에 대해서는 아무리 글로 묘사해도 충분히 전달하지 못할 것이다." 이어 그는 이렇
게 기록했다. "이 돌덩어리 위에다 아랍인들은 요새를 지었는데, 이미 말한 것처럼, 돌
기둥의 밑 부분, 조각 소벽, 떨어진 파편들로 구성된 요새였다. 이런 파편들은 바람 샤
시대로 소급되는 비문을 아직도 간직하고 있었다."

15. Friedrich Ragette, Baalbek, Chatto & Windus, London, 1980, pp. 32–3.

16. 위의 주 8번에 자세히 설명된 바와 같다. 다음의 자료 참조. Michael Alouf, *History of Baalbek*, op. cit., p. 85, and Nine Jidejian, *Baalbek Heliopolis*, p. 36.

17. Michael Alouf, *History of Baalbek*, op. cit., p. 86.

18. 페니키아인이 곧 가나안인이라는 설에 대해서는 다음의 자료 참조. Gerard Herm, *The Phoenicians*, Victor Gollancz Ltd., 1975 (Book Club Associates edition), p. 25.

19. Ibid., p. 83.

20. 트로이 전쟁 이전에. 다음의 자료 참조. Harold W. Attridge and Robert A. Oden Jr., *Philo of Byblos: The Phoenician History*, The Catholic Biblical Quarterly Monograph Series 9, Washington DC, 1981, p. 4.

21. Ibid., pp. 1–3.

22. Ibid., p. 53.

23. Sabatino Moscati, *The World of the Phoenicians*, Cardinal/Sphere Books, 1973, p. 66.

24. E. Richmond Hodges (Ed.), *Cory's Ancient Fragments of the Phoenician, Carthaginian, Babylonian, Egyptian and other Authors*, Reeves and Turner, London, 1876, p. 13. Emphasis added.

25. Miriam Lichtheim, *Ancient Egyptian Literature*, Vol. III, University of California Press, Berkeley, Los Angeles, London, 1980, p. 148.

26. David Urquhart, *The Lebanon (Mount Souria): A History and a Diary*, Vol. 2, Thomas Cautley Newby, London, 1860, p. 369.

27. Dell Upton, "Starting from Baalbek: Noah, Solomon, Saladin and the Fluidity of Architectural History," *Journal of the Society of Archaeological Historians*, Vol. 68, No. 4 (December 2009), p. 461.

28. David Urquhart, *History and a Diary*, op. cit., p. 382.

29. Ibid., p. 371.

30. Ibid.

31. Ibid., pp. 370–3.

32. Ibid., p. 373.

33. Ibid., pp. 374–5.

34. Ibid., p. 377.

35. Ibid., pp. 376, 377, 378.

36. Ibid., p. 376.

37. "노아의 무덤"이라고 주장되는 카락 누는 베카 계곡 가장자리에 자리한 잘레 마을에 있는 모스크 안에 있다. "무덤"은 길이 31.9미터, 너비 2.7미터, 높이 0.98미터이다.

38. Cited in Michael Alouf, *History of Baalbek*, op. cit., pp. 39–40.

39. Ibid., p. 40.

40. Ibid., p. 41. 아랍어 필사 원고가 "바알베크에서 발견되었다."

41. Jean–Pierre Adam, "A propos du trilithon de Baalbek: Le transport et la mise en oeuvre des megaliths," *Syria*, T. 54, Fase 1–2 (1977), p. 52.

42. Ibid., pp. 31–63.

43. Ibid., p. 54.

44. Ibid., p. 56.

45. Ibid., p. 61.

46. Ibid.

47. Ibid.

48. Friedrich Ragette, *Baalbek*, op. cit., pp. 114–19.

49. Ibid., p. 119.

50. See Christian and Barbara Joy O"Brien, *The Shining Ones*, Dianthus Publishing Ltd., London, Cirencester, 2001, p. 275.

51. Jean–Pierre Adam, "*A propos du trilithon*", op. cit., p. 62.

52. 내가 이 장의 시작에서 묘사한 바 있듯이, 내가 그늘에 앉아 있던 남쪽 끝의 돌덩어리 상부 표면, 그리고 그곳의 박공벽에 유피테르 신전의 건축 도면이 발견된 부분은 석공 기술 수준이 뛰어나서 이것을 확신하게 된다. 만약 루이스 구멍이 필요했다면, 돌덩어리 중앙 위쪽의 이 상부 표면에 루이스 구멍을 만들었어야 할 것이다. 그러나 3개의 거석 중에서 가장 크고 무거운 돌덩어리에는 루이스 구멍이 발견되지 않으므로, 다른 두 돌덩어리에도 그런 구멍이 없다고 보는 것이 합리적이다.

53. See discussion in Graham Hancock and Robert Bauval, *Talisman: Sacred Cities, Secret Faith*, Penguin Books, London, 2005, pp. 302–5.

54. 상트페테르스부르크 거석의 무게 1,250톤은 다음의 자료에 제시되어 있다. Adam, *A propos du trilithon*, op. cit., p. 42. See also Ragette, *Baalbek*, op. cit., pp. 118–19.

55. Zecharia Sitchin, *The Stairway to Heaven*, Harper, London, 2007 (reprint edition), p. 241.

56. Ibid., pp. 235, 241.

57. Ibid., p. 310.

58. Elif Batuman, "The Myth of the Megalith", *New Yorker*, 18 December 2004, http://www.newyorker.com/tech/elements/baalbek–myth–megalith.

59. Jean–Pierre Adam, "*A propos du trilithon*", op. cit., p. 52.

60. Erwin M. Ruprechtsberger, "Von Steinbruch zum Jupitertempel von Heliopolis/Baalbek", *Linzer Archaeologische Forschungen* (1999) 30, 7–56.

61. 독일 고고학 연구소의 수치는 다음의 자료 참조. http://www.dainst.org/pressemitteilung/–/asset_publisher/nZcCAiLqg1db/content/libanesisch–deutsches–

forscherteam−entdeckt−weltweit−gro%C3%9Ften−antiken−steinblock−inbaalbek.

62. Personal correspondence with Daniel Lohmann, email sent from Daniel Lohmann to Graham Hancock, 8 February 2015.

63. Personal correspondence with Daniel Lohmann, email sent from Graham Hancock to Daniel Lohmann, 8 February 2015.

64. Personal correspondence with Daniel Lohmann, email sent from Daniel Lohmann to Graham Hancock, 9 February 2015.

65. http://www.panoramio.com/photo/46982253 and (back view): http://www. bc.edu/bc_org/ avp/cas/fnart/arch/roman/carree02.jpg and a detailed view: http://www.maisoncarree.eu/wp− content/uploads/2012/07/1_1_1_5_DSCN 0047−650x487.jpg.

66. https://www.flickr.com/photos/97924400@N00/7421596468/.

67. Ibid.

68. Personal correspondence with Daniel Lohmann, email sent from Graham Hancock to Daniel Lohmann, 9 February 2015.

69. Ibid.

70. Personal correspondence with Daniel Lohmann, email sent from Daniel Lohmann to Graham Hancock, 13 February 2015.

71. 로만은 그의 주장을 예시하기 위해서 다음의 링크를 제공했다 : http:// www.unicaen. fr/cireve/rome/pdr_virtuel.php?virtuel=ultor&numero_ image=0.

72. Personal correspondence with Daniel Lohmann, email sent from Daniel Lohmann to Graham Hancock, 13 February 2015.

73. Ibid.

74. Ibid.

75. "호슨 니하 신전 포디엄, 프로필"이라는 캡션이 붙은 도면은 다음의 자료에서 나왔다. Daniel Krencker, Willy Zschietzschmann (Hrsg.), *Romische Tempel in Syrien nach Aufnahmen und Untersuchungen von Mitgliedern der deutschen Baalbekexpedition 1901.1904*, De Gruyter, Berlin/Leipzig, 1938, S. 122.34.

76. Personal correspondence with Daniel Lohmann, email sent from Daniel Lohmann to Graham Hancock, 13 February 2015.

제14장

1. See Yosef Garfinkel, "Neolithic and Eneolithic Byblos in Southern Levantine Context", in E.J. Peltenburg and Alexander Wasse, *Neolithic Revolution: New Perspectives on Southwest Asia in Light of Recent Discoveries on Cyprus (Levant Supplementary)*, Oxbow Books, 2004, p. 182.

2. 독자는 클라우스 슈미트 교수가 제1장에서 괴베클리 테페의 최후 방기(放棄)와 매립의 시기를 기원전 8200년으로 잡았다는 것을 기억할 것이다.

3. Michael Dumper, Bruce E. Stanley (Eds.), *Cities of the Middle East and North Africa: A*

Historical Encyclopedia, ABC–CLIO, 2006, p. 104.

4. Ibid.

5. Nina Jidejian, *Byblos Through the Ages*, Del El–Machreq Publishers, Beirut, 1971, p. 2.

6. Dell Upton, "Starting from Baalbek: Noah, Solomon, Saladin, and the Fluidity of Architectural History," *Journal of the American Society of Architectural Historians*, Vol. 68, No. 4 (December 2009), p. 457.

7. Ibid.

8. Nina Jidejian, *Baalbek: Heliopolis, City of the Sun*, Dar el–Machreq Publishers, Beirut, 1975, p. 17.

9. Dell Upton, "Starting from Baalbek", op. cit., p. 458.

10. Ibid.

11. Daniel Lohmann, "Giant Strides Towards Monumentality: The Architecture of the Jupiter Sanctuary in Baalbek/Heliopolis," *Bolletino Di Archeologia On Line*, 2010, p. 28.

12. 예를 들면 다음 자료의 논의사항을 참조할 것. James Bailey, *The God Kings and the Titans: The New World Ascendancy in Ancient Times*, Hodder & Stoughton, London, 1973, p. 36ff.

13. See discussion in E.A. Wallis Budge, *Osiris and the Egyptian Resurrection*, Dover Publications Inc., New York, 1973 (reprint edition), Vol. I,.

14. Ibid.

15. Ibid., p. 3.

16. Ibid., pp. 4–5.

17. Ibid., pp. 5–8.

18. Ibid., p. 93.

19. Selim Hassan, *Excavations at Giza*, Vol. VI, Part I, Government Press, Cairo, 1946, p. 11.

20. R.O. Faulkner (Trans. and Ed.), *The Ancient Egyptian Pyramid Texts*, Oxford University Press, 1969, Aris & Phillips reprint edition, Utterance 442, p. 147.

21. Ibid., Utterance 412, p. 135.

22. Ibid., Utterance 442, p. 147.

23. Selim Hassan, *Excavations at Giza*, Vol. VI, Part I, Government Press, Cairo, 1946, p. 45.

24. Ibid.

25. Francis Yates, *Giordano Bruno and the Hermetic Tradition*, The University of Chicago Press, Chicago and London, 1979, p. 49ff.

26. Tamara Green, *The City of the Moon God: Religious Traditions of Harran*, E.J. Brill, Leiden, New York, 1992, p. 3. 사비교도들은 『코란』에서 "성전의 사람들"로 세 번 언급되어 있다. Koran 5:69 (http:// www.usc.edu/org/cmje/religious–texts/quran/verses/005–qmt.php#005.069) is particularly clear, but see also Koran 2:62 (http://www.usc.edu/org/cmje/ religious–texts/quran/verses/002–qmt.php#002.062), and Koran 22:17 (http://www.usc.edu/org/cmje/religious–texts/quran/verses/022–qmt. php#022.017).

27. Brian P. Copenhaver, *Hermetica: The Greek Corpus Hermeticum and the Latin Asclepius in a new English Translation with notes and introduction*, Cambridge University Press, 1992. See also Sir Walter Scott (Ed. and Trans.), *Hermetica: The Ancient Greek and Latin Writings which contain Religious or Philosophic Teachings attributed to Hermes Trismegistus*, Shambhala, Boston, 1993.

28. Manfred Lurker, *An Illustrated Dictionary of The Gods and Symbols of Ancient Egypt*, Thames and Hudson, London, 1995, p. 121. See also Margaret Bunson, The Encyclopedia of Ancient Egypt, Facts on File, New York, Oxford, 1991, p. 264.

29. Michael Baigent, *From the Omens of Babylon: Astrology and Ancient Mesopotamia*, Arkana Penguin Books, London, 1994, p. 186.

30. Harold W. Attridge and Robert A. Oden Jr., *Philo of Byblos: The Phoenician History*, The Catholic Biblical Quarterly Monograph Series 9, Washington DC, 198, p. 29.

31. Nina Jidejian, *Byblos*, op. cit., p. 10.

32. Bahattin Celik, "Karahan Tepe: A New Cultural Centre in the Urfa area of Turkey", *Documenta Praehistorica*, XXXVIII (2011), pp. 241–53.

33. Ibid., p. 242.

34. Giulio Magli, "Sirius and the Project of the Megalithic Enclosures at Göbekli Tepe", http://arxiv.org/pdf/1307.8397.pdf, 2013. 말리의 논문은 상당한 주목을 받았고 다음과 같은 기사에서 논의되었다. New Scientist magazine, "World's Oldest Temple Built to Worship the Dog Star", New Scientist, 16 August 2013, http://www.newscientist.com/article/mg21929303. 400–worlds–oldest–temple–built–to–worship–thedog–star.html#.VOID7b CsXG8, and elsewhere, e.g. http://www. science20.com/science_20/gobekli_tepe_was_no_laughing_matter120278.

35. Giulio Magli, "Sirius and the Project of the Megalithic Enclosures at Göbekli Tepe", op. cit., p. 2.

36. Ibid.

37. Ibid.

38. Robert M. Schoch, *Forgotten Civilization, Inner Traditions*, Rochester, Vermont, 2012, pp. 54–5.

39. Andrew Collins, *Göbekli Tepe: Genesis of the Gods*, Bear & Co., Rochester, Vermont, 2014, p. 81ff.

40. De Lorenzis, A. and Orofino, V. (2015) "New Possible Astronomic Alignments at the Megalithic Site of Göbekli Tepe, Turkey", *Archaeological Discovery*, 3, p. 40. doi: 10.4236/ad.2015.31005.

41. Ibid., pp. 40–50.

42. Juan Antonio Belmonte, "Finding our Place in the Cosmos: The Role of Astronomy in Ancient Cultures," *Journal of Cosmology*, Vol. 9, 2010, p. 2055.

43. Alexander A. Gurshtein, "The Evolution of the Zodiac in the Context of Ancient Oriental

History", *Vistas in Astronomy*, Vol. 41, No. 4, 1998, p. 521.

44. Ibid. See also Alexander A. Gurshtein, "The Origins of the Constellations", American Scientist, Vol. 85, No. 3 (May.June 1997), p. 268.

45. Michael A. Rappengluck, "The Pleiades in the "Salle des Taureaux", Grotte de Lascaux. Does a Rock Picture in the Cave of Lascaux show the Open Star Cluster of the Pleiades at the Magdalenian Era (ca 15,300 BC)?" in C. Jashek and F. Atrio Barendela (Eds.), Actas del IV Congresso de la SEAC, Universidad de Salamanca, 1997, pp. 217-25.

46. Ibid.

47. Michael A. Rappengluck, "Palaeolithic Timekeepers Looking at the Golden Gate of the Ecliptic", *Earth, Moon and Planets*, 85-86, 2001, p. 391.

48. Ibid.

49. Ibid., pp. 401-2.

50. http://freebook.fernglas-astronomie.de/?page_id=879. See also: http:// www.analemma.de/ jupisat.html. 나는 미하엘 라펜글루크에게 2015년 2월 17일에 이메일을 보냈고 2015년 2월 18일에 그의 확인을 받았다. 그는 "황도의 황금 문"을 언급할 때 실제로 히아데스 성단과 플라이아데스 성단을 가리키는 것이었다. 그는 이렇게 덧붙였다. "플레이아데스 성단과 히아데스 성단의 경우, 달이 18.36의 용자리 기간 동안 두 개의 산개 성단을 지나갈 수 있음을 기억하는 것이 중요하다. 그것들은 황도로부터 5도 정도 떨어져 있을 뿐이며, 아주 극단적 위치에 있는 달의 궤도를 보여준다. 이 때문에 두 산개 성단은 아주 중요하고 또 이 '문'은 독특한 것이다."

51. 달의 궤도 면은 황도면에 대하여 5.1도 정도 기울어져 있을 뿐이다. 따라서 그 움직임은 황도의 면에 아주 가깝게 국한되어 있으며 언제나 황도의 별들 안에서 이루어진다.

52. Juan Antonio Belmonte, "Finding our Place in the Cosmos", op. cit., p. 2054.

53. Ibid.

54. http://www.grahamhancock.com/forum/BurleyP1.php.

55. John Major Jenkins, *Maya Cosmogenesis*, 2012, Bear & Company, Rochester, Vermont, 1998, p. 113.

56. 가령 마야 신화에 대해서는 다음의 자료 참조. ibid., p. 51ff and also, John Major Jenkins, *The 2012 Story*, Tarcher/Penguin, New York, 2009, p. 138ff. 잉카 신화에 대해서는 다음 자료를 볼 것. William Sullivan, *The Secret of the Incas*, Crown, New York, 1996, p. 30ff. 게르만 신화에 대해서는 다음 자료 참조 : http://www.germanicmythology.com/ ASTRONOMY/ MilkyWay2.html.

제15장

1. See Figures 4 and 5 here: http://www.grahamhancock.com/forum/BurleyP1.php.

2. Nick Kollerstrom, "The Star Zodiac of Antiquity", *Culture and Cosmos*, Vol. 1, No. 2, Autumn/Winter 1997.

3. Giorgio de Santillana and Hertha von Dechend, *Hamlet's Mill*, Nonpareil, Boston, 1969, pp.

216-17.

4. E.C. Krupp, *In Search of Ancient Astronomies*, Chatto & Windus, London, 1979, pp. 199-200.

5. 폴 벌리와 주고받은 이메일. 2014년 2월 14일에서 2월 17일까지.

6. Rupert Gleadow, *The Origin of the Zodiac*, Dover Publications Inc., 2001, p. 167.

7. See discussion by Kathryn Slanski, "Classification, Historiography and Monumental Authority: The Babylonian Entitlement Narus (Kudurrus)," *Journal of Cuneiform Studies* 52(2000), pp. 95-114. E.g. p. 114: 쿠두루 바위를 들판의 경계석이 아니라 신전과 관련된 기념물로 본다는 것은, 그 바위들과 그것들의 물질적, 텍스트적, 도상학적 양상을 그 기능과 관련하여 이해하는 맥락을 제공한다.

8. Rupert Gleadow, *The Origin of the Zodiac*, op. cit., p. 167.

9. See here, for example: http://en.wikipedia.org/wiki/Nebuchadnezzar_ I#mediaviewer/File:Nabu-Kudurri-Usur.jpg.

10. Rupert Gleadow, The Origin of the Zodiac, op. cit, p. 167.

11. Giulio Magli, "Sirius and the Project of the Megalithic Enclosures at Göbekli Tepe", http://arxiv.org/pdf/1307.8397.pdf, 2013.

12. 약간의 사진과 세부 묘사를 다음의 자료에서 찾아볼 수 있다 : http://travel.toeat.com/babylonian-kudurru-at-the-louvre-2/. See also Jeremy Black and Anthony Green, *Gods, Demons and Symbols of Ancient Mesopotamia: An Illustrated Dictionary*, British Museum Press, London, 1992, pp. 16-17, 113-14.

13. John Major Jenkins, *Maya Cosmogenesis*, 2012, Bear & Company, Rochester, Vermont, 1998, p. 111; John Major Jenkins, *Galactic Alignment*, Bear & Company, Rochester, Vermont, 2002, p. 19.

14. John Major Jenkins, *Maya Cosmogenesis*, op. cit., p. 107.

15. Graham Hancock, *Fingerprints of the Gods*, op. cit. See, in particular, Chapter 21, "A Computer For Calculating The End of the World".

16. Ibid., p. 105.

17. 가장 정확한 형태들은 다음 자료에 들어 있다. Andrew Collins, *Göbekli Tepe, Genesis of the Gods*, Bear & Co., Rochester, Vermont, 2014, pp. 78-9. 이 형태들은 또한 다음 자료에서도 활용되었다. A. De Lorenzis and V. Orofino (2015) "New Possible Astronomic Alignments at the Megalithic Site of Göbekli Tepe, Turkey", *Archaeological Discovery*, 3, p. 40. doi: 10.4236/ad.2015.31005.

제16장

1. Kay Prag, "The 1959 Deep Sounding at Harran in Turkey," *Levant* 2 (1970), pp. 71-2. "이 유적지에서 아주 이른 시기부터 사람들이 살았다는 것은 확실하다." 그러나 고고학은 지금까지 단 하나의 증거만으로 이것을 뒷받침하고 있다. 즉, 사마라 도기(Samarra Ware) 양식의 도자기인데, 대략 기원전 5000년의 것으로, 고대 하란 텔을 깊이 굴착하

는 과정에서 발견되었다.

2. Seton Lloyd and William Brice, "Harran", *Anatolian Studies*, Vol. I (1951), p. 87.

3. Selim Hassan, *Excavations at Giza*, Vol. VI, Part I, Government Press, Cairo, 1946, p. 45.

4. 고대 이집트의 신성한 상형문자로 기록된 비문 중 가장 나중의 것은 기원후 394년에 필라이의 이시스 신전에서 작성된 것이고, 민중 문자의 가장 후대의 것은 역시 그 신전에서 발견되었는데 그 연대는 기원후 425년이다. "설사 상형문자의 지식이 이 시대 이후에 존재했다고 하더라도 그에 대한 기록은 발견되지 않았다." John Anthony West, *The Traveller's Key to Ancient Egypt*, Harrap Columbus, London, 1987, p. 426. 커트 세트의 피라미드 텍스트 번역은 1910년에 번역되었는데, 이 텍스트에는 피라미드 주위의 별 숭배 현상이 명백하게 밝혀져 있다. *Development of Religion and Thought in Ancient Egypt*; 포크너의 피라미드 텍스트 결정판 번역본은 1969년이 되어서야 발간되었다. 그 주제에 대한 논의는 다음을 볼 것. R.O. Faulkner, *The Ancient Egyptian Pyramid Texts*, Oxford University Press, 1969, p. v.

5. http://jqjacobs.net/blog/gobekli_tepe.html.

6. Tamara Green, *The City of the Moon God: Religious Traditions of Harran*, E.J. Brill, Leiden, New York, 1992, p. 25.

7. Ibid., p. 52.

8. Ibid., p. 21.

9. Ibid.

10. Ibid., pp. 97, 121.

11. Ibid., pp. 95-7.

12. Ibid., p. 100.

13. 1985년에 하란의 호유크—무덤 혹은 고분—을 발굴하는 고고학자들은 그들이 "신 (Sin) 신전의 근처에 있다"라고 확신했으나, 나는 아직껏 그 유적을 실제 발견했다는 후속 보고를 발견하지 못하고 있다. See M. Olus Arik et al, "Recent Archaeological Research in Turkey", Anatolian Studies, Vol. 36 (1986), p. 194.

14. See Michael Baigent, *From the Omens of Babylon: Astrology and Ancient Mesopotamia*, Arkana, London, 1994, p. 189. See also Lawrence E. Stager, "The Harran Project" (University of Chicago): http://oi.uchicago.edu/sites/ oi.uchicago.edu/files/uploads/shared/docs/ar/81-90/82-83/82-83_Harran.pdf.

15. See, for example, *Hurriyet Daily News*, 26 July 2012: http://www.hurriyet dailynews.com/harran-rises-once-more-with-dig.aspx?pageID=238&nID=26318; and 4 September 2012: http://www.hurriyetdailynews.com/ancientbath-remains-found-in-harran.aspx?pageID=238&nID=71288&NewsC atID=375; and: 7 December 2012: http://www.hurriyetdailynews.com/ roman-traces-found-in-harran.aspx?pageID=238&nID=36271&New sCatID =375.

16. Kay Prag, "The 1959 Deep Sounding at Harran in Turkey," op. cit., pp. 71-2.

17. Seton Lloyd and William Brice, "Harran", op. cit., p. 110.

18. *City of Civilizations, Harran*, T.C. Harran Kaymakamligi (official publication of the Government of Harran), p. 5.

19. Tamara Green, *The City of the Moon God*, op. cit., p. 183−4. See also Sir Walter Scott (Ed. and Trans.), *Hermetica: The Ancient Greek and Latin Writings which contain Religious or Philosophic Teachings attributed to Hermes Trismegistus*, Shambhala, Boston, 1993, p. 101.

에녹을 "아담의 7대 손"이라고 한 묘사는 「유다서」 1 : 14에 나온다. 그리고 「창세기」 5 : 1-32의 "아담 족보"를 참조할 것. 여기에 거명된 10명의 족장은 아담, 셋, 에노스, 케난, 마할랄엘, 예렛, 에녹, 므투셀라, 라멕, 노아이다. (https://www.biblegateway.com/passage/?search=Genesis+ 5&version=KJV). 3대 족장인 에노스와 7대 족장인 에녹은 종종 혼동된다. 그러나 에노스는 특별한 지성, 기술, 품성 등이 없는 데에 반해, 에녹은 "하느님과 함께 걸었다."(「창세기」 5 : 24). 「히브리서」 11 : 5는 이런 언급도 하고 있다. "에녹은 하늘로 들어올려져 죽음을 겪지 않았다. 하느님께서 그를 하늘로 들어올리셨기 때문에, 아무도 그를 더 이상 볼 수가 없었다." 그는 하늘로 들어올려지기 전에 "하느님의 마음에 들었다"고 인정을 받았다.

20. Genesis 5: 19−30.

21. E.g. see Tamara Green, *The City of the Moon God*, op. cit., p. 170.

22. Cited in ibid., p. 137.

23. Cited in ibid., p. 138.

24. Selim Hassan, *Excavations at Giza*, Vol. VI, Part I, op. cit., p. 45. 타마라 그린은 그녀의 저명한 논문, *The City of the Moon God*, op. cit., pp. 106, 117, etc, etc에서 박학한 추정을 한 것으로 널리 주목을 받았다. 그러나 사비 교도라는 이름의 근원에 대해서 그녀는 셀림 하산이 제시한 멋진 해결안이 있다는 것을 모른 듯하다.

25. Genesis 5: 24. See also Hebrews 11: 5: "에녹은 하늘로 들어올려져 죽음을 겪지 않았다. 하느님께서 그를 하늘로 들어올리셨기 때문에, 아무도 그를 더 이상 볼 수가 없었다." 그는 하늘로 들어올려지기 전에 "하느님의 마음에 들었다"고 인정을 받았다.

26. 기원전 3세기에서 2세기경. See R.H. Charles (Trans.), *The Book of Enoch*, SPCK, London, 1987, Introduction, p. xiii.

27. 나는 제임스 브루스에 대해서는 이전에도 상세히 설명했다. 그의 에티오피아 여행과 모험에 대해서는 나의 다음 책 참조. *The Sign and the Seal*: A Quest for the Lost Ark of the Covenant, Heinemann, London, 1992.

28. H.F.D. Sparks (Ed.), *The Apocryphal Old Testament*, Clarendon Paperbacks, Oxford, 1989, p. 170: 브루스가 가져온 에티오피아 필사 원고들은 3종인데 현재 "에녹 1서" 혹은 "에티오피아 에녹"이라고 알려진 것을 포함하고 있다. 원고 1은 "에녹 1서"만을 포함하고 있다(현재 옥스퍼드의 보들리언 도서관 소장). 원고 2는 "에녹 1서" 이외에, 욥기, 이사야, "열둘", 잠언, 지혜서, 전도서, 찬송가와 다니엘을 포함하고 있다(역시 보들리언 도서관 소장). 원고 3은 원고 2의 필사본이다(현재 파리의 국립도서관 소장).

29. Kenneth Mackenzie, *The Royal Masonic Cyclopaedia*, first published 1877, Aquarian Press reprint edition, 1987, p. 201.

30. Ibid.

31. Ibid., p. 202.

32. Ibid., e.g. pp. 40, 114, etc.

33. R.H. Charles (Trans.), *The Book of Enoch*, op. cit., p. 37.

34. Ibid.

35. Ibid.

36. Ibid., p. 31.

37. Ibid., pp. 35, 37, 89, etc.

38. Ibid., pp. 35-6.

39. Ibid., p. 39.

40. Ibid., p. 40.

41. Ibid., p. 39.

42. Ibid.

43. Ibid.

44. Ibid., pp. 34-5.

45. Ibid., p. 46.

46. Ibid.

47. Ibid., p. 40.

48. Ibid.

49. Graham Hancock, *Supernatural: Meetings with the Ancient Teachers of Mankind*, Century, London, 2005.

50. 「에녹서」의 후반에서 다음 사실이 주목할 만하다. 나쁜 감시자들이 경고를 받고 처벌을 당한 후에, 선한 감시자들은 에녹에게 많은 비밀들, 특히 천문학적 전승을 계시했고, 그래서 선한 감시자들은 그 계시 때문에 비난을 받았다. R.H. Charles (Trans.), *The Book of Enoch*, op. cit., Chapter 41, p. 60ff, Chapter 71, p. 93ff, Chapter 72, p. 95 ff, etc, etc. 어쩌면 에녹이 이 제한된 지식을 소유했기 때문에 그는 궁극적으로 지구에서 사라졌는지 모른다. 「창세기」 5 : 24에서 말한 것처럼 하느님에 의해서 들어올려졌다.

51. R.H. Charles (Trans.), *The Book of Enoch*, op. cit., p. 35.

52. 다음 논문의 마지막 문단을 참조할 것 : http://www.dailymail.co.uk/news/article-2513866/A-GI-Christmas-How-American-soldiers-bearing-giftsextra-rations-proved-festive-hit-British-families-WWII.html.

53. R.H. Charles (Trans.), *The Book of Enoch*, op. cit., p. 37.

54. Ibid., p. 34.

55. Ibid., p. 36.

56. Ibid., p. 35.

57. Ibid.

58. Ibid., p. 36.

59. Ibid., p. 37.

60. Ibid.

61. Ibid.

62. Genesis 6: 4, King James Version.

63. Genesis 6: 4, New International Version.

64. Genesis 6: 5-8, New International Version. The King James Version의 해당 장절의 번역문은 다음과 같다. "여호와께서 사람의 죄악이 세상에 가득함과 그의 마음으로 생각하는 모든 계획이 항상 악할 뿐임을 보시고 땅위에 사람을 만들었음을 한탄하사 마음에 근심하시고 이르시되 내가 창조한 사람을 내가 지면에서 쓸어버리되 사람으로부터 가축과 기는 것과 공중의 새까지 그러하리니 이는 내가 그것들을 만들었음을 한탄함이니라 하시니라. 그러나 노아는 여호와께 은혜를 입었더라."

65. Zecharia Sitchin, *The 12th Planet*, Harper, New York, 1976, reprinted 2007, p. 171. 공정하게 말하자면 시친만이 이런 실수를 저지른 것은 아니다. 다수의 본격적인 성서학자들도 이런 실수를 저질렀다. Writing in *The Jewish Quarterly Review* in 1985, for example, Jonas C. Greenfield describes the Nephilim as "fallen angels" (Jonas C. Greenfield, "The Seven Pillars of Wisdom", *The Jewish Quarterly Review*, New Series, Vol. 26, No. 1, p. 19). 마찬가지로 다음 논문에서 *Journal of Biblical Literature* published in 1987, Ronald S. Hendel은 이렇게 말한다. "네필림은 문자 그대로 '떨어진 사람들'을 의미한다……이것은 npl('떨어지다')의 수동 형용사 형태이다……동사 napal과 그 파생어들이 히브리 성서의 다른 곳에서도 보인다." (Ronald S. Hendel, "Of Demigods and the Deluge: Toward an Interpretation of Genesis 6: 1-4", *Journal of Biblical Literature*, Vol. 106, No. 1, March 1987, p. 22).

66. http://www.sitchiniswrong.com/nephilim/nephilim.htm.

67. Numbers 13: 32-3.

68. http://www.sitchiniswrong.com/nephilim/nephilim.htm.

69. Ibid.

70. Zecharia Sitchin, *The 12th Planet*, op. cit., p. 257.

71. Ibid., p. 172.

72. Ibid., p. 267.

73. R.H. Charles (Trans.), *The Book of Enoch*, op. cit.

74. Ibid., for example, 7: 2 and 7: 4, p. 35; 9:9, p. 36; 15:3, p. 42.

75. Michael A. Knibb (Ed.), *The Book of Enoch: A New Edition in the Light of the Aramaic Dead Sea Fragments*, Oxford University Press, 1979.

76. George W.E. Nickelsburg and James C. VanderKamm, *1 Enoch: The Hermenia Translation*, Augusburg Fortress, Minneapolis, 2012.

77. R.H. Charles (Trans.), *The Book of Enoch*, op. cit., p. 36.

78. http://clavisjournal.com/the-shadow-of-harran/.

79. Luke 3: 36.

80. R.H. Charles, *The Book of Jubilees*, SPCK, London, 1927, pp. 71-2.

81. http://jqjacobs.net/blog/gobekli_tepe.html.

82. 다음 논문에 증명되어 있다. Peter Tompkins, *Secrets of the Great Pyramid*, Harper & Row, New York and London, 1978, pp. 101–3.

83. Einar Palsson, *The Sacred Triangle of Pagan Iceland*, Mimir, Reykjavik, 1993, p. 32.

84. Ibid.

85. Giorgio de Santillana and Hertha von Dechend, *Hamlet's Mill: An Essay Investigating the Origins of Human Knowledge and its Transmission through Myth*, Nonpareil Books, 1977, reprinted 1999, p. 132.

86. 자세한 논증은 다음 책에서 찾아볼 수 있다. Graham Hancock, *Fingerprints of the Gods*, William Heinemann & Co., London, 1995, pp. 434–6.

87. Tamara Green, *The City of the Moon God*, op. cit., p. 19.

88. http://jqjacobs.net/blog/gobekli_tepe.html.

89. Ibid.

90. Ibid.

91. Ibid.

92. AD 850 to AD 929. http://www-history.mcs.st-andrews.ac.uk/Biographies/ Al-Battani. html.

93. Nicholas Kollerstrom, "The Star Temples of Harran", in Annabella Kitson (Ed.), *History and Astrology: Clio and Urania Confer*, Unwin, London, 1989, p. 57.

94. http://www-history.mcs.st-andrews.ac.uk/Biographies/Al-Battani.html.

95. http://www.physics.csbsju.edu/astro/newcomb/II.6.html.

96. http://www-history.mcs.st-andrews.ac.uk/Biographies/Al-Battani.html.

97. Ibid. citing Y. Maeyama, "Determination of the Sun's orbit (Hipparchus, Ptolemy, al-Battani, Copernicus, Tycho Brahe)", *Arch. Hist. Exact Sci.* 53 (1) (1998), 1–49.

98. http://www-history.mcs.st-andrews.ac.uk/Biographies/Al-Battani.html.

99. *Complete Dictionary of Scientific Biography* (2008), cited in http://www. encyclopedia. com/doc/1G2-2830900300.html.

100. Cited in Walter Scott, *Hermetica*, op. cit., p. 105.

101. Tamara Green, *The City of the Moon God*, op. cit., p. 114.

102. Ibid., p. 12.

103. Ibid., p. 114.

104. Walter Scott, *Hermetica*, op. cit., pp. 97–9.

105. 나는 다음 책에서 마문의 대피라미드를 방문하여 탐구한 바 있다. *Fingerprints of the Gods*, op. cit., pp. 296–9.

106. Peter Tompkins, *Secrets of the Great Pyramid*, op. cit., p. 5.

107. Ibid., p. 6.

108. 만다이즘과 사비 교도의 관계에 대해서는 다음의 자료 참조. Tamara Green, *The Temple of the Moon God*, op. cit., pp. 103, 119, 194–5, 205 ff.

109. 하란 이교도들이 성전을 제시하라고 요구받았을 때 헤르메티카를 선택했다는 사실

은 다음 사실을 증명한다. 기원후 830년에 헤르메티카 모음집이 시리아에 널리 알려지고 읽혔다……아랍어로 된 헤르메스의 이름과 관련하여 태트, 아스클레피우스, 암몬 등이 자주 언급된다는 사실로부터 다음을 추정해볼 수 있다. 이 하란 사람들은 헤르메스의 libelli(작은 책)를 가지고 있었고 그들의 제자들은 이 이름으로 불렸다. 이 소책자들 중에 일부는 인멸되었고, 일부는 후대에까지 전해졌다. 9세기에 헤르메스 텍스트는 하란의 일부 학자들에게는 원래의 그리스어로 알려졌을 것이다. 그러나 헤르메티카는 그보다 훨씬 이전에 시리아어로 번역되어서, 하란 사람들은 주로 시리아어 번역본을 읽었을 것이다. Walter Scott, *Hermetica*, op. cit., pp. 101–2.

110. Frances A. Yates, *Giordano Bruno and the Hermetic Tradition*, University of Chicago Press, Chicago and London, 1964, reprinted 1979, pp. 12–13.

111. Ibid., p. 13.

112. 이것이 내가 로버트 보발과 공저한 책 『탤리즈먼 : 이단의 역사』의 주된 주장이다. Graham Hancock and Robert Bauval, *Talisman: Sacred Cities, Secret Faith*, Penguin Books, London, 2005.

113. Amar Annus, "On the Origin of Watchers: A Comparative Study of the Antediluvian Wisdom in Mesopotamian and Jewish Traditions", *Journal for the Study of Pseudoepigrapha*, Vol. 19. 4 (2010), p. 283.

114. Ibid., p. 291.

115. Ibid., p. 280–1.

116. See, for example, ibid., pp. 277–320, and Anne Draffkorn Kilmer, "The Mesopotamian Counterparts of the Biblical Nepilim," in E.W. Conrad and E.G. Newing (Eds.), *Perspectives on Language and Text: Essays and Poems on Honor of Francis I Andersen's Sixtieth Birthday*, Eisenbrauns, Winina Lake Indiana, 28 July 1985, pp. 39–44. 마찬가지로 고대 이집트 피라미드 텍스트들에도 감시자들에 대한 언급이 있다. 예를 들면 다음의 자료를 참조할 것. R.O. Faulkner (Ed. and Trans.) *The Ancient Egyptian Pyramid Texts*, Oxford University Press, 1969, Reprinted by Aris & Phillips Ltd. See, for example Utterance 373, p. 124 and Utterance 667A, p. 281.

117. Klaus Schmidt, *Göbekli Tepe: A Stone Age Sanctuary in South-Eastern Anatolia*, Ex Orient e.V., Berlin, Germany, 2012, p. 191.

제17장

1. Graham Hancock, *Fingerprints of the Gods*, William Heinemann Ltd., London, 1995, p. 51.

2. Graham Hancock and Santha Faiia, *Heaven's Mirror*, Michael Joseph, London, 1998, p. 288.

3. J. Alden Mason, *The Ancient Civilizations of Peru*, Penguin Books, London, 1991, p. 163: "전에는 불규칙한 형태와 크기의 거대한 돌들을 사용한 거석 석공작업이 잉카 시대 이전의 것으로 믿어졌다……그러나 비교적 일정한 크기의 돌들을 정해진 코스에 따라 설치한 것은 전형적인 잉카의 작품으로 간주되었다. 그러나 이제는 두 유형 모두 잉카의 것으로 인정되고 있으며, 사크샤우아만, 오얀타이탐보, 마추픽추, 쿠스코 등을 포함하는

쿠스코 지역의 거대한 석공 건물과 구조물들도 잉카의 것으로 간주된다.

4. John Hemming, *The Conquest of the Incas*, Macmillan London Ltd., 1993, p. 191.

5. J. Alden Mason, *The Ancient Civilizations of Peru*, Penguin Books, London, 1991, p. 163. See also http://www.roughguides.com/destinations/southamerica/peru/Cuzco−and−around/inca−sites−near−Cuzco/sacsayhuaman/ and http://www.andeantravelweb.com/peru/destinations/Cuzco/sacsay huaman.html and http://www.world−mysteries.com/mpl_9.htm and http:// gosouthamerica.about.com/od/perucuzco/ig/Sacsayhuaman−/ Sacsayhuaman−Rock−Wall.htm#step−heading.

6. For full details see Jesus Gamarra's documentary *The Cosmogony of the Three Worlds*, http://www.ancient−mysteries−explained.com/archaeologyproofs.html#dvd.

7. http://www.bbc.co.uk/news/science−environment−31664162.

8. A. Kruzer, "The Question of the Material Origin of the Walls of the Saqsaywaman Fortress", http://isida−project.ucoz.com/publ/my_articles/ peru/the_question_of_the_material_origin_of_the_saqsaywaman_. fortress/2−1−0−2.

9. Ibid.

10. Ibid.

11. Sir Clements Markham, *The Incas of Peru*, Smith, Elder & Co., London, 1911, p. 33.

12. Garcilaso de La Vega, *The Royal Commentaries of the Inca Garcilaso de La Vega*, 1539−1616, The Orion Press, 1961, pp. 233, 235.

13. Graham Hancock and Santha Faiia, *Heaven's Mirror*, op. cit., pp. 285−6.

14. See Graham Hancock and Robert Bauval, *Keeper of Genesis*, William Heinemann Ltd., London, 1996.

15. Peter Frost, *Exploring Cuzco*, Nuevas Imagenes, Lima, Peru, 1989, p. 63.

16. William Sullivan, *The Secret of the Incas*, Crown, New York, 1996, p. 118.

17. Ibid., p. 119.

18. Garcilaso de La Vega, *The Royal Commentaries*, op. cit., pp. 4−5.

19. Ibid., pp. 5−6.

20. 동굴은 현지에서 나우파 이글레시아로 알려져 있다. 잉카어인 케추아어에서 나우파는 오래된이라는 뜻이고, 이글레시아는 교회를 가리키는 스페인어이다. 그리하여 둘을 합치면 "오래된 교회"라는 뜻이 된다. 물론 동굴에는 교회 같은 것은 없지만, 이곳이 고대의 성스러운 장소, 혹은 오래된 사원이었음은 의심의 여지가 없다. 이에 대한 주류 학계의 해석은 다음 자료의 참조 : http://elcomercio.pe/peru/lima/naupa−iglesiamerece−revalorizado−segun−especialistas−noticia−1519677.

21. http://casadelcorregidor.pe/colaboraciones/_biblio_Tantalean.php.

22. Ibid.

23. Bolivia Detects Buries Pyramid at Tiahuanaco Site, http://barbaricum.net/news/2334689254286557840 and http://latino.foxnews.com/latino/enter tainment/2015/03/27/bolivia−detects−buried−pyramid−at−tiahuanaco−site/.

24. Constantino Manuel Torres, David B. Repke, Anadanenthera: Visionary Plant of Ancient South America, The Haworth Herbal Press, New York, London, 2006, p. 35 ff.

25. See, for example, Martti Parssinen, Denise Schaan and Alceu Ranzi (2009). "Pre-Columbian geometric earthworks in the upper Purus: a complex society in western Amazonia", *Antiquity*, 83, pp. 1084−95; and Ranzi et al, "Internet software programs aid in search for Amazonian geoglyphs", Eos, Vol. 88, No. 21, 22 May 2007, pp. 226, 229; and Carson et al, "Environmental impact of geometric earthwork construction in pre−Columbian Amazonia", *PNAS*, 22July 2014, Vol. 111, No. 29, pp. 10497−502; and "Ancient Earthmovers of the Amazon", *Science*, Vol. 321, 29 August 2008, p.1148 ff; and Denise Schaan, et al, "New radiometric dates (2000. 700 BP) for pre−Columbian earthworks in western Amazonia, Brazil, *Journal of Field Archaeology*, 2012, Vol. 37, No. 2, p. 132ff; and Anjos et al, "A New Diagnostic Horizon in WRB for Anthropic Topsoils in Amazonian Dark Earths (South America)", The 20th World Congress of Soil Science, 8−13 June 2014, Jeju, Korea; Michael Heckenberger and Eduardo Goes Neves, "Amazonian Archaeology", *The Annual Review of Antiquity*, 2009, 38, pp. 251−66; and Heckenberger et al, "Pre−Columbian Urbanism, Anthropogenic Landscapes, and the Future of the Amazon", Science, Vol. 321, 29 August 2008, p. 1214ff.

26. Garcilaso de La Vega, *The Royal Commentaries*, op. cit., pp. 132−3.

27. Ibid., p. 384.

제18장

1. Mircea Eliade, *The Myth of the Eternal Return*, Princeton University Press, p. 16.

2. Micrea Eliade, *The Sacred and the Profane: The Nature of Religion*, Harcourt Inc., New York, 1987, p. 44.

3. Lewis Ginzberg (Ed.), *The Legends of the Jews*, Jewish Publication Society of America, Philadelphia, 1988, Vol. I, p. 12.

4. Cited in Micrea Eliade, *The Sacred and the Profane*, op. cit., p. 44.

5. Giorgio de Santillana and Hertha von Dechend, *Hamlet's Mill: An Essay Investigating the Origins of Human Knowledge and its Transmission through Myth*, Nonpareil Books, 1977, reprinted 1999, p. 57.

6. *New Larousse Encyclopedia of Mythology*, Paul Hamlyn, London, 1989, p. 91.

7. Kenneth McCleish, *Myth*, Bloomsbury, London, 1996, p. 684.

8. Thor Heyerdahl, *Easter Island: The Mystery Solved*, Souvenir Press, London, p. 77; Thor Heyerdahl, *The Kon-Tiki Expedition*, Unwin Paperbacks, London, 1982, pp. 140, 142; Father Sebastian Englert, *Island at the Center of the World*, Robert Hale and Company, London, 1972, p. 30; Francis Maziere, *Mysteries of Easter Island*, Tower Publications, New York, 1968, p. 16.

9. William Sullivan, *The Secret of the Incas*, Crown, New York, 1996, p. 119.

10. Thor Heyerdahl, *The Kon-Tiki Expedition*, op. cit., p.141.

11. Reported by David Hatcher Childress in *Lost Cities of Ancient Lemuria and the Pacific*, Adventures Unlimited Press 1988, p. 313.

12. Reported by Harold Osborne in *Indians of the Andes: Aymaras and Quechuas*, Routledge and Keegan Paul, 1952, p. 64.

13. Thor Heyerdahl, *The Kon-Tiki Expedition*, op. cit., p. 140.

14. Ibid.

15. Ibid., p. 140.

16. 나와 헤위에르달 사이의 인터뷰. 다음의 자료 참조. Graham Hancock, *Underworld*, Michael Joseph, London, 2002, pp. 35-6.

17. 테페는 터키어로 언덕이라는 뜻이고, 괴벡은 배꼽 혹은 배라는 뜻이다. Klaus Schmidt, *Göbekli Tepe, A Stone-Age Sanctuary in South-Eastern Anatolia*, Ex Oriente, Berlin, 2012, p. 88. See also https:// narinnamkn.wordpress.com/2013/12/04/portasar-or-gobekli-tepe-portasar is-the-old-name-of-what-is-now-called-gobekle-tepe-which-is-a-direct-translation-of-armenian-portasar/ and http://www.ancient.eu/article/234/ and http://archive.archaeology.org/0811/abstracts/turkey.html.

18. 이스터 섬의 모아이에 대한 고고학적 연대 작업의 세부 논의를 알아보려면 다음의 자료 참조. Graham Hancock and Santha Faiia, *Heaven's Mirror*, Michael Joseph, London, 1998, pp. 227-8.

19. Father Sebastian Englert, *Island at the Centre of the World: New Light on Easter Island*, Robert Hale & Co., London, 1970, p. 45.

20. Francis Maziere, *Mysteries of Easter Island*, op. cit., p. 40.

21. Ibid., p. 41.

22. *Science News*, Vol. 89, No. 15, 9 April 1966, p. 239.

23. Ibid.

24. Ibid.

25. R. Menzies, Duke University Marine Laboratory and Edward Chin, Marine Laboratory of Texas A&M University, *Cruise Report, Research Vessel Anton Bruun, Cruise 11*, cited here: http://huttoncommentaries. com/article.php?a_id=59 and http://huttoncommentaries.com/article. php?a_id=59#Footnotes.

26. Robert M. Schoch, PhD., *Forgotten Civilization: The Role of Solar Outbursts in Our Past and Future*, Inner Traditions, Rochester, Vermont, 2012, p. 77.

27. Ibid.

28. See Thor Heyerdahl, *Easter Island: The Mystery Solved*, Souvenir Press, London, 1989, pp. 234-5.

29. 피트케언 섬(면적 49제곱킬로미터)과 만가레바(면적 15.4제곱킬로미터) 섬은 서로 가깝다. 전자는 2,075킬로미터의 거리에 있으며, 후자는 2,606킬로미터의 거리에 있다. 하지만 이 두 섬은 너무 멀리 떨어져 있어서 이스터 섬의 침전물 퇴적에 기여했다고 볼 수

없다.

30. Robert M. Schoch, PhD, *Forgotten Civilization*, op. cit., pp. 78-9.

31. For a discussion see Thor Heyerdahl, *Easter Island: The Mystery Solved*, op. cit., p.80ff.

32. 여러 인터넷 자료에서 와투 팔린도의 이름을 "연예인"으로 번역했는데, 이는 잘못된 것이다. "현인"이 정확한 번역이다. 다음의 자료 참조. Iksam, "The Spread of Megalithic Remains in Central Sulawesi as Part of Austronesian Heritage," 2012년 3월 12일 타이완, 타이퉁의 국립 선사시대 박물관에 제출된 논문.

33. 이크삼 케일리와의 조사연구 여행 동안에 나눈 의견.

34. http://www.megalithic.co.uk/article.php?sid=26496.

35. Iksam, "The Spread of Megalithic Remains . . ." op. cit.

36. 이런 유형의 예술과 환각적 체험의 상호관계를 뒷받침하는 논증에 대해서는 다음의 자료 참조. Hancock, *Supernatural: Meetings with the Ancient Teachers of Mankind*, Century, London, 2005.

37. Tubagus Solihuddin, "A Drowning Sunda Shelf Model during Last Glacial Maximum and Holocene: A Review", *Indonesian Journal of Geoscience*, Vol. I, No. 2, August 2014, pp. 99-107.

38. Ibid., p. 102.

39. See Danny Hilman Natawidjaja, *Plato Never Lied: Atlantis in Indonesia*, Booknesia, Jakarta, 2013.

40. http://www.faculty.ucr.edu/~legneref/ethnic/mummy.htm.

41. Cited in http://www.faculty.ucr.edu/~legneref/ethnic/mummy.htm.

42. http://www.faculty.ucr.edu/~legneref/ethnic/mummy.htm.

43. http://wakeup-world.com/2014/10/14/hieroglyphics-experts-declareancient- egyptian-carvings-in-australia-authentic/.

44. R.T. Rundle Clark, *Myth and Symbol in Ancient Egypt*, Thames & Hudson, London, 1959, p. 222.

45. Ibid., pp. 246-7.

46. Ibid., p. 140.

47. Patrick Boylan, *Thoth: The Hermes of Egypt*, London, 1922, reprint edition by Ares Publishers, Chicago, 1987, p. 155.

48. 대니 나타위자자 박사가 보내온 이메일.

49. "Archaeologists slam excavation of Gunung Padang Site", *Jakarta Post*, 24 September 2014: http://www.thejakartapost.com/news/2014/09/24/archae ologists-slam-excavation-gunung-padang-site.html.

50. Ibid.

51. Email from Danny Hilman Natawidjaja to Graham Hancock, 2 October 2014.

52. Ibid.

53. "Archaeologists slam excavation of Gunung Padang Site", *Jakarta Post*, 24 September 2014:

http://www.thejakartapost.com/news/2014/09/24/archaeologists-slam-excavation-gunung-padang-site.html.

54. Email from Danny Hilman Natawidjaja to Graham Hancock, 14 January 2015.

55. Email from Danny Hilman Natawidjaja to Graham Hancock, 10 March 2015.

56. Danny Hilman Natawidjaja, *Plato Never Lied*, op. cit. and Professor Arysio Nunes dos Santos, *Atlantis: The Lost Continent Finally Found*, Lynwood, WA, USA, 2011.

57. Michael Carrington Westaway, Arthur C. Durband et al, "Mandubular Evidence supports Homo floresiensis as a distinct species", *PNAS*, Vol. 112, No 7, 17 February 2015, pp. E604-5.

58. M.J. Morwood, R.P. Soejono, et al, "Archaeology and age of a new hominin from Flores in eastern Indonesia", *Nature* (431) 28 October 2004, pp. 108791.

59. M. Aubert, A. Brumm, et al, "Pleistocene Cave Art from Sulawesi, Indonesia", *Nature* (514), 9 October 2014, pp. 223-77.

60. Josephine C.A. Joordens, Francisco d"Errico et al, "Homo erectus at Trinil on Java used shells for tool production and engraving", *Nature* (518), 12 February 2015, pp. 228-31.

61. Phil Grabsky, *The Lost Temple of Java*, Orion, London, 1999, p. 16.

62. Luis Gomez and Hiram W. Woodward Jr., *Barabudur: History and Significance of a Buddhist Monument*, Berkeley Buddhist Studies Series, 1981, p. 21.

63. Phil Grabsky, *The Lost Temple of Java*, op. cit., p. 17.

64. Jan J. Boeles, *The Secret of Borobudur*, J.J.B Press, Bangkok, 1985, p. 1 and XIX.

65. Caesar Voute, Mark Long, Fitra Jaya Burnama, *Borobudur: Pyramid of the Cosmic Buddha*, D.K. Printworld Ltd., Delhi, 2008, p. 198.

66. Giorgio de Santillana and Hertha von Dechend, *Hamlet's Mill: An Essay Investigating the Origins of Human Knowledge and its Transmission through Myth*, Nonpareil Books, 1977, reprinted 1999, p. 132.

67. G.R.S. Mead, T*hrice Greatest Hermes: Studies in Hellenistic Theosophy and Gnosis*, Samuel Weiser Inc., York Beach, Maine, 1992 (Reprint Edition in One Volume), *Book II: A Translation of the Extant Sermons and Fragments of the Trismegistic Literature*, p. 55.

68. Ibid.

69. Ibid.

70. Ibid.

71. Ibid.

72. Ibid., *Book III: Excerpts and Fragments*, p. 60.

73. Ibid., p. 61. 미드는 이 문장을 다음과 같이 번역했다. "오 신성한 책들이여, 나의 불멸의 손, 부패하지 않음의 마법으로 만들어진 책들이여. 영원을 통하여 부패로부터 자유롭고, 그 어느 때에도 부패하지 않으리라! 우리 땅의 평원을 발로 밟고 다니는 자들에게 보이지도 않고 발견되지도 않으리라. 오래된 하늘이 당신들을 위한 지시를 내놓을 때까지……." 나는 여기서 월터 스콧 번역의 해당 문장을 인용했다. Sir Walter Scott

(Ed. and Trans.), *Hermetica: The Ancient Greek and Latin Writings which contain Religious or Philosophic Teachings attributed to Hermes Trismegistus*, Shamhala, Boston, 1993, p. 461.

74. Ibid., p. 461, footnote 4.

제19장

1. Plato, *Timaeus and Critias*, Penguin Books, London, 1977, Critias, p. 145.

2. Sir Walter Scott (Trans. and Ed.) *Hermetica*, Shambhala, Boston, 1993, p. 345.

3. Delia Goetz and Sylvanus G. Morley, Eds., from the translation of Adrian Recinos, *Popol Vuh: The Sacred Book of the Ancient Quiche Maya*, University of Oklahoma Press, 1991, p. 168.

4. Ibid., p. 169.

5. Ibid.

6. Ibid., p. 90.

7. Ibid., p. 93.

8. Ibid., p. 178.

9. Ibid., p. 155.

10. Gerald P. Verbrugghe and John M. Wickersham (Eds.), *Berossos and Manetho*, University of Michigan Press, 1999, p. 44.

11. Delia Goetz and Sylvanus G. Morley, Eds., *Popol Vuh*, op. cit., p. 156.

12. Ibid., p. 78, note 3.

13. R.T. Rundle Clark, *The Origin of the Phoenix*, op. cit., p. 1; Gerald Massey, *The Natural Genesis*, Vol. 2, Black Classic Press, Baltimore, 1998 (Reprint Edition) p. 340.

14. *Archaeoastronomy: The Journal of the Center for Archaeoastronomy*, Vol. VIII, Nos. 1–4, January–December 1985, p. 99.

15. See, for example, Gerrit L. Verschuur, *Impact: The Threat of Comets and Asteroids*, Oxford University Press, New York and Oxford, 1996, p. 55. See also Duncan Steel, *Rogue Asteroids and Doomsday Comets*, John Wiley and Sons, New York, 1995, p. 15ff.

16. Quoted in Julie Cohen, "Nanodiamonds Are Forever: A UCSB professor's research examines 13,000–year–old nanodiamonds from multiple locations across three continents", *The Current*, UC Santa Barbara, 28 August 2014. See http://www.news.ucsb.edu/2014/014368/nanodiamonds–are–forever.

17. Personal correspondence with Allen West. Email from West to Hancock dated 19 December 2014.

18. Ibid., email from Hancock to West dated 8 January 2015.

19. Ibid., email from West to Hancock dated 8 January 2015.

20. Victor Clube and Bill Napier, *The Cosmic Winter*, Basil Blackwell, London, 1990, p. 12.

21. Ibid., pp. 12–13.

22. Ibid.

23. W.M. Napier, "Palaeolithic Extinctions and the Taurid Complex", *Monthly Notices of the Royal Astronomical Society*, Vol. 405, Issue 3, 1 July 2010 pp. 1901−6. The complete paper can be read online here: http://mnras. oxfordjournals.org/content/405/3/1901.full. pdf+html?sid=19fd6cae−61a045bd−827b−9f4eb877fd39, and downloaded as a pdf here: http://arxiv.org/ pdf/1003.0744.pdf. Victor Clube and Bill Napier, *The Cosmic Winter*, op. cit., pp. 150−3. See also Gerrit L. Verschuur, Impact, op. cit., p. 136.

24. See W.M. Napier, "Palaeolithic Extinctions and the Taurid Complex", op. cit. See also William C. Mahaney, David Krinsley, Volli Kalm, "Evidence for a Cosmogenic Origin of Fired Glaciofluvial Beds in the Northwestern Andes: Correlation with Experimentally Heated Quartz and Feldspar", *Sedimentary Geology* 231 (2010), pp. 31−40.

25. 영거 드라이어스 한랭시대의 시작과 끝이 동일한 거대 혜성의 서로 다른 파편들에 의해서 벌어졌을 높은 가능성에 대해서는 다음의 자료 참조. Fred Hoyle and Chandra Wickramsinghe, *Life on Mars? The Case for a Cosmic Heritage*, Clinical Press Ltd., Bristol, 1997, pp. 176−7. See also Gerrit Verschuur, Impact, op. cit., p. 139.

26. Victor Clube and Bill Napier, The Cosmic Winter, op. cit., pp. 244, 275−7. See also Duncan Steel, *Rogue Asteroids and Doomsday Comets*, op. cit., pp. 132−3.

27. Victor Clube and Bill Napier, *The Cosmic Winter*, op. cit., p. 153.

28. Ibid., p. 147.

29. Ibid., pp. 150−1.

30. Ibid., pp. 149−50.

31. Ibid., p. 149.

32. Jacqueline Mitton, *Penguin Dictionary of Astronomy*, Penguin Books, London, 1993, pp. 84−5; Duncan Steel, *Rogue Asteroids and Doomsday Comets*, John Wiley and Sons, 1995, p. 133.

33. Victor Clube and Bill Napier, *The Cosmic Serpent*, Faber and Faber, London, 1982, p. 151; Bailey, Clube, Napier, *The Origin of Comets*, Butterworth−Heinemann Ltd., 1990, p. 398; Clube and Napier, *The Cosmic Winter*, op. cit., p. 150.

34. Sir Fred Hoyle, *Lifecloud: Origin of the Universe*, Dent, 1978, pp. 32−3.

35. Emilio Spedicato, *Apollo Objects, Atlantis and other Tales*, Universita degli studi di Bergamo, 1997, p. 12.

36. Ibid., pp. 12−13.

역자 후기

그레이엄 핸콕(Graham Hancock)은 세계적인 베스트셀러 『신의 지문』(1995)을 펴낸 이후 여러 권의 관련 서적들을 발간하면서 사라진 문명의 흔적을 줄기차게 조사하고 연구하여 보고해왔다. 출세작 『신의 지문』에서 핸콕은 피라미드와 스핑크스의 건설 연대가 1만 년 전이라는 의견을 제시했고, 세차운동에 따른 마야력의 대재앙 예고, 세계 여러 나라의 홍수 신화 등을 언급하면서 이런 여러 가지 사항들이 사라진 문명의 흔적을 보여주는데도 인류는 마치 기억 상실증에 걸린 환자처럼 그런 선사시대의 문명을 애써 외면하고 있다고 경고했다. 그리고 이번에 그 속편으로 나온 『신의 사람들』(2015)은 지난 20년의 연구 결과를 축적하여 사라진 문명의 흔적을 더욱 확실하고 신빙성 높게 제시하고 있다. 이 책에서 아주 중요한 근거로 제시되는 자료는 두 가지인데, 하나는 터키의 선사시대 유적지 괴베클리 테페에서 발굴된 D구역의 43번 기둥이고, 다른 하나는 제임스 케넷, 앨런 웨스트, 리처드 파이어스톤 등의 학자들이 최근(2007)에 주장한 혜성-지구 충돌에 의한 영거 드라이어스 한랭시대의 도래이다. 이밖에도 미국 워싱턴 주에 있는 수로 암반지대, 레바논의 바알베크, 인도네시아의 구눙 파당, 페루의 사크샤우아만, 인도네시아의 새로운 거석 유적 등도 핸콕의 주장을 측면에서 지원하고 있다.

두 가지 새로운 자료는 『신의 지문』에서 희미하게만 제시되었던 사라진 문명의 흔적을 더욱 선명하고 확실하게 보여준다. 기둥에 새겨진 동물의 형상들은 곧 고대인들이 지상의 동물들로 표시한 성수도(星宿圖)이며, 고대의 여러 지역 신화에서 널리 소개된 대홍수의 진원은 결국 혜성이 지구의 빙상을 강타하여 생긴 얼음 녹은 물이라고 진단한다. 저자는 그 대홍수의 흔적을 워싱턴 주의 암반지대 현지 조사에서 예리하게 포착하고 있다. 또한 피라미드의 해석도 새롭게 하여 그것을 거석 건축물이라는 "펜"을 가지고 세차운동이라는 "문자"로 집필한 "하늘에서 내려온 책"이라고 정의한다. 지금으로부터 수만 년 전, 밤에는 볼 것이 하늘밖에 없었던 인류의 선조는 늘 그 별들을 보면서 지상에서 앞으로 벌어질 일을 예측했다. 그들은 "하늘에서와 같이 땅에서도"라는 주문을 굳건히 믿었고, 인류의 희노애락이 별들의 운행과 깊은 관계가 있다고 믿었다. 괴베클리 테페의 발굴자 클라우스 슈미트는 괴베클리의 건설 시기인 기원전 9600년에는 황도가 아직 알려져 있지 않았으므로, 여기에서 발굴된 거석을 천체의 운행과 결부시키는 것은 원인 무효라고 말한다. 그러나 핸콕은 이미 기원전 2만 년의 라스코 동굴에 그려진 그림들이 천체의 운행을 보여주고 있다고 반박한다. 현생 인류가 생겨난 지 20만 년이고, 그동안 인류는 밤하늘의 별을 바라보며 살아왔을 것이니 기원전 2만 년 시절에 라스코에 이미 천문에 통달한 인류의 어느 씨족이 있었을 것이라고 추정하는 것은 그리 황당한 주장은 아닌 듯하다.

사라진 문명의 추적은 조금만 방향이 엇나가면 외계인 문명 운운하며 미신 같은 황당한 이야기로 떨어지기가 쉽다. 가령 외계인 95명이 사실상 지구를 좌지우지하며 지배하고 있는데 그들은 교묘하게 정치가, 재벌, 군인 등의 인간으로 위장하고 있다, 따위의 주장이 그것이다. 저자 핸콕은 이 점을 너무나 잘 알기에 레바논의 바알베크 유적을 탐사하면서 그것을 외계인 우주 항공사들의 비행장으로 해석한 자카리아 시친의 주장을 일축한다. 또한 「구약성서」에 나오는 네피림을 외계인 우주 비행사로 지정한 시친의 『지구 연대기』도 크게 비판하고 있다. 그런 만큼 핸콕은 이 책에서 과학적 근거가 있는 이야기를 중심으로 자신의 주장을 펴나가며, 그런 근거가 없을 때에는 합리적인 추정이나 전 세계 문화권에서 발견되는 신화와 전설로 그 주장을 뒷받침하고 있다.

D구역 43번 기둥의 성수도에 대해서도 그는 스텔라리움이라는 천문 프로그램을 통하여 비춰본 하늘을 제시하면서 그 성수도가 2000년을 중심으로 ± 40년의 시간 창문(즉 1960년과 2040년 사이)의 하늘을 보여준다고 말한다. 다시 말해 이 성수도는 오늘날 우리가 살아가고 있는 시대의 밤하늘이라는 것이다.

왜 이런 하늘의 모습을 타임 캡슐에 담아 후대로 전하려고 했을까? 그것은 "대귀환"의 때를 경고하기 위해서인데, 대귀환은 곧 지구의 선사시대에 고급 문명을 파괴하여 사라진 문명으로 만들어버린 혜성의 재등장이라는 것이다. 이 부분을 번역하면서 나는 오묘하면서도 신비스러운 느낌이 들었다. 특히 핸콕의 43번 기둥 해석을 읽을 때에는 과학과 시(詩)의 경계를 오가는 황홀한 느낌이 들기도 했다.

『신의 지문』에서도 그랬지만, 핸콕은 속편인 『신의 사람들』에서도 우리 인류가 중요한 것을 너무나 잘 잊어버린다고 지적하며 늘 깨어 있어야 한다고 말한다. 사라진 문명의 사람, 사물, 사건을 끈덕지게 추적해가는 핸콕은 시인인가 하면 정신분석가이고 또한 범죄사건을 수사하는 형사이기도 하다. 시인은 인간의 영혼을 알아내려고 하고, 정신분석가는 잃어버린 기억을 되살리려고 하며, 형사는 범죄사건의 용의자를 추적하는 사람이다. 사라진 문명의 영혼은 무엇인지 또 우리가 그 문명에 대하여 잃어버린 기억은 무엇인지, 그 문명이 현장에 남겨놓은 단서는 무엇인지 지난 20년간 열정적으로 추적해온 핸콕은 그 고단하고 어려운 도정에서 『신의 사람들』이라는 새로운 이정표를 써냈다. 역자가 느낀 사라진 문명의 신비함과 오묘함 그리고 저 아스라이 먼 세월의 희미하게 부르는 소리를 독자들도 분명 느낄 것이라고 믿는다.

역자 이종인

인명 색인